**내가 뽑은 원픽!** 최신 출제경향에 맞춘 최고의 수험서

# 2025 빅데이터분석기사 필기

## 한권완성

최예신, 권태협, 박진원, 이경숙, 이승헌, 김주현 공저

## PROFILE 저자약력

### 최예신
현장에서 20년 동안 일하며 빅데이터에 대한 다수의 논문과 책을 집필했다. 빅데이터뿐 아니라 IT 전반에 대한 전문성을 가지고 있으며, 사람이 살아가는 데 필요한 모든 것에 관심을 가진다.
- (현) 주식회사 베러마인드 대표
- (현) 세종대학교 빅데이터MBA 겸임교수
- (현) 정보통신기획평가원 인공지능/빅데이터 전문위원
- (현) 정보통신산업진흥원 인공지능/빅데이터 전문위원
- (현) 정보산업연합회 전문 멘토
- (전) 한국기술지도사협회 전문위원
- (전) LG CNS 빅데이터 전문위원
  - 산업정보 전공

### 권태협
중·대형 빅데이터 프로젝트 PM을 담당하고 있다. 데이터 기반의 정보분석 영역과 데이터 컨설팅에 대한 전문성을 보유하고 있다.
- (현) LG CNS 빅데이터 프로젝트 Project Manager
  - 환경생태공학 전공

### 박진원
기업 현장에서 빅데이터를 활용한 데이터 분석 및 플랫폼 구축을 수행하는 다양한 프로젝트를 경험했다. 통계 모델 기반의 데이터 분석 및 시각화 분석 전문가로 다수의 강의를 진행했다.
- (현) LG CNS 데이터사이언티스트
  - 통계학 및 기술경영학 전공

### 김주현
인공지능 및 소프트웨어를 전공했으며 학부 때 임베디드에서부터 네트워크, 모바일/웹 개발, 데이터마이닝, 비전 AI 등 다양한 분야의 경험을 쌓았다. 현재는 데이터사이언티스트로 SCM (Supply Chain Management) 분야에서 데이터 분석 전문가로 일하고 있다.
- (현) LG CNS 데이터사이언티스트
  - 인공지능 및 소프트웨어 전공

### 이승헌
현재 데이터사이언티스트로서 데이터 엔지니어링 및 분석 관련 업무를 담당하고 있다. 주로 SCM(Supply Chain Management), 영업/마케팅 분야의 프로젝트를 수행했다.
- (현) LG CNS 데이터사이언티스트
  - 수학 및 응용통계학 전공

### 이경숙
학창 시절 우연히 참가한 캠프에서 데이터 사이언스를 접한 후, 빅데이터 분석 전문가의 길을 걷고 있다. 현장에서 다양한 분야의 분석 프로젝트를 수행하고 있다.
- (현) PwC컨설팅 AI/ML 컨설턴트
- (전) LG CNS 데이터사이언티스트
  - 산업정보 전공

# PREFACE 머리말

우리는 언제, 어디서든 풀어야 할 문제를 마주한다. 그것이 세상의 이치다. 과거에는 이런 문제들을 해결하기 위해서 종교나 미신, 직감과 경험에 의존했다. 비즈니스 현장에서의 문제 역시 마찬가지였다. 경영자의 느낌이나 직감, 경험 등에 의해서 중요한 의사결정을 내렸다. 생산 라인의 품질 문제를 해결하기 위한 설비 파라미터 변경 작업이나 마케팅 방법을 결정하는 일, 혹은 막대한 금액이 걸려 있는 투자 의사 결정도 예외가 아니었다.

4차 산업혁명이 도래한 지금, 비즈니스 현장은 어떨까? 많은 기업들이 보다 합리적인 의사결정을 내리기 위해서 데이터를 활용한다. 기업 내부 시스템과 현장 설비의 데이터뿐 아니라 기업 외부에서 발생하는 각종 데이터, 예를 들어 디바이스 로그, 사회관계망 데이터 등을 결합하여 분석한다. 기업은 크고 작은 의사결정에 이러한 분석 결과를 활용한다. 이제 데이터를 기업의 의사 결정과 문제 해결에 사용하는 것은 너무나 당연한 현실이다. 그리고 앞으로 세상에서 데이터가 줄어들 일은 결코 없을 것이다. 줄어들기는커녕 시간이 지날수록 더 폭발적으로 늘어날 것이다.

빅데이터분석기사는 데이터 분석의 전문가임을 인증하는 자격이다. 변화하는 미래 세상에서 가장 필요한 자격 중의 하나다. 현업에서 직접 데이터를 다루고 분석하는 저자들 입장에서 국가가 직접 인증하고 관리하는 자격증이 생겨서 반가울 따름이었다. 그런 참에 교재까지 작성할 기회를 얻어 매우 흥분되고 기쁜 마음으로 이 책을 썼음을 밝힌다.

우리는 이 책이 무엇보다도 자격 획득에 도움이 되길 바라며 집필했다. 시험 합격을 위해 가능한 다양한 문제를 많이 책에 수록하고자 했다. 이 문제들을 반복해서 여러 번 풀어 보면 반드시 시험에 도움이 될 것이다. 각 과목마다 챕터 마무리 문제 및 과목 마무리 문제를 실었고, 학습에 도움이 되도록 빈칸 채우기 문제와 OX 퀴즈까지 수록했다. 모의고사도 8회분을 수록하여 부족함을 느끼지 않도록 했으며, 무엇보다 2022~2024년 치러진 제4회~제9회 기출문제를 거의 완벽하게 복원하여 수록함으로써, 수험생 여러분들이 실제 시험에 최대한 빨리 적응할 수 있도록 했다.

포기하지 않고 반복하여 공부하다 보면 어느새 빅데이터 분석가의 길에 들어선 자신을 발견할 수 있을 것이다.

부디 좋은 결과가 있기를 진심으로 바란다.

저자 일동

## GUIDE — 시험 가이드

### 개요

- 빅데이터분석기사 : 빅데이터 이해를 기반으로 빅데이터 분석 기획, 빅데이터 수집·저장·처리, 빅데이터 분석 및 시각화를 수행하는 실무자를 말한다.
- 빅데이터분석기사의 필요성 : 전 세계적으로 빅데이터가 미래 성장 동력으로 인식되어, 각국 정부에서 관련 기업투자를 끌어내는 등 국가·기업의 주요 전략 분야로 부상하고 있다. 국가와 기업의 경쟁력 확보를 위해 빅데이터 분석 전문가의 수요는 증가하고 있으나, 수요 대비 공급 부족으로 인력 확보에 어려움이 높은 실정이다. 이에 정부 차원에서 빅데이터 분석 전문가를 양성함과 동시에 체계적으로 역량을 검증할 수 있는 국가기술자격에 대한 수요가 높은 편이다.

### 2025년 시험일정

| 회차 | | 접수기간 | 시험일 | 결과발표 |
|---|---|---|---|---|
| 제10회 | 필기 | 2025.03.04.~2025.03.10. | 2025.04.05. | 2025.04.25. |
| | 실기 | 2025.05.19.~2025.05.23. | 2025.06.21. | 2025.07.11. |
| 제11회 | 필기 | 2025.08.04.~2025.08.08. | 2025.09.06. | 2025.09.26. |
| | 실기 | 2025.10.27.~2025.10.31. | 2025.11.29. | 2025.12.19. |

※ 원서 접수 시간 : 접수 시작일 10:00~접수 마감일 18:00
※ 자세한 내용은 데이터자격검정 홈페이지(https://www.dataq.or.kr)에서 확인하시길 바랍니다.

### 시험과목

- 필기

| | |
|---|---|
| 빅데이터 분석 기획 | • 빅데이터의 이해<br>• 데이터 분석 계획<br>• 데이터 수집 및 저장 계획 |
| 빅데이터 탐색 | • 데이터 전처리<br>• 데이터 탐색<br>• 통계 기법 이해 |
| 빅데이터 모델링 | • 분석 모형 설계<br>• 분석 기법 적용 |
| 빅데이터 결과 해석 | • 분석 모형 평가 및 개선<br>• 분석 결과 해석 및 활용 |

- 실기

| | |
|---|---|
| 빅데이터 분석 실무 | • 데이터 수집 작업<br>• 데이터 전처리 작업<br>• 데이터 모형 구축 작업<br>• 데이터 모형 평가 작업 |

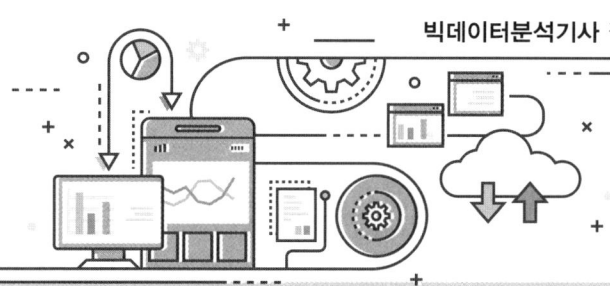

## 검정방법 및 합격기준

**■ 필기**

| 검정방법 | 문항 수 | 시험시간 | 합격기준 |
| --- | --- | --- | --- |
| 객관식 | 80문항<br>(과목별 20문항씩) | 120분 | 과목당 100점 만점<br>• 전 과목 40점 이상<br>• 전 과목 평균 60점 이상 |

**■ 실기**

| 검정방법 | 시험시간 | 합격기준 |
| --- | --- | --- |
| 통합형(필답형, 작업형) | 180분 | 100점을 만점으로 60점 이상 |

## 응시자격

다음 중 하나에 해당하는 사람은 응시할 수 있다.
- 대학졸업자 등 또는 졸업예정자(전공 무관)
- 3년제 전문대학 졸업자 등으로서 졸업 후 1년 이상 직장경력이 있는 사람(전공, 직무분야 무관)
- 2년제 전문대학 졸업자 등으로서 졸업 후 2년 이상 직장경력이 있는 사람(전공, 직무분야 무관)
- 기사 등급 이상의 자격을 취득한 사람(종목 무관)
- 기사 수준 기술훈련과정 이수자 또는 그 이수예정자(종목 무관)
- 산업기사 등급 이상의 자격을 취득한 후 1년 이상 직장경력이 있는 사람(종목, 직무분야 무관)
- 산업기사 수준 기술훈련과정 이수자로서 이수 후 2년 이상 직장경력이 있는 사람(종목, 직무분야 무관)
- 기능사 등급 이상의 자격을 취득한 후 3년 이상 직장경력이 있는 사람(종목, 직무분야 무관)
- 4년 이상 직장경력이 있는 사람(직무분야 무관)

※ 졸업증명서 및 경력증명서 제출 필요

### 비고

- 대학 및 대학원 수료자로서 학위를 취득하지 못한 사람은 "대학졸업자 등", 전 과정의 2분의 1 이상을 마친 사람은 "2년제 전문대학 졸업자 등"에 해당
- "졸업예정자"란 필기시험일 기준으로 최종 학년에 재학 중인 사람
- 최종 학년이 아닌 경우, 106학점 이상 인정받은 사람은 "대학졸업예정자", 81학점 이상을 인정받은 사람은 "3년제 대학졸업예정자", 41학점 이상을 인정받은 사람은 "2년제 대학졸업예정자"에 해당(이때 대학 재학으로 취득한 학점 이외의 자격증 취득, 학점은행제 등 기타의 방식으로 18학점 이상 포함 필수)
- 전공심화과정의 학사학위를 취득한 사람은 "대학졸업자", 그 졸업예정자는 "대학졸업예정자"에 해당
- "이수자"란 기사 수준 기술훈련과정 또는 산업기사 수준 기술훈련과정을 마친 사람
- "이수예정자"란 국가기술자격 검정의 필기시험일 또는 최초 시험일 현재 기사 수준 기술훈련과정 또는 산업기사 수준 기술훈련과정에서 각 과정의 2분의 1을 초과하여 교육훈련을 받고 있는 사람
- 산업기사 등급 이상의 자격 취득자 및 3(2)년제 전문대학 졸업자는 취득 및 졸업시점 이후 직장경력만 인정

# FEATURE 도서의 구성과 활용

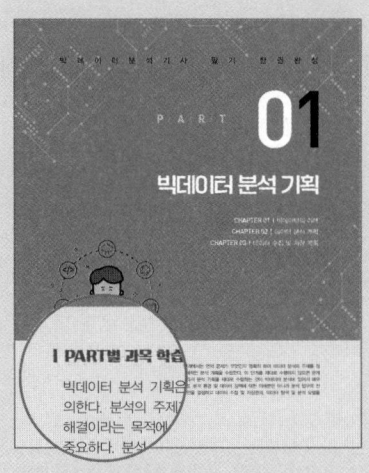
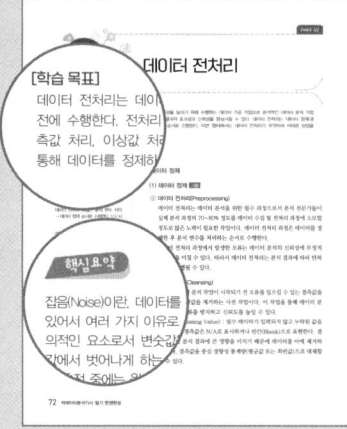
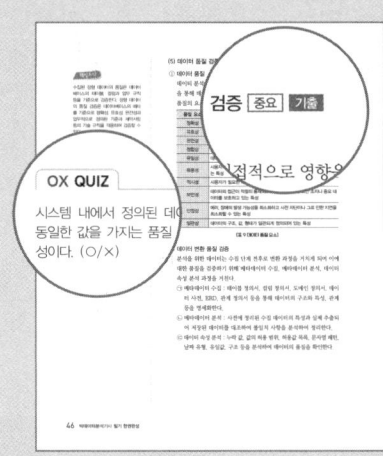

## 🔍 다양한 학습 요소를 품은 핵심 이론

- 가이드에 최신 기출 선지 O×를 수록하여 중요 내용을 미리 파악하고 시험 전 실력을 점검할 수 있도록 하였습니다.
- 본격적인 학습에 들어가기 전 파트별 과목 학습 가이드와 챕터별 학습 목표를 제시하여, 효과적인 학습 계획을 세울 수 있습니다.
- 단기 합격을 위해 본문 이론 중 시험에 출제되었던 개념과 중요한 내용은 알아보기 쉽게 표시하였습니다.
- 완벽한 개념 이해를 도와줄 핵심요약과 개념을 한 번 더 확실하게 정리해 줄 빈칸 채우기, O× QUIZ 등을 수록하였습니다.

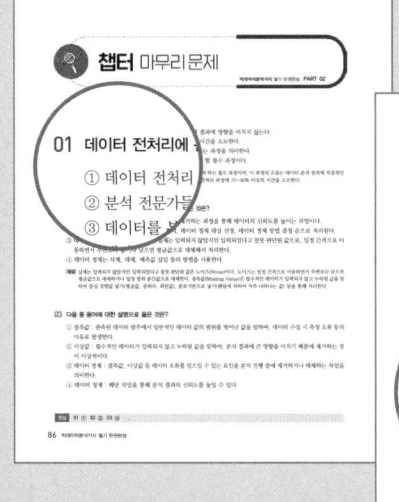
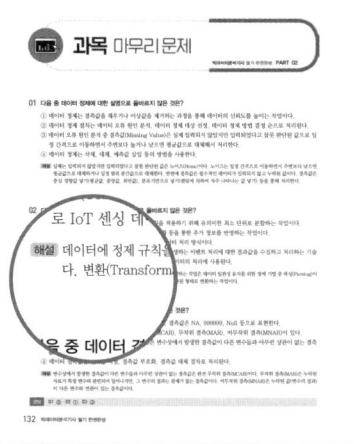

## 🔍 챕터별, 과목별 마무리 문제로 한 단계 UPGRADE

- 챕터별, 과목별 학습이 끝날 때마다 출제 가능성이 높은 예상문제를 배치하여 중요 개념을 확실히 이해할 수 있도록 하였습니다.
- 문제 아래 해설을 수록함으로써 빠르게 학습할 수 있도록 구성하였고, 오답 해설도 함께 수록하여 명확한 개념 정리가 이루어지도록 하였습니다.

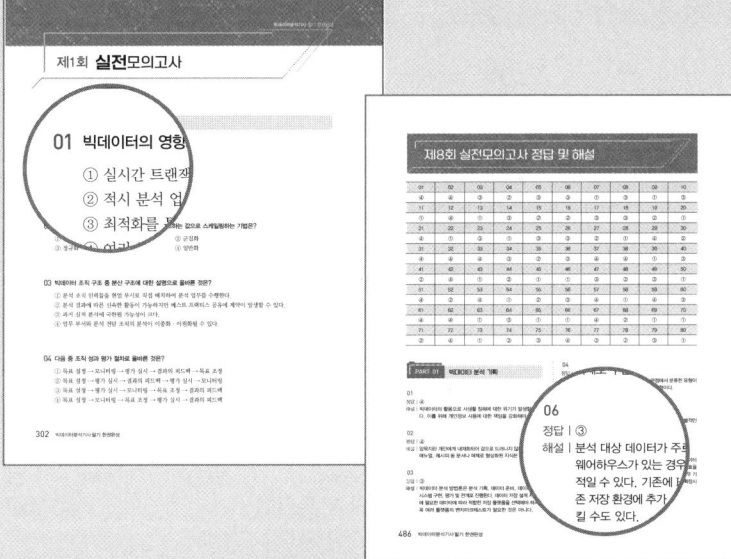

## 비교할 수 없는 방대한 양, 실전모의고사 8회분 수록

- 2024년 기출 유형과 출제 경향을 완벽히 적용한 실전모의고사 8회분을 수록함으로써 실전 감각을 키울 수 있도록 하였습니다.
- 저자의 합격 노하우를 십분 활용한 해설을 수록하여 수험생들이 시험에 필요한 지식을 효율적으로 학습할 수 있도록 하였습니다.

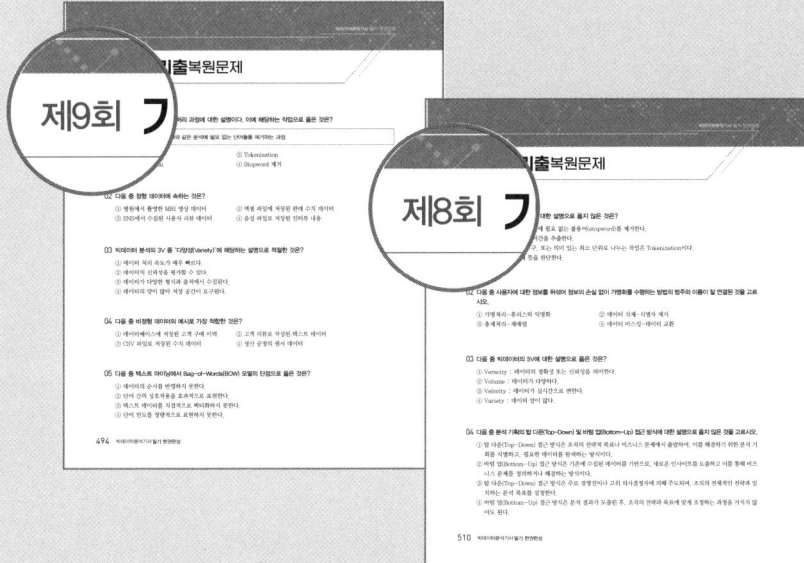

## 예문에듀에서만 만날 수 있는 정확도 높은 최신기출복원문제

- 2024~2022년 제9~4회 필기 기출문제를 완벽하게 복원하여 수록하였습니다.
- 시험 전 기출복원문제를 미리 풀어봄으로써 실제 시험 문제의 유형과 난이도를 확인할 수 있고, 놓쳤거나 헷갈렸던 단원의 개념을 한 번 더 확실하게 학습할 수 있습니다.

※ 2021년 기출복원문제(3~2회) PDF 무료 제공 (예문에듀 홈페이지 자료실)

## CHECK+ 5분 투자로 합격하는 기출 선지 O×

### 빅데이터분석기사 제9회 필기시험

01 빅데이터의 3V 중 "다양성(Variety)"은 데이터의 출처와 형식이 다양하다는 것을 의미한다. (O, ×)

02 "Stopword 제거"는 텍스트에서 불필요한 단어를 삭제하는 과정이다. (O, ×)

03 비정형 데이터의 예로는 데이터베이스에 저장된 고객 구매 이력이 포함된다. (O, ×)

04 "데이터 품질의 완전성(Completeness)"은 데이터가 모든 속성을 포함하는 정도를 의미한다. (O, ×)

05 텍스트 마이닝에서 Bag-of-Words(BOW) 모델은 단어 순서를 반영하지 못하는 단점이 있다. (O, ×)

06 모집단이 아닌 표본 데이터로 분산을 계산할 때, n 대신 n-1로 나눈다. (O, ×)

07 왜도가 양수인 데이터 분포에서는 최빈값이 평균값보다 크다. (O, ×)

08 연관 규칙에서 지지도는 특정 아이템 집합이 전체 거래에서 차지하는 비율을 나타낸다. (O, ×)

09 포아송 분포에서는 사건 발생 간격이 고르게 분포한다고 가정한다. (O, ×)

10 히스토그램은 시간에 따른 데이터의 변화를 시각적으로 표현한다. (O, ×)

11 주성분 분석(PCA)에서 첫 번째 주성분은 데이터의 최대 분산을 설명한다. (O, ×)

12 VIF(Variance Inflation Factor)는 다중회귀모형에서 다중공선성을 평가하는 데 사용된다. (O, ×)

13 서포트 벡터 머신(SVM)의 초매개변수 중 학습률(Learning Rate)이 포함된다. (O, ×)

14 랜덤 포레스트는 모든 트리가 동일한 데이터를 학습하도록 설계된다. (O, ×)

15 지도학습에서 교차검증은 과적합을 방지하고 일반화 성능을 평가하는 데 사용된다. (O, ×)

16 데이터가 적을 때는 LOOCV(Leave-One-Out Cross-Validation)가 적합하다. (O, ×)

17 민감도(Sensitivity)는 ROC 커브에서 y축 값으로 사용된다. (O, ×)

18 KNN 알고리즘은 계산 비용이 적게 드는 장점이 있다. (O, ×)

19 드롭아웃(Dropout)은 신경망 모델에서 과적합을 방지하기 위한 기법이다. (O, ×)

20 파이차트를 3차원으로 회전하면 데이터 왜곡이 발생할 수 있다. (O, ×)

**정답** 01 O  02 O  03 ×  04 O  05 O  06 O  07 ×  08 O  09 ×  10 ×
11 O  12 O  13 ×  14 ×  15 O  16 O  17 O  18 ×  19 O  20 O

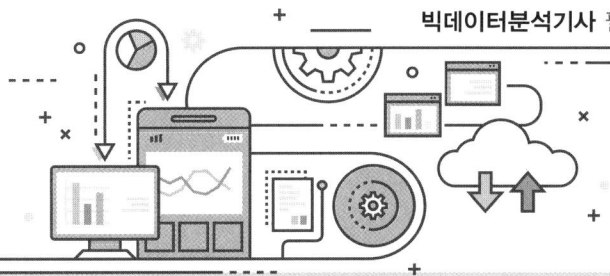

## 빅데이터분석기사 제8회 필기시험

01 빅데이터의 5V 중 "정확성(Veracity)"은 데이터의 신뢰성을 의미한다. (○, ×)

02 Top-Down 방식은 주로 경영진이 주도하며 조직의 전략과 목표에 맞춘 분석 목표를 설정한다. (○, ×)

03 Stemming은 단어의 어근을 추출하여 단어 형태의 변화를 줄이는 과정이다. (○, ×)

04 NoSQL 데이터베이스는 반정형 또는 비정형 데이터를 저장하는 데 적합하다. (○, ×)

05 데이터 마스킹은 민감한 정보를 보호하기 위해 데이터를 가리는 기술이다. (○, ×)

06 다변량분산분석(Manova)은 독립변수와 종속변수가 모두 여러 개일 때 적합하다. (○, ×)

07 비모수검정은 데이터의 분포를 가정하지 않고도 분석할 수 있다. (○, ×)

08 중심극한정리는 표본 크기가 클수록 표본평균의 분포가 정규분포에 가까워진다는 원리이다. (○, ×)

09 Key-Value 데이터베이스는 복잡한 쿼리를 수행하는 데 적합하다. (○, ×)

10 제1종 오류는 귀무가설이 참임에도 불구하고 기각하는 오류를 의미한다. (○, ×)

11 PCA(주성분 분석)는 데이터의 차원을 축소하면서 정보의 손실을 최소화하는 기법이다. (○, ×)

12 서포트 벡터 머신(SVM)은 선형 및 비선형 분류 문제 모두에 활용 가능하다. (○, ×)

13 랜덤 포레스트(Random Forest)는 앙상블 학습 기법 중 하나로, 다수결 투표 방식으로 결과를 도출한다. (○, ×)

14 모델의 과적합(Overfitting)을 방지하려면 데이터 증강 기법이 유용하다. (○, ×)

15 ROC 곡선의 AUC 값이 클수록 모델의 성능이 높다고 평가할 수 있다. (○, ×)

16 Adaptive Gradient는 학습률을 이전 기울기에 따라 다르게 적용하는 경사하강법 기법이다. (○, ×)

17 부스팅 알고리즘은 여러 약한 학습기를 순차적으로 결합하여 성능을 개선한다. (○, ×)

18 시계열 데이터를 분석할 때는 데이터의 시간 순서를 유지하며 검증해야 한다. (○, ×)

19 다중공선성 문제는 독립변수 간의 높은 상관관계로 인해 발생한다. (○, ×)

20 가중치를 최소화하기 위한 제약 조건을 두는 기법에는 릿지(Ridge) 회귀가 포함된다. (○, ×)

**정답** 01 ○  02 ○  03 ○  04 ○  05 ○  06 ○  07 ○  08 ○  09 ×  10 ○
11 ○  12 ○  13 ○  14 ○  15 ○  16 ○  17 ○  18 ○  19 ○  20 ○

# CONTENTS 목차

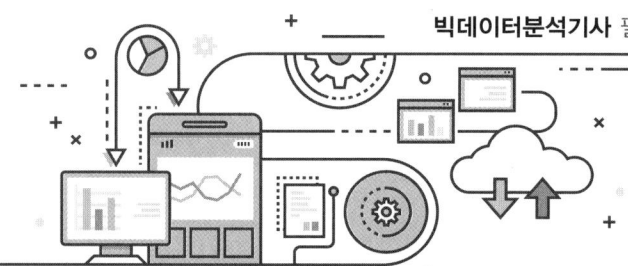

## PART 01  빅데이터 분석 기획

| CHAPTER 01 빅데이터의 이해 | 12 |
| --- | --- |
| 마무리 문제 | 26 |
| CHAPTER 02 데이터 분석 계획 | 32 |
| 마무리 문제 | 37 |
| CHAPTER 03 데이터 수집 및 저장 계획 | 42 |
| 마무리 문제 | 49 |
| 과목 마무리 문제 | 54 |

## PART 02  빅데이터 탐색

| CHAPTER 01 데이터 전처리 | 72 |
| --- | --- |
| 마무리 문제 | 86 |
| CHAPTER 02 데이터 탐색 | 92 |
| 마무리 문제 | 108 |
| CHAPTER 03 통계 기법 이해 | 114 |
| 마무리 문제 | 126 |
| 과목 마무리 문제 | 132 |

## PART 03  빅데이터 모델링

| CHAPTER 01 분석 모형 설계 | 148 |
| --- | --- |
| 마무리 문제 | 157 |
| CHAPTER 02 분석 기법 적용 | 162 |
| 마무리 문제 | 205 |
| 과목 마무리 문제 | 227 |

## PART 04  빅데이터 결과 해석

| CHAPTER 01 분석 모형 평가 및 개선 | 242 |
| --- | --- |
| 마무리 문제 | 257 |
| CHAPTER 02 분석 결과 해석 및 활용 | 264 |
| 마무리 문제 | 281 |
| 과목 마무리 문제 | 287 |

## PART 05  실전모의고사

| 제1회 실전모의고사 | 302 |
| --- | --- |
| 제2회 실전모의고사 | 320 |
| 제3회 실전모의고사 | 338 |
| 제4회 실전모의고사 | 355 |
| 제5회 실전모의고사 | 373 |
| 제6회 실전모의고사 | 391 |
| 제7회 실전모의고사 | 408 |
| 제8회 실전모의고사 | 426 |

## PART 06  실전모의고사 정답 및 해설

| 제1회 실전모의고사 정답 및 해설 | 444 |
| --- | --- |
| 제2회 실전모의고사 정답 및 해설 | 450 |
| 제3회 실전모의고사 정답 및 해설 | 456 |
| 제4회 실전모의고사 정답 및 해설 | 462 |
| 제5회 실전모의고사 정답 및 해설 | 468 |
| 제6회 실전모의고사 정답 및 해설 | 474 |
| 제7회 실전모의고사 정답 및 해설 | 480 |
| 제8회 실전모의고사 정답 및 해설 | 486 |

## PART 07  기출복원문제

| 제9회 기출복원문제 | 494 |
| --- | --- |
| 제8회 기출복원문제 | 510 |
| 제7회 기출복원문제 | 527 |
| 제6회 기출복원문제 | 545 |
| 제5회 기출복원문제 | 563 |
| 제4회 기출복원문제 | 581 |
| 제9회 기출복원문제 정답 및 해설 | 599 |
| 제8회 기출복원문제 정답 및 해설 | 605 |
| 제7회 기출복원문제 정답 및 해설 | 616 |
| 제6회 기출복원문제 정답 및 해설 | 622 |
| 제5회 기출복원문제 정답 및 해설 | 628 |
| 제4회 기출복원문제 정답 및 해설 | 634 |

# PART 01

## 빅데이터 분석 기획

**CHAPTER 01** | 빅데이터의 이해
**CHAPTER 02** | 데이터 분석 계획
**CHAPTER 03** | 데이터 수집 및 저장 계획

### | PART별 과목 학습 가이드

빅데이터 분석 기획은 문제를 해결하기 위한 준비 작업이다. 이 단계에서는 먼저 문제가 무엇인지 명확히 하여 데이터 분석의 주제를 정의한다. 분석의 주제가 정의되면 분석 과제를 실행하기 위해서 구체적인 분석 계획을 수립한다. 이 단계를 제대로 수행하지 않으면 문제해결이라는 목적에 부합하지 않는 결과를 얻을 가능성이 크다. 따라서 분석 기획을 제대로 수립하는 것이 빅데이터 분석에 있어서 매우 중요하다. 분석 기획을 잘 수행하기 위해서는 데이터와 데이터 산업, 분석 환경 및 데이터 정책에 대한 이해뿐만 아니라 분석 업무의 전반적인 프로세스를 이해해야 한다. 분석 업무는 분석의 주제와 방안을 결정하고 데이터 수집 및 저장관리, 데이터 탐색 및 분석 모델을 개발하는 일련의 단계로 진행된다.

# CHAPTER 01 빅데이터의 이해

**[학습 목표]**
분석의 대상이 되는 데이터의 정의와 그 데이터를 활용하여 창출할 수 있는 가치에 대해 알아본다. 데이터에 대한 이해와 데이터 산업의 가치를 이해하고 빅데이터의 기술과 제반 환경에 대한 이해를 통해 데이터 분석의 기반을 마련할 수 있다.

## 1. 빅데이터 개요 및 활용

### (1) 빅데이터의 특징

#### ① 데이터의 정의

데이터란 현실 세계로부터 관찰되거나 측정되어 수집된 사실 또는 값을 의미한다. 데이터는 의미 있는 정보를 가진 모든 값으로, 사람이나 자동 기기가 생성 또는 처리하는 형태로 표시된 것을 뜻한다. 어떠한 사실, 현상 또는 관측 결과로 얻은 수치나 값 등 실체의 속성을 숫자, 문자, 기호 등으로 표현한 것이다. 데이터는 현상이나 사실을 기술하거나 추론과 추정의 근거를 이루는 사실로 사용되고 있다.

객관적 사실을 의미하는 것을 데이터의 존재적 특성이라고 하며 추론, 예측, 전망, 추정을 위한 근거를 데이터의 당위적 특성이라고 한다.

데이터의 유형은 언어, 문자 등 정성적 데이터와 수치, 도형, 기호 등 정량적 데이터로 나뉘며 데이터를 어떻게 활용하는지에 따라 정보, 지식, 지혜로 구분한다.

**핵심요약**

DIKW 피라미드를 통해 데이터로부터 지혜로 발전하며 그 가치는 점점 높아진다. 데이터 분석은 데이터로부터 가치 있는 정보를 추출하고 이를 통해 더 나은 의사 결정(지혜의 도출)을 할 수 있도록 지원하는 일이다.

| 구분 | 내용 |
|---|---|
| 데이터(Data) | 가공되기 전의 객관적 수치 또는 기호 |
| 정보(Information) | 데이터의 가공 및 처리를 통해 도출된 현상 |
| 지식(Knowledge) | 정보의 구조화를 통해 도출되는 고유의 아이디어 |
| 지혜(Wisdom) | 지식의 축적과 아이디어가 결합된 창의적 산물 |

[표 1 DIKW 피라미드] 기출

지식은 그 존재의 형태에 따라 암묵지와 형식지로 구분할 수 있다.
㉠ 암묵지 : 개인에게 축적된 내면화된 지식으로 공통화, 내면화 과정이 작용됨
㉡ 형식지 : 언어나 문서로 표준화 및 형상화된 지식으로 표출화, 연결화 과정이 작용됨

암묵지와 형식지는 다음과 같이 지식의 변환 과정으로 상호 작용을 한다.

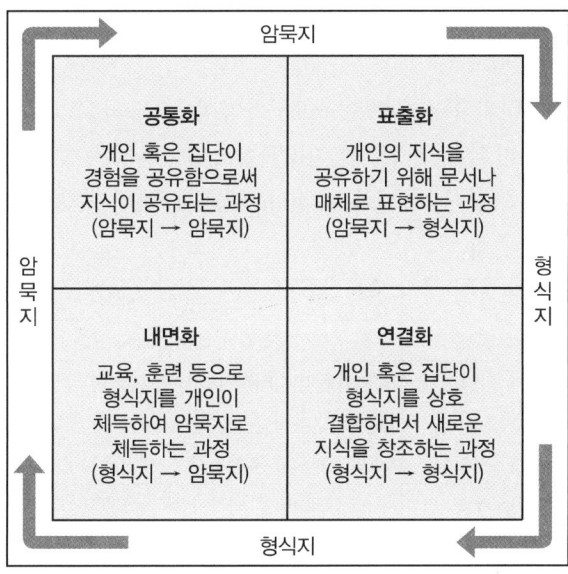

[그림 1 지식의 변환 과정]

**OX QUIZ**

암묵지는 개인에게만 존재하는 지식이기 때문에 지양해야 하는 지식 구조이다. (O/×)

정답 : ×

해설 조직의 지식이 내면화를 통해 개인의 암묵지로 전달되어야 지식의 공유가 가능하다.

② 빅데이터의 정의

빅데이터는 일반적으로 관리할 수 있는 규모를 넘어서는 데이터를 의미한다. 또한, 단순한 데이터뿐만 아니라 다양한 원천으로부터 저렴하게 가치를 추출하여 분석을 지원하는 기술 및 아키텍처를 의미하기도 한다.
㉠ 가트너 : 빅데이터란 높은 시사점을 제공하고 더 좋은 의사결정을 위해 사용되는 정보 자산이다. 빅데이터는 비용 효율적이고 혁신적이며 대용량의 데이터를 고속으로 처리하는 등 다양한 특성을 가진다.
㉡ 매킨지 : 빅데이터란 일반적인 데이터베이스가 저장, 관리, 분석 가능한 범위를 넘어서는 규모의 데이터를 의미한다.
㉢ IDC : 빅데이터란 다양하고 대규모의 데이터에서 저비용으로 가치를 추출할 수 있고, 데이터의 수집과 발굴을 초고속으로 처리할 수 있는 차세대 기술 및 아키텍처를 말한다.

**핵심요약**

빅데이터는 데이터 자체의 특성인 대량의 데이터만 의미하는 것이 아니라 데이터의 분석 업무, 기술적 분야를 의미하기도 한다.

**핵심요약**

**분석 가치 에스컬레이터**
가트너는 데이터 분석을 묘사 분석, 진단 분석, 예측 분석, 처방 분석의 4단계로 구분하였다. 단계가 지날수록 분석의 난이도가 높아지며, 분석을 통해 더 많은 가치를 얻을 수 있음을 의미한다.

ⓔ 한국데이터산업진흥원 : 빅데이터란 데이터에 대한 기존의 접근 방식으로 얻을 수 없었던 통찰과 가치를 창출하는 모든 것을 말한다.

③ 빅데이터의 특징 기출

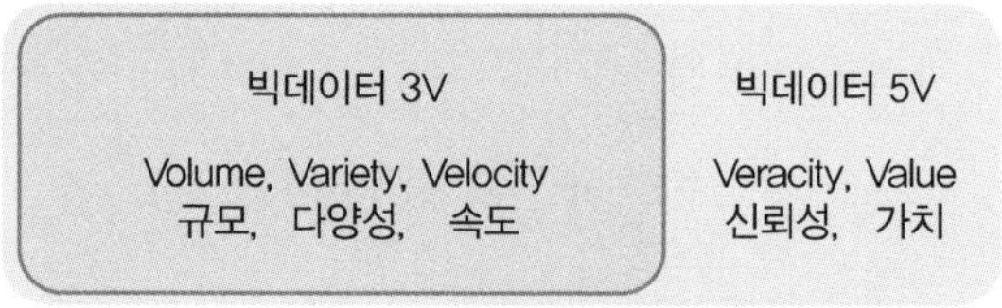

```
빅데이터 3V                    빅데이터 5V
Volume, Variety, Velocity     Veracity, Value
규모,   다양성,   속도          신뢰성,  가치
```

[그림 2 빅데이터의 특징]

빅데이터의 특징으로는 규모, 다양성, 속도의 3V와 여기에 신뢰성, 가치가 추가된 5V가 있다. 이러한 3V, 5V 특징에 정확성(Validity), 휘발성(Volatility), 시각화(Visualization), 가변성(Variability) 등이 추가되기도 한다.

| 특징 | 내용 |
| --- | --- |
| Volume(규모) | 수집, 저장, 처리하는 데이터의 규모가 매우 큼 |
| Variety(다양성) | 정형화된 데이터뿐만 아니라 다양한 유형의 데이터를 처리함 |
| Velocity(속도) | 데이터의 수집, 분석, 활용의 속도가 매우 빠름 |
| Veracity(신뢰성) | 데이터 처리를 통한 노이즈 제거로 수집된 데이터의 신뢰 확보 |
| Value(가치) | 수집된 데이터를 처리함으로써 다양한 가치를 창출함 |

[표 2 빅데이터의 특징]

④ 빅데이터가 만드는 변화

데이터의 규모와 형태는 점점 거대해지고 다양해져 왔으며 데이터의 생성 속도는 빠르게 증가하고 있다. 데이터를 수집, 저장, 처리, 분석하는 아키텍처와 기술이 발전함에 따라 데이터로부터 정보를 추출하는 비용효율성이 높아졌다. 따라서 다양한 기업에서 데이터 중심의 조직이 구성되고 있으며, 데이터로부터 새로운 가치를 창출하기 위해 데이터 사이언티스트(Data Scientist)와 같은 데이터 전문가의 중요성이 대두되고 있다. 또한 빅데이터는 과거 석탄, 철, 원유 등과 같은 차세대 산업혁명의 주요 원재료나 생물학 발전에 이바지했던 렌즈와 같은 역할뿐만 아니라 다양한 비즈니스에서 주요 플랫폼 역할을 할 것으로 기대되고 있다.

이러한 빅데이터는 데이터로부터 정보를 추출하는 업무 방식을 본질적으로 변화시키고 있다.

---

**OX QUIZ**

빅데이터의 특징 중 속도는 융복합 환경에서 매우 빠른 속도로 생산되는 디지털 데이터를 활용하기 위한 특성이다. (O/×)

정답 : O

해설 빅데이터의 특징 중 속도는 데이터의 생산량이 급격히 증가함에 따라 데이터의 수집 및 분석과 활용에 대한 사이클을 빠르게 진행하는 특징적 요소를 나타낸다.

**OX QUIZ**

빅데이터 기술의 발전은 통계학의 발전에 기인한다. (O/×)

정답 : ×

해설 빅데이터의 발전은 데이터의 수집, 저장, 처리에 대한 아키텍처의 발전에 기인한다.

| 변화 | 내용 |
|---|---|
| 사전처리 → 사후처리 | 과거에는 필요한 정보만 수집하고 필요하지 않은 정보는 제거했다. 현재는 가능한 한 많은 데이터를 모으고 그 데이터를 다양한 방식으로 조합해 숨은 정보를 찾아낸다. |
| 표본조사 → 전수조사 | 데이터 수집 비용의 감소와 클라우드 컴퓨팅 기술의 발전으로 데이터 처리 비용이 감소하게 되었다. 이로 인해 표본을 조사하는 기존의 지식 발견 방식에서, 전수조사를 통해 샘플링에서 얻지 못하는 패턴이나 정보를 발견하는 방식으로 데이터 활용 방법이 변화되었다. |
| 질 → 양 | 데이터가 지속적으로 추가될 경우 양질의 정보가 오류 정보보다 많아 전체적으로 좋은 결과 산출에 긍정적인 영향을 미친다는 인식의 변화가 나타나고 있다. |
| 인과관계 → 상관관계 | 데이터 기반의 상관관계 분석이 주는 인사이트가 인과관계에 의한 미래 예측을 압도하는 시대가 도래하고 있다. |

[표 3 빅데이터가 만들어내는 변화]

### (2) 빅데이터의 가치

#### ① 빅데이터의 활용 및 가치

많은 기업이 빅데이터를 활용하여 새로운 비즈니스 기회를 창출할 뿐 아니라, 비즈니스 이슈의 불확실성과 리스크를 제거하여 안정적인 기업 활동을 추구할 수 있다. 이슈 분석과 최적화를 통해 생산성을 높이고, 현상에 대한 시뮬레이션과 다양한 데이터의 모니터링으로 사전 감지를 통한 빠른 대응이 가능하다.

대규모 데이터의 분석 및 인공지능 서비스를 통해 기업은 개인화, 지능화된 서비스를 제공할 수 있으며 빠르게 변화하는 환경에서도 적시에 분석업무를 진행하여 시장에서 경쟁력을 확보할 수 있다.

그리고 다양한 분야에 접목되어 새로운 시장을 만들고 새로운 가치를 창출할 수 있다. 그뿐만 아니라 고객의 관리 수준을 세분화하여 각각에 맞는 서비스를 제공하고 비즈니스 모델과 제품, 서비스의 혁신을 주도하거나 인사이트를 도출하여 신사업을 발굴할 수 있다.

#### ② 빅데이터의 가치 산정

빅데이터는 다양한 방식을 활용하고 기존에 없던 새로운 가치를 만들고 있다. 이러한 특징 때문에 빅데이터의 가치를 단순하게 산정하는 것은 매우 어렵다. 왜냐하면 활용의 정도와 창의성이 결합되는 정도에 따라 그 가치는 무궁무진할 수 있기 때문이다.

**핵심요약**

기존의 데이터 분석은 한정적인 자원으로 인해 표본조사에 기반한 인과관계 분석이 중심이었기 때문에 표본의 질과 사전처리가 중요하였다. 반면 빅데이터 기반의 분석은 활용하는 데이터의 종류와 양이 많아짐에 따라 전수조사를 기반으로 한 상관관계 분석을 통해 기존의 인과관계 분석에서 도출하지 못했던 새로운 가치를 끌어내는 분석 인사이트가 중요해졌다.

**OX QUIZ**

다양한 산업 분야에서 확실성이 높고 현재 가진 자원으로 최대의 효율을 내기 위해 빅데이터 기반의 최적화를 통한 가치 창출이 가능하다. (O/X)

정답 : O

해설 다양한 산업 분야에서 의사결정 시 빅데이터 분석 결과의 해석을 통해 최고의 해답을 결정하여 생산성을 높이고 비용을 최소화하는 방법을 도출할 수 있다.

㉠ 다양한 데이터 활용 방식 : 다양한 목적으로 데이터를 재사용하고 재조합하는 방식으로 개발이 진행되어 데이터의 활용 범위 및 대상을 정의하기 힘들다.
㉡ 새로운 가치 : 이전에 없던 가치가 창출됨에 따라 가치 산정의 기준을 정의하기 어렵다.
㉢ 분석 기술의 발전 : 분석 기술의 발전으로 다양한 유형의 데이터를 분석함에 따라 정량적으로 가치를 매길 수 없다.

③ 빅데이터의 영향
㉠ 기업과 정부 : 기업은 빅데이터 기반으로 비즈니스 모델을 혁신하거나 신사업을 발굴하여 경쟁력과 생산성을 향상할 수 있다. 정부 차원에서는 사회 및 환경에 대한 탐색과 상황 분석을 통해 미래 대응 전략을 수립할 수 있다.
㉡ 개인 : 각 개인은 개인별 목적에 따라 다양한 시장에서 제공하는 빅데이터 서비스를 통해 저비용의 맞춤형 서비스를 이용하고 적절한 정보를 취득하여 다양한 형태로 기회비용을 절약할 수 있게 되어 생활의 스마트화가 이루어질 수 있다.
㉢ 빅데이터의 발전으로 모든 것의 데이터화가 진행되고 알고리즘과 인공지능 기술이 발전함에 따라 데이터 사이언티스트와 알고리즘 전문가(Algorithmist)의 시장가치 증가가 예상된다.

④ 빅데이터의 위기 요인과 통제 방안
빅데이터 분석은 개인정보 주체의 의도와 상관없이 개인의 민감한 정보를 누출시켜 사생활 침해로 이어질 수 있다. 그리고 예측 기술의 발전으로 범죄 예측, 위험 요소 예측 등이 가능해지면서 실제로 어떠한 행위가 발생하기 전에 그 행위에 대한 책임을 물어 불이익을 주는 등 민주주의의 기본 원칙인 책임 원칙에 대한 훼손이 이루어질 우려가 높다. 또한 잘못된 분석으로 인해 피해가 발생하는 데이터 오용이 발생할 수 있다. 이를 통제하기 위해서 다음과 같은 방법이 필요하다.
㉠ 사생활 침해 : 동의제에서 책임제로의 변경하고 데이터를 사용하는 사용 주체가 책임을 지게 하여 사생활 침해에 대한 자구책을 마련하도록 주문
㉡ 책임 원칙 훼손 : 기존 책임 원칙을 강화·보강하고 예측에 의한 불이익 가능성을 최소화하는 장치 마련
㉢ 데이터 오용 : 분석 알고리즘에 대한 접근을 허용하여 분석 결과에 대한 부당함을 반증할 방법에 대해 공개하도록 주문

### (3) 데이터 산업의 이해

#### ① 데이터 산업과 분석 인사이트

데이터 자체의 가치가 높아짐에 따라 데이터를 생산하고 활용하는 산업이 발전하고 있다. 이에 따라 국가 및 기업 차원에서 더 많은 데이터를 확보하고 관리하기 위한 다양한 규제 및 정책을 시행하고 있다.

| 산업 | 내용 |
| --- | --- |
| 제조 | 제품 생산 불량률 개선, 수요 예측을 통한 판매 계획 향상 |
| 쇼핑 | 구매 분석을 통한 소비 예측 |
| 물류 | 물류 관리 최적화 |
| 의료 | 헬스케어 서비스를 통한 의료 복지 향상 |

[표 4 데이터 산업의 종류]

데이터 산업이 발전함에 따라 데이터로부터 얻을 수 있는 가치와 통찰력인 분석 인사이트의 중요성이 대두되고 있다. 분석 인사이트를 효과적으로 창출하기 위해서는 비즈니스 핵심가치 도출과 가치 창출의 평가지표 수립이 필요하다. 이를 토대로 효과적으로 시장과 고객의 변화에 대응할 수 있어야 한다.

또한, 전략적인 분석 인사이트를 가지고 핵심적인 비즈니스에 집중하여 데이터를 분석하고 전략을 수립하는 운영방식이 중요하다.

#### ② 데이터 사이언스

데이터 사이언스는 다양한 유형의 데이터로부터 의미 있는 정보를 추출하는 분야이다. 데이터 사이언스는 데이터 분석뿐만 아니라 전략적인 분석 인사이트를 도출하고 이를 효과적으로 전달하는 과정까지를 포함한 포괄적인 개념이다. 비즈니스의 핵심 이슈에 대한 해결책을 도출하고 사업의 성과를 끌어낼 수 있다.

#### ③ 데이터 사이언스의 구성 요소

데이터 사이언스는 IT 기술, 분석, 컨설팅 영역으로 구분된다.

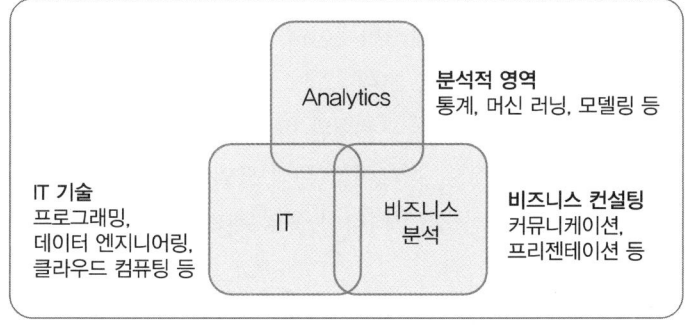

[그림 3 데이터 사이언스 구성 요소]

---

**핵심요약**

분석 인사이트는 복잡하고 정교한 모델과 산식의 결과보다 모든 구성원이 비즈니스 목표를 이해하기 쉬운 것이 중요하다. Facebook의 인사이트는 "10일 이내 친구 7명을 사귄 사용자가 서비스를 오래 이용한다."이다. 간단명료한 문장 하나로 비즈니스가 진행되어야 하는 방향을 누구나 쉽게 이해할 수 있다. 물론 이 간단하면서 구체적인 수치로 표현된 문장 하나를 도출하기 위해 많은 분석가가 다양한 모델을 가지고 엄청난 데이터를 처리·가공하여 분석을 진행하였다.

**핵심요약**

데이터 사이언스 영역에서 가장 중요한 목표는 데이터를 기반으로 비즈니스 본질을 이해하고 가치를 창출하는 인사이트를 도출하는 것이다. 빅데이터 자체는 이 과정을 위한 도구일 뿐이다. 이 도구를 데이터 분석에 어떻게 잘 활용하느냐가 중요하다.

### ④ 데이터 사이언티스트의 역할 기출

데이터 사이언티스트는 IT 기술적인 방법론과 알고리즘, 프로세스, 시스템을 통해 다양한 데이터로부터 지식과 인사이트를 추출하는 데이터 전문가를 의미한다. 데이터 산업구조가 규모의 경제, 세계화, 표준화로 대변되는 컨버전스(Convergence) 패러다임에서 복잡성, 다양성, 관계성, 연결성, 창조성이 강조되는 디버전스(Divergence)로 변화하고 있다. 이에 따라 단순 통계분석, 데이터 처리 기술 외에 커뮤니케이션, 프레젠테이션, 창의력 등의 인문학적인 요소를 가진 데이터 사이언티스트를 필요로 하고 있다.

데이터 사이언티스트는 대량의 데이터를 구조화하여 데이터 간의 연결 고리를 만들 수 있어야 한다. 문제 해결을 위해서는 가설을 수립하여 검증할 수 있는 논리력, 추리력 및 호기심을 갖추어야 한다. 또한, 고객으로부터 표출되지 않은 비즈니스 핵심가치를 끌어내고 분석 결과를 비즈니스에 접목할 수 있는 컨설팅 능력이 중요하다.

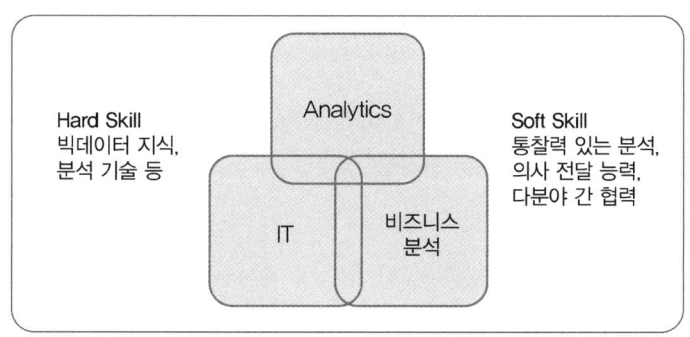

[그림 4 데이터 사이언티스트의 스킬 구성 요소]

### (4) 빅데이터 조직 및 인력

#### ① 빅데이터 업무 프로세스
㉠ 빅데이터 도입 단계 : 빅데이터 서비스를 도입하기 위한 빅데이터 도입 기획, 기술 검토, 도입 조직 구성, 예산 확보 등을 수행
㉡ 빅데이터 구축 단계 : 빅데이터 플랫폼 구축을 위한 요구사항 분석, 설계, 구현, 테스트 진행
㉢ 빅데이터 운영 단계 : 구축된 빅데이터 분석 시스템의 운영 이관 및 빅데이터 플랫폼, 빅데이터 분석 모델, 빅데이터 운영 조직, 빅데이터 운영 예산 등을 고려하여 운영 계획 수립

---

**핵심요약**

데이터 사이언티스트는 통계학을 전공해야 할까? 분석 모형에 대한 이해와 모형의 튜닝, 결과 해석에 통계적 지식이 필요하지만 통계적 지식은 데이터 분석에 있어 하나의 수단이다. 비즈니스와 데이터에 대한 이해, 결과에 대한 전달 능력이 매우 중요하다.

**핵심요약**

분석 업무에서 가장 기초적이면서 가장 많은 시간을 할애하는 영역은 데이터의 수집, 처리 영역이다. 따라서 좋은 분석결과를 얻기 위해서 데이터 수집, 처리에 대한 정교한 설계가 필요하다.

**핵심요약**

빅데이터 분석 업무를 도입하기 위해서는 도입 단계에서 현재의 조직 상황과 분석 업무에 대한 목표를 기반으로 분석 조직을 기획해야 한다. 조직 구조에 따라 분석 업무의 관리 효율성과 분석 결과에 대한 활용성이 달라질 수 있으므로 각 조직의 실정에 맞는 조직을 구성해야 한다. 분석 조직이 효율적으로 데이터를 관리할 수 있도록 전사적 데이터 관리 체계인 데이터 거버넌스를 수립하는 것이 중요하다.

② 빅데이터 조직의 구성

빅데이터 조직은 데이터 분석의 가치를 발굴하고 이를 활용하여 비즈니스를 최적화하는 목표를 가지고 구성되어야 한다. 이를 위해 기업의 업무 전반에 걸쳐 다양한 분석 과제를 도출하여 정의하고 데이터 분석을 통해 의미 있는 인사이트를 찾아 실행할 수 있도록 조직을 구성해야 한다.

③ 빅데이터 조직 구조

빅데이터 조직 구조는 집중 구조, 기능 구조, 분산 구조가 있다. 빅데이터 조직 구조를 설계할 때에는 업무의 절차, 방법, 목표 등을 사전에 설정하여 공식화를 해야 하며 업무 수행 시 분업하여 수행할 수 있도록 수평적·수직적인 업무 분할이 필요하다. 조직의 구성 인원은 업무 전문성을 갖출 수 있도록 관리가 필요하며 조직의 관리자가 효과적으로 관리할 수 있는 규모로 통제 범위를 결정해야 한다. 또한 조직이 구성된 후 의사소통에 대한 방법을 고려해야 한다.

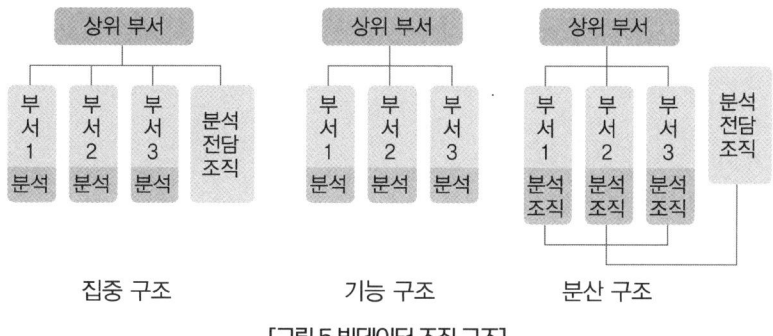

[그림 5 빅데이터 조직 구조]

㉠ 집중 구조 : 각 부서별로 분석을 진행하며 전사 분석업무를 별도의 분석 전담 조직에서 담당하여 분석업무가 이중화·이원화될 수 있다.

㉡ 기능 구조 : 각 부서별로 분석을 진행한다. 별도의 분석 조직이 없어 전사적 핵심분석이 어렵고, 과거 실적 분석에 국한될 가능성이 크다.

㉢ 분산 구조 : 분석 조직 인력들을 현업 부서로 직접 배치하여 분석업무를 수행한다. 분석 결과에 따른 신속한 활동이 가능하며 Best Practice의 공유가 가능하여 분석 수준을 상향 평준화시킬 수 있다. 각 부서의 분석업무와 역할 분담을 명확히 해야 한다.

조직의 성과에 대한 평가는 목표 설정, 모니터링, 목표 조정, 평가 실시, 결과의 피드백 순으로 진행되며 성과 목표는 균형 성과표(BSC ; Balanced Score Card)의 고객, 재무, 프로세스, 학습·성장으로 관리하며 KPI(Key Performance Indicator)로 평가한다.

### 핵심요약

**빅데이터 관련 직무**
- 데이터 아키텍트 : 비즈니스 요건을 구현하기 위한 데이터의 흐름과 표준, 원칙 등을 규정
- 데이터엔지니어 : 데이터 플랫폼 설계, 데이터 flow 관리 및 모델 배포 등 데이터 분석 환경을 설계하고 구축
- 데이터 모델러 : 데이터 처리를 위한 모델(논리 모델, 물리 모델)의 설계 및 개발

### OX QUIZ

빅데이터 조직 구조 중 전사 차원의 분석 과제를 수행하기 어려운 구조는 분산 구조이다. (O/×)

정답 : ×

**해설** 기능 구조는 각 부서별로 분석 업무를 진행하기 때문에 전 조직을 아우르는 분석 과제를 수행하기에 한계가 있다.

## 2. 빅데이터 기술 및 제도

### (1) 빅데이터 기술

① 빅데이터 분석 기술과 플랫폼

빅데이터 분석의 기술적 배경에는 분산 처리와 다양한 연산 기술이 있다. 빅데이터 분석 기술은 오픈 소스 기반의 빅데이터 분석 플랫폼과 클라우드 기반의 빅데이터 처리 기술에 기반하여 발전되고 있다.

빅데이터 플랫폼은 다양한 유형의 데이터에서 가치를 창출하는 분석 프로세스를 규격화한 기술로 데이터의 수집, 저장, 분석, 활용으로 구분할 수 있다.

㉠ 데이터 수집 : 정형·반정형·비정형 데이터의 수집 기술
㉡ 데이터 저장 : 수집된 데이터를 목적에 맞는 형태로 저장하는 기술
㉢ 데이터 분석 : 통계분석, 머신 러닝, 딥 러닝, 데이터 마이닝 등
㉣ 데이터 활용 : 데이터 시각화 기술 및 분석 리포트, 응용 프로그램 연계

많은 기업이 분산 처리 및 실시간 처리를 위해 하둡 에코시스템을 사용하고 있으며 구글과 아마존의 클라우드 기반 분석 플랫폼 시장도 넓어지고 있다.

② 빅데이터 에코시스템

빅데이터 플랫폼은 특정 기술이나 솔루션에 국한되지 않고 수집, 변환, 적재, 분석, 시각화 등의 여러 단계를 거치면서 사용되는 여러 가지 기술 및 솔루션 등을 이용해 플랫폼이 완성되는데 이를 빅데이터 에코시스템이라고 한다.

③ 빅데이터 분석 프로세스

빅데이터 분석 프로세스는 데이터의 수집, 저장, 분석, 활용으로 진행되며 상세 단계는 데이터의 수집, 저장 및 관리, 데이터 처리, 분석, 시각화 및 활용, 폐기의 단계로 진행된다.

---

**핵심요약**

데이터 수집 및 분석 기술은 다양한 유형의 데이터를 저렴하고 효과적으로 저장할 수 있게 됨에 따라 발전하게 되었고 수집·저장된 다양한 유형의 데이터를 기반으로 여러 가지 분석 기술을 활용할 수 있는 기반이 마련되었다.

**OX QUIZ**

퍼블릭 클라우드 환경에서도 분산 처리 및 실시간 처리를 위해서는 하둡을 도입해야 한다. (O/X)

정답 : X

해설 AWS, GCP, Azure 등 퍼블릭 클라우드에는 다양한 서비스를 제공하고 있어 사용자가 필요한 다양한 아키텍처를 구성할 수 있다.

| 빅데이터 수집 | 데이터를 검색·수집하고 변환 과정을 거쳐 정제된 데이터를 확보하는 과정 |
| --- | --- |
| 빅데이터 저장 및 관리 | 분석에 활용하기 적합한 유형으로 저장하고 전처리, 후처리를 진행 |
| 빅데이터 처리 | 의미 있는 정보를 탐색하기 위한 데이터 가공 또는 분석 과정의 지원 |
| 빅데이터 분석 | 데이터를 효과적으로 분석하기 위한 계획 수립, 시스템 구축, 분석 실행 |
| 시각화 및 활용 | 시각화를 통해 분석 결과를 호전적이고 직관적으로 전달, 분석 결과 리포트와 응용 프로그램 연계로 업무에 활용 |
| 데이터 폐기 | 개인 정보 등 분석에 이용된 데이터를 폐기 |

[그림 6 빅데이터 분석 프로세스]

### (2) 빅데이터와 인공지능

① 인공지능의 개념

인공지능이란 인간의 학습능력, 지각능력 등 인간의 지적능력을 인공적으로 구현한 기술이다. 인공지능을 구현하기 위한 기술은 규칙 기반과 학습 기반의 기술이 있다. 규칙 기반은 주로 조건에 따라 동작하는 형태를 말하며, 학습 기반은 머신 러닝과 같이 알고리즘이 데이터를 학습하는 형태를 말한다.

최근에는 학습 기반의 인공지능이 각광을 받고 있다. 이는 머신 러닝의 대표적인 기술인 딥 러닝의 발전과 우수성에 기인하며 인공지능 기술은 딥 러닝의 분석 기술 발전에 따라 함께 발전하고 있다.

빅데이터 분석 기술 중 한 분야인 머신 러닝이 발전함에 따라 기존 인공지능이 분석할 수 있는 데이터의 종류와 크기, 성능이 발전되었다. 인공지능의 완성도가 높아짐에 따라 인공지능을 통한 빅데이터 분석의 문제 해결 향상도 상호보완적으로 이루어지고 있다.

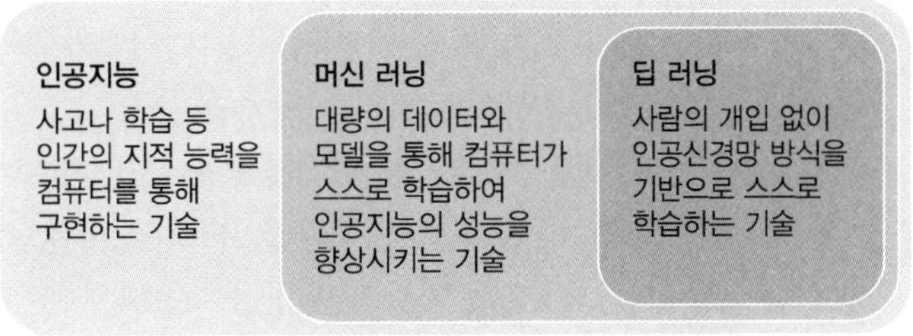

**OX QUIZ**

머신 러닝과 데이터 마이닝은 분석 목적에 차이를 두고 있다. (O/×)

정답 : O

해설 데이터 마이닝은 현재 데이터의 특징을 분석하는 데 목적이 있고 머신 러닝은 현재 데이터를 기반으로 새로운 데이터를 예측하는 데 목적이 있다.

**인공지능**
사고나 학습 등 인간의 지적 능력을 컴퓨터를 통해 구현하는 기술

**머신 러닝**
대량의 데이터와 모델을 통해 컴퓨터가 스스로 학습하여 인공지능의 성능을 향상시키는 기술

**딥 러닝**
사람의 개입 없이 인공신경망 방식을 기반으로 스스로 학습하는 기술

[그림 7 인공지능과 머신 러닝, 딥 러닝] 기출

**OX QUIZ**

인공신경망의 발전과 빅데이터 기술의 발전으로 딥 러닝의 발전이 시작되었다. (O/×)

정답 : O

**해설** 딥 러닝은 인공신경망 기술을 기반으로 머신 러닝 학습을 수행하는 것으로서, 빅데이터 기술의 발전을 통해 다양한 데이터를 효율적으로 수집, 분석할 수 있게 되면서 여러 분야에 활용되기 시작했다.

**OX QUIZ**

개인정보 보호제도는 데이터의 활용 기술과 범위가 증가함에 따라 사생활 침해 등의 부작용을 방지하기 위해 개인데이터를 사용하지 못하도록 제한하는 제도이다. (O/×)

정답 : ×

**해설** 개인정보 보호제도는 다양한 형태의 데이터가 복합적으로 결합·분석되는 빅데이터 환경에서 사생활 침해방지를 위해 안전장치를 마련하고 빅데이터 분석·이용의 법적 근거를 명확화하기 위한 제도이다.

**핵심요약**

개인정보는 그 자체로 개인을 식별할 수 있거나 다른 정보와 쉽게 결합하여 식별할 수 있는 정보를 의미한다.
- 미국 : 자율 규제방식. 빠른 기술 대응이 가능하지만, 기업의 자발적인 개인정보 윤리의식이 요구됨
- EU : 2018년 GDPR 시행. 정보 주체의 동의와 법적 근거를 명확히 함. 잊힐 권리와 프로파일링 거부권을 강조함
- 중국 : 2016년 네트워크 안전법을 제정. 정보통신망법률과 유사하며 위반 시 정부의 강력한 제재

② 머신 러닝과 딥 러닝

머신 러닝이란 인공지능의 한 분야로 컴퓨터가 여러 데이터를 분석하고 그 결과를 토대로 새로운 데이터에 대해 적합한 규칙을 찾도록 하는 알고리즘과 기술을 지칭한다.

딥 러닝은 머신 러닝의 인공신경망 기법에서 발전한 분야로 분류에 사용하는 데이터를 스스로 학습하고 예측의 정확성 여부를 스스로 판단하고 결정을 내리는 기술이다.

머신 러닝과 딥 러닝 모두 학습 모델을 통해 데이터를 분류, 예측하는 기술이며 학습을 통해 문제를 해결하는 방식이지만 딥 러닝은 사람이 개입하던 작업을 딥 러닝 알고리즘을 통해 컴퓨터가 스스로 분석해서 문제를 해결한다.

### (3) 개인정보 법·제도 [중요]

① 개인정보 보호

개인정보 보호제도는 개인정보에 대한 개인의 자기결정권을 보장하기 위한 제도이다. 개인정보 보호법, 정보통신망법 등에 근거하여 빅데이터 개인정보 보호 가이드라인(2015), 개인정보 비식별 조치 가이드라인(2016), 데이터 3법(2020) 등이 제정되었다.

② 빅데이터 개인정보 보호 가이드라인 [기출]

빅데이터 개인정보 보호 가이드라인은 공개된 개인정보 또는 이용내역정보 등을 전자적으로 설정된 체계에 의해 수집·저장·조합·분석 등 처리하여 새로운 정보를 생성함에 있어서 이용자의 프라이버시 등을 보호하고 안전한 이용환경을 조성하는 것을 목적으로 한다.

개인정보의 보호(비식별화 조치, 개인정보 보호 조치), 공개된 정보의 수집·이용, 이용내역정보의 수집·이용, 새로운 정보의 생성, 민감정보 생성의 금지, 통신 내용의 조합·분석 또는 처리 금지, 공개된 정보 및 이용내역정보의 이용, 제3자 제공에 대해 제시하고 있다.

㉠ 수집 시부터 개인식별 정보에 대한 철저한 비식별화 조치 : 개인정보를 포함한 공개된 정보 및 이용내역정보는 비식별화 조치를 취한 후 수집·저장·조합·분석 및 제3자 제공 등 가능

㉡ 빅데이터 처리 사실·목적 등의 공개를 통한 투명성 확보 : 개인정보 취급방침을 통해 비식별화 조치 후 빅데이터 처리 사실, 목적, 수집 출처 및 정보 활용 거부권의 행사 방법 등을 이용자에게 투명하게 공개

ⓒ 개인정보 재식별 시, 즉시 파기 및 비식별화 조치 : 빅데이터 처리 과정 및 생성정보에 개인정보가 재식별될 경우, 즉시 파기하거나 추가적인 비식별화 조치를 취함
ⓔ 민감정보 및 통신비밀의 수집 · 이용 · 분석 등 처리 금지 : 특정 개인의 사상 · 신념, 정치적 견해 등 민감정보의 생성을 목적으로 정보의 수집 · 이용 · 저장 · 조합 · 분석 등 처리 금지. 이메일, 문자 메시지 등 통신 내용의 수집 · 이용 · 저장 · 조합 · 분석 등 처리 금지
ⓜ 수집된 정보의 저장 · 관리 시 '기술적 · 관리적 보호조치' 시행 : 비식별화 조치가 취해진 정보를 저장 · 관리하고 있는 정보 처리시스템에 대한 기술적 · 관리적 보호조치 적용

③ 개인정보 비식별 조치 가이드라인
데이터 활용이 증가함에 따라 개인정보 보호 강화에 대한 요구가 지속되어 개인정보 보호를 보장하면서 데이터를 활용하기 위해 만들어진 가이드라인이다. 개인정보를 비식별 조치하여 이용 또는 제공할 때 준수해야 할 조치 기준을 제시하고 있다. 사전검토, 비식별 조치, 적정성 평가, 사후관리의 단계별 수행되어야 할 사항을 제시한다.

④ 데이터 3법 [기출]
개인정보 보호법, 정보통신망 이용 촉진 및 정보보호 등에 관한 법률(정보통신망법), 신용정보의 이용 및 보호에 관한 법률(신용정보법)의 개정안을 일컫는 단어이다. 데이터 이용의 활성화를 위해 개인정보 보호 소관 부처를 하나로 모아 중복 규제를 없애고 4차 산업혁명 도래에 맞춰 개인과 기업이 정보를 활용할 수 있는 폭을 넓히기 위해 마련되었다.
개인정보 보호법의 개정으로 가명정보 개념을 도입하고 상업적 목적으로 활용 가능하게 하며 개인정보의 관리 · 감독을 개인정보보호위원회로 일원화한다. 신용정보법의 개정으로는 가명정보를 금융분야 빅데이터 분석에 이용 가능하게 하며 가명정보 주체의 동의 없이 데이터를 활용하는 것을 허용한다. 정보통신망법의 개정으로 온라인상 개인정보 감독 기능을 개인정보보호위원회로 이관한다.
데이터 이용에 관한 규제 혁신과 개인정보 보호 거버넌스 체계 정비를 위해 발의되었으며, 가명정보의 개념을 도입하고 개인정보 주체의 권리와 처리자의 책임을 강화한다. 또한 개인정보의 판단기준을 명확히 하여 정보통신망을 통해 수집, 처리, 보관, 이용되는 개인정보의 보호를 도모한다.
데이터 3법의 시행으로 정보주체의 데이터 권리를 보장하게 됨에 따라 정보주체가 데이터를 주체적으로 관리하는 것을 넘어, 능동적으로 활용

**핵심요약**

비식별 조치 단계 중 적정성 평가 방법으로 k-익명성 모델을 최소한의 평가 수단으로 정의하고 있다. 개인정보 보호 모델에는 k-익명성과 이를 보완한 l-다양성, t-근접성 모델이 있으며 최소한 k-익명성 모델을 적용하여 적정성을 평가해야 한다.

**OX QUIZ**

t-근접성 모델은 k-익명성의 취약점인 동질성 공격, 배경지식에 의한 공격을 보완하기 위해 만들어졌다. (O/×)

정답 : ×

해설 k-익명성의 취약점인 동질성 공격(데이터 집합에서 동일한 정보를 이용하여 대상 정보를 알아내는 방법)과 배경지식에 의한 공격(주어진 데이터 외에 대상의 배경지식을 통해 데이터로부터 대상을 특정하는 방법)을 보완하기 위한 모델은 l-다양성이다.

할 수 있게 되었다. 다양한 개인정보 사용자가 가진 정보를 서로 공유하게 할 수 있어 개인의 정보를 한 곳에서 확인하고 이를 기반으로 더욱 다양한 분석·활용이 가능하다. 또한 여러 사업주체가 가진 정보를 통합함으로써 기존과 다른 새로운 시장이 활성화될 수 있다.

### (4) 개인정보 활용

① 개인정보 비식별화

데이터 내에 개인을 식별할 수 있는 정보가 있는 경우 비식별화 처리를 통해 개인의 식별을 방지한다. 개인정보 비식별화를 통해 개인정보 침해 가능성을 최소화하면서 데이터의 활용을 높여 데이터 산업을 활성화하는 것이 목적이다.

② 개인정보 비식별화 기술 [기출]

개인정보 비식별화는 가명처리, 총계처리, 데이터 삭제, 데이터 범주화, 데이터 마스킹을 통해 처리한다.
㉠ 가명처리 : 휴리스틱 가명화, K-익명화, 암호화, 교환 방법이 있으며, 개인 식별이 가능한 데이터를 다른 값으로 대체하는 기법
㉡ 총계처리 : 총합, 부분합, 라운딩, 재배열 등의 방법이 있으며, 개인정보에 통곗값을 적용하여 개인을 특정할 수 없게 하는 기법
㉢ 데이터 삭제 : 식별자 삭제, 부분 삭제, 레코드 삭제 등의 방법이 있으며, 특정 데이터 값을 삭제하는 기법
㉣ 데이터 범주화 : 범주화, 랜덤 라운딩, 범위화 등이 있으며, 식별 값을 해당 그룹의 대푯값이나 구간값으로 변환하는 기법
㉤ 데이터 마스킹 : 임의 잡음 추가, 공백·대체 방법이 있으며, 식별값의 전체 또는 부분을 대체값으로 변환하는 기법

③ 마이데이터 [기출]

4차 산업혁명을 통해 데이터에 대한 자산 가치가 높아짐에 따라 정보의 주체가 개인정보 권한을 가지고 자신의 개인정보를 직접 관리하는 마이데이터 운동이 확산되고 있다. 국제 마이데이터 기구에서는 마이데이터 선언문을 통해 사람과 조직 간의 신뢰, 자기 정보 결정권의 확보, 개인정보의 공정한 공유를 통한 공동의 이익극대화를 강조하고 있다.
마이데이터는 개인이 개인데이터의 통제·결정권을 가지고 개인의 요구에 따라 개인정보 활용 주체는 안전한 환경을 제공하며, 개인의 승인 및 동의에 의해 활용이 되어야 하는 원칙을 가지고 있다.

---

**OX QUIZ**

가명처리는 개인 식별이 가능한 데이터를 다른 값으로 대체하는 방법이다. (O/X)

정답 : O

**해설** 가명처리는 '김철수, 35세 → 임꺽정, 35세'와 같이 다른 값으로 대체하는 방법이다.

**OX QUIZ**

데이터 마스킹은 값의 일부 또는 전체를 다른 정보로 대체하는 방법이다. (O/X)

정답 : X

**해설** 데이터 마스킹은 데이터의 일부나 전체를 '*', 'O' 등의 잡음이나 공백으로 대체하는 방법이다.

**OX QUIZ**

마이데이터의 핵심은 기업 등에서 수집된 개인데이터를 제3자에게 공유할 수 있도록 하는 개인정보 전송요구권이다. (O/X)

정답 : O

**해설** 개인데이터의 전송 요구권을 통해 개인은 적극적으로 개인데이터를 관리·통제하며 맞춤형 서비스를 제공받을 수 있고 기업은 개인데이터의 공유를 통해 새로운 비즈니스 모델의 개발이 가능하다.

마이데이터는 투명성, 신뢰성, 통제권, 가치 관점에서 개인정보 수집·활용의 공개, 서비스 제공자의 신뢰성 확보, 개인정보 공유의 통제 및 개인에게 가치를 제공하도록 요구하고 있다.

최근 국내에서도 본인신용정보관리업(마이데이터) 운영 가이드라인이 발간되었고 마이데이터 지원센터가 개설되었다. 정보주체의 이익을 우선하고 이해상충 방지, 전송내역 기록관리 등 금융소비자의 정보주권을 보장하기 위한 가이드라인이 제정되었다.

> **핵심요약**
>
> 재현자료(Synthetic Data) : 실제로 측정된 데이터를 생성하는 모형이 존재한다고 가정하고 추정된 모형에서 새롭게 생성한 데이터이다. 베이지안 방법 또는 기계학습 모형을 통해 생성하며 모집단의 통계적 특성을 유지하면서도 민감한 정보를 외부에 공개하지 않는다. 또한 임의로 생성한 데이터이기 때문에 개인정보 보호법으로부터 자유롭다.

## 챕터 마무리문제

**01 DIKW 피라미드의 구성 요소가 아닌 것은?**

① 분석  ② 지식
③ 데이터  ④ 정보

해설 DIKW 피라미드는 데이터(Data), 정보(Information), 지식(Knowledge), 지혜(Wisdom)로 구성된다.

**02 다음 중 빅데이터의 정의로 올바르지 않은 것은?**

① 빅데이터는 일반적인 데이터베이스로 저장, 관리, 분석할 수 있는 범위를 넘어서는 규모의 데이터를 의미한다.
② 빅데이터란 새로운 접근 방식을 통해 데이터로부터 통찰과 가치를 창출하는 모든 것을 말한다.
③ 빅데이터란 높은 시사점을 제공하고 더 좋은 의사결정을 위해 사용되는 혁신적인 정보 자산이다.
④ 빅데이터란 다양하고 대규모의 데이터에서 고비용으로 가치를 추출할 수 있고, 데이터의 수집과 발굴을 초고속으로 처리할 수 있는 차세대 기술 및 아키텍처를 말한다.

해설 빅데이터는 다양하고 대규모의 데이터에서 저비용으로 가치를 추출할 수 있어 비용 효율적이다.

**03 다음 중 5V라고 불리는 빅데이터의 특징이 아닌 것은?**

① Velocity  ② Veracity
③ Validity  ④ Volume

해설 빅데이터의 특징에는 Volume, Variety, Velocity의 3V와 여기에 Value, Veracity가 포함된 5V가 있다.

정답  01 ①  02 ④  03 ③

**04** 빅데이터의 위기 요인 중 책임 원칙 훼손에 해당하는 것은?

① 고도화된 범죄 예측 프로그램으로 사건이 발생하여 피해자가 생기기 전에 범인을 체포한다.
② 비용을 지불한 업체나 개인이 검색결과의 상위에 보이도록 설정한다.
③ 정보의 독점으로 사회를 통제하는 권력집단이 개인의 사생활을 감시한다.
④ SNS에 여행 사실을 올린 사람들을 골라 도둑질을 한다.

해설 책임의 원칙은 어떤 상황이 발생했을 때 그 원인으로 규정할 수 있는 행위나 작용에 대해 법적, 도의적 제재를 부담하는 것이다. 예측 알고리즘으로 범인을 사전에 특정할 경우 명확한 결과에 대한 책임을 묻는 책임 원칙을 훼손할 가능성이 있다.

**05** 다음 중 지식의 예시로 올바른 것은?

① 편의점의 컵라면 가격이 대형마트보다 더 비싸다.
② 대형마트는 컵라면을 2,000원에, 편의점은 컵라면을 1,200원에 팔고 있다.
③ 대형마트가 편의점보다 다른 물건도 싸게 팔 것이다.
④ 편의점보다 저렴하게 컵라면을 팔고 있는 대형마트에서 사야겠다.

해설 ①은 정보, ②는 데이터, ③은 지혜이다.

**06** 다음 중 빅데이터 플랫폼에 관한 설명으로 옳지 않은 것은?

① 하둡 에코시스템은 특정 기술 및 프레임워크를 의미한다.
② 빅데이터 플랫폼이란 데이터의 수집, 저장, 분석, 활용 등 분석 프로세스를 지원하는 규격화된 빅데이터 프로세스 기술을 의미한다.
③ 방대하고 복잡한 데이터를 처리하기 위해 다양한 빅데이터 플랫폼이 개발되었다.
④ 오픈 소스 기반의 분산처리 환경에는 하둡 분석플랫폼이 있다.

해설 많은 기업에서 사용하는 하둡 에코시스템은 확장성과 호환성이 높은 오픈 소스 솔루션으로 특정 기술이나 솔루션에 국한되지 않은 다양한 기술 및 솔루션 등을 이용해 플랫폼을 구성하고 있다.

**07** 다양한 정보를 구조화하여 고유의 아이디어로 도출한 결과물은?

① 정보
② 지혜
③ 지식
④ 데이터

해설 획득된 정보를 구조화하여 유의미한 정보로 분류하고 일반화하여 고유의 아이디어로 만든 결과는 지식이다.

정답 04 ① 05 ④ 06 ① 07 ③

## 08 다음에서 적용된 비식별 조치 방법은?

> 김철수, 39세, 대학원생 → 김 씨, 30대, 학생

① 총계처리　　　　　　　　　② 데이터 범주화
③ 데이터 마스킹　　　　　　　④ 가명처리

**해설** 식별값을 해당 그룹의 대푯값이나 구간값으로 변환하는 기법으로 범주화 기법에 해당한다.

## 09 개인정보 비식별화의 세부 기술 중 올바르지 않은 것은?

① 가명처리 : 휴리스틱 가명화, 암호화, 교환 방법
② 데이터 마스킹 : 랜덤 라운딩, 범위화, 감추기
③ 데이터 삭제 : 식별자 삭제, 부분 삭제, 레코드 삭제, 식별요소 전체 삭제
④ 총계처리 : 총합, 부분합, 라운딩, 재배열

**해설** 랜덤 라운딩, 범위화, 감추기, 범주화는 데이터 범주화 기법이다.

## 10 다음 중 빅데이터가 변화시키고 있는 업무 방식에 대한 설명으로 옳지 않은 것은?

① 분석 정확도의 향상을 위해 데이터의 품질보다 양이 중요해졌다.
② 데이터 간 특정한 상관관계 중심에서 특정 현상에 대한 발생 가능성을 예측하기 위해 인과관계가 중요해졌다.
③ 수집이 가능한 많은 데이터를 조합하여 새로운 가치를 발굴하는 사후처리 방식으로 인사이트를 발굴한다.
④ 데이터의 수집, 처리 비용의 감소로 표본조사 방식에서 전수조사로 변화한다.

**해설** 제한된 데이터에서 인과관계를 중심으로 수행되던 분석방식이 다양한 데이터로부터 상관관계를 도출하는 방식으로 변화하고 있다.

## 11 다음 데이터의 종류는?

```
{
"사업본부" : "빅데이터 분석 본부",
"사업부" : "제조 빅데이터 사업부",
"팀" : "분석 1팀",
"팀장" : "유비",
"팀원" : ["조조", "하후돈", "제갈 공명", "여포", "여보"],
"팀 매출 목표(원)" : 258,254,478,000
}
```

① 정형 데이터　　　　　　　　② 비정형 데이터
③ 반정형 데이터　　　　　　　④ 부정형 데이터

**해설** 데이터 구조 정보를 함께 제공하는 형식은 반정형 데이터이다.

**정답** 08 ② 09 ② 10 ② 11 ③

## 12 다음 중 빅데이터의 가치로 올바르지 않은 것은?

① 타 분야와의 융합으로 새로운 시장을 창출한다.
② 리스크 감소 효과를 가져온다.
③ 기업의 경쟁력이 높아진다.
④ 소비자의 수요를 증가시켜 이익을 높일 수 있다.

해설 빅데이터를 활용하여 안전적인 기업 활동을 추구하며 소비자의 수요에 빠르게 대응할 수 있지만 수요 자체를 증가시키기는 어렵다.

## 13 빈칸에 들어갈 단어로 가장 올바른 것은?

> (　　　　)은/는 데이터 활용이 증가함에 따라 개인정보 보호 강화에 대한 요구가 지속되어 개인정보 보호를 보장하면서 데이터를 활용하기 위해 만들어졌으며, 개인정보를 이용 또는 제공할 때 준수해야 할 조치 기준을 제시하고 있다.

① 정보통신망법
② 신용정보법
③ 개인정보 비식별 조치 가이드라인
④ 개인정보 보호제도

해설 개인정보 보호를 보장하면서 데이터 활용을 촉진하기 위한 제도는 개인정보 비식별 조치 가이드라인이다.

## 14 다음 중 암묵지와 형식지에 관한 설명으로 옳지 않은 것은?

① 언어나 문서로 표출된 지식을 형식지라고 한다.
② 형식지는 여러 사람이 공유할 수 있도록 공통화가 필요하다.
③ 암묵지는 개인에게 축적된 내면 지식으로, 언어나 문자를 통해 나타나지 않는 지식이다.
④ 암묵지가 고도화되거나 형식지로 표출되어 공유되면 더 높은 가치를 만들 수 있다.

해설 공통화와 내면화가 필요한 지식은 암묵지이다.

## 15 개인정보 보호 관련 법령으로 가장 거리가 먼 것은?

① 정보통신망법
② 명예훼손법
③ 개인정보 보호법
④ 신용정보법

해설 개인정보 보호 관련 법령으로는 개인정보 보호법, 정보통신망법, 신용정보법, 위치정보 보호법, 안정성 확보 조치 기준 등이 있다.

---

정답  12 ④  13 ③  14 ②  15 ②

**16** 빅데이터의 위기 요인과 통제 방안에 대한 설명으로 가장 올바른 것은?

① 사생활 침해를 방지하기 위해 책임제도를 동의제도로 변경하는 것이 효과적이다.
② 명확한 결과에 대한 책임을 묻는 책임 원칙이 훼손될 가능성에 대비하여 빅데이터 사전 분석을 통한 통제의 강화가 필요하다.
③ 알고리즘을 통해 불이익을 당한 사람들이 알고리즘에 대해 분석을 할 수 있도록 알고리즘에 대한 접근을 허용한다.
④ 데이터 비식별 조치는 사생활 침해의 요인을 제거할 수 있다.

해설 ) 데이터 비식별 조치는 개인정보를 안전하게 사용하기 위한 기술적 가이드라인으로 사생활 침해의 요인을 제거하기 위해서는 동의제도를 책임제도로 변경하는 방법이 필요하다. 또한 사전 예측을 통한 통제 강화는 책임 원칙의 훼손을 유발한다.

**17** 다음 중 반정형 데이터에 대한 설명으로 가장 옳은 것은?

① 동영상 파일, 오디오 파일과 같이 데이터 구조가 없어 자체적으로 질의 처리를 할 수 없다.
② 오라클과 같은 DBMS에 저장하여 사용한다.
③ 데이터 구조 정보가 없기 때문에 데이터 처리 시 데이터 구조를 정형화해야 한다.
④ 반정형 데이터의 구조에는 HTML, JSON 등이 있다.

해설 ) 반정형 데이터는 형식과 구조가 변경될 수 있지만 데이터 구조 정보를 함께 제공하는 형식의 데이터이다. 유형에는 HTML, JSON, 로그 데이터, 센싱 데이터 등이 있다.

**18** 빅데이터는 제조업뿐만 아니라 서비스 분야의 생산성을 획기적으로 향상시켜 사회, 경제 등 전반에 혁신을 가져올 것으로 기대되는데 이러한 기대에 대한 표현으로 적절한 것은?

① 빅데이터는 생물학의 렌즈와 같은 발전 혁신을 가져온다.
② 빅데이터는 21세기의 원유이다.
③ 빅데이터는 다양한 비즈니스에서 주요 플랫폼 역할을 한다.
④ 빅데이터는 과거 석탄, 철과 같은 차세대 산업혁명의 주요 원재료이다.

해설 ) 산업혁명시대의 석탄, 철처럼 빅데이터는 새로운 산업시대의 주요 원동력으로 기대되고 있다.

**19** 빅데이터의 가치 산정이 어려운 이유로 옳지 않은 것은?

① 많은 기업이나 조직에서 비전략적으로 빅데이터를 활용함에 따라 실제 업무에 적용될 수 없는 가치 없는 결과가 많이 발생하고 있다.
② 기존에 없던 분석 기술로 다양한 유형의 데이터를 분석함에 따라 정량적으로 가치를 매길 수 없다.
③ 데이터를 재사용하고 재조합하는 방식으로 개발되어 데이터의 활용 범위 및 대상을 특정하기 힘들다.
④ 이전에 없던 가치가 창출됨에 따라 가치 산정의 기준을 정의하기 어렵다.

해설 ) 빅데이터의 가치 산정이 어려운 이유로 다양한 데이터 활용 방식, 새로운 가치 창출, 분석 기술의 발전이 있다.

정답  16 ③  17 ④  18 ④  19 ①

**20** 다음 중 데이터 사이언티스트의 Hard Skill에 해당하는 것은?

① 빅데이터 분석 기술
② 통찰력 있는 분석 능력
③ 설득력 있는 의사 전달능력
④ 커뮤니케이션 능력

해설
- Hard Skill : 빅데이터 관련 지식, 분석 기술
- Soft Skill : 통찰력 있는 분석, 의사 전달 능력, 다분야의 협력 능력

정답 20 ①

# CHAPTER 02 데이터 분석 계획

**[학습 목표]**
데이터 분석을 이행하기에 앞서 분석의 대상이 무엇인지 식별하고 어떻게 진행할 것인지에 대한 계획이 필요하다. 분석 작업에 대한 로드맵을 설정하고 효과적인 분석을 위해 데이터를 어떻게 수집할 것인지, 분석 절차는 어떻게 진행할 것인지에 대한 계획을 수립해야 한다.

**핵심요약**

분석 로드맵은 분석 과제를 효과적으로 수행하고 그 결과가 비즈니스 문제점을 해결할 수 있도록 분석과제의 정의부터 데이터 수집·처리 계획, 아키텍처 설계, 데이터 탐색, 분석 알고리즘 설계는 물론 비즈니스 업무의 변화 관리와 현업 업무 내재화까지 모든 단계의 목표와 추진 내용을 정리하는 작업이다.

## 1. 분석 방안 수립

### (1) 분석 로드맵 설정 [기출]

분석 로드맵이란 빅데이터 분석 프로젝트의 계획, 이행, 적용을 위해 단계별 계획과 수행내용을 수립하는 단계이다. 데이터 분석 계획을 수립하기 위해 분석 단계별로 추진하고자 하는 목표를 정의하고, 선·후행 단계를 고려하여 단계별로 추진내용을 정리한다.

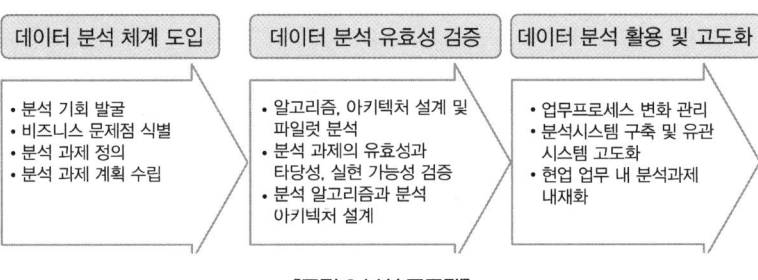

[그림 8 분석 로드맵]

### (2) 분석 문제 정의

① 분석 문제 정의 방식

문제란 일반적으로 목표와 현상의 차이를 의미하며 비즈니스 측면에서는 매출 감소, 품질 불량, 고객 이탈 등 기업 활동의 목표를 이루는 데 방해가 되는 요소들을 말한다. 이러한 문제를 데이터 기반으로 해결하기 위해서 과제화시킨 것을 분석 문제라고 한다. 분석 문제는 무엇이 문제

인지를 정의할 수 있느냐 없느냐에 따라 하향식 접근 방식과 상향식 접근 방식으로 나누어 정의할 수 있다.

　㉠ 하향식 접근 방식 : 문제가 정의되어 주어지고 이에 대한 해결 방법을 찾기 위해 단계적으로 업무를 수행하는 방식

　㉡ 상향식 접근 방식 : 문제를 정의할 수 없는 경우 데이터를 기반으로 문제를 정의하고 해결 방안을 탐색하는 방식

② 하향식 접근법

　㉠ 문제 탐색 : 비즈니스 모델 기반의 문제 탐색 방법과 외부 참조 모델 기반의 문제 탐색 방법을 통해 문제를 탐색한다.

| 문제 탐색 기법 | 방법 |
| --- | --- |
| 비즈니스 모델 기반 문제 탐색 | 기업 내·외부 환경을 포괄하는 비즈니스 모델의 업무 단위로 문제를 발굴하는 방법 |
| 외부 참조 모델 기반 문제 탐색 | 외부 사례를 벤치마킹하여 분석 기회를 발굴하는 방법 |

[표 5 문제 탐색 기법]

　㉡ 분석 문제 정의 : 비즈니스 문제를 데이터의 문제로 전환

　㉢ 해결 방안 탐색 : 문제의 수준 및 분석역량에 기초하여 분석기법 및 방법 탐색

　㉣ 타당성 평가 및 과제 선정 : 데이터와 기술의 타당성, 경제성을 고려하여 여러 대안 중 적합한 대안을 선택

③ 상향식 접근법

다양한 원천 데이터를 대상으로 분석을 수행하여 가치 있는 모든 문제를 도출하는 일련의 과정으로 객관적인 데이터를 통해 비즈니스를 이해하려는 방식이다. 일반적으로 장바구니 분석, 군집 분석 등 비지도 학습 기반으로 데이터의 상태를 분석하고 문제점을 도출한다.

④ 분석 문제 해결 방안 기출

대상 및 방법에 따라 최적화, 솔루션, 통찰, 발견의 유형으로 나누어 도출할 수 있다.

---

**OX QUIZ**

비즈니스 문제를 명확히 정의할 수 없을 때 하향식 접근 방식으로 문제를 정의한다. (O/×)

정답 : ×

해설 무엇이 문제인지 정의할 수 없을 경우 상향식 접근법으로 문제를 정의한다.

**OX QUIZ**

하향식 문제 정의 방식 중 비즈니스 모델 기반 탐색법은 비즈니스 영역을 단순화하여 문제를 발굴한다. (O/×)

정답 : O

해설 비즈니스 모델 기반 문제 탐색은 비즈니스 모델 캔버스의 9가지 블록을 단순화하여 업무, 제품, 고객 단위에서 문제를 발굴하고 규제와 감사, 인프라 영역에 대한 기회를 추가로 도출하는 방법이다.

**OX QUIZ**

분석 대상을 알고 있지만 분석 방법에 대한 방안이 없을 경우에는 통찰의 방식으로 분석 문제 해결 방안을 도출한다. (O/×)

정답 : ×

해설 '분석 대상(Known) – 분석 방법(Un–Known)'의 경우 솔루션 탐색으로 문제 해결 방안을 도출한다.

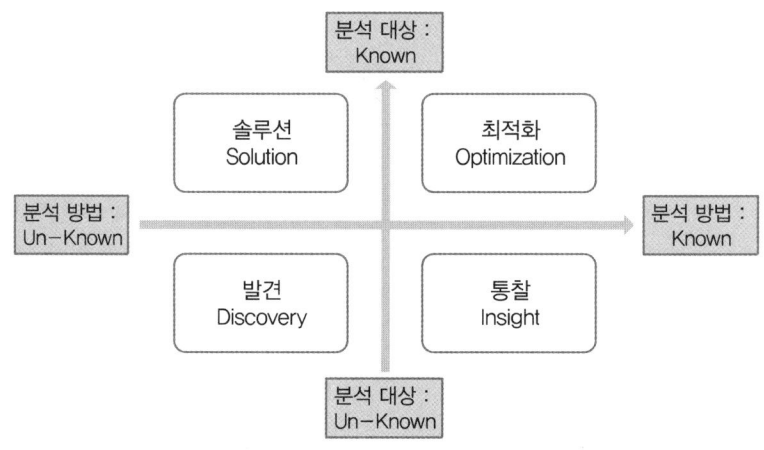

[그림 9 분석 문제 해결 방안 도식표]

㉠ 최적화 : 분석 대상과 분석 방법을 알 경우 개선을 통한 최적화
㉡ 솔루션 : 분석 대상은 알지만 분석 방법을 모를 경우 분석 주제에 대한 솔루션 탐색
㉢ 통찰 : 분석 대상이 무엇인지 명확히 모르지만 기존에 알고 있는 분석 방법을 활용하여 새로운 통찰을 도출함
㉣ 발견 : 분석의 대상과 방법을 모두 모를 경우 분석의 대상을 탐색하여 발견

### (3) 데이터 분석 방안

① 데이터 분석 업무 흐름

빅데이터 분석 업무는 다음과 같은 흐름으로 진행된다.

[그림 10 데이터 분석 업무 흐름]

㉠ 데이터 수집 : 분석에 필요한 데이터의 원천과 활용 여부를 판단하여 분석에 활용할 데이터를 수집
㉡ 데이터 저장 : 수집된 데이터를 분석 아키텍처에 저장
㉢ 데이터 처리 : 전처리와 후처리를 통해 데이터를 분석 환경과 목적에 적합하게 가공
㉣ 탐색적 데이터 분석(EDA) : 데이터 현황을 분포도, 평균과 분산 등 간단한 시각화나 통계 지표를 활용하여 특성을 파악하고 분석 방향을 수립
㉤ 모형 및 알고리즘 설계 : 데이터 특성에 맞는 분석 모형과 알고리즘 설계 및 분석 실행

---

**핵심요약**

데이터 분석 업무에서 데이터의 이해는 주로 탐색적 데이터 분석 단계에서 이루어진다. 탐색적 데이터 분석 단계는 수집된 데이터를 다양한 관점에서 관찰하고 이해하는 과정으로 분석모형의 개발에 앞서 통계적으로 해석하거나 시각화하고 데이터를 직관적으로 정리하는 과정이다.

ⓑ 시각화 및 보고서를 통한 데이터 활용 : 분석 결과를 현업이 이해하기 쉽도록 그래프나 차트 등을 통해 시각화하여 보고서 작성

② 빅데이터 분석 방법론 [중요] [기출]

빅데이터 분석 방법론은 분석 과제 수행 시 참고할 수 있는 사전에 정의된 체계적인 절차와 처리 방법이다. 빅데이터 분석 방법론은 상세한 절차, 방법, 도구 및 기법, 템플릿과 산출물로 구성되어 있어 분석 업무를 수행할 때 일정한 수준의 품질을 확보할 수 있게 해준다. 빅데이터 분석 방법론의 분석 절차는 다음과 같이 수행된다.

- ㉠ 분석 기획 : 비즈니스 분석 및 문제 정의, 프로젝트 범위 및 계획 수립, 프로젝트 위험계획 수립
- ㉡ 데이터 준비 : 분석 데이터 정의, 데이터 저장 설계, 데이터 수집 및 정합성 검증
- ㉢ 데이터 분석 : 분석 데이터 준비, 텍스트 분석, 탐색적 분석, 모델링, 모델 평가 및 검증, 모델 적용 및 운영 방안 수립
- ㉣ 시스템 구현 : 설계 및 구현, 시스템 테스트 및 운영
- ㉤ 평가 및 전개 : 모델 발전 계획 수립, 프로젝트 평가 보고

③ 추가 분석 방법론 유형

- ㉠ KDD(Knowledge Discovery in Database) 분석 방법론 : 데이터로부터 통계적인 패턴이나 지식을 찾기 위해 정리된 데이터 마이닝 프로세스로 데이터 선택, 데이터 전처리, 데이터 변환, 데이터 마이닝, 해석과 평가의 단계로 진행된다.
- ㉡ CRISP-DM(Cross Industry Standard Process for Data Mining) 분석 방법론 [기출] : 단계, 일반화 태스크, 세분화 태스크, 프로세스 실행으로 구성되어 있다. 업무 이해, 데이터 이해, 데이터 준비, 모델링, 평가, 전개의 6단계로 진행되며 각 단계 간 피드백을 통해 완성도를 높일 수 있다.

## 2. 분석 작업 계획

### (1) 데이터 확보 계획

① 데이터 확보

빅데이터의 활용을 높이고 제대로 활용하기 위해서는 비즈니스 모델에 맞는 양질의 데이터 확보가 중요하다.

데이터는 내부 데이터와 외부 데이터로 구분되며 내부 데이터는 부서 간 협조하에 개인정보 보호 및 정보보안에 유의하여 수집한다.

---

**핵심요약**

빅데이터 분석 방법론의 프로세스는 '분석 기획 → 데이터 준비 → 데이터 분석 → 시스템 구현 → 평가 및 전개'로 구성되어 있다. 분석업무를 진행하는 기본적인 설계안이기 때문에 각 단계에 대해 충분히 이해를 할 필요가 있다.

**OX QUIZ**

비즈니스 이해를 바탕으로 데이터 분석 목적의 6단계로 진행되는 분석 방법론은 CRISP-DM 분석 방법론이다. (O/×)

정답 : O

해설 CRISP-DM 분석 방법론은 6단계로 구성되어 있으며, 폭포수 모형처럼 단반향으로 구성되어 있지 않고 단계 간 피드백을 통해 완성도를 높이는 방식이다.

외부 데이터는 다양한 외부 기관 또는 업체와 크롤링 등의 인터페이스 방식 및 법적인 문제점을 고려하여 확보 계획을 수립한다.

② 데이터 확보 계획 수립
- ㉠ 목표 정의 : 비즈니스 특성을 고려하여 구체적인 성과 목표를 정의하고 성과 측정에 대한 지표를 도출한다.
- ㉡ 요구사항 도출 : 데이터 수집 및 관리 계획을 수립하고, 데이터 처리 수준, 데이터 저장 형태 등 데이터 관리와 기술에 대한 요구사항을 도출한다.
- ㉢ 예산안 수립 : 데이터 수집, 구축, 처리, 관리에 필요한 자원 및 예산 계획을 수립한다.
- ㉣ 계획 수립 : 인력 및 일정 등 프로젝트 관리 계획을 수립하고 리스크 및 품질 관리 계획을 수립한다.

### (2) 분석 절차 및 작업 계획

① 빅데이터 분석 절차 [기출]
분석 작업 계획을 위해 빅데이터 분석 절차를 살펴보면 다음과 같다.
- ㉠ 문제 인식 : 비즈니스 문제를 인식하고 분석 목적을 정의
- ㉡ 현황 분석 : 분석 목적을 위한 자료, 데이터 조사
- ㉢ 모형화 : 문제의 단순화를 통해 변수 간의 관계로 정의
- ㉣ 데이터 수집 : 분석에 필요한 데이터의 수집, 전처리, 정제
- ㉤ 데이터 분석 : 수집된 데이터의 탐색적 분석과 모형 개발 및 정리
- ㉥ 분석 결과 활용 : 분석 결과를 비즈니스에 접목하여 모형 수립

② 빅데이터 작업 계획
분석 절차에 맞춰 실제 수행되어야 하는 작업을 세분화하여 일정과 산출물을 WBS(Work Breakdown Structure)로 정리한다. 빅데이터 분석의 WBS는 다음과 같이 세분화할 수 있다.
- ㉠ 데이터 분석 과제 정의 : 분석 과제 정의서를 기반으로 분석 업무 단위별로 일정을 수립하고 전체 일정에 맞는 사전 준비 진행
- ㉡ 데이터 준비 및 탐색 : 데이터를 수집하고 정리하는 일정과 분석 모델의 변수 후보를 선정하는 일정을 수립하고 데이터 정의서 작성
- ㉢ 데이터 분석 모델링 및 검증 : 데이터의 준비 및 탐색을 토대로 데이터 분석 모델링을 진행하고 검증하는 일정을 수립하고 분석 결과서 작성
- ㉣ 산출물 정리 : 데이터 분석 단계별 산출물과 분석 결과 프로그램을 정리하여 최종 산출물로 정리

---

**핵심요약**

분석 문제를 정의하고 분석 방안을 수립하면 분석 작업에 대한 계획이 필요하다. 분석 작업 계획은 문제 인식, 현황 분석, 모형화, 데이터 수집, 데이터 분석, 분석 결과 활용의 분석 절차를 세분화하여 일정과 산출물을 정리한다.

**OX QUIZ**

빅데이터 분석 절차에서 모형화는 비즈니스 문제를 변수 간의 관계로 정의하는 것으로 비즈니스를 데이터에 기반하여 이해하고 분석에 필요한 변수를 도출하여 수집이 필요한 데이터를 정의할 수 있다. (O/×)

정답 : O

**해설** 모형화를 통해 비즈니스에 대한 이해와 비즈니스 문제 해결을 위한 기초 데이터를 확인할 뿐만 아니라 분석 결과를 비즈니스에 입각하여 해석하는 기반이 될 수 있다.

# 챕터 마무리문제

**01** 분석 문제를 정의하는 방식 중 하향식 접근법의 절차로 올바른 것은?

① 분석 문제 정의 → 문제 탐색 → 해결 방안 탐색 → 타당성 평가 → 과제 선정
② 문제 탐색 → 분석 문제 정의 → 타당성 평가 → 해결 방안 탐색 → 과제 선정
③ 분석 문제 정의 → 문제 탐색 → 타당성 평가 → 해결 방안 탐색 → 과제 선정
④ 문제 탐색 → 분석 문제 정의 → 해결 방안 탐색 → 타당성 평가 → 과제 선정

해설 하향식 접근법의 절차는 '문제 탐색 → 분석 문제 정의 → 해결 방안 탐색 → 타당성 평가 → 과제 선정'이다.

**02** 빅데이터 분석 절차로 올바른 것은?

① 데이터 수집 → 문제 인식 → 현황 분석 → 모형화 → 데이터 분석 → 분석 결과 활용
② 데이터 수집 → 데이터 분석 → 문제 인식 → 현황 분석 → 모형화 → 분석 결과 활용
③ 현황 분석 → 문제 인식 → 모형화 → 데이터 수집 → 데이터 분석 → 분석 결과 활용
④ 문제 인식 → 현황 분석 → 모형화 → 데이터 수집 → 데이터 분석 → 분석 결과 활용

해설 빅데이터 분석은 '문제 인식 → 현황 분석 → 모형화 → 데이터 수집 → 데이터 분석 → 분석 결과 활용' 순으로 진행된다.

**03** 다음에서 설명하는 문제 해결 방안은?

| 분석 대상이 무엇인지 모르는 경우에 분석 대상 자체를 새롭게 도출하는 방법 |
|---|

① 통찰
② 솔루션
③ 최적화
④ 발견

해설

| 구분 | 분석의 대상 | 분석의 방법 |
|---|---|---|
| 최적화 | Known | Known |
| 솔루션 | Known | Un-Known |
| 통찰 | Un-Known | Known |
| 발견 | Un-Known | Un-Known |

정답  01 ④  02 ④  03 ④

**04** 데이터 확보 계획 수립 절차로 올바른 것은?

① 목표 정의 → 계획 수립 → 예산안 수립 → 요구사항 도출
② 목표 정의 → 요구사항 도출 → 계획 수립 → 예산안 수립
③ 목표 정의 → 요구사항 도출 → 예산안 수립 → 계획 수립
④ 목표 정의 → 계획 수립 → 요구사항 도출 → 예산안 수립

**해설** 데이터 확보 계획 수립 절차는 '목표 정의 → 요구사항 도출 → 예산안 수립 → 계획 수립' 순으로 이루어진다.

**05** 문제 해결 방안 중 분석 대상은 인지(Known)하고 있으나 분석 방법은 알지 못하는 경우(Un-Known)에 사용하는 유형은?

① 최적화(Optimization)
② 통찰(Insight)
③ 발견(Discovery)
④ 솔루션(Solution)

**해설** 문제 해결 방안 분류 중 분석의 대상은 알고(Known) 있으나 방법을 알지 못하는 경우(Un-Known)에는 솔루션 유형을 사용한다.

**06** 프로토타이핑(Prototyping) 접근법에 대한 설명으로 가장 알맞은 것은?

① 문제가 정의되어 있고 해결 방법을 찾기 위한 데이터가 정의되어 있는 경우에 효과적이다.
② 데이터 파악이 어렵더라도 우선 분석을 시도하고 결과를 확인하는 작업을 반복하여 개선해 나가는 방식으로 문제를 명확하게 인식할 수 있고 필요한 데이터를 구체화할 수 있다.
③ 문제의 정의가 불명확할 경우 적용하기 어렵다.
④ 주어진 문제에 대한 해결책을 찾기 위해 각 과정이 단계적으로 정의되어 있다.

**해설** 프로토타이핑 접근법은 분석을 통해 신속하게 해결책이나 모형을 제시하고 반복적으로 개선해 나가면서 문제를 좀 더 명확하게 인식하고 필요한 데이터를 식별하여 구체화할 수 있는 접근법이다.

**07** KDD 분석 방법론의 분석 절차로 옳은 것은?

① 데이터 선택 → 데이터 전처리 → 데이터 변환 → 데이터 마이닝 → 해석과 평가
② 데이터 변환 → 데이터 전처리 → 데이터 선택 → 데이터 마이닝 → 해석과 평가
③ 데이터 전처리 → 데이터 변환 → 데이터 선택 → 데이터 마이닝 → 해석과 평가
④ 데이터 선택 → 데이터 변환 → 데이터 전처리 → 데이터 마이닝 → 해석과 평가

**해설** KDD는 데이터로부터 통계적인 패턴이나 지식을 찾기 위해 정리된 데이터 마이닝 프로세스로 '데이터 선택 → 데이터 전처리 → 데이터 변환 → 데이터 마이닝 → 해석과 평가'의 단계로 진행된다.

**정답** 04 ③ 05 ④ 06 ② 07 ①

**08** 다음 중 분석 마스터플랜 수립 시 적용 범위와 방식에서 고려할 요소로 옳지 않은 것은?

① 분석 데이터 적용 수준
② 기술 적용 수준
③ 투자 비용 수준
④ 업무 내재화 적용 수준

해설 분석 마스터플랜을 수립할 때에는 전략적 중요도, 비즈니스 성과, 실행 용이성을 고려하여 우선순위를 정한다. 우선순위가 설정되면 업무 내재화 적용 수준, 분석 데이터 적용 수준, 기술 적용 수준을 고려하여 적용 범위 및 방식을 정한 뒤 분석 로드맵을 수립한다.

**09** 문제가 정의되어 주어지고 이에 대한 해결 방법을 찾기 위해 단계적으로 업무를 수행하는 분석 과제 발굴 방식은?

① 하향식 접근법
② 프로토타이핑
③ 디자인 사고
④ 상향식 접근법

해설 문제를 정의할 수 없는 경우 데이터를 기반으로 문제를 정의하고 해결 방안을 탐색하는 방식으로 프로토타이핑 접근법, 디자인 사고 등 상향식 접근법을 사용한다.

**10** CRISP-DM에 대한 설명으로 옳지 않은 것은?

① CRISP-DM 방법론을 구성하는 최상위 레벨은 단계이다.
② CRISP-DM은 단계, 일반화 태스크, 세분화 태스크, 프로세스 실행으로 구성된다.
③ 단계 간 피드백을 통하여 완성도를 높인다.
④ 1996년 Fayyad가 프로파일링 기술을 기반으로 통계적인 패턴이나 지식을 찾기 위해 체계적으로 정리한 방법론이다.

해설 1996년 Fayyad가 프로파일링 기술을 기반으로 통계적 패턴이나 지식을 찾기 위해 체계적으로 정리한 방법론은 KDD이다.

**11** 빅데이터 분석의 WBS 설정 시 올바르지 않은 것은?

① 데이터 분석 과제 정의 : 분석 과제 정의서를 기준으로 프로젝트 전체 일정 및 업무 단위별 일정 수립
② 데이터 분석 모델링 및 검증 : 분석 모델링에 필요한 변수를 선정하는 일정 수립
③ 데이터 준비 및 탐색 : 분석에 필요한 데이터를 수집하고 정리하는 일정 수립
④ 산출물 정리 : 데이터 분석 단계별 산출물과 분석 결과 프로그램을 정리하여 최종 산출물로 정리

해설 데이터 분석 모델링 및 검증 단계에서는 데이터 준비 및 탐색을 토대로 분석 모델링을 진행하고 검증하는 일정을 수립하는 단계이다.

정답 08 ③  09 ①  10 ④  11 ②

## 12 다음에서 설명하는 CRISP-DM 분석 방법론의 단계는?

> 비즈니스를 이해하는 단계로 분석의 목적을 이해하고 데이터 마이닝 목표를 설정해 프로젝트 계획을 수립하는 단계이다.

① 업무 이해  ② 평가
③ 모델링  ④ 데이터 이해

**해설** CRISP-DM 분석 방법론 중 업무의 이해 단계에서 수행하는 태스크는 업무 목적 파악, 상황 파악, 데이터 마이닝 목표 설정, 프로젝트 계획 수립이다.

## 13 CRISP-DM 분석 방법론의 분석 절차로 올바른 것은?

① 업무 이해 → 데이터 이해 → 데이터 준비 → 모델링 → 평가 → 전개
② 업무 이해 → 데이터 이해 → 데이터 준비 → 평가 → 모델링 → 전개
③ 업무 이해 → 데이터 준비 → 데이터 이해 → 모델링 → 평가 → 전개
④ 업무 이해 → 데이터 준비 → 데이터 이해 → 평가 → 모델링 → 전개

**해설** CRISP-DM 분석 방법론은 '업무 이해 → 데이터 이해 → 데이터 준비 → 모델링 → 평가 → 전개'의 순으로 진행된다.

## 14 문제를 정의할 때 상향식 접근법의 확산적 사고로 문제를 인식하고 도출된 문제를 분석하고 검증하는 하향식 접근법의 수렴적 사고를 반복 수행하는 방식은?

① 비즈니스 모델 캔버스  ② 디자인 사고
③ 반복 접근법  ④ 분석 인사이트

**해설** 디자인 사고(Design Thinking)는 상향식 접근법으로 문제를 도출하고 하향식 접근법으로 해결방법을 찾는 과정을 반복함으로써 동적인 환경에서 최적의 문제 정의를 하기 위한 접근방식이다.

## 15 CRISP-DM 방법론의 평가 단계에서 수행하는 태스크는?

① 모델 테스트 계획 설계  ② 학습 · 검증 데이터 분리
③ 모델 적용성 평가  ④ 모델 평가

**해설** 모델 테스트 계획 설계, 모델 평가는 모델링 단계에서, 학습 · 검증 데이터 분리는 데이터 준비 단계에서 진행한다.

**정답** 12 ①  13 ①  14 ②  15 ③

**16** 분석 과제 적용의 우선순위를 결정할 때 가장 우선적으로 진행해야 하는 것은?

① 난이도 : 어려움, 시급성 : 미래
② 난이도 : 쉬움, 시급성 : 현재
③ 난이도 : 쉬움, 시급성 : 미래
④ 난이도 : 어려움, 시급성 : 현재

해설 난이도와 시급성을 모두 고려할 때 가장 우선적으로 분석 과제 적용이 필요한 영역은 '난이도 – 쉬움', '시급성 – 현재'인 영역이다.

**17** 하향식 접근법에서 문제 탐색 단계에 대한 설명으로 올바르지 않은 것은?

① 문제 탐색 시 외부 사례를 벤치마킹하기도 한다.
② 분석 유스케이스를 정의한다.
③ 데이터의 문제로 전환하는 것이 필요하다.
④ 비즈니스 모델에 기반하여 문제를 탐색한다.

해설 데이터의 문제로 전환하는 작업은 분석 문제 정의 단계에서 진행한다.

**18** 다음 중 데이터 분석 방법론의 구성 요소가 아닌 것은?

① 분석가
② 절차
③ 도구 및 기법
④ 방법

해설 데이터 분석 방법론은 절차, 방법, 도구 및 기법, 템플릿과 산출물로 구성되어 있다.

**19** 빅데이터 분석 방법론의 분석 기획 단계에서 진행되는 업무가 아닌 것은?

① 프로젝트 범위 설정
② 프로젝트 정의
③ 필요 데이터의 정의
④ 프로젝트 위험 계획 수립

해설 빅데이터 분석 방법론의 분석 기획 단계에서는 비즈니스 이해 및 범위 설정, 프로젝트 정의 및 계획 수립, 프로젝트 위험계획수립을 진행한다.

**20** 빅데이터 분석 방법론의 절차로 올바른 것은?

① 분석 기획 → 데이터 준비 → 데이터 분석 → 평가 및 전개 → 시스템 구현
② 분석 기획 → 데이터 준비 → 데이터 분석 → 시스템 구현 → 평가 및 전개
③ 데이터 준비 → 분석 기획 → 데이터 분석 → 시스템 구현 → 평가 및 전개
④ 데이터 준비 → 분석 기획 → 데이터 분석 → 평가 및 전개 → 시스템 구현

해설 빅데이터 분석 방법론의 분석 절차는 '분석 기획 → 데이터 준비 → 데이터 분석 → 시스템 구현 → 평가 및 전개' 순으로 이루어진다.

정답 16 ② 17 ③ 18 ① 19 ③ 20 ②

# CHAPTER 03 데이터 수집 및 저장 계획

**[학습 목표]**
데이터 분석 계획 챕터에서 분석 로드맵 설정, 분석 과제 정의, 분석 방안 수립 과정을 거쳐 데이터 확보 계획과 분석 절차와 작업 계획을 수립하였다. 수립된 계획에 따라 분석 과제를 효율적으로 수행하고 유의미한 결과를 도출하기 위해서는 사용되는 데이터가 중요하다. 데이터 수집은 데이터 분석의 첫 번째 단계로, 데이터 분석 결과에 직접적으로 영향을 미치기 때문에 적합한 데이터를 분석에 용이한 환경에 저장할 수 있도록 방법을 이해해야 한다.

## 1. 데이터 수집 및 전환

### (1) 데이터 수집

#### ① 데이터 수집 프로세스

데이터 수집은 수집 대상 선정, 데이터 수집 세부계획 수립, 테스트 수집 실행의 프로세스로 나뉜다.

| 수집 단계 | 설명 |
| --- | --- |
| 수집 대상 선정 | • 수집이 필요한 데이터를 도출하여 분석 목적에 맞는 대상 선정<br>• 수집 가능성, 보안, 정확성, 수집 난이도, 수집 비용을 고려하여 수집 목록 작성 |
| 데이터 수집 세부계획 수립 | • 데이터의 원천(내부·외부)과 원천의 데이터 현황, 수집과 관련된 조건 및 보안 사항 등을 파악하여 데이터 수집 협의 진행<br>• 데이터 유형을 분류하고 유형에 맞는 수집 기술을 선정<br>• 데이터 유형에 따른 배치, 실시간·준실시간 등 수집 주기 결정<br>• 데이터 소스 구성 요소와 수집 주기 및 데이터양 그리고 데이터 수집 방법 등을 포함한 데이터 수집 계획서 작성 |
| 테스트 수집 실행 | • 수집 계획에 따라 사전 테스트를 진행<br>• 테스트 결과에 따른 보안 조치 후 데이터 수집 실행<br>• 수집된 데이터에 대한 처리 방안 마련 |

[표 6 데이터 수집 프로세스]

#### ② 데이터 수집 기술 `기출`

데이터 수집 기술은 데이터 유형에 따라 정형 데이터를 수집하는 ETL, FTP, Open API 등이 있고 비정형 데이터를 수집하는 Crawling, RSS, Open API, FTP, Scrapy, Apache Kafka 등이 있다. 반정형 데이터 수집 기술은 Sensing, Streaming, Flume, Scribe, Chukwa 등이 있다.

---

**OX QUIZ**

주로 데이터를 Data Warehouse나 Data Mart로 수집하기 위해 원본 데이터를 추출, 변환, 적재하는 기술로 기업 내부의 정형 데이터 수집에 효과적인 기술은 FTP이다. (O/×)

정답 : ×

**해설** 정형 데이터를 추출(Extract), 변환(Transform), 적재(Load)하는 기술은 ETL이다.

## (2) 데이터 유형 및 속성 파악

### ① 데이터 유형

데이터 유형은 구조, 존재 형태, 저장 형태에 따라 다음과 같이 구분할 수 있다.

| 관점 | 유형 | 설명 |
| --- | --- | --- |
| 구조 기출 | 정형 데이터 | 정형화된 스키마 구조를 가지고 고정된 필드에 저장되는 행과 열로 구성된 데이터<br>예 관계형 데이터베이스(RDB), 스프레드 시트 등 |
| | 반정형 데이터 | 스키마 구조 형태를 가지고 메타데이터를 포함하며, 값과 형식이 일관되지 않은 데이터<br>예 XML, HTML, 웹 로그, 알람, JSON 파일, RSS, 센서 데이터 등 |
| | 비정형 데이터 | 스키마 구조 형태 없이 고정된 필드에 저장되지 않는 데이터<br>예 SNS, 웹 게시판, 텍스트/이미지/오디오/비디오 등 |
| 존재 형태 | 실시간 데이터 | 데이터가 생성된 즉시 처리하여 분석에 활용하는 데이터<br>예 센서 데이터, 시스템 로그, 네트워크 장비 로그, 알람 등 |
| | 비실시간 데이터 | 생성된 데이터를 집적하여 분석에 활용하는 데이터<br>예 통계, 웹 로그, 구매 정보, 서비스 로그 등 |
| 저장 형태 | 파일 데이터 | 로그, 텍스트 등 파일 형식으로 저장되는 데이터 |
| | 데이터베이스 데이터 | 관계형 데이터베이스, NoSQL 등 데이터베이스의 테이블 등에 저장된 데이터 |
| | 콘텐츠 데이터 | 텍스트, 이미지, 오디오, 비디오 등 개별 객체로 구분되는 미디어 데이터 |
| | 스트림 데이터 | 센서 데이터, HTTP 트랜잭션, 알람 등 실시간으로 전송되는 데이터 |

[표 7 데이터 유형]

### ② 데이터 속성 파악

데이터 수집을 위해 파악해야 하는 데이터 속성은 정성적 유형의 범주형 데이터와 정량적 유형의 수치형 데이터로 구분된다.

㉠ 범주형 데이터 : 조사 대상을 특성에 따라 범주로 구분하여 측정된 변수이다. 연산을 적용할 수 없으며 명목형과 순서형으로 구분된다. 명목형은 변수의 크기가 순서와 상관없이 의미만 구분할 경우이고 순서형은 변수의 값이 기준에 따라 순서를 의미하는 경우이다. 범주형 데이터를 측정할 때에는 명목 척도, 서열 척도, 등간 척도를 사용한다.

---

**핵심요약**

반정형 데이터는 값과 형식이 일관되지 않으나 스키마나 메타데이터를 가지고 있어 데이터의 구조를 이해할 수 있는 데이터 종류이다.

**OX QUIZ**

서열 척도는 대상의 순위 관계에 대한 정보를 담고 있는 척도로 평균과 같은 통곗값보다 최빈치와 같은 통곗값이 의미 있다. (O/×)

정답 : O

해설 서열 척도는 데이터의 순서와 관련이 있으므로 평균과 같은 통계 정보는 의미가 없을 수 있다.

ⓒ 수치형 데이터 : 수치로 측정되는 변수로 연산이 가능하며 이산형과 연속형으로 구분된다. 이산형은 변수가 취할 수 있는 값을 하나하나 셀 수 있는 경우이며 연속형은 변수가 구간 안의 모든 값을 가질 경우를 의미한다. 수치형 데이터를 측정할 때에는 비율 척도를 사용한다.

### (3) 데이터 처리

① 데이터 처리

데이터 수집 단계에서의 데이터 처리는 수집 데이터를 저장하기 전 단계에 데이터의 품질을 높이고 수집 효율성을 높이기 위해 진행하거나(데이터 전처리), 저장된 데이터를 사용 목적에 맞도록 가공(데이터 후처리)하는 것이다.

데이터 처리 기술에는 데이터 필터링, 변환, 정제, 통합, 축소 등이 있으며 데이터 전처리는 필터링, 변환, 정제 등의 기술을 주로 사용하고 데이터 후처리에서는 통합, 축소, 변환 등의 기술을 주로 사용한다.

② 데이터 처리 기술

데이터 처리는 데이터를 특정 규칙에 따라 변경하는 것으로 데이터의 유형, 사용 목적, 활용성 등을 고려하여 변환 여부와 변환 기술을 결정한다.

ⓐ 데이터 필터링 : 오류 탐색, 보정, 삭제 및 중복 확인 등의 과정을 통해 데이터 품질을 향상시키는 기술이다. 필터링을 통해 오류 데이터, 공백 데이터, 중복 데이터 등을 제거하여 분석 결과의 정확도를 높이거나 분석 시간을 단축한다.

ⓑ 데이터 변환 : 데이터 유형 등을 변환하여 저장, 분석에 용이한 형태로 변환하는 기술이다.

| 변환 기술 | 설명 |
|---|---|
| 평활화 | 데이터의 노이즈를 구간화, 군집화 등으로 다듬는 기법 |
| 집계 | 다양한 차원으로 데이터를 요약하는 기법 |
| 일반화 | 특정 구간으로 값을 스케일링하는 기법 |
| 정규화 | 정해진 구간으로 전환하는 기법 |
| 속성 생성 | 새로운 속성값을 생성하는 기법 |

[표 8 데이터 변환 기술]

ⓒ 데이터 정제 : 결측치들을 채우고 이상치를 식별하여 제거하는 기술이다.

ⓓ 데이터 통합 : 연계가 필요한 추가 속성을 통합하는 기술이다.

ⓔ 데이터 축소 : 분석에 불필요한 항목 등을 제거하는 기술이다.

---

**핵심요약**

수집된 데이터를 효율적으로 분석에 활용하기 위해 분석과정의 전처리로 수집된 데이터를 통합, 축소, 변환하는 작업이 중요하다.

**OX QUIZ**

데이터 평활화는 추세에서 벗어나는 값을 제거하는 기술이다. (O/×)

정답 : ×

해설 평활화는 노이즈를 구간·군집으로 나누거나 묶어 변숫값들을 대푯값으로 치환하는 기법이다.

### (4) 데이터 비식별화 [중요]

① **데이터 보안 관리**

데이터 유출을 방지하고 개인정보의 보호를 위해 보안관리 사항을 도출하여 관련 기준에 따라 관리한다. 데이터 보안에 적용되는 기술은 다음과 같다.

- ㉠ 사용자 인증 : ID와 비밀번호 인증, 일회용 패스워드(OTP), 전자 인증, 통합사용자 인증 등의 기술로 미리 정한 기준에 따라 사용자의 접근자격을 확인하는 기술
- ㉡ 접근제어 : 객체에 대한 읽기, 쓰기 등의 작업을 할 때 그 객체에 대한 권한을 확인하고 통제하는 기술
- ㉢ 암호화 : 암호화 알고리즘을 통해 데이터를 변경하여 해독 불가능한 상태로 만드는 기술로 암호화된 데이터를 확인하기 위해서는 복호화가 필요함
- ㉣ 개인정보 비식별화 : 수집된 개인정보의 일부 또는 전부를 처리하여 개인을 특정할 수 없도록 처리하는 기술
- ㉤ 개인정보 암호화 : 데이터베이스상에서 개인정보가 포함된 특정 필드를 암호화하여 저장하는 기술

② **개인정보 비식별 조치 가이드라인** [기출]

개인정보 비식별 조치 가이드라인은 데이터 처리를 통해 특정 개인을 식별할 수 없도록 하는 수행지침이다. 사전검토, 비식별 조치, 적정성 평가, 사후관리의 단계로 진행된다. 개인을 특정할 수 있는 식별자(성명, 주민등록번호, 여권번호 등)와 데이터 이용 목적과 관련이 없는 속성자(출신학교, 혈액형 등)는 원칙적으로 삭제를 하도록 되어 있으며 필요시 비식별 조치 방법을 이용하여 활용해야 한다.

개인정보 비식별 조치의 적정성 평가는 기초 자료 작성, 평가단 구성, 평가 수행, 추가 비식별 조치, 데이터 활용의 단계로 진행되며 적정성 평가 시 k-익명성, l-다양성, t-근접성 중 최소한 k-익명성 방식으로 진행하도록 가이드되고 있다.

개인정보 비식별 조치의 사후관리는 비식별 정보 안전조치를 마련하고 재식별 가능성을 모니터링하여 진행한다.

③ **데이터 비식별화** [기출]

데이터 비식별화 처리 기법은 개인정보 활용단계에서 설명했던 것과 같이 가명처리, 총계처리, 데이터 삭제, 데이터 범주화, 데이터 마스킹이 있다.

---

**OX QUIZ**

개인정보를 그룹의 대푯값으로 변환하거나 구간값으로 변환하는 방법은 총계처리 기법이다. (O/X)

정답 : X

해설 단일 식별 정보를 해당 그룹의 대푯값으로 변환하거나 구간값으로 변환하는 비식별 조치 방법은 범주화 방법이다.

**핵심요약**

가명처리 기술 중 휴리스틱 익명화는 식별자에 해당하는 값들을 정해진 규칙을 사용하거나 판단에 따라 일부 가공하여 개인정보를 숨기는 방법이다.

## (5) 데이터 품질 검증 [중요] [기출]

① 데이터 품질

데이터 분석에 직접적으로 영향을 미치는 데이터는 그 품질에 대한 검증을 통해 데이터가 적합하고 유용한지 보장해야 한다. 일반적인 데이터 품질의 요소는 다음과 같다.

| 품질 요소 | 설명 |
| --- | --- |
| 정확성 | 현실의 값이 정의된 기준에 맞도록 저장되어 있는 특성 |
| 유효성 | 데이터가 정해진 유효기준을 충족하는 특성 |
| 완전성 | 데이터의 필수 항목에 누락이 없는 특성 |
| 정합성 | 시스템 내의 동일한 데이터가 서로 일치하는 특성 |
| 유일성 | 데이터의 구분 기준에 따라 중복이 없는 특성 |
| 유용성 | 사용자가 만족할 만한 수준의 최신 데이터가 쉽게 접근하여 사용될 수 있는 특성 |
| 적시성 | 사용자가 필요한 시점에 지연 없이 데이터를 제공하는 특성 |
| 보안성 | 데이터의 접근이 적절히 통제되고 개인정보에 대한 보안 조치나 중요 데이터를 보호하고 있는 특성 |
| 안정성 | 에러, 장애의 발생 가능성을 최소화하고 사전 차단이나 그로 인한 지연을 최소화할 수 있는 특성 |
| 일관성 | 데이터의 구조, 값, 형태가 일관되게 정의되어 있는 특성 |

[표 9 데이터 품질 요소]

② 데이터 변환 품질 검증

분석을 위한 데이터는 수집 단계 전후로 변환 과정을 거치게 되며 이에 대한 품질을 검증하기 위해 메타데이터 수집, 메타데이터 분석, 데이터 속성 분석 과정을 거친다.

- ㉠ 메타데이터 수집 : 테이블 정의서, 컬럼 정의서, 도메인 정의서, 데이터 사전, ERD, 관계 정의서 등을 통해 데이터의 구조와 특성, 관계 등을 명세화한다.
- ㉡ 메타데이터 분석 : 사전에 정리된 수집 데이터의 특성과 실제 추출되어 저장된 데이터를 대조하여 불일치 사항을 분석하여 정리한다.
- ㉢ 데이터 속성 분석 : 누락 값, 값의 허용 범위, 허용값 목록, 문자열 패턴, 날짜 유형, 유일값, 구조 등을 분석하여 데이터의 품질을 확인한다.

---

**핵심요약**

수집된 정형 데이터의 품질은 데이터베이스의 테이블, 컬럼과 업무 규칙 등을 기준으로 검증한다. 정형 데이터의 품질 검증은 데이터베이스의 메타를 기준으로 정확성, 유효성, 완전성과 업무적으로 정의된 기준과 제약사항 등의 기술 규칙을 적용하여 검증할 수 있다.

**OX QUIZ**

시스템 내에서 정의된 데이터가 서로 동일한 값을 가지는 품질 요소는 정확성이다. (O/×)

정답 : ×

[해설] 데이터가 시스템 내부에 산재되어 있어도 정의된 기준이 동일한 경우 값이 일치하는 품질 요소는 정합성이다.

## 2. 데이터 적재 및 저장 [중요]

### (1) 수집 데이터의 저장

① 원천 데이터의 적재 [기출]

데이터 적재는 수집한 원천데이터를 저장한 상태로 데이터의 추출(Extraction), 변환(Transformation), 적재(Loading)의 과정을 거치며 ETL 작업이라 말한다. 데이터 추출은 원천 데이터를 읽어 내는 과정으로 필요한 데이터의 범위에 따라 데이터의 모수를 제한하거나 항목을 제한할 수 있다. 변환은 읽어 낸 데이터와 저장하고자 하는 데이터의 구성·형태를 연결하는 과정이며 저장소에 맞춰 데이터 유형의 변경 등의 작업을 진행한다. 적재는 변환된 데이터를 타겟 저장소에 저장하는 단계이다.

> **학습가이드**
> ETL의 개념과 그 중요성에 대해 설명할 수 있어야 한다.

② 데이터 저장

적재된 데이터를 분석 목적에 맞도록 전처리하여 활용할 수 있도록 효과적이고 안정하게 저장·관리해야 한다. 데이터의 전처리·후처리, 저장 및 보안·품질 관리의 절차로 진행되며 저장할 데이터의 유형에 따라 저장관리에 유리한 저장 방식을 선정한다. 정형 데이터는 관계형 데이터베이스(RDB), 반정형 데이터는 NoSQL, 비정형 데이터는 분산 파일 시스템을 주로 사용한다.

㉠ RDB : 테이블 형식의 관계형 데이터를 저장, 수정, 관리할 수 있는 데이터베이스로 SQL을 통해 데이터의 생성, 수정, 조회 등을 처리하며 Oracle, MSSQL, MySQL 등이 있다.

㉡ NoSQL(Not Only SQL) [기출] : RDB보다 상대적으로 제한이 덜한 데이터 모델을 기반에 둔 분산 데이터베이스이다. NoSQL은 수평적 확장(Scale-out), 데이터 복제, 간편한 API 제공, 유연성 등의 장점이 있으며 MongoDB, Cassandra, HBase 등이 있다. 데이터 모델에 따라 Key Value Database, Document Database, Wide Column Database, Graph Database로 구분된다.

㉢ 분산 파일 시스템 [기출] : 데이터를 확장 가능한 분산된 파일 형태로 저장하는 방식으로 네트워크를 통해 공유되는 여러 서버의 파일에 접근할 수 있게 하는 파일 시스템이다. 하둡 분산 파일 시스템(HDFS), 구글 파일 시스템(GFS) 등이 있다.

> **핵심요약**
> NoSQL은 Not Only SQL을 의미하며 소셜네트워크 서비스 등의 등장으로 폭발적으로 생산되는 비정형 데이터를 더욱 쉽게 저장하고 처리할 수 있는 구조를 가진 데이터베이스를 의미한다. 전통적인 RDBMS와 달리 데이터 저장에 고정된 테이블 스키마가 필요 없으며 Join 연산을 사용할 수 없지만, 수평적으로 확장이 가능한 DBMS로 응답속도나 처리효율 등에 있어서 매우 뛰어난 성능을 가지며 확장성이 용이하다.

> **OX QUIZ**
> 하둡 분산 파일 시스템(HDFS)은 대표적인 분산 저장 시스템으로 클라이언트, 마스터, 청크 서버로 구성되어 있다. (O/×)
>
> 정답 : ×
>
> [해설] HDFS는 네임 노드와 보조네임 노드, 데이터 노드로 구성되어 있다.

## 핵심요약

데이터웨어하우스는 다양한 원천 시스템으로부터 데이터를 수집하여 주제영역별로 데이터를 통합·관리하는 데이터 저장 플랫폼으로 데이터웨어하우스에 수집된 데이터를 분석에 효율적인 구조로 재집계한 데이터 모델을 데이터 마트라고 한다.

## OX QUIZ

데이터 레이크는 Public Cloud 시스템에 구축된 저장 플랫폼으로 분산 저장 기술을 사용하여 다양한 유형의 데이터를 수집·분석한다. (O/X)

정답 : X

**해설** 데이터 레이크는 Public Cloud 환경이나 On-Premise 환경(물리 서버로 구축된 인프라 환경)에 구성이 가능하다.

---

### (2) 데이터 저장 플랫폼 [기출]

① 데이터 웨어하우스(DW ; Data Ware House)

데이터 웨어하우스란 기업의 업무시스템에서 발생하는 방대한 데이터를 통합 관리하여 의사결정 도구의 기초 데이터로 사용되는 데이터의 집합체이다. 업무의 정보화가 진행됨에 따라 업무자동화(OLTP)와 같은 자동화에서 벗어나 다양한 관점에서 데이터 기반의 현황 분석과 분석 결과를 토대로 기업 경영의 의사결정 방향을 결정할 필요성이 대두되었다. 이에 실시간 분석 리포트(OLAP)와 대시보드(Dashboard) 등의 비즈니스 인텔리전스(Business Intelligence)가 발전하였다. 다양하고 방대한 데이터를 효과적으로 통합 관리하고 BI 시스템의 정합성과 성능을 보장하기 위하여 사용자 관점의 주제별로 데이터를 통합하는 데이터 웨어하우스도 함께 발전되어 왔다.

데이터 웨어하우스는 전사자원관리(ERP), 생산관리(MES), 공급망관리(SCM), 고객관계관리(CRM) 등 기업의 전반적인 활동 영역에서 생성되는 데이터를 수집·적재하여 다양한 관점의 통합 데이터를 생성하고, 주제 영역별 요약 데이터 집계 등 데이터 모델링 결과를 통해 실적 기반의 데이터 분석활동을 지원한다.

② 데이터 레이크(Data Lake)

데이터 분석의 영역이 비정형 등 다양한 유형의 데이터 분석으로 확장됨에 따라 기존 데이터 웨어하우스에서 확장된 데이터 저장, 관리 활동이 필요하게 되었다. 전통적인 기업 활동의 정형 데이터뿐만 아니라 소셜 데이터, 센서, 이미지, 영상 데이터 등 다양한 데이터를 실시간으로 수집, 정제, 통합하여 분석에 활용하기 위해 다양한 유형의 데이터를 저장할 수 있는 저장소가 대두되었고 이를 데이터 레이크라고 한다. 기존 데이터 웨어하우스는 사전에 정의된 스키마에 맞춰 데이터를 관리하지만 데이터 레이크는 소스 데이터의 형태를 그대로 유지하여 저장하고 여러 데이터 모델링에 대응할 수 있어 유연성이 높고 실시간 분석에 활용이 가능하다.

데이터 레이크는 사용자가 직접 액세스하여 관리하고 분석하기에 적합하지 않아 분산 저장 프레임워크와 분산 저장 언어, 메타 관리 솔루션 등이 필요하다.

# 챕터 마무리 문제

**01** 다음 데이터 수집 기술 중 특성이 다른 하나는?

① Crawling   ② ETL
③ API        ④ RSS

해설 ①, ③, ④는 비정형 데이터 수집 기술이다. ETL은 정형 데이터 수집 기술이다.

**02** 수집된 데이터로의 노이즈를 제거하기 위해 데이터 추세에 벗어나는 값들을 변환하는 기술은?

① 평활화   ② 일반화
③ 집계      ④ 정규화

해설 구간화, 군집화 등을 통해 데이터의 노이즈를 제거하여 데이터 집합을 매끄럽게 하는 기술은 평활화이다.

**03** 수집 대상 목록 작성 시 검토할 사항이 아닌 것은?

① 추출 로직   ② 수집 가능성
③ 보안 문제   ④ 수집 비용

해설 수집 대상 목록은 수집 가능성, 보안, 정확성, 수집 난이도, 수집 비용을 고려해서 작성한다.

**04** 수집 데이터를 분류할 때 특성이 다른 하나는?

① 실시간 데이터   ② 비정형 데이터
③ 정형 데이터      ④ 반정형 데이터

해설 정형 데이터, 비정형 데이터, 반정형 데이터는 데이터의 구조적 특성으로 수집 데이터를 분류한 것이고, 실시간 데이터는 존재 형태로 분류한 것이다.

정답  01 ②  02 ①  03 ①  04 ①

## 05 데이터 활용성의 특성으로 올바르지 않은 것은?

① 데이터 보안성　　　② 데이터 유용성
③ 데이터 접근성　　　④ 데이터 정확성

**해설** 데이터 활용성의 특성은 데이터 유용성, 데이터 접근성, 데이터 보안성 등이다.

## 06 빅데이터 저장 방식이 아닌 것은?

① Oracle　　　　　　② Python
③ MongoDB　　　　　④ HDFS

**해설** Python은 프로그래밍 언어이다.

## 07 다음에서 설명하는 것은?

> 기업의 방대한 기간계 데이터를 통합 관리하여 의사결정 도구의 기초 데이터로 사용되는 데이터의 집합체로 사용자 관점에서 주제별로 데이터를 통합하는 기술이다

① 비즈니스 인텔리전스　　② 데이터 웨어하우스
③ 데이터 레이크　　　　　④ OLTP

**해설** 데이터 웨어하우스에 대한 설명이다.

## 08 다음 중 NoSQL 데이터베이스 유형으로 적절한 것은?

① DB2　　　　　　　② MSSQL
③ Oracle　　　　　　④ HBase

**해설** NoSQL은 데이터 모델에 기반을 둔 분산 데이터베이스로 HBase, MongoDB, Cassandra 등의 유형이 있다.

## 09 데이터를 측정하는 방법으로 올바르지 않은 것은?

① CDR 척도　　　　　② 명목 척도
③ 등간 척도　　　　　④ 비율 척도

**해설** 범주형 데이터는 명목 척도, 서열 척도, 등간 척도를 사용하고 수치형 데이터는 비율 척도나 등간 척도로 측정한다.

**정답** 05 ④　06 ②　07 ②　08 ④　09 ①

## 10 다음 설명에 해당하는 것으로 올바른 것은?

> 어떤 특징에 부여한 숫자로서 일정한 간격을 보이며 절대 영점이 존재하는 척도이다. 키, 무게, 수량, 길이 등이 이에 속한다.

① 명목 척도
② 서열 척도
③ 비율 척도
④ 등간 척도

해설 ① 명목 척도 : 표본의 특징에 따라 범주를 분류하기 위해 수량적 변수로 바꾸어 놓은 것으로 남자는 1, 여자는 2 등으로 표시한다.
② 서열 척도 : 어떤 특성에 대한 대상을 상대적으로 평가하여 순위 관계를 결정하는 척도로 매우 나쁨은 1, 나쁨은 2, 보통은 3, 좋음은 4, 매우 좋음은 5 등으로 표현한다.
④ 등간 척도 : 주로 범주형 데이터를 정량적으로 측정하기 위해 사용되며 어떤 특징에 부여된 숫자가 일정한 간격은 가지나 절대 영점은 없다. 시각, 온도 등이 해당한다.

## 11 다음 중 데이터 유형이 다른 것은?

① 이미지 파일
② SNS 데이터
③ 영상 파일
④ 웹 로그 파일

해설 ①, ②, ③은 비정형 데이터이다. 웹 로그 파일은 반정형 데이터이다.

## 12 데이터 품질 중 데이터 저장 형태에 해당하지 않는 것은?

① 정확성
② 일치성
③ 정합성
④ 무결성

해설 데이터 저장 형태는 정합성, 일치성, 무결성 등이 있다. 정확성은 데이터의 저장 형태가 아닌 저장된 데이터 자체의 품질에 대한 특성이다.

## 13 수치로 측정되는 데이터가 아닌 것은?

① 연속형 데이터
② 수치형 데이터
③ 이산형 데이터
④ 명목형 데이터

해설 범주형 데이터는 명목형, 순서형으로 구분되는 반면, 수치형 데이터는 이산형, 연속형으로 구분된다.

정답 10 ③  11 ④  12 ①  13 ④

**14** 개인정보 비식별 조치 가이드라인의 적정성 평가의 단계로 올바른 것은?

① 평가단 구성 → 기초 자료 작성 → 평가 수행 → 추가 비식별 조치 → 데이터 활용
② 평가단 구성 → 기초 자료 작성 → 평가 수행 → 데이터 활용 → 추가 비식별 조치
③ 기초 자료 작성 → 평가단 구성 → 평가 수행 → 추가 비식별 조치 → 데이터 활용
④ 기초 자료 작성 → 평가단 구성 → 데이터 활용 → 추가 비식별 조치 → 평가 수행

해설 개인정보 비식별 조치 적정성 평가는 '기초 자료 작성 → 평가단 구성 → 평가 수행 → 추가 비식별 조치 → 데이터 활용'의 단계로 진행된다.

**15** 데이터 수집 기술 중 데이터의 추출, 가공, 적재의 단계로 이루어진 기술은?

① FTP
② RSS
③ Crawling
④ ETL

해설 ETL은 추출(Extract), 가공(Transform), 적재(Load)의 단계로 정형 데이터를 수집하는 기술이다.

**16** 정량적 유형의 데이터가 아닌 것은?

① 도형
② 기호
③ 언어
④ 수치

해설 언어, 문자 등의 데이터는 정성적 데이터에 해당한다. 정량적 데이터는 수치, 도형, 기호 등의 데이터이다.

**17** 데이터 유형에 대한 설명으로 올바르지 않은 것은?

① 데이터를 존재 형태로 분류하면 실시간 데이터, 비실시간 데이터로 구분할 수 있다.
② 스트림 데이터는 센서 데이터, HTTP 트랜잭션, 알람과 같이 네트워크를 통해서 실시간으로 전송되는 데이터이다.
③ 파일 데이터는 텍스트, 이미지, 오디오, 비디오 등 개별 객체로 구분되는 미디어 데이터이다.
④ 정형 데이터에는 관계형 데이터베이스(RDB), 스프레드시트 등이 있다.

해설 텍스트, 이미지, 오디오, 비디오 등 개별 객체로 구분되는 데이터는 콘텐츠 데이터이다.

정답 14 ③ 15 ④ 16 ③ 17 ③

**18** 관측된 데이터를 분석에 사용할 때 데이터 특성에 따라 분석 방법을 달리해야 한다. 데이터를 측정할 때 사용하는 척도에 대한 설명 중 올바르지 않은 것은?

① 서열 척도는 숫자의 크기에 의미를 가진다.
② 명목 척도는 단순히 숫자로 바꾸는 것으로 숫자의 크기에는 의미가 없다.
③ 등간 척도는 순서와 간격에 의미가 있다.
④ 비율 척도는 수치형 변수를 측정할 때 주로 사용된다.

해설 등간 척도는 속성의 특징에 숫자를 부여한 것으로 구간 사이의 간격이 의미가 있는 자료이며 순서는 의미가 없다.

**19** 다음 중 반정형 데이터 수집 기술이 아닌 것은?

① Streaming  ② Sensing
③ ETL        ④ Scribe

해설 ETL은 추출(Extract), 가공(Transform), 적재(Load)의 단계로 정형 데이터를 수집하는 기술이다.

**20** 다음 중 반정형 데이터가 아닌 것은?

① JSON       ② 영상 데이터
③ 센싱 데이터  ④ XML

해설 영상 데이터는 비정형 데이터이다.

정답  18 ③  19 ③  20 ②

# 과목 마무리 문제

빅데이터분석기사 필기 한권완성 **PART 01**

**01** 다음 설명 중 특성이 다른 것은?

① 연봉을 높이는 노력보다 모아둔 자금으로 주식 시장에 뛰어드는 것이 실질적인 수익 증가를 가져올 것으로 예상된다.
② 올해 코스피 지수가 증가함에 따라 지인 10명의 주식 투자 평균 수익률이 연봉의 10% 수준이 되었다.
③ 작년 물가 인상률은 4%이다.
④ 재작년 평균 실수령 월급과 작년 평균 실수령 월급의 차이를 보니 세후 실제 연봉 인상률은 2%이다.

해설 ②, ③, ④는 데이터의 가공 및 처리를 통해 도출된 현상으로 정보이다. ①은 정보의 구조화를 통해 도출된 고유의 아이디어로 지식이다.

**02** 빅데이터 플랫폼의 데이터 유형으로 올바르지 않은 것은?

① 비정형 데이터
② 정형 데이터
③ 순형 데이터
④ 반정형 데이터

해설 데이터는 구조에 따라 정형, 반정형, 비정형으로 구분된다.

**03** 다음 중 빅데이터 분석의 비용 효율성을 가져온 기술은?

① 통신 속도의 발전
② 클라우드 컴퓨팅
③ 분산 저장 시스템
④ 딥 러닝

해설 데이터 처리 비용을 낮춰 투자 대비 수익률을 높게 만든 기술은 클라우드 컴퓨팅이다.

**04** 비정형 데이터에 대한 설명으로 가장 거리가 먼 것은?

① 데이터 내부에 데이터 구조 정보가 포함되어 있다.
② 수집 데이터 각각 데이터 객체로 구분된다.
③ Crawling, RSS, Open API 등으로 수집된다.
④ 메타데이터가 정의되지 않는다.

해설 데이터 내부에 데이터 구조에 대한 메타데이터가 포함된 것은 반정형 데이터이다.

**정답** 01 ① 02 ③ 03 ② 04 ①

**05** DIKW 피라미드에서 지식의 축적과 아이디어가 결합된 창의적 산물에 해당하는 것은?

① 데이터
② 지혜
③ 정보
④ 지식

해설 지식을 기반으로 창의적인 결과물을 도출하는 것은 지혜이다.

**06** 다음에서 설명하는 전문가의 유형은?

> 통계적 지식과 알고리즘에 대한 이해, 시각화 기법을 통해 복잡한 비즈니스 문제를 모델링하고 그 속에서 인사이트를 도출한다.

① 데이터 설계자
② 데이터 분석가
③ 데이터 사이언티스트
④ 데이터 모델러

해설 데이터 사이언티스트에 대한 설명이다.

**07** 그 자체로는 의미가 중요하지 않은 관측된 수치, 값으로부터 얻을 수 있는 것이 아닌 것은?

① 자료
② 지식
③ 지혜
④ 정보

해설 DIKW 피라미드를 통해 데이터를 가공하여 정보, 지식, 지혜를 얻을 수 있음을 알 수 있다.

**08** 빅데이터 분석 조직의 집중 구조에 대한 설명이 아닌 것은?

① 전략적 중요도에 따라 분석 조직이 분석 업무의 우선순위를 정해서 진행할 수 있다.
② 전사 분석 업무를 별도의 분석 전담 조직이 진행하는 구조이다.
③ 현업 업무 부서의 분석 업무와 이중화, 이원화될 가능성이 높다.
④ 분석 결과에 대한 신속한 활동이 가능하며 분석 수준을 상향 평준화시킬 수 있다.

해설 빅데이터 조직 구조 중 집중 구조는 전사 분석 업무를 전략적 중요도에 따라 별도의 분석 전담 조직이 우선순위를 정해서 진행 가능하며, 현업 업무 부서에서 진행되는 분석 업무와 중복될 수 있다.

**09** 빅데이터 분석 조직 구조의 설계 특성 중 분업화에 해당하지 않는 것은?

① 전문 지식과 경험이 중요한 요소이다.
② 조직 목표를 달성하기 위하여 업무를 나눠서 수행한다.
③ 수직적 분할은 계획, 감독, 업무 수준에 따라 나눈다.
④ 분업화는 수평적 분할과 수직적 분할로 나눌 수 있다.

해설 조직 구조 설계 시 전문 지식과 경험이 중요한 요소는 직무 전문화 특성이다.

정답 05 ② 06 ③ 07 ① 08 ④ 09 ①

## 10 빅데이터의 3V에 해당하지 않는 것은?

① Velocity
② Veracity
③ Variety
④ Volume

**해설** 빅데이터의 특징 3V는 Volume, Variety, Velocity로 구성된다.


## 11 데이터 사이언티스트가 갖춰야 할 역량으로 올바르지 않은 것은?

① 분석 모델 지식
② 데이터 관리 능력
③ 비즈니스 경영지식
④ 커뮤니케이션 능력

**해설** 데이터 사이언티스트는 IT 기술과 분석 기술 등의 Hard Skill과 비즈니스 분석, 의사 전달 능력 등의 Soft Skill이 필요하다. 비즈니스 경영지식은 데이터 사이언티스트가 도출한 분석 결과를 활용하는 업무 담당자 및 경영인에게 필요한 역량이다.


## 12 빅데이터의 활용을 통해 발생하는 가치로 올바르지 않은 것은?

① 현실 세계를 기반으로 한 패턴 분석과 미래 예측을 통해 비즈니스 불확실성을 제거한다.
② 새로운 가치를 창출하고, 안정적인 기업 활동을 추구할 수 있다.
③ 다양한 분야의 모니터링으로 위험 징후를 사전에 탐지한다.
④ 특정 분야와의 융합만 가능하지만 방대한 데이터를 활용하여 혁신적인 가치를 창출한다.

**해설** 빅데이터는 다양한 분야와 융합이 가능하다.


## 13 다음 중 빅데이터의 출현 배경이 아닌 것은?

① 데이터 저장 기술이 발전하여 저장 비용이 감소하였다.
② 데이터 저장 기술의 발전으로 다양한 데이터를 정형화되고 표준화된 구조로 저장, 관리할 수 있게 되었다.
③ 기업의 활동에 따라 데이터가 지속적으로 축적되었고, 축적된 데이터를 활용하여 새로운 가치를 창출하고자 하는 니즈가 발생하였다.
④ 인터넷의 발전, 소셜 네트워크 서비스의 시작, IoT 기술 개발 등 일상생활에서 생산되는 데이터의 양이 급격하게 증가하였다.

**해설** 빅데이터는 이미지, SNS, 영상 같은 비정형 데이터 자체를 저장, 관리할 수 있는 기술의 등장으로 발전하였다.


## 14 균형 성과표의 관점에 해당하지 않는 것은?

① 고객
② 내부 프로세스
③ 재무
④ 비전

**해설** 균형 성과표(BSC ; Balanced Score Card)의 네 가지 관점은 '재무, 고객, 내부 프로세스, 학습·성장'이다.


**정답** 10 ② 11 ③ 12 ④ 13 ② 14 ④

**15** 빅데이터가 주는 가치가 아닌 것은?

① 미래 대응 가능
② 환경 탐색
③ 데이터 악용 방지
④ 상황 분석

**해설** 빅데이터 자체는 데이터의 악용을 방지할 수 없으며 안전한 데이터의 활용을 위한 다양한 정책이 필요하다.

**16** 빅데이터와 인공지능의 관계에 대한 설명으로 옳지 않은 것은?

① 빅데이터 기술은 데이터 처리를 통해 가치 있는 결과를 도출할 수 있어 인공지능의 발전을 이끌어냈다.
② 빅데이터 목표가 인공지능 목표와 부합하고, 인공지능 판단을 위해서는 빅데이터와 같은 기술이 필수이므로, 빅데이터는 인공지능을 위한 기술이 될 가능성이 크다.
③ 인공지능은 빅데이터 기반으로 스스로 학습하는 지도 학습 기술을 활용하여 인간의 지능을 뛰어넘는 능력을 갖추게 되었다.
④ 빅데이터는 인공지능의 완성도를 높이고 인공지능은 빅데이터의 문제 해결 능력을 높이는 상호 보완적 관계이다.

**해설** 딥 러닝과 같이 스스로 학습하는 기술은 비지도 학습 기법이다.

**17** 빅데이터 조직 구조 설계 시 고려해야 하는 특성이 아닌 것은?

① 표준화
② 직무 전문화
③ 공식화
④ 분업화

**해설** 조직 구조 설계 시 공식화, 분업화, 직무 전문화, 통제 범위, 의사소통 및 조정 등의 특성을 고려해야 한다.

**18** 빅데이터 조직의 직무별 역량 모델링 개발 단계로 올바른 것은?

① 행동 특성 도출 → 조직의 비전·성과 목표·CSF 검토 → 직무별 역량 도출 → 역량 모델 확정
② 직무별 역량 도출 → 조직의 비전·성과 목표·CSF 검토 → 행동 특성 도출 → 역량 모델 확정
③ 조직의 비전·성과 목표·CSF 검토 → 직무별 역량 도출 → 행동 특성 도출 → 역량 모델 확정
④ 조직의 비전·성과 목표·CSF 검토 → 행동 특성 도출 → 직무별 역량 도출 → 역량 모델 확정

**해설** 직무별 역량 모델 개발 절차는 '조직의 비전·성과 목표·CSF 검토 → 행동 특성 도출 → 직무별 역량 도출 → 역량 모델 확정' 순으로 이루어진다.

**정답** 15 ③  16 ③  17 ①  18 ④

### 19 조직성과 평가 단계로 올바른 것은?

① 목표 설정 → 평가 시행 → 결과 피드백 → 모니터링 → 목표 조정
② 목표 설정 → 평가 시행 → 모니터링 → 목표 조정 → 결과 피드백
③ 목표 설정 → 목표 조정 → 평가 시행 → 모니터링 → 결과 피드백
④ 목표 설정 → 모니터링 → 목표 조정 → 평가 시행 → 결과 피드백

해설 조직성과 평가 단계는 '목표 설정 → 모니터링 → 목표 조정 → 평가 시행 → 결과 피드백' 순으로 이루어진다.

### 20 데이터 사이언티스트가 갖춰야 할 역량에 인문학적인 요소를 필요하게 만든 사회적 현상이 아닌 것은?

① 산업 구조가 디버전스 패러다임으로 변화하였다.
② 기업 내·외부적인 평판을 위해 데이터 분석이 유행하게 되었다.
③ 비즈니스가 생산에서 시장 창조로 변화되었다.
④ 비즈니스가 제품 생산에서 서비스 중심으로 변화하였다.

해설 데이터 사이언티스트의 인문학 열풍은 컨버전스에서 디버전스로의 패러다임 변화, 제품 생산에서 서비스로의 변화, 생산에서 시장 창조로의 변화에 기인한다.

### 21 다음에서 설명하는 비식별화 처리 기법은?

| 개인 정보의 전체 또는 일부분의 값을 대체값으로 변환하는 기법 |
|---|

① 데이터 마스킹   ② 데이터 범주화
③ 가명 처리      ④ 데이터 삭제

해설 데이터 마스킹은 개인 식별 정보에 대하여 전체 또는 부분적으로 대체값으로 변환하는 기법이다.
③ 가명 처리 : 개인 식별이 가능한 데이터에 대하여 직접 식별할 수 없는 다른 값으로 대체하는 기법이다.

### 22 다음에 해당하는 빅데이터 조직 구조는?

- 분석 조직 인력들을 현업 부서로 직접 배치하여 분석 업무를 수행함
- 분석 결과에 따른 신속한 활동이 가능하며 Best Practice의 공유가 가능함
- 각 부서의 분석 업무와 역할 분담을 명확히 해야 함

① 기능 구조   ② 수평 구조
③ 분산 구조   ④ 집중 구조

해설 분산 구조에 대한 설명이다.

정답  19 ④  20 ②  21 ①  22 ③

**23** 산업별 빅데이터 분석 응용 중 올바르지 않은 것은?

① 제조업 : 공급망 최적화, 수요 예측, 재고 보충, 보증서 분석
② 금융 서비스 : 트레이딩, 공급 · 수요 예측
③ 커뮤니케이션 : 가격 계획 최적화, 고객 보유, 수요 예측
④ 정보 : 사기탐지, 사례관리, 범죄방지, 수익 최적화

해설 빅데이터 분석으로 트레이딩, 공급 · 수요 예측이 적용되는 산업 분야는 에너지산업이다.

**24** 빅데이터를 통한 경영혁신 발전 단계로 옳지 않은 것은?

① 넓은 수요층 확보
② 의사결정 향상
③ 발견에 의한 문제 해결
④ 생산성 향상

해설 빅데이터 경영혁신은 생산성 향상, 발견에 의한 문제 해결, 의사결정 향상, 새로운 가치와 비즈니스 창출의 단계로 진행된다.

**25** 데이터의 가치가 높아짐에 따라 데이터를 생산하고 활용하는 산업이 발전하고 있으며, 그에 따라 데이터 사이언스와 데이터 사이언티스트의 역할이 매우 중요해지고 있다. 다음 설명 중 옳지 않은 것은?

① 데이터 사이언티스트가 갖춰야 할 역량에는 호기심이 있다.
② 데이터 사이언티스트에게 핵심가치를 도출하고 비즈니스에 접목할 수 있는 컨설팅 능력이 중요하다.
③ 데이터 사이언스는 통계학의 한 분야이다.
④ 데이터 사이언스는 IT 기술, 분석 영역, 비즈니스 컨설팅으로 구분된다.

해설 통계학과 데이터 사이언스는 데이터를 분석하는 것은 유사하지만, 데이터 사이언스는 더욱 확장된 유형의 데이터를 다루며 데이터 통계학, 컴퓨터공학, 시각화 기술, 해커의 사고방식 등 다양한 분야의 지식이 종합된 영역이다.

**26** 분석의 범위를 확장하여 분석 기회 발굴을 할 때, 각 관점별 설명이 잘못된 것은?

① 역량의 재해석 관점 : 현재 조직 또는 기업이 보유한 역량뿐만 아니라 파트너 네트워크를 포함한 활용 가능한 역량을 포함하여 분석 기회를 탐색한다.
② 거시적 관점 : 비즈니스에 영향을 미치는 사회 · 경제적 요인을 사회, 기술, 경제, 환경, 정치 영역으로 나누어서 기회를 발굴한다.
③ 시장의 니즈 탐색 관점 : 비즈니스의 직접 고객뿐만 아니라 고객과 접촉하는 채널 및 고객의 의사결정에 영향을 미치는 인자들에 대한 관점으로 분석 기회를 탐색한다.
④ 경쟁자 확대 관점 : 현재 비즈니스 영역의 직접 경쟁사 및 제품, 서비스 중심으로 분석 기회를 발굴한다.

해설 경쟁자 확대 관점에서는 현재 수행하고 있는 비즈니스 영역의 직접 경쟁사 및 제품, 서비스뿐만 아니라 대체재와 신규 진입자 등으로 관점을 확대하여 탐색한다.

정답 23 ② 24 ① 25 ③ 26 ④

## 27 빅데이터와 인공지능에 관한 설명 중 옳지 않은 것은?

① 추천 알고리즘은 머신 러닝 기법을 사용한다.
② 과거 인공지능은 사람이 미리 패턴과 룰을 입력시켰다면 현재의 인공지능은 스스로 학습하면서 결과를 향상시킨다.
③ 인공지능과 빅데이터는 종속적인 관계가 아니라 빅데이터 기술이 인공지능을 지원하는 성격이 강하다.
④ 딥 러닝은 학습 시 예측 정확도를 향상시키기 위해 사람이 정답지를 표시해 줘야 하고 머신 러닝은 스스로 학습하여 예측 정확도를 스스로 판단하고 결정한다.

**해설** 머신 러닝과 딥 러닝 모두 학습 모델을 통해 데이터를 분류, 예측하는 기술이며 학습을 통해 문제를 해결하는 방식이다. 다만 딥 러닝은 사람이 개입하던 작업을 딥 러닝 알고리즘을 통해 컴퓨터가 스스로 분석해서 문제를 해결한다.

## 28 개인정보 비식별 조치 방법으로 올바르지 않은 것은?

① 데이터 범주화
② 데이터 암호화
③ 데이터 마스킹
④ 데이터 삭제

**해설** 개인정보 비식별 조치 방법은 가명 처리, 총계 처리, 데이터 삭제, 데이터 범주화, 데이터 마스킹의 방법이 있다.

## 29 데이터 사이언티스트의 역량 중 성격이 다른 것은?

① 비즈니스 통찰력
② 커뮤니케이션 능력
③ 협업 능력
④ 분석 기술

**해설** 분석 기술은 데이터 사이언티스트에게 요구되는 Hard Skill이다.

## 30 분석 과제 기획 단계에서 분석 과제 진행시 발생 가능한 위험 요소를 도출하고 이에 대한 대응 방법을 선정할 때 적절하지 않은 것은?

① 회피
② 완화
③ 확대
④ 전가

**해설** 프로젝트 위험 대응 방법은 회피, 전가, 완화, 수용 등이 있다.

## 31 빅데이터 조직 구조에 해당하지 않는 것은?

① 기능 구조
② 분산 구조
③ 평행 구조
④ 집중 구조

**해설** 빅데이터 조직에는 집중 구조, 기능 구조, 분산 구조가 있다.

**정답** 27 ④ 28 ② 29 ④ 30 ③ 31 ③

## 32 분석 과제 기획 시 고려해야 할 사항으로 올바르지 않은 것은?

① 적용 가능한 데이터 분석의 유스케이스 탐색이 필요하다.
② 데이터 확보 후 데이터 유형에 대한 분석을 수행하여 데이터 관리 기술과 분석 방법을 계획한다.
③ 데이터 분석을 내재화하기 위한 변화관리 방안을 고려해야 한다.
④ 분석업무 수행 시 발생 가능한 위험 요소에 대한 대응 계획을 수립해야 한다.

해설 데이터의 유형에 따라 적용 가능한 솔루션 및 분석 방법이 다르므로 데이터 수집 전에 데이터 유형에 대한 분석이 선행적으로 진행되어야 한다.

## 33 하둡 에코시스템의 구분이 올바르지 않은 것은?

① 데이터 수집 : Flume, Kafka, Zookeeper
② 데이터 분석 : Hive, Pig
③ 분산 데이터베이스 : HDFS
④ 리소스 관리 : YARN

해설 하둡 에코시스템 중 HDFS는 분산 데이터 저장소이며, 분산 데이터베이스로는 HBase, Cassandra가 있다.

## 34 데이터 사이언티스트의 스킬 구성 요소로 올바르지 않은 것은?

① 분석 결과를 리포팅하는 웹 개발 능력
② 의사 전달 능력
③ 통찰력 있는 분석
④ 빅데이터 분석 기술

해설 데이터 사이언티스트에게 요구되는 스킬에는 빅데이터 지식, 분석 기술 등의 Hard Skill과 통찰력 있는 분석, 의사 전달 능력, 다분야 간 협력 같은 Soft Skill이 있다.

## 35 다음에서 설명하는 분석 방법론은?

> 1996년 Fayyad가 프로파일링 기법을 기반으로 통계적 패턴이나 지식을 찾기 위해 체계적으로 정리한 방법론이다. 이 방법론은 데이터 선택, 데이터 전처리, 데이터 변환, 데이터 마이닝, 해석과 평가의 5단계로 수행된다.

① K-Means
② KDD
③ CRISP-DM
④ SEMMA

해설 KDD 분석 방법론은 통계적 패턴이나 지식을 찾기 위해 정리된 데이터 마이닝 프로세스로 데이터 선택, 데이터 전처리, 데이터 변환, 데이터 마이닝, 해석과 평가의 단계로 진행된다.

정답 32 ② 33 ③ 34 ① 35 ②

**36 데이터에 관한 설명으로 올바른 것은?**

① 데이터의 가공 및 처리와 데이터 간 연관 관계 속에서 도출된 현상을 지식이라고 한다.
② 데이터는 그 자체로 의미를 가지지 않는 주관적인 사실이다.
③ 정보란 데이터를 통해 도출된 다양한 의미를 구조화하여 고유의 아이디어로 도출한 것이다.
④ 지혜란 지식의 축적과 아이디어가 결합된 창의적 산물이다.

> **해설** 데이터는 가공되기 전의 객관적인 수치나 사실을 의미하며 데이터의 가공 및 처리를 통해 도출된 현상은 정보이다. 정보의 구조화를 통해 고유의 아이디어로 도출한 것은 지식이며, 지식의 축적과 아이디어가 결합된 창의적 산물은 지혜다.

**37 개인정보 비식별 조치 가이드라인에서 제시하는 비식별 조치 단계로 올바른 것은?**

① 적정성 평가 → 사전검토 → 비식별 조치 → 사후관리
② 사전검토 → 비식별 조치 → 적정성 평가 → 사후관리
③ 사전검토 → 적정성 평가 → 사후관리 → 비식별 조치
④ 사전검토 → 적정성 평가 → 비식별 조치 → 사후관리

> **해설** 개인정보 비식별 조치 단계는 '사전검토 → 비식별 조치 → 적정성 평가 → 사후관리' 순으로 이루어진다.

**38 하둡 에코시스템의 Impala에 대한 설명으로 옳지 않은 것은?**

① 맵리듀스를 사용하여 빠른 성능을 보장한다.
② 실시간 SQL 질의 시스템이다.
③ HBase와 연동이 가능하다.
④ 데이터 조회를 위한 인터페이스로 HiveQL을 사용한다.

> **해설** Impala는 하둡 기반의 실시간 SQL 질의 시스템으로 맵리듀스를 사용하지 않고 자체 엔진을 사용하여 빠른 성능을 보여준다. 데이터 조회를 위한 인터페이스로 HiveQL을 사용하며 HBase와 연동이 가능하다.

**39 개인정보 비식별화 기술 중 잘못 적용된 것은?**

① 가명 처리 : 홍OO, 30대, 평양 거주
② 데이터 마스킹 : 주민등록번호 0101**-*******
③ 총계 처리 : 80년대생 남성 평균 키 172cm
④ 데이터 범주화 : 홍씨, 35~39세, 서울 거주

> **해설** 가명 처리는 홍길동을 임꺽정과 같이 대체하거나 암호화하는 방법이다.

**정답** 36 ④  37 ②  38 ①  39 ①

**40** 분석 준비도와 분석 성숙도를 기반으로 조직의 분석 수준을 구분할 때 각 영역에 해당하는 유형이 올바른 것은?

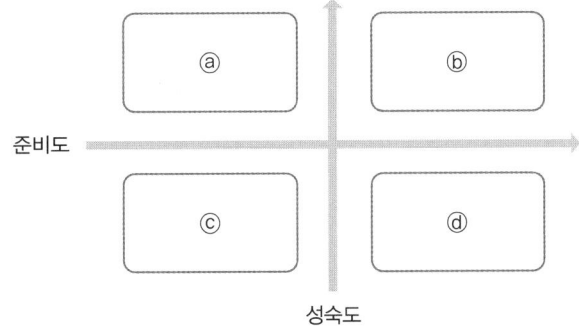

① ⓐ : 확산형, ⓑ : 도입형, ⓒ : 준비형, ⓓ : 정착형
② ⓐ : 준비형, ⓑ : 정착형, ⓒ : 확산형, ⓓ : 도입형
③ ⓐ : 도입형, ⓑ : 준비형, ⓒ : 정착형, ⓓ : 확산형
④ ⓐ : 정착형, ⓑ : 확산형, ⓒ : 준비형, ⓓ : 도입형

해설 • 정착형 : 준비도는 낮지만 조직, 인력, 분석 업무, 분석 기법을 제한적으로 사용하고 있으며 우선적으로 분석의 정착이 필요하다.
• 확산형 : 분석의 구성 요소를 모두 갖추고 있으며 부분적으로 도입되어 있어 지속적인 확산이 필요하다.
• 준비형 : 기업에 필요한 데이터, 조직, 인력, 분석 업무, 분석 기법이 없어 사전 준비가 필요하다.
• 도입형 : 도입되어 있는 분석 업무 및 분석 기법은 부족하지만 조직 및 인력에 대한 준비도가 높아 바로 도입이 가능하다.

**41** 다음 중 빅데이터 분석 방법론 계층에 해당하지 않는 것은?

① 그룹
② 단계
③ 스텝
④ 태스크

해설 빅데이터 분석 방법론 계층은 단계, 태스크, 스텝 등이 있다.

**42** 기업이 고객과 관련된 내·외부 데이터를 통합 관리하고 분석함으로써 고객 중심 자원을 극대화하고 이를 토대로 고객 특성에 맞는 마케팅 활동을 관리하는 시스템은?

① CRM
② BI
③ ERP
④ KMS

해설 기업의 내부 데이터로써 소비자들을 자신의 고객으로 만들고, 이를 장기간 유지하고자 내부 정보를 분석하고 저장하는 데 사용하는 정보시스템은 CRM 시스템이다.

정답 40 ④ 41 ① 42 ①

**43** 데이터베이스를 구성하는 요소 중 데이터베이스 테이블의 데이터를 신속하게 탐색하기 위한 구조체를 가리키는 것은?

① 메타데이터　　　　　　　② SQL
③ 스키마　　　　　　　　　④ 인덱스

해설　인덱스는 데이터베이스 테이블에 대한 동작 속도를 높여 주는 자료 구조로 조회 속도의 향상뿐만 아니라 레코드 접근 시 효율적인 동작에 대한 기초를 제공한다.

**44** 동질집합에서 민감정보의 분포와 전체 데이터의 민감정보 분포의 차이를 유사하게 만드는 프라이버시 모델은?

① t-근접성　　　　　　　② k-익명성
③ l-다양성　　　　　　　④ 데이터 마스킹

해설　t-근접성은 모집단 대비 민감정보의 분포 차이를 통해 개인정보가 노출되는 문제점을 보완하기 위해 동질집합에서 민감정보의 분포와 전체 데이터의 민감정보 분포가 t 이하의 차이를 보이게 하는 프라이버시 모델이다.

**45** 데이터를 일정한 규칙에 따라 변환하여 저장, 분석에 용이한 형태로 변환하는 기술로 평활화, 집계, 일반화, 정규화, 속성값 생성 등의 기법을 가진 것을 무엇이라고 하는가?

① 데이터 통폐합　　　　　② 데이터 필터링
③ 데이터 정제　　　　　　④ 데이터 변환

해설　데이터 변환은 데이터 유형 등을 저장, 분석에 용이한 형태로 변환하는 기술이다. 세부 기술에는 평활화, 집계, 일반화, 정규화, 새로운 속성 생성이 있다.

**46** 데이터 적재 아키텍처 수립의 요구사항 정의 단계가 올바른 것은?

① 요구사항 분석 → 요구사항 도출 → 요구사항 명세 → 요구사항 확인
② 요구사항 도출 → 요구사항 명세 → 요구사항 분석 → 요구사항 확인
③ 요구사항 도출 → 요구사항 분석 → 요구사항 명세 → 요구사항 확인
④ 요구사항 분석 → 요구사항 명세 → 요구사항 도출 → 요구사항 확인

해설　아키텍처 요구사항 정의는 '요구사항 도출 → 요구사항 분석 → 요구사항 명세 → 요구사항 확인' 순으로 이루어진다.

정답　43 ④　44 ①　45 ④　46 ③

**47** 데이터 측정 척도의 연산에 관한 설명으로 올바르지 않은 것은?

① 등간 척도 : 가감("+", "-") 연산 가능
② 서열 척도 : 크기 비교 연산 가능("<", ">")
③ 비율 척도 : 사칙연산, 크기 비교 등 모든 연산 가능
④ 명목 척도 : 사칙연산, 크기 비교 등 모든 연산 불가

해설 명목 척도는 같다 혹은 다르다("=", "≠") 등의 연산이 가능하다.

**48** SEMMA 분석 방법론의 단계 순서가 올바른 것은?

① 샘플링 → 모델링 → 수정 → 탐색 → 검증
② 샘플링 → 탐색 → 모델링 → 수정 → 검증
③ 샘플링 → 탐색 → 수정 → 모델링 → 검증
④ 플링 → 수정 → 모델링 → 탐색 → 검증

해설 SEMMA 분석 방법론의 분석 절차는 '샘플링 → 탐색 → 수정 → 모델링 → 검증' 순으로 이루어진다.

**49** 다음 중 NoSQL의 유형이 아닌 것은?

① Key-Value Database
② Graph Database
③ Document Database
④ Wild Column Database

해설 NoSQL의 유형은 Document Database, Wide Column Database, Key-Value Database, Graph Database 등이 있다.

**50** 다음에서 설명하는 용어는 무엇인가?

- 데이터를 위한 데이터로 데이터의 구조를 설명하는 데이터 구조에 대한 설명 데이터이다.
- 데이터베이스, 테이블의 스키마 등의 정보를 저장하는 테이블이다.

① 메타데이터(Meta Data)
② 프라이머리 키(Primary Key)
③ 데이터 마트(Data Mart)
④ 유니크 인덱스(Unique Index)

해설 메타데이터는 데이터를 위한 데이터로서 데이터를 설명하는 데이터이다. 데이터베이스, 테이블에 대한 정보를 가진다.

정답 47 ④  48 ③  49 ④  50 ①

**51** 대량의 로그 데이터를 효율적으로 수집하여 HDFS와 같은 저장소에 데이터를 전송하는 기능으로 구조가 단순하고 유연하여 다양한 유형의 스트리밍 데이터 플로우(Streaming Data Flow)를 구성할 수 있는 기술은?

① Kafka
② Sqoop
③ Flume
④ Scribe

**해설** 플룸(Flume)은 오픈소스 프로젝트로 개발된 대량 로그의 데이터를 수집하는 기술이다. 즉, 로그 데이터를 효율적으로 수집하기 위해 이벤트와 에이전트를 활용하는 분산형 로그 수집 기술이다.

**52** 다음 데이터의 유형이 맞게 짝지어진 것은?

> SAP ERP 일매출 리포트 데이터 – YouTube 먹방 데이터 – IoT 보안카메라 센서데이터

① 반정형 데이터 – 비정형 데이터 – 정형 데이터
② 비정형 데이터 – 정형 데이터 – 반정형 데이터
③ 정형 데이터 – 비정형 데이터 – 반정형 데이터
④ 정형 데이터 – 반정형 데이터 – 비정형 데이터

**해설** 관계형 데이터베이스(RDB)로 관리되는 데이터는 정형 데이터, 영상 파일은 비정형 데이터, IoT 센서 데이터는 반정형 데이터이다.

**53** 분석 프로젝트의 관리 영역으로 올바르지 않은 것은?

① 프로젝트 이해당사자 관리
② 일정 관리
③ 비즈니스 모델 관리
④ 프로젝트 범위 관리

**해설** 분석 프로젝트의 관리 항목에는 범위, 일정, 원가, 품질, 통합, 조달, 자원, 위험요소, 의사소통 이해당사자가 있다. 비즈니스 모델은 분석 과제에서 관리를 하기보다는 경영관리에서 관리를 진행한다.

**54** 데이터 측정 척도 중 서열 척도에 대한 설명으로 올바르지 않은 것은?

① 서열의 순서화로 척도값에는 순서의 의미가 있다.
② 척도의 값으로 순위가 정해지기 때문에 나이, 키, 거리, 소득 등을 측정할 때 사용된다.
③ 정성적인 데이터를 관측하기 위해 사용되며 데이터를 임의의 기준에 따라 상대적인 비교 및 순위화를 통해 관측하는 방법이다.
④ 순위 척도라고도 부른다.

**해설** 나이, 키, 금액, 거리, 넓이, 소득, 부피 등은 비율 척도를 사용한다. 서열 척도는 제품 평점, 아이돌 선호도 조사 등이 있다.

**정답** 51 ③  52 ③  53 ③  54 ②

## 55 데이터 저장관리 단계로 옳은 것은?

① 데이터 전·후처리 → 데이터 저장 → 데이터 보안 관리 → 데이터 품질관리
② 데이터 전·후처리 → 데이터 저장 → 데이터 품질관리 → 데이터 보안 관리
③ 데이터 저장 → 데이터 전·후처리 → 데이터 품질관리 → 데이터 보안 관리
④ 데이터 저장 → 데이터 전·후처리 → 데이터 보안 관리 → 데이터 품질관리

해설 데이터 저장관리 단계는 '데이터 전·후처리 → 데이터 저장 → 데이터 보안 관리 → 데이터 품질관리' 순으로 진행된다.

## 56 다음에서 사용된 데이터 측정 척도는?

> 서울시 지역번호 : 02
> 경기도 지역번호 : 031
> ⋮
> 제주도 지역번호 : 064

① 등간 척도
② 명목 척도
③ 서열 척도
④ 비율 척도

해설 정성적 데이터 측정 시 임의의 범주로 분류한 후 기호나 숫자를 부여하는 척도는 명목 척도이다. 명목 척도의 값 자체는 의미가 없고 분류의 의미만 가진다.

## 57 데이터 변환의 기법이 아닌 것은?

① 특정 구간으로 값을 스케일링하는 기법
② 주어진 데이터를 토대로 속성을 삭제하는 기법
③ 데이터의 노이즈를 구간화, 군집화 등으로 제거하여 데이터 집합을 매끄럽게 하는 기법
④ 다양한 차원으로 데이터를 요약하는 기법

해설 주어진 데이터를 토대로 새로운 속성을 생성하는 기법이 있다.

## 58 하둡 에코시스템 중 RDB와 데이터 전송을 하기 위해 사용 가능한 기술은?

① Sqoop
② Flume
③ Scrapy
④ Scribe

해설 Sqoop은 커넥터를 사용하여 하둡과 관계형 데이터베이스의 데이터 전송을 지원하는 수집 도구이다.

**정답** 55 ① 56 ② 57 ② 58 ①

**59** 외부 공급업체부터의 자재 구매 관리에서부터 생산·재고관리, 고객관리, 판매 및 운송에 이르기까지 제품 또는 서비스와 관련된 상품, 데이터 및 재정 흐름을 관리하는 시스템은?

① EAI
② SCP
③ SCM
④ MRP

> **해설** 기업에서 원재료의 수급, 제품 생산, 유통 등 모든 기업의 공급망 활동을 최적화해서 고객의 수요에 맞춰 제품을 제공할 수 있도록 관리하는 시스템은 SCM(Supply Chain Management, 공급망관리)이라고 한다.

**60** 분석 문제 정의의 하향식 접근법 중 문제 탐색 단계에 대한 설명으로 올바르지 않은 것은?

① 비즈니스 모델 기반으로 문제를 탐색한다.
② 문제의 타당성을 평가한다.
③ 분석 유스케이스를 활용한다.
④ 외부 참조 모델 기반으로 문제를 탐색한다.

> **해설** 하향식 접근법의 문제 탐색 단계는 비즈니스 모델의 업무 단위로 문제를 발굴하는 비즈니스 모델 기반의 문제 탐색 방법과 외부 사례를 벤치마킹하는 외부 참조 모델 기반의 문제 탐색 방법이 있으며, 분석 유스케이스를 활용하여 문제를 탐색한다.

**61** 다음에서 설명하는 용어는?

> 회사의 모든 정보는 물론 재무, 공급망, 제조, 인적자원 등 비즈니스 프로세스를 통합 관리할 뿐만 아니라 고객 및 주문정보 등 전사적인 비즈니스를 통합적으로 관리하는 시스템

① CRM
② SCM
③ KPI
④ ERP

> **해설** 전사적자원관리(ERP ; Enterprise Resource Planning) 시스템에 대한 설명이다.

**62** 원천에서 추출한 데이터를 저장하기 위해 데이터 필터링, 유형 변환, 정제 등의 기술을 활용하는 데이터 처리 단계는?

① 데이터 통합
② 데이터 변환
③ 데이터 전처리
④ 데이터 후처리

> **해설** 데이터 전처리는 원천에서 수집한 데이터를 저장하기 전에 데이터를 필터링하고 데이터의 유형을 변환하거나 정제하는 단계이다.

**정답** 59 ③  60 ②  61 ④  62 ③

**63** 데이터 비식별화 방법의 범주화에 해당하지 않는 것은?

① 제어 라운딩  ② 범위화
③ 랜덤 라운딩  ④ 부분합

해설 데이터 비식별화 방법의 하나인 범주화에는 범주화(은폐화, 감추기), 랜덤 라운딩, 범위화, 제어 라운딩 기술이 있다. 부분합 방법은 총계처리 기법이다.

**64** 다음에서 설명하는 것은?

> 데이터 웨어하우스에서 정의된 접근계층으로 특정 리포트나 조직에서 사용하기 위한 특정 주제 영역의 데이터를 의미한다.

① 데이터 스키마  ② 데이터 마트
③ 데이터 마이닝  ④ 데이터 허브

해설 데이터 마트는 데이터 웨어하우스 환경에서 관심 있는 특정 주제의 데이터를 담은 데이터 집합이다.

**65** Python 기반의 오픈 소스 프레임워크로 웹 데이터를 크롤링하여 구조화된 데이터를 수집하는 것을 목표로 설계되었으며 API를 이용하여 다양한 유형의 문서를 수집, 정제, 적재할 수 있어 데이터 마이닝에 활용되는 수집 기술은?

① Scrapy  ② Sqoop
③ ETL     ④ Flume

해설 Scrapy는 웹 사이트를 크롤링하고 구조화된 데이터를 수집하는 Python 기반의 오픈 소스 프레임워크로 데이터 마이닝, 정보처리, 이력 기록 같은 다양한 애플리케이션에서 사용된다.

**66** 저장 형태에 따라 로그, 텍스트 등 파일 형식으로 저장되는 데이터는?

① 반정형 데이터  ② 파일 데이터
③ 정형 데이터    ④ 콘텐츠 데이터

해설 데이터는 저장 형태에 따라 파일 데이터, 데이터베이스 데이터, 콘텐츠 데이터, 스트림 데이터로 구분되는데, 로그 등의 파일 형식으로 저장되는 데이터는 파일 데이터이다.

정답  63 ④  64 ②  65 ①  66 ②

# MEMO

# PART 02

# 빅데이터 탐색

**CHAPTER 01** | 데이터 전처리
**CHAPTER 02** | 데이터 탐색
**CHAPTER 03** | 통계 기법 이해

## | PART별 과목 학습 가이드

이번 장에서는 데이터 전처리와 탐색적 데이터 분석 방법인 데이터 시각화, 기술통계 기법을 이해하는 것을 목표로 한다.

# CHAPTER 01 데이터 전처리

**[학습 목표]**
데이터 전처리는 데이터의 품질과 분석 용이성을 높이기 위해 수행하는 데이터 가공 작업으로 본격적인 데이터 분석 작업 전에 수행한다. 전처리 과정을 통해서 분석 결과의 효과성과 신뢰성을 향상시킬 수 있다. 데이터 전처리는 '데이터 정제(결측값 처리, 이상값 처리) → 분석 변수 처리' 순서로 진행된다. 이번 챕터에서는 데이터 전처리가 무엇이며 어떠한 방법을 통해 데이터를 정제하는지에 대해 학습한다.

## 1. 데이터 정제

### (1) 데이터 정제 기출

① 데이터 전처리(Preprocessing)

데이터 전처리는 데이터 분석을 위한 필수 과정으로서 분석 전문가들이 실제 분석 과정의 70~80% 정도를 데이터 수집 및 전처리 과정에 소모할 정도로 많은 노력이 필요한 작업이다. 데이터 전처리 과정은 데이터를 정제한 후 분석 변수를 처리하는 순서로 수행한다.

데이터 전처리 과정에서 발생한 오류는 데이터 분석의 신뢰성에 부정적인 영향을 미칠 수 있다. 따라서 데이터 전처리는 분석 결과에 따라 반복적으로 수행될 수 있다.

② 데이터 정제(Cleansing)

데이터 정제란 분석 작업이 시작되기 전 오류를 일으킬 수 있는 결측값을 채우거나 이상값을 제거하는 사전 작업이다. 이 작업을 통해 데이터 분석 결과의 오류를 방지하고 신뢰도를 높일 수 있다.

㉠ 결측값(Missing Value) : 필수 데이터가 입력되지 않고 누락된 값을 말한다. 결측값은 N/A로 표시하거나 빈칸(Blank)으로 표현한다. 결측값은 분석 결과에 큰 영향을 미치기 때문에 데이터를 아예 제거하거나, 결측값을 중심 경향성 통계량(평균값 또는 최빈값)으로 대체할 수 있다.

---

**OX QUIZ**

데이터 전처리 과정은 '분석 변수 처리 → 데이터 정제' 순서로 수행한다. (O/X)

정답 : X

해설 데이터 전처리 과정은 데이터 정제 후 분석 변수를 처리하는 순서로 수행한다.

**핵심요약**

잡음(Noise)이란, 데이터를 측정하는 데 있어서 여러 가지 이유로 개입되는 임의적인 요소로서 변숫값을 본래의 참값에서 벗어나게 하는 오류이다. 데이터 측정 중에는 원하지 않던 임의의 요소들이 개입될 수 있고, 이로 인해 대상이 잘못 측정되어 잘못된 데이터 분석 결과로 이어질 수 있다.

ⓒ 이상값(Outlier) : 관측된 데이터 범주에서 일반적인 데이터 값의 범위를 벗어난 값을 말한다. 이상값은 데이터 수집 시 측정 오류 또는 입력 오류 등의 이유로 발생한다. 데이터 이상값은 분석 결과에 나쁜 영향을 끼칠 수 있으므로, 상한보다 높으면 상한값으로 대체하고 하한보다 낮으면 하한값으로 대체하는 방법으로 처리할 수 있다.

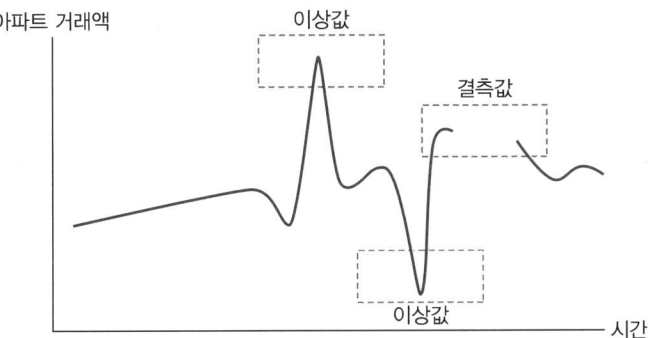

[그림1 결측값과 이상값]

### (2) 데이터 결측값 처리

① 데이터 결측값의 유형

결측값이 결과에 영향을 주는지 여부에 따라 영향을 주지 않는 무작위 결측과 영향을 주는 비무작위 결측으로 크게 구분할 수 있다. 결과에 영향을 주지 않는 무작위 결측은, 다른 변수와의 연관성에 따라 완전 무작위 결측과 무작위 결측으로 다시 세분화할 수 있다. 분석 결과에 영향을 주는 비무작위 결측의 경우, 데이터 정제 시 결측값 처리 방법 선택에 주의해야 한다.

| 종류 | 특징과 예시 |
|---|---|
| 완전 무작위 결측<br>(MCAR ; Missing Completely At Random) | • 다른 변수와 무관하게 발생한 결측값<br>• 데이터가 충분히 큰 경우, 무작위 표본 추출을 통해 모수를 대표하는 데이터를 구성할 수 있음<br>예 데이터를 입력할 때 고의성 없이 입력을 빠뜨린 경우 |
| 무작위 결측<br>(MAR ; Missing At Random) | • 결측값이 다른 변수와 연관이 있음<br>• 결측값이 결과 분포에 영향을 미치지 않는 경우<br>예 체중에 대한 설문조사 실시 결과 남성보다 여성의 결측값이 높게 나온 경우. 결측값에 따라 체중 분포 분석 결과에 영향은 없음 |
| 비무작위 결측<br>(NMAR ; Not Missing At Random) | • 결측값이 다른 변수와 연관이 있음<br>• 결측값이 결과 분포에 영향을 미치는 경우<br>예 임금 분포에 대한 설문조사 실시 결과 임금이 낮은 사람의 응답 확률이 낮아 결측이 발생한 경우. 결측값에 따라 임금 분포 분석 결과에 영향을 미침 |

[표1 결측값 종류별 특징과 예시]

---

**OX QUIZ**

데이터 이상값은 분석 결과에 나쁜 영향을 끼칠 수 있으므로, 무조건 제거해야 한다. (O/X)

정답 : ×

해설 이상값은 상한보다 높으면 상한값으로 대체하고, 하한보다 낮으면 하한값으로 대체하는 방법으로 처리할 수 있다.

**학습가이드**

이상값과 결측값의 개념을 이해하고, 둘의 차이를 명확하게 설명할 수 있어야 한다.

**핵심요약**

| 구분 | 결측값이 결과에 영향 | 다른 변수와의 연관성 |
|---|---|---|
| 완전 무작위 결측 | × | × |
| 무작위 결측 | × | ○ |
| 비무작위 결측 | ○ | ○ |

② 데이터 결측값 처리 방법

데이터 결측값 처리는 결측값을 제거하거나 결측값을 대체하는 방법을 통해 해결할 수 있다. 완전 무작위 결측의 경우 '삭제하기'가 가장 효율적인 방법이나, 단순 대치법 또는 다중 대치법을 통해 추정값으로 대체할 수 있다.

㉠ 단순 대치법(Simple Imputation) : 특정 대푯값으로 결측값을 대체하는 통계적 기법이다. 결측값 대신 중심 경향성 통계량(평균값 또는 최빈값)을 사용할 수 있고, 데이터는 결측값 없이 완전한 형태를 지닐 수 있다.

㉡ 다중 대치법(Multiple Imputation) : 여러 번의 단순 대치법을 통해 결측값이 대체된 여러 개의 데이터를 생성한 뒤, 해당 다수의 데이터를 통계 분석하는 방법이다. 여러 개의 대치된 표본이 생성되므로 항상 같은 값으로 결측값을 대치할 수는 없다.

| 종류 | 특징 |
| --- | --- |
| 완전 분석법<br>(Completes Analysis) | • 불완전 자료는 모두 무시하고 완전하게 관측된 자료만 사용하여 분석하는 방법<br>• 데이터 정제 시간은 단축되지만, 부분적으로 관측된 데이터는 무시되어 효율성이 떨어지고 통계 분석 결과의 타당성이 문제될 수 있음 |
| 평균 대치법<br>(Mean Imputation) | • 평균, 중위수, 최빈값 등의 대푯값으로 대체하여 결측값 없는 완전한 데이터를 구성하는 방법<br>• 결측값의 발생이 다른 변수와 관계가 있는 경우 유용함 |
| 단순 확률 대치법<br>(Single Stochastic Imputation) | • 평균 대치법에서 대푯값으로 통계량을 통해 결측값을 대치할 때 적절한 확률값을 부여한 후 대치하는 방법<br>• 단순 평균값으로 대체 시 발생할 수 있는 표준 오차의 과소 추정 문제를 보완하기 위한 방법 |

[표 2 단순 대치법의 종류와 특징]

단순 확률 대치법의 종류로는 핫덱 대체, 콜드덱 대체, 혼합 방법이 있다.

| 종류 | 특징 |
| --- | --- |
| 핫덱(Hot-Deck) 대체 | • 응답자의 값으로 무응답을 대체하는 방법<br>• 무응답에 대한 결측값을 현재 진행 중인 설문조사에서 비슷한 성향을 가진 다른 응답자 데이터로 대체 |
| 콜드덱(Cold-Deck) 대체 | • 핫덱 대체와 방식은 동일<br>• 대체할 데이터를 현재 진행 중인 설문조사에서 얻는 것이 아니라, 외부 출처나 다른 설문조사의 데이터로 대체 |
| 혼합 방법 | • 여러 가지 대체 방법을 혼합하는 방식<br>예 회귀 모형 기반의 예측값을 활용하여 확보한 통계량과 콜드덱 방법을 활용하여 확보한 데이터를 비교하여 최종 대체값을 결정 |

[표 3 단순 확률 대치법의 종류와 특징]

---

**OX QUIZ**

데이터 결측값은 평균값 또는 중앙값과 같은 통계량으로 대체하여, 결측값 없이 완전한 형태를 지닐 수 있다. (O/×)

정답 : O

**핵심요약**

표준 오차는 매번 뽑히는 여러 표본 평균들이 얼마만큼의 변동, 즉 편차를 가지겠는가에 대한 값이다. 표준 오차가 작다는 말은 표본평균이 모평균과 큰 차이가 나지 않는다는 것을 의미한다.

## (3) 데이터 이상값 처리

### ① 데이터 이상값 검출 방법

이상값은 데이터 입력 또는 측정 오류, 고의적인 이상값, 데이터 표본 설정 오류 등의 이유로 발생한다. 기본적으로는 전체 데이터의 추이나 특성을 관찰하거나 표본을 추출하고 관찰하여 이상값을 검출할 수 있다. 즉, 데이터의 중심 경향성(평균, 중위수, 표준편차)과 산포도(범위, 분산 등)와 같은 통계량을 활용하여 이상값을 검출할 수 있다.

> **빈칸 채우기**
>
> ESD(Extereme Studentized Devation)는 평균으로부터 표준편차×( )만큼 떨어진 값을 이상값으로 판단하는 방법이다.
>
> 정답 : 3

| 종류 | 설명 |
|---|---|
| ESD(Extreme Studentized Deviation) | • 평균($\mu$)으로부터 표준편차($\sigma$)×3 만큼 떨어진 값을 이상값으로 판단<br>• 정상 범위 : $\mu - 3\sigma < Dataset < \mu + 3\sigma$ |
| 기하평균을 활용한 방법 | • 기하평균($G = \sqrt[n]{a_1 a_2 \cdots a_n}$)은 경제성장률이나 인구성장률과 같은 성장률 계산 시 많이 활용<br>• 기하평균($G$)으로부터 표준편차($\sigma$)×2.5 만큼 떨어진 값을 이상값으로 판단<br>• 정상 범위 : $G - 2.5\sigma < Dataset < G + 2.5\sigma$ |
| 사분위수를 활용한 방법 | • 사분위수는 데이터 값들을 크기에 따라 순서대로 정렬하였을 때, 위에서부터 $\frac{1}{4}$의 위치에 있는 데이터 값<br>• 제1사분위($Q_1$), 제3사분위($Q_3$)를 기준으로 사분위 간 범위($Q_3 - Q_1$)의 1.5배 이상 떨어진 값을 이상값으로 판단<br>• 정상 범위 : $Q_1 - 1.5(Q_3 - Q_1) < Dataset < Q_3 + 1.5(Q_3 - Q_1)$ |

[표 4 통계 지표를 활용한 이상값 검출 방법]

또는 데이터 시각화(히스토그램, 시계열 차트, 박스 플롯 등)를 활용하여 직관적으로 이상값을 검출할 수 있다.

| 종류 | 설명 |
|---|---|
| 히스토그램 (Histogram) | • x축은 계급(범위), y축은 각 계급별 데이터의 개수를 막대 그래프로 표시<br>• 평균값이나 중위값으로부터 멀리 떨어진 계급(범위)을 이상값으로 판단 |

> **핵심요약**
>
> 히스토그램은 특정 변수에 대하여 구간별 빈도수를 표현한 그래프이다. 히스토그램을 통해 데이터의 분포를 이해하고 산포도의 정도를 직관적으로 이해할 수 있다.

### 핵심요약

상자 그림을 통해 사분위수를 파악할 수 있고, 제1사분위와 제3사분위를 기준으로 사분위 간 범위의 1.5배 이상 떨어진 값을 이상값으로 판단할 수 있다.

### 빈칸 채우기

11명의 중간고사 성적이 89점, 88점, 67점, 78점, 90점, 88점, 78점, 90점, 86점, 55점, 78점인 경우 사분위수를 활용하여 정상 범위를 도출하면 ( )점이 이상값이다.

정답 : 55

### 핵심요약

비지도 학습 기법은 정답 라벨이 없는 데이터를 비슷한 특징끼리 군집화하여 새로운 데이터에 대한 결과를 예측하는 방법이다. 라벨링이 되어 있지 않은 데이터로부터 패턴이나 형태를 찾아야 하기 때문에 지도 학습보다는 조금 더 난도가 높다.

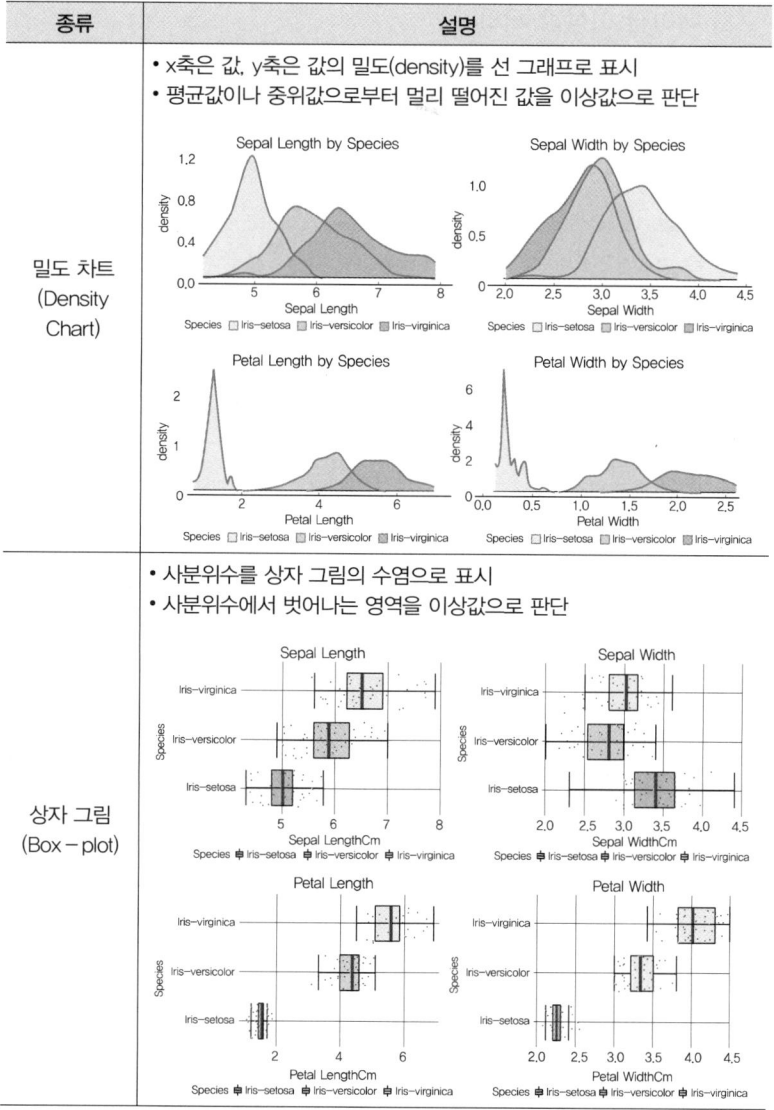

| 종류 | 설명 |
|---|---|
| 밀도 차트 (Density Chart) | • x축은 값, y축은 값의 밀도(density)를 선 그래프로 표시<br>• 평균값이나 중위값으로부터 멀리 떨어진 값을 이상값으로 판단 |
| 상자 그림 (Box-plot) | • 사분위수를 상자 그림의 수염으로 표시<br>• 사분위수에서 벗어나는 영역을 이상값으로 판단 |

[표 5 시각화 기법을 이용한 이상값 검출 방법]

그 외 군집 분석 등과 같은 분석 기법을 활용하여 이상값을 검출할 수 있다.

| 종류 | 설명 |
|---|---|
| 비지도 학습 (Unsupervised Learning) 기법 활용 | • 비지도 학습 기법 중 하나인 군집 분석 기법을 적용하여 이상값 검출<br>• K-평균 클러스터링은 주어진 데이터를 K개의 군집으로 묶는 방법으로, 군집으로 정의되지 않는 영역을 이상값으로 판단 |
| 마할라노비스 거리 (Mahalanobis Distance) 활용 | • 데이터 관측치가 평균으로부터 벗어난 정도를 측정하여 이상값을 검출<br>• 마할라노비스 거리는 평균과의 거리가 표준편차의 몇 배인지를 나타내는 값으로, 데이터의 분포를 고려한 거리 측도임 |

| 종류 | 설명 |
|---|---|
| LOF (Local Outlier Factor) | • 관측치 주변의 밀도와 근접한 관측치 주변 밀도의 상대적인 비교를 통해 이상값을 검출<br>• 굉장히 밀집된 군집에서 조금만 떨어져 있어도 이상값으로 탐지할 수 있음 |
| iForest (Isolation Forest) | • 의사결정나무(Decision Tree)를 이용하여 모든 관측치를 고립시켜 나가면서 분할 횟수로 이상값을 검출<br>• 의사결정나무는 데이터들이 가진 속성들로부터 분할 기준 속성을 판별하고, 분할 기준 속성에 따라 트리 형태로 모델링하는 분류 예측 모델<br>• 관측치 사이의 거리 또는 밀도에 의존하지 않음<br>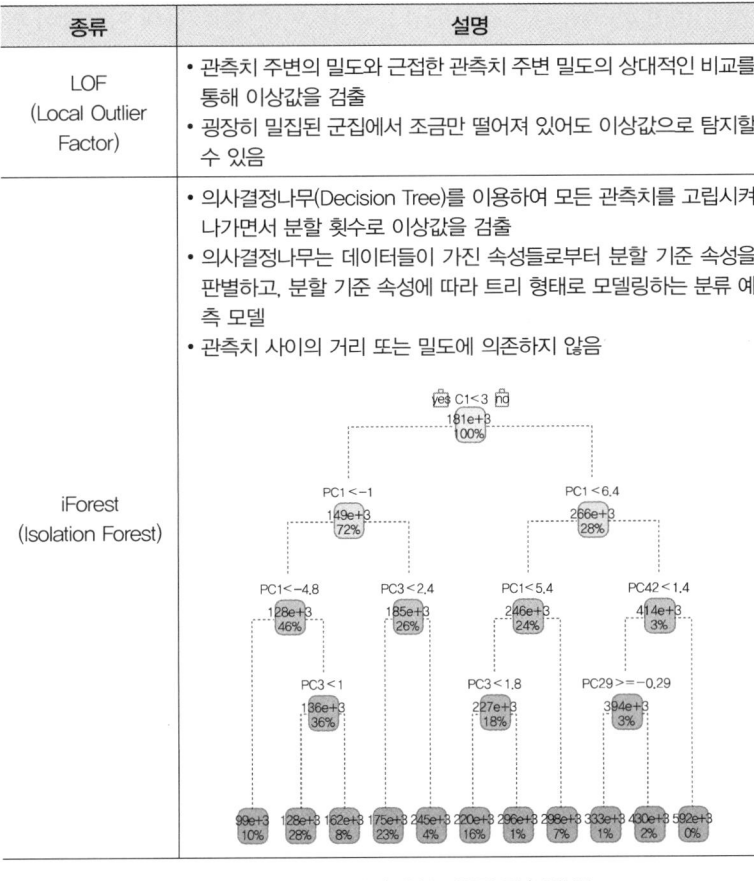 |

[표 6 고급 통계 기법을 활용한 이상값 검출 방법]

② 데이터 이상값 처리 방법

이상값은 반드시 제거할 필요가 없기 때문에 분석가의 주관에 따라 이상값 처리 방법에 대한 판단이 필요하다. 일반적으로 이상치를 처리하는 방법에는 삭제, 대체, 변환 등의 방법이 있다. 특정한 범위를 정의하고 범위 밖의 관측값을 대체 혹은 제거할 수 있다.

㉠ 삭제(Deletion) : 이상값으로 판단되는 관측값을 제외하고 분석하는 방법으로, 양극단의 값을 절단하는 방법으로 처리한다. 이상값을 제거하면 실제 데이터를 모두 반영한 결과가 아니기 때문에 적절하지 않을 수 있다. 따라서 극단값 절단을 통해 데이터를 제거하는 것보다 극단값 조정 방법을 활용하는 것이 분석 결과의 설명력을 높일 수 있는 방법이다.

㉡ 대체(Imputation) : 결측값 처리 방법의 대치법과 동일한 방식이다. 하한값과 상한값을 통해 데이터 정상 범위를 결정한 후, 하한값보다 작으면 하한값으로 대체하고 상한값보다 크면 상한값으로 대체한다. 또는 평균이나 중위수로 이상값을 대체할 수 있다.

**OX QUIZ**

데이터 이상값은 반드시 삭제, 대체, 변환 등의 방법을 통해 처리해야 한다. (○/×)

정답 : ×

해설 삭제, 대체, 변환 등은 이상값을 처리하는 일반적인 방법일 뿐, 분석가의 주관에 따라 적절한 처리 방법을 선택해야 한다.

**빈칸 채우기**

단순 대치법의 종류로는 완전 분석법, ( ), 단순 확률 대치법이 있으며 ( )은/는 평균, 중위수, 최빈값 등의 대푯값으로 대체하여 결측값 없는 완전한 데이터를 구성하는 방법이다.

정답 : 평균 대치법

ⓒ 변환(Transformation) : 극단적인 값으로 인해 이상값이 발생했다면 자연로그를 취해서 값을 감소시켜 실제값을 변형하는 방법이다. 오른쪽으로 꼬리가 긴 소득 분포 데이터의 경우 로그 변환을 적용하면 평균을 중심으로 대칭인 정규 분포의 형태로 변환할 수 있다. 이를 통해 적정한 범위를 결정하고 이상값을 검출하여 조정할 수 있다.

## 2. 분석 변수 처리

### (1) 변수 선택

① 변수(Feature)

변수는 데이터 분석 모델에서 속성, 차원 혹은 관측치 등의 명칭으로 불리며, 데이터 분석에서는 결과와 결과에 영향을 미치는 값을 의미한다. 결과는 종속변수(Dependent Variable)라고 부르며 결과에 영향을 미치는 값은 독립변수(Independent Variable)라고 부른다. 일반적으로 종속변수는 $y$, 독립변수는 $x$로 표기한다.

② 변수 유형

변수는 인과관계에 따라 독립변수($x$)와 종속변수($y$)로 구분한다.

| 종류 | 특징 | 관계 |
| --- | --- | --- |
| 독립변수<br>(Independent Variable) | • 다른 변수에 영향을 받지 않고 종속변수에 영향을 주는 변수<br>• 원인 변수(Explanatory Variable) 또는 예측 변수(Predictor Variable)라고도 부름 | • 독립변수와 종속변수는 인과관계를 가지고 있음<br>• 교통사고 발생 원인 분석 사례의 경우, 운전자 나이, 도로 제한 속도, 차종 등은 독립변수($x$)에 해당하고 교통사고 발생 여부는 종속변수($y$)에 해당 |
| 종속변수<br>(Dependent Variable) | • 독립변수에 영향을 받아서 변화하는 변수<br>• 반응 변수(Response Variable) 또는 결과 변수(Outcome Variable)라고도 부름 | |

[표 7 독립변수와 종속변수의 특징]

또한 변수의 속성에 따라 범주형 변수와 수치형 변수로 구분한다. 범주형 변수는 명목형 변수와 순서형 변수로, 수치형 변수는 이산형 변수와 연속형 변수로 다시 구분한다.

---

**OX QUIZ**

종속변수는 영향을 주는 변수로 설명변수라고 한다. (O/×)

정답 : ×

해설 결과에 영향을 미치는 값은 독립변수이다.

| 종류 | | 특징 |
|---|---|---|
| 범주형 (Categorical) | 명목형 (Nominal) | • 변수나 변수의 크기가 순서와 상관이 없고, 명사형으로 이름만 의미를 부여할 수 있는 경우<br>• 주거지 형태를 아파트, 오피스텔, 주택으로 나누는 것처럼 순서 없이 범주 내의 각 항목들을 지칭하는 변수 |
| | 순서형 (Ordinal) | • 변수가 명사형으로 이름에 의미를 갖고, 기준에 따라 순서에도 의미를 부여할 수 있는 경우<br>• 크기를 소형, 중형, 대형으로 구분하거나 성적을 A, B, C, D, F로 구분할 수 있는 변수 |
| 수치형 (Measure) | 이산형 (Discrete) | • 변수가 취할 수 있는 값을 하나하나 셀 수 있는 경우<br>• 교통사고 발생 횟수, 자동차의 수와 같이 정수의 형태로 표현할 수 있는 변수 |
| | 연속형 (Continuous) | • 변수가 구간 안에서 모든 값을 가질 수 있는 경우<br>• 몸무게, 키와 같이 소수 형태로 표현할 수 있는 변수 |

[표 8 변수 속성별 특징]

**핵심요약**

더미변수는 주로 회귀분석을 할 때, 명목형 변수를 독립변수로 사용하고자 할 때 더미변수화해서 사용한다.

③ 변수 선택(Feature Selection)

변수 선택이란 모델의 정확도 향상 및 성능 향상을 위해 종속변수($y$)와 가장 관련성이 높은 독립변수($x$)를 선정하는 과정이다. 정보는 많으면 많을수록 좋지만, 모든 독립변수를 포함하여 분석하는 것이 좋은 결과를 보장하는 것은 아니다. 이러한 경우 모델의 복잡도가 높아지고 과적합 문제가 발생할 위험이 있다. 따라서 변수의 특성을 고려하여 유의미한 독립변수를 선택하는 것은 데이터 모델링에서 중요한 과정이다. 적합한 변수를 선택함으로써 모델을 단순화하고 모델링 시간을 단축시킬 수 있다. 또한 과적합을 줄여 모델의 정확도 향상 효과를 기대할 수 있다.

**핵심요약**

과적합 문제는 모델이 학습 데이터를 불필요할 정도로 과하게 학습하여 검증 데이터나 테스트 데이터에 대해서는 제대로 동작하지 않는 현상을 말한다.

④ 변수 선택 방법

변수 선택은 변수가 여러 개 있을 때 모델의 정확도를 향상시키기 위해 최적의 변수 조합을 찾아내는 방법이다.

| 종류 | 특징 |
|---|---|
| 필터 기법 (Filter Method) | • 데이터의 통계적 측정 방법을 사용하여 변수들의 상관관계를 탐색<br>• 특정 모델링 기법에 의존하지 않고 데이터의 통계적 특성을 확인하고 변수를 선택하는 기법<br>• 모델에 적용하기 전에 변수들을 걸러 내는 방법으로 전처리를 수행하는 과정<br><br>특정 변수의 전체 집합 → 가장 적합한 하위 집합 선택 → 알고리즘 학습 → 성능 평가 |

### 빈칸 채우기

변수 선택 방법에는 필터 기법, ( ), 임베디드 기법이 있다. ( )에서 변수 선택을 위한 알고리즘 유형으로는 전진 선택법과 후진 제거법, 그리고 단계적 방법이 있다.

정답 : 래퍼 기법

| 종류 | 특징 |
|---|---|
| 래퍼 기법<br>(Wrapper Method) | • 하위 집합을 반복하여 선택하는 방법으로 탐색<br>• 변수의 일부만을 모델링에 사용하고 그 결과를 확인하는 작업을 반복하면서 변수를 선택하는 기법<br>• 가장 이상적인 변수들의 조합을 찾는 방식<br><br>특정 변수의 전체 집합 → 하위 집합 생성 → 알고리즘 학습 → 성능 평가<br>(가장 적합한 하위 집합 선택) |
| 임베디드 기법<br>(Embedded Method) | • 모델 자체에 변수 선택이 포함된 기법<br>• 모델의 학습 및 생성 과정에서 최적의 변수를 선택<br><br>특정 변수의 전체 집합 → 하위 집합 생성 → 알고리즘 학습+성능 평가<br>(가장 적합한 하위 집합 선택) |

[표 9 변수 선택 방법별 특징]

래퍼 기법에서 변수 선택을 위한 알고리즘 유형으로 전진 선택법과 후진 제거법, 단계적 방법이 있다. 변수 선택 결과에 따른 통계 모델의 상대적 품질 평가는 모형 적합도(AIC ; Akaike Information Criteria) 값을 통해 수행한다. AIC 값이 작을수록 상대적으로 좋은 모델이라고 판단할 수 있다.

### 핵심요약

회귀 모형에서 모형의 적합도를 나타내는 통계 지표는 F-값, 결정계수 $R^2$, AIC가 있다. 모형 적합도를 판단할 때 F-값은 크면 클수록 좋고, 결정계수 $R^2$는 1에 가까울수록 좋으며, AIC는 작을수록 좋다.

| 종류 | 특징 |
|---|---|
| 전진 선택법<br>(Forward Selection) | • 모든 독립변수 중, 종속변수에 가장 많은 영향을 줄 것으로 판단되는 변수부터 하나씩 추가하여 모형을 선택<br>• 비어 있는 상태에서 시작하여 변수 추가 시 모형 적합도(AIC)가 향상되지 않으면 변수 추가를 중단함 |
| 후진 제거법<br>(Backward Elimination) | • 모든 독립변수가 포함된 상태에서, 종속변수에 가장 적은 영향을 줄 것으로 판단되는 변수부터 하나씩 제거하여 모형을 선택<br>• 모두 포함되어 있는 상태에서 시작하여 변수 제거 시 모형 적합도(AIC)가 향상되지 않으면 변수 제거를 중단함 |
| 단계적 방법<br>(Stepwise Selection) | • 전진 선택법과 후진 제거법을 함께 사용하는 방법<br>• 전진 선택법으로 유의미한 변수를 추가하고, 기존 변수와 추가된 변수에 후진 선택법을 적용하여 유의성이 낮은 변수를 제거함 |

[표 10 변수 선택 알고리즘 유형별 특징]

### (2) 차원축소 기출

① 차원축소(Dimensionality Reduction)

차원은 변수의 수로 표현하는데 변수의 수가 많아질수록 차원이 커지고, 그에 따라 모델의 정확도가 떨어질 수 있다. 또한 독립변수 간의 강한 상관관계가 있는 경우(다시 말해 다중공선성이 존재하는 경우) 모델의 정확도와 신뢰성이 떨어진다. 이러한 문제들을 해결하기 위해 차원축소 기법을 활용한다. 차원축소는 분석 대상이 되는 여러 변수의 정보를 최대한 유지하면서 데이터 변수의 개수를 줄이는 통계 기법이다. 차원축소를 수행할 때 변수들 사이에 내재한 특성이나 관계를 표현할 수 있는 새로운 결합 변수를 만들어 전체 변수를 설명할 수 있어야 한다. 차원축소는 하나의 완결된 분석 기법으로 사용되기보다는 다른 분석과정을 위한 전 단계, 분석 수행 후 개선 방법, 또는 효과적인 시각화를 목적으로 사용한다.

② **차원축소 방법**

차원축소의 가장 대표적인 알고리즘은 주성분 분석이다. 그 외에 선형 판별 분석, 특이값 분해, 요인 분석, 독립성분 분석, 다차원 척도법 등의 차원축소 기법이 있다.

㉠ 주성분 분석(PCA ; Principal Component Analysis) 기출 : 주성분 분석은 여러 차원의 변수를 대표하는 차원의 주성분을 생성하여 전체 변동의 대부분을 설명하고자 하는 알고리즘이다. 주성분 분석은 변수 간의 상관관계가 있는 고차원 데이터를 저차원 데이터로 변환하여 데이터의 복잡성을 줄이고 데이터 분석의 성능 효율성과 효과성을 높인다. 주성분 분석에서는 여러 차원 변수의 분산이 가장 높은 축을 첫 번째 주성분으로 도출하며, 그 다음 높은 축을 두 번째 주성분으로 도출한다. 이들은 상호 직교하는 성격을 가진다.

㉡ 선형 판별 분석(LDA ; Linear Discriminant Analysis) : 선형판별 분석은 주성분 분석과 마찬가지로 차원축소 알고리즘이다. 선형판별 분석은 데이터를 최적으로 분류하여 차원을 축소하는 방법이고, 주성분 분석은 데이터를 최적으로 표현하는 관점에서 차원을 축소하는 방법이다. 정량적 자료로 측정된 독립변수들을 이용하여 명목형 자료로 된 종속변수의 집단 구분을 예측하는 데 활용한다.

㉢ 특이값 분해(SVD ; Singular Value Decomposition) : 특이값 분해는 주성분 분석과 유사한 행렬 분해 기법을 사용한다. 다만 PCA와 달리 행과 열의 크기가 다른 M×N 차원의 행렬 데이터를 적용하여 특이값을 추출하고 이를 통해 주어진 데이터를 효과적으로 축약할 수 있다.

㉣ 요인 분석(Factor Analysis) 기출 : 요인 분석은 데이터 안에 관찰할 수 없는 잠재적인 변수가 존재할 때, 모형을 세운 뒤 잠재 요인을 도출하고 데이터 안의 구조를 해석하는 기법이다. 변수들의 상관관계를 고려하여 서로 유사한 변수들끼리 묶어 주는 방법이다.

**핵심요약**

주성분 분석은 n개의 변수들을 선형 결합하여 더 적은 개수의 변수들로 데이터를 표현하고 이를 이용하여 데이터를 분석하는 방법이다. 변수들의 상관관계를 이용하여 기존 변수들을 분산이 큰 변수들로 변환시키면 유의성이 높은 변수들로 데이터를 표현할 수 있다.

**OX QUIZ**

차원축소 기법은 일반적으로 저차원 공간의 정보를 고차원 정보로 시각화하는 데 많이 활용된다. (O/×)

정답 : ×

해설 고차원 정보를 저차원 정보로 변환하는 데 주로 활용된다.

㉤ 독립성분 분석(ICA ; Independent Component Analysis) : 독립성분 분석은 다변량의 신호를 통계적으로 독립적인 하부성분으로 분리하여 차원을 축소하는 기법이다. 독립 성분의 분포는 비정규 분포를 따르게 되는 차원축소 기법이다. 데이터의 상관관계뿐만 아니라 더 높은 차수의 상관관계까지도 없앨 수 있으며, 결국 차원들 간의 관계를 독립적으로 변환시키는 방법이다.
㉥ 다차원 척도법(MDS ; Multi-Dimensional Scaling) 기출 : 다차원 척도법은 군집 분석과 마찬가지로 데이터에 내재된 구조를 찾아내어 자료를 함축적으로 표현하는 분석 기법이다. 개체들 사이의 유사성과 비유사성을 측정하여 개체들을 2차원 또는 3차원 공간상에 점으로 표현함으로써 개체들 사이의 집단화를 시각적으로 표현할 수 있다.

③ 차원축소 활용
차원축소 기법은 탐색적 데이터 분석을 위한 전처리 단계부터 분석 결과의 시각화까지 다양하게 활용되고 있다. 분석하려는 데이터가 많은 차원으로 구성되어 있을 때 더 쉽게 데이터를 학습하고 모델을 생성하고자 하는 목적으로 활용한다. 텍스트 데이터에서 주제나 개념을 추출할 때, 이미지 및 사운드 등의 비정형 데이터에서 특정 패턴을 추출할 때도 사용한다. 대상에 대한 패턴 인식이나 추천시스템 구현 결과의 성능 등을 개선할 때도 사용한다.

### (3) 파생변수 생성 기출

① 파생변수
파생변수는 기존 변수에 특정 조건 혹은 함수 등을 사용하여 다시 정의한 변수를 의미한다. 데이터에 들어 있는 변수만 이용해서 분석할 수도 있지만 변수를 조합하거나 함수를 적용해서 새 변수를 만들어 분석할 수 있다. 다만 분석가의 주관이 포함될 수 있으므로 변수를 생성할 때는 논리적 타당성과 기준이 필요하다. 또한 특정 상황에만 유의미하지 않도록 대표성을 나타내야 한다.

② 파생변수 생성 방법
하나의 변수를 분해하거나, 여러 변수를 수식으로 결합하거나, 조건문을 통해 변수의 구간을 구분하는 등 다양한 방법을 통해 파생변수를 생성할 수 있다.

---

**핵심요약**

머신러닝에서 원래의 데이터를 최대한 잘 설명하면서 효과적으로 축약하는 과정에는 종속변수가 필요하지 않고, 독립변수의 값에만 의존하기 때문에 차원축소 방법은 비지도 학습 머신러닝 기법에 해당한다.

**OX QUIZ**

주성분 분석 방법을 이용하여 독립변수들의 선형 조합으로 새로운 파생변수를 생성할 수 있다. (O/×)

정답 : O

| 종류 | 예시 |
|---|---|
| 변수 분해를 통해 파생변수를 생성 | 주민등록번호에서 나이와 성별을 추출 |
| 변수 결합을 통해 파생변수를 생성 | 키와 몸무게를 이용하여 BMI 지수 계산 |
| 조건문을 통해 파생변수를 생성 | 성적이 60점 미만이면 D, 60~70점이면 C로 성적 계산 |

[표 11 파생변수 생성 방법]

### (4) 변수 변환

#### ① 변수 변환

분석가가 데이터를 처음 접했을 때, 모든 데이터가 분석하기 쉬운 형태로 존재하는 것은 아니다. 분석을 위해 불필요한 변수를 제거하거나 유의미한 변수를 생성하는 것뿐만 아니라, 분석 목적에 맞게 데이터를 변환하는 과정이 필요하다. 변수들이 선형 관계가 아닌 비선형 관계(로그, 지수 등)의 모습을 보일 때 변수 변환을 통해 선형 관계로 만들면 최적화 모델을 구성하기 용이해진다.

#### ② 변수 변환 방법 기출

최적화 모델을 만들기 위해 다음과 같은 다양한 변수 변환 방법을 적용할 수 있다.

| 종류 | 설명 |
|---|---|
| 로그/지수 변환 | • 한쪽으로 치우친 변수를 로그/지수 변환하여 분석 모형을 적합하게 하는 방법<br>• 변수들의 분포가 한쪽으로 기울어진 것을 감소시킴 |
| 비닝(Binning) | • 연속형 데이터를 범주형 데이터로 변환하기 위해 사용<br>• 데이터 값을 몇 개의 Bin으로 분할하여 계산하는 방법<br>• 데이터 평활화에서 사용되는 기법 |
| 더미 변수화 | • 범주형 데이터를 연속형 변수로 변환하기 위해 사용<br>• 변수별 값을 각각 다른 열로 변경하여 값이 있으면 1로, 값이 없으면 0으로 표시하는 방법 |
| 스케일링 | • 데이터를 특정 구간으로 바꾸는 척도법<br>• 최소-최대 정규화, Z-스코어 정규화 유형이 있음<br>• 최소-최대 정규화 = $\dfrac{x - x_{\min}}{x_{\max} - x_{\min}}$<br>• Z-스코어 정규화 = $\dfrac{x - \overline{X}(\text{평균})}{s(\text{표준편차})}$ |

[표 12 변수 변환 방법]

**핵심요약**

구간을 나누는 변수 변환 방법으로 클러스터링이나 의사결정나무와 같은 머신러닝 기법을 사용할 수도 있다. 클러스터링은 타깃 변수 설정 없이 구간화할 변수의 값들을 유사한 수준끼리 묶어줄 수 있고, 의사결정나무는 타깃 변수를 설정하여 구간화할 변수의 값을 타깃 변수 예측에 가장 적합한 구간으로 나누어 준다.

**핵심요약**

Box-Cox 변환
- 데이터를 정규분포에 가깝게 만들거나, 데이터의 분산을 안정화하는 방법이다.
- 조건에 따라 역변환 및 제곱근변환을 적용한다.

**빈칸 채우기**

변수 변환 기법 중 하나로서, ( )은/는 데이터 분석의 성능을 향상시키기 위해 또는 해석의 편리성을 위해 이산형 변수를 범주형 변수로 변환하는 방법이다.

정답 : 비닝

## (5) 불균형 데이터 처리 [중요] [기출]

### ① 불균형 데이터 처리

데이터에서 각 클래스별 데이터의 양에 큰 차이가 있는 경우 클래스 불균형이 있다고 표현한다. 예를 들어, 암 진단 검사를 받은 환자군에 대하여 양성을 판정받은 클래스와 음성을 판정받은 클래스는 데이터의 수에서 차이를 보인다. 이러한 불균형 데이터를 그대로 사용하여 모델링할 경우 모델의 정확도가 떨어질 수 있다. 신용사기 진단, 불량률 예측, 질병 진단 등과 같이 소수 클래스에 관심이 있는 경우에 불균형 데이터를 처리하는 과정은 매우 중요하다.

### ② 불균형 데이터 처리 방법

불균형 데이터 처리 기법에는 대표적으로 과소표집과 과대표집 기법이 있다.

㉠ 과소표집(Under-Sampling) : 과소표집은 다수 클래스의 데이터를 무작위로 일부만 선택하여 데이터의 비율을 맞추는 방법이다. 데이터를 제거하는 방법을 통해 클래스의 비율을 맞추기 때문에 데이터의 소실이 매우 크고, 중요한 정상 데이터를 잃는다는 단점이 있다.

㉡ 과대표집(Over-Sampling) : 과대표집은 소수 클래스의 데이터를 무작위로 복제하여 데이터의 비율을 맞추는 방법이다. 기존 데이터를 복제하는 방법을 통해 클래스의 비율을 맞추기 때문에 과적합 문제가 발생할 수 있다는 단점이 있다.

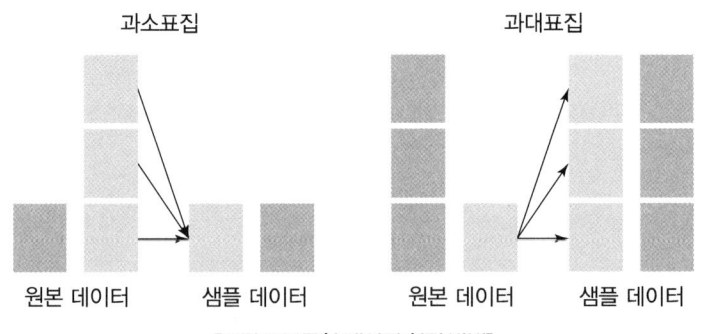

[그림 2 불균형 데이터 처리 방법]

㉢ SMOTE(Synthetic Minority Oversampling Technique) : 일종의 과대표집 방법으로, 알고리즘을 통해 소수 클래스에 새로운 데이터를 생성한다. 소수 클래스의 데이터 하나를 찾고 해당 데이터와 가까운 K개의 데이터를 찾은 후 주변 값을 기준으로 새로운 데이터를 생성한다. 보통 과대표집의 경우 중복된 값이 너무 많이 생성되는 과적합이 발생하고 과소표집은 중요한 데이터가 손실될 가능성이 있는데, 이 두 가지를 보완해 주는 방법이 SMOTE이다.

---

**핵심요약**

데이터 분석 실무에서는 데이터의 특성이나 확보 데이터량에 따라 방법이 달라질 수 있지만, 딥러닝 분석을 위해서는 많은 데이터 확보가 효과적이므로 일반적으로 오버 샘플링 기법을 적용한다.

**OX QUIZ**

과소표집의 경우 정보가 손실되지 않는다는 장점이 있다. (O/X)

정답 : X

해설 과소표집의 경우 중요한 정상 데이터를 잃는다는 단점이 있다.

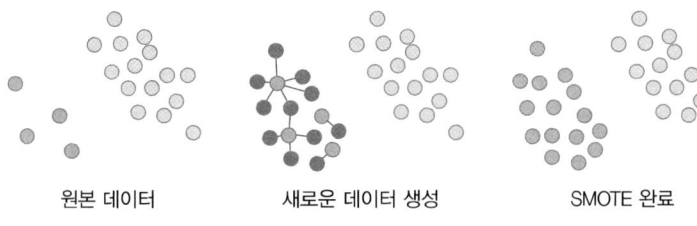

원본 데이터　　　새로운 데이터 생성　　　SMOTE 완료

[그림 3 SMOTE 기법]

# 챕터 마무리문제

## 01 데이터 전처리에 관한 설명으로 옳지 않은 것은?

① 데이터 전처리 과정에서 발생한 오류는 데이터 분석 결과에 영향을 미치지 않는다.
② 분석 전문가들은 데이터 전처리 과정에서 가장 많은 시간을 소모한다.
③ 데이터를 분석하기 전 데이터를 정제하고 변수 처리하는 과정을 의미한다.
④ 데이터 전처리는 데이터 분석을 위해 반드시 수행해야 할 필수 과정이다.

**해설** 데이터 전처리 과정은 모든 데이터 분석 과정에서 반드시 거쳐야 하는 필수 과정이며, 이 과정의 오류는 데이터 분석 결과에 직접적인 영향을 미칠 수 있다. 분석 전문가들은 실무 수행 시 데이터 전처리 과정에 70~80% 이상의 시간을 소모한다.

## 02 다음 중 데이터 정제에 대한 설명으로 올바르지 않은 것은?

① 데이터 정제는 결측값을 채우거나 이상값을 제거하는 과정을 통해 데이터의 신뢰도를 높이는 작업이다.
② 데이터 정제 절차는 데이터 오류 원인 분석, 데이터 정제 대상 선정, 데이터 정제 방법 결정 순으로 처리된다.
③ 데이터 오류 원인 분석 중 결측값은 실제는 입력되지 않았지만 입력되었다고 잘못 판단된 값으로, 일정 간격으로 이동하면서 주변보다 높거나 낮으면 평균값으로 대체해서 처리한다.
④ 데이터 정제는 삭제, 대체, 예측값 삽입 등의 방법을 사용한다.

**해설** 실제는 입력되지 않았지만 입력되었다고 잘못 판단된 값은 노이즈(Noise)이다. 노이즈는 일정 간격으로 이동하면서 주변보다 낮으면 평균값으로 대체하거나 일정 범위 중간값으로 대체한다. 결측값(Missing Value)은 필수적인 데이터가 입력되지 않고 누락된 값을 말하며 중심 경향값 넣기(평균값, 중위수, 최빈값), 분포기반으로 넣기(랜덤에 의하여 자주 나타나는 값) 등을 통해 처리한다.

## 03 다음 중 용어에 대한 설명으로 옳은 것은?

① 결측값 : 관측된 데이터 범주에서 일반적인 데이터 값의 범위를 벗어난 값을 말하며, 데이터 수집 시 측정 오류 등의 이유로 발생한다.
② 이상값 : 필수적인 데이터가 입력되지 않고 누락된 값을 말하며, 분석 결과에 큰 영향을 미치기 때문에 제거하는 것이 이상적이다.
③ 데이터 정제 : 결측값, 이상값 등 데이터 오류를 일으킬 수 있는 요인을 분석 진행 중에 제거하거나 대체하는 작업을 의미한다.
④ 데이터 정제 : 해당 작업을 통해 분석 결과의 신뢰도를 높일 수 있다.

**정답** 01 ① 02 ③ 03 ④

해설 데이터 정제 작업을 통해 분석 결과의 신뢰도를 높일 수 있다.
① 이상값에 대한 설명이다.
② 결측값에 대한 설명이다.
③ 데이터 정제는 데이터 분석 진행 중에 수행하는 것이 아니라, 데이터 분석 전에 사전 단계로서 진행한다.

## 04 다음에서 설명하는 데이터 결측값의 종류는 무엇인가?

- 결측값이 다른 변수와 연관이 있으며, 결과 분포에 영향을 미치는 속성을 가지고 있다.
- 제조사 서비스 만족도에 대한 설문 조사를 실시한다고 가정했을 때, 서비스 만족도가 낮은 사람이 상대적으로 응답할 확률이 낮아 결측값이 많이 발생한다. 결측값에 따라 서비스 만족도 분포 결과에 영향을 미치게 된다.

① 완전 무작위 결측
② 무작위 결측
③ 비무작위 결측
④ 완전 비무작위 결측

해설 ① 완전 무작위 결측 : 변수 상에서 발생한 결측값이 다른 변수들과 무관한 경우에 해당한다.
② 무작위 결측 : 누락된 자료가 특정 변수와 관련되어 발생하지만, 결측값이 결과 분포에 영향을 미치지 않는다.
④ 완전 비무작위 결측은 존재하지 않는다.

## 05 데이터 결측값을 처리하는 방법에 해당하지 않는 것은?

① 완전 분석법(Complete Analysis)
② ESD(Extreme Studentized Deviation)
③ 단순 확률 대치법(Single Stochastic Imputation)
④ 평균 대치법(Mean Imputation)

해설 특정 대푯값으로 결측값을 대체하는 통계적 기법으로 단순 대치법이 있다. 단순 대치법의 종류로는 완전 분석법, 평균 대치법, 단순 확률 대치법이 있다. ESD는 데이터 이상값을 처리하는 방법 중 하나이다.

## 06 데이터 이상값의 검출 방법에 대한 설명으로 옳지 않은 것은?

① 전체 데이터의 추이나 특이 사항 관찰을 통해 이상값을 검출할 수 있다.
② 데이터 통계량과 산포도를 활용하여 이상값을 검출하는 것이 가능하다.
③ 히스토그램, 라인 차트, 상자 그림과 같은 시각화를 통해 데이터를 확인하여 이상값을 검출할 수 있다.
④ K-평균 클러스터링 알고리즘을 활용하여 군집으로 정의되는 영역을 이상값으로 판단할 수 있다.

해설 머신 러닝 기법을 통한 이상값 검출 방법은 주어진 데이터를 K개의 군집으로 묶는 방법으로 K-평균 클러스터링 알고리즘의 활용이 가능하다. 이때 군집으로 정의되지 않는 영역을 이상값으로 판단할 수 있다.

정답 04 ③ 05 ② 06 ④

**07** 데이터 이상값의 발생 원인에 해당하는 것을 모두 고른 것은?

┌─────────────────────────────────────────────────┐
│ ㉠ 설문 응답 오류          ㉡ 데이터 입력 오류    │
│ ㉢ 표본 추출 에러          ㉣ 측정 오류          │
└─────────────────────────────────────────────────┘

① ㉠  
② ㉠, ㉡  
③ ㉠, ㉡, ㉢  
④ ㉠, ㉡, ㉢, ㉣

해설 데이터 이상값의 발생 원인으로는 설문 응답 오류, 데이터 입력 오류, 표본 추출 에러, 측정 오류, 실험 오류, 고의적인 이상값 등이 있다.

**08** 데이터 정제 대상 선정에 대한 설명으로 옳지 않은 것은?

① 기본적으로 모든 데이터셋을 대상으로 데이터 정제 활동을 수행한다.
② 데이터 품질 저하의 위협에 많이 노출된 데이터셋에 대하여 우선순위로 두고 데이터 정제 활동을 수행한다.
③ 비정형 또는 반정형 데이터보다는 정형 데이터가 품질 저하 위협에 많이 노출되어 있기 때문에 정형 데이터를 우선순위로 두고 데이터 정제 활동을 수행한다.
④ 기업의 내부 데이터보다 외부 데이터가 품질 이슈가 발생할 가능성이 높기 때문에 외부 데이터를 우선순위로 두고 데이터 정제 활동을 수행한다.

해설 비정형 또는 반정형 데이터가 정형 데이터보다 품질 저하 위협에 많이 노출되어 있다. 따라서 비정형 또는 반정형 유형의 데이터셋을 우선순위로 두고 데이터 정제 활동을 수행한다.

**09** 데이터 결측값에 대한 설명으로 옳지 않은 것은?

① 결측값이란 입력이 누락된 값을 의미한다.
② 결측값은 NA, Null 등으로 표현하거나 빈칸(Blank)으로 표현한다.
③ 시각화를 이용하여 결측값을 검출한다.
④ 결측값은 데이터를 아예 제거하거나 중심 경향값으로 대체할 수 있다.

해설 관측된 데이터 범주에서 일반적인 데이터 값의 범위를 벗어난 값을 파악하는 데 시각화가 용이하며, 이는 이상값 검출을 위한 방법이다.

**10** 데이터 이상값에 대한 설명으로 옳지 않은 것은?

① 데이터 수집 시 측정 오류 등의 이유로 발생한다.
② 관측된 데이터 범주에서 일반적인 데이터 값의 범위를 벗어난 값이다.
③ 시각화를 이용하여 이상값을 검출한다.
④ 분석 결과에 큰 영향을 미치기 때문에 데이터를 제거하는 것이 이상적이다.

해설 분석 결과에 영향을 미치기 때문에 데이터를 제거하거나 중심 경향값으로 대체하는 처리 방법은 데이터 결측값의 처리 방법에 해당한다.

정답  07 ④  08 ③  09 ③  10 ④

**11** 변수에 관한 설명으로 옳지 않은 것은?

① 변수는 속성, 차원 혹은 관측치 등의 명칭으로 불린다.
② 통계학에서 결과와 결과에 영향을 미치는 값을 의미한다.
③ 결과는 독립변수(Independent Variable), 결과에 영향을 미치는 값은 종속변수(Dependent Variable)로 정의한다.
④ 일반적으로 종속변수는 $y$, 독립변수는 $x$로 표기한다.

해설 통계학에서 결과에 영향을 미치는 값은 독립변수(Independent Variable)라고 정의하고 $x$로 표기한다. 결과는 종속변수(Dependent Variable)라고 정의하고 $y$로 표기한다.

**12** 다음에서 설명하는 변수의 유형은 무엇인가?

> 변수나 변수의 크기가 순서와 상관이 없고, 이름만 의미를 부여할 수 있는 경우에 해당한다. 예를 들어 차종을 SUV, 승용차, 경차로 구분할 때 범주 내의 각 항목들을 지칭하는 변수를 말한다.

① 명목형 변수　　　　　　　　② 순서형 변수
③ 이산형 변수　　　　　　　　④ 연속형 변수

해설 ② 순서형 변수 : 명사형으로 이름에 의미를 갖지만 어떤 기준에 따라 순서 의미를 부여할 수 있다.
③ 이산형 변수 : 수치형으로 변수가 취할 수 있는 값을 하나하나 셀 수 있다.
④ 연속형 변수 : 수치형으로 변수가 구간 안에서 모든 값을 가질 수 있다.

**13** 변수 선택 방법을 적용하여 모델을 구성할 때의 장점으로 옳지 않은 것은?

① 적합한 하위 집합을 선택할 수 있게 되어 모델의 성능이 개선된다.
② 데이터가 다양해지고 모델의 복잡성이 높아짐에 따라 모델의 정확도가 향상된다.
③ 데이터의 과적합을 방지하여 일반화 성능을 향상할 수 있다.
④ 중복된 데이터가 사전에 제거되므로 머신 러닝 알고리즘의 학습 속도가 더 빨라진다.

해설 정보는 많으면 많을수록 좋지만, 모든 독립변수를 포함하면 과적합의 문제로 인해 좋은 분석 결과를 보장하지 않는다. 따라서 적합한 하위 집합 선택을 통해 유의미한 독립변수를 선택하는 것이 중요하다.

**14** 모델에 적용하기 전에 변수들을 걸러 내는 방법으로 전처리를 수행하는 과정에 해당하며, 데이터의 통계적 측정 방법을 사용하여 변수들의 상관관계를 탐색하는 변수 선택 방법은?

① 임베디드 기법(Embedded Method)　　② 래퍼 기법(Wrapper Method)
③ 필터 기법(Filter Method)　　　　　　④ 단계적 기법(Stepwise Method)

해설 ① 임베디드 기법 : 모델 자체에 변수 선택 알고리즘이 포함되어 있다. 모델의 학습 및 생성 과정에서 최적의 변수를 선택하게 된다.
② 래퍼 기법 : 하위 집합을 반복하여 선택하는 방법으로 변수를 탐색하는 기법이다. 변수의 일부만을 모델링에 사용하고 그 결과를 확인하는 작업을 반복하면서 변수를 선택한다.
④ 단계적 기법 : 래퍼 기법에서의 변수 선택 알고리즘 중 하나이다.

정답　11 ③　12 ①　13 ②　14 ③

**15 차원축소에 대한 설명으로 옳지 않은 것은?**

① 차원축소 기법을 적용했을 때, 독립변수 간의 강한 상관관계가 있는 경우 모델의 정확도와 신뢰도가 좋아진다.
② 차원축소는 분석 대상이 되는 여러 변수의 정보를 최대한 유지하면서 데이터 세트 변수의 개수를 줄이는 통계기법이다.
③ 차원축소는 변수들 사이에 내재한 특성이나 관계를 표현할 수 있는 새로운 결합 변수를 통해 전체 변수를 설명할 수 있어야 한다.
④ 차원축소는 완결된 분석 기법으로 사용되기보다는 전처리나 시각화를 목적으로 사용한다.

해설 독립변수 간의 강한 상관관계가 있는 경우 다중공선성이 발생하여 모델의 정확도와 신뢰성이 떨어질 수 있다.

**16 차원축소 기법에 대한 설명으로 옳지 않은 것은?**

① 주성분 분석 : 여러 변수 중에서 중요한 몇 개의 주성분으로 전체 변동의 대부분을 설명하고자 하는 알고리즘
② 선형판별 분석 : 데이터를 최적으로 분류하여 차원을 축소하는 방법
③ 요인 분석 : 데이터 안에 관찰할 수 없는 잠재적인 변수가 존재할 때, 모형을 세운 뒤 잠재 요인을 도출하고 데이터 안의 구조를 해석하는 방법
④ 독립성분 분석 : 각 개체 간의 관계정보를 이용하여 개체들 사이의 유사성과 비유사성을 측정한 후 개체들 사이의 집단화를 수행하는 방법

해설 개체들 사이의 유사성과 비유사성을 측정한 후 개체들 사이의 집단화를 시각적으로 표현하는 분석 방법은 다차원 척도법이다. 독립성분 분석은 주성분 분석과는 달리, 변수들이 서로 독립적이라고 가정하며 독립 성분의 분포는 비정규 분포를 따르게 되는 차원축소 기법이다.

**17 다음에서 설명하는 변수는 무엇인가?**

> 기존 변수에 특정 조건 혹은 함수 등을 사용하여 새롭게 재정의한 변수를 의미한다. 변수를 조합하거나 함수를 적용하여 새 변수를 만들어 분석할 수 있다.

① 독립변수
② 파생변수
③ 종속변수
④ 더미변수

해설 데이터에 들어있는 변수만 이용해서 분석할 수도 있지만 파생변수를 통해 유의미한 분석 결과를 도출할 수 있다. 단, 분석가의 주관이 포함될 수 있으므로 파생변수를 생성할 때는 논리적 타당성과 기준이 필요하다.

정답 15 ① 16 ④ 17 ②

**18** 파생변수 생성 방법으로 옳지 않은 것은?

① 변수의 수량 단위를 변환하여 환산 단위로 표현
② 문자열에서 앞의 세 글자로만 구성한 변수로 변환
③ 전체 데이터 중 소수의 데이터를 복제
④ 속성이 다른 두 지표를 나눠서 새로운 변수를 정의

해설 변수를 분해 또는 결합하거나 조건문을 적용하는 등의 방법을 통해 파생변수를 생성할 수 있다.

**19** 다음에서 설명하는 변수 변환 방법을 차례대로 나열한 것은?

> ⓐ 각 변수 값을 다른 열로 바꾸어 값이 없는 경우는 '0'으로 표현하고, 값이 있는 경우는 '1'로 표현하는 방법
> ⓑ 데이터를 특정 구간으로 바꾸는 척도법으로, 정규화 기법을 적용
> ⓒ 연속형 데이터를 범주형 데이터로 변환하기 위해 사용하는 기법

| | ⓐ | ⓑ | ⓒ |
|---|---|---|---|
| ① | 랜덤 변수화 | 스케일링 | 비닝 |
| ② | 더미 변수화 | 비닝 | 스케일링 |
| ③ | 랜덤 변수화 | 비닝 | 스케일링 |
| ④ | 더미 변수화 | 스케일링 | 비닝 |

해설 ⓐ 더미 변수화 : 변수들을 어떤 특징을 기준으로 하여 0 또는 1과 같은 더미 값으로 바꾸는 것을 의미한다.
ⓑ 스케일링 : 각 특성 값이 특정 범위 안에 들어오게 하는 전처리 과정을 의미한다.
ⓒ 비닝 : 연속된 수치를 특정 그룹으로 범주화하여 변환하는 것을 의미한다.

**20** 다음 중 과대표집(Over-Sampling) 기법에 대한 설명으로 적절하지 않은 것은?

① 각 클래스별 데이터의 양에 차이가 있어 클래스 불균형이 있는 경우, 모델의 정확도 향상을 위해 처리하는 기법 중 하나이다.
② 과소표집에 비해 높은 분류 정확도를 가지며 알고리즘의 성능이 높다.
③ 데이터의 소실이 크고, 중요한 정상 데이터를 잃게 될 수 있다.
④ 기존 데이터를 복제하는 방법을 통해 클래스의 비율을 맞추기 때문에 과적합 문제가 발생 할 수 있다.

해설 데이터의 소실이 크고, 중요한 정상 데이터를 잃게 될 수 있다는 단점을 가진 불균형 데이터 처리 기법은 과소표집(Under-Sampling) 기법이다.

정답 18 ③ 19 ④ 20 ③

# CHAPTER 02 데이터 탐색

[학습 목표]
데이터 탐색은 수집한 데이터를 다양한 각도에서 관찰하고 이해하는 과정이다. 통계적 모형을 설정하기 전에 그래프나 통계적인 방법을 통해 다양한 각도에서 데이터의 특징을 파악하고 데이터를 직관적으로 훑어보는 분석 방법이다. 본 챕터에서는 데이터 탐색을 위한 기본적인 요약 통계 및 그래프를 해석하는 방법을 학습한다.

## 1. 데이터 탐색 기초

### (1) 데이터 탐색

① **탐색적 데이터 분석(EDA ; Exploratory Data Analysis)의 이해**

탐색적 데이터 분석이란 데이터를 이해하고 의미 있는 관계를 찾아내는 과정이다. 데이터의 통계량과 분포 등을 통해 데이터의 형태를 확인하고, 분석가의 인사이트를 최대화하는 것을 목표로 한다. 탐색적 데이터 분석을 통해 중요 변수를 선별하고 변수의 관계를 이해하며, 기본 가정을 테스트하여 초기 모델의 개발로 연계할 수 있다. 탐색적 데이터 분석의 기법으로는 기술통계와 시각화 기법이 있다. 기술통계는 수치화 중심의 자료 요약 기법이며, 시각화는 육안을 활용한 직관적 자료 탐색 기법이다.

② **탐색적 데이터 분석의 특성**

탐색적 데이터 분석의 중요한 4가지 특징으로는 저항성, 잔차 해석, 자료 재표현, 현시성이 있다.

㉠ 저항성 : 자료의 일부가 기존과 현격히 다른 값으로 대체되었을 때(또는 소실되었을 때) 영향을 적게 받는 성질

㉡ 잔차 : 관찰값들이 주 경향으로부터 얼마나 벗어났는지를 나타내는 성질

㉢ 자료 재표현 : 데이터 분석과 해석을 단순화할 수 있도록 원래 변수를 적당한 척도로 변경하는 것

㉣ 현시성 : 그래프를 활용해서 자료를 시각적으로 표현함으로써 자료의 구조를 효율적으로 잘 파악하게 된다는 성질

---

**핵심요약**

탐색적 데이터 분석은 '데이터 분석 목적 설정→모집단 정의→표본 추출→자료 측정→데이터 수집→통계 기법 적용'의 절차로 수행한다.

**핵심요약**

탐색적 데이터 분석을 위해 다양한 데이터 시각화 방법을 이용하며, 데이터 분석 모델의 시스템화를 위한 데이터 시각화를 목적으로 활용할 경우 '시각화 기획→시각화 설계→시각화 구현'의 절차로 수행한다.

| 특징 | 설명 |
|---|---|
| 저항성<br>(Resistance) | • 수집된 자료에 결측값 또는 이상값이 있을 때에도 영향을 적게 받는 성질<br>• 저항성 있는 통계 또는 통계적 기법은 데이터의 부분적 변동에 민감하게 반응하지 않음<br>• 탐색적 데이터 분석은 저항성이 큰 통계적 데이터를 이용함<br>예 원본 자료가 (1, 3, 5, 11, 13)의 데이터 구조를 가지고 있고, 입력 오류에 의해 자료가 (1, 3, 5, 11, 133)으로 변경된 경우가 있다고 가정함. 이러한 경우 통계량 중위수는 5로, 원본 자료와 입력 오류가 발생한 자료가 동일함 |
| 잔차(Residual)<br>해석 | • 관찰값들이 주 경향으로부터 벗어난 정도를 나타내는 성질<br>• 잔차를 검토해 봄으로써 보통과 다른 데이터의 특징을 탐색<br>• 주 경향에서 벗어난 값이 왜 존재하는지에 대해 탐색하는 작업<br>예 자료가 (1, 3, 5, 11, 13)의 데이터 구조를 가지고 있고, 중위수인 5를 기준으로 (−4, −2, 0, 6, 8)의 잔차를 계산. 가장 큰 잔차인 8이 왜 산출되었는지 탐색하는 작업이 탐색적 데이터 분석의 목적 |
| 자료 재표현<br>(Re-expression) | • 데이터 분석과 해석을 단순화할 수 있도록 원래 변수를 적당한 척도(로그 변환, 제곱근 변환, 역수 변환 등)로 바꾸는 것<br>• 자료의 재표현을 통하여 분포의 대칭성, 분포의 선형성, 분산의 안정성 등 데이터 구조 파악과 해석에 도움을 얻는 경우가 많음<br>예 비선형 구조를 함수 그래프로 변환하면 다음과 같은 선형 구조로 단순화할 수 있음 |
| 현시성<br>(Representation) | • 데이터 시각화(Visualization)로도 불림<br>• 데이터 분석 결과를 쉽게 이해할 수 있도록 시각적으로 표현하고 전달하는 과정을 의미함<br>• 자료 안에 숨어있는 정보를 시각적으로 전달함으로써 자료의 구조를 빠르고 효율적으로 파악 가능<br>예 미국 대선 결과에 대해 각 주별 선거인단 확보 수를 지도 차트를 통해 직관적으로 전달함 |

[표 13 탐색적 데이터 분석의 특성과 예시]

③ 개별 데이터 탐색 방법

개별 데이터에 대한 탐색은 변수가 범주형과 수치형일 경우로 나누어 탐색한다. 변수가 어떤 속성인지에 따라 기술통계의 측정치와 시각화의 그래프 종류가 달라진다.

---

**OX QUIZ**

탐색적 데이터 분석의 목적은 데이터에 포함된 변수에 내재된 변동성 유형을 파악하고 변수들 간의 공통 변동이나 이상점을 파악하는 것이다.

정답 : O

**빈칸 채우기**

탐색적 데이터 분석의 중요한 4가지 특징으로는 저항성, 잔차 해석, 자료 재표현, (　　)이/가 있다. (　　)은/는 데이터 분석 결과를 쉽게 이해할 수 있도록 시각적으로 표현하고 전달하는 과정을 의미한다.

정답 : 현시성

| 데이터 유형 | 설명 |
|---|---|
| 범주형 데이터 (질적 데이터) | • 명목형 변수와 순서형 변수에 대한 데이터 탐색<br>• 빈도수, 최빈값, 비율, 백분율 등을 이용하여 데이터의 분포 특성을 중심성, 변동성 측면에서 파악<br>• 시각화는 막대형 그래프를 주로 이용 |
| 수치형 데이터 (양적 데이터) | • 이산형 변수와 연속형 변수에 대한 데이터 탐색<br>• 평균, 분산, 표준 편차, 첨도, 왜도 등을 이용하여 데이터의 분포 특성을 정규성 측면에서 파악<br>• 시각화는 박스 플롯이나 히스토그램을 주로 이용 |

[표 14 변수 속성에 따른 개별 데이터 탐색 방법]

④ 다차원 데이터 탐색 방법

분석에 활용하는 데이터의 조합이 범주형-범주형, 수치형-수치형, 범주형-수치형일 경우로 나누어 탐색한다. 변수의 조합이 어떤 유형인지에 따라 분석 모델과 시각화의 그래프 종류가 달라진다.

| 조합 유형 | 설명 |
|---|---|
| 범주형-범주형 조합 | • 빈도수와 비율을 활용한 교차 빈도, 비율, 백분율 분석 등을 활용하여 데이터 간의 연관성을 분석<br>• 시각화는 막대형 그래프를 주로 이용 |
| 수치형-수치형 조합 | • 산점도와 기울기를 통하여 변수 간의 상관성을 분석<br>• 피어슨(Pearson) 상관계수를 통하여 관계 방향과 강도 파악<br>• 수치형 변수 간의 상관성과 추세성 여부는 산점도를 이용하여 시각화 |
| 범주형-수치형 조합 | • 범주형 데이터의 항목들을 그룹으로 간주하고 각 그룹에 따라 수치형 변수의 기술 통계량 차이를 상호 비교<br>• 그룹 간 비교를 위하여 주로 박스 플롯을 이용하여 시각화 |

[표 15 변수 조합에 따른 다차원 데이터 탐색 방법]

(2) 상관관계 분석

① 상관관계 분석(Correlation Analysis)의 이해

상관관계 분석이란 두 개 이상의 변수 사이에 존재하는 상호 연관성의 존재 여부와 연관성의 강도를 측정하여 분석하는 방법이다. 넓은 의미에서 상관관계는 모든 통계적 연관 관계를 의미하지만 일반적으로는 선형적으로 관련된 정도를 나타낸다. 상관관계는 인과관계와 명확히 구분해야 한다. 인과관계는 선후 관계가 명확하지만, 상관관계는 선후 관계가 명확하지 않은 반면 어느 정도 관련이 있다는 것을 파악할 수 있다. 예를 들면, A 기업의 광고비 지출과 매출액의 상관관계를 파악할 때 사용하는 방법이다. 예를 들면, A기업의 광고비 지출과 매출액의 상관관계를 분석한다고 가정해보자. 이때 상관관계 분석 결과는 '광고비 지출이 늘었기 때문에 매출액이 늘었다.' 또는 '매출액이 늘었기 때문에 광고비 지출이 늘었다.'와 같은 선후 인과관계를 설명하지 않는다. '광고비 지출과 매출액이 서로 강한 연관성이 있다(또는 선형적 관계가 없다)'로 설명한다.

---

**OX QUIZ**

범주형 데이터의 항목들을 그룹으로 간주하고 각 그룹에 따라 수치형 변수의 기술 통계량 차이를 상호 비교하는 목적으로 산점도를 활용한다. (O/X)

정답 : X

해설 '범주형-수치형 조합'의 경우 주로 박스 플롯을 이용하여 시각화한다.

**OX QUIZ**

두 변수의 정량적인 관계를 고려하여 상관관계가 있다는 것은 인과관계 또한 있다고 해석할 수 있다. (O/X)

정답 : X

해설 상관관계는 인과관계와 명확히 구분해야 한다.

② 상관관계의 종류

상관관계는 변수 간에 어떤 선형적 또는 비선형적 관계를 갖고 있는지를 분석하는 방법이다. 두 변수의 관계가 선형성을 갖고 있는지 파악하기 위해서는 산점도를 활용할 수 있다. 선형성이 존재하는 상관관계의 종류는 양의 상관관계와 음의 상관관계로 구분한다.

㉠ 양(+)의 상관관계 : 한 변수의 값이 증가할 때 다른 변수의 값도 증가하는 경향을 보이는 상관관계이다. 강도에 따라 강한 양의 상관관계와 약한 양의 상관관계로 구분할 수 있다.

㉡ 음(-)의 상관관계 : 한 변수의 값이 증가할 때 다른 변수의 값은 반대로 감소하는 경향을 보이는 상관관계이다. 강도에 따라 강한 음의 상관관계와 약한 음의 상관관계로 구분할 수 있다.

㉢ 상관관계 없음 : 한 변수의 값의 변화에 관계없이 다른 변수의 값이 변하는 상관관계를 의미한다.

③ 상관관계 표현과 해석 [중요] [기출]

㉠ 산점도(Scatter Plot)를 통한 표현 : 변수 사이의 관계를 산점도 그래프를 통하여 표현하는 방법이다. X축과 Y축에 관계를 파악하고자 하는 변수를 정의하고 각 변수의 값에 해당하는 위치에 점을 찍어 표현한다.

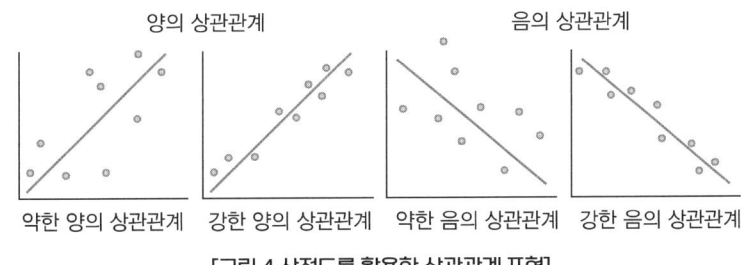

[그림 4 산점도를 활용한 상관관계 표현]

㉡ 상관계수(Correlation Coefficient)를 통한 표현 : 상관계수는 두 변수 사이의 연관성을 수치적으로 객관화하여 두 변수 사이의 방향성과 강도를 표현하는 척도이다. 상관계수의 절댓값이 1에 가까울수록 강한 상관관계이며 완전한 선형 관계를 갖고 있음을 의미한다. 반면 상관계수가 0인 경우 상관관계가 없음을 의미한다. 예를 들어 상관계수가 0.9인 경우 두 변수는 강한 양의 상관관계가 있다고 해석할 수 있다.

---

**OX QUIZ**

두 변수 X와 Y의 상관계수가 0이라면 선형적 관계가 없음을 의미한다.
(O/×)

정답 : O

**핵심요약**

두 변수가 모두 연속형 변수인 경우 피어슨 상관계수를 구하여 두 변수의 연관성을 파악한다. 또한 두 변수의 관계를 시각적으로 표현하기 위해서 산점도를 그려 변수 간의 관계를 직관적으로 이해할 수 있다.

| 상관계수의 값 | 설명 |
|---|---|
| $0.7 \leq r \leq 1$ | 강한 양의 상관관계가 있음 |
| $0.3 \leq r < 0.7$ | 뚜렷한, 보통의 양의 상관관계가 있음 |
| $0.1 \leq r < 0.3$ | 약한 양의 상관관계가 있음 |
| $-0.1 < r < 0.1$ | 상관관계가 거의 없음 |
| $-0.3 < r \leq -0.1$ | 약한 음의 상관관계가 있음 |
| $-0.7 < r \leq -0.3$ | 뚜렷한, 보통의 음의 상관관계가 있음 |
| $-1 \leq r \leq -0.7$ | 강한 음의 상관관계가 있음 |

[표 16 상관계수를 활용한 상관관계 해석]

④ 상관관계 분석 유형

분석의 대상이 되는 변수의 속성에 따라 상관관계를 파악하기 위한 분석 방법이 달라진다. 변수 속성이 수치형 데이터인 경우 피어슨 상관계수를 적용하며, 순서형 데이터인 경우 스피어만 상관계수를 적용한다. 또한 명목형 데이터인 경우 교차 분석에 해당하는 카이제곱 검정을 적용한다.

| 변수 속성 | 설명 | 분석 방법 |
|---|---|---|
| 수치형 데이터 | • 수치형 데이터인 등간 척도, 비율 척도에 해당<br>• 수치로 표현할 수 있는 측정 가능한 데이터 변수<br>• 변수의 연산이 가능 | 피어슨(Pearson) 상관계수 |
| 순서형 데이터 | • 범주형 데이터 중에서 순서형 데이터에 해당<br>• 데이터의 순서에 의미를 부여한 데이터 변수<br>• 변수의 연산이 불가능 | 스피어만(Spearman) 상관계수 |
| 명목형 데이터 | • 범주형 데이터 중에서 명목 척도에 해당<br>• 데이터의 특성을 구분하기 위하여 숫자나 기호를 할당한 데이터 변수<br>• 변수의 연산이 불가능 | 카이제곱($\chi^2$) 검정<br>(교차 분석) |

[표 17 변수 속성에 따른 상관 분석 방법]

### (3) 기초통계량 추출 및 이해

① 중심 경향성(Central Tendency)의 통계량

데이터의 특성을 파악하기 위해 사용하는 가장 간단한 방법은 데이터의 중심 경향성을 확인하는 것이다. 중심 경향성은 단일 값으로서 전체 데이터를 대표하는 통계량을 보여준다. 중심 경향성을 나타내는 통계량에는 평균, 중위수, 최빈값이 있다.

㉠ 평균(Mean) : 변수 값들의 전체 합을 변수의 개수로 나눈 값이다. 이상값에 의해 값의 변동이 심하게 변할 수 있다.

㉡ 중위수(Median) : 모든 변수 값을 크기 순서에 따라 오름차순으로 정렬하였을 때 중앙에 위치한 데이터값을 의미한다. 중앙값이라고도 표현한다. 평균보다 이상값의 영향을 덜 받는다.

ⓒ 최빈값(Mode) : 주어진 데이터 중에서 가장 많이 관측되는 값을 의미한다.

② **산포도의 통계량** 기출

중심 경향성만으로는 데이터를 이해하는 데 한계가 있다. 예를 들어, A 학생의 점수가 (10, 30, 50, 70, 90)이고 B 학생의 점수가 (40, 45, 50, 55, 60)일 경우 두 학생의 평균 점수는 같지만, 점수의 흩어진 정도는 다르다. 이와 같이 산포도는 데이터의 흩어진 정도를 표현하는 통계량이다. 산포도를 표현하는 기초통계량에는 범위, 분산, 표준편차, 변동계수, 사분위수 범위가 있다.

㉠ 범위(Range) : 데이터 값 중에서 최대 데이터 값과 최소 데이터 값의 차이이다.

㉡ 분산(Variance) : 분산은 편차를 활용하여 데이터의 흩어진 정도를 표현하는 대표적인 산포도의 통계량이다. 편차(데이터 값과 평균값의 차이)는 데이터가 평균으로부터 흩어진 정도를 나타내는 기초 통계량이다. 편차의 합은 0이므로 편차의 제곱의 합을 이용하여 분산을 계산한다. 모분산은 편차의 제곱의 합을 모집단의 수(N)로 나누어주고, 표본분산은 표본의 수에서 1을 뺀 자유도(n−1)로 나누어 계산한다. 모든 데이터가 같은 값이면 분산은 0이 되고 데이터 간의 차이가 클수록 분산은 커진다.

㉢ 표준편차(Standard Deviation) : 표준편차는 분산에 양(+)의 제곱근을 씌운 값이다. 분산은 편차의 제곱합을 했기 때문에 원래의 수학적 단위와 차이가 발생한다. 제곱근을 취한 값을 표준편차로 하고, 이 값을 통하여 평균에서 흩어진 정도를 해석한다.

㉣ 변동계수(Coefficient Variation) : 측정 단위가 서로 다른 자료의 흩어진 정도를 상대적으로 비교할 때 사용한다. 표준편차나 분산은 한 가지 자료의 산포도를 측정하는 데 유용하지만, 단위가 다른 두 자료 군의 산포도를 비교하는 데 부적절하다. 따라서 평균과 표준편차를 나누어서 서로 다른 단위의 산포도를 비교할 수 있다. 상대 표준편차라고 표현하기도 한다.

㉤ 사분위수 범위(IQR ; Interquartile Range) : 데이터 변수의 값을 백분위수로 나타내면 최댓값은 100%, 중위수는 50%, 최솟값은 0% 지점에 위치한다. 사분위수는 백위수를 4등분하는 25%, 50%, 75% 지점에 위치한 값으로 각각 제1사분위수($Q_1$), 제2사분위수($Q_2$), 제3사분위수($Q_3$)라고 한다. 또한 제2사분위수는 중위수와 같으며, 사

---

**핵심요약**

- 산술평균 : n개의 수가 있을 때 이들 자료의 합을 개수로 나눈 것
- 기하평균 : n개의 관측값에 대한 곱의 n제곱근
- 조화평균 : n개의 관측값에 대해서 관측값의 역수들을 산술평균한 것에 다시 역수를 취한 것

**OX QUIZ**

측정 단위가 서로 다른 자료의 흩어진 정도를 상대적으로 비교할 때는 표준편차나 분산을 활용한다. (O/×)

정답 : ×

해설 변동계수를 주로 사용한다.

분위수 범위는 제3사분위수($Q_3$)에서 제1사분위수($Q_1$)를 뺀 값으로 데이터 중심에서 흩어진 정도를 파악할 수 있다.

**빈칸 채우기**

평균이 40이고 최빈수가 35이며 표준편차가 5일 때, 왜도는 (　　)이다.

정답 : 3.0

③ 데이터 분포를 나타내는 통계량 기출

데이터의 분포가 정규 분포로부터 오른쪽 또는 왼쪽으로 치우친 정도를 보여주는 왜도가 있고, 정규 분포보다 뾰족한 정도를 보여주는 첨도가 있다. 왜도와 첨도는 0을 기준으로 값이 큰지 작은지에 따라 데이터 분포를 판단할 수 있다.

㉠ 왜도(Skewness) : 데이터 분포의 모양은 좌우 분포가 대칭적일 수도, 그렇지 않을 수도 있다. 왜도는 데이터 분포의 비대칭성을 표현하는 통계량이다. 왼쪽 꼬리가 긴 분포의 왜도는 0보다 작고, 중심 경향성의 통계량이 '평균<중위수<최빈값'의 특성을 갖는다. 오른쪽 꼬리가 긴 분포의 왜도는 0보다 크고, 중심 경향성의 통계량이 '최빈값<중위수<평균'의 특성을 갖는다.

[그림 5 분포별 왜도의 특성]

**OX QUIZ**

정규 분포의 왜도는 0이고, 첨도는 3이다. (O/X)

정답 : O

㉡ 첨도(Kurtosis) : 데이터의 분포가 중심에 어느 정도 모여 있는가를 표현하는 통계량으로 데이터의 분포가 정규 분포 곡선으로부터 위 또는 아래쪽으로 뾰족한 정도를 보여준다. 기본적인 정의에 의하면 정규 분포의 첨도는 3이지만, 정규 분포의 첨도를 0으로 만들기 위해 일반적으로 3을 빼서 정의하는 경우가 많다.

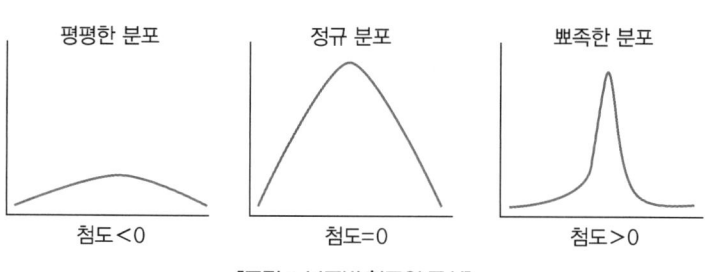

[그림 6 분포별 첨도의 특성]

### (4) 시각적 데이터 탐색

① 히스토그램(Histogram)
   ㉠ 히스토그램은 연속형 변수 데이터를 구간으로 나누고 해당 구간의 빈도를 표시하여, 자료 분포의 형태를 직사각형 형태로 시각화한다. 가로축은 데이터의 구간이 되고 세로축은 해당 구간의 도수(데이터의 수 또는 빈도)를 표시한 그래프이다.
   ㉡ 히스토그램의 가로축에 해당하는 구간의 범위를 어떻게 설정하느냐에 따라 여러 히스토그램을 도식화할 수 있다.
   ㉢ 히스토그램의 막대 너비는 연속형 변수의 구간을 의미하므로 너비가 일정하며 서로 붙어 있는 형태를 갖는다.

> **핵심요약**
> 데이터 속에 숨어 있는 것들을 시각화하여 통찰을 추출하는 과정을 시각화 인사이트라고 한다. 시각화 인사이트의 과정은 '탐색단계 → 분석단계 → 활용단계'로 진행된다.

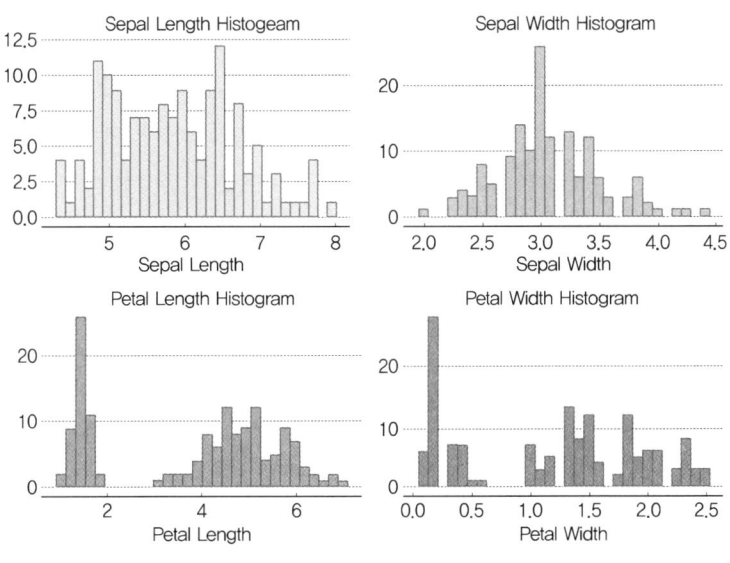

[그림 7 히스토그램의 예시]

② 막대 그래프(Bar plot)
   ㉠ 막대 그래프는 범주형 변수에 대하여 빈도수 또는 연속형 변수의 값을 비교하기 위해 값을 막대의 길이로 시각화한다.
   ㉡ 막대 그래프의 막대 너비는 특별한 의미를 갖지 않으므로 서로 떨어져 있는 형태를 가질 수 있다.

> **핵심요약**
> 평행 차트(Parallel Chart)는 데이터 값을 표시한 세로축 여러 개를 나란히 늘어놓음으로써 한 번에 많은 데이터를 비교하기에 용이하다. 데이터 포인트를 선으로 연결했을 때 특징적인 패턴이 나타나는지 살펴봄으로써 탐색적 데이터 분석을 수행할 수 있다.

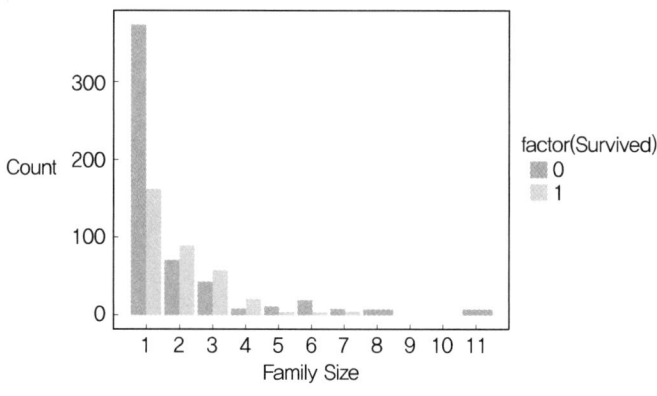

[그림 8 막대 그래프 예시]

③ 박스 플롯(Box plot) 중요 기출

㉠ 박스 플롯은 상자 그림, 상자 수염 그림 등 여러 이름으로 부른다. 산포도의 통계량인 최댓값, 최솟값, 중위수, 제3사분위수($Q_3$), 제1사분위수($Q_1$)를 활용하여 도식화한 그래프이다. 데이터의 범위를 직관적으로 확인할 수 있으며, 통계적으로 이상값을 빠르게 파악하는 데 용이한 시각화 기법이다.

㉡ 박스 플롯 구성 요소는 다음과 같다.

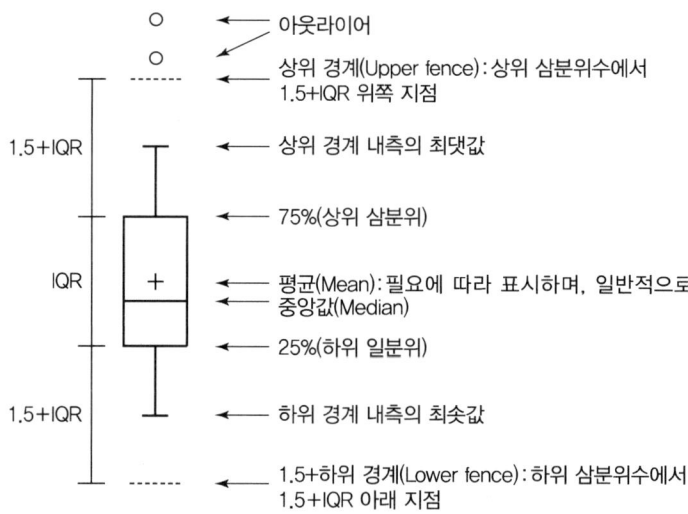

[그림 9 박스 플롯의 구성 요소]

**OX QUIZ**

박스 플롯을 통해 표준편차를 파악할 수 있다. (O/×)

정답 : ×

해설 박스 플롯은 이상값을 빠르게 파악하는 데 용이한 기법이다.

ⓒ 박스 플롯 구성 요소별 설명은 다음과 같다.

| 구성 요소 | 설명 |
|---|---|
| 하위 경계 | 제1사분위수($Q_1$)에서 1.5×IQR을 뺀 아래 지점 |
| 최솟값 | 하위 경계 내 자료의 최솟값 |
| 제1사분위수($Q_1$) | 자료들의 하위 일분위(25%)의 위치를 의미 |
| 중위수 | • 자료들의 50%의 위치를 의미하며, 중앙값이라고도 표현함<br>• 다른 의미로서 평균값으로 대체하여 표현할 수 있음 |
| 제3사분위수($Q_2$) | 자료들의 상위 삼분위(75%)의 위치를 의미 |
| 최댓값 | 상위 경계 내 자료의 최댓값 |
| 상위 경계 | 제3사분위수($Q_3$)에서 1.5×IQR을 더한 위쪽 지점 |
| 수염 | 하위 경계~상위 경계 내에 있는 범위에서 최솟값~최댓값까지 이어진 선 |
| 아웃라이어 | 수염보다 바깥쪽에 존재한 데이터들은 이상값으로 분류 |

[표 18 박스 플롯의 구성 요소]

### 핵심요약

IQR(Inter Quartile Range)은 제3사분위에서 제1사분위를 뺀 범위 값으로 박스 플롯의 상자 크기를 통해 파악할 수 있다. IQR이 클수록 상자의 크기는 커지며, 이는 데이터의 범위 분포가 크다는 것을 의미한다.

④ 산점도(Scatter Plot)

㉠ 산점도는 두 연속형 변수 데이터의 관계를 파악할 수 있는 그래프이다. 가로축과 세로축의 좌표평면상에서 각각의 데이터 관찰점들을 표시하여 시각화한다.

㉡ 산점도의 형태를 통해 두 연속형 변수 간의 상관관계를 판단할 수 있다.

### 핵심요약

산점도의 형태를 통해 두 연속형 변수의 선형성 또는 비선형성을 파악할 수 있다.

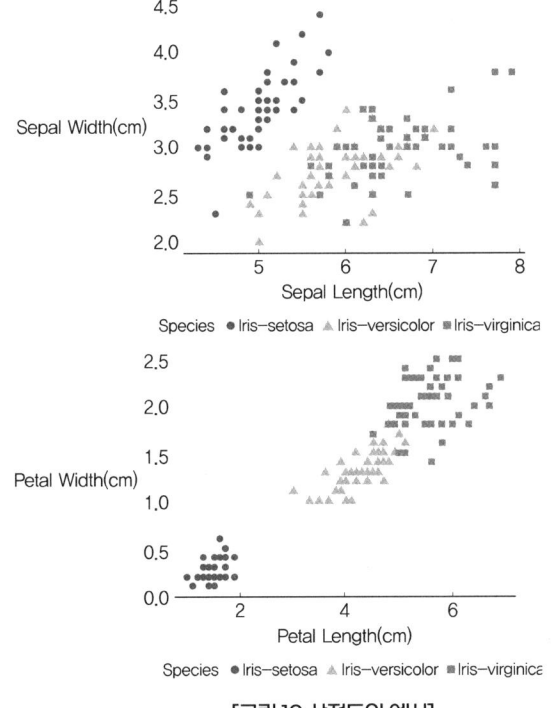

[그림 10 산점도의 예시]

## 2. 고급 데이터 탐색

### (1) 시공간 데이터 탐색

① 시공간 데이터의 특성

날짜와 시간 및 공간 데이터는 일상에서 가장 많이 접할 수 있는 데이터의 형태이다. 시공간 데이터는 데이터를 공간과 시간의 흐름상에 위치시킬 수 있는 거리 속성과 시간 속성을 가지고 있다.

공간 데이터는 객체의 위치 및 공간 관계 정보와 관련한 데이터를 의미한다. 공간 데이터를 지도 위에 크기, 모양, 선의 굵기, 색상 등으로 시각화하여 인사이트를 얻는 분석 기법을 공간 분석이라고 한다.

공간 데이터에 시간의 개념을 추가하여 시간에 따라 위치나 모양이 변하는 것이 시공간 데이터이다. 시공간 데이터의 유형은 점(Point) 타입, 선(Line) 타입, 면(Polygon) 타입으로 정의할 수 있다.

| 데이터 유형 | 설명 |
| --- | --- |
| 점(Point) 타입 | 하나의 노드로 구성되는 공간 데이터 타입 |
| 선(Line) 타입 | 서로 다른 두 개의 노드와 두 노드를 잇는 하나의 세그먼트로 구성 |
| 면(Polygon) 타입 | n개(n≥3)의 노드와 n개의 세그먼트로 구성 |

[표 19 시공간 데이터의 유형]

② 시공간 데이터의 탐색 방법

시공간 데이터를 탐색하는 쉬운 방법은 좌표계를 지도에 표시하는 방법이다. 예를 들어 행정구역 데이터를 지도에 표시한 정보를 시간의 흐름에 따라 크기, 모양, 색상 등을 변화시키면서 시공간 데이터를 탐색한다. 시공간 데이터를 탐색하는 지도 차트에는 코로플레스 지도(Choropleth Map), 카토그램(Cartogram), 버블 플롯맵(Bubble Plot Map) 등이 있다.

㉠ 코로플레스 지도(Choropleth Map) : 어떤 데이터 수치에 따라 지정한 색상 스케일로 영역을 색칠해서 표현하는 방법으로 등치지역도라고도 한다. 영역별 데이터를 표현하는 가장 보편적인 방법이며 데이터값의 크기에 따라 지역별로 색을 다르게 표시한다. 인구밀도가 매우 높은 지역과 낮은 지역에 동일한 척도를 적용할 경우 표시된 지역의 면적이 실제 데이터값의 크기를 반영할 수 없다는 단점이 있다.

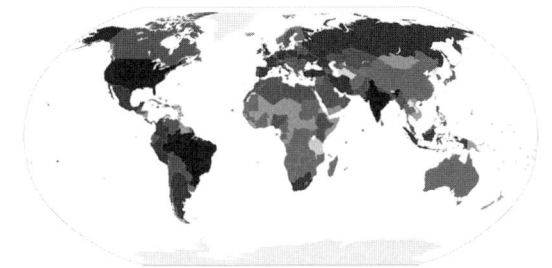

[그림 11 코로플레스 지도]

ⓛ 카토그램(Cartogram) : 특정한 데이터값의 변환에 따라 지도의 면적이 왜곡되는 지도로 변량비례도라고도 한다. 데이터값이 큰 지역의 면적이 시각적으로도 더 크게 표시됨으로써 데이터값의 크기를 직관적으로 인지할 수 있다는 장점이 있다. 지도의 형태를 왜곡시킴으로써 데이터 지각의 왜곡을 방지하도록 보정한다.

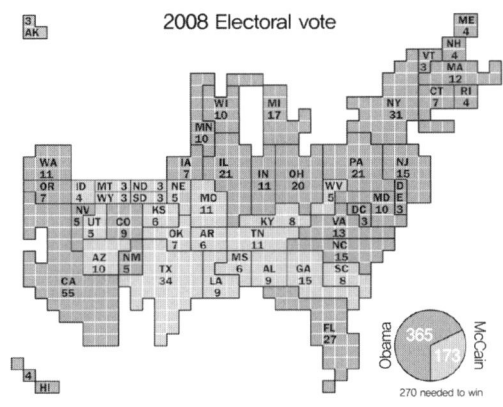

[그림 12 카토그램]

ⓒ 버블 플롯맵(Bubble Plot Map) : 버블 플롯맵은 버블차트에 위도와 경도 정보를 적용하여 좌표를 원으로 시각화한 지도이다. 원의 크기, 색상을 반영하여 시각적으로 표현한다.

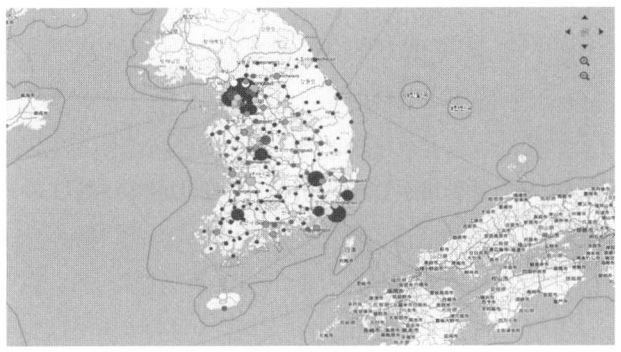

[그림 13 버블 플롯맵]

### OX QUIZ

특정한 데이터 값의 변환에 따라 지도의 면적이 왜곡되는 지도로, 데이터 값이 큰 면적을 시각적으로 더 크게 표시하는 지도 차트를 코로플레스 지도라 한다. (O/×)

정답 : ×

해설 카토그램에 대한 설명이다.

### 빈칸 채우기

시공간 데이터를 탐색하는 지도 차트에는 코로플레스 지도, 카토그램, (   )이/가 있다. (   )은/는 위도와 경도 정보를 이용하여 해당 좌표에 원의 크기와 색상을 반영하여 시각화한 지도이다.

정답 : 버블 플롯맵

## (2) 다변량 데이터 탐색

### ① 변량 데이터 특성

변량은 조사 대상의 특징, 성질을 숫자 또는 문자로 나타낸 값이다. 변량은 종속변수의 수에 따라 일변량, 이변량, 다변량으로 구분한다.

| 데이터 유형 | 설명 |
| --- | --- |
| 일변량 데이터 | 단위에 대해 하나의 속성만 측정하여 얻게 되는 변수에 대한 자료로 단변량 자료라고도 함 |
| 이변량 데이터 | 각 단위에 대해 두 개의 특성을 측정하여 얻어진 두 개의 변수에 대한 자료이며, 다변량 데이터에 속한다고 표현할 수 있음 |
| 다변량 데이터 | 하나의 단위에 대해 두 가지 이상의 특성을 측정하는 경우 얻어지는 변수에 대한 자료 |

[표 20 변량 데이터의 종류]

㉠ 일변량 데이터 분석 : 가장 간단한 형태의 분석으로 하나의 변수를 대상으로 데이터를 요약하거나 패턴을 찾는 것을 목표로 한다.

㉡ 이변량 데이터 분석 : 2개의 변수를 이용한 분석을 수행하며 두 변수 간의 관계를 주로 분석한다.

㉢ 다변량 데이터 분석 : 3개 이상의 변수를 이용한 복잡한 형태의 분석으로, 차원을 축소하거나 유사성을 기준으로 분류하는 식의 분석을 주로 수행한다.

| 특징 | 설명 |
| --- | --- |
| 일변량 데이터 탐색 | • 기술 통계량과 그래프 통계량을 활용하여 탐색함<br>• 기술 통계량으로 평균, 분산, 표준편차를 활용하고 그래프 통계량으로 히스토그램과 상자 그림을 활용함 |
| 이변량 데이터 탐색 | • 조사 대상의 각 개체로부터 두 개의 특성을 동시에 관측함<br>• 일반적으로 두 변수 사이의 관계를 파악하는 것이 목적임 |
| 다변량 데이터 탐색 | 산점도 행렬, 별 그림, 등고선 그림 등을 통해 시각적으로 자료를 탐색함 |

[표 21 변량 데이터 탐색 방법]

### ② 다변량 데이터 탐색 방법

다변량 데이터 탐색 방법으로는 상관 분석, 다차원 척도법, 주성분 분석, 선형판별 분석이 있다.

㉠ 상관 분석 : 상관 분석은 산점도 행렬을 그려 여러 변수를 조합한 산점도와 상관계수를 한 화면에서 확인하여 수행할 수 있다. 산점도 행렬은 두 변수 간의 산점도를 행렬로 나타내 변수 간의 연관성을 표현한 그래프이다. 산점도 행렬은 그림 행렬과 개별 Y대 개별 X 산점도 행렬로 2가지 유형이 있다. 그림 행렬은 최대 20개의 변수를 사용할 수 있으며 가능한 모든 조합의 그래프를 만들 수 있다. 변수가 여러

---

**OX QUIZ**

이변량 데이터 탐색은 일반적으로 두 변수 사이의 관계를 파악하는 것이 목적이므로 히스토그램과 상자 그림을 활용한다. (O/X)

정답 : X

해설 히스토그램, 상자 그림 등은 일변량 데이터 탐색 시 활용한다.

**빈칸 채우기**

다변량 데이터 탐색 방법으로는 상관 분석, 다차원 척도법, 주성분 분석, 선형판별 분석이 있다. 상관 분석은 (　　)을/를 활용하여 산점도와 상관계수를 한 화면에서 확인하여 수행할 수 있다.

정답 : 산점도 행렬

개 있을 경우 변수쌍 간의 관계를 보려면 그림 행렬을 사용하는 것이 효율적이다. 개별 Y대 개별 X 산점도 행렬은 y축 및 x축 변수를 사용하여 가능한 각 xy 조합의 그래프를 만든다.

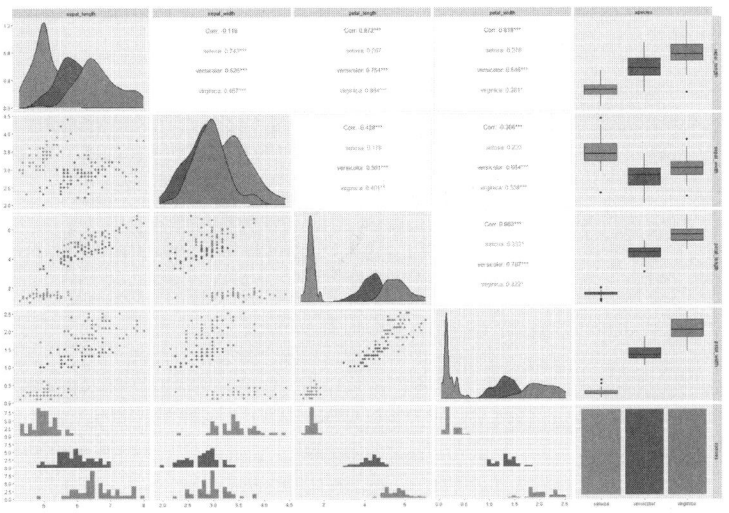

[그림 14 산점도 행렬]

ⓒ 다차원 척도법 : 객체 사이의 유사성 수준을 2차원 또는 3차원 공간에 점으로 시각화하는 분석기법이다. 다차원 척도법은 거리를 계산하기 위해 유클리드 거리를 주로 활용하며, 크게 데이터 간의 실제 거리를 근접도로 이용하는 계량형 다차원 척도법과 순서 정보를 근접도로 이용하는 비계량형 다차원 척도법으로 구분할 수 있다.

ⓒ 주성분 분석 : 데이터의 분포를 잘 설명함과 동시에 정보의 손실은 최소화하도록 고차원의 데이터를 저차원의 데이터로 변환하는 차원축소 분석 기법이다. 여기서 주성분은 데이터의 방향성이 가장 큰 벡터를 의미하고 주성분 분석 결과를 통해 유지해야 할 주성분의 수와 누적기여율 등을 확인할 수 있다.

ⓔ 선형판별 분석 : 데이터가 어떤 그룹에 속할지를 판별하는 분석 기법이다. 다변량 데이터에 대한 판별 함수를 적용해 데이터의 클래스 분리를 최적으로 수행할 수 있게 데이터를 축소한다. 데이터의 분포가 다변량 정규분포를 따른다는 가정하에 진행되며, 주로 후속 분류 작업 전에 차원축소를 위해 사용된다.

### 핵심요약

다변량 데이터 분석에서 변수 간의 상관관계가 있는 경우 여러 차원의 변수를 대표하는 차원의 주성분을 생성하여 전체 변동을 설명할 수 있다. 주성분 분석은 다변량 데이터 분석의 전처리 과정으로 주로 수행한다.

### (3) 비정형 데이터 탐색

① 비정형 데이터(Unstructured Data)의 특성

일정한 규격이나 형태를 지닌 숫자 데이터와 달리 이미지나 영상, 텍스트처럼 형태와 구조가 다른 구조화 되지 않은 데이터이다. 비정형 데이터는 불규칙 정도에 따라 반정형 데이터로 구분하기도 한다.

| 데이터 유형 | | 설명 |
|---|---|---|
| 비정형 데이터 | 텍스트 | • 추출한 단어들의 빈도를 표현하는 방법으로 텍스트 군집을 정형 데이터로 변환한 뒤 텍스트 분석 가능<br>• 주로 키워드 분석을 수행함 |
| | 이미지 | • 이미지를 한 픽셀마다 수치로 변환하는 과정을 거쳐 이미지 분석을 수행함<br>• 딥 러닝 기법의 하나인 합성곱 신경망(CNN)을 활용하여 분석 가능 |
| 반정형 데이터 | XML | • 웹페이지를 만드는 HTML을 개선하여 만든 마크업 언어<br>• 표준 마크업 언어 규약에 해당하는 SGML(Standard Generalized Markup Language) 문서 형식을 따름 |
| | JSON | • JavaScript Object Notaton의 약자이며, 자바스크립트 구문 형식의 독립형 데이터 포맷<br>• 웹상에서 자료를 주고받을 때 사람이 읽을 수 있는 데이터 포맷에 해당함 |
| | HTML | • 웹 페이지를 위해 고안된 언어<br>• 링크, 인용 등을 이용해 구조적 문서를 만들 수 있는 방법 |

[표 22 비정형/반정형 데이터 유형별 특성]

② 비정형 데이터 탐색 방법

각 데이터의 특징에 맞게 비정형 데이터를 탐색한다.
㉠ 텍스트 탐색 방법 : 소셜 데이터의 텍스트와 같은 스크립트 형태일 경우 데이터를 파싱한 후 탐색
㉡ 동영상, 이미지 탐색 방법 : 이진 파일 형태의 데이터일 경우 데이터의 종류별로 응용소프트웨어를 이용하여 탐색
㉢ XML, JSON, HTML 탐색 방법 : XML, JSON, HTML 각각의 파서(Parser)를 이용하여 데이터를 파싱 후 탐색
㉣ 비정형 데이터 탐색 플랫폼 구성 : 비정형 데이터는 다양한 오픈 소스를 활용하여 플랫폼을 구성한 후 탐색

---

**핵심요약**

일반적으로 비정형 데이터 탐색 및 정련 과정을 통해 정형 데이터로 만든 후 분류, 군집화, 회귀분석, 요약, 이상 감지 분석 등의 데이터 마이닝을 통해 의미 있는 정보를 탐색한다.

**핵심요약**

데이터를 이용하여 보다 가치 있는 데이터를 추출하기 위하여 일반적으로 정형 데이터와 비정형 데이터를 결합하여 데이터를 분석하기도 한다. 예를 들어, 회사 내부에서 가지고 있는 정형 데이터(회원 정보 등)와 외부의 비정형 데이터(SNS, 인터넷 기사 키워드 등)를 조합하고 분석하여 인사이트를 도출한다.

| 구성 요소 | 설명 |
| --- | --- |
| HDFS | 마스터/슬레이브 구조를 가지는 분산형 파일 시스템 |
| 맵리듀스 | 맵 함수에서 데이터를 처리하고, 리듀스 함수에서 원하는 결과를 계산하는 데이터 탐색 엔진 |
| 주키퍼 | 분산 환경에서 노드 간의 정보를 공유하고 락, 이벤트 등 보조 기능을 제공하는 프레임워크 |
| Avro | 이기종 간 데이터 타입을 교환할 수 있는 체계를 제공하는 기술 |
| Hive | SQL과 유사한 구조를 가지고, 데이터를 요약하고 쿼리를 수행하여 분석할 수 있는 데이터 웨어하우징 솔루션 |
| Pig | 대규모 데이터에 대한 분석을 위한 쿼리 인터페이스 |
| HCatalog | 하둡 데이터용 테이블 및 스토리지 관리 서비스 |

[표 23 비정형 데이터 탐색 플랫폼의 구성 요소]

# 챕터 마무리 문제

**빅데이터분석기사 필기 한권완성 PART 02**

**01 탐색적 데이터 분석의 4가지 특성에 대한 설명으로 옳지 않은 것은?**

① 저항성(Resistance)은 자료의 일부가 소실 또는 왜곡되었을 때 영향을 많이 받는 성질로 데이터의 부분적 변동에 민감하게 반응한다.
② 잔차 해석(Residual)은 관찰값들이 주 경향으로부터 벗어난 정도를 나타내는 성질이다.
③ 자료 재표현(Re-expression)은 데이터 분석과 해석을 단순화할 수 있도록 원래 변수를 적당한 척도(로그 변환, 제곱근 변환, 역수 변환)로 바꾸는 것이다.
④ 현시성(Graphic Representation)은 데이터 분석 결과를 쉽게 이해할 수 있도록 시각적으로 표현하고 전달하는 과정을 의미한다.

해설 저항성은 수집된 자료에 결측값 또는 이상값이 있을 때에도 영향을 적게 받는 성질이다. 저항성이 있는 통계 또는 통계적 기법은 데이터의 부분적 변동에 민감하게 반응하지 않는다. 탐색적 데이터 분석은 저항성이 큰 통계적 데이터를 이용하는 것이 바람직하다.

**02 다음 중 탐색적 데이터 분석의 도구로 적절하지 않은 것은?**

① 기술통계
② 도표
③ 시각화
④ 머신 러닝

해설 탐색적 데이터 분석의 기법으로는 기술통계와 시각화 기법이 있다. 기술통계는 수치화 중심의 자료 요약 기법이며, 도표로서 표현이 가능하다. 시각화는 육안을 활용한 직관적 자료 탐색 기법이다.

**03 데이터 탐색에서 개별 변수에 대한 탐색 방법의 설명으로 옳지 않은 것은?**

① 질적 데이터는 명목 척도와 순위 척도에 대하여 데이터를 탐색한다.
② 범주형 데이터는 빈도수, 최빈값, 비율, 백분율 등을 이용하여 데이터의 분포 특성을 중심성, 변동성 측면에서 파악한다.
③ 질적 데이터의 시각화는 박스 플롯이나 히스토그램을 주로 이용한다.
④ 수치형 데이터의 시각화는 박스 플롯이나 히스토그램을 주로 이용한다.

해설 양적 데이터의 시각화에는 점그래프, 히스토그램, 줄기와 잎 그림 등이 사용된다.

**정답** 01 ① 02 ④ 03 ③

**04** 데이터 탐색에서 수치형-수치형 데이터 조합에 대한 탐색 방법의 설명으로 옳지 않은 것은?

① 수치형 데이터 간에는 산점도와 기울기를 통하여 변수 간의 상관성을 분석한다.
② 수치형 변수 간의 상관성과 추세성 여부는 산점도를 이용하여 시각화한다.
③ 공분산을 통하여 관계 방향과 강도를 파악한다.
④ 피어슨 상관계수를 통하여 상관성을 파악한다.

> 해설  피어슨 상관계수를 통하여 관계 방향과 강도를 파악할 수 있다. 공분산을 활용하여 관계 방향을 파악할 수 있으나, 강도는 파악할 수 없다.

**05** 다음 중 (A)와 (B)에 들어갈 말로 알맞은 것은?

> (A)은/는 어떤 상황에 대하여 현상을 발생시킨 원인과 그 결과 사이의 관계이다.
> (B)은/는 어떤 두 현상이 관계가 있음을 말하지만 어느 쪽이 원인인지는 알 수 없다.

① 인과관계, 인과관계
② 인과관계, 상관관계
③ 상관관계, 인과관계
④ 상관관계, 상관관계

> 해설  인과관계는 원인과 결과 사이의 관계이고, 상관관계는 두 현상이 관계를 가지고 있지만 원인은 알 수 없다. 또한 인과관계는 선후 관계가 명확하지만, 상관관계는 선후 관계가 명확하지 않는 반면 어느 정도 관련이 있다는 것만을 파악할 수 있다.

**06** 상관관계 분석에 대한 설명으로 올바르지 않은 것은?

① 상관관계 분석은 두 개 이상의 변수 사이에 존재하는 상호 연관성의 존재 여부와 연관성의 강도를 측정하여 분석하는 방법이다.
② 상관관계 분석은 종속변수에 미치는 영향력의 크기를 파악하여 독립변수의 특정한 값에 대응하는 종속변수의 값을 예측하는 선형모형을 산출하는 방법이다.
③ 등간 척도 및 비율 척도로 측정된 수치형 변수 간의 상관관계는 피어슨 상관계수로 측정한다.
④ 서열 척도로 측정된 순서형 변수 간의 상관관계는 스피어만 상관계수로 측정한다.

> 해설  종속변수에 미치는 영향력의 크기를 파악하여 독립변수의 특정한 값에 대응하는 종속변수의 값을 예측하는 선형모형을 산출하는 방법은 회귀분석이다.

정답  04 ③  05 ②  06 ②

**07** 다음은 특정 제품의 Sales와 TV, Radio, Newspaper 광고 예산 간의 피어슨 상관계수 행렬이다. 이에 대한 설명으로 옳지 않은 것은?

| 구분 | TV | Radio | Newspaper | Sales |
|---|---|---|---|---|
| TV | 1.000 | 0.054 | 0.057 | 0.793 |
| Radio | 0.054 | 1.000 | 0.333 | 0.543 |
| Newspaper | 0.057 | 0.333 | 1.000 | 0.222 |
| Sales | 0.793 | 0.543 | 0.222 | 1.000 |

① 3가지 매체의 광고 예산은 Sales와 양의 상관관계를 가지고 있다.
② Newspaper 광고 예산이 증가할 때 Radio 광고 예산이 증가하는 경향이 있다.
③ TV 광고 예산을 늘릴 경우 Sales가 증가하는 인과관계를 가진다.
④ Sales와 가장 상관관계가 높은 변수는 TV이다.

**해설** 상관계수는 변수 간 관계의 유형을 나타내는 통계적인 의미이다. 양의 상관관계가 있다는 것은 한 변수의 값이 증가할 때 다른 변수의 값도 증가하는 경향을 보이는 것을 의미하지만, 인과관계는 상관계수로 알 수 없다.

**08** 다음 중 상관관계에 대한 설명으로 옳지 않은 것은?

① 두 변수의 관계를 보여주는 기법으로 각 측정값은 $(x, y)$의 점으로 나타낸다.
② 양의 상관관계는 변수 $x$가 증가할수록 변수 $y$도 증가하므로 상관계수(p)는 $0.1 \leq p \leq 1$의 값을 가진다.
③ 음의 상관관계는 변수 $x$가 증가할수록 변수 $y$는 감소하므로 상관계수(p)는 $-1 \leq p \leq -0.1$의 값을 가진다.
④ 상관계수(p)가 $-0.1 < p < 0.1$의 값을 갖는 경우 강한 상관관계가 있다고 표현한다.

**해설** 상관계수(p)가 $-0.1 < p < 0.1$의 값을 갖는 경우 일반적으로 상관관계가 거의 없음을 의미한다.

**09** 다음 중 공분산에 대한 설명으로 올바르지 않은 것은?

① 2개의 확률변수의 상관 정도를 나타내는 값이다.
② 공분산의 수식은 $Cov(x_1, x_2) = \sum_{i=1}^{n}(x_{1i} - \overline{x_1})(x_{2i} - \overline{x_2})$ 이다.
③ 2개의 변수 중 하나의 값이 상승하는 경향을 보일 때, 다른 값이 하강하는 경향을 보인다면 공분산의 값은 음수가 된다.
④ 공분산은 측정 단위에 따라 값이 달라지므로, 이를 표준화한 상관계수를 통해 상관관계의 강도를 파악하는 것이 더 적절하다.

**해설** 표본집단을 대상으로 하는 경우 공분산의 수식은 $Cov(x_1, x_2) = \frac{1}{n-1}\sum_{i=1}^{n}(x_{1i} - \overline{x_1})(x_{2i} - \overline{x_2})$ 이다.

**정답** 07 ③  08 ④  09 ②

**10** 다음 중 기초 통계량에 대한 설명으로 중 옳지 않은 것은?

① 평균은 변숫값들의 합을 변수의 개수로 나눈 값이다.
② 이상값에 의한 영향은 중위수가 평균보다 크다.
③ 중위수는 모든 데이터값을 크기 순서에 따라 오름차순으로 정렬하였을 때 중앙에 위치한 데이터값이다.
④ 변동계수는 측정 단위가 서로 다른 자료의 흩어진 정도를 상대적으로 비교할 때 사용한다.

해설 이상값에 의한 영향은 중위수보다 평균이 영향을 더 많이 받는다.

**11** 왜도의 값이 0보다 큰 경우, 평균(Mean), 최빈값(Mode), 중위수(Median) 중에서 가장 큰 값은 무엇인가?

① 최빈값(Mode)
② 중위수(Median)
③ 평균(Mean)
④ 최빈값과 중위수, 평균값의 크기는 동일하다.

해설 왜도의 값이 0보다 큰 분포에서 중심 경향성 통계량의 크기는 '최빈값(Mode)<중위수(Median)<평균(Mean)'이다.

**12** 다음 중 시각적 데이터 탐색 기법 중 하나인 히스토그램의 설명으로 옳지 않은 것은?

① 히스토그램은 자료 분포의 형태를 직사각형 형태로 시각화하여 보여주는 그래프이다.
② 히스토그램의 막대는 서로 떨어져 있다.
③ 히스토그램의 가로축은 수치형 데이터이다.
④ 히스토그램의 막대 넓이는 일정하다.

해설 히스토그램은 자료 분포의 형태를 시각화하는 목적으로 활용하며, 히스토그램의 막대는 서로 붙어 있다.

**13** 시각적 데이터 탐색 기법 중 하나인 막대형 그래프에 대한 설명으로 옳지 않은 것은?

① 막대형 그래프는 자료 분포의 형태를 직사각형 형태로 시각화하여 보여주는 그래프이다.
② 범주형 데이터에 대한 많고 적음을 비교하기 쉽도록 수량을 막대의 길이로 표현하는 그래프이다.
③ 막대형 그래프의 가로축은 수치형 데이터가 아니어도 된다.
④ 막대형 그래프의 막대는 서로 떨어져 있다.

해설 막대형 그래프는 범주형 데이터에 대한 많고 적음을 시각화를 통해 비교하는 목적으로 활용한다. 자료 분포의 형태를 직사각형 형태로 시각화하여 보여주는 그래프는 히스토그램이다.

정답 10 ② 11 ③ 12 ② 13 ①

**14** 시각적 데이터 탐색 기법 중 박스 플롯에 대한 설명으로 옳지 않은 것은?

① 산포도의 통계량(최솟값, 최댓값, 제1사분위수, 중위수, 제3사분위수)을 이용하여 시각화하는 기법이다.
② 사분위수를 직관적으로 확인할 수 있다.
③ 순서 통계량을 사용하기 때문에 이상값 판단에 사용하는 것은 적합하지 않다.
④ 제3사분위수($Q_3$)는 자료들을 오름차순했을 때 자료들의 하위 75% 위치를 의미한다.

해설 상자 그림 자료의 크기 순서를 나타내는 5가지 순서 통계량(최솟값, 제1사분위수, 중앙값, 제3사분위수, 최댓값)을 이용하여, 수염보다 바깥쪽에 존재하는 데이터들은 이상값으로 분류할 수 있다.

**15** 다음 중 시공간 데이터에 대한 설명으로 올바르지 않은 것은?

① 공간적 객체에 시간의 개념이 추가되어 시간에 따라 위치나 모양이 변하는 데이터이다.
② 데이터를 공간과 시간의 흐름상에 위치시킬 수 있는 거리 속성과 시간 속성을 가지고 있다.
③ 객체의 위치 및 공간 관계 정보와 관련된 데이터를 의미한다.
④ 시공간 데이터의 유형은 점 타입, 선 타입, 면 타입으로 정의할 수 있다.

해설 객체의 위치 및 공간 관계 정보와 관련된 데이터는 공간 데이터이다.

**16** 다음 중 코로플레스 지도에 대한 설명으로 올바르지 않은 것은?

① 다른 이름으로 등치지역도라고도 표현한다.
② 데이터 수치에 따라 지정한 색상 스케일로 영역을 색칠해서 표현한다.
③ 영역별 데이터를 표현하는 가장 보편적인 방법이다.
④ 위도와 경도를 사용하여 좌표를 원으로 정의한다.

해설 시공간 데이터의 탐색 방법 중 버블 플롯맵은 위도와 경도를 사용하여 좌표를 원으로 표현한다.

**17** 다음 중 변량 데이터에 대한 설명으로 올바르지 않은 것은?

① 일변량 데이터 탐색 방법에는 기술 통계량과 그래프 통계량의 두 가지 종류가 있다.
② 일변량 데이터 분석 시 활용하는 기술 통계량에는 평균, 분산, 표준편차 등이 있다.
③ 이변량 데이터 탐색은 조사 대상의 각 개체로부터 두 개의 특성을 동시에 관측한다.
④ 다변량 데이터 탐색은 분석을 시행한 이후에 산점도 행렬, 별 그림, 등고선 그림 등을 통해 시각적으로 자료를 탐색한다.

해설 다변량 데이터 탐색은 분석을 시행하기 이전에 산점도 행렬, 별그림, 등고선 그림 등을 통해 시각적으로 자료를 탐색한다.

정답  14 ③  15 ③  16 ④  17 ④

18 다변량 데이터 탐색 방법으로 옳지 않은 것은?

① 박스 플롯
② 산점도 행렬
③ 다차원 척도법
④ 주성분 분석

**해설** 박스 플롯은 일변량 데이터 탐색 방법에 해당한다. 다변량 데이터 탐색 방법으로는 상관 분석, 다차원 척도법, 주성분 분석, 선형판별 분석이 있다.

19 텍스트 데이터의 시각화 기법으로서 특정 문서에 사용된 각 단어의 출현 빈도와 중요성을 효과적으로 보여주는 그래프는?

① 카토그램
② 워드클라우드
③ 도넛차트
④ 트리맵

**해설** 워드클라우드(Word Cloud)는 특정 문서에 사용된 단어로 구성된 구름 이미지이다. 각 단어의 크기로 출현 빈도와 중요성을 효과적으로 보여주기 때문에 텍스트 데이터를 시각화할 때 많이 사용된다.

20 다음에서 설명하는 비정형 데이터 탐색 플랫폼의 구성 요소는 무엇인가?

| 분산 환경에서 노드 간의 정보를 공유하고 락, 이벤트 등 보조 기능을 제공하는 프레임워크 |

① HDFS
② 주키퍼
③ Avro
④ Hive

**해설** ① HDFS : 마스터/슬레이브 구조를 가지는 분산형 파일 시스템이다.
③ Avro : 이기종 간 데이터 타입을 교환할 수 있는 체계를 제공하는 기술이다.
④ Hive : SQL과 유사한 구조로 데이터를 요약하고 쿼리를 수행하여 분석할 수 있는 데이터 웨어하우징 솔루션이다.

**정답** 18 ① 19 ② 20 ②

# CHAPTER 03 통계 기법 이해

[학습 목표]

실제 데이터 분석을 하기 위해서는 통계 기법에 대한 이해가 필요하다. 주어진 데이터를 요약하고 객관화하여 실제 현상을 설명해 주는 기술 통계에 대해 학습한다. 또한 기술 통계 분석 결과를 도출하기 위해 사용하는 표본 추출 방법과 분포에 대한 개념도 이해할 수 있다. 모집단의 특성을 추론하기 위한 추정과 가설 검정을 이해하고 결과를 해석하는 방법을 학습한다.

**핵심요약**

통계 분석에서는 일반적으로 표집분포의 모수를 알고 있다는 가정하에서 데이터 모델을 세우는 모수적 통계 분석 기법을 사용하는 경우와, 표집분포의 모수를 알지 못한다는 가정하에 분석을 하는 경우 사용되는 비모수적 통계 분석 기법이 있다.

**OX QUIZ**

범위, 변동 계수, 분산, 중앙값은 데이터의 흩어짐 정도를 파악하기 위해 사용되는 요약값이다. (O/X)

정답 : X

## 1. 기술통계

### (1) 기술통계

① 기술통계(Descriptive Statistics)의 이해

기술통계란 데이터 분석의 목적으로 수집된 데이터를 통계적으로 정리하고 요약하는 기초적인 통계 기법이다. 분석의 초기 단계에서 표본 자체의 속성이나 특징을 파악하는 것을 목적으로 주로 사용한다. 데이터 분석에 쓰이는 자료를 수집할 때 전수조사가 불가능한 경우가 대다수이기 때문에 일반적으로 표본을 추출해서 분석을 수행한다. 추출된 표본은 전체 데이터를 대표할 수 있는 특성을 가져야 한다. 이때 표본을 설명해 주는 평균, 분산, 표준편차와 같은 통계량을 산출하거나 도표를 활용하는 등 의미를 도출하는 분석을 기술통계라고 한다. 이러한 기술통계를 통해 데이터에 대한 대략적인 이해와 앞으로 분석에 대한 통찰력을 얻을 수 있다.

### (2) 데이터 요약

① 중심 경향(Central tendency) 통계량

㉠ 평균(Mean) : 자료를 모두 더한 후 자료의 개수로 나눈 값이며 모든 자료에 같은 가중치를 부여한다.

㉡ 중위수(Median) : 모든 데이터값을 크기 순서에 따라 오름차순으로 정렬하였을 때 중앙에 위치한 데이터값으로 중앙값이라고도 한다. 이상값에 영향을 받지 않는다. 또한 데이터값의 수가 홀수일 경우에

는 중위수가 하나이지만 데이터값의 수가 짝수일 경우에는 중앙에 위치한 두 개의 값을 평균으로 하여 중위수를 구한다.

ⓒ 최빈수(Mode) : 데이터값 중에서 빈도수가 가장 높은 데이터값으로 주어진 데이터 중에서 가장 많이 관측되는 값이다.

② 산포도(Dispersion) 통계량

㉠ 범위(Range) : 데이터값 중에서 최대 관측치(Max)와 최소 관측치(Min) 사이의 차이이다.

㉡ 분산(Variance) : 평균으로부터 관측치들이 평균적으로 얼마나 떨어져 있는지를 요약해 주는 값이다. 편차 제곱의 합을 관측치 수로 나누어서 계산한다. 분산을 통해 변화의 폭을 쉽게 파악할 수 있다. 단, 편차의 제곱이기 때문에 실제 측정치보다 큰 값으로 표현된다. 실제 관측치의 단위 기준으로는 어느 정도 변화했는지 파악하기 어렵다.

㉢ 표준편차(Standard Deviation) : 표준편차는 분산에 양의 제곱근을 취한 값으로 관측치와 동일한 단위로 변화를 파악할 수 있어 분산의 단점을 보완한다.

㉣ 평균의 표준오차(Standard Error of Mean) : 표본 평균의 표본 추출 분포에 대한 표준편차이다. 모집단으로부터 수많은 표본들을 추출한 후 각 표본들에 대한 평균을 구하고, 각 평균들에 대한 전체 평균을 다시 구한 값으로 각 평균들이 전체 평균으로부터 평균적으로 얼마나 떨어져 있는지를 나타낸 값이다.

③ 분포(Distribution) 통계량

㉠ 첨도(Kurtosis) : 데이터 분포의 '뾰족한 정도'를 설명하는 통계량이다. 기본적인 정의에 의하면 정규 분포의 첨도가 3이지만, 정규 분포의 첨도를 0으로 만들기 위해 일반적으로 3을 빼서 정의하는 경우가 많다. 첨도의 값이 0이면 집단의 분포가 표준 정규 분포와 뾰족한 정도가 같음을 의미한다.

㉡ 왜도(Skewness) : 데이터 분포의 '기울어진 정도'를 설명하는 통계량이다. 왜도의 값이 0보다 크면 우측으로 꼬리가 긴 분포를 나타내고 0보다 작으면 좌측으로 꼬리가 긴 분포를 나타낸다.

**핵심요약**

- 분산 계산식 :
$$S^2 = \sum_{i=1}^{n}(x_i - \overline{x})^2/(n-1)$$
- 표준편차 계산식 :
$$s = \sqrt{\sum_{i=1}^{n}(x_i - \overline{x})^2/(n-1)}$$

(3) 표본 추출 기출

① 자료 측정

자료를 측정하는 행위는 대상의 특정한 속성을 숫자 또는 기호로 표시하는 일이고, 관계를 부여하기 위해 사용되는 규칙을 척도(Scale)라고 한다. 자료는 형태에 따라 질적 자료와 양적 자료로 분류할 수 있는데 통계적 분석을 위한 자료 측정 방법에는 직접적인 관측, 실험, 조사가 있다.

**핵심요약**

표본 추출이라는 것은 모집단에서 모집단에 포함되는 일부를 표본으로 추출하는 것을 의미한다. 표본 추출은 전체 대상의 특성을 대표할 수 있는지의 여부를 확인해야 하며, 표본의 대표성이 중요하다.

**핵심요약**

표본을 선택하는 과정을 표집이라고 한다. 확률 표본 추출은 표본을 추출하는 데 있어서 확률적 근거에 의해서 표집하는 방법이다.

| 속성 | 척도 | 설명 | 예시 |
|---|---|---|---|
| 질적 자료 | 명목 척도 (Nominal Scale) | • 단순히 집단의 분류를 목적으로 사용되는 척도<br>• 대상이 어느 집단에 속하는지 분류할 때 사용<br>• 등호 연산 | 이메일 주소, 인터넷 계정, 옷 색깔, 성별 |
| | 순서 척도 (Ordinal Scale) | • 측정 대상 사이의 대소 관계를 나타내기 위한 척도<br>• 측정 대상의 서열 관계를 관측할 때 사용<br>• 비교 연산 | 직급, 영화 평점, 선호도 |
| 양적 자료 | 구간 척도 (Interval Scale) | • 등간 척도라고도 하며 측정 대상이 갖고 있는 속성의 양을 측정<br>• 구간이나 구간 사이의 간격이 의미가 있는 자료<br>• 가감 연산자(덧셈, 뺄셈) | 온도, 지능지수 |
| | 비율 척도 (Ratio Scale) | • 구간 척도의 성질을 가지면서 간격에 대한 비율이 의미가 있는 척도<br>• 절대적인 기준인 0이 존재하고 사칙연산이 가능한 자료<br>• 승제 연산자(곱셈, 나눗셈) | 질량, 나이, 개수, 길이 |

[표 24 자료 속성과 척도의 종류]

② 표본 추출 기법 기출

표본 추출 기법은 관심의 대상이 되는 전체 모수에서 일부의 부분 집단을 선택하는 방법이다. 표본 추출 기법을 통해 선택한 부분 집단을 분석하여 전체 집단의 특성을 추정할 수 있다. 표본 추출 기법에는 확률 표본 추출 방법과 비확률 표본 추출 방법이 있다. 추정의 정확성을 평가할 수 있고 객관성을 확보할 수 있는 확률 표본 추출 방법이 일반적인 표본 추출 기법으로 통용된다. 확률 표본 추출 기법에는 다음과 같은 방법이 있다.

**핵심요약**

층화 추출 기법의 장점은 모집단을 형성하고 있는 각 카테고리에 해당되는 표본을 골고루 포함시킬 수 있고 모집단의 각 층화집단의 특수성을 알 수 있어 비교가 가능하다는 것이다. 단점은 모집단의 각층에 대한 정확한 정보가 필요하다는 것과 층화 시에 모집단에 대한 지식이 요구되며 근거가 되는 자료가 필요하다는 것이다.

| 종류 | 설명 | 예시 |
|---|---|---|
| 단순 무작위 추출 (Simple Random Sampling) | • 통계 조사의 기본으로 모집단에서 정해진 규칙 없이 표본을 추출하는 방식<br>• 동일한 크기의 표본들이 균등한 확률로 선택될 수 있도록 표본을 추출하는 방법<br>• 모집단에 대한 사전 지식이 많지 않을 때 적용할 수 있는 간편한 방법 | 100장의 번호표에서 무작위로 10개의 번호표를 추출 |
| 계통 추출 (Systematic Sampling) | • 모집단 관측치로부터 시간, 순서 및 공간의 동일한 구간을 정해서 무작위로 추출<br>• 이렇게 정해진 구간을 표본 구간이라고 표현 | 100명의 사람에게 번호표를 나눠주고 끝자리가 7로 끝나는 사람들을 선정 |
| 층화 추출 (Stratified Random Sampling) | • 모집단을 어떤 특성에 따라 서로 겹치지 않는 여러 계층으로 나누고, 계층별로 무작위 추출을 수행하는 방식<br>• 계층은 내부적으로 동질적이고, 외부적으로 이질적이어야 함<br>• 단순 무작위 추출법보다 추정의 정확도가 높음 | 지역별 여론 조사를 위해 조사 지역을 도별로 나누고, 각 도에서 무작위로 100명씩 선정 |

| 군집 추출 (Cluster Sampling) | • 모집단을 여러 군집으로 나누고, 일부 군집의 전체 또는 일부를 추출하는 방식<br>• 군집은 계층 간에는 동질적이나, 계층 내에서는 이질성을 유지해야 함 | 100장의 번호표에 무작위로 검은색, 노란색, 파란색을 칠하고 파란색의 번호표를 모두 추출 |
|---|---|---|

[표 25 표본 추출 기법의 종류]

### (4) 확률 분포  기출

① 확률 분포(Probability Distribution)의 이해

확률이란 어떤 일이 일어날 가능성의 측도를 의미한다. 무작위 실험을 했을 때 발생할 수 있는 모든 경우의 수 중 특정 사건 혹은 이벤트가 발생할 비율이라고 할 수 있다. 확률은 0과 1 사이의 값을 갖는다. 확률 분포는 확률 변수가 특정한 값을 가질 확률을 나타내는 분포이다. 확률 분포는 확률 변수의 종류에 따라 크게 이산확률분포와 연속확률분포로 나뉜다.

㉠ 확률 변수(Random Variable) : 결과를 예측할 수 없는 확률 실험에서 나타날 수 있는 확률적 결과를 수치로 표현한 값을 의미한다.

㉡ 확률분포함수(Probability Distribution Function) : 확률 변수를 일직선상의 공간에 표현한 함수이다. 확률분포함수는 확률질량함수와 확률밀도함수로 나눌 수 있다.

㉢ 확률질량함수(Probability Mass Function) : 셀 수 있는 수의 사건이 존재하는 경우 각 단순 사건에 대한 확률만 정의하는 함수를 의미한다. 이산확률변수의 확률분포를 나타내는 함수이다.

㉣ 확률밀도함수(Probability Density Function) : 임의의 지점에서의 밀도를 함수 $f(x)$로 표시하고 확률밀도함수라고 한다. 히스토그램에서 본다면 해당 구간의 면적이 그 확률값이라고 할 수 있다.

② 확률 분포의 종류

확률 변수의 종류에 따라 이산확률분포와 연속확률분포로 나눌 수 있다. 이산확률분포에는 이항 분포, 포아송 분포, 초기하 분포, 기하 분포, 다항 분포 등이 있으며, 연속확률분포에는 균등 분포, 정규 분포, 표준정규분포, 감마 분포, 베타 분포, 지수 분포, t-분포, F-분포, 카이제곱분포 등이 있다.

㉠ 이산확률분포(Discrete Probability Distribution) : 이산확률분포는 이산확률변수 X가 가지는 확률분포이다. 이산확률변수는 확률변수 X가 0, 1, 2, 3과 같이 하나씩 셀 수 있는 값을 취한다. 이산확률분포의 종류는 다음과 같다.

---

**빈칸 채우기**

(    )은/는 확률 변수를 중심으로 확률 변수의 특성에 따라 확률로 표현한 분포이다.

정답 : 확률 분포

**학습가이드**

확률 분포의 개념과 각 확률 분포의 특징을 알아두자.

**OX QUIZ**

이산확률분포에는 베르누이 분포, 이항 분포, 포아송 분포, 기하 분포, 음이항 분포, 다항 분포가 있다. (O/×)

정답 : O

**핵심요약**

성공 확률이 p인 베르누이 시행을 독립적으로 반복 시행할 때 K번 성공하기까지의 시행 횟수 X의 확률 분포를 음이항 분포라고 한다.

**핵심요약**

단위 시간당 또는 단위 면적당 사건의 평균 횟수가 몇 번인지를 확률 변수 X로 정의한 경우에 포아송 분포를 따른다고 한다.

| 종류 | 설명 | 값 |
|---|---|---|
| 이항 분포 [기출] | • n번의 시행 중에 각 시행의 확률이 p일 때, k번 성공할 확률 분포<br>• 베르누이 시행을 n번 반복했을 때 k번 성공할 확률<br>• 베르누이 시행이란 두 가지 경우의 수 중 어떤 것이 나오는지 확인하는 것 | • 기댓값 : E(X) = np<br>• 분산 : V(X) = np(1−p) |
| 포아송 분포 [기출] | • 이산형확률분포 중 주어진 시간 또는 영역에서 어떤 사건의 발생 횟수를 나타내는 확률 분포<br>• 정해진 시간 안에 어떤 사건이 일어날 횟수에 대한 기댓값을 $\lambda$라고 했을 때, 그 사건이 n회 일어날 확률 분포<br>$P = \dfrac{\lambda^2 e^{-\lambda}}{n!}$ (e는 자연상수) | • 기댓값 : E(X) = $\lambda$<br>• 분산 : V(X) = $\lambda$ |

[표 26 이산확률분포의 종류]

ⓒ 연속확률분포(Continuous Probability Distribution) : 확률변수 X가 실수와 같이 연속적인 값을 취할 때는 이를 연속확률변수라 하고, 이러한 연속확률변수 X가 가지는 확률 분포를 연속확률분포라 한다. 연속확률분포의 종류는 다음과 같다.

| 종류 | 설명 | 값 |
|---|---|---|
| 정규 분포 <br> 기출 | • 분포의 곡선이 평균값을 중앙으로 하여 좌우 대칭인 분포 <br> • 가우스 분포라고도 표현함 <br> • 모평균이 $\mu$이고 모분산이 $\sigma^2$이라고 할 때, 종 모양의 분포 <br> $N = \dfrac{1}{\sigma\sqrt{2\pi}} e^{-\dfrac{(x-\mu)^2}{2\sigma^2}}$ | • 기댓값 : $E(X) = \mu$ <br> • 분산 : $V(X) = \sigma^2$ |
| 표준 정규 분포 <br> (Z-분포) | • 정규 분포 함수에서 아래의 산식과 같이 X를 Z로 정규화한 분포 <br> • 평균이 0이고 분산과 표준편차가 1인 정규 분포 <br> $Z = \dfrac{X-\mu}{\sigma}$ | • 기댓값 : $E(X) = 0$ <br> • 분산 : $V(X) = 1$ |
| t-분포 | • 정규 분포의 평균($\mu$)의 해석에 많이 쓰이는 분포 <br> • 모집단이 정규 분포라는 정도만 알고, 모표준편차($\sigma$)는 모를 때 사용 <br> • 두 집단의 평균이 동일한지 알고자 할 때 검정통계량으로 활용 <br> $T = \dfrac{X-\mu}{s/\sqrt{n-1}}$ <br> (n : 표본수, $\mu$ : 모평균, s : 표본 표준편차) | • 기댓값 : $E(X) = 0$ <br> • 분산 : $V(X) = \dfrac{k}{k-2}$ <br> ($k$ : 자유도) |

[표 27 연속확률분포의 종류(1/2)]

### 핵심요약

**정규 분포의 특징**
- 정규 분포는 모수인 평균과 표준편차에 의해서 모양이 결정된다.
- 정규 분포는 평균을 중심으로 종 모양을 이룬다.
- 정규 분포의 왜도는 0, 첨도는 3이다.
- 확률변수 X가 이항분포를 따를 때, 표본의 수가 많으면 정규 분포로 근사한다.

### 핵심요약

t-분포는 자유도에 따라 모양이 변하며 0을 중심으로 좌우 대칭형을 나타낸다. 표본의 크기가 작을 때(n<30) 주로 이용되는 분포이다.

| 종류 | 설명 | 값 |
|---|---|---|
| 카이제곱 분포 ($\chi^2$ – 분포) | • K개의 서로 독립적인 표준 정규 확률 변수를 각각 제곱한 다음 합해서 얻어지는 분포<br>• K는 자유도<br>• 일반적으로 오른쪽으로 긴 꼬리를 갖는 분포 모양<br>• 범주형 자료 분석에서 주로 활용<br>$X = Z_1^2 + Z_2^2 + \ldots + Z_k^2$<br>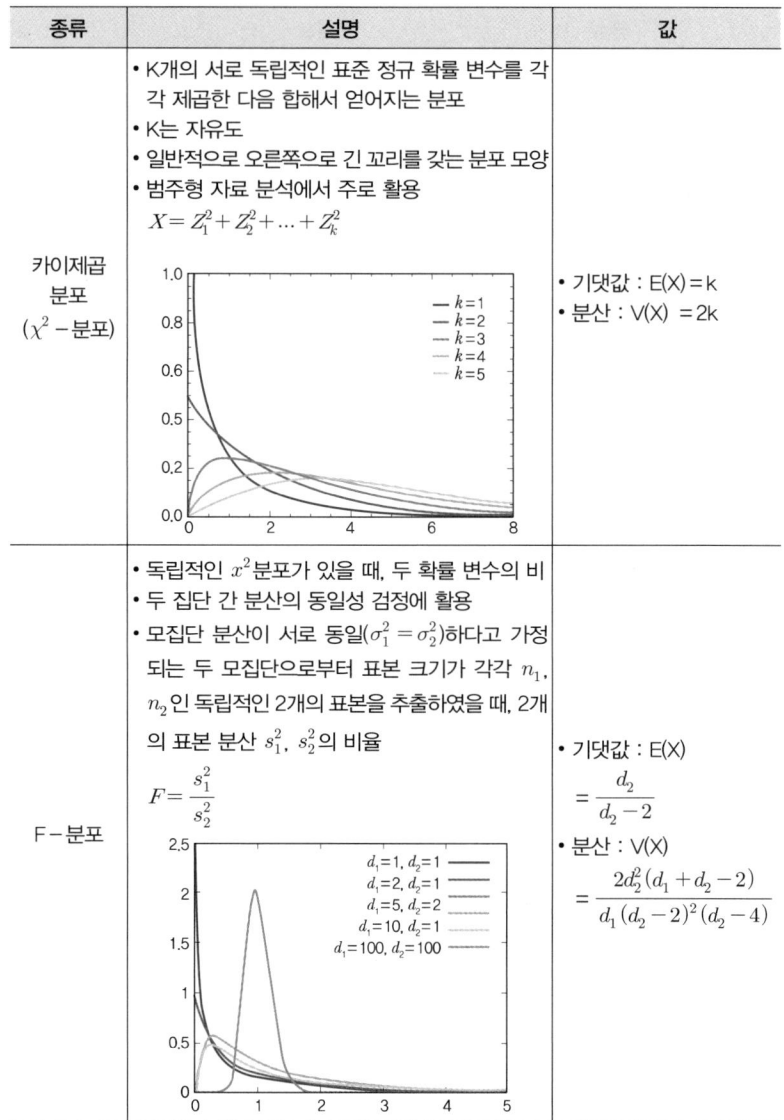 | • 기댓값 : E(X)=k<br>• 분산 : V(X) = 2k |
| F – 분포 | • 독립적인 $x^2$ 분포가 있을 때, 두 확률 변수의 비<br>• 두 집단 간 분산의 동일성 검정에 활용<br>• 모집단 분산이 서로 동일($\sigma_1^2 = \sigma_2^2$)하다고 가정되는 두 모집단으로부터 표본 크기가 각각 $n_1$, $n_2$인 독립적인 2개의 표본을 추출하였을 때, 2개의 표본 분산 $s_1^2$, $s_2^2$의 비율<br>$F = \dfrac{s_1^2}{s_2^2}$ | • 기댓값 : E(X)<br>$= \dfrac{d_2}{d_2 - 2}$<br>• 분산 : V(X)<br>$= \dfrac{2d_2^2(d_1 + d_2 - 2)}{d_1(d_2 - 2)^2(d_2 - 4)}$ |

[표 28 연속확률분포의 종류(2/2)]

### (5) 표본 분포 기출

① 표본 분포(Sample Distribtuion)의 이해

표본 분포란 모집단에서 추출한 크기가 일정한(n개) 표본이 가지는 추정량의 확률 분포이다. 통계량에 의해 모집단에 있는 모수를 추론한다.

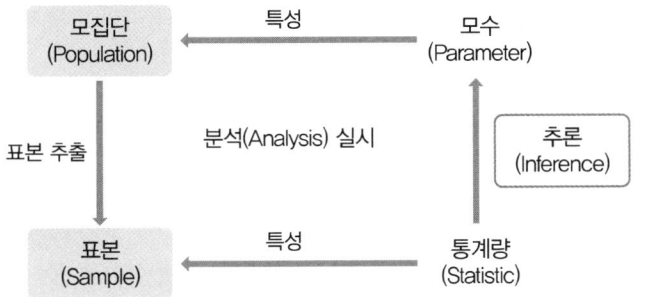

[그림 15 모집단과 표본의 관계]

표본 분포와 관련 있는 용어의 설명은 다음과 같다.

| 용어 | 설명 |
| --- | --- |
| 모집단(Population) | 조사하고자 하는 대상 집단 전체 |
| 모수(Parameter) | 표본 관측에 의해 구하고자 하는 모집단에 대한 정보 |
| 표본(Sample) | 조사하기 위해 추출한 모집단의 일부 원소 |
| 통계량(Statistic) | • 표본에서 얻은 평균이나 표준 오차와 같은 값<br>• 이 값을 통해 모수를 추정하며, 무작위로 추출할 경우 각 표본에 따라 달라지는 확률변수 |
| 추정량(Estimator) | 모수의 추정을 위해 구해진 통계량 |

[표 29 표본 분포 관련 용어 설명]

② 표본 분포의 법칙

표본 분포와 관련된 대표적인 법칙에는 큰 수의 법칙, 중심 극한 정리가 있다.

| 법칙 | 설명 |
| --- | --- |
| 큰 수의 법칙<br>(Law Large Number) | 데이터를 많이 뽑을수록(n이 커질수록) 표본평균의 분산은 0에 가까워짐 |
| 중심 극한 정리<br>(Central Limit Theorem) | 표본의 개수가 커지면 모집단의 분포와 상관없이 표본 분포는 정규 분포에 근사 |

[표 30 표본 분포의 법칙]

## 2. 추론 통계

### (1) 추론 통계

① 추론 통계(Inferential Statistics)의 이해

통계 조사에서 조사 대상이 되는 전체 집단을 모집단이라 하고, 모집단에서 뽑은 일부 자료를 표본이라고 한다. 모집단에서 추출된 표본으로부터 모수와 관련된 통계량들의 값을 계산하고, 이것을 이용하여 모집단의 특성을 알아내는 과정을 추론 통계 분석이라고 한다. 추론 통계는 예측

---

**OX QUIZ**

통계량은 표본집단의 특성을 수치로 표현한 값이다. 표본집단의 특성치인 통계량은 정확히 모수와 일치한다고 볼 수 없다. (O/X)

정답 : O

**OX QUIZ**

표본의 크기가 충분히 큰 경우 근사적으로 정규 분포를 따르게 된다는 것은 큰 수의 법칙이다. (O/X)

정답 : X

해설 중심 극한 정리에 대한 설명이다.

은 물론, 머신 러닝 등을 통해서 나온 분석의 결과가 통계적으로 유의한지 검증하는 역할을 한다.

② 기술 통계와 추론 통계

기술 통계는 수집한 데이터를 요약, 묘사, 설명하는 통계 기법이며 표본 자체의 속성을 파악하는 데 주안점을 둔다. 즉 주어진 데이터만을 가지고 수량을 객관화하여 데이터로 정리하고 분석하는 통계 기법이다.

반면 추론 통계는 수집한 데이터를 바탕으로 추론 및 예측하는 통계 기법을 의미한다. 추론 통계는 표본에서 얻은 통계치를 바탕으로 오차를 고려하면서 모수를 확률적으로 추정하는 통계 기법이다.

### (2) 점 추정

① 점 추정의 특성과 조건

점 추정은 표본의 정보로부터 모집단의 모수를 하나의 값으로 추정하는 기법으로 표본의 평균, 중위수, 최빈값 등을 사용한다. 점 추정을 위해서는 다음과 같은 조건을 만족해야 한다.

| 조건 | 설명 |
| --- | --- |
| 불편성(Unbiasedness) | 모든 가능한 표본에서 얻은 추정량의 기댓값은 모집단의 모수와 차이가 없음 |
| 효율성(Efficiency) | 추정량의 분산이 작을수록 좋음 |
| 일치성(Consistency) | 표본의 크기가 아주 커지면, 추정량이 모수와 거의 같아짐 |
| 충족성(Sufficient) | 추정량은 모수에 대하여 모든 정보를 제공 |

[표 31 점 추정의 조건]

> **빈칸 채우기**
> 점 추정을 위해서 만족해야 하는 조건으로는 불편성, 효율성, ( ), 충족성이 있다.
> 정답 : 일치성

② 점 추정에 사용되는 통계량

점 추정에 사용되는 통계는 표본평균, 표본분산, 중위수, 최빈값이 있다.

| 종류 | 설명 |
| --- | --- |
| 표본평균<br>(Sample Mean) | • 모집단의 평균(모평균) 추정하기 위한 추정량<br>• 확률표본의 평균값<br>• $\overline{X} = \frac{1}{n}\sum_{i=1}^{n} X_i$ |
| 표본분산<br>(Sample Variance) | • 모집단의 분산(모분산)을 추정하기 위한 추정량<br>• $s^2 = \frac{1}{n-1}\sum_{i=1}^{n}(X_i - \overline{X})^2$ |
| 중위수(Median) | 데이터를 크기 순서로 정렬하였을 때 가장 가운데 위치한 값 |
| 최빈값(Mode) | 주어진 데이터 중에서 가장 많이 관측되는 수 |

[표 32 점 추정 통계량의 종류]

> **핵심요약**
> 모수를 추정하기 위해 만들어진 표본통계량을 추정량이라 하고 주어진 관측값으로부터 계산된 통계량 값을 추정치라고 한다. 추정량의 정확도를 측정하는 도구를 표준오차라고 하며, 추정량 표준편차를 이용한다.

## (3) 구간 추정

### ① 구간 추정의 특성과 조건
추정값에 대한 신뢰도를 제시하면서 범위로 모수를 추정하는 방법이다. 항상 추정량의 분포에 대한 전제가 주어져야 하고, 구해진 구간 안에 모수가 있을 가능성의 크기(신뢰수준)가 주어져야 한다.

### ② 구간 추정에 사용되는 통계량
구간 추정에 사용되는 통계는 신뢰수준과 신뢰구간이 있다.

| 용어 | 설명 |
| --- | --- |
| 신뢰수준<br>(Confidence Level) | • 추정값이 존재하는 구간에 모수가 포함되어 있을 가능성의 크기 또는 정확도<br>• $100\% \times (1-\alpha)$로 계산함($\alpha$는 오차 인정 수준)<br>예) 신뢰수준 95%는 100번의 구간 추정 중 95번은 신뢰구간이 모수를 포함하고 있다는 것이고, 이는 95번은 올바른 구간 추정이 되었다는 것을 의미함 |
| 신뢰구간<br>(Confidence Interval) 기출 | • 신뢰수준을 기준으로 추정된 통계적으로 유의미한 모수의 범위<br>• '표본평균 $-(z \times SE)$~표본평균 $+(z \times SE)$'가 모집단 평균에 대한 신뢰구간 |

[표 33 신뢰수준과 신뢰구간]

> **핵심요약**
>
> 표준편차 $\sigma$는 신뢰구간과 비례관계에 있으므로 값이 작을수록 신뢰구간의 길이가 짧아지고, $\alpha$값을 줄이고 신뢰수준을 높일수록 신뢰구간의 길이는 길어진다. 신뢰구간은 표본의 크기에 반비례하므로 표본의 크기가 커지면 신뢰구간의 길이는 짧아진다.

## (4) 가설검정 중요 기출

### ① 가설의 특성과 종류
㉠ 가설(Hypothesis) : 가설이란 모집단의 특성, 특히 모수에 대한 가정 혹은 잠정적인 결론이다. 가설을 검정하기 위해 알고 싶은 내용을 기술한 가설의 종류에는 귀무가설과 대립가설이 있다.

㉡ 가설의 종류 : 대표적인 가설의 종류로는 귀무가설과 대립가설이 있다.

| 종류 | 설명 |
| --- | --- |
| 귀무가설<br>($H_0$, Null Hypothesis) | 현재까지 주장되어 온 것이거나 기존과 비교하여 변화 혹은 차이가 없음을 나타내는 가설 |
| 대립가설<br>($H_1$, Alternative Hypothesis) | • 표본을 통해 확실한 근거를 가지고 입증하고자 하는 가설<br>• 연구가설(Research Hypothesis)이라고도 함 |

[표 34 가설의 종류]

### ② 검정 통계량
검정 통계량은 가설 검정의 대상이 되는 모수를 추론하기 위해 사용되는 표본 통계량이다. 귀무가설이 참이라는 전제하에서 모집단으로부터 추출된 확률표본의 정보를 이용하여 계산한다.

> **핵심요약**
>
> 가설을 기각 혹은 채택하는 기준은 유의수준($\alpha$, 제1종오류)이고 귀무가설을 기각한 경우, 통계적으로 유의하다는 결론을 내린다. 귀무가설을 기각하였을 때 유의수준 몇 %에서 기각했는지를 보고 가설이 유의한지 그렇지 않은지를 결정할 수 있다.

> **학습가이드**
>
> 가설 검정의 개념과 방법을 이해하고, 가설 검정 시 발생할 수 있는 오류를 알아두자.

③ p-값

귀무가설이 참이라는 가정에 따라 주어진 표본 데이터를 희소 또는 극한 값으로 얻을 확률값이다. 산출된 p-값이 작을수록 표본이 모수에 대하여 귀무가설을 기각할 증거를 충분히 제공한다는 의미로도 해석할 수 있다.

> **핵심요약**
> 일반적으로 유의확률 p값이 주어진 경우, p값<α 관계 수식을 만족하면 귀무가설을 기각할 수 있다.

④ 가설 검정

㉠ 가설 검정(Statistical Hypothesis Test) : 모집단에 대한 어떤 가설을 설정한 뒤에 표본관찰을 통해 그 가설의 채택 여부를 결정하는 분석 방법으로, 표본을 활용하여 모집단에 대입해 보았을 때 새롭게 제시된 대립가설이 옳다고 판단할 수 있는지를 평가하는 과정이다. 귀무가설이 옳다는 전제하에 검정통계량 값을 구한 후 이 값이 나타날 가능성의 크기에 의해 귀무가설의 채택 여부를 결정한다.

㉡ 가설 검정 절차 : 가설 검정 시 p-값과 유의수준을 비교하여 귀무가설 혹은 대립가설을 채택하는 절차를 거치게 된다. p-값은 귀무가설이 참이라는 전제하에서 구한 검정 통계량의 값이 나타날 가능성으로 해석할 수 있다. p-값이 유의수준보다 작으면(즉, 검정통계량의 값이 나타날 가능성이 작으면) 귀무가설을 기각하고 대립가설을 채택하게 되며, p-값이 유의수준보다 크면 귀무가설을 채택하게 된다.

㉢ 가설 검정 방법 : 일반적으로 가설 검정 방법은 대립가설의 형태에 따라서 양측검정과 단측검정이 있다.

| 방법 | 설명 |
| --- | --- |
| 양측검정 | • 모수 $\theta$(혹은 모수들의 함수)에 대해 표본자료를 바탕으로 모수가 특정 값 $\theta_0$과 통계적으로 같은지 여부를 판단<br>• 귀무가설을 $H_0 : \theta = \theta_0$, 대립가설을 $H_1 : \theta \neq \theta_0$와 같이 설정 |
| 단측검정 | • 모수 $\theta$(혹은 모수들의 함수)에 대해 표본자료를 바탕으로 모수가 특정 값 $\theta_0$과 통계적으로 큰지 작은지 여부를 판단<br>• 귀무가설이 $H_0 : \theta \geq \theta_0$일 경우, 대립가설을 $H_1 : \theta < \theta_0$와 같이 설정<br>• 귀무가설이 $H_0 : \theta \leq \theta_0$일 경우, 대립가설을 $H_1 : \theta > \theta_0$와 같이 설정 |

[표 35 가설 검정 방법의 종류]

⑤ 가설 검정 오류

㉠ 가설 검정 오류 의미 : 통계적인 방법에 근거하여 주어진 가설을 검증하는 데 있어 모집단 전체를 통해 검증하는 것이 아닌 모집단으로부터 추출된 표본을 기반으로 모집단에 대한 결론을 내리는 것이기 때문에 다음과 같은 통계적인 오류가 발생할 가능성이 항상 존재한다.

> **OX QUIZ**
> 귀무가설이 참인데 참인 귀무가설을 기각하면서 생기는 오류는 제1종 오류이며, 귀무가설이 거짓인데 거짓인 귀무가설을 채택하면서 생기는 오류는 제2종 오류이다. (O/×)
>
> 정답 : O

ⓒ 가설 검정 오류 종류 : 가설 검정 오류의 종류로는 제1종 오류와 제2종 오류가 있다.

| 가설 검정 결과 / 실제 | 귀무가설($H_0$)이 사실이라고 판정 | 귀무가설($H_0$)이 거짓이라고 판정 |
|---|---|---|
| 귀무가설($H_0$)이 사실 | 옳은 결정 | 제1종 오류 |
| 귀무가설($H_0$)이 거짓 | 제2종 오류 | 옳은 결정 |

[표 36 가설 검정 오류의 종류]

제1종 오류와 제2종 오류에 대한 설명은 다음과 같다.

| 종류 | 설명 |
|---|---|
| 제1종 오류 | • 귀무가설이 참인데 잘못하여 이를 기각하는 경우<br>• 유의수준(Level of Significance) : 제1종 오류를 범할 최대 허용확률을 의미하며 $\alpha$로 표기함<br>• 신뢰수준(Level of Confidence) : 귀무가설이 참일 때 이를 참이라고 판단하는 확률을 의미하며 $1-\alpha$로 표기함 |
| 제2종 오류 | • 귀무가설이 참이 아닌데 잘못하여 이를 채택하는 경우<br>• 베타수준($\beta$ Level) : 제2종 오류를 범할 최대 허용확률을 의미하며 $\beta$로 표기함<br>• 검정력 : 귀무가설이 참이 아닌 경우 이를 기각할 수 있는 확률을 의미하며 $1-\beta$로 표기함 |

[표 37 가설 검정 오류의 설명]

---

**빈칸 채우기**

( )을/를 범할 최대 허용확률을 유의수준이라고 하며, 귀무가설을 기각할 수 있는 최소의 유의수준을 유의확률이라고 한다.

정답 : 제1종 오류

# 챕터 마무리 문제

**01 다음 중 기술통계에 대한 설명으로 적절하지 않은 것은?**

① 분석의 초기 단계에서 데이터 분포의 특징을 파악하려는 목적으로 주로 산출한다.
② 데이터 분석의 목적으로 수집된 데이터를 통계적으로 정리 및 요약하는 기초적인 통계이다.
③ 통계적 수치를 도출하거나 그래프를 활용하여 데이터에 대한 전반적인 이해를 돕는다.
④ 수집한 데이터를 바탕으로 추론하고 예측하는 통계 기법이다.

해설 수집한 데이터를 바탕으로 추론 및 예측하는 통계 기법은 추리 통계(Inferential Statistics)에 해당한다.

**02 다음 중 평균에 대한 설명으로 적절하지 않은 것은?**

① 자료를 모두 더한 후 자료의 개수로 나눈 값이다.
② 중앙값보다 이상값에 영향을 덜 받는다.
③ 표본평균은 표본조사를 통해 얻은 n개의 데이터가 $X_1, X_2, \cdots, X_n$일 때의 표본에 대한 평균이다.
④ 모평균은 모집단 $X_1, X_2, \cdots, X_n$에 대한 평균으로 $\mu$라고 표기한다.

해설 평균은 중앙값보다 이상값에 민감하다.

**03 다음 중 분산에 대한 설명으로 올바르지 않은 것은?**

① 평균으로부터 얼마나 분포해 있는가를 나타내는 지표이다.
② 분산의 종류로는 표본분산과 모분산이 있다.
③ 모집단에 대한 분산은 $\sigma^2$으로 표시한다.
④ 표본의 분산은 편차의 제곱을 한 값의 합을 구하고 n개로 나눈 값이다.

해설 표본의 분산은 (n-1)개로 나눈다.

정답 01 ④  02 ②  03 ④

## 04 회귀분석의 전제조건에 대한 설명으로 적절하지 않은 것은?

① 독립변수와 종속변수 간에는 비선형 관계가 존재한다.
② 잔차들은 같은 분산을 갖는다.
③ 잔차와 독립변수의 값은 관련이 없다.
④ 잔차는 평균이 0이고 분산이 $\sigma^2$인 정규 분포를 따른다.

**해설** 독립변수와 종속변수 간에는 선형 관계가 존재한다. 회귀분석 결과의 적합성 평가에서 5가지 전제조건은 선형성, 등분산성, 독립성, 비상관성, 정규성이다.

## 05 다음에서 설명하는 독립변수 선택 방법은 무엇인가?

> 일차적으로 모든 독립변수를 사용하여 하나의 회귀식을 수립한다. 다음으로 회귀식에서 중요하지 않은 독립변수 값들에 대한 검정을 한 후, 그 값이 가장 작은 변수부터 차례로 제거하고 남은 나머지 독립변수들을 바탕으로 회귀식을 다시 추정한다.

① 전진 선택법
② 후진 제거법
③ 단계적 방법
④ 혼합 방법

**해설** 후진 제거법은 모든 독립변수를 사용하여 하나의 회귀식을 수립한다. 회귀식에서 중요하지 않은 독립변수 값들에 대한 검정을 한 후, 그 값이 가장 작은 변수부터 차례로 제거하고 남은 나머지 독립변수들을 바탕으로 회귀식을 다시 추정하는 방법이다.
① 전진 선택법 : 종속변수에 가장 큰 영향을 줄 것으로 판단되는 하나의 독립변수를 이용하여 회귀식을 수립한 후, 단계마다 중요하다고 판단되는 독립변수를 하나씩 회귀식에 추가하여 회귀모델을 다시 추정하고 새로운 독립변수의 부분 검정을 통해 중요 정도를 계산하는 방법이다.
③ 단계적 방법 : 후진 제거법과 전진 선택법의 절충적인 형태이다. 전진 선택법에 따라 종속변수에 가장 큰 상관관계가 있는 독립변수를 택함과 동시에 각 단계에서 후진 제거법과 같이 회귀식에서 중요하지 않은 독립변수를 제거하는 방법이다.
④ 독립변수 선택 방법에 혼합 방법은 존재하지 않는다.

## 06 다음 추출 기법 중 모집단에서 정해진 규칙 없이 표본을 추출하는 방식에 해당하는 것은?

① 단순 무작위 추출
② 계통 추출
③ 층화 추출
④ 군집 추출

**해설** 정해진 규칙 없이 표본을 추출하는 방식은 단순 무작위 추출이다.

**정답** 04 ① 05 ② 06 ①

## 07 다음에서 설명하는 추출 방법은 무엇인가?

> 모집단 관측치로부터 시간, 순서 및 공간의 동일한 구간을 정해서 무작위로 하나의 단위를 추출하고 그 이후 k번째 간격마다 하나씩 단위를 추출하는 방법이다. 이렇게 정해진 구간을 표본구간이라고 하고, 모집단의 크기를 표본의 크기로 나눈 것을 의미한다. 예를 들어 모집단 10개의 데이터 중 5개의 표본을 추출한다고 할 때 표본구간은 '2'이다.

① 단순 무작위 표본 추출(Simple Random Sampling)
② 체계 표본 추출(Systematic Sampling)
③ 층화 표본 추출(Stratified Random Sampling)
④ 군집 표본 추출(Clustering Sampling)

해설  시간, 순서, 공간의 동일한 구간을 정해서 매 간격 하나씩 값을 추출하는 방법을 체계 표본 추출이라고 한다.

## 08 다음 중 단순히 집단의 분류를 목적으로 사용된 척도로 가장 알맞은 것은?

① 명목 척도
② 순서 척도
③ 구간 척도
④ 비율 척도

해설  명목 척도는 질적 속성으로 단순히 집단의 분류를 목적으로 사용되는 척도이다.

## 09 다음 중 확률 분포와 확률 분포 함수에 대한 설명으로 올바르지 않은 것은?

① 모든 확률의 값을 더하면 1이 되는 함수로 이산확률변수의 확률 분포를 나타내는 것을 '확률 질량 함수'라고 한다.
② 시작점을 음의 무한대로 설정하는 함수로, $P[(-\infty \leq X \leq -1)]$로 표현할 수 있는 함수를 '확률 밀도 함수'라고 한다.
③ 구간 a, b 사이의 면적으로 확률값을 구할 수 있으며 특정점에서의 값이 크기와 상관없이 '0'인 함수를 '확률 밀도 함수'라고 한다.
④ 확률 분포 함수의 3가지 특징은 비감소성, 극한성, 우방 연속성이다.

해설  시작점을 음의 무한대로 설정하고 $P[(-\infty \leq X \leq -1)]$로 표현할 수 있는 함수는 누적 분포 함수이다. 확률 밀도 함수가 확률변수가 가질 수 있는 전체 확률 분포를 표현한 것이라면, 누적 분포 함수는 전체 확률 분포에서 확률변수 $X$가 $-1$보다 작을 확률이 된다.

## 10 다음 중 이산확률분포에 대한 설명으로 올바르지 않은 것은?

① 이산확률변수 X가 가지는 확률 분포이다.
② 이산확률변수는 확률변수 X가 '0, 1, 2, 3, …'과 같이 하나씩 셀 수 있는 값을 취한다.
③ 포아송 분포는 특정 실험의 결과가 성공 또는 실패 두 가지의 결과 중 하나를 얻는 분포이다.
④ 이항 분포는 n번의 시행 중에서 각 시행의 확률이 p일 때, k번 성공할 확률이다.

해설  포아송 분포는 정해진 시간 안에 어떤 사건이 일어날 횟수에 대한 기댓값을 $\lambda$라고 했을 때, 그 사건이 n회 일어날 확률이다.

정답  07 ②  08 ①  09 ②  10 ③

## 11 다음에서 설명하는 확률 분포의 종류는 무엇인가?

> 이산형 확률 분포 중 주어진 시간 또는 영역에서 어떤 사건의 발송 횟수를 나타내는 확률 분포

① 베르누이 분포
② 포아송 분포
③ 이항 분포
④ 이산확률분포

**해설** 포아송 분포는 주어진 시간 안에 어떤 사건이 일어날 횟수에 대한 기댓값을 $\lambda$라고 했을 때, 그 사건이 n회 일어날 확률을 나타내는 분포이다.
① 베르누이 분포 : 특정 실험의 결과가 성공 또는 실패로 두 가지의 결과 중 하나를 얻는 분포이다.
③ 이항 분포 : n번의 시행 중에 각 시행의 확률이 p일 때, k번 성공할 확률을 나타내는 분포이다.

## 12 다음 중 모집단의 표준편차가 알려져 있지 않은 경우 정규 분포 대신에 많이 사용되는 표본 분포로 알맞은 것은?

① Z-분포
② t-분포
③ 카이제곱 분포
④ F-분포

**해설** t-분포는 모집단의 표준편차가 알려져 있지 않은 경우 정규 분포 대신에 많이 사용되는 표본 분포이다.

## 13 다음 중 용어에 대한 설명으로 옳지 않은 것은?

① 모집단(Population) : 정보를 얻고자 하는 대상이 되는 집단 전체
② 모수(Parameter) : 표본에서 얻은 평균이나 표준오차와 같은 값
③ 추정량(Estimator) : 모수의 추정을 위해 구해진 통계량
④ 표준오차(Standard Error) : 통계량의 변동 정도를 의미

**해설** 모수(Parameter)는 모집단의 특성을 나타내는 대푯값이다. 표본에서 얻은 평균이나 표준오차와 같은 값은 통계량이다. 이 값을 통해 모수를 추정하며, 무작위로 추출할 경우 각 표본에 따라 달라지는 확률변수에 해당한다.

## 14 다음에서 설명하는 표본 분포 법칙은 무엇인가?

> 데이터의 크기가 커지면 그 데이터가 어떠한 형태이든 그 데이터 표본의 분포는 최종적으로 정규 분포를 따른다.

① 큰 수의 법칙
② 멧갈프 법칙
③ 중심 극한 정리
④ 파레토 법칙

**해설** 중심 극한 정리는 데이터의 크기가 커지면 그 데이터가 어떠한 형태이든 그 데이터 표본의 분포는 최종적으로 정규 분포를 따른다는 법칙이다.
① 큰 수의 법칙 : 데이터를 많이 뽑을수록 표본 평균의 분산이 0에 가까워지는 것으로 데이터의 퍼짐이 적어져 정확해진다.

**정답** 11 ② 12 ② 13 ② 14 ③

**15** 다음 중 점 추정 조건 통계로 알맞지 않은 것은?

① 표본평균
② 표본분산
③ 중위수
④ 최댓값

해설 점 추정 조건 통계는 표본평균, 표본분산, 중위수, 최빈값이 있다.

**16** 다음 중 추정과 가설검정에 대한 설명으로 알맞지 않은 것은?

① 구간 추정이란 추정량의 분포를 이용하여 표본으로부터 모수 값을 포함하는 구간을 추정하는 것이며, 이때 추정된 구간을 신뢰구간이라고 한다.
② 점 추정은 표본의 정보로부터 모집단의 모수가 특정한 값일 것이라고 추정하는 것이다.
③ 기각역이란 대립가설이 맞을 때 그것을 받아들이는 확률을 의미한다.
④ p-값은 귀무가설이 참이라는 가정에 따라 주어진 표본 데이터를 평균값으로 얻을 확률값이다.

해설 p-값은 귀무가설이 참이라는 가정에 따라 주어진 표본 데이터를 희소 또는 극한값으로 얻을 확률값을 말한다.

**17** 다음은 가설검정의 절차를 나타낸 것이다. 괄호 안에 들어갈 단계로 적절한 것은?

> 가설 설정 → ( ) → 검정 통계량 계산 → 기각역 구한 뒤 귀무가설 기각 여부 판정

① 통계적 의사결정
② 귀무가설 기각
③ 대립가설 채택
④ 검정의 유의수준 결정

해설 가설검정의 일반적 절차는 '귀무가설과 대립가설 설정 → 검정의 유의수준 결정 → 검정 통계량 계산 → 기각역 구한 뒤 귀무가설 기각 여부 판정' 순으로 진행된다.

**18** 가설 검정의 오류에 대한 설명으로 옳지 않은 것은?

① 유의 수준 : $(1-\alpha)$의 값을 가짐
② 신뢰 수준 : 귀무가설이 참일 때 이를 참이라고 판단하는 확률
③ 베타 수준 : 제2종 오류를 범할 최대 허용 확률을 의미
④ 검정력 : $(1-\beta)$의 값을 가짐

해설 유의 수준은 제1종 오류를 범할 최대 허용 확률을 의미하며, $\alpha$로 표기한다.

정답 15 ④ 16 ④ 17 ④ 18 ①

**19** 다음 중 제1종 오류에 대한 설명으로 올바른 것은?

① $H_0$가 사실일 때, $H_0$가 사실이라고 판정
② $H_0$가 사실이 아닐 때, $H_0$가 사실이라고 판정
③ $H_0$가 사실일 때, $H_0$가 사실이 아니라고 판정
④ $H_0$가 사실이 아닐 때, $H_0$가 사실이 아니라고 판정

해설 제1종 오류는 귀무가설($H_0$)이 참인데 잘못하여 이를 기각하게 되는 오류이다.

**20** 가설 검정에 대한 설명으로 옳지 않은 것은?

① 가설 검정이란 모집단에 대한 통계적 가설을 세우고 표본을 추출한 다음, 그 표본을 통해 얻은 정보를 이용하여 통계적 가설의 진위를 판단하는 과정이다.
② 표본을 활용하여 모집단에 대입해 보았을 때 새롭게 제시된 대립가설이 옳다고 판단할 수 있는지를 평가하는 과정이다.
③ 가설 검정 시 p-값과 유의수준을 비교하여 귀무가설 혹은 대립가설을 채택하는 절차를 거치게 된다.
④ p-값은 귀무가설이 참이라는 전제하에서 구한 검정 통계량의 값이 나타날 가능성으로 해석할 수 있으며, p-값이 유의수준보다 작으면 귀무가설을 채택한다.

해설 p-값은 귀무가설이 참이라는 전제하에서 구한 검정 통계량의 값이 나타날 가능성으로 해석할 수 있다. p-값이 유의수준보다 작으면 귀무가설을 기각하고 대립가설을 채택하게 되며, p-값이 유의수준보다 크면 귀무가설을 채택하게 된다.

정답 19 ③ 20 ④

# 과목 마무리문제

**01 다음 중 데이터 정제에 대한 설명으로 올바르지 않은 것은?**

① 데이터 정제는 결측값을 채우거나 이상값을 제거하는 과정을 통해 데이터의 신뢰도를 높이는 작업이다.
② 데이터 정제 절차는 데이터 오류 원인 분석, 데이터 정제 대상 선정, 데이터 정제 방법 결정 순으로 처리된다.
③ 데이터 오류 원인 분석 중 결측값(Missing Value)은 실제 입력되지 않았지만 입력되었다고 잘못 판단된 값으로 일정 간격으로 이동하면서 주변보다 높거나 낮으면 평균값으로 대체해서 처리한다.
④ 데이터 정제는 삭제, 대체, 예측값 삽입 등의 방법을 사용한다.

**해설** 실제는 입력되지 않았지만 입력되었다고 잘못 판단된 값은 노이즈(Noise)이다. 노이즈는 일정 간격으로 이동하면서 주변보다 낮으면 평균값으로 대체하거나 일정 범위 중간값으로 대체한다. 반면에 결측값은 필수적인 데이터가 입력되지 않고 누락된 값이다. 결측값은 중심 경향값 넣기(평균값, 중앙값, 최빈값), 분포기반으로 넣기(랜덤에 의하여 자주 나타나는 값 넣기) 등을 통해 처리한다.

**02 다음 중 데이터 정제 기술에 대한 설명으로 올바르지 않은 것은?**

① 변환(Transformation)은 데이터에 정제 규칙을 적용하기 위해 유의미한 최소 단위로 분할하는 작업이다.
② 보강(Enhancement)은 변환, 파싱, 수정, 표준화 등을 통한 추가 정보를 반영하는 작업이다.
③ 스파크/스톰(Spark/Storm)은 인 메모리 기반 데이터 처리 방식이다.
④ CEP(Complex Event Processing)는 실시간으로 발생하는 이벤트 처리에 대한 결과값을 수집하고 처리하는 기술로 IoT 센싱 데이터, 로그, 음성 데이터 등 실시간 데이터의 처리에 사용된다.

**해설** 데이터에 정제 규칙을 적용하기 위해 유의미한 최소 단위로 분할하는 작업은 데이터 일관성 유지를 위한 정제 기법 중 파싱(Parsing)이다. 변환(Transformation)은 다양한 형태로 표현된 값을 일관된 형태로 변환하는 작업이다.

**03 다음 중 데이터 결측값에 대한 설명으로 올바르지 않은 것은?**

① 데이터 결측값이란 입력이 누락된 값을 의미하고, 결측값은 NA, 999999, Null 등으로 표현한다.
② 데이터 결측값의 종류에는 완전 무작위 결측(MCAR), 무작위 결측(MAR), 비무작위 결측(MNAR)이 있다.
③ 무작위 결측(MAR ; Missing At Random)은 변수상에서 발생한 결측값이 다른 변수들과 아무런 상관이 없는 결측값을 말한다.
④ 데이터 결측값은 결측값 식별, 결측값 부호화, 결측값 대체 절차로 처리된다.

**해설** 변수상에서 발생한 결측값이 다른 변수들과 아무런 상관이 없는 결측값은 완전 무작위 결측(MCAR)이다. 무작위 결측(MAR)은 누락된 자료가 특정 변수와 관련되어 일어나지만, 그 변수의 결과는 관계가 없는 결측값이다. 비무작위 결측(MNAR)은 누락된 값(변수의 결과)이 다른 변수와 연관이 있는 결측값이다.

**정답** 01 ③  02 ①  03 ③

**04** 다음 중 데이터 결측값을 처리하는 방법에 대한 설명으로 올바르지 않은 것은?

① 단순 대치법은 결측값을 그럴듯한 값으로 대체하는 통계적 기법이다.
② 단순 대치법의 종류에는 완전 분석법, 평균 대치법, 단순 확률 대치법이 있다.
③ 평균 대치법의 종류에는 핫덱 대체, 콜드덱 대체, 혼합 방법이 있다.
④ 단순 확률 대치법은 평균 대치법에서 관측된 자료를 토대로 추정된 통계량으로 결측값을 대치할 때 어떤 적절한 확률값을 부여한 후 대치하는 방법이다.

**해설** 핫덱 대체, 콜드덱 대체, 혼합 방법은 단순 확률 대치법이다. 평균 대치법의 종류에는 비조건부 평균 대치법과 조건부 평균 대치법 등이 있다.

**05** 다음 중 데이터 이상값에 대한 설명으로 올바르지 않은 것은?

① 데이터 이상값의 발생 원인은 데이터 입력 오류, 측정 오류, 실험 오류, 고의적인 이상값, 표본 추출 에러 등이 있다.
② 통계 기법을 통한 데이터 이상값 검출은 ESD, 사분위수 활용, 히스토그램, 시계열 차트 등이 있다.
③ 데이터 이상값 검출 기법 중 딕슨의 Q 검정(Dixon Q-Test)은 오름차순으로 정렬된 데이터에서 범위에 대한 관측치 간 차이의 비율을 활용하여 이상값 여부를 검정하는 방법이다.
④ 데이터 이상값 검출 기법 중 그럽스 T-검정(Grubbs T-Test)은 정규 분포를 만족하는 단변량 자료에서 이상값을 검정하는 방법이다.

**해설** 통계 기법을 이용한 데이터 이상값 검출 방법에는 ESD, 기하평균 활용, 사분위수 이용, 표준화 점수(Z-Score) 활용, 통계적 가설검정 활용 등이 있다. 참고로 시각화를 이용한 데이터 이상값 검출 방법에는 확률 밀도 함수, 히스토그램, 시계열 차트가 있다.

**06** 다음 중 데이터 이상값 처리에 대한 설명으로 올바르지 않은 것은?

① 데이터 이상값 처리 방법 중 대체법(Imputation)은 사분위수를 이용한 이상값 제거 방법이다.
② 이상값을 제외시키기 위해 양극단의 값을 절단(Trimming)하는 방법에는 기하평균을 이용한 제거와 사분위수를 이용한 제거 방법이 있다.
③ 데이터의 변환은 극단적인 값으로 인해 이상값이 발생했다면 자연로그를 취해서 값을 감소시키는 방법으로 실제값을 변형하는 것이다.
④ 데이터 이상값 처리 기법에는 삭제, 대체법, 변환, 박스 플롯 해석을 통한 이상값 제거 방법, 분류 후 처리 방법 등이 있다.

**해설** 사분위수를 이용한 이상값 제거 방법은 박스 플롯 해석을 통한 이상값 제거 방법이다. 대체법은 하한값과 상한값을 결정한 후 하한값보다 작으면 하한값으로 대체하고, 상한값보다 크면 상한값으로 대체하는 방법이다.

**정답** 04 ③  05 ②  06 ①

**07** 다음 중 변수의 유형에 대한 설명으로 올바르지 않은 것은?

① 독립변수는 다른 변수에 영향을 받지 않고 종속변수에 영향을 주는 변수로 연구자가 의도적으로 변화시키는 변수이다.
② 종속변수는 다른 변수로부터 영향을 받는 변수로 독립변수의 변화에 따라 어떻게 변하는지 연구하는 변수이다.
③ 변수의 속성은 범주형과 수치형으로 구분할 수 있고, 범주형은 개체형과 순서형이, 수치형은 산술형과 연속형이 있다.
④ 독립변수와 종속변수는 인과관계를 가지고 있으며 독립변수는 연속형, 범주형 자료로 분석이 가능하며, 종속변수는 범주형 자료만 분석 가능하다.

**해설** 변수는 속성에 따라 범주형과 수치형으로 구분할 수 있다. 범주형은 명목형과 순서형이 있고, 수치형은 이산형과 연속형이 있다.

**08** 다음 중 변수 선택(Feature Selection)에 대한 설명으로 올바르지 않은 것은?

① 변수 선택이란 데이터의 독립변수($x$) 중 종속변수($y$)에 가장 관련성이 높은 변수(Feature)만을 선정하는 방법이다.
② 변수 선택 기법 중 필터 기법은 변수의 일부만을 모델링에 사용하고 그 결과를 확인하는 작업을 반복하면서 변수를 선택해 나가는 기법이다.
③ 변수 선택 기법 중 임베디드 기법은 모델 자체에 변수 선택이 포함된 기법이다.
④ 변수 선택은 사용자가 해석하기 쉽게 모델을 단순화해 주고 훈련 시간 축소, 차원의 저주 방지, 과적합을 줄여 일반화를 해 주는 장점이 있다.

**해설** 변수의 일부만을 모델링에 사용하고 그 결과를 확인하는 작업을 반복하면서 변수를 선택해 나가는 기법은 래퍼 기법(Wrapper Method)이다. 변수 선택 기법 중 필터 기법은 특정 모델링 기법에 의존하지 않고 데이터의 통계적 특성으로부터 변수를 택하는 기법이다.

**09** 다음에서 설명하고 있는 변수 선택의 세부 기법으로 올바르지 않은 것은?

> 모델의 정확도에 기여하는 변수를 학습하고, 좀 더 적은 계수를 가지는 회귀식을 찾는 방향으로 제약 조건을 주어 이를 제어하는 방법이다.

① 라쏘(Lasso)  
② 릿지(Ridge)  
③ 엘라스틱 넷(Elastic Net)  
④ RFE(Recursive Feature Elimination)

**해설** 모델의 정확도에 기여하는 변수를 학습하고, 좀 더 적은 계수를 가지는 회귀식을 찾는 방향으로 제약 조건을 주어 이를 제어하는 방법은 임베디드 방법이다. 임베디드 방법의 세부 기법으로는 라쏘, 릿지, 엘라스틱 넷, SelectFromModel이 있다. 참고로 RFE(Recursive Feature Elimination)는 래퍼(Wrapper)의 세부 기법이다.

**정답** 07 ③  08 ②  09 ④

**10** 다음 중 차원축소(Dimensionality Reduction)에 대한 설명으로 올바르지 않은 것은?

① 차원축소는 분석 대상이 되는 여러 변수의 정보를 최대한 유지하면서 데이터 변수의 개수를 줄이는 탐색적 분석기법이다.
② 차원축소는 원래의 데이터를 최대한 효과적으로 축약하기 위해 목표변수(y)는 사용하지 않고 특성변수(설명변수)만 사용하기 때문에 비지도 학습 머신 러닝 기법이다.
③ 차원축소 기법 중 주성분 분석(PCA)은 변수들이 서로 독립적이라고 가정하며, 독립성분의 분포는 비정규 분포를 따르게 되는 차원축소 기법이다.
④ 차원축소 기법 중 요인 분석(Factor Analysis)은 데이터 안에 관찰할 수 없는 잠재적인 변수(Latent Variable)가 존재한다고 가정하고, 모형을 세운 뒤 관찰 가능한 데이터를 이용하여 해당 잠재 요인을 도출하고 데이터 안의 구조를 해석하는 기법이다.

해설 변수들이 서로 독립적이라고 가정하며, 독립성분의 분포는 비정규 분포를 따르게 되는 차원축소 기법은 독립성분 분석(ICA)이다. 차원축소 기법 중 주성분 분석(PCA)은 원래의 데이터 세트의 변수들을 선형 변환하여 서로 직교하도록 선택된 새로운 변수들(주성분)을 생성하여, 이를 통해 원래 변수를 설명하고자 하는 기법이다.

**11** 다음 내용을 읽고 무엇을 생성하는 과정인지 고르시오.

- 주민등록번호에서 나이와 성별 데이터를 구한다.
- 키와 몸무게를 이용하여 BMI 지수를 구한다.
- BMI 지수가 18.5 미만이면 저체중, 18.5~22.9이면 정상체중, 22.9~25이면 과체중이라는 기준 값을 정하고 조건문을 통해 BMI 지수에 따라 저체중, 정상체중, 과체중을 구분한다.

① 독립변수　　　　　　　　　② 파생변수
③ 변수 변환　　　　　　　　　④ 변수 군집화

해설 기존의 변수들로부터 파생하여 변수를 만들어 낼 수 있는데, 이 변수를 파생변수라고 한다.

**12** 다음 중 변수 변환(Variable Tranformation)에 대한 설명으로 올바르지 않은 것은?

① 변수 변환 방법 중 비닝에는 최소-최대 정규화, Z-스코어 정규화 유형이 있다.
② 변수 변환 방법 중 표준화(Standardization)는 0을 중심으로 데이터를 양쪽으로 분포시키는 방법이다.
③ 단순 기능 변환(Simple Fuctions) 방법 중 로그(Logarithm)는 변수의 분포를 변경하기 위해 사용하는 변환 방법으로 변수들의 분포가 오른쪽으로 기울어진 것을 감소시킨다.
④ 변수 변환 방법으로는 단순 기능 변환(Simple Fuctions), 비닝(Binning), 정규화(Normalization), 표준화(Standardization)가 있다.

해설 변수 변환 방법 중 비닝은 기존 데이터를 범주화하기 위해 사용되는 하향식 구분 기술로 설정한 빈의 수에 근거하여 계산하는 방법이다. 최소-최대 정규화, Z-스코어 정규화 유형은 변수 변환 방법 중 스케일링에 해당한다.

정답　10 ③　11 ②　12 ①

### 13 다음 중 불균형 데이터 처리 방법으로 올바르지 않은 것은?

① 불균형 데이터 처리 방법으로 임곗값 이동, 언더 샘플링, 오버 샘플링, 앙상블 기법이 있다.
② 임곗값 이동은 같거나 서로 다른 여러 가지 모형들의 예측/분류 결과를 종합하여 최종적인 의사 결정에 활용하는 기법이다.
③ 언더 샘플링은 다수 클래스의 데이터 중 일부를 무작위로 선택하여 제거하는 방법으로, 무작위 선택 과정에서 중요한 데이터가 손실될 수 있고 이로 인해 모델의 성능이 저하될 수 있다.
④ 오버 샘플링은 무작위로 소수의 데이터를 복제하는 방법으로 정보가 손실되지 않는다는 장점이 있으나, 복제된 관측치를 원래 데이터에 추가하면 여러 유형의 관측치를 다수 추가하여 과적합(Over-fitting)을 초래할 수 있다.

**해설** 같거나 서로 다른 여러 가지 모형들의 예측/분류 결과를 종합하여 최종적인 의사결정에 활용하는 기법은 앙상블 기법(Ensemble Technique)이다. 임곗값 이동은 분류 임곗값을 조정하여 소수 클래스에 대한 예측 성능을 개선하는 방법이다. 학습 단계에서는 변화 없이 학습하고 테스트 단계에서 임곗값을 이동한다.

### 14 다음 중 데이터 탐색에 대한 설명으로 올바르지 않은 것은?

① 데이터 탐색은 수집한 데이터를 분석하기 전에 그래프나 통계적인 방법을 이용하여 다양한 각도에서 데이터의 특징을 파악하고 자료를 직관적으로 바라보는 분석 방법이다.
② 탐색적 데이터 분석(EDA ; Exploratory Data Analysis)의 4가지 특징은 저항성, 잔차 해석, 자료 재표현, 현시성이다.
③ 개별 변수 탐색은 범주형, 수치형으로 나누어 탐색하는데 범주형 데이터에 대한 시각화는 박스 플롯이나 히스토그램을 주로 이용한다.
④ 다차원 데이터 탐색 방법 중에서 범주형-범주형에 대한 시각화는 막대형 그래프(Bar Plot)를 주로 이용한다.

**해설** 개별 변수 탐색은 범주형, 수치형으로 나누어 탐색하는데 범주형 데이터에 대한 시각화는 막대형 그래프(Bar Plot)를 주로 이용한다. 참고로 수치형 데이터에 대한 시각화는 박스 플롯이나 히스토그램을 주로 이용한다.

### 15 다음 중 EDA(Exploratory Data Analysis)의 4가지 주제에 대한 설명으로 올바르지 않은 것은?

① 저항성(Resistance)은 자료의 일부가 파손되었을 때 영향을 적게 받는 성질로 데이터의 부분적 변동에 민감하게 반응한다.
② 잔차 해석(Residual)은 관찰값들이 주 경향으로부터 벗어난 정도를 나타낸다.
③ 자료 재표현(Re-expression)은 데이터 분석과 해석을 단순화할 수 있도록 원래 변수를 적당한 척도(로그 변환, 제곱근 변환, 역수 변환)로 바꾸는 것이다.
④ 현시성(Graphic Representation)은 자료 안에 숨어 있는 정보를 시각적으로 나타내줌으로써 자료의 구조를 효율적으로 잘 파악할 수 있는 과정이다.

**해설** 저항성은 데이터의 부분적 변동에 민감하게 반응하지 않는다.

**정답** 13 ② 14 ③ 15 ①

**16** 다음 중 두 개 이상의 변수 간에 존재하는 연관성의 정도(하나의 변수가 다른 변수와 어떤 연관성을 가지고 변화하는가)를 측정하여 분석하는 방법은 무엇인가?

① 회귀분석
② 분산 분석
③ 교차 분석
④ 상관 분석

해설 상관 분석은 두 개 이상의 변수 간에 존재하는 연관성의 정도(하나의 변수가 다른 변수와 어떤 연관성을 가지고 변화하는가)를 측정하여 분석하는 방법이다. 변수 간의 상관 분석은 데이터의 속성에 따라서 수치적 데이터의 상관 분석, 명목적 데이터의 상관 분석, 순서적 데이터의 상관 분석으로 나뉜다.

**17** 다음 중 분산 분석(ANOVA ; Analysis of Variance)에 대한 설명으로 가장 거리가 먼 것은 무엇인가?

① 연속형 변수들에 대해 두 변수 사이의 모형을 구한 뒤 적합도를 측정해 내는 분석 방법이다.
② 검정 통계량인 F-검정 통계량의 값은 집단 내 분산 대비 집단 간 분산이 몇 배 더 큰지를 나타내는 값으로 해석된다.
③ 분산 분석은 독립변수와 종속변수의 수에 따라서 일원 분산 분석, 이원 분산 분석, 다변량 분산 분석, 공분산 분석으로 나눌 수 있다.
④ 분산 분석은 복수의 집단을 비교할 때 분산을 계산함으로써 집단 간에 통계적인 차이가 있다고 할 수 있는지, 혹은 차이가 없다고 할 수 있는지를 판정하는 분석 방법이다.

해설 연속형 변수들에 대해 두 변수 사이의 모형을 구한 뒤 적합도를 측정해 내는 분석 방법은 회귀분석(Regression Analysis)이다.

**18** 다음 중 주요 용어에 대한 설명으로 올바르지 않은 것은?

① 평균(Mean)은 변수의 값들의 합을 변수의 개수로 나눈 값이고, 중위수(Median) 데이터를 크기 순서에 따라 정렬하였을 때 가장 가운데 위치한 값이다.
② 표준편차(Standard Deviation)는 주어진 데이터 중에서 가장 많이 관측되는 수이고, 변동계수(CV ; Coefficient of Variance)는 측정 단위가 서로 다른 자료의 흩어진 정도를 상대적으로 비교할 때 사용한다.
③ 범위(Range)란 데이터 값 중에서 최대 데이터값(Max)과 최소 데이터값(Min) 사이의 차이이고, 분산(Variance)이란 데이터가 평균으로부터 흩어진 정도를 나타내는 기초통계량이다.
④ 왜도(Skewness)는 데이터의 분포가 정규 분포로부터 오른쪽 또는 왼쪽으로 치우친 정도를 보여주는 값이고, 첨도(Kurtosis)는 데이터의 분포가 정규 분포 곡선으로부터 위 또는 아래쪽으로 뾰족한 정도를 보여주는 값이다.

해설 표준편차는 분산의 양(+)의 제곱근의 값이다. 주어진 데이터 중에서 가장 많이 관측되는 수는 최빈값이다.

정답 16 ④ 17 ① 18 ②

**19** 다음에서 설명하는 시각적 데이터 탐색 기법은 무엇인가?

> • 가로축과 세로축의 좌표평면상에서 각각의 관찰점들을 표시하는 시각화 방법이다.
> • 2개의 연속형 변수 간의 관계를 보기 위하여 사용된다.

① 히스토그램
② 산점도
③ 박스 플롯
④ 막대형 그래프

**해설** 가로축과 세로축의 좌표평면상에서 각각의 관찰점들을 표시하는 시각화 방법은 산점도이다.

**20** 다음 중 산점도에 대한 설명으로 옳지 않은 것은?

① 두 변수의 관계를 보여주는 기법으로 각 측정값은 $(x, y)$의 점으로 나타낸다.
② 양의 상관관계는 변수 $x$가 증가할수록 변수 $y$도 증가하므로 상관계수(p)는 $0<p<1$의 값을 가진다.
③ 음의 상관관계는 변수 $x$가 증가할수록 변수 $y$는 감소하므로 상관계수(p)는 $-1 \leq p < 0$의 값을 가진다.
④ 상관관계 없음은 변수 $x$, $y$ 사이에 특별한 관계가 없으므로 $p=0$이다.

**해설** 양의 상관관계는 변수 $x$가 증가할수록 변수 $y$도 증가하므로 상관계수(p)는 $0<p \leq 1$의 값을 가진다.

**21** 다음 중 시공간 데이터에 대한 설명으로 가장 올바르지 않은 것은?

① 공간적 객체에 시간의 개념이 추가되어 시간에 따라 위치나 형상이 변하는 데이터이다.
② 데이터를 공간과 시간의 흐름상에 위치시킬 수 있는 거리 속성과 시간 속성을 가지고 있다.
③ 연속적 변화는 수집의 주기가 일정하지 않은 데이터를 이용하여 표현한다.
④ 이산적 변화는 시간의 변화에 따라 데이터가 추가된다.

**해설** 연속적 변화는 일정한 주기로 수집되는 데이터를 이용하여 연속적으로 표현한다.

**22** 다음 중 코로플레스 지도에 대한 설명으로 가장 올바르지 않은 것은?

① 등치지역도라고도 한다.
② 어떤 데이터 수치에 따라 지정한 색상 스케일로 영역을 색칠해서 표현한다.
③ 영역별 데이터를 표현하는 가장 보편적인 방법이다.
④ 위도와 경도를 사용하여 좌표를 원으로 정의한다.

**해설** 시공간 데이터 탐색에서 위도와 경도를 사용하여 좌표를 원으로 정의하는 것은 버블 플롯맵이다.

정답  19 ②  20 ②  21 ③  22 ④

**23** 다음 중 특정한 데이터 값의 변화에 따라 지도의 면적이 왜곡되는 지도로 올바른 것은?

① 카토그램
② 버블 플롯맵
③ 박스플롯
④ 히스토그램

해설 카토그램은 변량비례도라고도 하며 지도의 형태를 왜곡시켜 데이터 지각의 왜곡을 방지하도록 보정한다.

**24** 다음 중 버블 플롯맵에 대한 설명으로 올바른 것은?

① 특정한 데이터 값의 변화에 따라 지도의 면적이 왜곡되는 지도로 변량비례도라고도 한다.
② 어떤 데이터 수치에 따라 지정한 색상 스케일로 영역을 색칠해서 표현하는 방법으로 등치지역도라고도 한다.
③ 원의 크기, 색깔 등을 이용하여 시각화한다.
④ 데이터값이 더 큰 지역의 면적이 시각적으로도 더 크게 표시됨으로써 데이터 값의 크기를 직관적으로 인지할 수 있다.

해설 버블 플롯맵은 원의 크기와 색깔을 이용하여 시각화한다.

**25** 다음 중 변량 데이터 탐색 방법 사항으로 올바르지 않은 것은?

① 일변량 데이터 탐색 방법에는 기술 통계량, 그래프 통계량의 두 가지 종류가 있다.
② 이변량 데이터 탐색은 조사 대상의 각 개체로부터 두 개의 특성을 동시에 관측한다.
③ 기술 통계량에는 평균, 분산, 표준편차 등이 있다.
④ 다변량 데이터 탐색은 분석을 시행한 이후에 산점도 행렬, 별 그림, 등고선 그림 등을 통해 시각적으로 자료를 탐색한다.

해설 다변량 데이터 탐색은 분석을 시행하기 이전에 산점도 행렬, 별그림, 등고선 그림 등을 통해 시각적으로 자료를 탐색한다.

**26** 다음 중 주성분 분석에 대한 설명으로 가장 거리가 먼 것은 무엇인가?

① 가장 적은 수의 주성분을 사용하여 분산의 최대량을 설명한다.
② 주성분 변수는 원래 변수 정보를 축약한 변수이며, PCA는 일부 주성분에 의해 원래 변수의 변동이 충분히 설명되는지 알아보는 분석 방법이다.
③ P개의 변수가 있는 경우 이를 통해 얻은 정보를 P보다 상당히 적은 K개의 변수로 요약하는 것이다.
④ 집단에 대한 정보로부터 집단을 구별할 수 있는 판별 규칙 혹은 판별 함수를 만들고, 다변량 기법으로 조사된 집단에 대한 정보를 활용하여 새로운 개체가 어떤 집단인지를 탐색하는 통계기법이다.

해설 집단에 대한 정보로부터 집단을 구별할 수 있는 판별 규칙 혹은 판별 함수를 만들고, 다변량 기법으로 조사된 집단에 대한 정보를 활용하여 새로운 개체가 어떤 집단인지를 탐색하는 통계기법은 판별 분석(Discriminant Analysis)이다.

정답 23 ① 24 ③ 25 ④ 26 ④

**27** 다음 중 자바스크립트 구문 형식의 언어 독립형 데이터 포맷인 것은?

① HTML
② XML
③ JSON
④ AJAX

**해설** 자바스크립트의 구문 형식의 언어 독립형 데이터 포맷은 JSON이다. JSON은 반정형 데이터로 웹상에서 자료를 주고받을 때 사람이 읽을 수 있는 데이터 포맷이다.

**28** 다음 중 빈칸에 들어갈 말을 순서대로 고르시오.

> (　　)은/는 수집한 데이터를 요약, 묘사, 설명하는 통계 기법이며, 표본 자체의 속성을 파악하는 데 주안점을 두고 있다.
> 반면, (　　)은/는 수집한 데이터를 바탕으로 하여 '추론 및 예측'을 하는 통계 기법을 의미한다.

① 추리 통계 – 기술 통계
② 일반 통계 – 추리 통계
③ 기술 통계 – 추리 통계
④ 유의 통계 – 예측 통계

**해설** 수집한 데이터에 대한 요약 및 설명을 하는 것은 기술 통계이며, 수집한 데이터를 기반으로 모집단을 추측, 추리, 예측하는 것을 추리 통계라고 한다.

**29** 다음 중 기초 통계량에 대한 설명으로 올바른 것은?

① 중위수는 이상값에 의한 값의 변동이 평균보다 심하다.
② 범위는 데이터의 최댓값과 최솟값의 차이에 1을 더하여 쉽게 구할 수 있다.
③ 중위수는 변수의 개수가 짝수일 때 $\frac{n+1}{2}$ 번째 값이다.
④ 사분위수 범위는 자료들의 중간 50%에 포함되는 자료의 산포도를 나타낸다.

**해설** ① 평균이 이상값에 의한 값의 변동이 중위수보다 심하다.
② 범위는 데이터의 최댓값과 최솟값의 차이로 쉽게 구할 수 있다.
③ 중위수는 변수의 개수가 홀수일 때 $\frac{n+1}{2}$ 번째 값이다.

**30** 데이터 분포의 모양이 왼쪽 편포(왼쪽 꼬리 분포)일 경우에 평균(Mean)과 중위수(Median), 최빈값(Mode)의 크기를 가장 바르게 설명한 것은 무엇인가?

① 평균 < 최빈값 < 중위수
② 평균 < 중위수 < 최빈값
③ 중위수 < 평균 < 최빈값
④ 중위수 = 평균 = 최빈값

**해설** 왼쪽으로 꼬리가 긴 분포일 경우 '평균(Mean) < 중위수(Median) < 최빈값(Mode)'이다. 분포의 치우침과 상관없이 중위수는 항상 가운데 값이다.

**정답** 27 ③　28 ③　29 ④　30 ②

31 상관 분석에 대한 설명으로 올바르지 않은 것은?

① 상관 분석은 변수 간의 연관성을 파악하기 위해 사용하는 분석기법 중 하나로 변수 간의 선형 관계 정도를 분석하는 통계기법이다.
② 상관 분석은 종속변수에 미치는 영향력의 크기를 파악하여 독립변수의 특정한 값에 대응하는 종속변수 값을 예측하는 선형 모형을 산출하는 방법이다.
③ 등간 척도 및 비율 척도로 측정된 변수 간의 상관계수는 피어슨 상관계수로 측정한다.
④ 서열 척도로 측정된 변수 간의 상관관계는 스피어만 상관계수로 측정한다.

해설 회귀분석은 종속변수에 미치는 영향력의 크기를 파악하여 독립변수의 특정한 값에 대응하는 종속변수 값을 예측하는 선형 모형을 산출하는 방법이다.

32 다음은 특정 제품의 Sales와 TV, Radio, Newspaper 광고예산 간의 피어슨 상관계수 행렬이다. 설명이 알맞지 않은 것은?

| 구분 | TV | Radio | Newspaper | Sales |
| --- | --- | --- | --- | --- |
| TV | 1.000 | 0.054 | 0.057 | 0.793 |
| Radio | 0.054 | 1.000 | 0.333 | 0.543 |
| Newspaper | 0.057 | 0.333 | 1.000 | 0.222 |
| Sales | 0.793 | 0.543 | 0.222 | 1.000 |

① 3가지 매체의 광고예산은 Sales와 양의 상관관계를 가지고 있다.
② Newspaper 광고예산이 증가할 때 Radio 광고예산이 증가하는 경향이 있다.
③ TV 광고예산을 늘릴 경우 Sales가 증가하는 인과관계를 가진다.
④ Sales와 가장 상관관계가 높은 변수는 TV이다.

해설 상관 분석은 두 변수 간 관계의 정도를 알아보기 위한 분석 방법이다. 인과관계는 상관 분석으로 알 수 없다.

33 회귀분석에서 가장 적합한 회귀 모형을 찾기 위한 과정에 대한 설명으로 알맞지 않은 것은?

① 회귀식에 대한 검정은 독립변수의 기울기가 0이 아니라는 가정을 귀무가설, 기울기가 0인 것을 대립가설로 놓는다.
② 회귀분석의 가설검정에서 p-값이 0.05보다 작은 값이 나와야 통계적으로 유의한 결과이다.
③ 잔차의 독립성, 등분산성, 그리고 정규성을 만족하는지 확인해야 한다.
④ 독립변수의 수가 많아지면 독립변수 간에 서로 영향을 미치는 다중공선성의 문제가 발생하므로 상대적인 조정이 필요하다.

해설 회귀식에 대한 검정 수행 시 독립변수의 기울기(회귀계수)가 0이라는 가정은 귀무가설에 해당하며, 기울기가 0이 아니라는 가정은 대립가설에 해당한다.

정답 31 ② 32 ③ 33 ①

**34** 다음 중 공분산에 대한 설명으로 올바르지 않은 것은?

① 두 가지 확률변수의 상관 정도를 나타내는 값이다.

② 공분산의 수식은 $Cov(x_1, x_2) = \dfrac{1}{n-1}\sum_{i=1}^{n}(x_{1i} - \overline{x_1})(x_{2i} - \overline{x_2})$ 이다.

③ 2개의 변수 중 하나의 값이 상승하는 경향을 보일 때, 다른 값이 하강하는 경향을 보인다면 공분산의 값은 음수가 된다.

④ 공분산은 상관관계의 상승 혹은 하강하는 경향을 이해할 수 있으나 두 가지 변수의 측정 단위의 크기에 따라 값이 달라지므로 상관 분석을 통해 정도를 파악하기에 적절하다.

**해설** 공분산은 상관관계의 방향성을 파악할 수 있으나, 측정 단위에 따라 값이 달라지므로 표준화된 상관계수를 통해 관계의 강도를 파악하는 것이 더 적절하다.


**35** 다음 중 피어슨 상관계수에 대한 설명으로 가장 올바르지 않은 것은?

① 모집단의 상관계수로만 이용한다.

② $r = \dfrac{\sum_{i=1}^{n}(x_i - \overline{x})(y_i - \overline{y})}{\sqrt{\sum_{i=1}^{n}(x_i - \overline{x})^2}\sqrt{\sum_{i=1}^{n}(y_i - \overline{y})^2}}$ 이다.

③ $r$값은 $x$와 $y$가 완전히 동일하면 +1, 전혀 다르면 0, 반대 방향으로 완전히 동일하면 -1이다.

④ 결정계수(Coefficient of Determination)는 $x$로부터 $y$를 예측할 수 있는 정도를 의미한다.

**해설** 피어슨 상관계수는 모집단과 표본 상관계수로 이용한다.


**36** 다음에서 설명하는 독립변수 선택 방법은 무엇인가?

> 모든 독립변수를 사용하여 하나의 회귀식을 수립한다. 회귀식에서 중요하지 않은 독립변수의 값들에 대한 검정을 한 후, 그 값이 가장 작은 변수부터 차례로 제거하고 남은 나머지 독립변수들을 바탕으로 회귀식을 다시 추정하는 방법이다.

① 전진 선택법  
② 후진 제거법  
③ 혼합 기법  
④ 단계적 방법  

**해설** 후진 제거법은 모든 독립변수를 사용하여 하나의 회귀식을 수립한다. 회귀식에서 중요하지 않은 독립변수 값들에 대한 검정을 한 후, 그 값이 가장 작은 변수부터 차례로 제거하고 남은 나머지 독립변수들을 바탕으로 회귀식을 다시 추정하는 방법이다.
① 전진 선택법 : 종속변수에 가장 큰 영향을 줄 것으로 판단되는 하나의 독립변수를 이용하여 회귀식을 수립한 후, 단계마다 중요하다고 판단되는 독립변수를 하나씩 회귀식에 추가하여 회귀모델을 다시 추정하고 새로운 독립변수의 부분 검정을 통해 중요 정도를 계산하는 방법이다.
④ 단계적 방법 : 후진 제거법과 전진 선택법의 절충적인 형태이다. 전진 선택법에 따라 종속변수에 가장 큰 상관관계가 있는 독립변수를 택함과 동시에 각 단계에서 후진 제거법과 같이 회귀식에서 중요하지 않은 독립변수를 제거하는 방법이다.

**정답** 34 ④  35 ①  36 ②

**37** 확률분포는 확률변수의 종류에 따라 크게 이산확률분포와 연속확률분포가 있고, 이산확률분포는 이산확률변수 X가 가지는 확률분포이다. 다음 중 이산확률분포가 아닌 것은 무엇인가?

① 베르누이 분포
② 이항분포
③ 포아송 분포
④ t-분포

해설 t-분포는 연속확률분포이다. 이산확률분포에는 포아송 분포, 베르누이 분포, 이항분포가 있다.

**38** 다음 중 표본 추출 기법에 대하여 설명한 것으로 가장 부적절한 것은 무엇인가?

① 단순 무작위 추출 : 200개의 구슬에서 무작위로 20개의 구슬을 추출
② 계통 추출 : 100명의 교육 참석자에게 이벤트 쿠폰을 나눠주고 자리가 2로 끝나는 사람들을 선정
③ 층화 추출 : 연령별 여론 조사를 위해 연령대를 나누고, 각 연령대에서 무작위로 50명씩 선정
④ 군집 추출 : 검은색, 흰색, 빨간색 구슬을 무작위로 추출

해설 군집 추출은 모집단을 여러 군집으로 나누고, 일부 군집의 전체를 추출하는 방식이다. 예를 들어 100개의 전구에 무작위로 검은색, 노란색, 파란색을 칠하고 파란색의 전구를 모두 추출하는 기법이다.

**39** 다음 중 확률 분포에 대한 설명으로 올바르지 않은 것은?

① 확률분포란 확률변수가 특정한 값을 가질 확률을 나타내는 분포로, 확률변수의 종류에 따라 크게 이산확률분포와 단일확률분포로 나뉜다.
② 이산확률분포는 이산확률변수 X가 가지는 확률분포로 확률변수 X가 0, 1, 2, 3, …와 같이 하나씩 셀 수 있는 값을 취한다.
③ 이산확률분포의 종류에는 포아송 분포, 베르누이 분포, 이항 분포 등이 있다.
④ 포아송 분포는 주어진 시간 또는 영역에서 어떤 사건의 발생 횟수를 나타내는 확률분포이고, 베르누이 분포는 특정 실험의 결과가 성공 또는 실패 두 가지의 결과 중 하나를 얻는 확률분포이다.

해설 확률분포란 확률변수가 특정한 값을 가질 확률을 나타내는 분포로, 확률변수의 종류에 따라 크게 이산확률분포와 연속확률분포로 나뉜다.

**40** 다음 중 추론통계에 대한 설명으로 올바르지 않은 것은?

① 점 추정(Point Estimation)은 표본의 정보로부터 모집단의 모수를 하나의 값으로 추정하는 것이다.
② 점 추정에 사용되는 통계는 표본평균, 표본분산, 중위수, 최빈값이 있다.
③ 구간 추정(Interval Estimation)은 신뢰도를 제시하면서 범위로 모수를 추정하는 방법이다.
④ 가설의 종류에는 귀무가설과 대립가설이 있고, 귀무가설은 표본을 통해 확실한 근거를 가지고 입증하고자 하는 가설이다.

해설 귀무가설은 현재까지 주장되어 온 것이거나 기존과 비교하여 변화 혹은 차이가 없음을 나타내는 가설이다. 대립가설은 표본을 통해 확실한 근거를 가지고 입증하고자 하는 가설이다.

정답 37 ④  38 ④  39 ①  40 ④

**41** 다음 중 K개의 서로 독립적인 표준 정규 확률변수를 각각 제곱한 다음 합해서 얻어지는 분포는 무엇인가?

① 정규 분포
② F-분포
③ t-분포
④ $\chi^2$-분포

**해설** K개의 서로 독립적인 표준 정규 확률변수를 각각 제곱한 다음 합해서 얻어지는 분포는 $\chi^2$(카이제곱)-분포이다.

**42** 연속형 확률변수의 분포 중에서 정규 분포의 평균을 측정할 때 주로 사용되고 두 집단 간 평균의 차이 검정 등에 활용되는 분포는 다음 중 무엇인가?

① F-분포
② 카이제곱($\chi^2$) 분포
③ 포아송 분포
④ t-분포

**해설** 정규 분포의 평균을 측정할 때 주로 사용되고 두 집단의 평균의 차이 검정 등에 활용되는 분포는 t-분포이다.

**43** 이산확률분포 중 하나로 특정 실험의 결과가 성공 또는 실패 두 가지의 결과 중 하나를 얻는 분포는 무엇인가?

① 베르누이 분포
② 포아송 분포
③ F-분포
④ 다항 분포

**해설** 이산확률분포 중 하나로 특정 실험의 결과가 성공 또는 실패 두 가지의 결과 중 하나를 얻는 분포는 베르누이 분포이다.

**44** 다음 중 정규 분포에 대한 설명으로 가장 올바르지 않은 것은?

① 모평균이 $\mu$, 모분산이 $\sigma^2$이라고 할 때, 종 모양의 분포이다.
② 기댓값은 E(X) = $\mu$이다.
③ 분산은 V(X) = $\sigma^2$이다.
④ 정규 분포 함수에서 X를 Z로 정규화한 분포이다.

**해설** 정규 분포 함수에서 X를 Z로 정규화한 분포는 표준 정규 분포이다.

**45** 다음 중 용어에 대한 설명으로 옳지 않은 것은 무엇인가?

① 모집단(Population) : 정보를 얻고자 하는 대상이 되는 집단 전체
② 모수(Parameter) : 표본에서 얻은 평균이나 표준오차와 같은 값
③ 추정량(Estimator) : 모수의 추정을 위해 구해진 통계량
④ 표준오차(Standard Error) : 통계량의 변동 정도를 의미

**해설** 모수(Parameter)는 모집단의 특성을 나타내는 대푯값이다. 표본에서 얻은 평균이나 표준오차와 같은 값은 통계량이다.

**정답** 41 ④  42 ④  43 ①  44 ④  45 ②

**46** 다음 중 표본의 개수가 커지면 모집단의 분포와 상관없이 표본 분포는 정규 분포에 근사한다는 법칙을 말하는 것은?

① 큰 수의 법칙
② 중심 극한 정리
③ 전체 확률의 법칙
④ 오차의 법칙

**해설** 표본의 개수가 커지면 모집단의 분포와 상관없이 표본 분포는 정규 분포에 근사한다는 법칙은 중심 극한 정리이다. 참고로 오차의 법칙은 가우스가 제시한 세 가지 법칙이다.

> **오차의 법칙**
> - +오차와 −오차가 나올 가능성은 같다.
> - 작은 오차가 나올 가능성이 큰 오차가 나올 가능성보다 크다.
> - 오차는 2번 미분 가능하고 전체 확률은 1이다.

**47** 다음에서 설명하는 용어로 올바른 것은?

> 모집단에 대한 통계적 가설을 세우고 표본을 추출한 다음, 그 표본을 통해 얻은 정보를 이용하여 통계적 가설의 진위를 판단하는 과정이다.

① 기술통계
② 확률 분포
③ 분산 분석
④ 가설 검정

**해설** 가설 검정은 모집단에 대한 통계적 가설을 세우고 표본을 추출한 다음, 그 표본을 통해 얻은 정보를 이용하여 통계적 가설의 진위를 판단하는 과정이다.

**48** 가설 검정에 대한 설명으로 가장 옳은 것은 무엇인가?

① 대립가설은 $H_0$으로 표기하고, 귀무가설은 $H_1$으로 표기한다.
② 귀무가설은 현재까지 주장되어 온 것이나 기존과 비교하여 변화 혹은 차이가 없음을 나타내는 가설이다.
③ 귀무가설은 연구가설이라고도 한다.
④ 대립가설은 영어로 Null Hypothesis이다.

**해설** ① 귀무가설은 $H_0$으로 표기하고, 대립가설은 $H_1$으로 표기한다.
③ 대립가설은 연구가설이라고도 한다.
④ 대립가설은 영어로 Alternative Hypothesis로 표기한다.

**정답** 46 ② 47 ④ 48 ②

**49** 다음에서 설명하는 검정 방법으로 가장 옳은 것은?

> - 모수 $\theta$(혹은 모수들의 함수)에 대해 표본 자료를 바탕으로 모수가 특정 값 $\theta_0$과 통계적으로 같은지 여부를 판단
> - 귀무가설을 $H_0 : \theta = \theta_0$, 대립가설을 $H_1 : \theta \neq \theta_0$와 같이 설정

① 양측검정  
② 단측검정  
③ t-검정  
④ F-검정

**해설** 양측검정은 모수 $\theta$(혹은 모수들의 함수)에 대해 표본 자료를 바탕으로 모수가 특정 값 $\theta_0$과 통계적으로 같은지 여부를 판단하는 것을 말한다. 단측검정은 모수 $\theta$(혹은 모수들의 함수)에 대해 표본자료를 바탕으로 모수가 특정 값 $\theta_0$과 통계적으로 큰지 작은지를 판단하는 것을 말한다.

**50** 다음 중 제1종 오류에 대한 설명으로 옳은 것은?

① 귀무가설이 참인데 잘못하여 이를 기각하게 되는 오류  
② 귀무가설이 참일 때 이를 참이라고 판단하는 확률  
③ 귀무가설이 참이 아닌데 잘못하여 이를 채택하게 되는 오류  
④ 귀무가설이 참이 아닌 경우 이를 기각할 수 있는 확률

**해설** 제1종 오류는 귀무가설이 참인데 잘못하여 이를 기각하게 되는 오류이다. 제2종 오류는 귀무가설이 참이 아닌데 잘못하여 이를 채택하게 되는 오류를 말한다. 신뢰수준은 귀무가설이 참일 때 이를 참이라고 판단하는 확률을 말하며, 검정력은 귀무가설이 참이 아닌 경우 이를 기각할 수 있는 확률을 말한다.

정답 49 ① 50 ①

빅데이터분석기사 필기 한권완성

# PART 03

# 빅데이터 모델링

**CHAPTER 01** | 분석 모형 설계
**CHAPTER 02** | 분석 기법 적용

| PART별 과목 학습 가이드

이번 장에서는 통계적 분석을 기반으로 하는 빅데이터 분석 모델과 데이터 마이닝을 기반으로 하는 빅데이터 분석 모델 설계 및 기법 적용 방법을 이해하는 것을 목표로 한다.

# CHAPTER 01 분석 모형 설계

**[학습 목표]**
분석 모형 설계는 기획 단계에서 도출된 과제를 해결하기 위한 구체적인 분석 방법과 모형을 선정하고 분석 절차를 계획하는 단계이다. 기본적인 분석 모형의 종류와 개념을 이해하고 모형을 구축하는 절차에 대해 학습한다. 분석에 사용하는 대표적인 분석 도구와 분석을 위해 데이터를 분할하는 방법에 대해 학습한다.

**핵심요약**

분석 목적과 데이터를 문제 해결을 위한 적절한 분석 모형인지 구분할 수 있어야 한다.

## 1. 분석 절차 수립

### (1) 분석 모형 선정

분석 모형은 일반적으로 많이 사용되는 데이터 분석 방법을 추상화한 패턴, 계획, 설명 등을 의미한다. 즉, 과거의 분석 경험을 추상화하여 패턴으로 만든 것이다. 따라서 해결하고자 하는 비즈니스 문제의 유형에 맞는 분석 모형을 선별하여 활용하면 보다 쉽게 문제를 해결할 가능성이 크다. 적절한 분석 모형을 선정하기 위해서는 분석 목적과 데이터의 특성을 알아야 한다. 먼저 분석 목적에 따라 분석 방법의 유형을 선택한다. 분석 목적이란 빅데이터 분석을 통해서 얻기를 원하는 구체적인 분석 결과를 말한다. 이후 데이터 특성을 고려하여 구체적인 분석 모형을 선택한다.

① **분석 방법** 기출

분석 목적에 따라 데이터 분석 방법은 달라질 수 있다. 데이터에 대한 이해를 목적으로 하는 경우 기술적 통계분석을 활용하거나 인과관계 분석 또는 가설검정을 목적으로 통계적 추론과 검정을 활용할 수 있다. 논리적 인과관계를 넘어 상관관계 또는 연관성을 분석하기 위한 데이터마이닝 분석 방법도 있다. 분석 목적이 특정한 속성 또는 값을 구하는 것인지 여부에 따라 지도 학습(Supervised learning) 또는 비지도 학습(Unsupervised learning) 기반의 머신 러닝 분석을 수행하기도 한다.

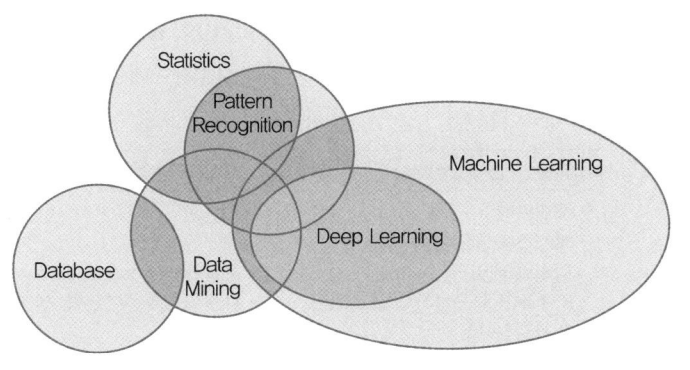

[그림 1 데이터 분석 방법을 나타낸 벤다이어그램]

㉠ 통계 분석(Statistical analysis)
통계 분석은 특정 집단이나 불확실한 현상을 데이터를 통해 이해하고 추론을 통해 의사결정하는 과정을 말한다. 기술 통계(Descriptive statistics)는 데이터를 요약 및 정리하고 이해하기 위해 평균, 표준편차 등 기초 통계량을 구하거나 그래프로 표현하는 분석 방법이다. 추론 통계(Inferential statistics)란 수집된 데이터를 기반으로 모집단에 대해 추정하고 가설을 검정하는 분석 방법이다.

㉡ 데이터 마이닝(Data mining)
데이터 마이닝은 데이터에 숨어있는 유용한 정보를 찾아내는 과정이다. 데이터 마이닝의 대표적인 분석으로는 분류(Classification) 분석, 추정(Estimation) 분석, 예측(Forcasting) 분석, 연관(Association) 분석, 군집(Clustering) 분석, 기술(Description) 분석 등이 있다.

㉢ 머신 러닝(Machine learning)
머신 러닝 또는 기계학습은 분석 모형 알고리즘이 데이터를 학습하고 학습한 정보를 바탕으로 결과를 출력하는 분석 방법이다. 종속변수의 존재 여부, 학습 방법 등에 따라 지도 학습, 비지도 학습, 강화 학습으로 구분한다. 종속변수는 분석을 통해 알고자 하는 변수로 독립변수의 영향을 받아 변하는 변수다. 동의어로 반응변수, 결과변수, 타겟변수 등이 있다.

- 지도 학습(Supervised learning)
지도 학습은 정답에 해당하는 종속변수가 포함되어 있는 데이터를 학습한다. 종속변수와 독립변수 간의 관계를 분석하여 분류, 예측 등의 문제를 해결한다. 종속변수가 연속형인 경우 수치 예측, 범주형인 경우 분류 예측을 수행한다.

---

**OX QUIZ**

통계분석, 데이터 마이닝, 머신 러닝 등은 명확하게 구분 가능한 상호 배타적인 분석 방법이다. (O/×)

정답 : ×

해설 데이터 분석 방법들은 중요 관점이나 용어는 다를 수 있지만 겹치거나 유사한 부분이 매우 많다.

**핵심요약**

- 독립변수(independent variable)와 종속변수(dependent variable)는 데이터 분석 모델에 사용되는 변수의 종류다.
- 독립변수는 입력값이나 원인을 나타내며, 종속변수는 결과물이나 효과를 나타낸다.
- 독립변수는 설명변수(explanatory variable)라고도 하며 머신러닝에서는 특징(feature), 입력변수(input variable)라고도 한다.

**핵심요약**

강화학습은 현재 상태(State)를 인식하여 선택 가능한 행동(Action) 중 보상(Reward)을 최대화하는 행동을 선택하도록 알고리즘을 학습한다. 강화학습의 사례로 알파고, 자율주행 등이 있다.

**OX QUIZ**

장바구니 분석을 통해 인자들 간의 상관관계를 함수로 표현하고 설명할 수 있다. (O/×)

정답 : ×

**해설** 장바구니 분석은 지지도, 신뢰도, 향상도 등을 산출하여 항목 간 관계를 분석한다. 인자들 간의 상관관계를 함수로 표현하는 분석은 상관관계 분석이다.

---

- 비지도 학습(Unsupervised learning) **기출**
  비지도 학습은 종속변수가 포함되지 않는 데이터를 학습한다. 예측 문제보다는 현상 설명, 특징 도출, 패턴 도출 등의 문제를 해결한다.

| 지도 학습(Supervised learning) | 비지도 학습(Unsupervised learning) |
|---|---|
| • 회귀분석<br>• 로지스틱 회귀분석<br>• 나이브 베이즈<br>• KNN(K-최근접이웃 알고리즘)<br>• 의사결정나무<br>• 인공신경망<br>• 서포트벡터머신<br>• 랜덤포레스트 | • 군집화(K-means, SOM, 계층군집 등)<br>• 차원축소(주성분분석, 선형판별분석 등)<br>• 연관분석<br>• 자율학습 인공신경망 |

[표 1 지도 학습과 비지도 학습의 대표적인 분석 모형]

다음 표는 대표적인 분석 방법과 그 내용을 정리한 것이다.

| 분석 방법 | 분석 내용 및 분석 모형 |
|---|---|
| 통계 분석 | • 평균, 분산 등 통계량 기반의 기술적 통계분석으로 데이터 특성을 요약하고 집계함<br>• T-test, Chi-square, ANOVA 등 통계적 검정을 통해 가설을 검정함 |
| 주요 인자 분석 | • 많은 인자들 중에서 특정 현상에 영향을 미치는 중요한 인자를 선별함<br>• 많은 인자들의 정보를 축약하거나 새로운 정보를 담은 인자를 생성함 |
| 상관관계 분석 | 인자들 간의 상관관계를 함수로 표현하여 설명하고 활용함 |
| 연관 분석 | 장바구니 분석 등을 통해 두 인자간의 연관성을 도출함 |
| 분류 분석 | • 지도 학습 모형을 기반으로 데이터 패턴을 학습하여 어느 집단에 속하는지 분류함<br>• 로지스틱 회귀모형, 나이브 베이즈, 의사결정나무, 서포트벡터머신, 인공신경망 등 |
| 예측 분석 | • 지도 학습 모형을 기반으로 데이터 패턴을 학습하여 특정 인자의 값을 사전에 예측함<br>• 회귀모형, 의사결정나무 모형, 인공신경망 모형, 시계열 모형 등 |
| 군집 분석 | • 비지도 학습 모형을 기반으로 패턴이 유사한 데이터를 군집으로 묶음<br>• K-means, 계층적 군집분석 등 |
| 텍스트 분석 | 텍스트 데이터로부터 주제, 의견, 현상 등을 추출함 |
| 소셜 네트워크 분석 | 사회적 관계를 네트워크 구조로 분석하고 시각화함 |

[표 2 분석 방법에 따른 분석 내용과 분석 모형]

② 데이터 특성
  ㉠ 데이터의 특성에 따라 적용 가능한 분석 모형이 다르다. 이에 따라 종속변수의 존재 유무, 종속변수의 수, 데이터 유형, 변수들 간의 관계, 데이터의 크기 등의 데이터 특성을 고려해야 한다.

ⓛ 데이터 유형에 따른 모형 구분

| 데이터 유형 | 연속형 종속변수 | 범주형 종속변수 | 종속변수 없음 |
|---|---|---|---|
| 연속형 독립변수 | 회귀분석, 트리 모형, 인공신경망, SVR, KNN | 로지스틱 회귀분석, 트리 모형, 인공신경망, SVM, KNN, 판별 분석 | 주성분 분석, 군집 분석 |
| 범주형 독립변수 | 회귀분석, t-test, ANOVA, 트리 모형, 인공신경망 | 로지스틱 회귀분석, 카이제곱 검정, 트리 모형, 인공신경망, 나이브베이즈 | 연관 분석 |
| 연속형+범주형 독립변수 | 회귀분석, 트리 모형, 인공신경망 | 트리 모형, 인공신경망 | 상관 분석 |

[표 3 데이터 유형에 따른 모형 구분]

### 핵심요약
범주형 변수는 데이터 전처리 과정에서 원-핫인코딩(One-hot encoding) 등의 방법으로 더미화하여 보다 다양한 모델에서 설명 변수로 사용할 수 있다.

### (2) 분석 모형 정의

선정한 분석 모형을 데이터에 적용하기 위한 상세 정의 단계이다. 분석 모형의 성능에 영향을 미치는 변수 선택과 하이퍼파라미터 튜닝 등의 과정을 수행한다. 모형을 적절하게 정의하지 않으면 과소적합 및 과대적합 문제로 인한 오류 및 편향이 발생할 수 있다.

① 변수 선택 [기출]

모형을 구성하는 변수들을 식별하고 구조화하는 과정이다. 탐색적 데이터 분석(EDA)을 수행하고 차원축소, 파생변수 생성, 변수 변환, 불균형 처리 등을 통해 유의 변수를 식별하거나 생성한다. 전진 선택법, 후진 제거법, 단계적 선택법 등의 변수 선택 방법을 활용하기도 한다.

| 변수 선택법 | 설명 |
|---|---|
| 전진 선택법 (Forward selection method) | 상관관계가 큰 변수부터 순차적으로 모형에 추가하며 변수를 추가하는 방법 |
| 후진 제거법 (Backward elimination method) | 모든 독립변수를 추가한 모형에서 상관관계가 작은 변수부터 순차적으로 제거하는 방법 |
| 단계적 선택법 (Stepwise selection method) | 전진 선택법으로 순차적으로 변수를 추가하면서 중요도가 약해진 변수를 후진 제거법으로 제거하는 방법 |

[표 4 변수 선택법 설명]

### 핵심요약
- 단계적 선택법의 단점
  - 반복된 검정 수행으로 1종 오류 위험이 높음
  - 변수 선택을 위한 유의 수준을 통제하기 어려움
  - 변수 간 상관관계의 영향을 많이 받음
- 변수 선택 대안
  - 전체 변수 사용 또는 전체 조합 비교
  - 도메인 지식 기반 변수 선택
  - Lasso, Ridge 등 제약 조건을 주는 모델 사용

② 하이퍼파라미터 튜닝(Hyperparameter tunning)

모형의 성능에 간접적인 영향을 미치는 하이퍼파라미터를 조정하여 분석 모형의 성능을 최적화하는 과정이다.

㉠ 파라미터(Parameter)와 하이퍼파라미터(Hyperparameter)
- 파라미터는 모형 내부 요소로 모형의 성능에 직접적인 영향을 미친다. 모형이 데이터를 학습한 결과 값으로 자동으로 결정된다. 파라미터의 예로 인공신경망의 가중치, 서포트벡터머신의 서포트벡터, 선형회귀 모형의 결정계수 등이 있다.

- 하이퍼파라미터는 모형 외부 요소로 모형의 성능에 간접적인 영향을 미친다. 사용자가 설정하는 값으로 학습 과정에 영향을 주고 학습 결과인 파라미터 값에 영향을 준다. 하이퍼파라미터의 예로 인공신경망의 학습률(learning rate), KNN의 K의 개수 등이 있다.

| 파라미터(Parameter) | 하이퍼파라미터(Hyperparameter) |
| --- | --- |
| • 모형 내부 요소<br>• 모형의 성능에 직접적인 영향을 미침<br>• 데이터 학습을 통해 자동으로 결정 | • 모형 외부 요소<br>• 파라미터 결정을 위해 사용 됨<br>• 사용자가 경험적으로 결정 |

[표 5 파라미터와 하이퍼파라미터의 비교]

ⓒ 하이퍼파라미터 튜닝 방법
- 매뉴얼 서치(Manual search)
  사용자가 직감 또는 경험에 근거하여 직접 하이퍼파라미터를 조합하고 조정하는 방법이다. 매우 비효율적인 방법이므로 그리드 서치 또는 랜덤 서치를 수행한 후 추가적으로 세부 조정에 사용하는 것이 적절하다.
- 그리드 서치(Grid search)
  하이퍼파라미터 가능한 모든 조합을 시도하여 최적의 파라미터 값을 찾는 방법이다. 후보를 직접 선정하므로 후보 내에서 가장 좋은 결과를 얻을 수 있으나 후보가 아닌 값은 시도하지 않는다. 모든 조합을 시도하므로 후보 수가 증가하면 계산 시간이 기하급수적으로 증가한다.
- 랜덤 서치(Random search)
  하이퍼파라미터 값의 범위를 지정하고 무작위 표본추출을 통해 생성한 조합을 시도하여 최적의 파라미터 값을 찾는 방법이다. 작동 원리는 그리드 서치와 거의 동일하나 그리드 서치의 단점을 보완한다. 지정된 범위에서 난수를 통해 확률적으로 탐색하므로 불필요한 값의 중복을 줄이고 상대적으로 중요한 값을 많이 탐색할 수 있다.

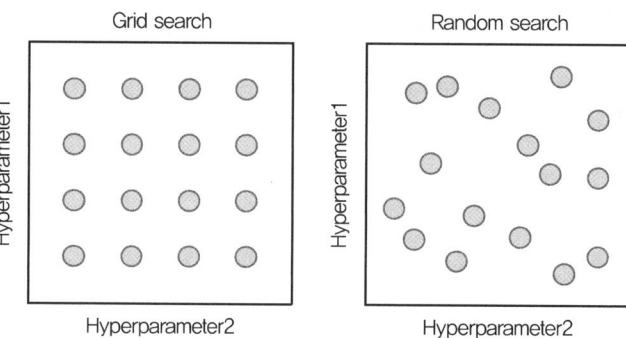

[그림 2 그리드 서치와 랜덤 서치의 비교]

### (3) 분석 모형 구축의 절차 기출

분석 모형 구축절차는 요건 정의, 모델링, 검증 및 테스트, 적용 단계로 구성된다.

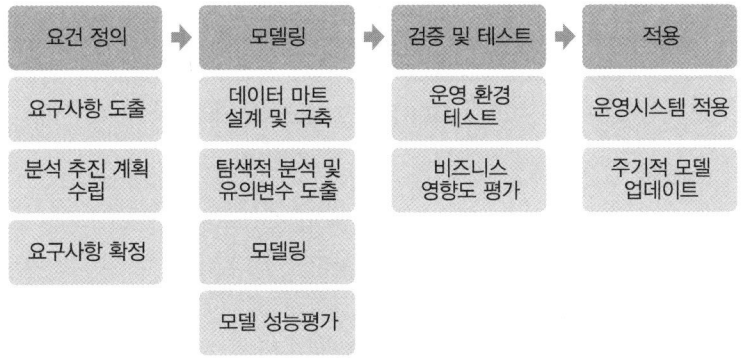

[그림 3 분석 모형 구축 절차]

#### ① 요건 정의

기획 단계에서 도출한 내용을 요건 정의로 구체화하는 단계이다. 구체적인 요구사항을 도출하여 확정하고 분석 추진 계획을 수립한다.

| 상세 절차 | 설명 |
|---|---|
| 요구사항 도출 | • 기획단계보다 상세한 분석 요건 도출<br>• 예상 이슈, 기대효과, 제약 사항 등 사전 정의 및 협의 |
| 분석 추진 계획 수립 | • 분석 가능성 검토<br>• 분석 환경 설정<br>• 분석계획서 및 WBS 작성 |
| 요구사항 확정 | 최종 요건 확정 |

[표 6 요건정의의 상세 절차]

#### ② 모델링

정의된 요건에 따라 본격적인 분석을 수행하는 단계이다. 데이터 준비 및 탐색적 데이터 분석을 수행하고 모델링과 성능 평가를 반복 수행하여 최종 모형을 선정한다.

| 상세 절차 | 설명 |
|---|---|
| 데이터 마트 설계 및 구축 | • 분석 대상 데이터 수집<br>• 데이터 전처리 및 마트 설계·개발 |
| 탐색적 분석 및 유의변수 도출 | • 탐색적 데이터 분석<br>• 사전 모형 기반 유의 변수 도출 |
| 모델링 | • 적절한 모형 후보를 선정<br>• 평가를 위한 데이터 분할<br>• 모형 학습 및 최적화 |
| 모델 성능 평가 | • 평가지표 기반 성능 평가<br>• 모형 학습 조정 |

[표 7 모델링의 상세 절차]

---

**학습가이드**

PART 01의 분석 절차와 구별할 수 있어야 한다.

**핵심요약**

WBS(Work breakdown structure)는 프로젝트의 범위 및 산출물을 구체적으로 분할한 계층적 구조를 의미한다. WBS를 통해 전체 업무 정의, 세부 일정 수립, 담당자 지정 등 프로젝트를 통제·관리할 수 있다.

**핵심요약**

빅데이터 분석 학습 시 다양한 분석 기법에 초점을 맞추나 실제 분석 업무의 80%는 요건을 정의하고 데이터를 수집 및 전처리하는 과정이다.

③ 검증 및 테스트

분석 모형을 가상 운영 환경에서 테스트하는 단계이다.

| 상세 절차 | 설명 |
| --- | --- |
| 운영 환경 테스트 | • 가상 운영 환경에 적용하여 테스트<br>• 테스트 결과를 모형에 반영하고 반복 테스트 수행 |
| 비즈니스 영향도 평가 | 투자 대비 효과(ROI)를 정량화하여 비즈니스 영향도 평가 |

[표 8 검증 및 테스트의 상세 절차]

④ 적용

분석 결과를 실제 운영 환경에 적용하는 단계이다.

| 상세 절차 | 설명 |
| --- | --- |
| 운영 시스템 적용 | • 실제 운영 환경에 적용<br>• 자동 모니터링 프로세스 수립 |
| 주기적 모델 업데이트 | • 모델링 결과를 정기적으로 재평가<br>• 필요시 분석 모형 재학습 |

[표 9 적용의 상세 절차]

## 2. 분석 환경 구축

### (1) 분석 도구 선정

대표적인 데이터 분석 도구로 R, Python, SAS, SPSS 등이 있다. R과 Python은 오픈 소스 프로그래밍 언어이며 무료로 사용이 가능하지만 SAS, SPSS는 특정 기업에서 소유한 소프트웨어로 유료 라이센스를 구매해야 사용이 가능하다.

① R 및 Python

R과 Python은 데이터 분석가가 일반적으로 사용하는 두 가지 오픈 소스 프로그래밍 언어다. 오픈 소스 언어에는 새로운 기능을 구현하고 공유하는 강력한 커뮤니티가 존재한다. 프로그래밍 언어에 대한 지식이 부족한 사람은 활용하기 어려울 수 있다. 그러나 가장 보편적인 분석 툴로 학습서적, 강의 콘텐츠 등 교육 기회가 많고 이미 많은 분석가들이 능숙하게 사용하고 있다. R과 Python 모두 MS Windows, Mac OS, Linux 등 다양한 OS에서 사용 가능하다.

㉠ R

R은 통계학자들이 개발한 S언어 기반의 오픈 소스 프로그래밍 언어이다. 데이터 분석에 특화되어 있고 데이터 시각화에 강점이 있다. CRAN에서 15,000개 이상의 패키지와 테스트 데이터를 다운로드

---

**핵심요약**

- 분석 도구는 데이터 사이언스, 통계 분석, 기계 학습, 인공 지능, 예측 분석, 비즈니스 분석 등을 위해 사용하는 소프트웨어를 포함한다.
- Apache Hive, Apache Mahout, Apache Pig, Apache Spark, C, C++, Caffe, DataRobot, Enterprise Miner, H2O, Hadoop, Xeno, Java, Julia, MATLAB, Minitab, Oracle Data Miner, Python, R, SAP, SAS, Scala, Spotfire, SPSS, SPSS Modeler, SQL, Stata, Tableau, Tensorflow, Teradata 등

**핵심요약**

R에서 Python을 사용하는 reticulate, Python에서 R을 사용하는 rpy2 등의 에뮬레이터(Emulator) 패키지가 존재한다.

할 수 있다. R Studio는 R을 좀 더 쉽게 사용할 수 있는 통합 개발 환경(IDE)이다.

ⓒ Python

Python은 C언어 기반의 프로그래밍 언어다. R과 달리 특정 영역에 특화된 언어가 아닌 범용성이 매우 높은 언어이다. 데이터 분석 외에도 웹 개발, 응용프로그램 개발에 활용할 수 있고 다른 프로그램과의 통합에 용이하여 많은 기업에서 실무에 활용하고 있다. R에서 가능한 분석은 대부분 Python에서도 수행 가능하지만 높은 수준의 이론 지식을 요구하는 고급 분석 패키지는 상대적으로 부족할 수 있다. Python은 가장 각광받고 있는 TensorFlow, Keras 등의 딥 러닝 패키지 기반 인공지능 영역에서 큰 강점을 보인다.

② SAS 및 SPSS

전통적으로 통계학자들은 다양한 산업에서 모델링을 위해 SAS 또는 SPSS를 사용해왔다. SAS와 SPSS는 간단한 클릭 방식, 드래그 앤 드롭 방식으로 데이터 분석이 가능하여 프로그래밍 언어에 대한 지식이 부족한 통계학자들이 쉽게 사용할 수 있다. 그러나 오픈 소스와 달리 최신 기술 반영이 느리고 덜 보편화되어 있어서 상대적으로 교육 기회가 적고 능숙한 분석가를 찾기 어렵다.

### 핵심요약

| 분석 도구 비교 | R, Python | SAS, SPSS |
|---|---|---|
| 가격 정책 | 무료 오픈소스 | 유료 라이선스 |
| 최신 기법 업데이트 | 빠름 | 느림 |

## (2) 데이터 분할

데이터 분석 전에 수집된 데이터를 분할하는 과정이 필요하다. 데이터 분할의 목적은 분석 모형의 과적합을 방지하고 일반화 성능을 향상시키는 것이다. 즉, 분석 모형은 운영 환경에서 입력되는 새로운 데이터에도 안정적이고 높은 성능을 보일 수 있도록 구현되어야 한다. 일반적으로 학습 데이터(Training data), 검증 데이터(Validation data), 테스트 데이터(Test data)로 데이터를 분할한다. 학습 데이터는 알고리즘의 학습을 위한 데이터, 검증 데이터는 학습된 모델의 성능을 검증하고 모델을 선택하기 위한 데이터, 테스트 데이터는 최종 모델의 성능을 평가하기 위한 데이터이다.

### 핵심요약

데이터가 부족하지 않다면 학습 데이터, 검증 데이터, 테스트 데이터로 분할하는 것이 적합하다. 학습 데이터와 테스트 데이터로만 분할하면 모델 선택에 최종 평가용 데이터를 반복 사용하게 되어 과적합 위험이 높다.

① 홀드아웃(Hold-out) 기출

가장 보편적인 방법으로 랜덤 추출을 통해 데이터를 분할한다. 일반적으로 학습 데이터와 검증 데이터를 60~80%, 테스트 데이터를 20~40%로 분할한다.

> **빈칸 채우기**
>
> 홀드아웃 데이터 분할 시 랜덤 추출로 데이터가 편향되면 성능 평가의 신뢰성이 떨어질 수 있다. ( )을/를 수행하면 모든 학습 데이터가 검증 데이터로 사용되므로 성능 평가의 신뢰성을 높일 수 있다.
>
> 정답 : K-fold 교차검증

> **핵심요약**
>
> Stratified K-fold 교차검증은 불균형 데이터를 위한 K-fold 교차검증 방법이다. 불균형한 범주 비율을 유지하도록 학습 데이터와 검증 데이터를 분할한다.

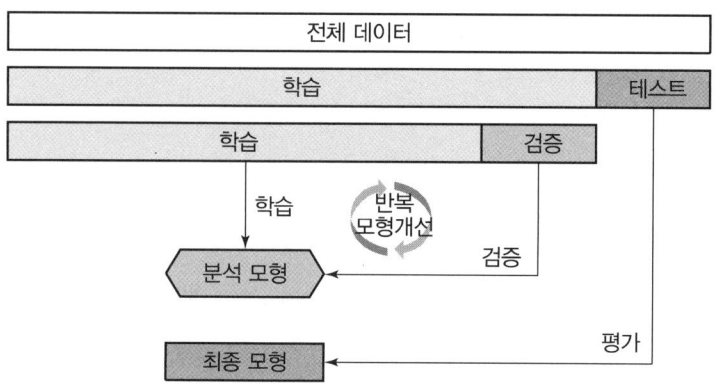

[그림 4 홀드아웃(Hold-out)]

② K-fold 교차검증(K-fold cross validation) 중요 기출

테스트 데이터를 제외한 데이터를 무작위로 중복되지 않는 K개의 데이터로 분할한다. (K-1)개의 데이터를 학습 데이터로 사용하고 나머지 1개 데이터를 검증 데이터로 사용한다. 검증 데이터를 바꾸며 K번 반복해 분할된 데이터가 한 번씩 검증 데이터로 사용한다.

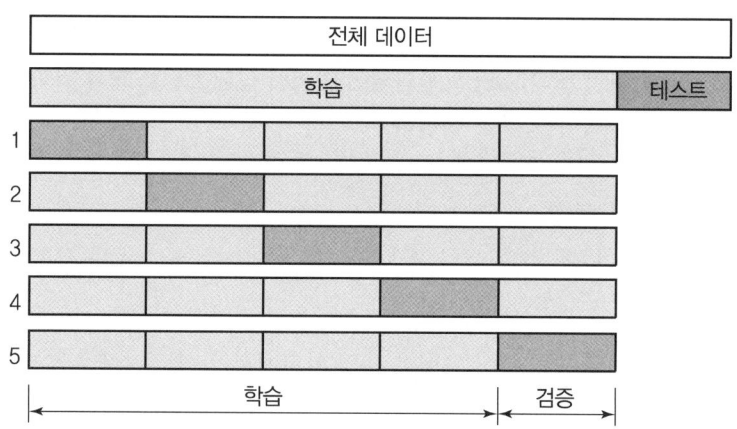

[그림 5 K-fold 교차검증(K-fold cross validation)]

③ 부트스트랩(Bootstrap)

부트스트랩은 데이터의 분포가 치우쳐 있거나 데이터 건수가 너무 적을 때 사용 가능한 방법이다. 부트스트랩 샘플링은 복원 추출을 통해 전체 데이터와 동일한 사이즈의 샘플 데이터를 추출한다. 어떤 데이터는 부트스트랩 샘플에 한 번 이상 포함되나 어떤 데이터는 한 번도 포함되지 않는다. 부트스트랩 샘플 데이터를 학습 데이터로 사용하고 샘플에 포함되지 않는 나머지 데이터를 검증 또는 테스트 데이터로 사용한다. 부트스트랩 샘플링을 통해 확보되는 학습 데이터는 확률적으로 전체 데이터의 약 63.2%를 포함한다.

# 챕터 마무리 문제

**01** 다음 중 소상공인의 파산 여부를 예측하려고 할 때 적절한 모형이 아닌 것은?

① 선형 회귀 모형
② 로지스틱 회귀 모형
③ 의사결정나무
④ 서포트벡터머신

해설 파산 여부는 범주형 종속변수에 해당하므로 분류 분석의 사례이다. 선형 회귀 모형은 종속변수가 연속형인 경우 활용 가능한 모형이다.

**02** 다음 중 의사결정나무(Decision Tree)의 활용 사례로 가장 적절하지 않은 것은?

① 신용 불량으로 구분될 가능성이 높은 고객을 사전에 감지
② 반품 및 환불 요청 발생에 큰 영향을 미치는 요인 탐색
③ 마케팅 목적으로 잠재적 고객 데이터를 분석하여 집단으로 구분
④ 음원 스트리밍 이용 고객이 향후 3개월 이내에 서비스를 해지할 확률

해설 의사결정나무는 분류 및 예측을 수행하는 지도 학습 기법이다.
③ 대표적인 비지도 학습 기법 중 하나인 군집 분석의 사례이다.

**03** 다음 중 비지도 학습 기법은 무엇인가?

① SOM
② SVM
③ 인공신경망
④ 랜덤포레스트

해설 랜덤포레스트, 인공신경망, SVM은 지도 학습 알고리즘이다.

**04** 다음에서 설명하는 데이터 분석기법으로 가장 적절한 것은?

> 은행에서 대출 심사를 진행할 때, 고객의 대출 상환 능력을 예측하여 해당 고객이 대출 가능한 집단에 속하는지 구분한다.

① 연관 분석
② 분류 분석
③ 감성 분석
④ 사회 연결망 분석

해설 고객들의 대출 상환 여부를 종속변수로 설정하여 분류 분석을 수행한다.

정답 01 ① 02 ③ 03 ① 04 ②

## 05 다음 중 분석 기법의 활용 분야가 다른 것은?

① 의사결정나무  ② 나이브 베이즈
③ KNN  ④ 감성분석

**해설** 감성분석은 텍스트로부터 의견, 감성 등의 주관적인 정보를 도출하는 분석 방법이다. 의사결정나무, 나이브 베이즈, KNN은 정해진 집단으로 분류하는 분석 방법이다.

## 06 다음 중 비지도 학습에 해당하는 것은?

> ㉠ 고객의 과거 구매 패턴을 분석하여 새로운 상품을 추천
> ㉡ 우편물에 인쇄된 우편번호를 판별하여 우편물 자동 분류
> ㉢ 동일 차종의 수리 보고서 데이터를 분석하여 차량 수리 소요시간 예측
> ㉣ 유사 상품을 구매한 고객들의 구매 데이터를 분석하여 마케팅 쿠폰 발행

① ㉠, ㉡  ② ㉠, ㉣
③ ㉡, ㉢  ④ ㉢, ㉣

**해설** ㉠, ㉣ : 비지도 학습 중 연관분석에 해당한다.
㉡ : 분류 분석에 해당한다.
㉢ : 예측 분석에 해당한다.

## 07 다음 중 비즈니스 문제와 분석 기법의 연결이 가장 적절하지 않은 것은?

① 협업을 촉진해야 하는 부서는 어디인가? – 소셜 네트워크 분석
② 기저귀를 사는 사람은 맥주도 같이 구매하는 경우가 많은가? – 연관 분석
③ 운동선수의 훈련량이 대회 성적에 어떤 영향을 미치는가? – 회귀분석
④ 지하철 차량 간격을 어떻게 배치하는 것이 효과적인가? – 군집 분석

**해설** 군집 분석은 개체 간 유사도를 측정하여 유사도가 높은 집단을 같은 군집으로 묶고, 유사도가 낮은 집단은 다른 집단으로 분리하는 비지도 학습 방법이다.

## 08 다음 설명 중 가장 적절하지 않은 것은?

① 분석 모형을 선정하기에 앞서 분석하고자 하는 문제를 정확하게 파악해야 한다.
② 기술통계분석을 할 때 데이터 유형에 따라 산출하는 통계량이 달라진다.
③ 같은 분석 모형이라도 설정한 하이퍼파라미터 값에 따라 결과가 달라질 수 있다.
④ 머신 러닝은 독립변수 유무에 따라 지도 학습과 비지도 학습으로 구분할 수 있다.

**해설** 지도 학습과 비지도 학습은 정답(label)에 해당하는 종속변수의 유무에 따라 구분할 수 있다.

**정답** 05 ④  06 ②  07 ④  08 ④

**09** 다음 중 그리드서치와 랜덤서치에 대한 설명으로 가장 적절하지 않은 것은?

① 최적의 파라미터 값을 갖는 하이퍼파라미터 조합을 찾는 방법이다.
② 그리드 서치는 하이퍼파라미터 후보 값이 아니면 조합에 포함하지 않는다.
③ 그리드 서치는 대상 하이퍼파라미터의 수가 증가해도 계산 시간이 크게 증가하지 않는다.
④ 랜덤 서치는 지정한 범위 내에서 하이퍼파라미터 조합을 랜덤하게 생성한다.

해설 그리드 서치는 가능한 모든 하이퍼파라미터 조합을 시도하므로 후보의 수가 증가하면 계산 시간이 기하급수적으로 증가한다.

**10** 다음 중 데이터 분석을 통해 산출되는 값이 아닌 사용자가 직접 설정하는 값은?

① 하이퍼파라미터(Hyperparameter)    ② 파라미터(Parameter)
③ 편향(Bias)                          ④ 분산(Variance)

해설 하이퍼파라미터는 사용자가 직접 설정하는 값이다. 경험에 의해 정해지기도 하며 분석 모델의 성능 개선을 위해 조절한다.

**11** 다음 중 분석 모형의 구축 절차로 적절한 것은?

① 요건 정의 → 모델링 → 검증 및 테스트 → 적용
② 요건 정의 → 모델링 → 적용 → 검증 및 테스트
③ 요건 정의 → 적용 → 모델링 → 검증 및 테스트
④ 요건 정의 → 적용 → 검증 및 테스트 → 모델링

해설 분석 모형 구축 절차는 '요건 정의 → 모델링 → 검증 및 테스트 → 적용 단계'로 수행된다.

**12** 다음 중 모델링 절차로 올바른 것은?

① EDA → 모델링 → 모델 성능평가 → 데이터 마트 구축
② EDA → 데이터 마트 구축 → 모델링 → 모델 성능평가
③ 모델링 → EDA → 모델 성능평가 → 데이터 마트 구축
④ 데이터 마트 구축 → EDA → 모델링 → 모델 성능평가

해설 모델링 절차는 '데이터 마트 구축 → EDA → 모델링 → 모델 성능평가'의 순서로 수행한다. 모델 성능평가 결과를 기반으로 반복 수행을 통해 모델을 조정하고 최적 모델을 도출한다.

정답  09 ③  10 ①  11 ①  12 ④

**13 분석 모형 구축 절차에 대한 설명으로 가장 적절하지 않은 것은?**

① 요건 정의 단계에서는 구체적인 요구사항을 도출하고 분석 계획을 수립한다.
② 모델링 단계에서는 EDA로 모델을 정의하고 단 한 번의 학습만으로 최종 모델을 생성한다.
③ 검증 및 테스트 단계에서는 분석 모형이 적절한지 테스트한다.
④ 적용 단계에서는 분석 결과를 실제 운영환경에 적용한다.

해설 모델링 단계에서는 정의된 요건에 따라 본격적인 분석을 수행한다. 데이터 준비 및 탐색적 데이터 분석을 수행하고 모델링과 성능 평가를 반복 수행하여 최종 모형을 선정한다.

**14 분석 모형 구축 절차의 요건 정의 단계에 대한 설명으로 가장 적절하지 않은 것은?**

① 기획 단계보다 상세한 분석 요건을 도출하여 요구사항으로 정리한다.
② 분석 가능성, 분석 환경, 일정 등을 고려하여 분석 추진계획을 수립한다.
③ 분석 결과에 따라 유동적인 수정이 가능하도록 요구사항은 확정하지 않는다.
④ 예상 이슈, 기대효과, 제약 사항 등을 사전에 정의하고 협의해야 한다.

해설 요구사항은 이해관계자와 협의하여 최종 확정하고 변경하는 일이 없도록 주의해야 한다.

**15 분석 모형 구축 절차의 모델링 단계에 대한 설명으로 가장 적절하지 않은 것은?**

① 분석 대상 데이터를 수집하고 전처리를 수행해 분석용 데이터 마트를 구축한다.
② 탐색적 데이터 분석을 통해 데이터 특성을 이해하고 유의 변수를 도출한다.
③ 최적 모델을 생성하기 위해 가능한 모든 데이터를 학습에 사용한다.
④ 평가지표 기반으로 모델 성능을 평가하고 학습을 조정하는 과정을 반복한다.

해설 모든 데이터를 학습에 사용하면 수집한 데이터에만 잘 작동하는 과적합 현상이 발생할 위험이 크다. 모델링을 위한 학습용 데이터와 검증 및 평가를 위한 검증용 데이터, 평가용 데이터를 분할해야 한다.

**16 R과 Python에 대한 설명으로 가장 적절하지 않은 것은?**

① R과 Python은 오픈 소스 프로그래밍 언어이다.
② R과 Python의 패키지는 CRAN에서 다운로드 가능하다.
③ R은 데이터 시각화에 강점이 있다.
④ Python은 R보다 범용성이 높은 프로그래밍 언어이다.

해설 CRAN은 the Comprehensive R Archive Network로 사용자가 R 패키지를 공유할 수 있는 커뮤니티이다.

정답 13 ② 14 ③ 15 ③ 16 ②

## 17 R에 대한 설명으로 가장 적절하지 않은 것은?

① 오픈 소스로 패키지와 샘플데이터 다운로드가 가능하다.
② Windows, MacOS, Linux 등 다양한 OS 환경에서 사용 가능하다.
③ 2D, 3D, 동적 그래프 지원 등 그래픽 기능이 우수하다.
④ 클릭 및 드래그 앤 드롭 방식으로 프로그래밍 언어 지식 없이 사용 가능하다.

해설 R은 데이터 분석가들이 많이 사용하는 오픈 소스 프로그래밍 언어이다. 다른 프로그래밍 언어와 비교하여 상대적으로 쉬운 편이나 프로그래밍 언어에 대한 지식이 부족한 사람은 활용하기 어려울 수 있다.

## 18 다음 중 데이터 분할에 대한 설명으로 가장 적절하지 않은 것은?

① 과적합을 방지하고 일반화 성능을 향상시키기 위한 과정이다.
② 일반적으로 데이터를 학습 데이터, 검증 데이터, 테스트 데이터로 분리한다.
③ 검증 데이터는 최종 모델의 성능을 평가하기 위해 사용한다.
④ 학습 데이터는 모델을 학습하기 위해 사용한다.

해설 검증 데이터는 학습된 모델의 성능을 검증하고 개선하기 위해 사용한다. 최종 모델의 성능은 테스트 데이터로 평가한다.

## 19 부트스트랩 방법으로 데이터를 분할할 때 일반적인 학습용 데이터의 비율은?

① 63.2%
② 10.6%
③ 25.7%
④ 42.8%

해설 부트스트랩 샘플링은 큰 데이터를 추정하기 위해 임의로 복원 추출을 수행하는 방법이다. 데이터의 사이즈가 충분히 크다면 전체 데이터의 약 63.2%를 포함한다.

## 20 다음 중 데이터 분할에 대한 설명으로 적절하지 않은 것은?

① 학습용 데이터와 검증용 데이터는 학습 과정에서 사용된다.
② 데이터가 부족한 경우 검증용 데이터는 분할하지 않기도 한다.
③ 평가용 데이터는 학습 과정에서 모델을 평가하고 개선하기 위해 사용된다.
④ 일반적으로 학습용 데이터와 검증용 데이터를 60~80%, 평가용 데이터를 20~40%로 분할한다.

해설 평가용 데이터는 학습 과정에서 사용되지 않는다.

정답 17 ④ 18 ③ 19 ① 20 ③

# CHAPTER 02 분석 기법 적용

**[학습 목표]**

분석 기법 적용은 분석 모형 설계에 따라 분석 기법을 적용하고 분석 모형을 개발하는 단계이다. 실제 분석에 활용되는 다양한 분석 기법과 분석 모형을 이해하고 올바르게 적용할 수 있다. 회귀분석, 로지스틱 회귀분석, 의사결정나무, 인공신경망, 서포트벡터머신(SVM), 연관성 분석, 군집분석 등의 분석 기법을 학습한다. 나아가 범주형 자료 분석, 다변량 분석, 시계열 분석, 베이지안 기법, 딥러닝, 비정형 데이터 분석, 앙상블 분석, 비모수 통계 기법 등 고급 분석 기법을 학습한다.

## 1. 분석 기법

### (1) 회귀분석

회귀분석은 하나 이상의 독립변수들이 종속변수에 미치는 영향을 추정하는 통계 분석 기법이다. 회귀분석에서 독립변수와 종속변수는 선형적인 관계를 가진다. 독립변수의 값에 의해 바뀌는 종속변수의 값을 예측하기 위해 사용한다.

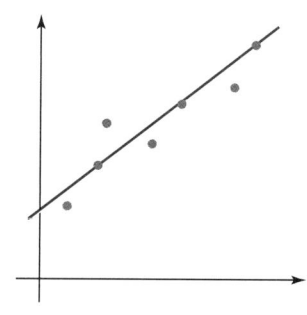

[그림 6 회귀분석]

위의 그림에서 나타내는 데이터는 $y = ax + b$ 형태의 직선으로 표현할 수 있다. 올바른 기울기와 $y$절편을 구하는 과정을 회귀분석이라 하며, 여기서 $a$는 회귀계수, $b$는 $y$절편(마찬가지로 회귀계수라 할 수 있음)이다. 회귀분석은 사용할 데이터에서 독립변수가 연속형 데이터일 때 사용할 수 있으며, 범주형 데이터는 연속형 데이터로 변환해야 회귀분석에 사용할 수 있다. 따라서 범주형 데이터는 1 아니면 0의 값을 가지는 더미 변수로 변환하여 분석을 진행한다.

① 회귀분석의 가정 기출

회귀분석은 선형성, 독립성, 등분산성, 정규성의 네 가지 가정을 만족하는 데이터의 경우에 사용한다.

| 가정 | 설명 |
| --- | --- |
| 선형성 | • 독립변수와 종속변수는 선형적<br>• 종속변수는 독립변수와 회귀계수의 선형적 조합으로 표현 가능<br>• 산점도를 통해 선형성을 확인 가능 |
| 독립성 | • 단순 회귀분석에서는 잔차와 독립변수의 값이 서로 독립<br>• 다중 회귀분석에서는 독립변수 간에 상관성 없이 독립 |
| 등분산성 | • 잔차의 분산이 독립변수와 무관하게 일정<br>• 잔차가 고르게 분포해야 함 |
| 정규성 | • 잔차항이 정규분포의 형태를 띔<br>• 잔차항의 평균은 0이고 분산이 일정함<br>• Q-Q plot에서 잔차가 우상향하는 형태 |

[표 10 회귀분석의 가정]

**OX QUIZ**

잔차와 관련이 없는 회귀분석의 가정은 선형성이다. (O/×)

정답 : O

② 회귀분석의 종류

회귀분석은 독립변수 및 종속변수의 개수 및 특성에 따라 다음과 같이 분류한다.

| 구분 | 회귀식 | 설명 |
| --- | --- | --- |
| 단순 회귀 | $y = ax + b$ | 독립변수가 1개이며 종속변수와의 관계가 직선 |
| 다중 회귀 | $y = ax_1 + bx_2 + \cdots + c$ | 독립변수가 k개이며 종속변수와의 관계가 선형 |
| 다항 회귀 | 독립변수가 2개이고 2차 함수인 경우<br>$y = ax_1 + bx_2 + cx_1^2 + \ldots + dx_2^2 + ex_1x_2 + f$ | 독립변수와 종속변수와의 관계가 1차 함수 이상인 관계 |
| 곡선 회귀 | • 2차 곡선인 경우<br>$Y = \beta_0 + \beta_1 X + \beta_2 X^2 + \varepsilon$<br>• 3차 곡선인 경우<br>$Y = \beta_0 + \beta_1 X + \beta_2 X^2 + \beta_3 X^3 + \varepsilon$ | 독립변수가 1개이며, 종속변수와의 관계가 곡선 |
| 비선형 회귀 | $Y = \alpha e^{-\beta X} + \varepsilon$ | 회귀식의 모양이 미지의 모수들의 선형 관계로 이뤄져 있지 않은 모형 |

[표 11 회귀분석의 종류]

**핵심요약**

회귀분석은 종속 변수의 차이로 구분하면 회귀분석과 로지스틱 회귀분석으로 구분할 수도 있다.

③ 단순선형 회귀분석

단순선형 회귀 모형은 회귀분석 모형 중 가장 단순한 모양이다. 독립변수와 종속변수가 한 개씩 있으며 오차항이 있는 선형관계로 이뤄진다. 쉽게 표현하자면, 독립변수와 종속변수의 관계는 직선이다.

㉠ 회귀계수의 추정
- 회귀계수는 최소제곱법을 사용하여 추정한다.
- 최소제곱법이란 측정값을 기초로 해서 제곱 합을 만들고 그것을 최소로 하는 값을 구하여 측정결과를 처리하는 방식이다. 최소자승법이라고도 부른다.

**핵심요약**

최소제곱법 : 최소자승법. OLS(Ordinaty Least Squares)라고도 부른다.

㉡ 단순선형 회귀분석의 검정
- 회귀계수 검정 : 회귀계수 $\beta_1$이 0이면 입력변수($x$)와 출력변수($y$)는 인과관계가 없다.
- 결정계수($R^2$)는 회귀 모형의 설명력을 보여주는 지표이며 회귀선의 정확도를 평가한다. 전체 제곱 합에서 회귀 제곱 합의 비율을 의미한다.
- $R^2 = \dfrac{\text{회귀 제곱 합}}{\text{전체 제곱 합}} = \dfrac{SSR}{SST}$

| 설명 |
|---|
| $R^2 = \dfrac{\text{회귀 제곱 합}}{\text{전체 제곱 합}} = \dfrac{SSR}{SST} (0 \leq R^2 \leq 1, SST = SSR + SSE)$ |

| | |
|---|---|
| • 전체 제곱 합(SST) = $\sum_{i=1}^{n}(y_i - \bar{y})^2$ | |
| • 회귀 제곱 합(SSR) = $\sum_{i=1}^{n}(\hat{y_i} - \bar{y})^2$ | • $\hat{y}$ : 예측된 종속변수의 값<br>• $\bar{y}$ : 예측된 종속변수들의 평균값<br>• $y_i$ : 실제 관측치 |
| • 잔차 제곱 합(SSE) = $\sum_{i=1}^{n}(y_i - \hat{y_i})^2$ | |

[표 12 단순선형 회귀분석의 검정]

④ 다중선형 회귀분석

다중선형 회귀분석의 경우 단순선형 회귀분석과 달리 독립변수가 k개이다. 독립변수와 종속변수와의 관계는 1차 함수 이상인 경우이며 선형이다. 다중선형 회귀분석 역시 최소제곱법을 사용하여 각각의 독립변수의 가중치 역할을 하는 회귀계수를 구한다.

**핵심요약**

일반적인 선형 회귀분석은 이 경우에 속한다.

㉠ 모형의 통계적 유의성
- 모형의 통계적 유의성은 F-통계량으로 확인하며, p-value가 0.05보다 작으면 회귀식이 통계적으로 유의하다고 본다.

- F-통계량은 다음과 같이 구할 수 있다

| 요인 | 제곱 합 | 자유도 | 제곱평균 | F |
|---|---|---|---|---|
| 회귀 | SSR | k | MSR = SSR/k | MSR/MSE |
| 잔차 | SSE | n−k−1 | MSE = SSE/n−k−1 | |
| 총 | SST | n−1 | | |

[표 13 다중 회귀분석의 F-통계량 산출 방법]

F-통계량이 크면 p-value가 0.05보다 작아지고, 이는 귀무가설을 기각하므로 모형이 유의하다고 결론 지을 수 있다.

ⓒ 다중선형 회귀분석의 검정
- 회귀계수 유의성 : t-통계량을 통해 확인한다. 모든 회귀계수의 유의성이 검증되어야 한다.
- 결정계수($R^2$)는 회귀 모형의 설명력을 보여주는 지표이며 회귀선의 정확도를 평가한다.

| 구분 | 설명 |
|---|---|
| 회귀계수의 유의성 | 회귀계수의 유의성은 t-통계량을 통해 확인 |
| 결정계수($R^2$) | 회귀 모형의 설명력을 보여주는 지표 |
| 모형의 적합성 | 잔차와 종속변수의 산점도로 확인 |
| 다중공선성 | • 설명 변수들 사이에 선형관계가 존재하여 회귀계수의 추정에 부정적인 영향을 미치는 것을 의미<br>• 문제가 있는 변수를 제거하거나 주성분 회귀 모형을 적용 |

[표 14 다중선형 회귀분석의 검정]

⑤ 규제가 있는 회귀분석 [기출]

설명 변수들 사이에 선형 관계가 존재할 경우 다중공선성 문제가 발생할 수 있기 때문에, 규제를 통해 이러한 문제를 해결한다. 여기서의 규제는 모델의 가중치를 제한하여 차수를 감소시키는 것을 뜻한다.

㉠ 릿지(Ridge) 회귀
- 릿지(Ridge) 회귀는 높은 상관관계가 있는 변수 간 검정오차(또는 검정 MSE)가 최소인 모델을 찾는 것을 목적으로 가진다.
- 규제항($\alpha \sum_{i=1}^{n} \theta_i^2$)을 비용 함수에 추가하며, 모델의 훈련이 끝나면 모델의 성능을 규제가 없는 성능 지표로 평가한다.
- 규제항을 추가한 회귀식 : $RSS + \alpha \sum_{i=1}^{n} \theta_i^2$
- $\alpha$는 모델을 얼마나 많이 규제할지 조절하는 것으로, 값이 커질수록 모든 가중치가 0에 수렴한다.

> **핵심요약**
>
> 다중공선성(multicollinearity) : 다중공산성이 아니다. 결정계수의 값이 높지만 독립 변수의 p-value가 커서 유의하지 않다는 결론이 나오면 다중공선성을 의심해 볼 수 있다.

- L2 규제 : 모든 파라미터 제곱만큼의 크기를 규제하는 방식이다. 큰 가중치를 제약하여 가중치 값을 널리 퍼지도록 하는 효과를 준다.

ⓒ 라쏘(Lasso) 회귀
- 라쏘(Lasso) 회귀는 변수 선택을 통해 변수 간 검정오차(또는 검정 MSE)가 최소인 모델을 찾는 것을 목적으로 가진다.
- 릿지(Ridge)와 마찬가지로 규제항($\alpha \sum_{i=1}^{n} |\theta_i|$)을 추가하지만 제곱이 아닌 절댓값을 적용한 값이다.
- 규제항을 추가한 회귀식 : $RSS + \alpha \sum_{i=1}^{n} |\theta_i|$
- $\alpha$의 값이 설정되면 중요하지 않은 변수들의 가중치가 0이 되어서 제거되기 때문에 해당 변수가 없는 것과 마찬가지가 된다.
- L1 규제 : 가중치 벡터를 0으로 규제하는 방식이다. 의미 있는 변수만을 선택하는 효과를 준다.
- 다중공선성이 있는 경우에는 다중공선성이 발생하는 변수 그룹의 모든 변수가 제거되는 경우가 발생할 수 있어 릿지(Ridge) 회귀보다 성능이 떨어질 수 있다.

ⓒ 엘라스틱넷(elastic net) 회귀
- 엘라스틱넷(elastic net)은 릿지(Ridge)와 라쏘(Lasso) 회귀의 절충안이다.
- 두 회귀의 규제항을 단순히 더해서 사용하며 혼합 비율을 조절하여 어느 방식의 비중을 크게 할 것인지 결정한다.

### (2) 로지스틱 회귀분석 [중요] [기출]

① 개념
ⓐ 독립변수의 선형결합을 이용해 사건의 발생 여부를 예측하며, 종속변수가 범주형일 경우에 사용하는 회귀분석이다.
ⓑ 종속변수의 범주가 두 개일 때 이항 로지스틱 회귀분석이라 하고, 그 이상이면 다항 로지스틱 회귀분석이라 한다.
ⓒ 일반적인 선형 회귀분석은 $x$값과 $y$값 모두 $-\infty \sim \infty$ 사이의 값을 가진다. 하지만 로지스틱 회귀분석의 경우, $y$값을 0~1 (확률 P) 사이의 값을 갖게 하고 두 가지로 분류하려고 하는 과정이므로 수식을 변환하는 과정이 필요하다.
ⓓ 선형 회귀분석은 정규분포를 따르지만, 로지스틱 회귀분석은 이항분포를 따른다는 차이점이 있다.

---

**학습가이드**

로지스틱 회귀분석의 출제 빈도가 매우 높은 편이므로 개념 및 다른 분석방법과의 차이점을 명확히 설명할 수 있어야 한다.

**OX QUIZ**

로지스틱 회귀분석은 정규 분포를 따른다. (O/X)

정답 : X

해설 로지스틱 회귀분석은 이항분포를 따른다.

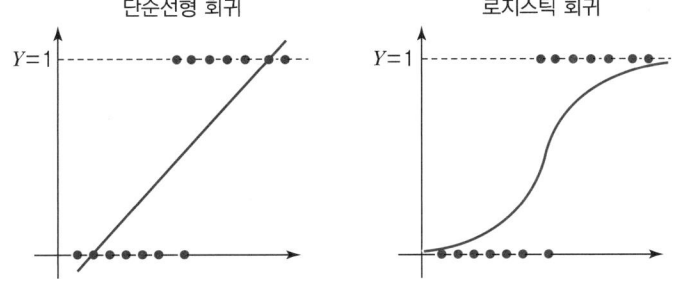

[그림 7 단순선형 회귀와 로지스틱 회귀의 차이점]

| 구분 | 설명 |
| --- | --- |
| 회귀식 | • $\log(\frac{\pi(x)}{1-\pi(x)}) = \alpha + \beta_1 x_1 + \cdots + \beta_k x_k$<br>• $\pi(x) = P(Y=1 \mid x), x=(x_1, \cdots, x_K)$ |
| Y 확률값 P | • $P = ax + b$<br>• 두 값의 범위가 다르기 때문에 변환이 필요함 |
| Odds(오즈) 적용 | • 오즈 : 확률 P가 주어졌을 때 사건이 발생할 확률이 사건이 발생하지 않을 확률의 몇 배인지에 대한 개념<br>• $\text{Odds} = \frac{\text{사건이 발생할 확률}}{\text{사건이 발생하지 않을 확률}} = \frac{P}{1-P} = ax + b$<br>• 오즈는 $0 \sim \infty$의 범위를 가지므로 추가 변환이 필요 |
| logit(로짓) 변환 | • 오즈의 범위($0 \sim \infty$)를 회귀분석과 같은 범위($-\infty \sim \infty$)로 변환하는 과정<br>• $\text{logit}(P) = \log\left(\frac{P}{1-P}\right) = \log(\text{Odds}) = ax + b$<br>• 해당 식을 이용해 P값을 기준으로 수식을 정리함 |
| Sigmoid(시그모이드) | • Y의 값을 0~1 사이의 확률값으로 변환<br>• $P = \frac{1}{1 + e^{-(ax+b)}}$<br>• 데이터를 가장 잘 설명하는 a와 b를 찾는다. |

[표 15 로지스틱 모형의 유도 과정]

**핵심요약**

두 개 이상의 범주를 가지는 문제가 대상인 경우엔 다항 로지스틱 회귀 또는 분화 로지스틱 회귀라고 하고, 복수의 범주이면서 순서가 존재할 경우 서수 로지스틱 회귀 모델로 활용한다.

② 모형 적합성

| 구분 | 설명 |
| --- | --- |
| 모형의 유의성 | • 모형이 설명하지 못하는 데이터의 정도를 의미하는 Deviance(이탈도)를 통해 검증<br>• 이탈도가 적을수록 통계적으로 유의함 |
| 계수의 유의성 | • 왈드(ward) 검정을 통해 독립변수가 종속변수에 미치는 영향 확인<br>• 검정 통계량인 $z-\text{value}$의 $p-\text{value}$가 유의수준보다 작으면 계수가 유의함 |
| 모형의 설명력 | • 로지스틱 회귀모형은 보통 결정계수가 낮게 나오는 편이므로, McFadden이 제안한 의사결정계수를 사용하는 것이 일반적임<br>• AIC값이 작을수록 설명력이 좋음 |

[표 16 모형 적합성]

### (3) 의사결정나무 분석 [중요]

① 개념

과거에 수집된 자료를 분석해서 이들 사이에 존재하는 패턴을 나타내는 분류모형을 나무모형으로 나타낸 것이다. 전체 자료를 여러 개의 소집단으로 분류하거나 예측하는 데 사용되는 기법이다.

② 구조

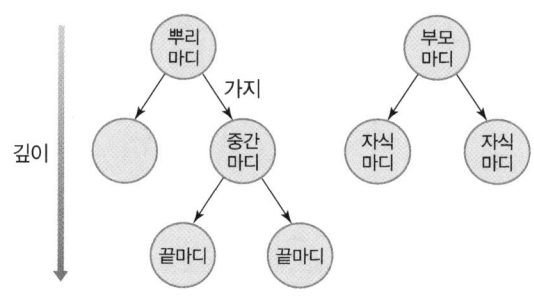

[그림 8 의사결정나무의 구조]

| 구분 | 설명 |
| --- | --- |
| 뿌리 마디(root node) | 전체 학습 데이터 |
| 자식 마디(child node) | 하나의 마디로부터 분리된 2개 이상의 마디 |
| 부모 마디(parent node) | 자식 마디의 상위 마디 |
| 끝마디(terminal/leaf node) | 자식 마디가 없는 가장 하위의 마디 |
| 중간 마디(internal node) | 끝마디가 아닌 마디 |
| 가지(branch) | 마디와 마디를 잇는 선 |
| 깊이(depth) | 가지를 이루는 마디의 개수 |

[표 17 의사결정나무의 구조]

③ 분석과정

㉠ 의사결정나무의 성장
- 데이터의 구조에 따라 분리 기준과 정지 규칙을 설정한다.
- 각 마디의 최적 분리 규칙과 적절한 정지 규칙을 만족하면 나무의 성장을 중단한다.
- 불순도 감소량을 가장 크게 하는 분할이어야 한다.

㉡ 정지 규칙 [기출]
- 더 이상 트리가 분리되지 않도록 하는 규칙이다.
- 정지 규칙이 없다면 각 끝마디가 하나의 범주만을 갖는 과적합이 발생한다.
- 트리의 깊이를 제한하거나 각 마디에 속하는 데이터의 수에 따라 결정한다.

---

**OX QUIZ**

그림 8의 의사결정나무의 깊이는 3이다. (O/×)

정답 : O

**핵심요약**

불순도 계산은 대표적으로 지니(Gini) 지수와 엔트로피 지수가 있다.

ⓒ 가지치기
- 불필요한 가지를 제거하여 모형의 복잡도를 줄이는 과정이다.
- 검증용 데이터를 활용해 예측 정확도를 산출하여 이를 기반으로 가지를 제거하거나, 규칙의 타당성을 검토하여 타당성이 없는 것을 제거한다.

ⓓ 노드의 분리 기준
마디의 순수도는 증가하고 불순도는 감소하는 방향으로 분류를 진행해야 한다.

| 종속변수 | 알고리즘 | 분류 기준 | 설명 |
|---|---|---|---|
| 이산형 | CHAID | 카이제곱 통계량 | 분류한 두 마디가 유의미한 차이가 있음을 증명하려면 두 마디가 동질적이라는 귀무가설을 기각해야 한다. 카이제곱 통계량의 p-value가 가장 작아지도록 한다. |
| | CART | 지니 지수 | 지니 지수가 작을수록 불순도가 낮아진다. |
| | C4.5 | 엔트로피 지수 | 엔트로피 지수가 작을수록 불순도가 낮아진다. |
| 연속형 | CHAID | ANOVA F-통계량(분산분석 F-통계량의 p-value) | F-통계량의 p-value가 작아지는 방향으로 가지 분할을 수행한다. |
| | CART | 분산 감소량 | 분산의 감소량이 커지면 분산이 감소한다. 분산의 감소량이 커지는 방향으로 가지 분할을 수행한다. |

[표 18 노드의 분리 기준]

**핵심요약**
CHAID 알고리즘은 가지치기를 하지 않고 적당한 크기에서 성장을 중지한다.

④ 장 · 단점

| 구분 | 항목 | 설명 |
|---|---|---|
| 장점 | 해석의 용이성 | • 나무 구조로 표현되어 사용자의 이해가 쉬움<br>• 새로운 개체 분류를 위해 뿌리 마디부터 끝마디까지 따라가면 되므로, 새로운 데이터를 모형에 적용하기 쉬움<br>• 어떤 변수가 목표변수를 설명하기에 용이한지 쉽게 파악 |
| | 상호작용 효과의 해석 가능 | 두 개 이상의 변수의 영향 정도를 쉽게 파악 |
| | 비모수적 모형 | • 선형성, 정규성, 등분산성 등의 가정을 필요로 하지 않는 비모수적인 방법<br>• 이상값에 민감하지 않음 |
| | 유연성, 정확도 높음 | • 대용량 데이터에서도 빠르게 생성<br>• 수치형 변수와 범주형 변수 모두 사용 가능<br>• 모형 분류 정확도가 높음 |

**OX QUIZ**
의사결정나무는 과대적합으로부터 자유로운 모델이다. (O/×)

정답 : ×

해설 학습용 자료에 의존하여 과대적합 발생 가능성이 큰 모델이다.

| 구분 | 항목 | 설명 |
|---|---|---|
| 단점 | 비연속성 | 연속형 변수를 비연속적 값으로 취급하여 분리 경계점에서는 예측오류가 커짐 |
| | 선형성 결여 | 각 변수의 고유한 영향력을 해석하기 어려움 |
| | 비안정성 | • 학습용 자료에 의존하여 과대 적합 발생 가능성이 큼<br>• 검증용 데이터를 활용한 교차 타당성 평가를 진행하는 과정이 필요 |

[표 19 의사결정나무의 장단점]

### (4) 인공신경망 분석 [중요]

① 개념

㉠ 사람 두뇌의 신경세포인 뉴런이 전기신호를 전달하는 모습을 모방한 기계학습 모델이다. 입력값을 받아서 출력값을 만들기 위해 활성화 함수를 사용한다.

㉡ 간단한 계산능력을 가진 처리 단위인 뉴런 또는 노드들이 복잡하게 연결된 구조를 이루고 있으며, 입력데이터를 기초로 가중치를 통해 의사결정을 한다.

② 인공신경망의 구조

㉠ 활성 함수 [기출]

• 인공신경망은 노드에 입력된 값을 비선형 함수에 통과시켜 다음 노드로 전달하는데, 이 비선형 함수를 활성 함수라고 한다.
• 활성 함수는 입력된 값을 적절하게 변환하며, 변환 출력된 값을 다음 노드에서 활성화할지를 결정한다. 이 과정을 통해 데이터의 비선형성을 표현할 수 있다.

| 구분 | 설명 |
|---|---|
| Sigmoid 함수 | • 로지스틱 함수라고 불림<br>• 곡선의 형태로 0과 1 사이의 값을 출력<br><br>[그림 9 Sigmoid 함수]<br><br>• Sigmoid 함수를 사용하면 은닉층을 거칠 때마다 출력되는 값이 0으로 수렴하는 기울기 소실의 문제가 있음 |

---

**핵심요약**

인공신경망은 지도 학습, 비지도 학습에 모두 활용 가능한 모델이다.

**OX QUIZ**

인공신경망에서 훈련시키는 것은 가중치이다. (O/×)

정답 : O

| 구분 | 설명 |
|---|---|
| ReLU 함수 | • 입력값이 0보다 작으면 0을, 0보다 크면 입력값을 그대로 출력하는 함수<br>• 연산이 빠르다는 장점이 있지만, 0보다 작은 값에 대해서 뉴런이 작동하지 않을 수 있음<br>• Sigmoid 함수가 기울기 소실의 문제가 발생하는 부분을 해결할 수 있음<br><br>[그림 10 ReLU 함수] |
| Tanh 함수 | • Sigmoid 함수의 확장된 형태<br>• Sigmoid와 달리 −1과 1 사이의 값을 출력하며 Sigmoid보다 학습속도가 빠름<br><br>[그림 11 Tanh 함수] |

[표 20 인공신경망의 활성화 함수]

ⓒ 신경망의 계층구조

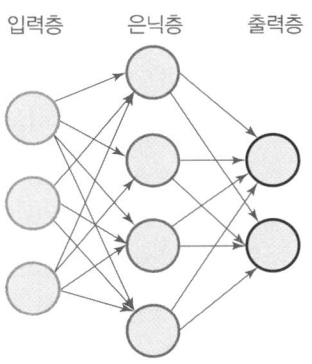

[그림 12 인공신경망의 구조]

인공신경망은 입력층, 은닉층, 출력층의 세 가지 층으로 구성된다. 은닉층은 필요에 따라 하나 이상의 은닉층으로 구성할 수 있다.
• 입력층은 예측을 위한 데이터를 입력받는다.

### 핵심요약

그 외에도 세 개 이상의 다중 클래스 분류에 사용하는 Softmax 함수와 ReLU를 개선한 Leaky ReLU 등의 다양한 활성화 함수가 존재한다.

### OX QUIZ

은닉층은 하나의 층으로 구성된다.
(O/×)

정답 : ×

해설 은닉층은 여러 개의 층으로 구성될 수 있다.

- 은닉층은 입력층으로부터 전달받은 값을 이용하여 가중 합과 편향을 계산하고, 활성 함수에 적용하여 결과를 산출한다.
- 출력층은 활성 함수의 결과를 담고 있으며, 출력 범주의 수와 같도록 구성된다. 분류 문제의 경우 각 라벨의 확률을 표시한다.

ⓒ 역전파 알고리즘 [중요]
- 인공신경망을 학습시키기 위한 일반적인 알고리즘이다. 출력값으로 결정된 결과값의 오차를 역으로 입력층으로 전파하면서 오차가 최소가 될 수 있도록 가중하는 과정이다.
- 입력층에서부터 차례대로 가중치를 계산하는 것보다 빠르고 정확하다.

③ 인공신경망의 종류

ⓐ 단층 퍼셉트론
- 퍼셉트론은 인간의 신경망에 있는 뉴런의 모델을 모방하여 입력층, 은닉층, 출력층으로 구성한 인공신경망 모델이다. 퍼셉트론은 입력값, 가중치, 순 입력함수, 활성 함수, 출력값으로 되어 있다.

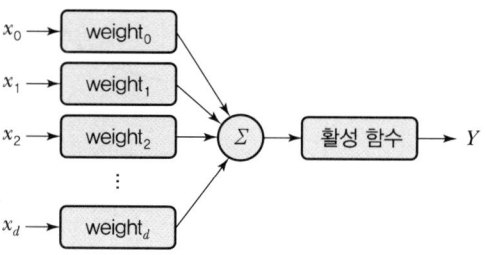

[그림 13 퍼셉트론의 구조]

- 단층 퍼셉트론은 AND, OR 연산이 가능하지만, XOR은 선형 분리할 수 없는 문제점이 존재한다. 이는 다층 퍼셉트론으로 해결할 수 있다.

ⓑ 다층 퍼셉트론
- 입력층과 출력층 사이에 하나 이상의 은닉층을 추가해 비선형 데이터에 대해 학습을 할 수 있도록 한 퍼셉트론 구조이다. 은닉층이 없는 단층 퍼셉트론과 달리 은닉층을 가지며 역전파 알고리즘을 통해 다층으로 만들었으며, 활성화 함수로 시그모이드를 사용한다.
- 다층 퍼셉트론은 과적합과 기울기 소실이라는 문제점을 가진다.

| 문제점 | 내용 |
| --- | --- |
| 과적합 | 학습 데이터가 적어 학습 데이터에 대한 정확도가 높지만, 실제 데이터로는 예측을 잘하지 못하는 문제 |
| 기울기 소실 | • 활성화 함수인 sigmoid의 특성상 편미분을 진행할수록 값이 0으로 수렴하여 기울기가 사라지는 문제가 발생<br>• Sigmoid 대신 ReLU 함수를 사용하여 문제를 해결 |

[표 21 다층 퍼셉트론의 문제점]

④ 장·단점

| 문제점 | 내용 |
| --- | --- |
| 장점 | • 스스로 가중치를 학습하여 다양하고 많은 데이터에 효과적<br>• 패턴인식, 분류, 예측에 효과적<br>• 비선형 문제를 해결 가능<br>• Noise에 민감하지 않음 |
| 단점 | • 복잡한 모형일수록 학습 시간이 오래 걸림<br>• 추정한 가중치의 신뢰도가 낮음<br>• 결과 해석이 어려움<br>• 은닉층의 수와 은닉 노드의 수를 결정하기 어려움 |

[표 22 인공신경망의 장·단점]

### (5) 서포트벡터머신(SVM ; Support Vector Machine)

① 서포트벡터머신 개념
  ㉠ 서포트벡터머신은 데이터를 분리하는 초평면 중에서 데이터들과 가장 거리가 먼 초평면을 분리하는 지도 학습 기반의 이진 선형 분류 모델이다.
  ㉡ 사물 인식, 패턴인식, 손글씨 숫자 인식 등의 다양한 분야에서 활용한다.
  ㉢ 비확률적 선형 판별에 기초한 이진 분류기이다.

② 서포트벡터머신 특징 기출
  ㉠ SVM은 공간상에서 최적의 분리 초평면을 찾아 분류와 회귀를 수행한다.
  ㉡ 변수 속성 간의 의존성을 고려하지 않으며, 모든 속성을 활용한다.
  ㉢ 훈련 시간이 느린 편이지만, 정확성이 높고 과적합 가능성이 작다.

**핵심요약**

그 외에 기울기 발산의 문제점이 존재하며 이는 학습률을 낮추거나 배치 정규화를 통해 해결할 수 있다.

**OX QUIZ**

인공신경망은 결과 해석이 용이하다. (O/×)

정답 : ×

해설 대표적인 블랙박스 모델이며 해석이 매우 어렵다.

**핵심요약**

2차원에서의 초평면은 직선을 의미한다. 3차원에서는 평면이다.

**OX QUIZ**

서포트벡터머신은 결과 해석이 용이하지만 선천적으로 이진 분류만 다룰 수 있다는 단점이 있다. (O/×)

정답 : O

③ 종류

하드 마진 SVM과 소프트 마진 SVM으로 구분된다.

| 종류 | 설명 |
| --- | --- |
| 하드 마진 SVM | • 마진의 안쪽이나 바깥쪽에 잘못 분류된 오분류를 절대 허용하지 않음<br>• 노이즈로 최적 결정경계를 구하지 못하는 경우가 발생함 |
| 소프트 마진 SVM | • 잘못 분류된 오분류를 허용함<br>• 적용하기 어려운 하드 마진 SVM 대신 주로 이용 |

[표 23 서포트벡터머신의 종류]

④ 구성요소

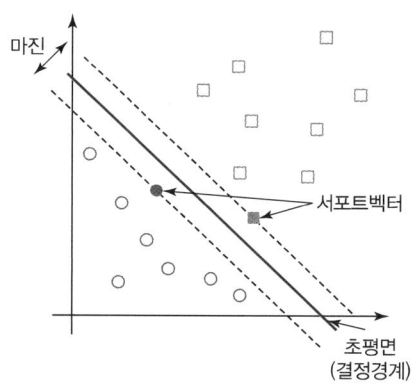

[그림 14 서포트벡터머신의 구성요소]

㉠ 결정경계 : 데이터 분류의 기준이 되는 경계
㉡ 초평면 : n 차원 공간의 (n-1) 차원 평면
㉢ 마진 : 결정경계에서 서포트벡터까지의 거리
㉣ 서포트벡터 : 결정경계와 가장 가까이에 있는 학습 데이터들의 집합
㉤ 슬랙 변수 : 완벽한 분리가 불가능할 때 허용된 오차를 위한 변수

⑤ 적용 기준

| 기준 | 설명 |
| --- | --- |
| 선형 분리 가능 | 최적의 결정경계를 기준으로 1과 -1로 구분하여 분류모형으로 사용 |
| 선형 분리 불가능 | • 저차원 공간을 고차원 공간으로 매핑할 경우 발생하는 연산의 복잡성은 커널 트릭을 통하여 해결 가능<br>• 커널 함수를 이용하여 고차원 공간으로 매핑할 때 연산량이 증가하는데 커널 트릭을 활용하여 문제를 해결 |

[표 24 서포트벡터머신의 적용 기준]

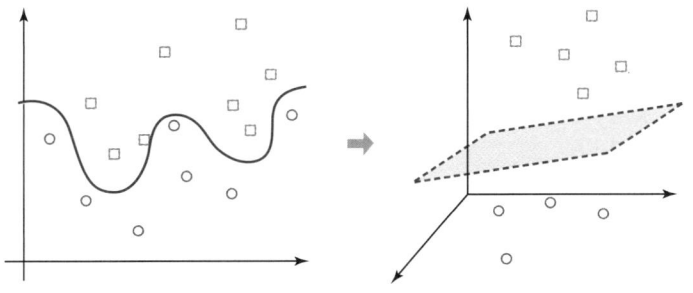

[그림 15 커널 트릭을 활용한 문제 해결]

커널 트릭은 선형 분류가 불가능한 데이터를 처리하기 위해 데이터의 차원을 증가시켜 하나의 초평면을 분리가 가능하도록 도와주는 커널 함수를 사용하는 것을 의미한다. 기출

### 핵심요약
커널은 Sigmoid 커널과 가우시안 RBF 커널 등이 있다. 이 중 가우시안 RBF 커널은 하이퍼파라미터로 C와 gamma 값을 가지며 고차항이 될수록 특성의 중요도가 감소하는 특징이 있다.

### (6) 연관성 분석

① 연관성 분석의 개념

데이터에 존재하는 항목 간 상호 관계와 종속관계를 찾아내는 분석 기법이다. 장바구니 분석, 서열 분석이라고도 하며 콘텐츠 기반 추천의 기본 기법이다.

### OX QUIZ
연관성 분석에서의 연관성은 원인과 결과의 직접적인 인과관계가 아닌 둘 또는 그 이상 품목들 사이의 상호 관련성을 뜻한다. (O/×)

정답 : O

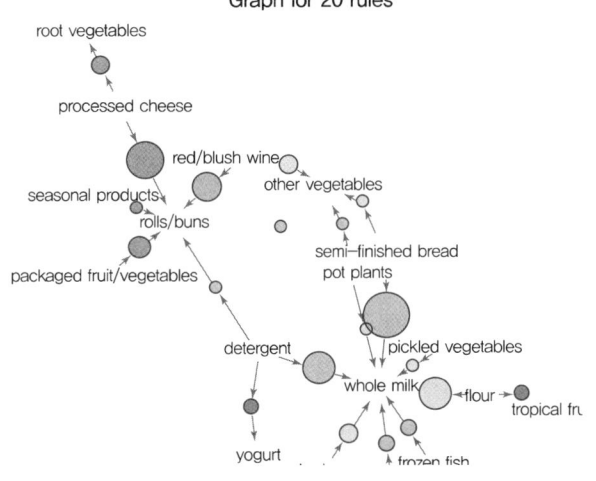

[그림 16 연관성 분석을 활용한 장바구니 분석 예시]

② 연관성 분석 특징
㉠ 목적 변수가 없어 분석 방향과 목적이 없어도 적용할 수 있다.
㉡ 조건 반응으로 표현되어 결과를 해석하기 쉽다.
㉢ 너무 세분된 품목은 의미 없는 결과를 도출할 수 있다.

### 핵심요약
빈발하게 발견되는 규칙만을 고려하기 위해 Apriori 알고리즘을 활용하는 추세이다.

③ 연관성 분석의 주요 용어 기출

데이터 특성에 부합되는 규칙을 정하기 위한 기준으로 지지도, 신뢰도, 향상도가 있다.

| 용어 | 설명 및 수식 |
|---|---|
| 지지도 | • 전체 거래 중 항목 A와 B를 동시에 포함하는 거래의 비율<br>• 거래 빈도를 나타내며, 거래 빈도가 일정 수준 이상인 것을 골라내 전체 계산량을 줄이기 위해 사용함<br>• 지지도 A → B와 지지도 B → A는 같은 값을 가지는 대칭적 지표<br>$$P(A \cap B) = \frac{A와\ B를\ 모두\ 포함하는\ 거래의\ 수}{전체\ 거래의\ 수}$$ |
| 신뢰도 | • A 상품을 샀을 때 상품을 살 조건부 확률에 대한 척도<br>• 상품 간 존재하는 연관성 정도를 측정, 1에 가까울수록 연관성이 높음<br>$$\frac{P(A \cap B)}{P(A)} = \frac{A와\ B를\ 모두\ 포함하는\ 거래의\ 수}{A를\ 포함하는\ 거래의\ 수}$$ |
| 향상도 | • 규칙이 우연에 의해 발생한 것인지를 판단하기 위해 연관성의 정도를 측정하는 척도<br>• A를 구매하지 않았을 때 품목 B를 구매할 확률 대비, A를 구매했을 때 품목 B를 구매할 확률의 증가 비율<br>• 향상도 A → B와 향상도 B → A는 같은 값을 가지는 대칭적 지표<br>$$\frac{P(A \cap B)}{P(A)P(B)} = \frac{A와\ B를\ 모두\ 포함하는\ 거래의\ 수 \times 전체\ 거래\ 수}{A를\ 포함하는\ 거래의\ 수 \times B를\ 포함하는\ 거래의\ 수}$$ |

[표 25]

> **핵심요약**
> 빈발항목집합을 찾아낸다고 표현한다.

### (7) 군집 분석

① 군집 분석의 개념

군집 분석은 관측된 여러 개의 변수 값에서 유사성에만 기초하여 n개의 군집으로 집단화한 뒤, 그 집단의 특성을 분석하는 다변량 분석 기법이다.

② 계층적 군집 기출

㉠ 계층적 군집의 개념

유사한 개체를 군집화하는 과정을 반복하여 군집을 형성한 것

㉡ 계층적 군집 형성 방법

| 형성 방법 | 설명 |
|---|---|
| 병합적 방법 | • 작은 군집으로부터 시작하여 군집을 병합<br>• 거리가 가까우면 유사성이 높음 |
| 분할적 방법 | 큰 군집에서 군집을 분리해 나가는 과정 |

[표 26]

㉢ 계통도(Dendrogram, 덴드로그램)
 • 군집의 결과를 보여주는 그림이며 각 개체는 단 하나의 군집에만 속한다.

- 항목 간, 군집 간 거리를 알 수 있고, 유사도를 파악하여 군집의 견고성을 해석할 수 있다.

ⓔ 군집 간 거리측정 방법

군집 간의 연결 방법에 따라 군집의 결과가 달라질 수 있다.

| 연결법 | 설명 |
| --- | --- |
| 최단연결법 | 각 군집에서 하나씩 관측값을 뽑았을 때 나올 수 있는 최솟값을 두 군집 사이의 거리로 측정 |
| 최장연결법 | 각 군집에서 하나씩 관측값을 뽑았을 때 나올 수 있는 최댓값을 두 군집 사이의 거리로 측정 |
| 중심연결법 | • 두 군집의 중심 간의 거리를 측정<br>• 두 군집이 결합할 때, 가중 평균을 통해 구함 |
| 평균연결법 | • 모든 항목에 대한 거리 평균<br>• 불필요한 계산량이 증가함 |
| 와드연결법 | 군집 간의 거리에 기반하는 다른 연결법과 다르게, 군집 내의 오차 제곱 합에 기초하여 군집을 수행 |

[표 27]

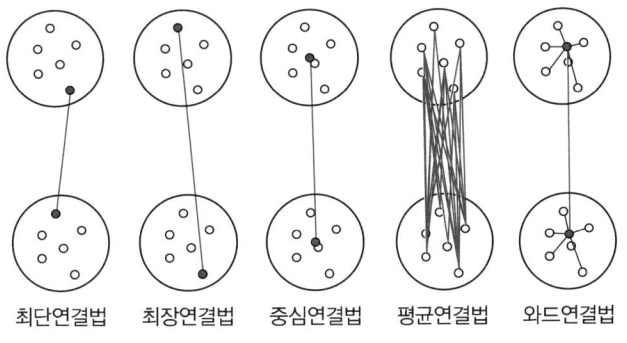

[그림 17 군집 간 거리측정 방법]

ⓜ 군집 간 거리계산

• 연속형 변수 거리계산

| 구분 | 종류 | 공식 | 설명 |
| --- | --- | --- | --- |
| 수학적 거리 | 유클리드<br>(Euclidean)<br>거리 | $d(i,j) = \sqrt{\sum_{f=1}^{p}(x_{if} - x_{jf})^2}$ | 두 점 간 차를 제곱하여 모두 더한 값의 양의 제곱근 |
| | 맨해튼<br>(Manhattan)<br>거리 | $d(i,j) = \sum_{f=1}^{p}|x_{if} - x_{jf}|$ | 두 점 간 차의 절댓값을 합한 값 |
| | 민코프스키<br>(Minkowski)<br>거리 | $d(i,j) = \left[\sum_{f=1}^{p}(x_{if} - x_{jf})^m\right]^{1/m}$ | • m 차원 민코프스키 공간에서의 거리<br>• m=1일 때, 맨해튼 거리와 동일<br>• m=2일 때, 유클리드 거리와 동일 |

**핵심요약**

모두 병합적 군집 형성 방법에서 사용하는 거리측정법이며, 분할적 방법을 사용할 경우에는 다이아나(DIANA) 방법을 사용한다.

**OX QUIZ**

상관성이 강한 변수가 존재할 경우 마할라노비스 거리 측정법을 사용한다.
(O/X)

정답 : O

| 구분 | 종류 | 공식 | 설명 |
|---|---|---|---|
| 통계적 거리 | 표준화 거리 | $d(i,j) = \sqrt{(x_i - x_j)' D^{-1}(x_i - x_j)}$<br>D = 표본분산(대각행렬) | 변수의 측정 단위를 표준화한 거리 |
| | 마할라노비스<br>(Mahalanobis)<br>거리 | $d(i,j) = \sqrt{(x_i - x_j)' S^{-1}(x_i - x_j)}$<br>S = 표본 공분산 행렬 | 변수의 표준화와 함께 변수 간의 상관성(분포 형태)을 동시에 고려한 통계적 거리 |

[표 28]

- 명목형 변수 거리

| 종류 | 설명 |
|---|---|
| 단순 일치 계수 | 전체 속성 중에서 일치하는 속성의 비율 |
| 자카드(Jaccard) 계수 | • 두 집합 사이의 유사도를 측정하는 방법<br>• 0과 1 사이 값을 가지며 두 집합이 같으면 1의 값, 공통의 원소가 없으면 0의 값을 가짐 |

[표 29]

- 순서형 자료

| 종류 | 설명 |
|---|---|
| 순위 상관 계수 | • 값에 순위를 매겨 그 순위에 대해 상관 계수를 구하는 방법<br>• $p = 1 - \dfrac{6\sum_{i=1}^{n} d_i^2}{n(n^2 - 1)}$ ($d_i = i$번째 데이터 순위차) |

[표 30]

③ K-평균 군집 **기출**

㉠ k-평균 군집의 개념

주어진 데이터를 k개의 군집으로 묶는 알고리즘으로, 초기 값으로 k개의 군집을 지정하고, 각 개체를 가까운 초기 값에 할당하여 군집을 형성한다. 각 군집의 평균을 재계산하여 초기 값을 갱신하는 과정을 반복하여 k개의 최종군집을 형성한다.

㉡ k-평균 군집의 절차

- 단계 1 : 군집의 수 k를 임의로 선택
- 단계 2 : 데이터를 가장 가까운 군집 중심에 할당
- 단계 3 : 각 군집 내의 자료들의 평균을 계산하여 군집의 중심을 갱신
- 단계 4 : 군집 중심의 변화가 거의 없을 때(또는 최대 반복 횟수)까지 단계 2와 단계 3을 반복 진행

**OX QUIZ**

k-평균 군집에서 k는 계산 중 자동으로 결정된다. (O/×)

정답 : ×

**핵심요약**

k값을 선택할 때, 엘보(Elbow) 방식을 주로 사용한다. K값을 조금씩 늘려가다, 특정 k 이후 cost가 변하지 않는 구간이 존재할 경우 그 k를 최적의 k로 선정하는 방식이다.

④ 혼합 분포 군집
  ㉠ 혼합 분포 군집 개념
    • 혼합 분포 군집은 데이터가 k개의 모수적 모형의 가중 합으로 표현되는 모집단 모형으로부터 나왔다는 가정하에 자료로부터 모수와 가중치를 추정하는 방법이다.
    • k개의 각 모형은 군집을 의미하며, 각 데이터는 k개의 군집 중 어느 군집에서 나왔을 확률이 높은지에 따라 군집의 분류가 이루어진다.
    • 단일 모형과는 달리 표현 식이 복잡하여 최대 가능도 추정을 위해 EM 알고리즘 등을 이용한다.
  ㉡ EM 알고리즘
    • 관측되지 않은 잠재변수에 의존하는 확률모델에서 최대 가능도나 최대 사후 확률을 갖는 모수의 추정값을 찾는 반복적인 알고리즘이다.
    • E 단계와 M 단계로 나누어 진행한다.
    • E 단계에서 잠재변수 Z의 기대치를 계산하고 M 단계에서 기대치를 활용하여 파라미터를 추정한다.
    • 두 단계를 반복 수행하여 가능도가 최대일 때 파라미터 추정값을 도출한다.

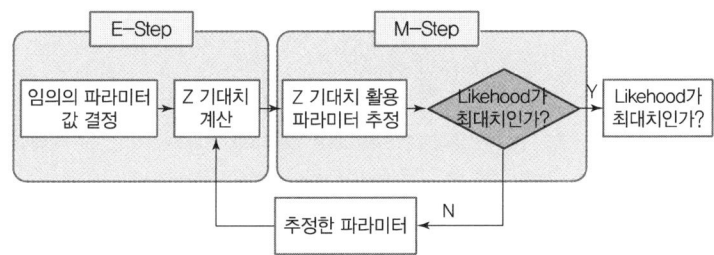

[그림 18 EM 알고리즘의 진행 과정]

  ㉢ 혼합 분포 군집의 특징
    • 확률 분포를 도입하여 군집을 수행한다.
    • 군집을 몇 개의 모수로 표현할 수 있고, 서로 다른 크기의 군집을 찾을 수 있다.
    • EM 알고리즘을 활용한 모수 추정에서 데이터가 커지면 시간이 오래 걸린다.
    • 군집이 너무 작으면 추정이 어려워진다.
    • 이상치에 민감하여 사전에 이상치를 제거하는 작업이 필요하다.

**핵심요약**

**k-평균 군집과의 차이점**
• k-평균 : 하드 군집, 유클리드 거리 측정법 사용, 대용량 데이터에 적합
• 혼합 분포 : 소프트 군집, 통계적(EM) 방법 사용, 대용량 데이터에 부적합 (시간 소요가 큼)

> **OX QUIZ**
>
> 자기 조직화 지도에서 경쟁층은 경쟁 학습을 통해 승자가 독점하는 방식을 가진다. (O/×)
>
> 정답 : O

⑤ 자기 조직화 지도

㉠ 자기 조직화 지도의 개념
- 자기 조직화 지도(SOM ; Self−Organizing Maps)는 인공신경망의 개념이며 자율 학습 방법에 따른 군집화를 적용한 알고리즘이다.
- 고차원의 데이터를 저차원의 뉴런으로 정렬하여 지도의 형태로 형상화하는 비지도 신경망

㉡ 자기 조직화 지도의 구성

| 구성 | 내용 |
|---|---|
| 입력층 | • 입력 벡터를 받는 층이며, 입력변수의 개수와 같은 뉴런이 존재<br>• 학습을 통해 경쟁층에 정렬되며 이를 지도라고 부름 |
| 경쟁층 | • 2차원 격자로 구성된 층<br>• 각각의 뉴런이 입력 벡터와 얼마나 가까운지 계산하여 연결 강도를 재조정 학습<br>• 입력패턴과 가장 유사한 경쟁 층 뉴런이 승자가 되며 경쟁 층에는 승자 뉴런만이 나타남<br>• 유사한 연결 강도를 갖는 입력패턴은 동일한 경쟁 뉴런으로 배열됨 |

[표 31]

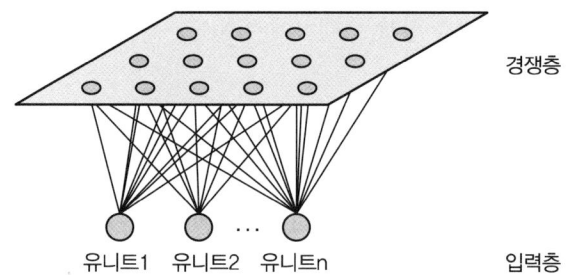

[그림 19 코호넨 네트워크의 구조]

㉢ 자기 조직화 지도 알고리즘
- 단계 1 : SOM 맵의 노드에 대한 연결 강도 초기화
- 단계 2 : 입력 벡터를 제시
- 단계 3 : 유클리드 거리를 사용하여 입력 벡터와 프로토타입 벡터의 유사도를 계산
- 단계 4 : 입력 벡터와 가장 거리가 짧은 프로토타입 벡터를 탐색
- 단계 5 : BMU와 그 이웃들의 연결 강도를 재조정
- 이후 단계 2로 가서 반복

## 2. 고급 분석 기법

### (1) 범주형 자료 분석 `기출`

범주형 자료는 범주 또는 집단으로 나누어진 자료를 의미한다. 범주형 자료의 순서가 없으면 명목형 자료, 순서가 있으면 순서형 자료라고 한다. 범주형 자료분석은 독립변수 또는 종속변수가 범주형인 경우 사용한다.

| 독립변수 | 종속변수 | 분석 방법 |
|---|---|---|
| 범주형 | 연속형 | • t-검정<br>• 분산분석(ANOVA) |
| 범주형 | 범주형 | • 분할표 분석<br>• 카이제곱 검정<br>• 피셔의 정확도 검정 |
| 연속형 | 범주형 | 로지스틱 회귀분석 |

[표 32 데이터 유형과 분석 방법]

① t-검정(t-test)

t-test는 두 집단 간의 평균을 비교하는 모수적 통계방법이다. t분포를 이용해 가설을 검정하며 정규성, 등분산성, 독립성을 가정한다. 단일표본, 독립표본, 대응표본에 대한 검정을 수행한다.

| 표본 구분 | 설명 |
|---|---|
| 단일표본 t-test | 표본의 평균으로 모집단의 평균을 검정 |
| 독립표본 t-test | 서로 다른 두 집단의 평균의 차이를 검정 |
| 대응표본 t-test | 동일한 집단의 사전 사후 차이를 검정 |

[표 33 표본에 따른 t-test 구분]

㉠ 단일표본 t-test

표본의 평균으로 모집단의 평균을 검정한다. 가설은 다음과 같다.

- 귀무가설(H0) : 모집단의 평균은 $\mu$와 같다.
- 대립가설(H1) : 모집단의 평균은 $\mu$와 같지 않다.

㉡ 독립표본 t-test

서로 다른 두 집단의 평균의 차이를 검정한다. 가설과 사례는 다음과 같다.

- 귀무가설(H0) : 두 집단의 평균이 같다.
- 대립가설(H1) : 두 집단의 평균이 같지 않다.

• 사례 : 신제품에 대한 남녀 간 선호도는 다르다(H1).

**핵심요약**

**단일표본 t-test 검정통계량**

$$t = \frac{\overline{X} - \mu}{s/\sqrt{n}}$$

※ $\overline{X}$ : 표본평균
※ $\mu$ : 모평균
※ $s$ : 모표준편차 추정값
※ $n$ : 표본크기

> **핵심요약**
>
> **F-test 검정통계량**
>
> $F = \dfrac{s_1^2}{s_2^2}$
>
> ※ 두 표본분산($s_1^2$, $s_2^2$)의 비

ⓒ 대응표본 t-test

동일한 집단의 사전 사후 차이를 검정한다. 가설과 사례는 다음과 같다.

- 귀무가설(H0) : 사전 평균과 사후 평균이 같다.
- 대립가설(H1) : 사전 평균과 사후 평균이 같지 않다.

- 사례 : 광고 노출 전후의 신제품에 대한 선호도는 다르다(H1).

② 분산분석(ANOVA ; Analysis of Variance)

분산분석은 둘 이상의 집단의 평균을 비교하는 모수적 통계방법이다. F분포를 이용해 가설을 검정하며 정규성, 등분산성, 독립성을 가정한다.

㉠ 일원분산분석(one-way ANOVA)

범주형 변수가 한 개인 경우 사용한다. 가설과 사례는 다음과 같다.

- 귀무가설(H0) : 모든 집단의 평균이 같다.
- 대립가설(H1) : 하나 이상의 집단의 평균이 다르다.

- 사례 : 공장 라인별 불량률은 동일하다(H0).

㉡ 이원분산분석(two-way ANOVA)

범주형 변수가 두 개 이상인 경우 두 변수의 상호작용효과와 각 변수의 주효과를 분석한다. 주효과는 각 변수로 일원분산분석한 결과이다. 상호작용효과에 대한 가설과 사례는 다음과 같다.

- 귀무가설(H0) : 두 변수는 상호작용효과가 없다.
- 대립가설(H1) : 두 변수는 상호작용효과가 있다.

- 사례 : 공정 단계에서 온도와 습도를 조절할 때 각각의 영향도와 상호작용을 확인한다(단, 온도와 습도는 정도를 기준으로 범주화한다).

③ 분할표 분석(Contingency table analysis)

분할표 분석은 두 범주형 변수의 빈도 분포표를 작성하여 변수 간 상호관련성을 분석하는 방법이다. 빈도 분포표를 분할표(Contingency table) 또는 교차표(Cross-tabulaion)라고 한다.

| 구분 | 사건 발생 | 사건 미발생 | 합 |
|---|---|---|---|
| A 집단 | $a$ | $b$ | $a+b$ |
| B 집단 | $c$ | $d$ | $c+d$ |

[표 34 A집단과 B집단의 사건 발생 여부에 대한 분할표]

> **핵심요약**
>
> 혼동행렬(Confusion Matrix)은 분류 모델의 예측값과 실제값을 교차표로 나타낸 것이다.
>
> | Actual \ Predicted | Positive | Negative |
> |---|---|---|
> | Positive | TP (True Positive) | FN (False Negative) |
> | Negative | FP (False Positive) | TN (True Negative) |
>
> ※ 정확도(Accuracy)
> $= \dfrac{TP+TN}{TP+TN+FP+FN}$
>
> ※ 정밀도(Precision) $= \dfrac{TP}{TP+FP}$
>
> ※ 재현율(Recall) $= \dfrac{TP}{TP+FN}$
>
> ※ 특이도(Specificity) $= \dfrac{TN}{TN+FP}$

㉠ 상대위험도(RR ; Relative Risk)

상대위험도는 두 집단의 사건발생 확률의 비(ratio)이다.

$$상대위험도(RR) = \frac{\frac{a}{a+b}}{\frac{c}{c+d}} = \frac{A집단의 \ 사건발생 \ 확률}{B집단의 \ 사건발생 \ 확률}$$

㉡ 승산비(OR ; Odds Ratio)

오즈(Odds)는 특정 집단에 대한 사건발생 확률과 사건이 발생하지 않을 확률의 비(ratio)이다. 두 집단의 오즈의 비를 승산비라고 하며, 교차비, 오즈비 등으로 불리기도 한다.

$$Odds(A) = \frac{\frac{a}{a+b}}{\frac{b}{a+b}} = \frac{a}{b}, \ Odds(B) = \frac{\frac{c}{c+d}}{\frac{d}{c+d}} = \frac{c}{d}$$

$$교차비(OR) = \frac{Odds(A)}{Odds(B)} = \frac{\frac{a}{b}}{\frac{c}{d}} = \frac{ad}{bc}$$

| 상대위험도 | 교차비 | 해석 |
| --- | --- | --- |
| RR<1 | OR<1 | A 집단의 사건 발생 확률이 낮음 |
| RR=1 | OR=1 | 집단과 사건 발생 확률은 연관성이 없음 |
| RR>1 | OR>1 | A 집단의 사건 발생 확률이 높음 |

[표 35 상대위험도와 교차비 해석]

㉢ 상대위험도와 승산비의 활용

상대위험도와 승산비는 집단에 따라 사건 발생 가능성을 확인하는 방법이다. 예를 들어, 코호트 연구 또는 환자-대조군 연구를 통해 위험 인자들과 질병 발생 간의 연관성을 연구한다. 상대위험도는 주로 코호트 연구에서 사용하고 승산비는 주로 환자-대조군 연구에서 사용한다.

- 코호트 연구 : 특정 집단을 대상으로 선정하고 장기간의 추적을 통해 미리 조사한 위험인자들과 질병 발생 간의 연관성을 연구한다.
- 환자-대조군 연구 : 질병이 있는 환자군과 없는 대조군을 따로 선정하고 위험인자를 나중에 조사한다.

④ 카이제곱 검정(Chi-Squared Test)

$\chi^2$ 분포를 이용하며 적합성 검정, 독립성 검정, 동질성 검정으로 나뉜다.

**핵심요약**

코호트(cohort)는 특정 기간에 질병에 걸린 집단과 같이 통계적 인자를 공유하는 집단을 의미한다.

**핵심요약**

Chi-squared test 검정통계량

$$\chi^2 = \sum_{i=1}^{n} \frac{(O_i - E_i)^2}{E_i}$$

※ $O_i$ : $i$범주의 관측값
※ $E_i$ : $i$범주의 기댓값
※ $n$ : 범주의 수

㉠ 적합도 검정(Goodness of Fit Test)

하나의 범주형 변수에 대하여 데이터가 특정 분포를 만족하는지 검정한다.

- 귀무가설(H0) : 분포가 기대 분포와 같다.
- 대립가설(H1) : 분포가 기대 분포와 같지 않다.

• 사례 : 3개의 서로 다른 공장라인에서 발생하는 불량률은 1:2:3 으로 나타난다(H0).

㉡ 동질성 검정(Test of homogeneity)

서로 다른 집단에 대한 범주형 변수의 분포가 동질인지 검정한다. 두 범주형 변수가 독립적이지 않아도 분포가 동질이 아닐 수 있다.

- 귀무가설(H0) : 두 집단의 분포가 같다.
- 대립가설(H1) : 두 집단의 분포가 같지 않다.

• 사례 : 성별에 따라 선호하는 자동차 모델이 다르다(H1).

㉢ 독립성 검정(Test of Independence)

두 범주형 변수가 서로 독립적인지 영향을 미치는지 검정한다.

- 귀무가설(H0) : 두 변수는 연관성이 없다.
- 대립가설(H1) : 두 변수는 연관성이 있다.

• 사례 : 공장 라인과 제품의 등급은 연관성이 없다(H0).

⑤ 피셔의 정확 검정(Fisher's Exact Test)

㉠ 가능한 모든 경우의 수를 직접 확인하는 검정 방법으로 초기하 분포를 기반으로 한다. 가설은 카이제곱 검정과 동일하다. 기대빈도가 5보다 작은 셀이 20%를 넘으면 카이제곱 검정보다 피셔의 정확 검정을 사용한다.

㉡ 예를 들어 분할표에서 표본의 수가 작거나 범주가 많아서 빈도수가 극도로 작은 경우 사용한다. 기대빈도는 두 변수의 독립을 가정할 때 기대되는 빈도 값이다.

귀무가설(H0) : 두 변수는 연관성이 없다.
대립가설(H1) : 두 변수는 연관성이 있다.

### (2) 다변량 분석

다변량 분석은 여러 변수를 동시에 분석할 수 있는 모든 분석 방법을 가리킨다. 각 변수를 개별적으로 분석하지 않고 변수 간의 상관관계를 고려한다. 상관관계분석, 다차원 척도법, 다변량 분산분석, 주성분분석, 요인분석, 판별분석, 다중 회귀분석, 군집분석 등을 예로 들 수 있다.

---

**핵심요약**

초기하 분포(Hypergeometric Distribution)는 $N$개의 모집단 중에 $k$개가 성공일 때 $n$번의 비복원 추출에서 $x$개 성공일 확률의 분포이다.

$$f(x) = \frac{{}_kC_x \times {}_{N-k}C_{n-x}}{{}_NC_n}$$

**핵심요약**

• 피어슨 상관계수(PCC ; Pearson Correlation Coefficient)

$$r = \frac{\sum(x_i - \bar{x})(y_i - \bar{y})}{\sqrt{\sum(x_i - \bar{x})^2 \sum(y_i - \bar{y})^2}}$$

※ $x_i, y_i$ : 두 변수의 관측치
※ $\bar{x}, \bar{y}$ : 두 변수의 평균

① 상관관계분석

상관계수(Correlation coefficient)를 계산하여 변수들 간의 상관성을 분석한다. 피어슨 상관계수는 두 변수의 공분산을 표준편차의 곱으로 나눈 값으로 비선형 관계는 측정하지 못한다. 스피어만 상관계수는 두 변수를 순위로 변환하여 순위의 상관계수로 비선형적인 관계를 나타낼 수 있다.

- 스피어만 순위 상관계수 (SCC ; Spearman's rank Correlation Coefficient)

$$\rho = 1 - \frac{6\sum d_i^2}{n(n^2-1)}$$

※ $d_i$ : 두 관측치의 순위 차이
※ $n$ : 관측치의 수

② 다차원 척도법(MDS ; Multidimensional Scaling) 기출

다차원 척도법은 차원축소를 통해 개체들 간의 관계를 상대적 위치로 시각화하여 나타내는 분석 방법이다. 데이터가 연속형 변수인 경우 거리 행렬을 이용한 계량적 다차원 척도법을 사용한다. 데이터가 순서형 척도인 경우 순서척도를 거리로 변환하는 비계량적 다차원 척도법을 사용한다.

㉠ 다차원 척도법 적용 절차
- step1. 유클리드 거리행렬 등을 활용해 개체들 간의 유사성을 측정한다.
- step2. 2차원 또는 3차원 공간에 개체를 점으로 배열한다.
- step3. 스트레스 값(Stress value)을 부적합도로 측정하여 최소가 되도록 좌표를 조정한다.

| 스트레스 값 | 적합도 |
|---|---|
| 0~0.1 | 매우 좋음 |
| 0.1~0.2 | 좋음 |
| 0.2 이상 | 나쁨 |

[표 36 스트레스 값에 따른 적합도]

③ 다변량 분산분석(MANOVA ; Multivariate Analysis of Variance)

다변량 분산분석은 2개 이상의 종속변수에 대한 분산분석 방법이다. 범주형 독립변수에 대한 평균벡터 차이를 분석한다. 종속변수 간에 서로 상관관계가 있는 경우 결합된 차이를 확인할 수 있다. 상관관계가 없는 경우 개별로 분산분석을 수행해야 한다. 정규성(다변량 정규분포), 등분산성, 독립성을 가정하며 가설은 다음과 같다.

- 귀무가설(H0) : 모든 집단의 평균벡터가 같다.
- 대립가설(H1) : 하나 이상의 집단의 평균벡터가 다르다.

핵심요약

다차원 척도법(MDS)의 스트레스 값(Stress value)은 아래와 같이 표현된다.

$$s = \sqrt{\frac{\sum_{i,j=1}^{n}(d_{ij} - \hat{d}_{ij})^2}{\sum_{i,j=1}^{n} d_{ij}^2}}$$

※ $d_{ij}$ : 개체 간 실제 거리
※ $\hat{d}_{ij}$ : 추정된 거리

④ 주성분분석(PCA ; Principal component analysis)

주성분 분석은 데이터 전체의 변동을 최대한 보존하는 주성분을 생성하는 차원축소 방법이다.

핵심요약

**주성분 개수 선택 기준**
- 개별 고윳값(Eigenvalue)
- 정보량의 비율(Cumulatvie Proportion)
- Scree plot

PART 03 빅데이터 모델링

㉠ 주성분(Principal component)

주성분은 데이터의 분산을 설명하는 설명변수들의 선형 결합으로 표현된다. 항상 설명변수와 동일한 수만큼 성분을 추출할 수 있다. 상관성이 적은 주성분을 활용하여 회귀분석의 다중공선성 문제를 해결할 수 있다.

㉡ 누적 기여율(Cumulative proportion) 기출

주성분을 고유값(Eigenvalue)의 내림차순으로 정렬하여 상위 n개의 주성분으로 설명할 수 있는 정보량의 비율을 의미한다. 다음 그래프 중 왼쪽 그래프는 Score plot과 Loard plot를 한 그래프에 나타낸 행렬도이다. 처음 2개의 주성분을 축으로 하여 Score plot은 데이터의 분포를 나타내고 Loard plot은 설명변수가 각 성분에 미치는 영향도를 나타낸다. 오른쪽 그래프는 고유값의 크기를 시각적으로 비교할 수 있는 Scree plot이다. 처음 2개의 주성분이 약 60%의 데이터 변동을 설명하고 5개의 주성분이 90% 이상을 설명한다.

### 핵심요약

**주성분분석과 요인분석 비교**

| 구분 | 주성분분석 (PCA) | 요인분석 (FA) |
| --- | --- | --- |
| 공통점 | • 차원축소 기능<br>• 다른 분석을 위한 사전분석 | |
| 차이점 | • 선형적 결합 중심<br>• 데이터를 요약하는 주성분 추출함<br>• 주성분 간 중요도 차이 있음 | • 잠재적 결합 중심<br>• 상관성 기준 잠재 변수 생성함<br>• 새로운 변수들은 서로 대등함 |

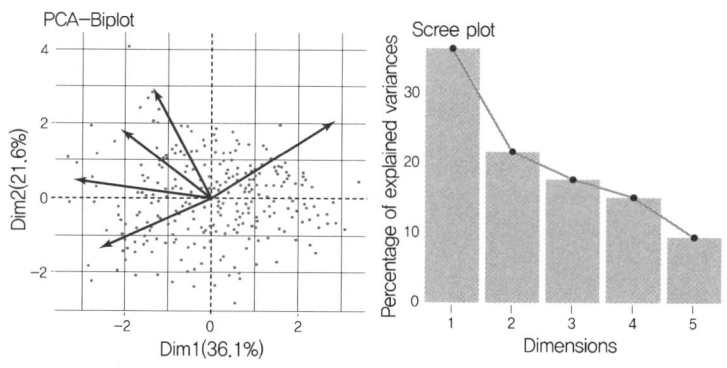

[그림 20 행렬도와 Scree 그래프]

⑤ 요인분석(FA ; Factor Analysis)

요인분석은 변수들의 상관관계를 기반으로 공통의 요인을 찾아 데이터를 요약하고 차원을 축소하는 분석 방법이다. 연역적 방법인 확인적 요인분석(CFA)과 귀납적 방법인 탐색적 요인분석(EFA)이 있다. 요인 회전 방법은 추출된 요인을 해석하기 쉽게 만드는 단계이다.

㉠ 요인 추출 방법

주성분 분석과 공통요인법(Common factor analysis)이 많이 사용된다. 요인 수를 최소화하는 경우 주성분 분석을 선택한다.

### 핵심요약

공통요인법(Common factor analysis)은 오차항을 가정한 확률적 모형으로 요인을 추출하는 방법이다.

㉡ 요인 회전 방법

배리멕스(VariMax), 쿼티멕스(QuartMax), 이쿼멕스(EquaMax) 등의 직각회전 방법과 오블리민(Oblimin) 등의 사각회전으로 나뉜다. 배리멕스 방법을 주로 사용한다.

⑥ 판별분석(Discriminant function analysis)

판별분석은 연속형 독립변수들의 선형조합을 통해 집단을 분류하고 예측하는 분석 방법이다. 오분류율이 최소가 되는 판별함수를 도출하고 판별 능력을 평가한다. 독립변수의 정규성, 등분산성을 가정한다.

㉠ 판별함수(Discriminant function)
- 분류를 위한 기준으로 판별점수(Discriminanat score)를 산출한다. 다음과 같이 독립변수들의 선형 결합으로 도출한다.
- $Z = a_1 X_1 + a_2 X_2 + \cdots + a_n X_n$ ($a_n$ : 판별계수, $X_n$ : 독립변수)

㉡ 판별함수의 수 = Min(집단의 수 − 1, 독립변수의 수)

### (3) 시계열 분석 [중요]

① 시계열 데이터(Time−series data)

시계열 데이터는 시간의 영향을 받는 데이터이다. 시계열 데이터는 일정한 시간 간격을 두고 관측되므로 시차(Time lag)가 동일하며 이론적으로 결측값이 없다.

㉠ 정상성(Stationary) [기출]

정상성은 시점에 상관없이 일정한 시계열 데이터의 특성을 의미한다. 대부분 시계열 자료는 정상성을 만족하지 않는 비정상 시계열이다. 이에 따라 아래의 조건을 만족하는 정상 시계열로 정상화하여 분석을 수행한다.

- 평균이 시점에 의존하지 않는다. 즉, 모든 시점의 평균이 동일하다.
- 분산이 시점에 의존하지 않는다. 즉, 모든 시점의 분산이 동일하다.
- 공분산은 시차에만 의존하고 시점에는 의존하지 않는다. 즉, 시차가 같으면 공분산은 동일하다.

**핵심요약**

**시계열 데이터 사례**
- 연도, 계절, 월, 일, 시, 분, 초 등 시간의 흐름에 따라 순서대로 관측되는 데이터
- 국민총생산, 물가지수, 상품 판매량, 종합주가지수, 강수량 등

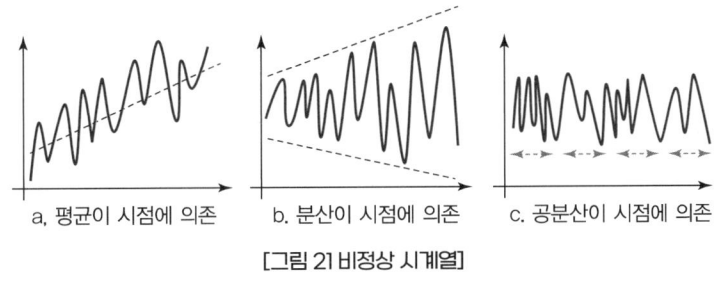

a. 평균이 시점에 의존  b. 분산이 시점에 의존  c. 공분산이 시점에 의존

[그림 21 비정상 시계열]

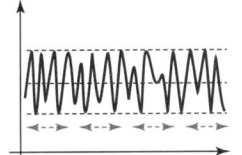

[그림 22 정상 시계열]

**핵심요약**

백색잡음과정(White Noise Process)은 회귀분석의 오차항과 비슷한 개념으로 대표적인 정상 시계열이다.

ⓒ 비정상성 확인
- 자기상관함수(ACF ; Autocorrelatioin Function)
  자체 시계열 데이터 간의 선형 상관관계 함수이다. $t$시점의 관측치가 $Z_t$이라 하면 $Z_t$와 $Z_{t+k}$의 선형 상관관계를 의미한다.
- 부분자기상관함수(PACF ; Partial Autocorrelation Function)
  두 시점 사이에 영향을 주는 다른 요인을 제외한 자기상관함수이다. $Z_t$와 $Z_{t+k}$ 사이의 $Z_{t+1} \sim Z_{t+k-1}$을 제거하고 구한 $Z_t$와 $Z_{t+k}$의 선형 상관관계를 의미한다.

ⓒ 비정상 시계열의 정상화
- 이상치(Outlier)가 있는 경우 이상치를 제거하거나 대체해 정상화한다.
- 평균이 일정하지 않은 경우 차분(Difference)을 통해 정상화한다.
- 분산이 일정하지 않은 경우 변환(Transformation)을 통해 정상화한다.

② 시계열 모형(Time-series model)
ⓐ 시계열 회귀분석
  회귀식 기반으로 시계열 자료를 분석하는 방법이다. 일반적인 회귀모형과 같이 오차항에 대해 정규성, 등분산성, 독립성을 가정한다. 선형다항식추세모형(Linear polynomial trend model) 또는 다항추세모형이라고도 한다. $t$시점의 관측치 $Z_t$를 다음과 같은 $t$의 다항식으로 나타낸다.
  $$Z_t = b_0 + b_1 t + b_2 t^2 + \cdots + b_p t^p + e_t$$

ⓑ 분해법(Decomposition method) 중요 기출
  시계열 성분들이 결정적이고 서로 독립이라는 가정을 기반으로 성분을 분해하는 방법이다. 여러 성분들의 결합 방식에 따라 가법모형 또는 승법모형을 사용한다. 또한 시간에 따라 계절성분의 진폭이 달라질 때 승법모형을 사용한다.

| 성분 구분 | 설명 |
| --- | --- |
| $I_t$ : 불규칙성분 | 규칙적이지 않고 예측이 불가한 랜덤 변동 |
| $T_t$ : 추세성분 | 지속적으로 증가하거나 감소하는 추세를 갖는 변동 |
| $S_t$ : 계절성분 | 계절 변화와 같은 주기적인 성분에 의한 변동 |
| $C_t$ : 순환성분 | 주기적인 변화를 가지나 주기가 긴 변동 |

[표 37 시계열 성분 구분]

**핵심요약**

시계열 회귀분석의 상세 종류
- 상수평균모형
- 다항추세모형
- 계절추세모형
- 선형·계절추세모형

**핵심요약**

시계열 성분은 추세성분, 계절성분, 순환성분 등의 체계적 성분과 불규칙성분으로 나뉜다.

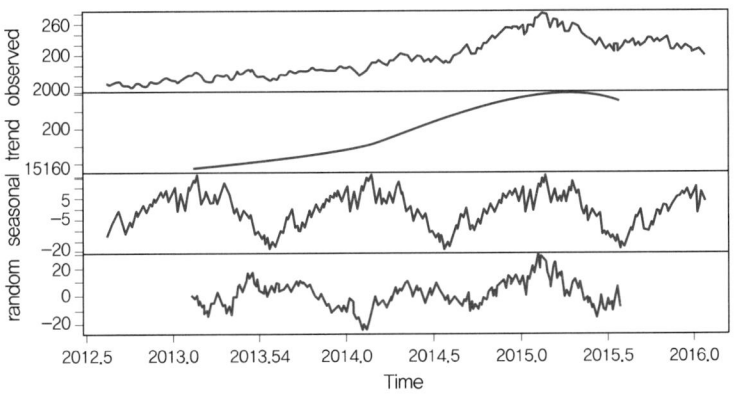

[그림 23 시계열 분해 그래프]

- 가법모형(Additive model) : $Z_t = T_t + S_t + C_t + I_t$
- 승법모형(Multiplicative model) : $Z_t = T_t \times S_t \times C_t \times I_t$

($T_t$ : 추세성분, $S_t$ : 계절성분, $C_t$ : 순환성분, $I_t$ : 불규칙성분)

ⓒ 이동평균법(Moving average)

일정 기간의 관측치에 동일한 가중치를 부여하여 이동평균을 계산하는 방법이다. 계절 성분과 불규칙 성분을 제거한다. 이동평균모형의 식은 다음과 같다.

$$F_t = \frac{1}{n}(Z_{t-1} + Z_{t-2} + \cdots + Z_{t-n})$$

($F_t$ : $t$시점의 예측치, $Z_t$ : $t$시점의 관측치, $n$ : 이동평균 기간)

ⓔ 지수평활법(Exponential smoothing)

모든 시점에 동일한 가중치를 부여하는 이동평균모형과 달리 최근 관측치에 더 높은 가중치를 부여하는 방법이다. 최근 시점에 큰 가중치를 주고 과거 시점으로 갈수록 가중치를 지수적으로 줄여 나간다. 선형 추세를 갖는 경우 이중지수평활법, 계절 추세를 갖는 경우 계절지수평활법을 사용한다. 단순지수평활법의 식은 다음과 같다.

$$F_t = \alpha Z_{t-1} + (1-\alpha)F_{t-1}$$
$$= \alpha Z_{t-1} + \alpha(1-\alpha)Z_{t-2} + \alpha(1-\alpha)^2 Z_{t-3} + \cdots$$

($F_t$ : $t$시점의 예측치, $Z_t$ : $t$시점의 관측치, $\alpha$ : 지수평활계수)

**핵심요약**

**지수평활법의 상세 종류**
- 단순지수평활법
- 이중지수평활법
- Winter의 계절지수평활법
- 선형·계절 추세모형

**학습가이드**

시계열 모형의 수식보다는 모형의 가정과 각 모형의 의미를 알아두자.

**핵심요약**

**차수에 따른 $ARIMA(p,d,q)$ 모형 구분**
- $d=0, q=0$: $AR(p)$
- $d=0, p=0$: $MA(q)$
- $d=0$: $ARMA(p,q)$

**핵심요약**

**ARIMA 모델링 과정**
- 모형 식별: p, d, q 차수 결정
- 모형 추정: 모수(항의 계수) 추정
- 모형 진단: 백색잡음 잔차 확인
- 예측 수행

ⓜ 자기회귀 모형(AR ; Autoregressive)
자기회귀란 관측치에 대해서 이전 값이 이후 값에 영향을 미치는 상황을 의미한다. 자기회귀 모형은 $t$시점의 관측치가 $Z_t$를 과거의 관측치 $Z_t, Z_{t-1}, Z_{t-2}, \cdots$으로 설명한다. 평균이 $\mu$, 차수가 $p$ 자귀회귀모형 $AR(p)$의 식은 다음과 같다.
$$AR(p) = Z_t = \delta + \phi_1 Z_{t-1} + \phi_2 Z_{t-2} + \cdots + \phi_p Z_{t-p} + e_t$$
$$\delta = (1 - \phi_1 - \phi_2 - \cdots - \phi_p)\mu$$

ⓗ 이동평균 모형(MA ; Moving Average)
이동평균은 평균이 시간에 따라 변화하는 경향을 의미한다. 이동평균 모형은 $t$시점의 관측치가 $Z_t$를 $t$시점까지의 과거의 오차항 $e_t, e_{t-1}, e_{t-2}, \cdots$으로 설명한다. 평균이 $\mu$, 차수가 $q$인 이동평균모형 $MA(q)$의 식은 다음과 같다.
$$MA(q) = Z_t = \mu + e_t - \theta_1 e_{t-1} - \theta_2 e_{t-2} - \cdots - \theta_q e_{t-q}$$

ⓢ 자기회귀 이동평균 모형(ARMA ; Autoregressive Moving Average)
자기회귀 이동평균 모형은 AR모형과 MA모형을 결합한 모형이다. 시계열 데이터에서 $t$시점의 관측치가 $Z_t$를 과거의 관측치 $Z_t, Z_{t-1}, Z_{t-2}, \cdots$와 오차항 $e_t, e_{t-1}, e_{t-2}, \cdots$으로 설명한다. 차수가 $p, q$인 $ARMA(p,q)$의 식은 다음과 같다.
$$ARMA(p,q) = Z_t = \mu + \phi_1 Z_{t-1} + \phi_2 Z_{t-2} + \cdots + \phi_p Z_{t-p} + e_t$$
$$- \theta_1 e_{t-1} - \theta_2 e_{t-2} - \cdots - \theta_q e_{t-q}$$

ⓞ 자기회귀 누적 이동평균 모형(ARIMA ; Autoregressive Integrated Moving Average) 기출
비정상 시계열에 대해 $d$차로 차분 변환하는 과정을 포함한 ARMA 모형이다. 차수가 $p, d, q$인 $ARIMA(p,d,q)$의 식은 다음과 같다.
$$\triangle^d Z_t = \delta + \phi_1 \triangle^d Z_{t-1} + \phi_2 \triangle^d Z_{t-2} + \cdots + \phi_p \triangle^d Z_{t-p} + e_t$$
$$- \theta_1 e_{t-1} - \theta_2 e_{t-2} - \cdots - \theta_q e_{t-q}$$

ⓩ 계절형 자기회귀 이동평균 모형(SARIMA ; Seasonal ARIMA)
시계열을 계절 성분을 포함하는 경우 사용하는 시계열 모형이다. 계절 성분에 대한 모형과 비계절 성분에 대한 모형을 순차적으로 적합한다.

ⓩ 시계열모형 식별 방법
시계열 데이터의 ACF와 PACF 그래프를 이론적 그래프와 비교하여 차수를 식별한다.

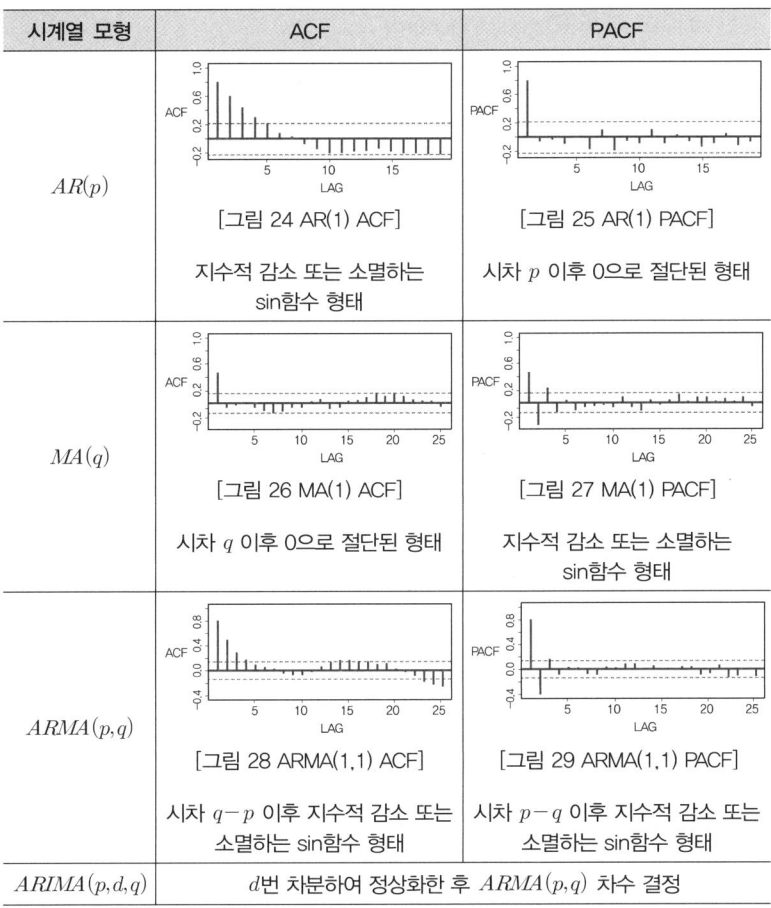

[표 38 ACF, PACF에 따른 시계열 모형 구분]

> **OX QUIZ**
> 
> 모든 ACF와 PACF가 이론적 패턴과 정확하게 일치한다. (O/×)
> 
> 정답 : ×
> 
> 해설 이론적 패턴을 참고하여 분석가가 적정 차수를 결정해야 한다.

### (4) 베이지안 기법

① 조건부 확률(Conditional probability) 기출

조건부 확률은 특정 사건이 발생했다는 가정하에 다른 사건이 발생할 확률이다. 두 사건 $A$, $B$에 대하여 서로를 조건으로 하는 조건부 확률은 다음과 같이 정의된다.

| 구분 | 조건부 확률 |
| --- | --- |
| 사건 $A$ 조건하에 사건 $B$ 발생 확률 | $P(B|A) = \dfrac{P(A \cap B)}{P(A)}, P(A) \neq 0$ |
| 사건 $B$ 조건하에 사건 $A$ 발생 확률 | $P(A|B) = \dfrac{P(A \cap B)}{P(B)}, P(B) \neq 0$ |

[표 39 조건부 확률 산출]

② 베이즈 정리(Bayes'theorem)

베이지안 확률은 표본이 특정 사건에 포함된다는 주장에 대한 신뢰도를 의미한다. 베이즈 정리는 신규 데이터를 기반으로 베이지안 확률을 갱신하는 방법이다. 사전확률과 사후확률은 갱신 전후의 신뢰도를 나타낸다. 사후확률에 대한 추정 식은 다음과 같다.

- $H$ : 관심 대상이 되는 특정 사건에 대한 가설(Hypothesis)
- $E$ : 신규 발생한 표본 사건으로 갱신의 근거(Evidence)
- $P(H)$ : 사전확률(Prior probability)
- $P(E)$ : 사건 $E$의 확률
- $P(E|H)$ : 우도확률(Likelihood probability), 가설 $H$ 기반의 사건 $E$의 확률
- $P(H|E)$ : 사후확률(Posterior probability), 사건 $E$ 발생 후 갱신된 $H$의 확률

③ 나이브 베이즈(Naive bayes) 기출

베이즈 정리 기반의 지도 학습 분류 모델이다. 이론적으로 쉽고 산출 속도가 빠르다. 실시간 분류 또는 텍스트 분석에 주로 사용된다. 종속변수를 추정하기 위해 모든 독립변수가 서로 동등하고 독립적으로 기여한다고 가정한다. 관측치가 종속변수의 각 범주에 속할 확률을 구하고 확률이 큰 범주에 할당한다. 사건 $X=(x_1, x_2, \cdots)$가 일어났을 때 종속변수 범주 $A$, $B$에 속할 확률은 다음과 같다.

$$P(A|X) = \frac{P(X|A)P(A)}{P(X)} = P(A) \times P(x_1|A) \times P(x_2|A) \times \cdots$$

$$P(B|X) = \frac{P(X|B)P(B)}{P(X)} = P(B) \times P(x_1|B) \times P(x_2|B) \times \cdots$$

### (5) 딥 러닝 분석

딥 러닝(Deep learning)은 대용량 비정형 데이터 분석를 위한 인공신경망 기반 머신러닝 알고리즘이다. 데이터 부족, 컴퓨팅 성능 한계 등 환경적 문제와 비선형 문제, 경사 소실 문제 등 이론적 문제가 해결되면서 빠르게 발전해왔다. 현재 딥 러닝은 이미지 인식, 음성 인식, 자연어 처리 등 인공지능 분야의 핵심 기술로 자리 잡았다.

① 주요 하이퍼파라미터

모델은 학습을 통해 모델의 예측 오차를 최소화하는 파라미터를 구한다. 이를 위한 딥 러닝의 주요 하이퍼파라미터로 learning rate, epoch, iteration, mini-batch size 등이 있다.

---

**핵심요약**

나이브 베이즈 모델은 학습 데이터에 없는 신규 데이터는 조건부 확률이 0이므로 분류하지 못한다. Laplace smoothing 기법으로 보정하여 분류한다.

**OX QUIZ**

Iteration이 길더라도 learning rate가 크면 global optimum point에 수렴하기 어렵다. (O/X)

정답 : O

| 하이퍼파라미터 | 설명 |
| --- | --- |
| learning rate | 파라미터의 업데이트 정도를 조절 |
| 1 epoch | 모든 학습용 데이터가 한 번씩 forward pass와 backward pass를 진행 |
| 1 iteration | 한 번의 forward pass와 backward pass 진행 |
| mini-batch size | 1 iteration에 학습할 학습용 데이터의 샘플 수 |

[표 40 하이퍼파라미터 설명]

② 합성곱신경망(CNN ; Convolution neural network)

이미지 처리에 특화된 딥 러닝 알고리즘이다. 이미지의 특징을 추출하는 합성곱(Convolution)과 풀링(Pooling) 영역과 분류를 수행하는 완전연결신경망(Fully-connected neural network) 영역으로 구성된다. 유명한 CNN 알고리즘으로는 AlexNet, VGGNet, GoogLeNet, ResNet, DenseNet 등이 있다.

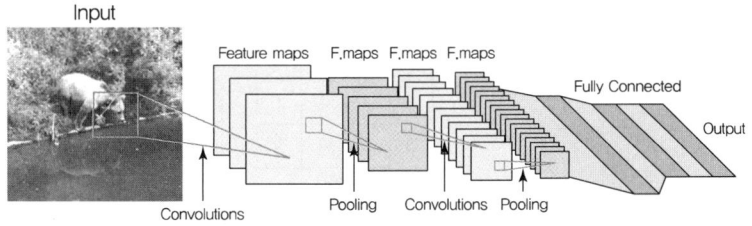

[그림 30 CNN 표준 아키텍처]

㉠ 합성곱(Convolution) 기출

합성곱은 이미지 데이터로부터 특징을 추출하는 과정이다. 필터를 이용해 유사한 이미지 영역을 강조하는 특성 맵을 출력한다. 특성 맵은 합성곱을 거치면서 사이즈가 점점 작아진다. 패딩(Padding)은 이미지 주변에 계산과 무관한 테두리를 추가하여 특성 맵의 사이즈 조정한다.

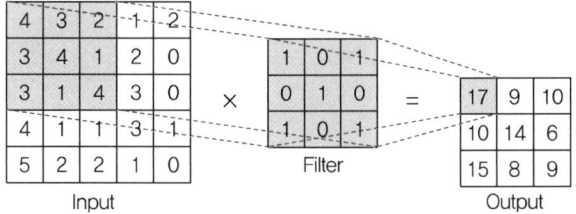

[그림 31 Convolution 연산]

**핵심요약**

Stride는 Filter를 이동하는 간격(Step size)을 의미한다. 패딩과 같이 특성 맵의 사이즈를 조정하기 위해 사용한다.

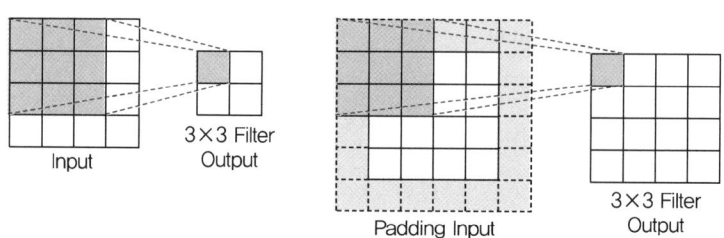

[그림 32 Padding output 비교]

> **핵심요약**
>
> Convolution Layer를 통해 출력되는 특성 맵의 사이즈를 구하는 식은 아래와 같다.
>
> $(H_o, W_o) = \left( \dfrac{H_i + 2P - H_f}{S} + 1, \dfrac{W_i + 2P - W_f}{S} + 1 \right)$
>
> ※ $(H_i, W_i)$ : 입력 사이즈
> ※ $(H_f, W_f)$ : 필터 사이즈
> ※ $(H_o, W_o)$ : 출력 사이즈

ⓒ 풀링(Pooling)

풀링은 합성곱 과정을 거친 데이터를 요약한다. 추출한 특징은 유지하면서 데이터 사이즈를 줄일 수 있다. 학습 대상 파라미터 수를 줄이고 과적합을 방지하는 효과도 있다. 최댓값을 대푯값으로 산출하는 맥스 풀링(Max pooling), 평균값을 대푯값으로 산출하는 평균 풀링(Average pooling) 등을 활용한다.

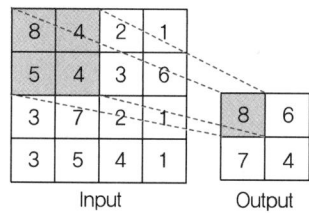

[그림 33 Max pooling 연산]

③ 순환신경망(RNN ; Recurrent neural network) 기출

언어 데이터, 시계열 데이터와 같은 순차적인 데이터 학습에 특화된 알고리즘이다. 과거의 학습을 현재 학습에 반영하는 순환구조를 갖는다. 매 시점 데이터를 처리할 때 동일한 파라미터를 공유한다. 즉, 현 시점의 정보는 현 시점의 입력값과 이전 시점의 정보로 구성되어 전 시점에 걸쳐 파라미터를 공유하게 된다. RNN은 입력과 출력의 길이가 유연하기 때문에 다양한 모형을 설계할 수 있다.

> **핵심요약**
>
> - 경사소실(Gradient vanishing) 방지 : LSTM, GRU, Attention
> - 경사증폭(Gradient exploding) 방지 : Gradient Clipping

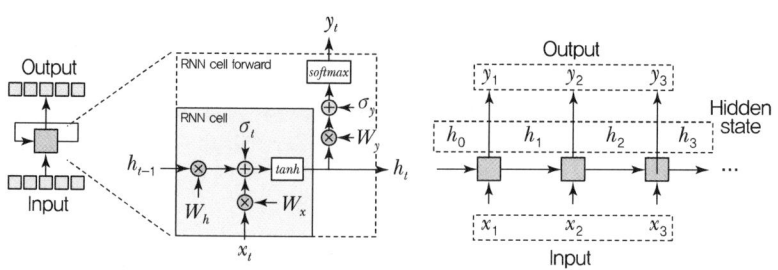

[그림 34 RNN 표준 아키텍처]

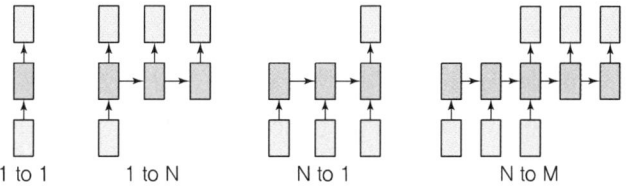

[그림 35 RNN의 입출력 유형]

ⓘ 장단기 메모리(LSTM ; Long short term memory)
LSTM은 RNN의 단점을 보완한다. RNN은 시간을 많이 거슬러 올라갈수록 경사소멸(Gradient vanishing) 문제와 장기의존성(Long-term dependency) 문제가 발생할 수 있다. 장기 의존성 문제는 갈수록 먼 시점의 정보가 점점 희미해지는 현상을 의미한다. LSTM은 순환구조에서 불필요한 정보를 삭제하거나 정보의 중요도에 따라 가중치를 조절한다.

### OX QUIZ

LSTM은 먼 과거의 정보를 잘 잊어버리지 않도록 변형된 Recurrent unit을 활용한 알고리즘이다. (O/×)

정답 : O

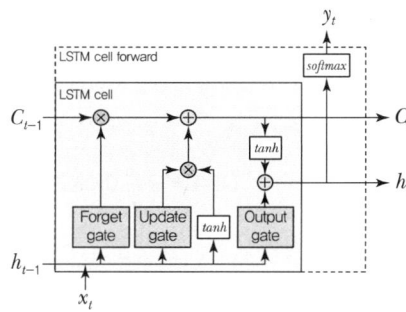

[그림 36 LSTM Cell 단위]

④ 생성적 적대 신경망(GAN ; Generative adversarial network)
진짜 같은 가짜를 만들도록 학습하는 생성자(Generator)와 가짜와 진짜를 판별하도록 학습하는 구분자(Discriminator)가 대립하여 서로의 성능을 개선하며 학습하는 알고리즘이다. 생성자는 진짜 같은 데이터를 생성하므로 데이터 부족 문제 또는 데이터 불균형 문제를 해결하기 위한 방법으로 사용되기도 한다.

### 핵심요약

딥러닝 프레임워크 종류 : TensorFlow, Keras, PyTorch, Caffe, theano, MXNet, CNTK 등

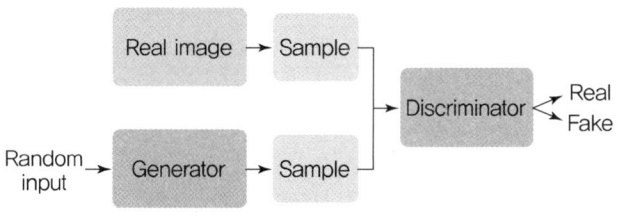

[그림 37 GAN 아키텍처]

### (6) 비정형 데이터 분석

비정형 데이터는 데이터 모델을 가지지 않는 정형화되지 않은 데이터를 의미한다. 대표적인 비정형 데이터는 이미지, 영상, 문서, 음성 등이 있다. 인터넷과 스마트폰의 대중화로 엄청난 양의 비정형 데이터가 매일 생성되고 있다. 이를 활용하기 위한 데이터 분석 방법이 비정형 데이터 분석 방법이 지속 고안되고 있다.

① 텍스트 마이닝(Text minig)

텍스트 데이터를 자연어 처리(NLP ; Natural language processing) 등의 방식으로 특징 추출, 요약, 분류, 군집화 등 의미를 도출하는 분석 방법이다. 입력된 텍스트를 정형화하고 패턴을 추출하여 결과를 평가하거나 번역하는 과정을 거친다.

> **핵심요약**
> 자연어 처리(NLP) 핵심과제로 자연어 형태의 문장을 이해하는 자연어 이해(NLU)와 자연어 문장을 생성하는 자연어 생성(NLG)이 있다.

| 기능 | 설명 |
| --- | --- |
| 특징 추출 | 문서 내의 중요 정보, 원하는 정보를 추출 |
| 문서 요약 | 문서의 주요 정보를 유지하고 복잡도와 길이를 요약 |
| 문서 분류 | 문서 내용을 분석해 정의된 카테고리로 분류 |
| 문서 군집화 | 유사도를 기반으로 관련성 높은 문서끼리 군집화 |

[표 41 텍스트 마이닝 기능]

> **핵심요약**
> - NLU 과제 : 감성분석, 유사도예측, 자연어추론, 언어적 요인 가능성, 기계독해, 의도 분류
> - NLU 알고리즘 : T5, ALBERT, RoBERTa, XLNet, BERT, GPT-1, ELMo 등

㉠ 텍스트 마이닝 절차
- 텍스트 수집 및 전처리

  기사, 논문, SNS 등 분석 대상 텍스트 데이터를 수집한다. 분석 목적에 따라 책, 문서, 문장 등의 단위로 코퍼스(CORPUS)를 생성한다. 코퍼스는 문서를 관리하는 기본 구조이다. 클렌징, 토큰화, 불용어 제거 등의 방법을 사용해 코퍼스를 용도에 맞게 전처리한다.

| 전처리 | 설명 |
| --- | --- |
| 클렌징 | 불필요한 문자, 기호 등 노이즈를 제거 |
| 토큰화 | 코퍼스를 의미를 갖는 가장 작은 단위인 토큰으로 나누는 작업 |
| 불용어 제거 | be동사, 전치사 등 자주 쓰이나 주요하지 않은 불용어 제거 |
| 어간 추출 | '-ed', '-ly' 등 단어의 접사를 제거하고 어간을 추출 |
| 표제어 추출 | 다양한 형태로 활용된 단어의 원형을 추출 |

[표 42 텍스트 데이터 전처리] 기출

- 의미 추출

  복잡한 문서 정보의 표현을 단순화하여 의미 있는 데이터로 변환한다. 예를 들어 문서별 단어 사용 빈도를 행렬로 생성하는 방법이 있다.

| 구분 | 단어 1 | 단어 2 | 단어 3 | 단어 4 |
|---|---|---|---|---|
| 문서 1 | 2 | 0 | 1 | 0 |
| 문서 2 | 0 | 1 | 0 | 0 |
| 문서 3 | 1 | 1 | 0 | 2 |

[표 43 빈도 행렬 예시]

- 패턴 분석
  데이터 분석 및 시각화를 하는 단계다. 머신러닝 기반 분류, 군집화 분석을 수행하거나 감성 분석 등을 수행할 수 있다. 대표적인 시각화 방법으로 워드 클라우드 등이 있다.

ⓒ 감성 분석(Sentiment analysis)

감성분석 또는 오피니언 마이닝은 텍스트에 내재된 의견, 감성 등의 주관적인 정보를 분석하는 방법이다. 텍스트에서 긍·부정 여부를 판단하여 소비자 반응이나 여론 변화 등을 분석하는 목적으로 사용한다. 크게 감성어 사전을 사용하는 방법과 머신 러닝을 사용하는 방법으로 나뉜다.

② 소셜 네트워크 분석(SNA ; Social network analysis)

소셜 네트워크 분석은 개인, 집단, 사회의 관계를 네트워크 구조로 분석하고 시각화하는 방법이다. 네트워크란 노드(Node)와 엣지(Edge)를 기반으로 사회적 관계를 구조화한 그래프이다. 노드는 사회의 구성 개체를 의미하고 엣지는 개체 간의 관계를 의미한다. 노드와 엣지는 각각 버텍스(Vertex)와 링크(Link)라고도 한다. 네트워크는 행렬 형태로 표현할 수 있다.

**핵심요약**

이미지 인식 영역에서의 ImageNet과 같이 GLUE(General Language Understanding Evaluation) 벤치마크는 자연어 처리 영역에서의 모델 학습과 평가를 위해 고안된 데이터셋이다.

**빈칸 채우기**

SNA에서 (　　)은/는 개체를 의미하고 (　　)은/는 관계를 의미한다.

정답 : 노드, 엣지

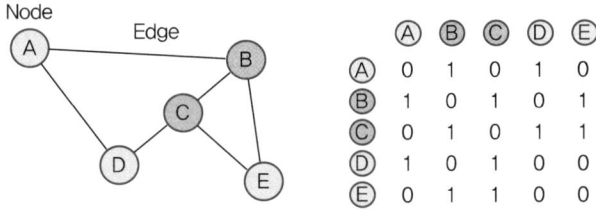

[그림 38 방향성과 가중치가 없는 네트워크 예시]

**OX QUIZ**

SNA의 주요 속성은 명성, 응집력, 범위, 중개, 구조적 포괄성이다. (O/X)

정답 : X

**해설** SNA의 주요 속성은 명성, 응집력, 범위, 중개, 구조적 등위성이다.

㉠ 소셜 네트워크 분석의 주요 속성

| 속성 | 설명 |
|---|---|
| 명성(Prominence) | 권력 또는 책임을 가지고 있는 객체 확인 |
| 응집력(Cohesion) | 객체 간 직접적 연결 존재 확인 |
| 범위(Range) | 객체의 네트워크 규모 |
| 중개(Brokerage) | 다른 네트워크와의 연결 정도 |
| 구조적 등위성(Equivalence) | 한 네트워크의 구조적 지위와 역할이 동일한 객체들 간의 관계 |

[표 44 소셜 네크워크 분석 주요 속성]

㉡ 소셜 네트워크 분석 기준

중심성은 하나의 노드가 전체 네트워크의 중심에 위치하는 정도를 나타내는 지표이다. 중심성은 연결 정도 중심성, 근접 중심성, 매개 중심성, 위세 중심성 등이 있다. 밀도는 가능한 총 연결에 대한 실제 연결의 비율로 네트워크 전반의 연결 정도 수준을 나타내는 지표이다. 밀도는 연결 정도, 포괄성 등으로 측정된다.

| | 지표 | 설명 |
|---|---|---|
| 밀도 | 연결 정도 (Degree) | • 노드 간의 총 연결 관계 수<br>• 한 노드가 몇 개의 노드와 연결되어 있는지 정도 |
| | 포괄성 (Inclusiveness) | • 서로 연결된 노드 수<br>• 연결되지 않은 노드를 제외한 노드 수 |
| 중심성 | 연결 정도 중심성 (Degree centrality) | • 직접 연결된 노드들의 합을 기반으로 측정<br>• 연결 노드 수가 많을수록 정보 획득 가능성이 높음 |
| | 근접 중심성 (Closeness centrality) | • 모든 노드로의 최소거리를 기반으로 측정<br>• 간접적으로 연결된 노드와의 관계까지 파악할 수 있음 |
| | 매개 중심성 (Betweenness centrality) | • 다른 노드들 사이의 위치하는 정도를 나타내는 지표<br>• 지나는 경로가 많을수록 매개 중심성이 높음 |
| | 위세 중심성 (Eigenvector centrality) | • 연결된 노드의 영향력에 가중치를 주어 측정<br>• 자신의 영향력과 연결 노드의 영향력을 같이 반영함 |

[표 45 소셜 네트워크 분석 주요 지표]

**학습가이드**

다양한 앙상블 기법, 특히 배깅과 부스팅의 특징과 차이점을 이해하고 각 방법의 대표적인 알고리즘을 설명할 수 있어야 한다.

**핵심요약**

앙상블 기법을 사용하면 다수의 모델을 결합하므로 예측은 증가하나 예측 근거에 대한 설명력은 감소한다.

### (7) 앙상블 분석 [중요] [기출]

앙상블(Ensemble) 분석은 분석 결과의 성능을 향상하기 위해서 다수의 모형에서 출력된 결과를 종합하여 하나의 최종 결과를 도출하는 방법이다. 회귀분석에 사용하는 경우 평균 등 대푯값을 산출해 결과를 종합한다. 분류 분석의 경우 다수결 방식, 가중 다수결 방식 등을 활용해 최종 결과를 도출한다.

① 배깅(Bagging)

배깅(Bagging, Bootstrap aggregating)은 부트스트랩 샘플링(Bootstrap sampling)으로 추출한 여러 개의 표본에 각각 모형을 병렬적으로 학습하고 추출된 결과를 집계하는 앙상블 기법이다. 부트스트랩 샘플링은 랜덤 복원 추출을 통해 같은 크기의 표본을 추출하는 샘플링 기법이다. 배깅은 성능 향상에 효과적이며 데이터의 사이즈가 작거나 결측값이 있는 경우 유리한 방법이다.

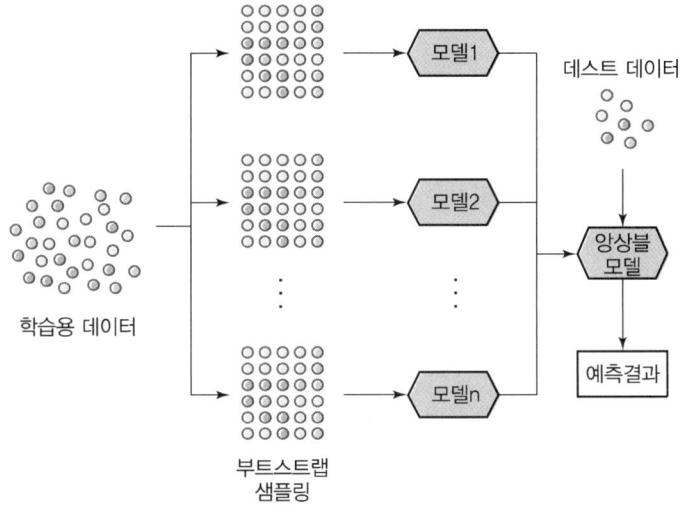

[그림 39 배깅 프로세스]

㉠ 랜덤포레스트(Random Forest) 기출

랜덤포레스트는 의사결정나무 기반의 앙상블 알고리즘이다. 기본 배깅에 변수를 랜덤으로 선택하는 특징 배깅(Feature bagging) 과정을 추가한 방법이다. 랜덤하게 변수를 선택하여 동일한 트리가 생성되는 것을 방지하고 변수가 많은 경우 별도의 변수 제거 없이 분석 가능하다. 랜덤포레스트는 예측 편향을 줄이고 과적합을 방지할 수 있으며 이상치에 영향을 적게 받는다.

> **빈칸 채우기**
>
> 랜덤포레스트 모델은 의사결정트리의 (　　)은/는 유지하고 (　　)은/는 감소하므로 예측력이 증가하고 과적합 위험이 감소한다.
>
> 정답 : 편향(bias), 분산(variance)

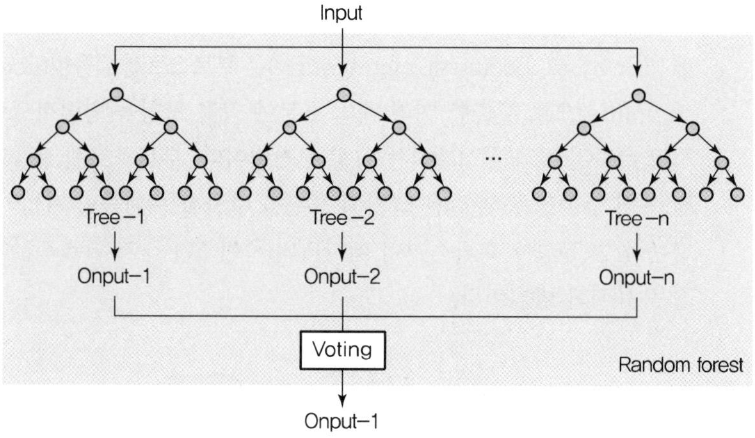

[그림 40 랜덤포레스트 프로세스]

② 부스팅(Boosting)

부스팅(Boosting)은 예측력이 약한 모형을 순차적으로 결합하여 예측력이 강한 모형을 만드는 앙상블 방법이다. 부스팅은 순차적으로 학습하며 데이터의 가중치를 재조정한다. 잘못 분류한 데이터는 높은 가중치를 부여하고 잘 분류한 데이터는 낮은 가중치를 부여한다. 부스팅은 가중치를 조정하는 방법에 따라 다양한 알고리즘으로 구분된다. 대표적인 부스팅 알고리즘으로 AdaBoost, GBM 등이 있다. 부스팅은 높은 정확도를 보이나 과적합 가능성이 높고 이상치에 취약하다.

㉠ AdaBoost(Adaptive boosting)

AdaBoost는 약한 모형을 하나씩 순차적으로 학습한다. 먼저 학습한 모형이 잘못 분류한 표본에 높은 가중치를 부여하고 다음 모형은 높은 가중치가 부여된 표본을 잘 분류할 수 있도록 학습된다. 이렇게 여러 모형을 순차적으로 학습하고 각각의 결과를 종합하여 강한 모형을 생성한다.

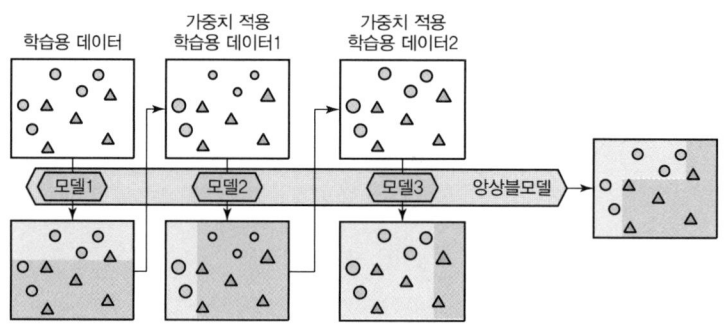

[그림 41 AdaBoost 프로세스]

---

**OX QUIZ**

부스팅을 사용하면 오분류 개체를 다시 분류하는 과정에서 다른 모델에서 중요도가 낮은 변수의 중요도가 높게 나올 수 있다. (O/×)

정답 : O

**OX QUIZ**

불균형 데이터 분류에 앙상블 기법을 사용하는 경우 부스팅보다 배깅이 더 적합하다. (O/×)

정답 : ×

해설 불균형 데이터는 소수범주의 오분류 가능성이 높으므로 오분류된 표본에 높은 가중치를 주어 분류하는 부스팅이 더 적합하다.

ⓒ GBM(Gradient boosting machine)

GBM은 AdaBoost와 유사하나 가중치를 조정할 때 경사하강법을 이용해 최적화된 결과를 얻는다. 경사하강법은 잔차(오류)를 최소화하는 방향으로 가중치를 재조정한다. GBM은 대표적인 탐욕 알고리즘(Greedy algorithm)이다. 탐욕 알고리즘은 문제를 해결하는 과정에서 매순간 가능한 모든 선택지 중 최선의 답을 선택한다. 이에 따라 과적합 될 확률이 높고 학습 시간이 길다는 단점이 있다.

- XGBoost

XGBoost는 GBM의 단점을 보완하기 위해 시스템을 최적화하고 알고리즘을 고도화한다. 시스템 최적화 관점으로 병렬화, 가지치기를 적용한다. 알고리즘 고도화 관점으로 정규화, 결측치 처리, 교차검증 등을 적용한다.

| 시스템 최적화 | | 알고리즘 고도화 | |
|---|---|---|---|
| 병렬화 | 트리 구축 프로세스를 병렬화 | 정규화 | L1, L2 정규화를 통해 복잡한 모델에 패널티 부여 |
| 가지치기 | 최대 깊이를 먼저 지정하고 가지치기를 수행 | 결측치 처리 | 결측치를 자동 학습하여 희소한 패턴 인지 및 처리 |
| | | 교차검증 | 반복 과정에서 교차 검증을 수행 |

[표 46 시스템 및 알고리즘 관점 상세]

- Light GBM

Light GBM는 트리 분할에 Level-wise 방식을 사용하는 GBM, XGBoost 등의 알고리즘과 달리 Leaf-wise 방식을 사용한다. Level-wise 방식은 균형 트리 분할 방식으로 최대한 균형 잡힌 트리를 유지하면서 분할하고 이에 따라 깊이가 최소화 된다. Leaf-wise 방식은 최대 손실을 갖는 리프 노드를 지속 분할하여 깊고 비대칭적인 트리를 생성한다.

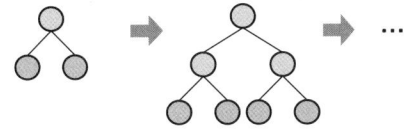

[그림 42 Level-wise growth]

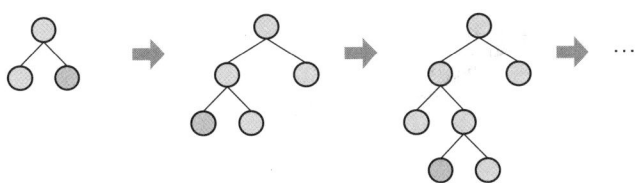

[그림 43 Leaf-wise growth]

---

**OX QUIZ**

Boosting은 Bagging에 비하여 병렬처리가 어렵다. (O/×)

정답 : O

**빈칸 채우기**

Random Forest, XGBoost는 ( ) 방식으로 트리를 분할하고 Light GBM은 ( ) 방식으로 트리를 분할한다.

정답 : Level-wise, Leaf-wise

### (8) 비모수 통계 기출

모집단의 모수를 추정하기 위한 통계적 검정 방법은 모수 통계(Parametric statistics)와 비모수 통계(Nonparametric statistics)로 구분된다. 모수 통계는 모집단의 분포를 가정하고 분포를 기반으로 검정한다. 비모수 통계는 모집단의 분포를 가정하지 않고 빈도, 부호, 순위 등 명목척도 또는 서열척도를 활용해 검정한다.

| 장점 | 단점 |
|---|---|
| • 모집단 분포에 대한 가정이 없음<br>• 통계량 산식이 단순하고 직관적임<br>• 표본 사이즈가 작은 경우에도 활용 가능함<br>• 이상치의 영향을 적게 받음 | • 모집단 분포 가정을 만족하면 효율이 떨어짐<br>• 표본 사이즈가 큰 경우 계산량이 과도함 |

[표 47 비모수 통계 장단점]

#### ① 부호검정(Sign test)

부호검정은 부호(Sign)만을 기준으로 모집단의 중앙값을 검정하는 비모수적 통계 방법이다. 비모수 통계 방법이므로 이론적인 분포를 가정하지 않으나 분포의 연속성, 독립성을 가정한다. 모집단의 중앙값이 $M$인 연속확률분포에서 추출한 표본을 $X_1, X_2, \cdots, X_n$일 때 중앙값 $M$에 대한 가설은 다음과 같다.

- 귀무가설(H0) : $M = M_0$, 중앙값은 $M_0$와 같다.
- 대립가설(H1) : $M \neq M_0$, 중앙값은 $M_0$와 다르다.

가정된 중앙값 $M_0$에 대하여 $X_i - M_0$의 부호 $S_i$를 다음과 같이 구한다.

$$S_i = \begin{cases} 1, & X_i - M_0 > 0 \\ 0, & X_i - M_0 < 0 \end{cases}$$

검정통계량 $B$는 $M_0$보다 큰 $X_i$의 개수가 되고, $B$는 모수가 $\left(n, \dfrac{1}{2}\right)$인 이항분포를 따른다.

$$B = \sum_{i=1}^{n} S_i \sim B\left(n, \dfrac{1}{2}\right)$$

---

**OX QUIZ**

비모수 통계 방법은 분포와 관련된 가정은 전혀 하지 않는다. (O/×)

정답 : ×

해설 비모수 통계 방법에 따라 분포의 연속성, 독립성, 대칭성 등을 가정한다.

② 월콕슨 부호 순위 검정(Wilcoxon signed rank test)
월콕슨 검정은 부호와 상대적 크기를 고려해 중앙값을 검정하는 비모수적 통계 방법으로 부호검정의 단점을 보완한 방법이다. 분포의 연속성, 독립성, 대칭성을 가정한다. 모집단의 중앙값이 $M$인 연속확률분포에서 추출한 표본을 $X_1, X_2, \cdots, X_n$일 때 중앙값 $M$에 대한 가설은 부호검정과 동일하다.

- 귀무가설(H0) : $M = M_0$, 중앙값은 $M_0$와 같다.
- 대립가설(H1) : $M \neq M_0$, 중앙값은 $M_0$와 다르다.

검정통계량 $W$는 $X_i - M_0$의 부호 $S_i$와 $|X_i - M_0|$의 순위 $R_i$를 활용한다.

$$S_i = \begin{cases} 1, & X_i - M_0 > 0 \\ 0, & X_i - M_0 < 0 \end{cases},$$

$R_i = \{|X_1 - M_0|, |X_2 - M_0|, \cdots, |X_n - M_0|\}$에서 $|X_i - M_0|$의 순위

$$W = \sum_{i=1}^{n} S_i R_i$$

③ 만-위트니 U 검정(Mann-Whitney U test)
만-위트니 U 검정은 두 모집단 간의 중앙값 위치를 비교하는 비모수적 통계 방법이다. 만-위트니-월콕슨 검정(Mann-Whitney-Wilcoxon test) 또는 월콕슨 순위 합 검정(Wilcoxon rank sum test)이라고도 한다. 분포의 연속성, 독립성, 대칭성을 가정한다. 동일한 형태의 연속확률분포를 갖는 두 모집단에서 추출한 표본이 각각 $X_1, X_2, \cdots, X_m$과 $Y_1, Y_2, \cdots, Y_n$일 때 중앙값의 차이에 대한 가설은 다음과 같다.

- 귀무가설(H0) : 두 집단의 중앙값과 같다.
- 대립가설(H1) : 두 집단의 중앙값과 다르다.

검정통계량 $U$는 두 모집단의 혼합표본에서의 순위 $R_i$를 활용한다.

$$R = \sum_{i=1}^{n} R_i, \ R_i = \{X_1, X_2, \cdots, X_m, Y_1, Y_2, \cdots, Y_n\}$$에서 $Y_i$의 순위

$$U = R - \frac{n(n+1)}{2}$$

> **OX QUIZ**
>
> 만-위트니 U 검정은 월콕슨 부호 순위 검정이라고도 한다. (O/×)
>
> 정답 : ×

④ 크루스칼-왈리스 검정(Kruskal-Wallis test)
크루스칼-왈리스 검정은 세 개 이상 집단의 분포를 비교하는 검정 방법으로 순위 기반 일원분산분석(one-way ANOVA on ranks)이라고도 한다. 순위합 검정법의 하나로 모든 집단의 혼합 표본에서 순위 합을 구하여 검정 통계량을 계산한다. 각 표본의 중앙값은 다르나 동일한 형태의 분포를 가진다고 가정한다.

> - 귀무가설(H0) : 모든 집단의 분포는 같다.
> - 대립가설(H1) : 하나 이상의 집단의 분포는 다르다.

⑤ 런 검정(Run test)

런 검정은 각 표본이 서로 독립적인지 검정하는 검정 방법이다. 즉, 어떤 패턴이나 경향 없이 랜덤하게 나타나는지 검정한다. 표본을 배타적인 2개의 집단으로 구분한다. 런(Run)은 표본의 부호가 바뀔 때까지의 묶음을 의미한다. 런의 수가 상한치와 하한치 범위를 벗어나면 귀무가설을 기각한다.

> - 귀무가설(H0) : 연속적인 관측치가 랜덤하다.
> - 대립가설(H1) : 연속적인 관측치가 랜덤하지 않다. (패턴이 있다.)

⑥ 스피어만 순위 상관계수(Spearman rank correlation coefficinet)

두 변수의 순위 값을 기반으로 산출한 상관관계를 평가하는 비모수 척도다. 두 변수 간의 스피어만 상관계수는 순위 값을 기반으로 산출한 피어슨 상관계수와 같다. 선형적 관계만 평가하는 피어슨 상관계수와 달리 스피어만 상관계수는 단조적 관계를 평가한다.

# 챕터 마무리문제

**빅데이터분석기사 필기 한권완성 PART 03**

**01** 독립변수 X와 종속변수 Y의 상관계수가 −0.4이라고 한다면 회귀방정식의 결정계수값은 얼마인가?

① 0.16
② −0.16
③ −0.4
④ 0.4

해설 상관계수의 제곱이 결정계수이므로 $(-0.4)^2 = 0.16$이다.

**02** 독립변수와 종속변수의 회귀방정식이 $y = 0.4x + 3$라고 할 때 x, y의 표준편차가 각각 1, 2라고 한다면 상관계수는 얼마인가?

① 0.3
② 0.5
③ $\frac{3}{4}$
④ 0.2

해설 상관계수와 회귀계수의 관계는 $\beta_1 = \gamma \frac{s_Y}{s_X}$이며 $0.4 = \gamma \frac{2}{1}$이므로, $\gamma = 0.2$이다.

**03** 의사결정나무에 대한 설명으로 옳지 않은 것은?

① 분류 결과가 트리 구조라 쉽게 이해가 가능하다.
② 훈련 데이터 개수, 노드 선정에 따라 모델이 고정되어 있다.
③ 수치자료와 범주자료 모두 적용할 수 있다.
④ 과적합의 위험이 있다.

해설 훈련 데이터 개수와 노드 선정에 따라 모델이 달라진다.

정답 01 ① 02 ④ 03 ②

**04** 회귀분석에 대한 설명으로 잘못된 것은?

① 독립변수와 종속변수의 함수적 관계를 파악하기 위한 것이다.
② 독립변수 한 개에 종속변수 한 개의 함수관계는 단순회귀분석이다.
③ 독립변수 두 개 이상과 종속변수의 함수 관계는 다중회귀분석이다.
④ 회귀분석의 설명력을 알아보기 위한 척도는 F 값이다.

해설 회귀분석의 설명력을 알아보기 위한 척도는 결정계수 $R^2$이다.

**05** 회귀분석을 위한 기본적인 가정이 아닌 것은?

① 독립변수들 사이에 독립성이 보장되어야 한다.
② 회귀식의 잔차가 독립성을 만족해야 한다.
③ 회귀식의 잔차는 평균 0, 분산 $\sigma^2$인 정규성을 만족해야 한다.
④ 회귀식의 잔차는 등분산성을 만족하지 않아야 한다.

해설 회귀식은 선형성, 등분산성, 독립성, 정규성, 비상관성을 만족해야 한다.

※ 출제경향
회귀분석의 가정의 설명을 정확히 알고있는지에 대한 문제가 출제되었다.

**06** 데이터마이닝 기법에서 연관(Association)의 측정 기준이 아닌 것은?

① 지지도                    ② 신뢰도
③ 향상도                    ④ 연관도

해설 연관 분석은 지지도, 신뢰도, 향상도를 측정한다.

**07** 다음 중 로지스틱 회귀모형에서 설명변수가 한 개이고 해당 회귀계수의 부호가 음수일 때 나타나는 그래프의 형태로 적절한 것은?

① 감소하는 직선 그래프           ② 종 모양 그래프
③ 역 S자 그래프                ④ S자 그래프

해설 로지스틱 회귀 모형에서 설명 변수가 한 개인 경우 회귀계수의 부호가 0보다 작을 때는 역 S자 그래프가 그려진다.

**08** 군집 내 오차들의 제곱합을 고려한 계층적 군집방법은?

① 와드연결법                  ② 최단연결법
③ 중심연결법                  ④ 평균연결법

해설 와드연결법은 군집 내의 오차 제곱 합에 기초하여 군집을 수행한다.

정답  04 ④  05 ④  06 ④  07 ③  08 ①

**09** 다음 중 두 군집 사이의 거리를 두 군집의 중심 간 거리로 계산하는 계층적 군집방법은?

① 중심연결법 ② 최단연결법
③ 최장연결법 ④ 평균연결법

해설 중심연결법은 두 군집 사이의 거리를 두 군집의 중심 간 거리로 계산하는 계층적 군집방법이다.

**10** 정의된 범주가 없는 데이터에서 최적의 그룹을 찾아가는 분석 방법은?

① 분류 분석 ② 예측 분석
③ 시계열 분석 ④ 군집 분석

해설 군집 분석은 비지도 학습으로서, 사전 정의된 범주가 없는 데이터에서 최적의 그룹을 찾아가는 문제해결 방식이다.

**11** 의사결정나무 분석에서 분류 기준 변수의 선택에 사용되는 기준이 아닌 것은?

① 지니 지수 ② 엔트로피 지수
③ 일반화 분산 ④ 카이제곱 통계량의 p값

해설 의사결정나무 분석에서 분류 기준값의 선택에 카이제곱 통계량의 p값과 지니 지수, 엔트로피 지수가 사용된다.

**12** 연관 분석의 평가 지표가 아닌 것은?

① 지지도 ② 향상도
③ 재현도 ④ 신뢰도

해설 연관 분석의 평가 지표에는 지지도, 향상도, 신뢰도가 있다.

**13** 회귀분석의 가정에 대한 설명 중 옳은 것은?

① 독립변수와 종속변수는 비선형적이어야 한다.
② 잔차항이 정규분포의 형태를 띤다.
③ Q-Q Plot에서 잔차가 우하향하는 형태이다.
④ 잔차끼리 서로 상관관계를 가진다.

해설 ① 독립변수와 종속변수는 선형성을 가진다.
③ Q-Q plot에서 잔차가 우상향하는 정규성을 가진다.
④ 잔차 간 서로 무관한 비상관성을 가진다.

정답 09 ① 10 ④ 11 ③ 12 ③ 13 ②

**14** 회귀식의 종류와 그 설명이 올바르지 않은 것은?

① 단순 회귀 : 독립변수가 1개이며 종속변수와의 관계가 직선이다.
② 다항 회귀 : 독립변수와 종속변수가 k개이며 종속변수와의 관계가 선형이다.
③ 다중 회귀 : 독립변수가 k개이며 종속변수와의 관계가 선형이다.
④ 곡선 회귀 : 독립변수가 1개이며 종속변수와의 관계가 곡선이다.

해설 다항 회귀는 독립변수와 종속변수와의 관계가 1차 함수 이상인 관계이다.

**15** 최소제곱법에 대한 설명으로 옳은 것은?

① 의사결정나무 모델에서 사용하며 최소자승법이라고도 부른다.
② 군집분석에서 군집 간 거리를 구할 때 사용한다.
③ 회귀분석에서 회귀계수를 추정할 때 사용한다.
④ 인공신경망에서 퍼셉트론을 구성하는 방법이다.

해설 최소제곱법은 회귀계수를 추정할 때 사용한다. 측정값을 기초로 해서 제곱합을 만들고, 그것을 최소로 하는 값을 구하며 최소자승법이라고도 부른다.

**16** 설명변수들 사이에 선형관계가 존재하여 회귀계수의 추정에 부정적인 영향을 미치는 것을 무엇이라고 부르는가?

① 다중공선성  ② 귀무가설
③ 기울기 소실  ④ 마할라노비스

해설 다중공선성에 대한 설명이다.

**17** 다음 중 다중공선성에 대한 설명으로 옳은 것은?

① 독립변수가 여러 개면서 다중 회귀식을 따르는 것이다.
② 설명변수들 사이에 선형관계가 존재하여 회귀계수의 추정에 부정적인 영향을 미치는 것이다.
③ 선형 회귀식을 여러 개 조합하여 비선형성을 만족하는 것이다.
④ 가지치기가 필요한 가지를 줄이지 않아 모형의 복잡도를 유지하는 것이다.

해설 다중공선성은 설명변수들 사이에 선형관계가 존재하여 회귀계수의 추정에 부정적인 영향을 미치는 것이다.

정답  14 ②  15 ③  16 ①  17 ②

## 18 의사결정나무에 대한 설명으로 옳지 않은 것은?

① 전체 자료를 여러 개의 소집단으로 분류하거나 예측하는 데 사용되는 기법이다.
② 불순도 감소량을 최소한으로 하는 분할을 선택한다.
③ 새로운 데이터를 모형에 적용하기가 쉽다.
④ 수치형과 범주형 변수 모두에 적용할 수 있다.

해설 불순도 감소량을 최대한으로 하는 분할을 선택해야 한다.

## 19 의사결정나무의 장점으로 옳지 않은 것은?

① 나무 구조로 표현되어 해석이 용이하다.
② 두 개 이상의 변수의 영향도를 쉽게 파악할 수 있다.
③ 과적합이 거의 발생하지 않는다.
④ 수치형 변수와 범주형 변수 모두 사용할 수 있다.

해설 의사결정나무 모델은 학습용 데이터에 의존한 과적합이 발생할 가능성이 높다.

## 20 의사결정나무의 단점으로 옳지 않은 것은?

① 연속형 변수를 비연속값으로 범주화하기 때문에 분리 경계점에서 예측의 오류가 커진다.
② 대용량 데이터에는 적합하지 않다.
③ 각 변수의 고유한 영향력을 해석하기 어렵다.
④ 학습용 데이터의 과적합 위험이 커서 검증용 데이터를 활용하여 교차 타당성 평가를 진행해야만 한다.

해설 의사결정나무 모델은 대용량 데이터에서도 빠르게 생성이 가능하며 정확도도 높다.

## 21 의사결정나무의 가지치기 분리 알고리즘이 아닌 것은?

① CHAID
② CART
③ SOM
④ C4.5

해설 SOM은 군집분석에서 사용하는 자기 조직화 지도 알고리즘이다.

정답 18 ② 19 ③ 20 ② 21 ③

**22** 의사결정나무의 분석 과정에 대한 설명으로 옳지 않은 것은?

① 나무의 성장은 모든 끝마디가 하나의 범주만을 가질 때까지 진행한다.
② 불순도 감소량을 가장 크게 하는 분할을 한다.
③ 불필요한 가지를 제거하여 모형의 복잡도를 줄이는 가지치기를 진행한다.
④ 적절한 정지규칙과 가지치기를 통해 과적합을 방지한다.

해설  나무의 성장은 적절한 정지규칙과 가지치기를 설정하여 적절한 시점에 중단해야 한다. 모든 끝마디가 하나의 범주를 가지면 과적합되었음을 의미한다.

**23** 의사결정나무를 표현한 그림이다. 빈칸에 들어갈 용어로 옳은 것은?

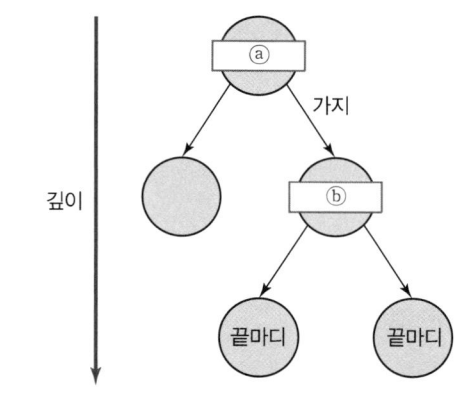

|   | ⓐ | ⓑ |
|---|---|---|
| ① | 끝마디 | 뿌리 마디 |
| ② | 뿌리 마디 | 중간 마디 |
| ③ | 중심 마디 | 중간 마디 |
| ④ | 부모 마디 | 끝마디 |

해설  최상위 마디는 전체 학습 데이터를 의미하는 뿌리 마디이며, 끝마디가 아닌 마디를 중간 마디라고 한다. 자식 마디가 없는 가장 하위의 마디를 끝마디라고 한다.

**24** 인공신경망에 대한 설명으로 적절하지 않은 것은?

① 사람 두뇌의 뉴런이 전기신호를 전달하는 모습을 모방한 모델이다.
② 입력층과 출력층, 활성층의 세 가지 층으로 구성된다.
③ 역전파 알고리즘을 사용하여 결과값의 오차를 최소가 될 수 있도록 가중치를 계산한다.
④ 활성화 함수는 대표적으로 Sigmoid가 있다.

해설  인공신경망은 입력층과 출력층, 은닉층의 세 가지 층으로 구성된다.

정답  22 ①  23 ②  24 ②

**25** 다음 그래프가 의미하는 활성화 함수는 무엇인가?

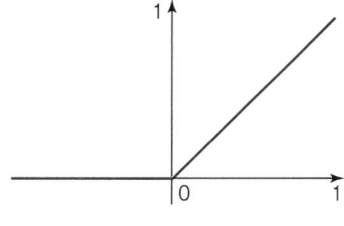

① Sigmoid
② Softmax
③ ReLU
④ tanh

해설 입력값이 0보다 작으면 0을, 0보다 크면 입력값을 그대로 출력하는 함수는 ReLU이다.

**26** 다음 중 Sigmoid 함수에 대한 설명으로 옳은 것은?

① 출력값으로 −1과 1사이의 값을 출력한다.
② 곡선의 형태로 0과 1사이의 값을 출력한다.
③ 입력값을 그대로 출력한다.
④ 0보다 작으면 0을 출력하며, 0보다 크면 입력값을 그대로 출력한다.

해설 Sigmoid는 곡선의 형태로 0과 1사이의 값을 출력한다. ①는 tanh 함수, ④는 ReLU 함수에 대한 설명이다.

**27** 인공신경망의 구조에 대한 설명으로 옳지 않은 것은?

① 인공신경망은 입력층, 은닉층, 출력층의 세 가지 층으로 구성된다.
② 입력층은 예측을 위한 데이터를 입력받는다.
③ 은닉층은 입력층으로부터 전달 값을 이용하여 결과를 산출한다.
④ 출력층은 활성 함수의 결과를 담고 있으며 입력층의 수와 같다.

해설 출력층의 수는 출력 범주의 수와 같도록 한다.

**28** 역전파 알고리즘의 설명으로 적절한 것은?

① 출력값으로 결정된 결과값의 오차를 역으로 입력층으로 전파하며 계산한다.
② 입력층에서 차례대로 가중치를 계산하는 방법이 더 빠르다.
③ 오차를 점점 늘려 가는 과정이다.
④ 연관 분석을 하기 위해 사용하는 알고리즘이다.

해설 역전파 알고리즘은 인공신경망 분석에서 입력층에서 차례로 가중치를 계산하는 것보다 빠르고 정확하며 오차가 최소가 될 수 있도록 하는 과정이다.

※ 출제경향
역전파 알고리즘에 대한 개념을 묻는 문제가 출제되었다.

정답 25 ③  26 ②  27 ④  28 ①

### 29 퍼셉트론에 대한 설명으로 옳은 것은?

① 단층 퍼셉트론은 AND, OR, XOR 연산이 가능하다.
② 다층 퍼셉트론은 단층 퍼셉트론과 달리 은닉층을 가진다.
③ sigmoid 함수를 통해 기울기 소실의 문제를 해결한다.
④ 결과 해석이 쉽다.

**해설** ① 단층 퍼셉트론은 XOR을 해결할 수 없다.
③ 기울기 소실 문제는 sigmoid의 특성에 의해 발생하며 이는 ReLU를 통해 해결한다.
④ 인공신경망 모델은 결과 해석이 어려운 것이 특징이다.

### 30 서포트벡터머신에 대한 설명으로 옳지 않은 것은?

① 지도 학습 기반의 이진 선형 분류 모델이다.
② 공간상에서 최적의 분리 초평면을 찾아 분류를 수행한다.
③ 훈련 시간이 빠르지만 과적합 가능성이 높다.
④ 소프트 마진 SVM과 하드 마진 SVM으로 구분된다.

**해설** 서포트벡터머신은 훈련 시간이 느리지만 정확도가 높고 과적합의 가능성은 작다.

※ **출제경향**
서포트벡터머신의 개념에 대해 묻는 문제가 출제되었다.

### 31 소프트 마진 SVM과 하드 마진 SVM에 대한 설명으로 옳은 것은?

① 하드 마진 SVM은 잘못 분류된 오분류를 허용한다.
② 소프트 마진 SVM은 노이즈로 인해 최적의 결정경계를 구하지 못하는 문제가 있다.
③ 하드 마진 SVM의 단점을 대체한 것이 소프트 마진 SVM이다.
④ 두 가지의 장점을 결합한 미디엄 마진 SVM을 주로 사용한다.

**해설** 하드 마진 SVM은 오분류를 허용하지 않으며, 이로 인해 노이즈에 영향을 많이 받아 최적의 결정경계를 구하지 못하는 문제가 있다. 그래서 오분류를 허용하여 해결하는 소프트 마진 SVM을 대체로 사용한다.

**정답** 29 ② 30 ③ 31 ③

**32** 다음의 주어진 그림을 보고 옳지 않은 설명을 고르면? (단, ○는 빨간 점이고 □는 파란 점이다.)

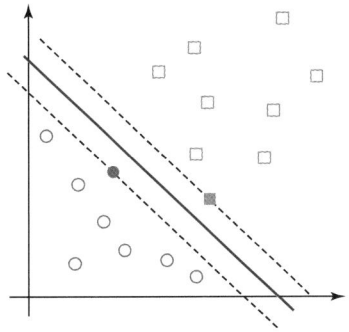

① 빨간 점과 파란 점을 구분하는 실선을 초평면이라 한다.
② 그림에서 사용한 데이터는 선형 분리가 가능하다.
③ 점선으로 표현된 두 선을 서포트 벡터라 한다.
④ 두 점선 간의 거리를 마진이라 한다.

해설 서포트 벡터는 결정경계와 가장 가까이에 있는 점선 위에 색칠된 두 점을 의미한다.

**33** 연관성 분석에 대한 설명으로 옳지 않은 것은?

① 분석 방향과 목적이 없어도 적용할 수 있다.
② 조건 반응으로 표현되어 결과를 해석하기 쉽다.
③ 품목을 세분화 할수록 결과가 유의미하다.
④ 대표적으로 장바구니 분석에 활용한다.

해설 연관성 분석을 할 때, 품목이 너무 세분되면 의미 없는 결과를 도출할 수 있다.

**34** 연관성 분석의 장점과 단점으로 옳지 않은 것은?

① 자료 분석을 위한 초기 탐색적 단계에 적절한 기법이다.
② 한 개의 변수가 여러 개의 값을 갖는 데이터에 유용하다.
③ 결과를 해석하기 어렵다.
④ 적절한 품목 선택을 위한 지지도 가지치기 등이 필요하다.

해설 조건과 결과로 이루어진 해석이 매우 쉬운 분석이다.

정답 32 ③ 33 ③ 34 ③

**35** K-평균 군집에 대한 설명으로 옳은 것은?

① K개의 개체에 대해 군집을 형성하는 방법이다.
② K값은 미리 지정하지 않아도 된다.
③ 각 개체는 동시에 여러 개의 군집에 속할 수 있다.
④ 개체와 개체들이 속하는 군집의 중심 간 거리가 가장 작은 군집 방법이다.

해설 K-평균 군집은 개체와 개체들이 속하는 군집의 중심과의 거리가 최소가 되는 방법으로 형성되는 군집이며, K를 임의로 지정하여 K개의 군집을 계산한다.

**36** 다음 중 지도 학습에 해당하는 분석 방법이 아닌 것은?

① K-평균 군집  ② 의사결정나무
③ 신경망 분석  ④ 베이지안 분류

해설 K-평균 군집 분석은 비지도 학습에 해당한다.

**37** 다음과 같이 연관성 분석을 위한 5번의 영수증 기록이 있다고 한다. 이때, 연관규칙 [맥주 → 기저귀]의 신뢰도를 구하면?

영수증 001 : 맥주, 기저귀, 우유
영수증 002 : 우유, 휴지, 달걀
영수증 003 : 기저귀, 우유, 휴지, 달걀
영수증 004 : 맥주, 기저귀, 달걀
영수증 005 : 맥주, 휴지

① $\frac{2}{3}$  ② $\frac{3}{5}$
③ $\frac{1}{3}$  ④ $\frac{2}{5}$

해설 신뢰도는 기저귀를 구매한 사람 중 맥주를 구매한 비율을 구하는 것이며, 기저귀를 구매한 영수증 001, 003, 004 중 맥주도 구매한 사람은 영수증 001, 004이다. 따라서 P(맥주|기저귀)를 계산하면 (2/5)/(3/5)이며 답은 2/3이다.

정답  35 ④  36 ①  37 ①

**38** 다음 그림을 보고 알 수 없는 것은?

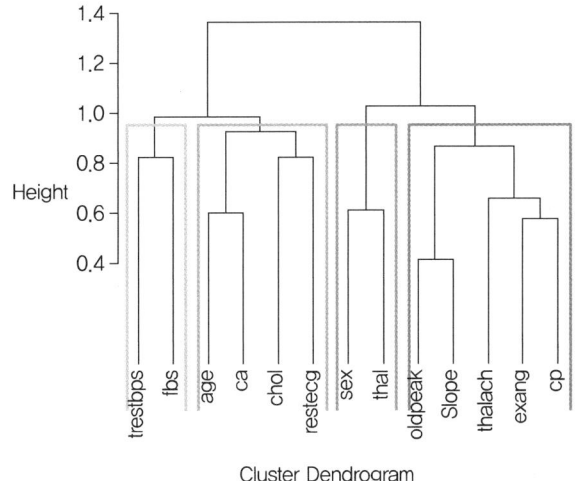

① 비계층적 군집 분석의 결과를 나타낸다.
② 4개의 집단으로 군집화했다.
③ 군집 간의 거리를 정의하는 방법에 따라 다른 군집 결과를 얻을 수 있다.
④ 해당 데이터는 13가지의 범주를 가진다.

해설 계층도(Dendrogram)는 계층적 군집 분석의 결과를 표현하는 그림이다.

**39** 의사결정나무 분석을 활용한 예가 아닌 것은?

① 고객의 신용도에 따라 일반 고객과 불량 고객으로 분류함
② 변수들 중 목표변수에 가장 큰 영향을 미치는 변수를 탐색함
③ 회원들의 반응이 가장 좋은 이메일 마케팅 모델을 구현함
④ 고객 특징에 따라 여러 개의 배타적인 집단으로 구분함

해설 고객을 여러 배타적인 집단으로 구분하는 것은 군집 분석을 사용한다.

**40** 다중 공선성은 독립변수 간에 높은 선형 관계를 가지는 것을 의미하며, 이는 회귀분석에 포함되면 여러 가지 문제가 발생한다. 이에 대한 설명으로 옳지 않은 것은?

① 중요하지 않은 변수를 제거한다.
② 분산팽창요인을 구하여 이 값이 10을 넘으면 다중공선성이 있는 것으로 판단한다.
③ 상관관계를 낮추기 위해 변숫값을 수정한다.
④ p-값이 커서 개별 인자들이 유의하지 않다면 다중공선성이 있는 것으로 판단한다.

해설 데이터 수정은 적절하지 않다.

정답 38 ① 39 ④ 40 ③

**41** 다음 중 종속변수가 범주형인 자료의 분석 방법으로 적절하지 않은 것은?

① 상대적 위험도  ② 로지스틱 회귀분석
③ t-검정  ④ 카이제곱 검정

해설 t-검정은 두 집단 간의 평균을 비교하는 모수적 통계방법으로 독립변수가 범주형이고 종속변수가 연속형인 자료를 분석하는 방법이다.

**42** 분할표 분석에 대한 설명으로 적절하지 않은 것은?

① 두 범주형 자료 간의 상호 관련성을 분석하는 방법이다.
② 상대위험도(RR)는 코호트 연구에서 주로 사용한다.
③ 집단 별로 교차비(OR)를 구할 수 있다.
④ RR과 OR이 1에 가까울수록 집단과 사건 발생 확률의 연관성이 없다.

해설 오즈비(Odds Ratio)는 각 집단의 Odds의 비율이다. 집단별로 구할 수 있는 값은 Odds다.

**43** 다음은 한 선별진료소에서 국내 집단과 해외 유입 집단의 코로나19 검사 결과를 정리한 분할표이다. 해외 유입 집단의 Odds 값으로 적절한 것은?

| 해외 유입 여부/검사 결과 | 양성 | 음성 | 합계 |
| --- | --- | --- | --- |
| 국내 | 90 | 310 | 400 |
| 해외 유입 | 10 | 90 | 100 |
| 합계 | 100 | 400 | 500 |

① 0.29  ② 0.11
③ 2.25  ④ 2.61

해설 Odds(해외 유입) = $\dfrac{\frac{10}{100}}{\frac{90}{100}} \fallingdotseq 0.11$

**44** 다음에서 설명하는 검정방법으로 적절한 것은?

- 두 범주형 변수가 서로 독립적인지 연관성이 있는지 검정한다.
- 기대빈도가 5보다 작은 셀이 20% 이상인 경우 사용한다.

① 카이제곱 검정  ② t-검정
③ 부호 검정  ④ 피셔의 정확 검정

해설 분할표에서 표본의 수가 작거나 범주가 많아서 빈도수가 극도로 작은 경우 피셔의 정확 검정을 사용하는 것이 적절하다.

정답 41 ③  42 ③  43 ②  44 ④

### 45 다음 중 다차원척도법(MDS)에 대한 설명으로 가장 적절하지 않은 것은?

① 개체들 사이의 관계를 상대적 위치 등 공간적 배열을 해석하는 분석 방법이다.
② 계량적 방법과 비계량적 방법이 있다.
③ 스트레스값은 부적합 정도를 나타내는 값으로 좌표를 조정해 최소화한다.
④ 적합도가 좋을수록 스트레스 값은 1에 가까워진다.

**해설** 적합도가 좋을수록 스트레스 값은 0에 가깝다.

| 스트레스 값 | 적합도 |
|---|---|
| 0~0.1 | 매우 좋음 |
| 0.1~0.2 | 좋음 |
| 0.2 이상 | 나쁨 |

※ 출제경향
다차원 척도법의 개념에 대해 묻는 문제가 출제되었다.

### 46 판별분석에서 독립변수가 2개이고 범주가 4개일 때 판별함수의 수로 적절한 것은?

① 2 　　② 3
③ 4 　　④ 5

**해설** 판별함수의 수=Min(집단의 수−1, 독립변수의 수)=Min(4−1, 2)=2

### 47 MANOVA에 대한 설명으로 가장 적절하지 않은 것은?

① 종속변수 간에 상관관계가 높을 때 결합된 차이를 확인할 수 있다.
② 종속변수는 다변량 정규분포를 따른다고 가정한다.
③ 단일변량 ANOVA를 여러 번 사용해도 큰 차이는 없다.
④ 종속변수가 2개 이상이고 종속변수 간에 상관관계가 있을 때 사용하는 방법이다.

**해설** 단일변량 ANOVA를 여러 번 사용하면 1종 오류의 확률이 커진다.

### 48 정상 시계열에 대한 설명으로 적절하지 않은 것은?

① 평균이 일정하다.
② 분산이 시점에 의존하지 않는다.
③ 공분산은 시차에 의존하지 않는다.
④ 시점에 상관없이 시계열의 특성이 일정한 것을 의미한다.

**해설** 정상 시계열의 공분산은 시차에만 의존하고 시점 자체에는 의존하지 않는다.

**정답** 45 ④　46 ①　47 ③　48 ③

**49** 시계열 분해에 대한 설명으로 적절하지 않은 것은?

① 추세성분 : 시계열의 추세가 계속 증가하거나 감소하는 등 특정한 형태를 보이는 경우
② 계절성분 : 특정 주기에 따라 특징이 변하는 경우
③ 순환성분 : 계절성분보다 짧은 주기를 갖고 순환하는 경우
④ 불규칙성분 : 설명할 수 없는 변동

해설 순환성분은 주기적 변동이나 계절에 의한 것이 아니고 주기가 긴 경우의 변동이다.

※ 출제경향
　시계열 분해 그래프를 보고 성분을 구별할 수 있는지 묻는 문제가 출제되었다.

**50** 다음 중 지수평활법에 대한 설명으로 가장 적절하지 않은 것은?

① 현시점으로부터 먼 과거일수록 가중치가 지수적으로 크게 부여한다.
② 불규칙 변동의 영향을 약화시킨다.
③ 선형 추세가 있는 경우 이중지수평활법을 사용한다.
④ 계절 추세가 있는 경우 계절지수평활법을 사용한다.

해설 지수평활법은 현시점에서 먼 과거일수록 가중치를 지수적으로 작게 주는 방법으로 단순지수평활법, 이중지수평활법, 계절지수평활법 등이 있다.

**51** ARIMA(p, d, q) 모형의 차수에 대한 설명으로 적절하지 않은 것은?

① 자기상관함수와 부분자기상관함수를 통해 적합한 차수를 식별한다.
② 시계열이 정상성을 만족하는 경우 d가 0인 ARMA(p, q) 모형과 같다.
③ p가 0인 경우 정상성을 만족하는 MA(q) 모형과 같다.
④ d는 ARIMA에서 ARMA로 정상화할 때 몇 번 차분을 했는지를 의미한다.

해설 MA(q) 모형은 p와 d가 모두 0인 경우이다. p가 0인 경우에는 차분을 포함하는 IMA(d, q) 모형이다.

**52** 다음 ACF와 PACF를 통해 식별된 모형으로 가장 적절한 것은?

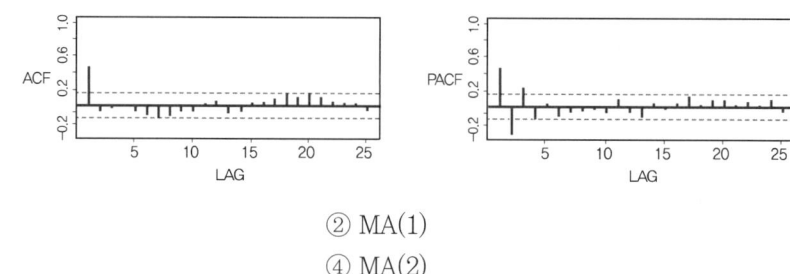

① AR(1)　　　　　　　　　　② MA(1)
③ AR(2)　　　　　　　　　　④ MA(2)

해설 ACF가 시점 2 기준으로 절단된 형태를 보이고 PACF의 절댓값이 서서히 감소하므로 MA(1) 모형이 적절하다.

정답　49 ③　50 ①　51 ③　52 ②

**53** 변동성 모형에 대한 설명으로 가장 적절하지 않은 것은?

① GARCH는 대표적인 변동성 모형이다.
② 주로 평균의 움직임에 관심을 갖는 모형이다.
③ 분산에 자기상관이 존재하는 경우 변동성이 큰 구간과 작은 구간이 구분된다.
④ 주로 경제학 분야에서 리스크를 측정하는 수단으로 사용한다.

해설 변동성 모형은 불확실성을 설명하는 분산의 움직임에 관심을 갖는다.

**54** 사건 $A$, $B$가 서로 독립이고 $P(A) = 0.25$, $P(B) = 0.51$일 때 조건부 확률 $P(B|A)$값은?

① 0.51
② 0.25
③ 0.49
④ 0.12

해설 $P(B|A) = \dfrac{P(A \cap B)}{P(A)} = \dfrac{P(A) \times P(B)}{P(A)} = P(B) = 0.51$

**55** 공장에서 총 1,000개의 제품을 생산라인 A, B에서 각각 500개씩 생산한 후 불량률을 조사했다. A라인에서 생산한 제품의 3%가 불량이고, B라인에서 생산한 제품의 1%가 불량이었다. 제품이 불량일 경우, 이 제품이 A라인에서 생산되었을 베이지안 확률은?

① 60%
② 65%
③ 70%
④ 75%

해설 위의 내용을 표로 정리하면 다음과 같다.

| 구분 | 불량품 | 양품 | 합계 |
| --- | --- | --- | --- |
| A라인 | 15 | 485 | 500 |
| B라인 | 5 | 495 | 500 |
| 합계 | 20 | 980 | 1,000 |

- P(A라인 생산) = 500/1,000 = 0.5
- P(A라인 불량 생산) = 0.03
- P(불량 생산) = 0.5 × 0.03 + 0.5 × 0.01 = 0.02
∴ 사후확률 = (0.03 × 0.5)/0.02 = 0.75 = 75%

※ 출제경향
베이지안 공식을 유도하고 계산하는 문제가 출제되었다.

**56** 다음 중 나이브 베이즈에 대한 설명으로 가장 적절하지 않은 것은?

① 나이브 베이즈는 지도 학습 분류 모델이다.
② 설명변수가 서로 동등하고 독립적이라고 가정한다.
③ 산출 속도가 빠르므로 실시간 분류 또는 텍스트 분류에 주로 사용된다.
④ 특정 범주에 속할 확률이 0.5보다 크면 해당 범주로 분류한다.

해설 나이브 베이즈는 종속변수의 각 범주에 속할 확률을 구하고 확률이 큰 범주로 분류한다.

정답 53 ② 54 ① 55 ④ 56 ④

### 57 딥 러닝(Deep learning)의 기반이 되는 머신 러닝 모델은?

① 로지스틱회귀분석　　② 의사결정나무
③ 서포트벡터머신　　④ 인공신경망

**해설** 딥 러닝(Deep learning)은 대용량 비정형 데이터 처리를 위한 인공신경망 기반의 머신 러닝 알고리즘이다.

### 58 순환신경망(RNN)에서 과거의 정보가 점점 희미해지는 문제는?

① 과적합(Over-fitting)
② 활성화 함수(Activation function)
③ 장기의존성(Long-term dependency)
④ 기울기 소실(Gradient vanishing)

**해설** 장기의존성(Long-term dependency) 문제는 은닉층의 과거 정보가 끝까지 전달되지 못하고 희미해지는 현상을 의미한다.

### 59 다음 CNN의 연산으로 가장 적절한 것은?

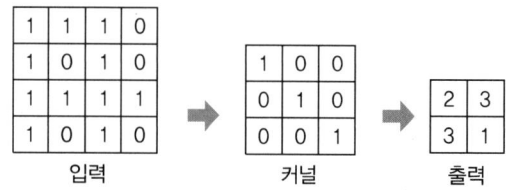

① Average Pooling　　② Max pooling
③ Padding　　④ Convolution

**해설** 합성곱(Convolution) 연산은 커널 또는 필터를 활용해 이미지를 특성맵으로 요약한다.

$1 \times 1 + 1 \times 1 + 1 \times 1 = 3$

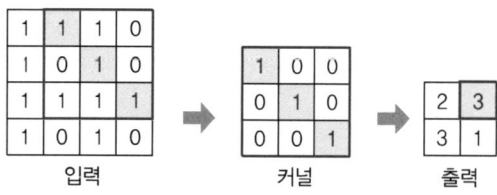

※ 출제경향
입력 이미지와 커널을 주고 출력결과를 계산하는 문제가 출제되었다.

**정답** 57 ④　58 ③　59 ④

**60** 다음 중 RNN에 대한 설명으로 가장 적절하지 않은 것은?

① RNN은 시간의 흐름이 있는 텍스트 데이터나 시계열 데이터에서 주로 사용한다.
② 시간을 많이 거슬러 올라갈수록 역전파시 경사 소실로 학습능력이 크게 저하된다.
③ RNN의 장기 의존성 문제를 해결하기 위해 패딩(Padding)을 사용한다.
④ RNN은 입력과 출력의 길이가 유연하다.

해설  LSTM은 RNN의 주요 모델 중 하나로 장기 의존성 문제를 해결한다. 패딩(Padding)은 CNN에서 특성 맵의 사이즈 조절하는 방법이다.

**61** 다음과 같이 입력의 영역의 최댓값으로 요약된 결과를 출력하는 CNN 레이어는?

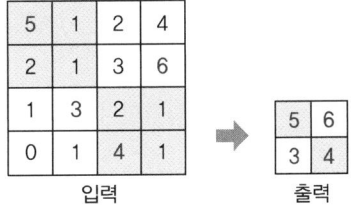

① Pooling layer
② Fully connected layer
③ Convoluntion layer
④ Padding

해설  풀링(Pooling)은 합성곱 과정을 거친 데이터를 요약하는 일이다. 보기의 사례는 최댓값을 대푯값으로 산출하는 맥스 풀링(Max pooling)으로 풀링 레이어(Pooling layer)에서 수행된다.

**62** 딥 러닝 모델의 파라미터 학습에 경사하강법을 사용하는 경우 입력해야 하는 하이퍼파라미터에 대한 설명으로 가장 적절한 것은?

① 1 epoch를 수행하면 모든 학습용 데이터가 한 번씩 forawd pass를 진행한다.
② 학습용 데이터가 1,000건이 있고 최소 batch가 100이면 1 epoch를 수행하는 데 10 iteration이 필요하다.
③ learning rate가 작으면 큰 batch를 필요로 한다.
④ batch가 크면 1 epoch를 수행하기 위한 iteration도 커진다.

해설  1 epoch는 모든 학습용 데이터가 한번씩 forward pass와 backward pass를 진행한다.

- 1 iteration은 한 번의 forward pass와 backward pass를 의미한다.
- batch size는 1 iteration을 진행하는 학습용 데이터 샘플의 사이즈다.
- data size=batch size×iteration이고 1 epoch를 수행하는 iteration=data size/batch size이다.
- learning rate는 파라미터의 업데이트 정도를 조절한다.

정답  60 ③  61 ①  62 ②

**63** 인공신경망(ANN)의 은닉 노드의 수가 충분하지 않은 경우 발생하는 문제로 적절한 것은?

① 네트워크가 복잡한 의사결정 경계를 만들 수 없다.
② 네트워크의 일반화가 어렵다.
③ 레이어(Layer)가 적을 때 기울기 소실 문제가 발생한다.
④ 노드의 수가 적으면 과대적합 문제가 발생한다.

해설 은닉 노드가 많은 경우 과적합 가능성이 높고 일반화가 어렵다. 레이어 수가 많으면 기울기 소실의 가능성이 높다. 노드 수가 적으면 과소적합의 가능성이 높다.

**64** CNN에서 Padding의 기능에 대한 설명으로 적절한 것은?

① 학습할 수 있는 가짜 데이터를 생성한다.
② 출력되는 feature map의 크기를 조정한다.
③ 유사한 이미지 영역을 강조하는 feature map을 출력한다.
④ 기존 특징은 유지하면서 데이터를 요약한다.

해설 패딩(Padding)은 이미지 주변에 계산과 무관한 테두리를 추가하여 특성 맵의 사이즈를 조정한다.

**65** 다음 중 사회연결망분석(SNA)에서 간접적으로 연결된 모든 노드 간의 거리를 합산하여 중심성을 측정하는 지표로 적절한 것은?

① 연결중심성  ② 매개중심성
③ 근접중심성  ④ 위세중심성

해설 근접중심성은 모든 노드로의 최소 거리를 기반으로 중심성을 측정하며 간접적으로 연결된 노드와의 관계까지 파악할 수 있다.

**66** 다음 네트워크 차트에서 연결정도 중심성이 가장 높은 노드는?

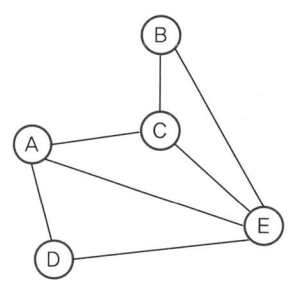

① B  ② C
③ D  ④ E

해설 연결정도 중심성은 직접적으로 연결된 노드들의 합으로 측정된다.

정답 63 ① 64 ② 65 ③ 66 ④

**67** 텍스트의 긍정·부정 여부를 평가해 소비자 반응, 여론 변화 등을 분석하는 분석 기법은?

① 사회연결망 분석　　　　② 웹 크롤링
③ 워드 클라우드　　　　　④ 감성 분석

**해설** 감성 분석은 오피니언 마이닝이라고도 하며, 텍스트를 분석해 긍정·부정 여부를 평가하고 이를 이용해 소비자 반응이나 여론 변화 등을 분석하는 목적으로 사용한다.

**68** 사회연결망분석(SNA)으로 얻을 수 있는 정보로 가장 적절하지 않은 것은?

① 사회를 구성하는 집단의 수와 규모를 알 수 있다.
② 영향력 있는 고객을 파악할 수 있다.
③ 사회 구성원들 간의 관계를 알 수 있다.
④ 이탈 고객을 사전에 예측할 수 있다.

**해설** 이탈 고객을 예측하기 위한 분석은 분류 예측 분석이다.

**69** 텍스트 마이닝에 대한 설명으로 적절하지 않은 것은?

① 기사, 논문, SNS 등 텍스트 데이터를 분석 대상으로 한다.
② 분석 목적에 따라 코퍼스(Corpus)의 단위는 달라질 수 있다.
③ 텍스트 데이터를 빈도 행렬로 변환하여 분석할 수 있다.
④ 텍스트 분석에 비지도 학습 모델은 거의 사용하지 않는다.

**해설** 머신 러닝을 기반으로 한 분류, 군집화 분석을 수행하거나 감성 분석 등을 수행하여 텍스트 데이터의 패턴을 분석한다.

**70** 다음에서 설명하는 사회연결망 분석의 측정지표로 가장 적절한 것은?

- 네트워크 내에서 노드 간의 전반적인 연결 정도를 나타낸다.
- 네트워크 내에서 노드 간의 관계 수가 얼마나 많은지 나타낸다.

① 범위(Range)　　　　　② 등위성(Equivalence)
③ 밀도(Density)　　　　 ④ 중심성(Centrality)

**해설** 밀도는 네트워크 전반의 연결 정도 수준을 나타내는 지표이다.
　①, ② 범위와 등위성은 네트워크 분석의 측정지표가 아닌 속성에 속한다.
　④ 중심성은 하나의 노드가 전체 네트워크의 중심에 위치하는 정도를 나타내는 지표이다.

**정답** 67 ④　68 ④　69 ④　70 ③

**71** 다음 중 앙상블 모형으로 적절하지 않은 것은?

① 시그모이드(Sigmoid)　　② 배깅(Bagging)
③ 랜덤포레스트(Random forest)　　④ 부스팅(Boosting)

**해설** 시그모이드 함수는 S자형 곡선 또는 시그모이드 곡선을 갖는 수학 함수이다.

**72** 소스데이터와 크기가 같은 표본의 중복을 허용하며, 복원 추출하여 각 표본에 대한 모형을 생성하는 앙상블 기법은?

① 부트스트랩　　② 배깅
③ 부스팅　　④ 랜덤포레스트

**해설** 배깅은 부트스트랩 샘플링으로 추출한 여러 개의 표본에 모형을 병렬적으로 학습하고 추출된 결과를 집계하는 앙상블 기법이다.

**73** 앙상블에 대한 설명으로 가장 적절하지 않은 것은?

① 앙상블 학습은 하나의 모델만을 학습시켜 사용하지 않고 여러 모델을 학습시켜 결합한다.
② 약한 성능을 갖는 여러 모델들을 결합하여 사용하는 방법이다.
③ 성능을 분산시키기 때문에 과적합(overfitting)을 방지하는 효과가 있다.
④ 모델 간의 상호 연관성이 높을수록 최종 모형의 정확도는 향상이 된다.

**해설** 일반적으로 앙상블 기법이 단일 모델보다 높은 성능을 가지려면 다음 조건을 만족해야 한다.
- 각 모델은 상호 독립적이어야 한다.
- 각 모델의 분류 정확도는 50%보다 높아야 한다.

※ 출제경향
　앙상블 모델 내에서 배깅과 부스팅의 차이 그리고 대표적인 모델을 고르는 문제가 출제되었다.

**74** 부스팅(Boosting) 알고리즘 중 Leaf-wise 방식을 사용하는 알고리즘은?

① AdaBoost　　② GBM
③ XGBoost　　④ Light GBM

**해설** Light GBM은 Level-wise 방식이 아닌 Leaf-wise 방식을 사용하는 트리 기반 알고리즘이다. Level-wise 방식은 균형 트리 분할 방식으로 최대한 균형 잡힌 트리를 유지하면서 분할하고 이에 따라 깊이가 최소화된다. Leaf-wise 방식은 최대 손실을 갖는 리프 노드를 지속 분할하여 깊고 비대칭적인 트리를 생성한다.

**정답** 71 ①　72 ②　73 ④　74 ④

## 75 다음 중 앙상블 모형에 대한 설명으로 가장 적절하지 않은 것은?

① 평균 또는 다수결 결과를 취하여 편향(bias)을 제거한다.
② 다수의 모형을 결합하면 분산(variance)이 작아진다.
③ 성능이 좋아지는 대신 과적합의 위험이 높아진다.
④ 랜덤포레스트는 배깅 기법과 변수의 랜덤 선택을 결합한 앙상블 모형이다.

해설 앙상블 모형은 성능을 분산시키므로 과적합을 방지하는 효과가 있다. 과적합을 방지해야 실제 데이터에 성능이 좋은 모형을 얻을 수 있다.

## 76 다음 중 부스팅에 대한 설명으로 가장 적절하지 않은 것은?

① 부스팅은 배깅에 비하여 병렬 처리하기 어렵다.
② 부스팅은 과적합 위험이 높고 이상치에 취약하다.
③ 부스팅은 데이터를 잘 분류하면 보상을 준다.
④ GBM은 경사하강법을 이용하여 가중치를 조정한다.

해설 부스팅은 이전 모형에서 잘못 분류한 데이터는 높은 가중치를 부여하여 다음 모델에서 더 잘 분류하도록 유도한다. 보상을 최대화하며 성능을 높이는 학습은 강화학습이다.

## 77 다음 중 비모수 통계에 대한 설명으로 가장 적절하지 않은 것은?

① 검정 통계량은 중앙값보다 평균을 사용하는 것이 정확하다.
② 모수적 방법을 적용할 수 있을 때 비모수적 방법을 적용하면 효율성이 떨어진다.
③ 데이터가 연속형 측정값이 아닌 순위 정보를 나타내도 검정이 가능하다.
④ 데이터가 정규분포를 따르지 않아도 검정이 가능하다.

해설 비모수 통계는 평균보다 순위값 또는 중앙값을 주로 사용한다.

## 78 다음 중 스피어만의 상관계수에 대한 설명으로 적절하지 않은 것은?

① 비선형 관계는 나타내지 못한다.
② 이산형 변수 간의 상관계수도 구할 수 있다.
③ 관계가 랜덤이거나 존재하지 않을 경우 상관계수가 0에 가깝다.
④ 스피어만 상관계수는 각 변수의 순위를 기반으로 산출한다.

해설 스피어만 상관계수는 두 변수의 순위 간 통계적 의존성을 측정하는 비모수적인 척도이다. 두 변수의 순위값 사이의 피어슨 상관 계수와 같으며, 단순 선형 관계 평가가 아닌 비선형 또는 단조적 관계를 평가한다.

정답 75 ③  76 ③  77 ①  78 ①

**79** 다음 통계 검정 중 집단이 2개 이상일 때의 비모수 검정이 아닌 것은?

① 부호검정
② 크루스칼-왈리스 검정
③ 만-위트니 검정
④ 카이제곱 검정-적합성 검정

해설 카이 제곱 검정 중 적합성 검정은 단일 표본에 대해서만 검정을 진행한다. 독립성 검정 집단은 2개, 동질성 검정은 2개 이상일 경우 진행한다.

**80** 집단이 세 개 이상일 때 집단의 분포를 비교하는 비모수적 분석 방법은?

① 부호검정(Sign-test)
② 맨-휘트니 U 검정(Mann-Whitney U test)
③ 크루스칼-왈리스 검정(Kruskal-Wallis test)
④ 윌콕슨 부호 순위 검정(Wilcoxon signed rank test)

해설 크루스칼-왈리스 검정은 세 개 이상 집단의 분포를 비교하는 검정 방법이다. 순위 기반 일원분산분석(one-way ANOVA on ranks) 라고도 한다.

정답 79 ④ 80 ③

# 과목 마무리문제

**01** 다음 지도 학습 모형 중 분류분석을 사용하기에 가장 적절하지 않은 것은?

① 로지스틱회귀  ② 의사결정나무
③ SVR  ④ KNN

해설 SVM(Support Vector Machine)을 분류분석에 적용하는 모형은 SVC(Support vector classifier)라고 하고 회귀분석에 적용하는 모형은 SVR(Support Vector Regressor)이라고 한다.

**02** 다음 분석기법 중 항목들이 '조건 – 결과' 관계를 갖는 패턴을 발견하는 기법은?

① 인공신경망  ② 의사결정나무
③ 연관성 분석  ④ 네트워크 분석

해설 조건 – 결과식으로 표현되는 유용한 패턴을 발견해 내는 방법은 연관성 분석이다. 연관성 분석은 상품 거래 또는 사건들 간의 규칙을 발견하기 위해 적용한다. 장바구니 분석 또는 서열 분석이라고 불린다.

**03** 다음 중 지도 학습 모형이 아닌 것은?

① KNN  ② SVM
③ CNN  ④ SOM

해설 대부분의 인공신경망 기반 모형이 지도 학습 방법이나, SOM은 비지도 학습 방법이다. 또한 SOM은 각 뉴런끼리의 가중치(weight)들이 서로 경쟁(competitive)하는 학습을 수행한다.

**04** 다음 중 지도 학습 기반 분석을 수행하기에 가장 적절하지 않은 것은?

① 메일의 텍스트를 분석해 정상메일과 스팸메일을 구분한다.
② 마케팅을 위해 고객들을 비슷한 성향을 가진 그룹으로 세분화한다.
③ 환자의 성별, 연령, 생활 습관, 혈압 등의 정보로 질병 발생 위험도를 예측한다.
④ 과거 주가 실적을 기반으로 기업의 미래 가치를 예측한다.

해설 마케팅 목적의 고객 세분화는 대표적인 군집 분석 과제이다.

정답  01 ③  02 ③  03 ④  04 ②

## 05 다음 중 독립변수와 종속변수가 모두 명목형 변수인 경우에 분석기법으로 적절한 것은?

① 카이제곱 검정
② 회귀분석
③ 군집 분석
④ 주성분 분석

**해설** 카이제곱 검정(chi-squared test)은 카이제곱 분포에 기초한 통계적 방법으로, 두 범주형(명목형) 변수에 대하여 관찰된 빈도의 차이를 검증하기 위해 사용된다.

## 06 다음에서 설명한 것으로 가장 적절한 것은?

- 모형 내부 요소로 모형의 성능에 직접적인 영향을 미친다.
- 모형이 데이터를 학습한 결과 값으로 자동으로 결정된다.

① 학습률
② 파라미터
③ 하이퍼파라미터
④ 결정계수

**해설** 파라미터는 모델 내부에서 확인이 가능한 변수로 데이터를 통해서 산출이 가능한 값이다.

※ 출제경향
파라미터와 하이퍼파라미터를 구분하고 각 분석 기법에서 어떤 것들이 파라미터와 하이퍼파라미터에 해당하는지 구분하는 문제가 출제되었다.

## 07 다음 설명 중 가장 적절하지 않은 것은?

① 독립변수는 입력값이나 원인이 되는 변수로 결과변수, 목표변수라고도 불린다.
② 기술 통계 분석에서는 데이터 유형에 따라 산출하는 통계량이 달라진다.
③ 분석 모형을 선정하기에 앞서 분석하고자 하는 문제를 정확하게 정의하는 것이 중요하다.
④ 같은 분석기법을 적용하더라도 사용하는 하이퍼파라미터 값에 따라 다른 결과가 나올 수 있다.

**해설** 종속변수는 출력값이 되는 변수로 결과변수, 목표변수라고도 불린다.

## 08 다음 중 분석 모형과 하이퍼파라미터의 연결로 가장 적절하지 않은 것은?

① 인공신경망 – 학습률(Learning Rate)
② 회귀분석 – 결정계수
③ 서포트벡터머신 – 코스트C
④ KNN – K의 개수

**해설** 회귀분석에서의 결정계수는 파라미터이다.

※ 출제경향
인공신경망의 하이퍼파라미터가 무엇인지 고르는 문제가 출제되었다.

**정답** 05 ① 06 ② 07 ① 08 ②

## 09 다음 중 분석 모형 구축 절차로 적절한 것은?

① 요건 정의 → 모델링 → 검증 및 테스트 → 적용
② 요건 정의 → 적용 → 모델링 → 검증 및 테스트
③ 모델링 → 요건 정의 → 검증 및 테스트 → 적용
④ 모델링 → 적용 → 요건 정의 → 검증 및 테스트

**해설** 모형 구축절차는 '요건 정의 → 모델링 → 검증 및 테스트 → 적용' 순서로 진행한다.

## 10 다음 중 분석 모형 구축 절차의 적용 단계에 대한 설명으로 적절하지 않은 것은?

① 구축된 모형을 실제 운영환경에 적용하는 단계이다.
② 수동으로 모니터링할 수 있도록 담당자와 스케줄을 수립한다.
③ 모형의 출력 결과가 유의미한지 정기적으로 재평가한다.
④ 필요시 모형을 고도화하고 재학습을 수행할 필요가 있다.

**해설** 모니터링을 수동으로 하면 업무량이 과도할 수 있다. 자동 모니터링 프로세스를 구축하고 이상 발생 시 확인할 수 있도록 한다.

## 11 다음 중 데이터 마트 설계 및 구축에 대한 설명으로 적절하지 않은 것은?

① 수집한 데이터에 대해 탐색, 정제, 요약 등의 전처리를 수행한다.
② 필요한 데이터를 정의하고 유관 시스템으로부터 데이터를 수집한다.
③ 전처리 결과 데이터는 지속 활용 가능하도록 적재 및 관리한다.
④ 분석 모형에 대한 평가 기준을 수립한다.

**해설** 분석 모형에 대한 평가 기준은 모델 성능 평가 단계에서 수립한다.

## 12 다음 중 파이썬에 대한 설명으로 적절하지 않은 것은?

① 오픈소스 프로그래밍 언어로서 무료로 사용 가능하다.
② MS Windows, Mac OS, Linux 등 다양한 OS를 지원한다.
③ 다른 언어와 달리 들여쓰기를 이용하여 블록을 구분하는 문법을 사용한다.
④ 다양한 라이브러리가 존재하지만 시각화는 지원하지 않는다.

**해설** 파이썬에는 Matplotlib, Plotly, seaborn 등 좋은 시각화 라이브러리가 존재한다.

**정답** 09 ① 10 ② 11 ④ 12 ④

**13** 분석 모형의 과적합 여부를 확인하기 위해 데이터를 분리하는 방법으로 적절한 것은?

① 홀드아웃(Hold-out)
② 드롭아웃(Drop-out)
③ 부스팅(Boosting)
④ 배깅(Bagging)

**해설** 데이터 분할 방법으로 홀드아웃(Hold-out), K-fold 교차검증(K-fold cross validation), 부트스트랩(Bootstrap) 방법 등이 있다.

※ 출제경향
　과적합 여부를 확인하기 위해 데이터를 훈련, 평가, 테스트 셋으로 분리하는 것을 묻는 문제가 출제되었다.

**14** 다음 K-fold 교차검증에 대한 설명 중 적절하지 않은 것은?

① 교차검증은 모든 데이터를 학습과 검증에 사용할 수 있다.
② 데이터를 무작위로 중복되지 않은 K개의 데이터로 분할한다.
③ 교차검증에서 가장 좋은 성능이 나온 결과를 최종 성능으로 선택한다.
④ 데이터의 분포가 불균형한 경우 stratified 교차 검증을 수행한다.

**해설** 교차검증은 K개의 결과의 평균을 최종 성능으로 사용한다.

※ 출제경향
　K-fold에 대한 설명을 고르는 문제가 출제되었다.

**15** 다음 중 학습용 데이터, 검증용 데이터, 평가용 데이터에 대한 설명으로 가장 적절하지 않은 것은?

① 학습용 데이터와 검증용 데이터는 학습 과정에서 사용된다.
② 데이터가 충분하지 않을 경우 학습용과 평가용 데이터로만 분할하여 사용하기도 한다.
③ 평가용 데이터는 학습 과정에서 모형 평가 및 튜닝에 사용한다.
④ 일반적으로 학습용 데이터와 검증용 데이터를 60~80% 사용하고, 평가용 데이터를 20~40% 사용한다.

**해설** 평가용 데이터(Test data)는 최종 모델의 성능을 평가하기 위한 데이터이다. 학습 과정에서는 사용하지 않는다.

**16** 게으른 학습(Lazy Learning)이 사용되는 알고리즘을 고르면?

① SVM
② KNN
③ RNN
④ 회귀분석

**해설** KNN은 데이터가 주어졌을 때 최근접 이웃을 찾는 방식의 알고리즘이다. 대부분의 지도 학습 알고리즘은 테스트 전에 학습용 데이터를 미리 학습한다.

**정답** 13 ① 14 ③ 15 ③ 16 ②

**17** 회귀분석과 결정계수에 대한 설명으로 적절하지 않은 것은?

① 결정계수는 0에서 1사이의 값을 가진다.
② 결정계수가 작을수록 회귀식의 설명력이 높다.
③ 결정계수는 전체 분산 중 모델에 의해 설명 가능한 분산의 비율이다.
④ 회귀계수의 유의성 검증은 t-검정으로 한다.

**해설** 결정계수가 클수록 회귀식의 설명력이 높다.

**18** 잔차항이 정규분포를 이뤄야 한다는 회귀모형에 대한 가정은?

① 선형성
② 등분산성
③ 비선형성
④ 정규성

**해설** 잔차항이 정규분포를 이뤄야 한다는 회귀모형에 대한 가정은 정규성이다.

※ 출제경향
잔차항과 관련되지 않은 회귀모형의 가정을 고르는 문제가 출제되었다.

**19** 다중 회귀분석에서 설명변수들 사이에 선형관계가 존재할 경우 회귀 계수의 정확한 추정이 어려워지는 문제가 발생한다. 이러한 문제를 나타내는 용어로 옳은 것은?

① 모형의 적합성 위배
② 다중공선성
③ 등분산성
④ 과적합

**해설** 다중공선성이란 입력변수들 간의 상관관계가 존재하여 회귀 계수의 분산을 크게 하기 때문에, 회귀분석 시 추정 회귀 계수를 믿을 수 없게 되는 문제가 발생되는 것을 말한다.

**20** 종속변수가 범주형인 경우에 적용되는 회귀분석 모형을 고르면?

① 다중 회귀분석
② 로지스틱 회귀분석
③ 더미 회귀분석
④ 교차 분석

**해설** 로지스틱 회귀분석은 종속변수가 범주형일 때 사용한다.

※ 출제경향
종속변수가 범주형인 경우 어떤 분석모델을 사용해야 하는지에 대한 문제가 출제되었다.

**정답** 17 ② 18 ④ 19 ② 20 ②

**21** 로지스틱 회귀 모형에 대한 설명으로 옳은 것은?

① 설명변수가 한 개인 경우 종형 그래프를 가진다.
② 종속변수는 범주형이어야 한다.
③ 연속형 반응변수에 대해서도 적용할 수 있다.
④ 독립변수가 모두 범주형인 경우에 사용할 수 있다.

해설 로지스틱 회귀 모형은 종속변수가 범주형인 경우에 적용되는 회귀분석 모형으로 설명변수의 값이 주어질 때 각 범주에 속할 추정 확률을 기준치에 따라 분류하는 목적으로 사용될 수 있다.

**22** 군집 분석에 대한 설명 중 옳지 않은 것은?

① K-평균 군집 분석이 주로 사용된다.
② 계층적 군집은 군집의 개수를 미리 정하지 않는다.
③ 계층적 군집 형성에는 분할적 방법은 사용하지 않는다.
④ 군집 분석은 각 개체 간의 유사도 혹은 비유사도를 기반으로 그룹에 할당하여 분석하는 기법이다.

해설 계층적 군집 형성에는 병합적 방법과 분할적 방법을 사용한다.

**23** 의사결정나무에서 어떤 알고리즘이 이산형 목표변수는 지니 지수, 연속형 목표변수는 분산감소량을 사용한다고 할 때, 이 알고리즘은 무엇인가?

① C4.5
② C5.0
③ CART
④ CHAID

해설
| 알고리즘 | 이산형 목표변수 | 연속형 목표변수 |
| --- | --- | --- |
| CHAID | 카이제곱통계량 | ANOVA F-통계량 |
| CART | 지니 지수 | 분산감소량 |
| C4.5, C5.0 | 엔트로피 | |

**24** 다음 상태의 지니 지수를 계산한 결과는?

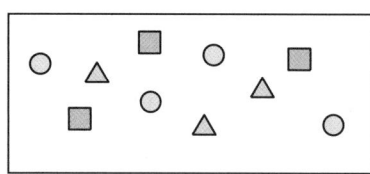

① 0.66
② 0.55
③ 0.44
④ 0.33

해설 $1 - \left\{\left(\frac{3}{10}\right)^2 + \left(\frac{3}{10}\right)^2 + \left(\frac{4}{10}\right)^2\right\} = 0.66$

정답 21 ② 22 ③ 23 ③ 24 ①

**25** 의사결정나무 모형에서 가지치기나 정지규칙을 사용하지 않고 가지를 모두 사용했을 때 실제 데이터에 적용할 수 없게 만드는 문제점은?

① 기울기 소실
② 다중공선성
③ 과적합
④ CHAID

해설 정지규칙이 없어 가지가 끝까지 뻗어 내려간다면 과적합의 문제가 발생한다.

**26** 다음 중 의사결정나무 모형의 특징으로 옳지 않은 것은?

① 뿌리 마디에서 아래로 내려갈수록 불순도가 감소한다.
② 구조가 복잡해 해석이 불가하다.
③ 수학적 가정이 불필요한 비모수적 모형이다.
④ 분류 기준값 부근의 자료에 대해서는 오차가 크다.

해설 의사결정 나무 모형은 구조가 단순해 해석이 용이하다는 특징이 있다.

**27** 다음 중 의사결정나무 모형의 구성요소에 대한 설명으로 올바르지 않은 것은?

① 자식 마디 : 하나의 마디로부터 분리되어 나간 1개 이상의 마디들
② 중간 마디 : 부모 마디와 자식 마디가 모두 있는 마디
③ 뿌리 마디 : 시작되는 마디로 전체 자료를 포함
④ 끝마디 : 자식 마디가 없는 마디

해설 자식 마디는 하나의 마디로부터 분리되어 나간 2개 이상의 마디들이다. 의사결정나무 모형에서 마디가 분리될 때는 반드시 2개 이상으로 분리된다.

**28** 의사결정나무에서 가지가 더 이상 분리되지 않고 현재의 마디가 끝마디가 되도록 하는 규칙은?

① 가지치기
② 정지 규칙
③ 은닉 규칙
④ 분산 규칙

해설 의사결정나무에서 더 이상 분리가 일어나지 않고 현재의 마디가 끝마디가 되도록 하는 규칙은 정지 규칙이다.

정답  25 ③  26 ②  27 ①  28 ②

## 29 신경망 모형에 대한 설명으로 적절하지 않은 것은?

① 다층신경망은 단층신경망에 비해 학습이 어렵다.
② 은닉층 노드 수가 적으면 복잡한 의사결정 경계를 생성할 수 없다.
③ 출력층의 개수가 예측해야 하는 변수의 범주 개수와 동일하다.
④ 은닉층 노드 수는 자동으로 결정된다.

해설 은닉층 노드 수는 분석가가 경험적으로 결정하며 학습을 거듭한다.

## 30 다음에서 설명하는 활성화 함수는?

- 로지스틱 함수라 불리기도 한다.
- 이 함수는 0~1 범위의 값을 가진다.

① Sigmoid 함수
② reLU 함수
③ Softmax 함수
④ 부호함수

해설 주어진 설명은 Sigmoid 함수에 대한 설명이다.

## 31 모수 추정에 역전파 알고리즘을 이용하는 예측모형은?

① 서포트벡터머신
② 로지스틱 회귀 모형
③ 인공 신경망 모형
④ 랜덤 포레스트 모형

해설 역전파 알고리즘은 인공 신경망 모형에서 층간 가중치를 역으로 거슬러 올라가며 계산하는 알고리즘이다.

## 32 서포트벡터머신에 대한 설명으로 올바르지 않은 것은?

① 기계학습이 한 분야로 지도 학습 모델이다.
② 다차원 공간상에서 최적의 분리 초평면을 찾아서 분류 및 회귀를 수행한다.
③ 마진은 결정 경계에서 서포트 벡터까지의 거리를 말한다.
④ 최적의 분리 초평면은 마진을 최소화해야 한다.

해설 서포트벡터머신은 최대 마진을 가지는 비확률적 선형 판별에 기초한 이진 분류기이다.

정답 29 ④ 30 ① 31 ③ 32 ④

**33** 서포트벡터머신에서 선형적으로 완벽한 분리가 불가능할 때 분류를 위해 허용된 오차를 위한 변수는 무엇인가?

① 슬랙변수  
② 종속변수  
③ 커널변수  
④ 독립변수

해설 완벽한 분리가 불가능할 때 선형적으로 분류를 위해 허용된 오차를 위한 변수는 슬랙변수 또는 여유변수이다.

**34** 연관 규칙 A → B에 대한 측정지표 중 지지도를 구하는 식으로 적절한 것은?

① A가 포함된 거래 건수 / 전체 거래 건수  
② A와 B가 동시에 포함된 거래 건수 / A가 포함된 거래 건수  
③ A와 B가 동시에 포함된 거래 건수 / B가 포함된 거래 건수  
④ A와 B가 동시에 포함된 거래 건수 / 전체 거래 건수

해설 지지도는 전체 거래 중에서 A와 B가 동시에 거래되는 비율이다. 참고로 신뢰도는 A를 포함하는 거래의 수 중에서 A와 B를 모두 포함하는 거래의 비율이다.

**35** k-평균 군집 분석의 수행 절차로 적절한 것은?

㉠ 군집의 수 k값 결정  
㉡ 새로운 군집의 중심 갱신  
㉢ 각 측정값을 군집에 할당  
㉣ 군집 간 경계가 변하지 않을 때까지 반복

① ㉠ → ㉢ → ㉡ → ㉣  
② ㉢ → ㉡ → ㉠ → ㉣  
③ ㉡ → ㉠ → ㉢ → ㉣  
④ ㉠ → ㉡ → ㉢ → ㉣

해설 k-평균 군집 분석은 군집의 수 k값을 결정하고, 각 측정값을 군집에 할당하여 이뤄진 새로운 군집의 중심을 갱신하는 과정을 거쳐, 이를 군집 간의 경계가 더 이상 변하지 않을 때까지 반복한다.

정답 33 ①  34 ④  35 ①

**36** 다음 분할표의 오즈비에 대한 설명으로 적절한 것은?

| 구분 | 사건 발생 | 사건 미발생 |
|---|---|---|
| A집단 | 10 | 20 |
| B집단 | 5 | 25 |

① 오즈비는 2.5이고, A집단이 B집단보다 사건 발생 가능성이 2.5배 크다.
② 오즈비는 0.4이고, A집단이 B집단보다 사건 발생 가능성이 0.4배 작다.
③ 오즈비는 1.6이고, B집단이 A집단보다 사건 발생 가능성이 1.6배 크다.
④ 오즈비는 0.1이고, B집단이 A집단보다 사건 발생 가능성이 0.1배 작다.

해설  오즈비 = Odds(A)/Odds(B) = 2.5

**37** 두 변수의 상호작용효과와 각 변수의 주효과를 분석하는 방법으로 적절한 것은?

① t-검정
② 카이제곱검정
③ 이원분산분석
④ 피셔의 정확검정

해설  범주형 변수가 두 개 이상인 경우 이원분산분석을 통해 두 변수의 상호작용효과와 각 변수의 주효과를 분석한다. 주효과는 각 변수로 일원분산분석한 결과이다.

**38** 다음 중 요인분석에 대한 설명으로 적절하지 않은 것은?

① 변수 간의 독립성을 가정한다.
② 변수의 분포는 정규성을 가정한다.
③ 변수의 분산은 동일해야 한다.
④ 모든 변수들은 연속형 변수이어야 한다.

해설  요인분석은 변수 간의 상관관계를 이용해 서로 유사한 변수끼리 묶어주는 분석 방법으로 각 변수 사이에는 상관관계가 존재해야 한다.

**39** 다음 중 판별분석에 대한 설명으로 적절하지 않은 것은?

① 판별분석은 데이터의 집단을 분류하는 분석 방법이다.
② 데이터의 유사 패턴을 기반으로 집단을 세분화한다.
③ 종속변수가 범주형이고 독립변수가 연속형일 때 사용한다.
④ 각 변수는 다변량 정규분포를 가정한다.

해설  데이터의 유사 패턴을 기반으로 집단을 세분화하는 분석 방법은 군집분석이다.

정답  36 ①  37 ③  38 ①  39 ②

**40** 비정상시계열을 정상시계열로 전환하는 방법으로 현시점의 값에서 이전 시점의 값을 빼주는 방법은?

① 시계열 분해  ② 이동평균
③ 차분  ④ 자기회귀

해설 현시점의 값에서 이전 시점의 값을 빼주어 정상화하는 방법은 차분이다.

**41** 시계열의 분해요인이 아닌 것은?

① 추세요인  ② 계절요인
③ 순환요인  ④ 교호요인

해설 시계열의 분해요인은 추세요인, 계절요인, 순환요인, 불규칙요인이다.

**42** 다음 중 아래에서 설명하는 것은?

- 두 확률 변수의 사전 확률과 사후 확률 사이의 관계를 나타내는 정리다.
- 신규 데이터를 기반으로 표본이 특정 사건에 포함된다는 주장에 대한 신뢰도를 갱신해 나가는 방법이다.
- 사전확률과 사후확률은 갱신 전후의 신뢰도를 나타낸다.

① 조건부 확률  ② 전체 확률의 법칙
③ 베이즈 정리  ④ 누적기여율

해설 ① 조건부 확률은 특정 사건이 발생했다는 가정하에 다른 사건이 발생할 확률이다.
② 전체 확률의 법칙은 조건부 확률로부터 조건이 붙지 않은 확률을 계산할 때 사용한다.
④ 누적기여율은 주성분 분석에서 주성분을 고유값(Eigenvalue)의 내림차순으로 정렬하여 상위 n개의 주성분으로 설명할 수 있는 정보량의 비율을 의미한다.

**43** 다음 중 이미지 분석에 주로 사용되며 합성곱 연산을 포함하는 딥러닝 기법은?

① ANN  ② RNN
③ CNN  ④ KNN

해설 CNN(Convolution neural network)은 이미지 처리에 특화된 딥러닝 알고리즘이다. 이미지의 특징을 추출하는 합성곱(Convolution) 및 풀링(Pooling) 영역과 분류를 수행하는 완전연결신경망(Fully-connected neural network) 영역으로 구성된다.

정답  40 ③  41 ④  42 ③  43 ③

**44** 딥러닝에서 기존 다층 퍼셉트론의 문제점을 개선하기 위해 사용한 방법으로 적절하지 않은 것은?

① 드롭아웃(drop-out)
② 가중치 규제(Regularization) 적용
③ sigmoid 함수 활용
④ 가중치 초기화(Weight initialization)

해설 sigmoid 함수를 사용하면 기울기 소실 문제가 발생할 수 있다.
①, ② 과적합(Overfitting)을 막기 위해 가중치 규제를 적용하거나 드롭아웃 방법을 사용한다.
④ 기울기 소실 문제를 해결하기 위해서 ReLU 등의 비선형 함수를 사용하거나 가중치를 초기화하는 방법을 사용한다.

**45** 다음 설명에서 괄호에 들어갈 하이퍼파라미터로 적절한 것은?

> Training data가 30,000건이 있고 ( )가 1,000이라면 1 epoch를 수행하기 위해 30 iteration이 필요하다.

① learning rate
② padding
③ mini-batch size
④ pooling

해설 mini-batch size는 한 iteration을 진행할 Training data 샘플의 수를 결정하는 하이퍼파라미터다.

**46** 다음 중 비정형 데이터 분석으로 적절하지 않은 것은?

① 감성 분석
② 사회연결망 분석
③ 이미지 분석
④ 군집 분석

해설 군집 분석은 데이터 특성이 유사한 것끼리 묶어 세분화하는 정형 데이터 분석 기법이다.

※ 출제경향
비정형 데이터에 대한 설명을 구분하는 문제가 출제되었다.

**47** 사회 연결망 분석(SNA)의 속성으로 적절하지 않은 것은?

① 명성
② 동질성
③ 범위
④ 구조적 등위성

해설 사회 연결망 분석의 5가지 주요 속성은 응집력, 구조적 등위성, 명성, 범위, 중개이다.

**48** 다음 중 앙상블 모형으로 적절하지 않은 것은?

① Random forest
② SVM
③ GBM
④ XGBoost

해설 서포트벡터머신(SVM)은 앙상블 모형이 아니다. Random forest, GBM, XGBoost는 대표적인 트리 기반 앙상블 모형이다.

정답 44 ③  45 ③  46 ④  47 ②  48 ②

**49** 다음 중 앙상블 모형에 대한 설명으로 적절하지 않은 것은?

① 배깅(bagging)은 bootstrap aggregating의 준말로 부트스트랩 샘플링을 수행한다.
② 배깅(bagging)은 반복추출을 사용하기 때문에 한 표본에 동일한 데이터가 여러 번 추출될 수도 있다.
③ 부스팅(boosting)은 분류가 잘못된 데이터에 더 큰 가중을 주어 표본을 추출한다.
④ 랜덤 포레스트는 다수의 의사결정트리 모형을 부스팅(boosting)으로 결합한 앙상블 모형이다.

해설 랜덤 포레스트는 기본 배깅에 변수를 랜덤으로 선택하는 특징 배깅(Feature bagging) 과정을 추가한 앙상블 모형이다.

※ 출제경향
앙상블 모형에 대한 설명과 그 대표적인 모델을 맞추는 문제가 출제되었다.

**50** 다음 중 부호 검정(Sign test)에 대한 설명으로 적절하지 않은 것은?

① 단일 표본에서 중위수를 이용한 비모수 검정방법이다.
② 값의 크기 차이는 무시하고 단지 부호 차이만을 이용한다.
③ 비모수적 통계방법으로 이론적인 분포를 가정하지 않는다.
④ 분포의 독립성과 대칭성 가정은 반드시 필요하다.

해설 부호 검정에서 대칭성은 필수 가정이 아니다.

정답 49 ④ 50 ④

# MEMO

# PART 04

# 빅데이터 결과 해석

**CHAPTER 01** | 분석 모형 평가 및 개선
**CHAPTER 02** | 분석 결과 해석 및 활용

**| PART별 과목 학습 가이드**

빅데이터 모델링을 통해 개발된 분석 모형을 실제 업무에 활용하기 위해서는 분석 모형의 적합성을 판단해야 한다. 우선 분석 모형의 성능을 평가하고 개선 작업을 통해 성능을 향상시킨다. 그리고 개선된 모형 중에서 최종적으로 업무에 적용할 모형을 선정한다. 최종 모형이 결정되고 나면 모형의 의미와 비즈니스 측면에서 결과를 해석한다. 이때 다양한 시각화 기법을 통해 분석 결과의 가시성을 확보함으로써 분석가가 아닌 일반 사용자도 쉽게 분석 결과를 이해하고 업무에 적용할 수 있도록 한다.

# CHAPTER 01 분석 모형 평가 및 개선

**[학습 목표]**
분석 모형의 성능을 평가하는 방법과 분석 모형이 더 나은 성능을 보일 수 있도록 개선하는 방법을 학습한다.
1. '분석 모형 평가'에서는 분석 모형의 성능을 검증하는 평가 지표와 분석 모형을 진단하는 방법에 대해 배운다. 또, 분석 모형의 일반화 성능을 향상시킬 수 있는 교차 검증을 학습하고, 데이터의 분포와 적합도를 검증할 수 있는 다양한 검정 방법을 학습한다.
2. '분석 모형 개선'에서는 과대적합 방지, 매개변수 최적화, 분석 모형 융합을 통해 분석 모형의 성능을 개선하는 방법을 배운다. 그리고 최종 분석 모형을 선정하는 절차에 대해 알아본다.

## 1. 분석 모형 평가

### (1) 평가 지표

분석 모형을 실제 문제해결에 적용하기 위해서는 분석 모형의 성능을 평가해야 한다. 이때 사용하는 평가 기준을 '평가 지표'라고 한다. 분석 과제에 따라 사용하는 평가 지표가 달라지는데, 먼저 분석 모형이 크게 분류 모형인지 회귀 모형인지에 따라 다른 평가 지표를 사용한다. 또 데이터의 특성이나 분석 모형의 적용 케이스에 따라 다른 평가 지표를 선택하기도 한다. 지표의 기준 역시 업무적 상황과 조건에 따라 상이하다. 예를 들어, 예측 모형을 평가할 때 정확도 100%라는 기준을 잡는다면 해당 모형을 실제 업무에 적용할 수 없을 것이다. 실제 수행되는 업무는 상황에 따라 예외가 발생할 수 있기 때문이다. 때문에 업무적 상황과 오류 허용 가능 정도에 따라 정확도 95%와 같이 적절한 기준으로 모형을 평가할 필요가 있다.

#### ① 회귀 모형 평가 지표

회귀 모형의 예측 결과는 수치로 나타난다. 실제 값과 예측 값과의 차이(오차)가 작을수록 회귀 모형의 성능이 좋다고 말할 수 있다. 따라서 일반적으로 회귀 모형을 평가할 때는 실제 값과 예측 값과의 차이(오차)를 다양한 방식으로 평균하여 계산한 지표를 사용한다. 분석 모형이 선형 회귀 모형인 경우에는 오차 외에도 결정계수를 중요 지표로 사용할 수 있다.

---

**OX QUIZ**

종속변수의 종류에 상관없이 동일한 평가 지표를 사용할 수 있다. (O/×)

정답 : ×

**해설** 종속변수의 종류에 따라 회귀 모형의 평가 지표와 분류 모형의 평가 지표 중 선택해야 한다.

㉠ 평가 지표 기출

다음 〈표 1〉은 예측 오차를 이용해서 회귀 모형의 성능을 확인하고 싶을 때 사용하는 평가 지표들이다. 지표 계산 시 각 관측치의 오차를 바로 더하면 오차끼리 상쇄되므로 오차의 절댓값이나 제곱값을 사용한다. 실제 업무에서는 일반적으로 RMSE를 많이 사용한다.

※ 지표의 한글명, 영문명, 약자 모두 잘 알아두어야 한다.

| 지표 | 설명 | 산식 |
|---|---|---|
| 평균절대오차 (MAE ; Mean Absolute Error) | • 실제 값과 예측 값의 차이(오차)에 절댓값을 취해 평균한 값<br>• 직관적이나 에러의 크기가 그대로 반영됨 | $\frac{1}{n}\sum_{i=1}^{n}\|y_i - \hat{y}_i\|$ |
| 평균제곱오차 (MSE ; Mean Squared Error) | 모형의 실제 값과 예측 값의 차이(오차)를 제곱하여 평균한 값 | $\frac{1}{n}\sum_{i=1}^{n}(y_i - \hat{y}_i)^2$ |
| 평균제곱근오차 (RMSE ; Root Mean Squared Error) | • MSE에 제곱근을 씌운 값<br>• MSE는 실제 오류의 평균보다 값이 더 커지는 경향이 있어 MSE에 제곱근을 씌운 RMSE를 사용함 | $\sqrt{\frac{1}{n}\sum_{i=1}^{n}(y_i - \hat{y}_i)^2}$ |
| 평균절대백분율오차 (MAPE ; Mean Absolute Percentage Error) | • MAE를 퍼센트로 변환한 값<br>• 오차를 비율로 나타내어 단위가 다른 변수 간에 오차를 비교할 수 있음 | $100 \times \frac{1}{n}\sum_{i=1}^{n}\left\|\frac{y_i - \hat{y}_i}{y_i}\right\|(\%)$ |

[표 1 회귀 모형 평가 지표]

㉡ 결정계수(Coefficient of determination, $R^2$)

결정계수는 선형 회귀 모형이 실제 데이터를 얼마나 잘 설명하는지를 나타내는 지표이다. 결정계수 값이 1에 가까울수록 모형의 설명력이 높다. 결정계수는 선형 회귀 직선의 변동을 나타내는 오차 값인 SST, SSR, SSE를 이용해 계산하는데, 각각의 의미와 산식은 〈표 2〉에 정리되어 있다.

$$R^2 = \frac{SSR}{SST} = \frac{SST - SSE}{SST} = 1 - \frac{SSE}{SST}$$

**OX QUIZ**

결정계수 값이 1에 가까울수록 좋은 분석모형이다. (O/×)

정답 : O

| 지표 | 설명 | 산식 |
|---|---|---|
| SST (Total Sum of Squares) | • 전체제곱합<br>• 실제 관측치($y_i$)와 y값들의 평균($\bar{y}$)의 차이를 제곱하여 합한 값<br>• $y$가 가지는 전체 변동 | $\sum_{i=1}^{n}(y_i - \bar{y})^2$ |
| SSR (Regression Sum of Squares) | • 회귀제곱합<br>• 모형의 예측치($\hat{y}_i$)와 y값들의 평균($\bar{y}$)의 차이를 제곱하여 합한 값<br>• $y$가 가지는 전체 변동성 중 회귀 모형으로 설명할 수 있는 변동 | $\sum_{i=1}^{n}(\hat{y}_i - \bar{y})^2$ |

| 지표 | 설명 | 산식 |
|---|---|---|
| SSE (Error Sum of Squares) | • 오차제곱합<br>• 실제 관측치($y_i$)와 모형의 예측치($\hat{y}_i$)의 차이를 제곱하여 합한 값<br>• $y$가 가지는 전체 변동성 중 회귀 모형으로 설명할 수 없는 변동 | $\sum_{i=1}^{n}(y_i - \hat{y}_i)^2$ |

[표 2 회귀 직선의 변동]

② 분류 모형 평가 지표 중요

분류 모형의 예측 결과는 참 또는 거짓, 1 또는 0, Positive 또는 Negative와 같은 범주로 나타난다. 분류 모형의 예측 값이 실제 값과 많이 일치할수록 모형이 예측을 잘한다고 말할 수 있다. 분류 모형의 평가 지표를 구할 때는 예측 값과 실제 값의 조합을 교차 표(Cross Table)형태로 나타내는 것부터 시작한다.

㉠ 혼동행렬(Confusion Matrix) 기출

혼동행렬은 〈그림 1〉과 같이 분류모형이 예측한 값과 실제 값의 조합을 표 형태로 나타낸 것이다. 예측 값과 실제 값의 참/거짓 조합에 따라 TP(True Positive), FN(False Negative), FP(False Positive), TN(True Negative) 네 가지로 구분한다. 혼동행렬로부터 정확도, 정밀도, 재현율 등의 분류 모형 평가 지표를 계산할 수 있다.

| 구분 | | 예측값 | |
|---|---|---|---|
| | | 참(Positive) | 거짓(Negative) |
| 실제값 | 참(Positive) | TP(True Positive) | FN(False Negative) |
| | 거짓(Negative) | FP(False Positive) | TN(True Negative) |

[그림 1 혼동행렬]

㉡ 평가 지표 기출

혼동행렬을 구한 후 〈표 3〉의 다양한 평가 지표를 계산할 수 있다.

| 평가지표 | 의미 | 산식 |
|---|---|---|
| 정확도(Accuracy) | 전체 데이터 중 예측을 정확하게 한 데이터의 비율 | $\dfrac{TP+TN}{TP+TN+FP+FN}$ |
| 정밀도(Precision) | Positive로 예측한 데이터 중 실제 Positive인 데이터의 비율 | $\dfrac{TP}{TP+FP}$ |
| 재현율(Recall), 민감도(Sensitivity) | 실제 Positive인 데이터 중 모형이 Positive로 예측한 데이터의 비율 | $\dfrac{TP}{TP+FN}$ |
| 특이도(Specificity) | • 실제 Negative인 데이터 중 모형이 Negative로 예측한 데이터의 비율<br>• 거짓 긍정률(FPR) = 1 − 특이도 | $\dfrac{TN}{TN+FP}$ |

---

**OX QUIZ**

분류 모형의 평가 지표 중 하나인 재현율은 TP/(TP+FN)의 산식으로 구한다. (O/×)

정답 : O

**학습가이드**

혼동행렬이 주어졌을 때 각 평가 지표를 직접 계산할 수 있어야 한다.

| 평가지표 | 의미 | 산식 |
|---|---|---|
| F1-Score | 정밀도와 재현율의 조화평균 | $2 \times \dfrac{precision \times recall}{precision + recall}$ |
| 거짓 긍정률<br>(FPR,<br>False Positive Rate) | • 실제 Negative인 데이터 중 모형이 Positive로 예측한 데이터의 비율<br>• 1-(특이도)와 동일 | $\dfrac{FP}{TN+FP}$ |
| 참 긍정률<br>(TPR,<br>True Positive Rate) | • 실제 Positive인 데이터 중 모형이 Positive로 예측한 데이터의 비율<br>• 재현율, 민감도와 동일 | $\dfrac{TP}{TP+FN}$ |

[표 3 분류 모형 평가 지표]

ⓒ ROC 곡선(Receiver Operating Characteristic curve) 기출
ROC 곡선은 임곗값(Threshold)을 0에서 1까지 변화시켜 가면서 x축에는 거짓 긍정률을, y축에는 참 긍정률을 표시해서 그린 곡선이다. 임곗값이 변화함에 따라 Positive/Negative 분류 여부가 달라지므로 ROC 곡선도 다르게 나타난다. 일반적으로는 다음 〈그림 2〉의 AUC=0.8 그래프와 같이 곡선이 호를 그리는 형태를 보인다.

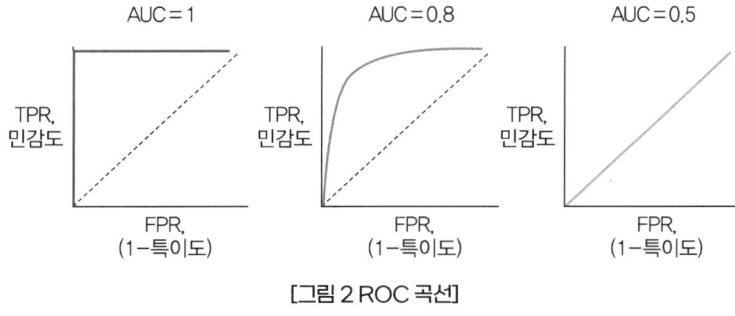

[그림 2 ROC 곡선]

ROC곡선 아래 면적은 AUC(Area Under the Curve)라고 하며, AUC값이 1에 가까울수록 분류 모델의 성능이 좋다고 평가한다.

### (2) 분석 모형 진단(Diagnosis)

분석 모형 진단은 분석에 사용된 데이터가 분석 모형 가정을 제대로 만족하고 있는지 확인하는 절차이다.

① 회귀 모형 진단 기출
선형 회귀 모형이 적합하기 위해서는 데이터가 선형성, 독립성, 등분산성, 정규성을 만족해야 한다. 회귀 모형의 진단은 예측 값과 실제 값의 차이인 잔차(Residual)를 이용하여 검증한다.

---

**OX QUIZ**

거짓 긍정률은 특이도 값과 동일하다. (O/X)

정답 : X

해설 거짓 긍정률은 (1-특이도) 값과 동일하다.

**핵심요약**

분류 모형의 평가 지표 값은 임계값에 따라 달라진다. 임계값과 상관없이 분류 모형의 전반적인 성능을 알고 싶을 때 ROC 곡선 및 AUC 값을 구한다.

| 가정 | 의미 | 진단방법 |
|---|---|---|
| 선형성 | 종속변수는 독립변수의 선형 함수다. | 잔차 산점도 : 선형성 확인 |
| 독립성 | 독립변수 사이에는 상관관계가 없어야 한다. | • 잔차 산점도 : 특정한 경향성이 없어야 함<br>• 더빈 – 왓슨 검정(Durbin – Watson Test) |
| 등분산성 | 오차항의 분산은 등분산이다. | 잔차 산점도 : 고르게 분포되어야 함 |
| 정규성 | 오차항의 평균은 0이다. | • 샤피로 – 윌크 검정(Shapiro – Wilk Test)<br>• 콜모고로프 – 스미르노프 적합성 검정(Kolmogorov – Smirnov Goodness of Fit Test)<br>• Q – Q plot |

[표 4 선형 회귀 모형의 가정]

② 분석 모형 오류

㉠ 일반화 오류(Generalization error) : 분석 모형 구축 시 학습 데이터의 특성을 지나치게 반영하는 경우 발생한다. 일반화 오류가 큰 경우 과대적합(Over – fitting)되었다고도 한다.

㉡ 학습 오류(Training error) : 분석 모형 구축 시 학습 데이터의 특성을 부족하게 반영하는 경우 발생한다. 학습 오류가 큰 경우 과소적합(Under – fitting)되었다고도 한다.

(3) 교차 검증(Cross validation)

데이터를 분할하여 일부는 분석 모형 학습에 사용하고, 나머지는 모델의 검증에 사용하는 검증 방법을 여러 차례 반복 수행하는 방식이다. 분석 모형이 새로운 데이터에 대해 일반화된 성능을 보일 수 있는지 확인한다.

① k – fold 교차 검증(k – fold cross validation) 기출

데이터를 k개의 fold로 나누어 (k – 1)개는 학습에, 나머지 한 개는 검증에 사용한다. k개의 평가 지표 값을 평균 내어 분석 모형의 성능 지표로 사용한다.

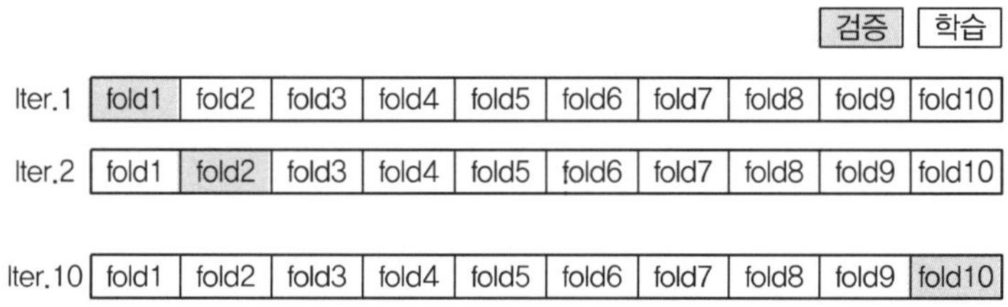

[그림 3 k – fold 교차 검증]

② 홀드아웃 교차 검증(Holdout cross validation)

데이터를 무작위로 7:3 또는 8:2의 비율로 학습 데이터와 검증 데이터로 나누는 방법이다.

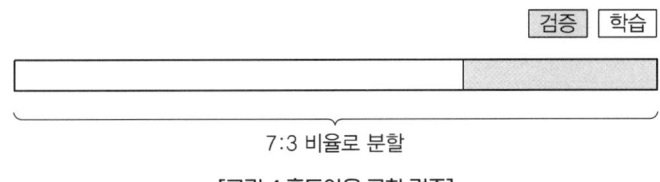

[그림 4 홀드아웃 교차 검증]

③ 리브-p-아웃 교차 검증(LpOCV ; Leave-p-Out Cross Validation)

데이터 중 p개의 관측치만 검증 데이터로 사용하고 나머지는 학습 데이터로 사용하는 방법이다. p=1인 경우 리브-원-아웃 교차 검증(LOOCV ; Leave-One-Out Cross Validation)이라고도 한다.

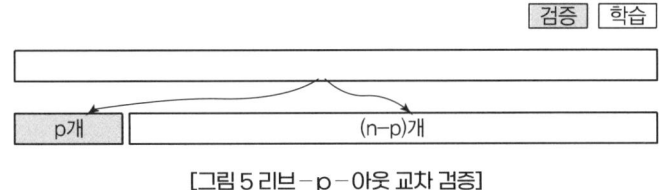

[그림 5 리브-p-아웃 교차 검증]

(4) 모수 유의성 검정(Significance test)

유의성 검정은 수집된 자료가 통계적으로 유의한지 판단하는 과정이다. 수집된 자료의 모집단에 대해 가설을 설정하고 그 가설이 맞는지 확인한다. 그 가설이 모집단의 분포를 가정하는 것이면 모수 검정, 아니면 비모수 검정이라고 한다.

① 모수 검정과 비모수 검정

모수 검정은 모집단의 분포를 가정하고 표본의 평균, 표준편차 등을 이용하여 집단 간 차이를 검정하는 방법이다. 반면 비모수 검정은 모집단의 분포를 가정하지 않고 집단 간 차이를 검정하는 방법이다. 비모수 검정은 데이터의 모집단이 특정 분포를 따른다고 가정할 수 없을 때, 표본의 수가 30개 미만으로 적을 때, 변수의 척도가 서열척도 혹은 명목척도인 경우 등에서 사용한다.

② 모집단에 대한 유의성 검정

| 검정 방법 | 목적 |
| --- | --- |
| z-검정 | 추출된 표본이 모집단에 속하는지 검증 |
| t-검정 | • 평균값 검증(1-way)<br>• 두 집단의 평균 비교(2-way) |
| 분산분석(ANOVA) | 두 개 이상 집단의 평균 비교 |
| 카이제곱 검정 | 분산을 알고 있을 때 두 집단의 동질성 검정 |
| F-검정 | 두 모집단 분산 차이가 유의한지 검증 |

[표 5 모집단 유의성 검정]

### (5) 적합도 검정(Goodness of fit test)

적합도는 통계 분포가 관측치에 얼마나 잘 맞는지를 나타낸다. 따라서 적합도 검정은 관측치의 분포를 가정한 후, 그 가정이 맞는지 확인하는 과정이라고 볼 수 있다.

① Q-Q plot

Q-Q plot은 관측치의 분포가 정규분포에 얼마나 가까운지 시각적으로 표현하는 데 사용된다. y축은 데이터를 표준화한 z점수 값을, x축은 표준정규분포에서의 해당 분위수를 의미한다. Q-Q plot 위에 나타낸 데이터가 대각선 형태의 참조선에 가깝게 보이면 관측치의 분포가 정규분포에 가깝다고 볼 수 있다.

다음 〈그림 6〉는 정규분포에서 데이터 100개를 생성한 후, 히스토그램과 Q-Q plot을 그린 것이다. Q-Q plot을 보면 관측치가 대각 참조선 위에 촘촘히 찍혀 있는 것을 확인할 수 있다.

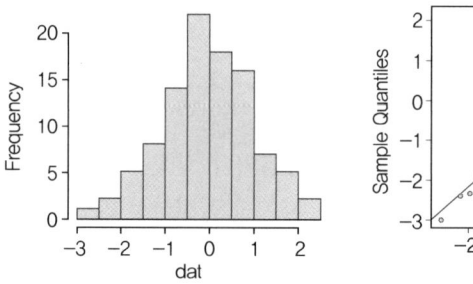
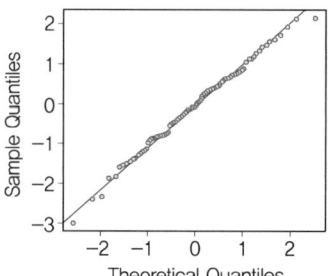

[그림 6 정규분포 샘플 데이터의 히스토그램과 Q-Q plot]

다음 〈그림 7〉은 house price 데이터셋의 SalePrice 변수에 대한 히스토그램과 Q-Q plot이다. 히스토그램을 보면 오른쪽으로 꼬리가 길게 늘어져 있는 형태로, 정규분포의 형태와는 차이가 있다. Q-Q plot에서도 오른쪽 부분이 대각 참조선에서 크게 벗어나 관측치가 찍혀 있는 것을 확인할 수 있다.

> **OX QUIZ**
>
> Q-Q plot은 데이터의 정규성을 시각적으로 확인하는 방법이다. (O/×)
>
> 정답 : O

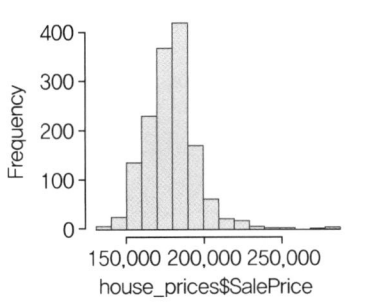
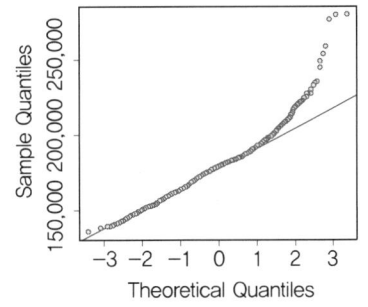

[그림 7 SalePrice 변수의 히스토그램과 Q-Q plot]

② 카이제곱 검정(Chi-Squared Test) 기출

㉠ 카이제곱 검정은 어떤 그룹이 서로 독립인지 아닌지 확인하는 방법이다. 카이제곱 검정은 목적에 따라 독립성 검정, 적합성 검정, 동일성 검정으로 나뉘는데, 여기에서는 적합성 검정 위주로 설명하도록 한다.

- 적합성 검정 : 모집단의 분포가 내가 생각한 분포와 동일한가?
- 독립성 검정 : 두 변수는 서로 독립적인가?
- 동일성 검정 : 두 집단의 분포가 동일한가?

㉡ 카이제곱 검정은 범주형 데이터에 사용되며 데이터가 예상되는 분포에 얼마나 잘 맞는지를 검정한다. 주로 r×c 분할표를 함께 사용한다. 예를 들어, 주사위의 각 숫자가 나올 확률은 1/6이라는 가설을 검증하는 상황을 생각해보자. 주사위를 43번 던져서 다음 〈표 6〉의 결과를 얻었다.

| 주사위 눈 | 관측 횟수 | 기대확률 |
|---|---|---|
| 1 | 7 | 1/6 |
| 2 | 5 | 1/6 |
| 3 | 10 | 1/6 |
| 4 | 8 | 1/6 |
| 5 | 5 | 1/6 |
| 6 | 8 | 1/6 |

[표 6 주사위 눈별 관측 횟수와 기대확률]

㉢ 이 관측치를 이용하여 R의 chisq.test함수를 사용하여 카이제곱 검정을 실시한 결과 아래처럼 검정통계량이 2.6279, p-value가 0.7571이 나왔다. p-value가 0.05보다 크므로 유의수준 5%에서 귀무가설을 기각할 수 없다. 즉 유의수준 5%에서 각 주사위 눈이 나올 확률이 $\frac{1}{6}$이라고 할 수 있다.

**학습가이드**

실제 데이터의 관측빈도와 예측빈도를 통해 카이제곱 통계량을 산출할 수 있어야 한다.

**OX QUIZ**

표 6에서 주사위 눈 1이 나올 기대 횟수(기대 도수)는 7이다. (O/X)

정답 : O

```
> chisq.test(df$관측횟수, p = df$기대확률)
        Chi-squared test for given probabilities

data : df$관측횟수
X-squared = 2.6279, df = 5, p-value = 0.7571
```

③ 샤피로 월크 검정(Shapiro-Wilk Normality Test)

샤피로 월크 검정은 데이터의 정규성을 검증하는 방법이다. R의 shapiro.test 함수를 사용하여 house prices 데이터의 SalePrice 변수의 정규성을 검증해보았다. p-value가 2.2e-16로 0.05보다 작아 유의수준 5%에서 데이터가 정규 분포를 따른다는 귀무가설을 기각할 수 있다. 즉 유의수준 5%에서 SalePrice 변수는 정규성을 따르지 않는다.

```
> shapiro.test(house_prices$SalePrice)
        Shapiro-Wilk normality test

data : house_prices$SalePrice
W = 0.95287, p-value < 2.2e-16
```

④ 콜모고로프 스미르노프 검정(Kolmogorov-Smirnov test)

㉠ 콜모고로프 스미르노프 검정은 데이터가 예상되는 분포에 얼마나 잘 맞는지를 검정한다. 콜모고로프 스미르노프 검정에서는 데이터의 누적분포함수와 예상 분포의 누적분포함수를 비교한다. 따라서 카이제곱 검정과는 달리 연속형 데이터에도 적용 가능하다.

㉡ 다음은 house prices 데이터셋의 SalePrice 변수가 정규분포 $N(179183.9, 16518.3^2)$를 따르는지 콜모고로프 스미르노프 검정을 수행한 결과다. R의 ks.test 함수를 사용하여 콜모고로프 스미르노프 검정을 수행할 수 있다. 아래 검정 결과를 보면, p-value가 2.26e-07로 0.05보다 작으므로 귀무가설을 기각할 수 있다. 즉, 유의수준 5%에서 SalePrice 변수가 정규분포 $N(179183.9, 16518.3^2)$을 따르지 않는다.

```
> meanVal <- mean(house_prices$SalePrice)  · 179183.9
> sdVal <- sd(house_prices$SalePrice)  · 16518.3
> ks.test(house_prices$SalePrice, "pnorm", mean = meanVal, sd = sdVal,
    alternative = "two.sided")

        One-sample Kolmogorov-Smirnov test

data :  house_prices$SalePrice
D = 0.074039, p-value = 2.26e-07
alternative hypothesis : two-sided
```

## 2. 분석 모형 개선

### (1) 과대적합 방지 [중요]

① 과대적합(Over-fitting)과 과소적합(Under-fitting) [기출]
  ㉠ 과대적합은 분석 모형이 학습 데이터에 지나치게 적합하여 일반화되지 않는 것을 말한다. 모델 복잡도 측면에서는 학습 데이터의 특성을 필요 이상으로 담은 복잡한 모형이 만들어졌다고 볼 수 있다. 이 경우, 학습 데이터는 잘 학습해 좋은 성능을 보이지만 검증 데이터에는 낮은 성능을 보인다. 반면 과소적합은 분석 모형이 학습 데이터에서 패턴을 충분히 학습하지 못한 것을 말한다. 이 경우 모델 복잡도는 낮고, 학습 데이터와 검증 데이터 모두에서 낮은 성능을 보인다.
  ㉡ 다음의 〈그림 8〉에 이런 관계가 잘 나타나 있다. 일반적으로 모델이 복잡해질수록 학습 데이터를 잘 학습해 학습 오류는 점점 낮아지지만, 새로운 데이터에서는 낮은 성능을 보여 검증 오류가 높아진다. 그래프의 중간을 기점으로 왼쪽은 과소적합, 오른쪽은 과대적합인 경우에 해당한다.

> **핵심요약**
> - 편향(Bias) : 학습 알고리즘에서 잘못된 가정을 했을 때 발생하는 오차
> - 분산(Variance) : 학습 데이터에 내재된 변동 때문에 발생하는 오차

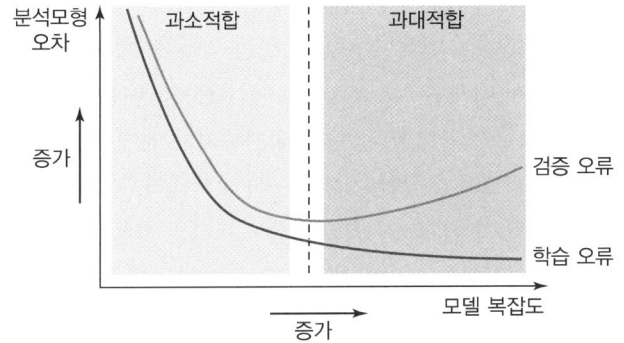

[그림 8 분석 모형 오차와 모델 복잡도 관계]

② 과대적합 방지 [기출]
  과대적합을 방지하기 위해서 학습 데이터 수 증가, 가중치 규제, 교차 검증 등의 방법을 사용할 수 있다.
  ㉠ 학습 데이터 수 증가
    학습 데이터 수가 적으면 과대적합이 일어날 확률이 더 높다. 충분한 양의 데이터를 학습할 수 있도록 학습 기간을 늘리는 등 추가 데이터를 확보해야 한다. 데이터를 더 구할 수 없는 경우 오버샘플링(Over-sampling)이나 언더샘플링(Under-sampling) 기법을 사용하여 학습 데이터 수를 증가시킬 수 있다.

**핵심요약**

드롭아웃 : 인공신경망 학습 시 은닉층의 뉴런을 임의로 삭제하여 과대적합을 방지하는 방법

**학습가이드**

매개변수 최적화의 다양한 방법을 이해하고 각 방법의 차이점을 비교할 수 있어야 한다.

**OX QUIZ**

학습률(Learning rate)은 대표적인 매개변수 중 하나이다. (O/×)

정답 : ×

**해설** 학습률은 대표적인 하이퍼파라미터 중 하나이다.

ⓒ 가중치 규제(Regularization)

변수가 많으면 복잡한 분석 모형이 되어 과대적합이 일어날 확률이 높다. 가중치 규제는 가중치 값을 제한해서 변수의 수를 줄이는 효과를 낸다. 가중치 규제에는 L1규제와 L2규제가 있다. 손실함수를 $L$, 학습률을 $\lambda$라고 할 때, L1규제와 L2규제는 아래와 같이 나타낸다.

- L1규제 : $L + \lambda \|w\|_1 = L + \lambda(w_1 + w_2 + ... + w_n)$
- L2규제 : $L + \frac{1}{2}\lambda \|w\|_2 = L + \frac{1}{2}\lambda(w_1^2 + w_2^2 + ... + w_n^2)$

ⓒ 교차 검증

교차 검증은 검증 데이터를 매번 다르게 사용하기 때문에 하나의 검증 데이터에 과대적합할 가능성을 낮춘다.

### (2) 매개변수 최적화(Parameter optimization)

① 매개변수 최적화

㉠ 분석 모형의 결과 값과 실제 값의 차이는 손실함수로 표현한다. 분석 모형을 학습하는 것은 학습 데이터부터 손실함수의 값을 가장 작게 만드는 매개변수의 최적값을 찾아 나가는 과정이다. 이렇게 손실함수를 최소화하는 매개변수 값을 찾는 과정을 '매개변수 최적화'라고 한다. 여기서 매개변수(parameter)란 학습을 통해 분석 모형 내부에서 결정되는 변수를 말한다. 변수의 가중치가 매개변수의 대표적인 예이다.

㉡ 일반적으로 손실함수 값은 구하기 복잡하고, 분석 모형의 매개변수 개수도 많아 매개변수의 최적값을 구하는 것은 어렵다. 매개변수 최적화를 할 수 있는 다양한 방법들이 존재하는데, 대표적으로는 경사하강법(Gradient descent), 모멘텀(Momentum), AdaGrad 등이 있다.

② 경사하강법(Gradient descent) **기출**

㉠ 경사하강법은 가중치 매개변수에 대한 손실함수의 기울기를 통해 최적값을 구하는 방법이다. 매개변수 벡터에 대해 손실함수의 현재 기울기를 계산하고, 기울기가 감소하는 방향으로 매개변수 값을 갱신한다. 갱신을 반복하다 기울기가 0이 되는 순간이 손실함수가 최소화되는 매개변수 값이 된다. 이때 매개변수가 변경되는 폭을 학습률(learning rate)이라고 한다.

$$W \leftarrow W - \eta \frac{\partial L}{\partial W} \quad (L : \text{손실함수},\ W : \text{가중치 벡터},\ \eta : \text{학습률})$$

ⓒ 기울기를 계산하는 데 사용하는 데이터에 따라 다음 〈표 10〉과 같이 배치 경사하강법, 확률적 경사하강법, 미니 배치 경사하강법으로 나뉜다.

| 구분 | 사용 데이터 | 특징 |
|---|---|---|
| 배치 경사하강법<br>(BGD ; Batch Gradient Descent) | 전체 데이터 | • 부드럽게 수렴<br>• 시간이 오래 걸림 |
| 확률적 경사하강법<br>(SGD ; Stochastic Gradient Descent) | 무작위로 선택한 1개의 데이터 샘플 | • 속도 빠름<br>• 오차율이 큼<br>• 불안정하게 수렴 |
| 미니 배치 경사하강법<br>(Mini-batch Gradient Descent) | 무작위로 선택한 10~1,000개의 데이터 샘플 | BGD보다 빠르고 SGD보다 낮은 오차율 |

[표 10 경사하강법 종류]

ⓒ 현재는 확률적 경사하강법을 개선한 다양한 옵티마이저(Optimizer)가 사용된다. 대표적인 방법으로 매개변수 변경 방향(스텝 방향)을 개선한 방법인 모멘텀(Momentum), 매개변수 변경 폭(스텝 사이즈, 학습률)을 개선한 방법인 Adagrad, RMSProp 등이 있다.

③ 모멘텀(Momentum)

모멘텀은 확률적 경사하강법의 매개변수 변경 방향에 가속도를 부여해 주는 방식이다.

$$v \leftarrow \alpha v - \eta \frac{\partial L}{\partial W}$$

$$W \leftarrow W + v$$

($\alpha$ : 모멘텀 계수, $L$ : 손실함수, $W$ : 가중치 벡터, $\eta$ : 학습률)

모멘텀 계수 $\alpha$는 하이퍼파라미터로 보통 0.9로 설정한다.

④ AdaGrad(Adaptive Gradient)

㉠ AdaGrad는 매개변수 값을 업데이트하면서 각 변수마다 학습률을 다르게 적용하는 방법이다. 초깃값에서 이미 값이 많이 변한 매개변수는 최적값에 가까워졌다고 생각하고 학습률을 작게 하여 값을 미세하게 조절한다. 반면 값이 많이 변하지 않은 매개변수는 반대로 학습률을 크게 하여 빠르게 손실을 줄일 수 있도록 한다. 수식으로 간단히 표현하면 다음과 같다.

$$h \leftarrow h + \frac{\partial L}{\partial W} \odot \frac{\partial L}{\partial W}$$

$$W \leftarrow W - \eta \frac{1}{\sqrt{h}} \frac{\partial L}{\partial W}$$

ⓛ AdaGrad는 $h$라는 새로운 하이퍼파라미터를 도입한다. $h$는 이전 기울기의 제곱 값을 누적해서 저장하는 값이고, 가중치를 업데이트할 때 $\frac{1}{\sqrt{h}}$의 비율로 학습률을 조정해준다.

ⓒ AdaGrad는 자동으로 학습률을 변경해준다는 장점이 있지만, 어느 정도 학습이 진행되면 최적 값에 도달하기 전에 학습률이 0에 가까워져서 가중치 업데이트가 제대로 이루어지지 않을 수 있다.

④ RMSProp

RMSProp은 AdaGrad에서 최적값에 도달하기 전에 학습률이 0에 가까워지는 상황을 방지하기 위해 개선된 방법이다. 새로운 하이퍼파라미터 $\rho$를 도입하여 $h$에서 기울기를 더할 때 단순 누적이 아니라 지수가중이동평균값을 더한다. $\rho$가 작을수록 최근 기울기를 더 많이 반영하게 된다.

$$h \leftarrow \rho h + (1-\rho)\frac{\partial L}{\partial W} \odot \frac{\partial L}{\partial W}$$

⑤ Adam(Adaptive moment estimation)

Adam은 모멘텀과 RMSProp이 합쳐진 방법이다. 매개변수의 변경 방향과 폭을 모두 적절하게 조절할 수 있어 최근 가장 많이 사용되는 옵티마이저이다.

### (3) 분석 모형 융합

분석 모형 융합은 일반적으로 앙상블(Ensemble)이라고 한다. 앙상블은 다양한 종류의 여러 분석 모형을 결합하여 더 좋은 분석 모형을 만드는 것을 말한다. 앙상블 방식에는 크게 보팅, 배깅, 부스팅, 스태킹이 있다.

① 보팅(Voting)

보팅은 여러 개의 분석 모형 결과를 종합하는 방법이다. 많이 선택된 클래스를 최종 결과로 예측하는 방법을 직접 투표(Hard voting) 방식이라고 하고, 각 모형의 클래스 확률 값을 평균 내어 확률이 가장 높은 클래스를 최종 결과로 예측하는 방법을 간접 투표(Soft voting) 방식이라고 한다.

② 배깅(Bagging)

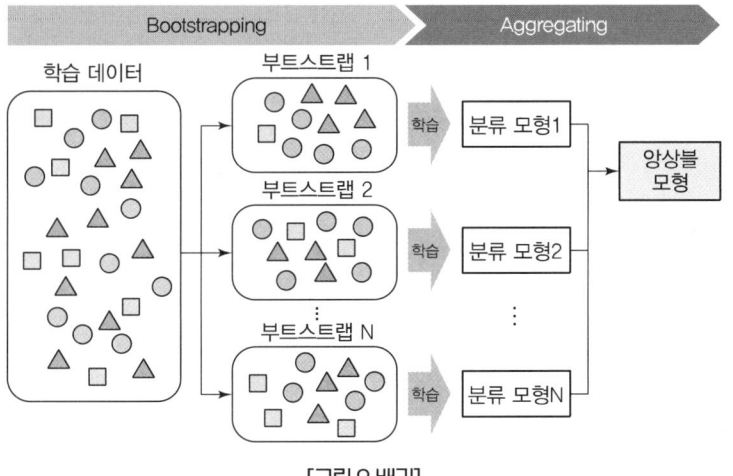

[그림 9 배깅]

배깅은 bootstrap aggregating의 줄임말이다. 학습 데이터에서 일정한 크기의 부트스트랩 샘플을 무작위로 복원 추출한다. 부트스트랩 샘플을 이용해서 분석 모형을 각각 학습한 후, 학습 결과를 종합하여 최종 분석 모형을 구한다. 일반적으로 회귀 모형의 경우에는 각 예측 값을 평균하고, 분류 모형의 경우에는 예측 결과를 다수결로 종합한다. 대표 알고리즘에는 Random Forest가 있다.

③ 부스팅(Boosting) 중요

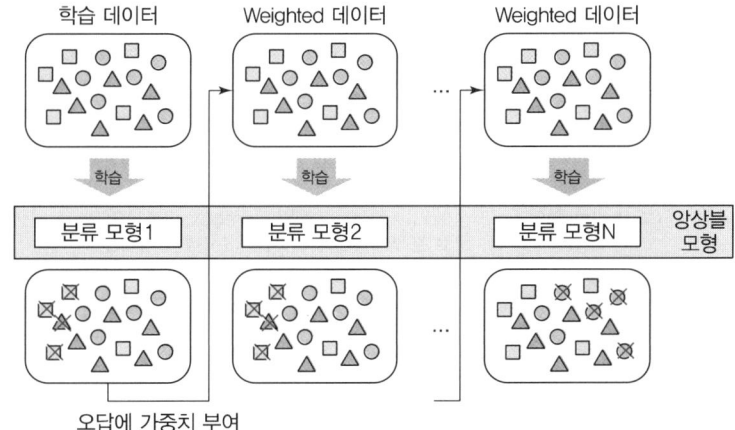

[그림 10 부스팅]

부스팅은 약한 분석 모형(Weak learner)을 여러 개 연결해서 강한 분석 모형(Strong learner)을 만드는 방법을 말한다. 정답에는 낮은 가중치를, 오답에는 높은 가중치를 줘서 오답을 더 잘 맞출 수 있도록 학습을 시킨다. 대표 알고리즘에는 Adaboost, XGboost, Light GBM이 있다.

④ 스태킹(Stacking)

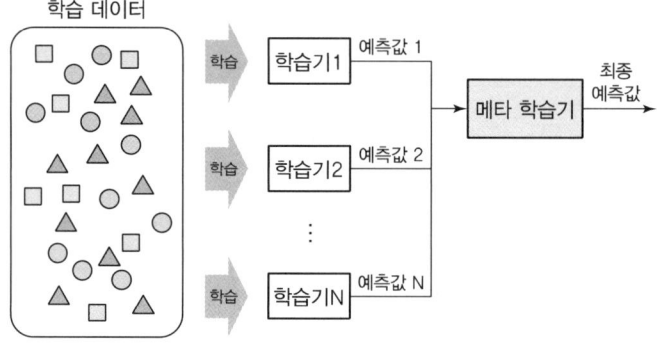

[그림 11 스태킹]

스태킹은 stacked generalization의 줄임말이다. 여러 분석 모형의 예측을 종합하는 방식으로 모형을 사용한다. 학습 데이터로 여러 개의 분석 모형을 만든 후, 각 분석 모형의 예측값들을 독립변수로 하는 최종 예측 모형을 학습시킨다. 이 최종 모형을 블렌더(Blender) 또는 메타 학습기(Meta learner)라고 한다.

### (4) 최종모형 선정

분석 모형 개발 단계에서 구축한 여러 개의 분석 모형 중 실제 업무에 적용할 최종모형을 선정해야 한다. 이때 분석 모형은 하이퍼파라미터 튜닝, 분석 모형 융합 등 모든 분석 모형 성능 개선 작업이 완료된 상태여야 한다. 최종모형 선정 과정은 최종모형 평가 기준 선정, 분석 모형 평가, 최종모형 선정 단계로 구성된다.

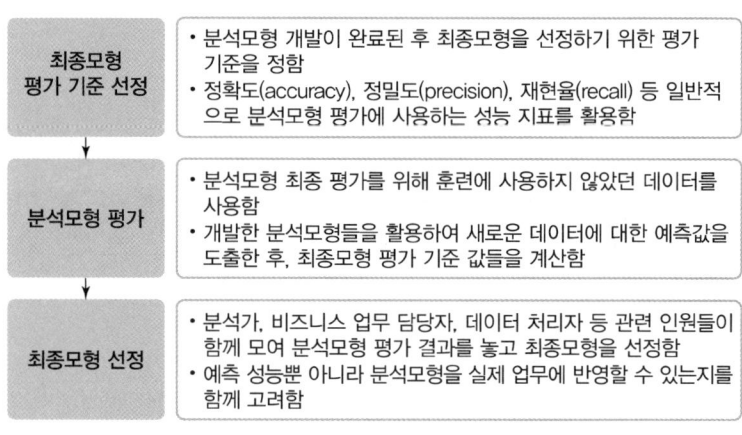

[그림 12 최종모형 선정 단계]

---

**OX QUIZ**

시스템 엔지니어는 분석 모델링에 직접적인 관련이 없으므로 분석 결과를 공유 받지 않아도 된다. (O/×)

정답 : ×

해설 분석 모델링에 직접적인 관련이 없더라도 연관이 있는 사람들에게 모두 분석 결과를 공유하고 분석 모형의 효과성, 시스템 구현 가능성 등을 함께 논의해야 한다.

# 챕터 마무리 문제

**빅데이터분석기사 필기 한권완성 PART 04**

01  다음 중 회귀 모형의 성능을 확인하고 싶을 때 사용하는 평가 지표로, 예측 오차를 백분율로 나타낸 것은?

① MSE  ② RMSE
③ MAPE  ④ SSE

해설  평균절대백분율오차(MAPE ; Mean Absolute Percentage Error)는 모형의 실제 값 대비 실제 값과 예측값의 차이(오차)에 절댓값을 취해 평균한 값이다.

02  다음 회귀 모형 평가 지표 중 평균절대오차를 구하는 산식으로 옳은 것은?

① $\frac{1}{n}\sum_{i=1}^{n}(y_i - \hat{y}_i)^2$
② $\frac{1}{n}\sum_{i=1}^{n}|y_i - \hat{y}_i|$
③ $\sqrt{\frac{1}{n}\sum_{i=1}^{n}(y_i - \hat{y}_i)^2}$
④ $100 \times \frac{1}{n}\sum_{i=1}^{n}\left|\frac{y_i - \hat{y}_i}{y_i}\right|$

해설  평균절대오차(MAE ; Mean Absolute Error)는 실제 값과 예측 값의 차이(오차)에 절댓값을 취해 평균한 값으로 산식은 $\frac{1}{n}\sum_{i=1}^{n}|y_i - \hat{y}_i|$이다.

03  다음 회귀 모형 평가 지표에 대한 설명 중 옳지 않은 것은?

① 회귀 모형 평가 지표는 예측값과 실제 값의 차이를 기반으로 구한다.
② 이상치가 있는 데이터에서는 평균제곱오차가 평균절대오차보다 유리하다.
③ 평균절대백분율오차는 실제 값이 0에 가까워지면 값이 극단적으로 커진다.
④ 평균절대백분율오차는 실제 값이 0일 경우 구할 수 없다.

해설  이상치가 있는 데이터에서는 오차를 제곱하여 계산하는 지표보다 절댓값을 취하여 계산하는 지표가 더 유리하다. 따라서 이상치가 있는 데이터에서는 평균절대오차가 평균제곱오차보다 더 유리하다.

**정답**  01 ③  02 ②  03 ②

**04** 선형 회귀 모형의 평가 지표 중 결정계수($R^2$)를 계산하는 식은?

① $\dfrac{SSR}{SST}$  ② $\dfrac{SSR}{SSE}$

③ $\dfrac{SSE}{SST}$  ④ $\dfrac{SST-SSR}{SST}$

해설 $R^2 = \dfrac{SSR}{SST} = \dfrac{SST-SSE}{SST} = 1 - \dfrac{SSE}{SST}$

[05~06]
아래 혼동행렬을 보고 질문에 답하시오.

| 예측값 \ 실제값 | Positive | Negative |
|---|---|---|
| Positive | 80 | 10 |
| Negative | 20 | 90 |

**05** 위 혼동행렬에서 정확도는?

① $\dfrac{8}{10}$  ② $\dfrac{8}{9}$

③ $\dfrac{9}{10}$  ④ $\dfrac{17}{20}$

해설 정확도(Accuracy)는 전체 데이터 중 예측을 정확하게 한 데이터의 비율이다. 따라서 전체 200개 데이터 중 TP와 TN의 개수를 합친 170개의 비율인 $\dfrac{17}{20}$이 정답이다.

**06** 위 혼동행렬에서 정밀도는?

① $\dfrac{8}{10}$  ② $\dfrac{8}{9}$

③ $\dfrac{9}{10}$  ④ $\dfrac{17}{20}$

해설 정밀도(Precision)는 Positive로 예측한 데이터 중 실제 Positive인 데이터의 비율이다. 따라서 Positive로 예측한 90개 데이터 중 실제 Positive인 80개의 비율인 $\dfrac{8}{9}$이 정답이다.

정답  04 ①  05 ④  06 ②

**07** 다음 잔차 산점도를 보았을 때 선형 회귀 모형의 선형성과 등분산성을 진단한 결과에 가장 가까운 것은?

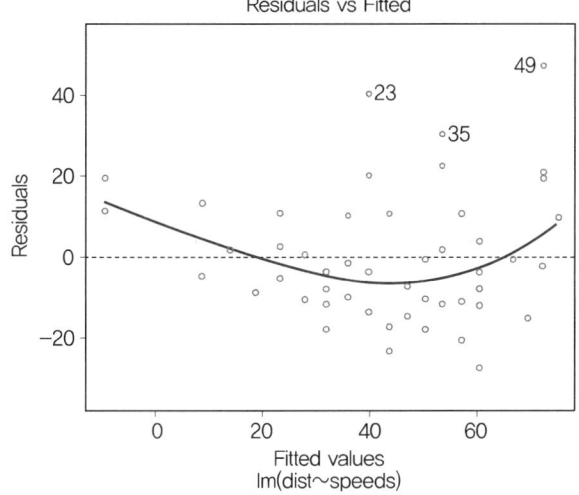

① 선형성 : 만족함, 등분산성 : 만족하지 않음
② 선형성 : 만족하지 않음, 등분산성 : 만족하지 않음
③ 선형성 : 만족함, 등분산성 : 만족함
④ 선형성 : 만족하지 않음, 등분산성 : 만족함

해설 선형 회귀 모형이 선형성을 만족할 경우 잔차 산점도에서 빨간 실선(잔차의 추세선)이 가운데 점선과 유사하게 나타난다. 또한 선형회귀 모형이 등분산성을 만족할 경우 모든 구간에서 잔차가 고르게 분포되어 있어야 한다. 주어진 잔차 산점도는 잔차의 추세선이 호를 그리고 있어 선형성을 만족하지 않고, 우측으로 갈수록 잔차가 넓게 퍼져 있어 등분산성도 만족하지 않는다고 볼 수 있다.

**08** 교차 검증 방법 중에서 전체 데이터에서 데이터셋 하나를 랜덤 비복원추출하여 학습 데이터로 사용하고, 남은 데이터를 검증 데이터로 사용하는 방법은?

① 홀드아웃
② k-fold 교차 검증
③ 리브-원-아웃 교차 검증
④ 랜덤 샘플링

해설 홀드아웃은 데이터를 무작위로 7:3 또는 8:2의 비율로 학습 데이터와 검증 데이터로 나누는 교차 검증 방법이다.

**09** 다음 중 교차 검증에 대한 설명 중 옳지 않은 것은?

① 홀드아웃은 데이터의 크기가 클 때 유용한 방법이다.
② k-fold 교차 검증은 모든 데이터를 학습 및 검증에 사용하진 못하지만 효과적으로 검증을 수행할 수 있는 방법이다.
③ 리브-p-아웃 교차 검증의 검증 데이터를 구성하는 경우의 수는 $_nC_p$이다.
④ 리브-원-아웃 교차 검증은 k-fold 교차검증에서 k가 데이터 개수와 동일한 경우로 볼 수 있다.

해설 k-fold 교차검증은 데이터셋을 k개의 fold로 나눈 후 (k-1)개는 학습에, 나머지 하나는 검증에 사용하는 방법이다. 이를 k번 반복하므로 모든 데이터를 학습과 검증에 사용할 수 있다.

정답 07 ② 08 ① 09 ②

### 10 모수 검정, 비모수 검정에 대한 설명 중 옳지 않은 것은?

① 모수 검정은 표본평균을 검정통계량으로 사용한다.
② 비모수 검정은 표본분산을 검정통계량으로 사용한다.
③ 비모수 검정은 데이터의 분포에 대한 가설을 설정한다.
④ 비모수 검정은 검정력이 상대적으로 강하지 않다.

**해설** 모수 검정은 모집단의 분포를 가정하고 표본평균, 표준편차 등을 이용하여 집단 간 차이를 검정하는 방법이다. 반면, 비모수 검정은 모집단의 분포를 가정하지 않으며, 순위나 부호를 검정통계량으로 사용한다. 비모수 검정은 '사건 발생 확률이 50%이다', '두 집단의 평균이 동일하다'와 같이 데이터 분포에 대한 가설을 설정한 후 검증한다. 일반적으로 모수 검정이 비모수 검정에 비해 통계적인 검정력이 더 높다.

### 11 다음 중 모수 검정에 대한 설명으로 가장 옳은 것은?

① 모집단의 분포를 가정하지는 않는다.
② 표본평균, 표준편차 등을 이용하여 집단 간 차이를 검증하는 방법이다.
③ 표본의 수가 30개 미만으로 적을 때 사용한다.
④ 변수의 척도가 서열척도인 경우에 사용한다.

**해설** 모수 검정은 표본평균, 표준편차 등을 검정통계량으로 사용하여 집단 간의 차이를 검증하거나, 집단에 대한 가설을 검증하는 방법이다.

### 12 다음 중 데이터의 정규성을 확인하는 방법이 아닌 것은?

① 히스토그램
② Q-Q plot
③ 샤피로-윌크 검정
④ 카이제곱 검정

**해설** 데이터의 정규성은 히스토그램, Q-Q plot, 샤피로-윌크 검정 등을 통해 확인할 수 있다.

### 13 다음 설명에 해당하는 방법은?

> 비모수 검정 방법 중 하나로, 데이터가 특정 분포를 따르는지 확인할 때 사용한다. 데이터의 누적분포함수와 특정 분포의 누적분포함수 간의 최대 차이를 검정통계량으로 한다.

① 콜모고로프 스미르노프 검정
② 샤피로-윌크 검정
③ F-검정
④ ANOVA

**해설** 콜모고로프 스미르노프 검정은 데이터가 특정 분포를 따르는지 확인할 때 사용하며, 데이터의 누적분포함수와 특정 분포의 누적분포함수 간의 최대 차이를 검정통계량으로 한다.

**정답** 10 ② 11 ② 12 ④ 13 ①

**14** 과대적합을 방지하는 방법으로 옳지 않은 것은?

① 독립변수의 개수를 추가하여 분석 모형에 유연성을 부과한다.
② 모형의 모든 가중치들의 제곱의 합을 손실함수에 추가한다.
③ 교차 검증을 적용한다.
④ 학습 데이터의 개수를 추가한다.

해설 독립변수의 개수를 추가하면 분석 모형의 유연성이 증가하나, 과대적합의 위험성이 더욱 커진다.
- L1규제 : $L+\lambda\|w\|_1 = L+\lambda(w_1+w_2+...+w_n)$
  L1 규제는 모형의 모든 가중치의 절댓값의 합을 손실함수에 추가한다.
- L2규제 : $L+\frac{1}{2}\lambda\|w\|_2 = L+\frac{1}{2}\lambda(w_1^2+u_2^2+...+w_n^2)$
  L2 규제는 모형의 모든 가중치들의 제곱의 합을 손실함수에 추가한다.

**15** 다음 중 과대적합에 대한 설명으로 옳지 않은 것은?

① 학습 오류는 작고 검증 오류는 크게 나타난다.
② 분석 모형이 지나치게 복잡한 경우에 해당한다.
③ 분석 모형의 편향(Bias)이 높고 분산(Variance)이 낮은 상태이다.
④ 분석 모형의 편향(Bias)이 낮고 분산(Variance)이 높은 상태이다.

해설 편향(Bias)은 학습 알고리즘에서 잘못된 가정을 했을 때 발생하는 오차를 말하고 분산(Variance)은 학습 데이터에 내재된 변동 때문에 발생하는 오차를 말한다. 일반적으로 분석 모형이 복잡해질수록 편향은 낮아지고, 분산은 높아진다. 이런 편향과 분산의 관계를 '편향-분산 트레이드오프(bias-variance tradeoff)'라고 한다.

**16** 다음 매개변수 최적화 방법에 대한 설명 중 옳지 않은 것은?

① 경사하강법은 손실함수의 전역 최솟값을 찾아 가는 방법이다.
② 미니 배치 확률적 경사하강법은 배치 크기가 10~1,000인 배치 경사하강법으로 볼 수 있다.
③ AdaGrad는 배치의 크기가 1인 배치 경사하강법으로 볼 수 있다.
④ 미니 배치를 이용하여 손실을 계산하면 전체 학습 데이터를 사용하는 것보다 효율성이 향상된다.

해설 확률적 경사하강법은 배치의 크기가 1인 배치 경사하강법으로 볼 수 있다.

정답 14 ① 15 ③ 16 ③

**17** 다음 그림은 경사하강법으로 파라미터 최적값을 찾는 과정을 나타낸 것이다. ㉠, ㉡에 들어갈 말로 가장 옳은 것을 고르시오.

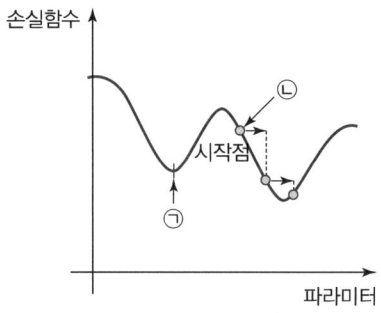

① ㉠ : 지역적 최솟값(local minimum), ㉡ : 학습률(learning rate)
② ㉠ : 지역적 최솟값(local minimum), ㉡ : 하이퍼파라미터(hyperparameter)
③ ㉠ : 전역 최솟값(global minimum), ㉡ : 학습률(learning rate)
④ ㉠ : 전역 최솟값(global minimum), ㉡ : 하이퍼파라미터(hyperparameter)

**해설** ㉠ 특정 구간에서는 최솟값이지만 전체 구간에서는 최솟값이 아닌 경우를 지역적 최솟값이라고 한다. 반면 전체 구간에서도 최솟값인 경우 전역 최솟값이라고 한다.
㉡ 경사하강법 알고리즘은 현재 지점에서 다음 지점으로 이동할 때, 기울기에 학습률(보폭)을 곱하여 다음 지점을 결정한다. 따라서 ㉡은 학습률이다.

**18** 다음 부트스트랩(Bootstrap)에 대한 설명 중 옳지 않은 것은?

① 부트스트랩은 중복을 허용하면서 샘플링을 한다.
② 페이스팅(Pasting)은 중복을 허용하지 않으면서 샘플링을 한다.
③ 부트스트랩으로 학습 데이터를 구성할 경우 OOB데이터를 검증 데이터로 사용한다.
④ 부스팅은 부트스트랩을 활용한 앙상블 기법이다.

**해설** 부트스트랩을 활용한 앙상블 기법은 배깅이다.
② 페이스팅(Pasting)은 배깅과 달리 중복을 허용하지 않으면서 샘플링하는 방식이다. 배깅과 중복 허용 여부에 차이가 있다는 점만 참고로 알아두도록 한다.
③ OOB(Out-Of-Bag)데이터는 부트스트랩 샘플을 추출할 때 학습 데이터에 속하지 않은 데이터를 말하며, 검증 데이터로 활용할 수 있다.

**19** 다음 앙상블 기법에 대한 설명 중 옳지 않은 것은?

① 소프트 보팅은(soft voting)은 분류모형 여러 개가 예측한 레이블의 확률을 평균 내어 가장 확률이 높은 레이블을 최종 결과 값으로 채택하는 방법이다.
② 하드 보팅(hard voting)은 소프트 보팅에서 평균 확률이 0.7 이상인 레이블만 최종 결과 값으로 채택하는 방법이다.
③ 배깅은 복잡한 모형의 과대적합을 줄이는 데 도움이 된다.
④ 배깅은 모형의 분산을 줄이는 데 도움이 된다.

**해설** 하드 보팅은 분류모형 여러 개가 예측한 결과 중 가장 많이 나온 결과를 최종 결과로 사용하는 것이다.

**정답** 17 ① 18 ④ 19 ②

**20** 다음은 최종모형 선정 단계에서 수행하는 일이다. 순서에 맞게 나열한 것은?

> ㉠ 최종모형 평가 기준 선정
> ㉡ 분석 모형 평가
> ㉢ 최종모형 선정

① ㉠→㉡→㉢
② ㉠→㉢→㉡
③ ㉡→㉢→㉠
④ ㉡→㉠→㉢

해설  최종모형 선정 과정은 '최종모형 평가 기준 선정, 분석 모형 평가, 최종모형 선정' 단계로 구성된다.

정답  20 ①

# CHAPTER 02 분석 결과 해석 및 활용

**[학습 목표]**
분석 결과를 해석하고 활용하는 방법에 대해 학습한다.
1. 분석 결과 해석에서는 분석 모형을 해석하는 방법과 비즈니스 기여도를 평가하는 방법을 배운다.
2. 분석 결과 시각화에서는 비즈니스 업무 담당자가 분석 결과를 쉽게 이해하고, 인사이트를 발견할 수 있도록 돕는 다양한 시각화 방법을 배운다.
3. 분석 결과 활용에서는 최종 분석 모형 등 분석 결과를 실제 비즈니스 업무에 적용하는 절차를 배운다.

## 1. 분석 결과 해석

최종 선택한 분석 모형을 실제 업무에 적용하기 위해서는 분석 모형의 분석 결과를 업무 담당자가 명료하게 이해할 수 있어야 한다. 분석 결과를 이용하여 각종 의사결정이나 리포팅을 할 때, 담당자가 분석 내용을 신뢰하지 못한다면 당연히 분석 모형의 활용도는 떨어진다. 따라서 분석가는 분석 결과가 비즈니스 업무에 어떤 인사이트와 이점을 줄 수 있는지를 파악하여 업무 담당자를 이해시켜야 한다.

하지만 분석 모형은 블랙박스의 특성을 가지고 있다. 알고리즘이 구동되며 내부적으로 발생하는 다양한 단계와 로직은 설명하기 어렵다. 때문에 분석 모형을 선택할 때는 상대적으로 설명하기 쉬운 것들을 선택하는 경향도 있다. 설명하기 쉬운 정도를 나타내는 말은 설명력이다. 설명력이 높은 분석 모형은 업무 담당자에게 그 결과를 쉽게 이해하도록 전달할 수 있는 장점이 있다. 하지만 설명력이 높은 분석 모형이라 해서 정확도, 민감도 등의 성능 지표가 항상 우수한 것은 아니다. 때문에 성능을 높이기 위해서 여러 모형을 앙상블로 만들어 사용하는 경우가 많다.

### (1) 분석 모형 해석

분석 모형을 해석한다는 것은 분석 모형에서 어떤 독립변수가 사용되는지, 각 독립변수가 분석 모형에서 어느 정도의 중요도를 가지는지를 살펴보는 과정이라고 할 수 있다. 분석 모형을 해석하는 방법에는 처음부터 해석 가능한 모형을 구축하거나, 분석 모형이 만들어진 후 변수 중요도나 부분 의존도 plot을 확인하는 방법이 있다.

① 해석 가능한 모형(Interpretable models)

해석 가능한 모형에는 대표적으로 선형 회귀, 로지스틱 회귀, 의사결정나무가 있다. 선형 회귀, 로지스틱 회귀 모형의 경우 각 변수의 가중치가 구해지므로 그 값을 참고할 수 있다. 의사결정나무는 각 분기점에서 사용된 기준을 참고한다. 해석 가능한 모형을 활용하는 경우, 분석 모형을 잘 구축하기만 하면 되므로 간단하고 직관적으로 분석 모형을 해석할 수 있다는 장점이 있다. 하지만 해석 가능한 모형은 다른 알고리즘에 비해 상대적으로 예측 정확도가 낮다는 단점이 있다.

② 순열 변수 중요도(Permutation feature importance)

㉠ 순열 변수 중요도는 특정 변수를 사용하지 않았을 때 모형의 성능에 어느 정도의 손실을 주는지를 계산함으로써 해당 변수의 중요도를 파악하는 방법이다. 한 변수에 대해 그 변수의 값을 무작위로 섞어서 예측 값들을 구한다. 해당 변수의 값을 무작위로 사용함으로써 분석 모형이 학습한 패턴을 지우는 효과를 주는 것이다. 그렇게 구한 예측 값과 실제 예측 값과의 차이를 구하여 해당 변수의 영향도를 계산한다. 순열 변수 중요도는 변수 중요도를 구하는 가장 대표적이자 직관적인 방법이다.

㉡ 랜덤 포레스트 모형의 경우 R randomForest패키지의 randomForest( )에 importance=TRUE를 지정하면 쉽게 변수 중요도를 구할 수 있다. importance( )로 중요도 값을, varImpPlot( )으로 다음 〈그림 13〉과 같은 plot을 확인할 수 있다.

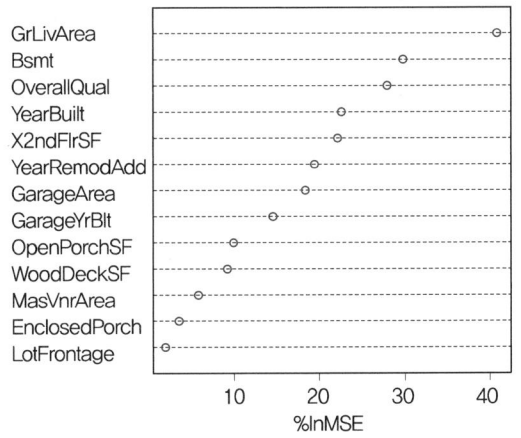

[그림 13 순열 변수 중요도]

> **OX QUIZ**
> 
> 의사결정나무는 해석 가능한 모형이다. (O/×)
> 
> 정답 : O

> **OX QUIZ**
>
> 부분 의존도 plot은 변수 한 두개의 중요도를 확인하는 지역적인(local) 모형 해석 방법이다. (O/X)
>
> 정답 : X
>
> **해설** 부분 의존도 plot은 전역적인 (global) 모형 해석 방법이다. 지역적인 모형 해석 방법은 예측 결과 값 각각을 설명하는 방법으로 대표적으로 SHAP (SHapley Additive exPlanations)이 있다.

③ 부분 의존도 plot(PDP ; Partial Dependence Plot)
  ㉠ 부분 의존도 plot은 의존도를 확인하고자 하는 변수를 한두 개 선택한 후 나머지 변수들에 대해서는 단순 평균을 취하여 해당 변수가 분석 모형에서 어떤 영향을 미치는지 확인하는 방법이다. 일반적으로 변수 중요도가 높거나 업무적으로 봤을 때 중요하다고 생각하는 적은 수의 변수에 대해서만 확인한다. 먼저 선택된 변수의 값을 하나로 고정시켜 놓고 학습 데이터의 다른 변수들의 값을 이용해서 결과 값의 평균을 구한다. 이 작업을 선택된 변수의 전체 범위에 대해 반복하여 결과 값들을 얻는다.
  ㉡ 다음 그림은 위 변수 중요도 plot에서 중요도가 가장 높게 나왔던 GrLivArea 변수에 대해 부분 의존도 plot을 그린 것이다. R에서 pdp패키지의 partialPlot( )을 사용하면 〈그림 14〉와 같이 랜덤 포레스트 모형의 부분 의존도 plot을 쉽게 그릴 수 있다. GrLivArea변수의 값이 변함에 따라 평균적인 예측값이 어떻게 변화할지 한 눈에 확인이 가능하다.

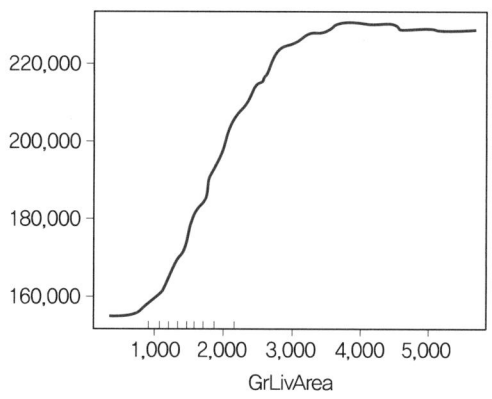

[그림 14 부분 의존도 plot]

### (2) 비즈니스 기여도 평가

분석 결과 해석과 연관 지어 보면 비즈니스 기여도 평가는 최종 모형이 실제 업무에 적용되었을 때 어떤 개선 효과를 줄 수 있는지 정량적으로 평가하는 과정이라고 볼 수 있다. 프로젝트의 재무분석에 주로 사용되는 평가지표는 ROI, NPV, IRR 등이 있다.

| 평가 지표 | 설명 |
|---|---|
| 투자 대비 효과<br>(ROI ; Return On Investment) | • 투자로 얻을 수 있는 순 효과를 총 비용으로 나눈 값<br>• 분석 프로젝트의 효과는 불량 검출률 N% 상승과 같이 나타낼 수 있음 |
| 순현재가치<br>(NPV ; Net Present Value) | • 투자 시작 시점부터 사업이 끝나는 시기까지 연도별로 편익과 비용을 현재 가치로 환산한 값<br>• 순현재가치>0이면 타당성이 있는 사업으로 판단함<br>• 순현재가치 = 편익의 현재가치 – 비용의 현재가치 |
| 내부 수익률<br>(IRR ; Internal Rate of Return) | • 순현재가치를 0으로 만드는 할인율을 말함<br>• 순현재가치를 계산하는 데 사용하는 할인율을 요구수익률이라고 하는데, IRR>요구수익률이면 투자에 적합한 사업으로 판단함 |
| 총 소유 비용<br>(TCO ; Total Cost of Ownership) | 자산을 획득할 때 드는 비용뿐 아니라 교육학습, 유지보수 등의 제반비용을 고려하여 산출되는 총 비용 |
| 투자 회수 기간<br>(PP ; Payback Period) | 프로젝트 시작에서부터 누적 현금흐름이 흑자로 돌아서는 시점까지의 기간을 말함 |

[표 11 비즈니스 기여도 평가 지표]

**OX QUIZ**

총 소유 비용은 소프트웨어 소유에 대한 직간접비용을 계산할 때 사용 가능한 지표이다. (O/X)

정답 : O

## 2. 분석 결과 시각화

### (1) 시각화

시각화는 방대한 양의 데이터를 분석하여 표, 그래프, 이미지 등의 형태로 정리하는 것을 말한다. 분석가가 아닌 업무 담당자가 분석 결과를 이해하는 것은 쉽지 않다. 따라서 적절한 시각화 방법을 통해 효과적으로 분석 결과를 전달하고 인사이트를 발견할 수 있도록 돕는 과정이 필요하다. 즉 시각화는 분석 결과 활용을 위한 전 단계라고 볼 수 있다.

앞서 〈Part 02. 빅데이터 탐색〉에서도 시각화 방법을 일부 다룬 바 있다. 설명이 다소 겹치는 부분이 있겠으나 〈Part 02. 빅데이터 탐색〉에서는 데이터의 분포, 형태 등을 이해하기 위한 일부 방법을 배웠다면 이번 단원에서는 시각화의 전반적인 내용을 학습하도록 한다.

① 시각화의 목적

시각화는 크게 두 가지 목적이 있다. 첫 번째는 데이터 분석이다. 많은 양의 자료를 표, 그래프의 형태로 정리함으로써 즉각적으로 데이터의 의미를 파악할 수 있게 한다. 두 번째는 의사소통의 수단이다. 데이터가 가지고 있는 의미와 인사이트를 다른 사람들과 공유할 수 있도록 하는 매개체가 된다.

② 시각화의 분류

시각화는 데이터 시각화, 정보 시각화, 정보 디자인으로 분류할 수 있다. 다음 표에 시각화 분류별로 설명과 예시를 정리하였다.

| 구분 | 설명 |
| --- | --- |
| 데이터 시각화 | • 명확하고 효과적으로 정보를 전달하기 위함<br>• 미적 형태와 기능성 두 가지를 모두 고려<br>• 데이터들의 연결과 그룹핑을 표현<br>• 마인드맵, 뉴스 표현 등 |
| 정보 시각화 | • 대규모 비수량 정보를 시각적으로 표현<br>• 데이터 시각화보다 한 단계 더 가공 과정을 거침<br>• 분기도, 수지도, 히트맵 등 |
| 정보 디자인 | • 사람이 사용할 수 있는 효과적인 정보와 복잡하고 구조적이지 않은 기술 데이터를 시각적으로 표현<br>• 데이터 시각화, 정보 시각화, 인포그래픽 모두 정보 디자인에 포함 |

[표 12 시각화 분류]

③ 시각화 프로세스

시각화 프로세스는 크게 정보 구조화, 정보 시각화, 정보 시각표현 세 단계로 나뉜다.

㉠ 정보 구조화

데이터를 수집하고 정제하면서 시각화의 목표가 될 만한 것을 발견하거나 설정하는 단계다. 데이터를 유사한 것끼리 묶거나 재배열을 함으로써 데이터의 패턴을 찾아낸다. 데이터 분석 프로젝트에서는 데이터 멍잉(munging) 과정(원 데이터를 정리 및 변환하여 패턴을 식별하거나 특정 정보를 추출하는 과정)이 이 단계에 해당한다고 볼 수 있다.

㉡ 정보 시각화

시각화 툴을 사용하여 시각화에 필요한 그래프나 기본 틀을 만드는 단계다. 데이터 분석 프로젝트에서는 분석 결과를 효과적으로 표현하는 단계에 해당한다. (2) 시간 시각화~(4) 비교 시각화에서 정보 시각화의 자세한 방법에 대해 살펴보도록 하겠다.

㉢ 정보 시각표현

최종적으로 시각적인 완성을 하는 단계다. 정보 시각화 단계에서 시각화 도구를 활용했다면, 정보 시각표현 단계에서는 그래픽 요소를 활용하여 디자인을 완성시킨다. (5) 인포그래픽에서 더 자세히 살펴보도록 하겠다.

## (2) 시간 시각화

시간 시각화는 시간에 따른 데이터의 변화를 보여주는 방법이다. 일반적으로 x축을 시간, y축을 데이터 값으로 하는 그래프 형태를 사용한다. 시간 간격은 데이터에 따라 분, 시간, 월, 연도까지 다양하게 나타날 수 있다. 시간 구간에 따른 값을 가지는 이산형 데이터의 경우 막대그래프, 산점도 등을 사용하고, 연속형 시계열 데이터의 경우 선 그래프, 계단식 그래프, 영역차트 등을 사용한다.

※ 시각화 종류별로 어떤 그래프들이 있는지 잘 알아두어야 한다.

| 구분 | 설명 |
|---|---|
| 막대 그래프<br>(Bar chart) | • 막대 그래프는 범주별 데이터 값을 나타낼 때 사용함<br>• 시간 시각화에서는 x축에 일, 월, 분기 등 특정 시간 구간을 나타냄<br>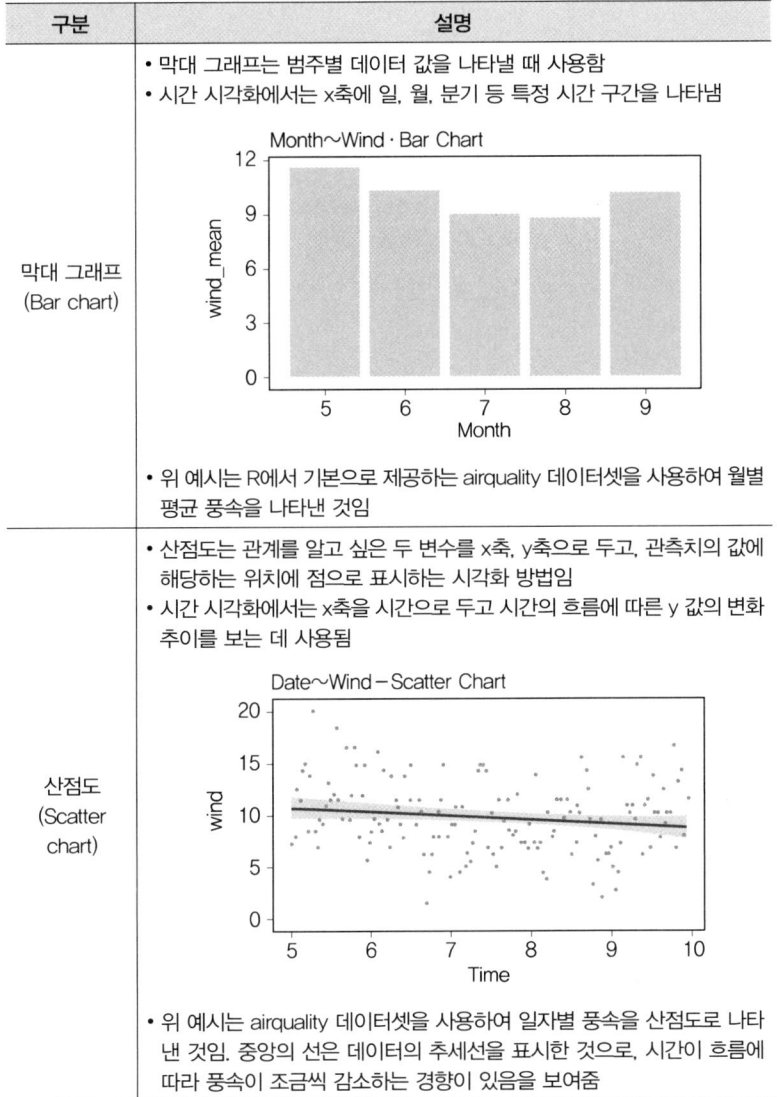<br>• 위 예시는 R에서 기본으로 제공하는 airquality 데이터셋을 사용하여 월별 평균 풍속을 나타낸 것임 |
| 산점도<br>(Scatter chart) | • 산점도는 관계를 알고 싶은 두 변수를 x축, y축으로 두고, 관측치의 값에 해당하는 위치에 점으로 표시하는 시각화 방법임<br>• 시간 시각화에서는 x축을 시간으로 두고 시간의 흐름에 따른 y 값의 변화 추이를 보는 데 사용됨<br>• 위 예시는 airquality 데이터셋을 사용하여 일자별 풍속을 산점도로 나타낸 것임. 중앙의 선은 데이터의 추세선을 표시한 것으로, 시간이 흐름에 따라 풍속이 조금씩 감소하는 경향이 있음을 보여줌 |

| 구분 | 설명 |
|---|---|
| 선 그래프<br>(Line chart) | • 선 그래프는 관측치를 점으로 표시한 후, 점들을 선으로 이어서 표시함<br>• 시간 시각화에서는 산점도와 마찬가지로 x축을 시간으로 두고 y값의 변화를 봄<br>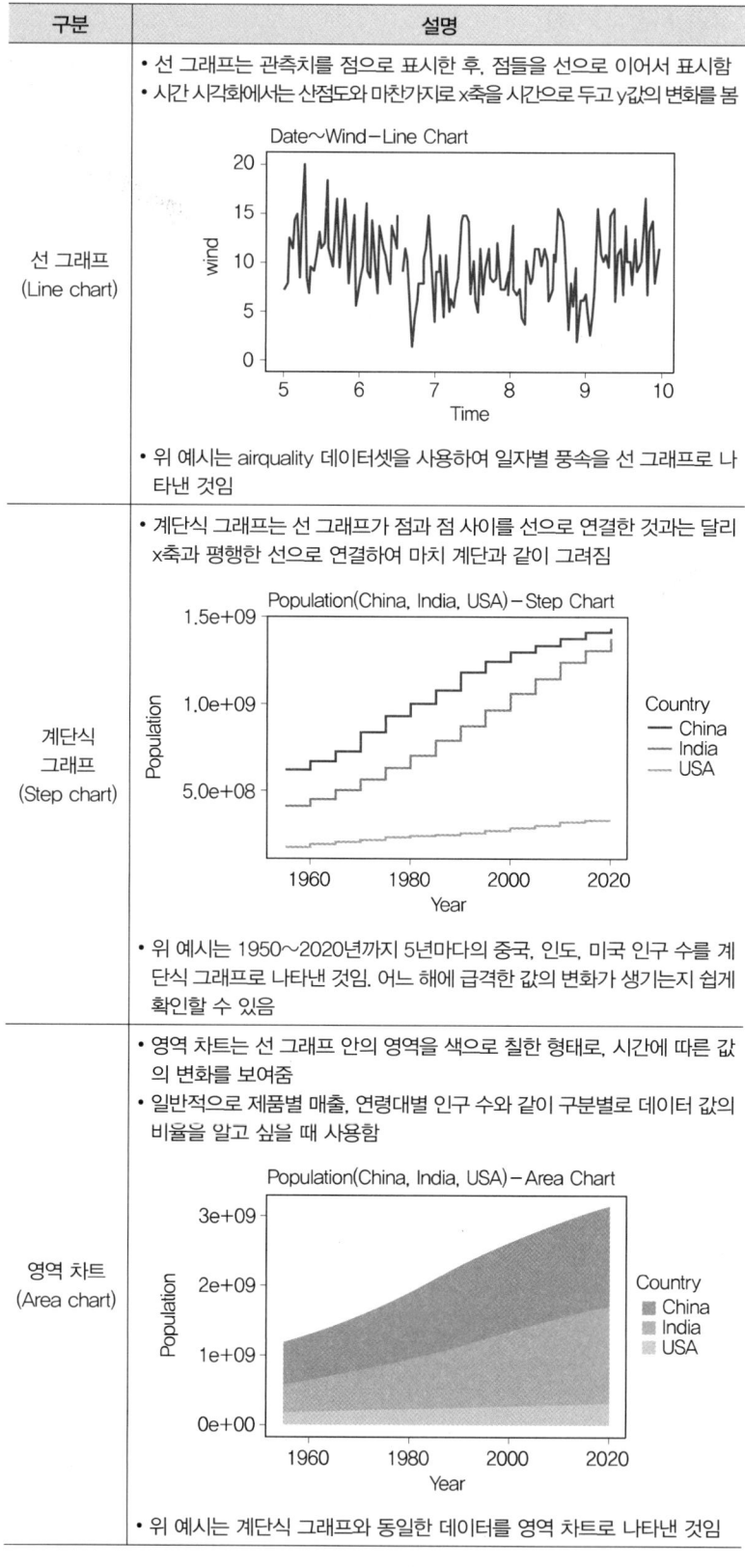<br>• 위 예시는 airquality 데이터셋을 사용하여 일자별 풍속을 선 그래프로 나타낸 것임 |
| 계단식<br>그래프<br>(Step chart) | • 계단식 그래프는 선 그래프가 점과 점 사이를 선으로 연결한 것과는 달리 x축과 평행한 선으로 연결하여 마치 계단과 같이 그려짐<br>• 위 예시는 1950~2020년까지 5년마다의 중국, 인도, 미국 인구 수를 계단식 그래프로 나타낸 것임. 어느 해에 급격한 값의 변화가 생기는지 쉽게 확인할 수 있음 |
| 영역 차트<br>(Area chart) | • 영역 차트는 선 그래프 안의 영역을 색으로 칠한 형태로, 시간에 따른 값의 변화를 보여줌<br>• 일반적으로 제품별 매출, 연령대별 인구 수와 같이 구분별로 데이터 값의 비율을 알고 싶을 때 사용함<br>• 위 예시는 계단식 그래프와 동일한 데이터를 영역 차트로 나타낸 것임 |

[표 13 시간 시각화 종류]

### (3) 공간 시각화

공간 시각화는 데이터를 지도 위에 표현하는 방법이다. 지리 정보가 데이터를 이해하는 데 중요한 요소일 경우 주로 사용한다. 공간 시각화의 방법으로는 등치 지역도, 도트 플롯맵, 버블 플롯맵, 등치선도, 카토그램 등이 있다.

| 구분 | 설명 |
|---|---|
| 등치 지역도 | • 지도 위에 시도 등 지리적 단위를 기준으로 데이터의 의미를 색상으로 구분해 나타내는 방법임<br><br>출처 : https://www.kaggle.com/ambarish/eda-google-sunroof-w-beautiful-choropleths-maps/report?select=project-sunroof-county-09082017.csv |
| 도트 플롯 맵<br>(Dot plot map) | • 위도, 경도 값을 가지고 있는 데이터의 경우, 각 지리적 좌표 위에 점을 찍어서 데이터를 나타내는 방법임<br><br>출처 : https://www.r-graph-gallery.com/330-bubble-map-with-ggplot2.html |

**OX QUIZ**

도트 플롯 맵을 그리기 위해서는 지리 정보가 필요하다. (O/×)

정답 : O

| 구분 | 설명 |
|---|---|
| 버블 플롯 맵<br>(Bubble plot map) | • 도트 플롯 맵과 같이 위도, 경도 값을 가지고 있는 데이터의 경우, 각 지리적 좌표 위에 데이터를 표시하는 방법임<br>• 도트 플롯 맵과 달리 점이 아니라 데이터 값의 크기에 따라 점의 크기를 다르게 나타냄<br><br>출처 : https://www.r-graph-gallery.com/330-bubble-map-with-ggplot2.html |
| 등치선도<br>(Isarithmic map) | • 지도 위에 같은 지리적 위치를 가진 곳을 선으로 이어서 나타내는 방법임<br>• 지역별 강수량, 지역별 개화시기 등을 나타낼 때 사용할 수 있음 |
| 카토그램<br>(Cartogram) | • 데이터 값에 따라 지도상에서 지역의 크기를 조정하여 나타내는 방법임<br>• 상대적으로 값이 크면 해당 지역의 크기는 더 크게, 값이 작으면 지역의 크기도 더 작게 왜곡하는 방법임<br><br>아프리카 지도 → 아프리카 나라별 인구수를 나타낸 카토그램<br><br>• 위 예시는 아프리카 나라별 인구 수를 카토그램으로 나타낸 것임<br>출처 : https://www.r-graph-gallery.com/331-basic-cartogram.html |

[표 14 공간 시각화 종류]

### (4) 관계 시각화 [중요] [기출]

관계 시각화는 변수 간에 존재하는 연관성이나 분포, 패턴을 찾기 위해 사용하는 방법이다. 관계 시각화 방법으로는 산점도, 산점도 행렬, 버블 차트, 히스토그램 등이 있다.

| 구분 | 설명 |
|---|---|
| 산점도<br>(Scatter plot) | • 시간 시각화에서 나왔듯이 산점도는 두 변수 사이의 관계를 확인할 때 유용하게 사용됨<br>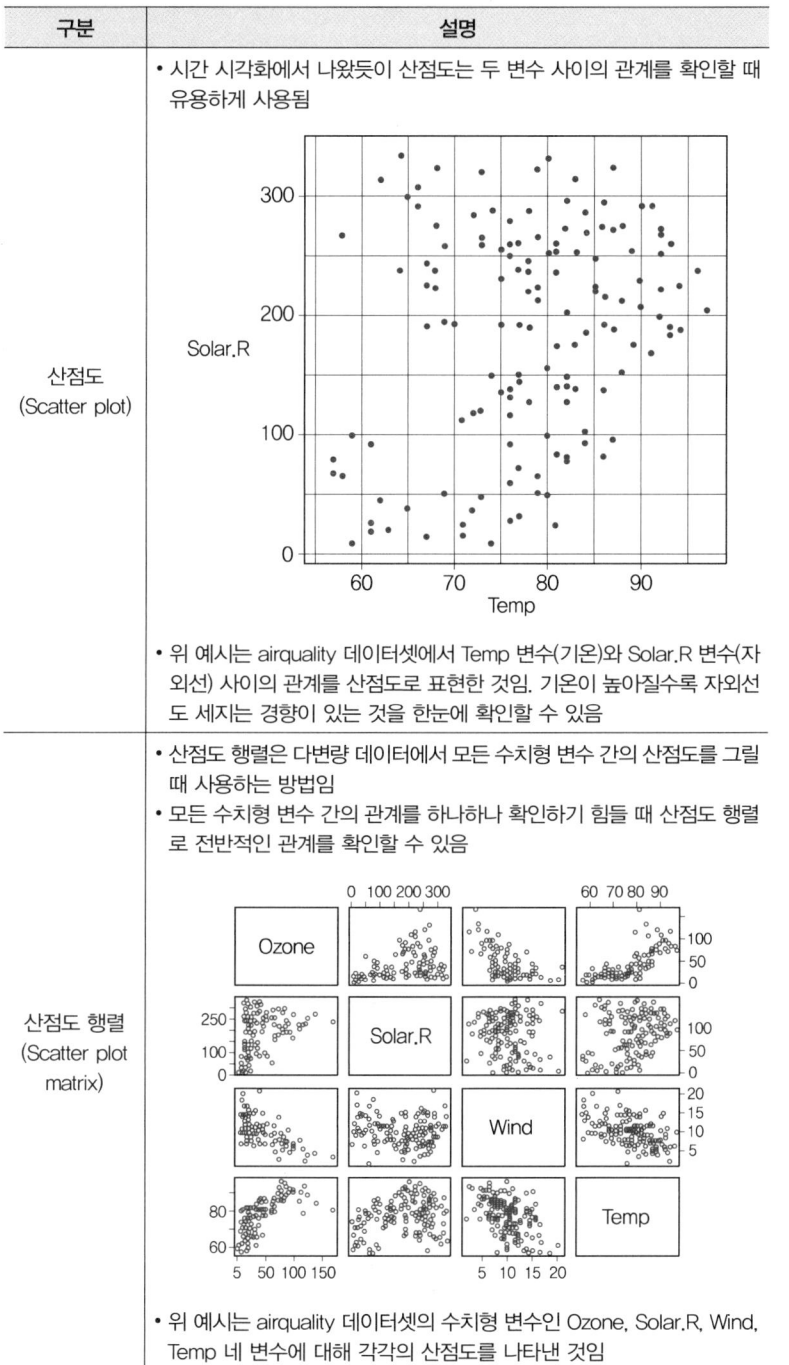<br>• 위 예시는 airquality 데이터셋에서 Temp 변수(기온)와 Solar.R 변수(자외선) 사이의 관계를 산점도로 표현한 것임. 기온이 높아질수록 자외선도 세지는 경향이 있는 것을 한눈에 확인할 수 있음 |
| 산점도 행렬<br>(Scatter plot matrix) | • 산점도 행렬은 다변량 데이터에서 모든 수치형 변수 간의 산점도를 그릴 때 사용하는 방법임<br>• 모든 수치형 변수 간의 관계를 하나하나 확인하기 힘들 때 산점도 행렬로 전반적인 관계를 확인할 수 있음<br>• 위 예시는 airquality 데이터셋의 수치형 변수인 Ozone, Solar.R, Wind, Temp 네 변수에 대해 각각의 산점도를 나타낸 것임 |

| 구분 | 설명 |
|---|---|
| **기출**<br>버블 차트<br>(Bubble chart) | • 두 변수 사이의 관계를 나타내는 것은 산점도와 동일하나 점의 버블의 크기 혹은 모양을 통해 다른 변수를 나타낸다는 것이 차이점임<br>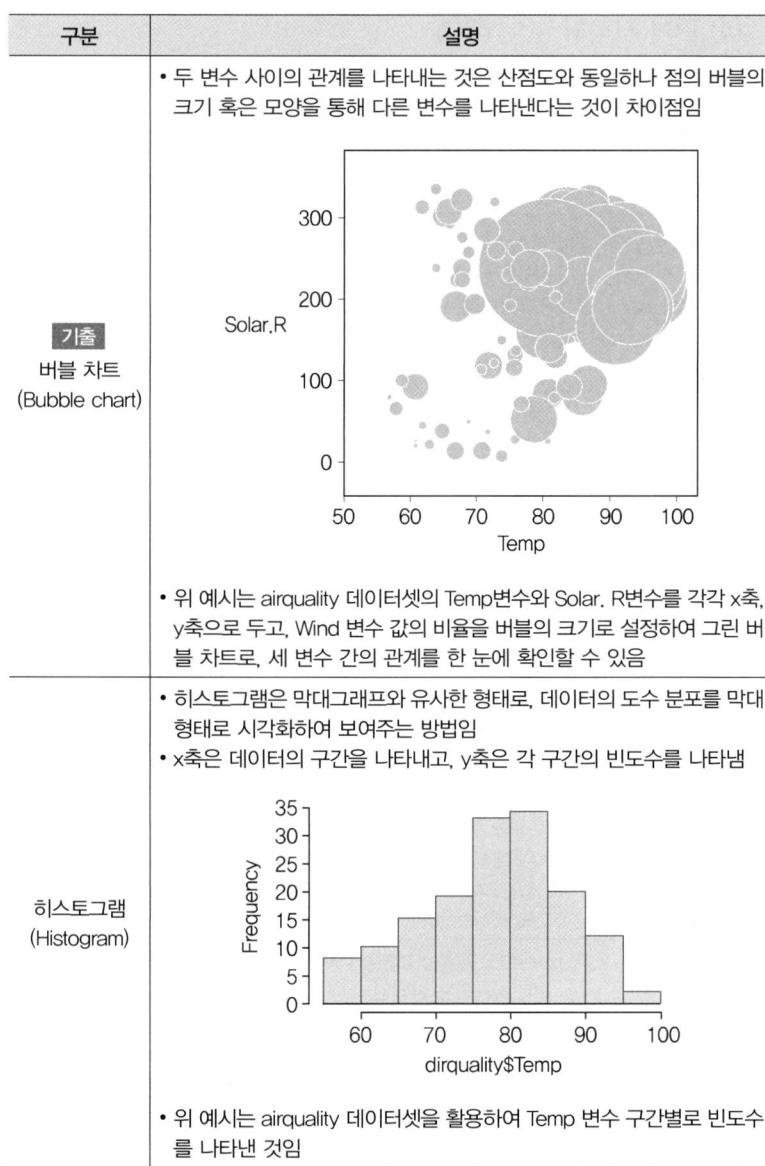<br>• 위 예시는 airquality 데이터셋의 Temp변수와 Solar.R변수를 각각 x축, y축으로 두고, Wind 변수 값의 비율을 버블의 크기로 설정하여 그린 버블 차트로, 세 변수 간의 관계를 한 눈에 확인할 수 있음 |
| 히스토그램<br>(Histogram) | • 히스토그램은 막대그래프와 유사한 형태로, 데이터의 도수 분포를 막대 형태로 시각화하여 보여주는 방법임<br>• x축은 데이터의 구간을 나타내고, y축은 각 구간의 빈도수를 나타냄<br>• 위 예시는 airquality 데이터셋을 활용하여 Temp 변수 구간별로 빈도수를 나타낸 것임 |

[표 15 관계 시각화 종류]

## (5) 비교 시각화 [중요]

비교 시각화는 여러 변수의 값들을 비교하고 싶을 때 사용한다. 비교 시각화 방법에는 히트맵, 스타 차트, 체르노프 페이스, 평행 좌표 그래프 등이 있다.

| 구분 | 설명 |
|---|---|
| 히트맵<br>(Heat map)<br>[기출] | • 히트맵의 각 행은 관측치를, 열은 변수를 나타내고, 각 칸의 색상을 이용해 값의 크기를 나타냄. 색이 나타내는 의미는 옵션 설정에 따라 다르지만 일반적으로 색이 진할수록 값이 크고, 연할수록 값이 작은 것을 나타내도록 표현함<br>• 관측치 수가 너무 많거나 변수의 개수가 너무 많은 경우 그래프를 해석하기에 어려움이 있으므로 주의함 |
| 스타 차트<br>(Star chart)<br>[기출] | • 스타 차트는 수치형 변수 여러 개에 대해 각각을 축으로 두고, 중앙으로부터의 거리로 값을 나타냄. 중앙이 변수의 최솟값, 축의 끝이 변수의 최댓값이 됨<br>• 레이더 차트, 방사형 차트 등으로도 불림<br>• 여러 관측치를 함께 나타낼 경우 데이터 간의 비교도 쉽게 할 수 있음<br><br>• 위 예시는 임의로 과목별 점수 데이터를 생성하여 스타 차트로 나타낸 것임. 예시로 나타난 점수를 보면 상대적으로 수학과 물리 점수가 뛰어나고, 영어는 못하는 학생이라는 것을 한눈에 확인할 수 있음 |

> **OX QUIZ**
>
> 히트맵과 트리맵은 같은 비교 시각화 방법에 속한다. (O/×)
>
> 정답 : ×
>
> [해설] 히트맵은 비교 시각화, 트리맵은 분포 시각화 방법이다.

| 구분 | 설명 |
|---|---|
| 체르노프 페이스<br>(Chernoff faces) | • 각 변수 값을 눈, 코, 입, 귀 등 얼굴의 부분에 대응하여 표현하는 시각화 방법임<br>• 각 관측치의 특성을 한 눈에 알아보기 쉽다는 장점이 있음<br><br>Mazda RX4    Mazda RX4 Wag    Datsun 710<br>Hornet 4 Drive    Hornet Sportabout    Valiant<br><br>• 위 예시는 mtcars 데이터셋을 활용하여 체르노프 페이스를 그린 것임. 얼굴의 위아래 길이는 mpg 변수, 얼굴의 좌우 길이는 cyl 변수, 얼굴의 모양은 disp 변수 값을 나타냄 |
| 평행 좌표 그래프<br>(Parallel coordinates plot) | • 평행 좌표 그래프는 나타내고자 하는 몇 개의 변수에 대해 각 변수를 y축에 평행한 여러 개의 축으로 두고 데이터를 표현하는 방법임<br>• 하나의 선은 하나의 데이터를 의미하며 각 선이 어떤 패턴을 보이는지 확인할 수 있다. 그룹이 존재할 경우 각 그룹별 특성을 파악하기에도 유용함<br><br>Parallel Coordinate Plot for the Iris Data<br>Species: setosa, versicolor, virginica<br><br>• 위 예시는 R에서 기본적으로 제공하는 iris 데이터셋으로 평행 좌표 그래프를 그린 것임. 데이터의 종(Species)별로 각 변수의 분포가 다르게 나타나는 것을 한눈에 확인할 수 있음 |

[표 16 비교 시각화 종류]

### (6) 인포그래픽(Infographic) 기출

인포그래픽이란 인포메이션(Information)과 그래픽(Graphic)을 합친 말로, 복잡한 데이터를 그래픽으로 이해하기 쉽게 표현하는 시각화 방법이다. 인포그래픽은 데이터 시각화와는 달리 원 데이터(Raw data)를 취급하지 않으며, 다양한 정보를 종합하여 디자인 의도에 따라 그래픽으로 나타낸다.

인포그래픽은 앞서 설명한 시각화의 분류 중 정보 디자인에 해당한다. 정보 디자인의 목적은 크게 두 가지로 나뉜다. 첫 번째는 객관적인 정보를 전달하는 '정보형 메시지'를 담는 것이다. 대표적인 예로 지하철 노선도가 있다. 지하철 노선도는 실제 비례와는 차이가 있지만 사람들에게 필요한 정보(호선, 역)를 주는 데는 효과적이다. 두 번째는 주장하는 바를 알리기 위한 '설득형 메시지'를 담는 것이다. 사회적인 메시지를 담는 경우가 대표적인 예이다.

## 3. 분석 결과 활용

분석 결과 활용은 분석 결과를 실무에서 활용하는 단계라고 볼 수 있다. 분석 결과 활용은 분석 모형 전개, 분석 결과 활용 시나리오 개발, 분석 모형 모니터링, 분석 모형 리모델링 단계로 이뤄진다.

### (1) 분석 모형 전개(Deployment)

분석 모형 전개는 데이터를 분석한 결과를 확장 적용하기 위한 단계다. 분석 모형 평가가 완료되고 최종 모형이 선정된 후 분석 모형을 운영 시스템에 전개하게 된다. 전개 방법은 운영 시스템이 어떻게 구성되어 있는지, 분석 모형이 어떤 툴 혹은 언어로 개발되어 있는지, 운영 요건은 어떠한지 등에 따라 다르게 적용될 수 있다.

예를 들어 자원이 충분하고, 준실시간으로 분석 결과를 적용해야 하는 업무에서는 분석 모형을 모듈화한 다음 인터페이스(Interface)를 통해 모듈을 구동하고 직접 분석 결과를 불러오는 방안을 택할 수 있다. 반면 일배치(Daily batch)로 분석 결과를 생성하는 경우에는 생성된 예측 결과 값을 RDB에 저장하거나 파일 형태로 저장한 후, 이를 읽어들이는 방법을 사용할 수 있다.

---

**OX QUIZ**

분석결과 전개는 운영 시스템과 상관없이 일괄적으로 적용한다. (O/×)

정답 : ×

해설 분석결과 전개는 운영 시스템에 따라 다른 방식으로 적용한다.

### (2) 분석 결과 활용 시나리오 개발

분석 결과 활용 시나리오는 분석 결과로부터 인사이트를 발굴하고 의사결정에 반영하는 방법을 검토 및 선택하는 방법을 담는다. 필요에 따라 적절한 차트와 시각화 도구를 선택하기도 한다. 앞서 배웠던 것처럼 시각화는 분석 결과를 이해하고 인사이트를 도출하는 데 도움을 주기 때문이다. 분석주제 정의 과정에서도 분석의 활용 계획을 어느 정도 포함한다. 차이점이 있다면 주제 정의 시에는 분석의 목적을 명확히 하는 것에 주를 둔다면 활용 시나리오 개발 단계에서는 분석 결과를 업무에 반영하는 방법에 주를 둔다는 것이다.

#### ① 인사이트 발굴 및 확장
분석주제를 정의할 때 처음에 계획한 분석 결과 활용 방안 외에 비즈니스 관점에서 얻을 수 있는 인사이트를 발굴한다. 그리고 도출된 인사이트를 확대 적용할 수 있는 업무 영역과 방안을 검토한다.

#### ② 의사결정 방법 선택
인사이트를 업무에 언제, 어떻게 반영할 것인가를 검토한다. 예측 결과를 업무에 적용할 때 어떤 의사결정 방법을 거칠지 검토하고 선택한다.

#### ③ 차트 및 시각화 도구 선택
분석 결과에 적합한 차트 및 시각화 도구를 선택한다. 분석 결과의 인사이트 확보를 위한 주요 요소는 목적에 맞는 차트를 선택하는 것이다. 또한 업무 담당자에게 제공될 분석 결과를 위한 시각화 도구를 선택한다. MSTR, Power BI, Tableau, R Shiny 등 다양한 시각화 플랫폼 및 도구 중 업무 환경과 목적에 맞는 것을 선정하도록 한다.

### (3) 분석 모형 모니터링

분석 모형의 결과는 현업 담당자가 의사결정을 내리는 근거자료로 활용되므로 어느 정도의 성능을 보장할 필요가 있다. 분석 모형이 운영 시스템에 적용될 경우 매번 새로운 데이터(Unseen data)로 추론을 수행하게 되므로 학습 때와 비슷한 성능을 내지 못할 수 있다. 따라서 분석 모형의 성능을 지속적으로 모니터링하면서 개선이 필요한 시점을 파악해야 한다.

#### ① 분석 모형 모니터링 주기
분석 모형의 성능 지표는 일별, 주별 등 일정 주기로 계산해서 DB에 저장하게 된다. 그리고 이 성능 지표의 변화 추이를 주별/월별/분기별 등 어떤 주기로 확인하고 싶은지에 따라 분석 모형 모니터링 주기를 설정한다. 예를 들어 매장의 주별 재고량을 예측하는 분석 모형을 만들었다면, 주별로 성능 지표를 계산하여 저장할 것이다. 그리고 주간 성능 데이터를 취합하여 월별/분기별로 성능 추이를 집계하여 월별/분기별 분석 모형의 성능 추이를 분석하는 데 사용할 수 있다.

② 분석 모형 성능 측정 항목

분석 모형의 성능을 측정하는 평가 지표의 허용 기준 범위 등에 대한 운영 정보와 성능을 모니터링하기 위한 지표값, 상태 기준 값 등을 정의하고 관리한다. 실제로 시스템 위에서 분석 모형이 실시간 추론을 진행하는 경우에는 응답시간(Response time), 사용률(Utilization)과 같은 시스템 자원에 대한 성능도 중요한 고려사항이 된다. 하지만 분석 모형 성능과는 별도의 측정 항목이므로 간단히 언급만 하고 넘어가고자 한다.

③ 분석 모형 재학습

㉠ 분석 모형이 운영 시스템에 적용된 후에도 학습은 이루어져야 한다. 계속 새로운 데이터가 유입되기 때문이다. 이때 학습은 크게 두 가지로 구분할 수 있다.

㉡ 첫 번째는 최신 데이터를 활용한 주기적인 분석 모형 학습이다. 시스템 규모나 분석 모형이 최신성을 얼마나 요구하는지 등에 따라 일, 주, 월에 한 번 학습을 수행한다. 이는 분석가가 아니라도 교육만 받으면 운영자도 수행할 수 있는 수준의 업무라고 볼 수 있다.

㉢ 두 번째는 모니터링 결과 성능이 크게 떨어졌을 때(성능의 최소 요구 수준을 밑돌거나) 아예 새로운 분석 모형을 구축하는 방법이다. 새 변수, 알고리즘을 반영하여 분석 모형을 구축한 후 기존의 분석 모형과 성능을 비교하여 업데이트한다. 이 부분은 아래 '(4) 분석 모형 리모델링'에서 더 자세히 살펴보도록 한다.

> **OX QUIZ**
>
> 분석모형 재학습은 분석가가 아니면 수행할 수 없다. (O/×)
>
> 정답 : ×
>
> **해설** 최신 데이터 학습과 같이 모형 리모델링이 필요하지 않는 경우라면 분석가가 아니라도 재학습이 가능하다.

(4) 분석 모형 리모델링  기출

분석 모형 모니터링 결과 분석 모형의 성능이 크게 떨어지거나, 성능 저하가 지속되는 경우 분석 모형 리모델링을 수행하게 된다. 분석 모형 리모델링 단계에서는 새로운 데이터 및 변수를 추가하거나, 새로운 알고리즘을 반영하는 등의 활동을 수행한다.

① 기존 분석 모형 분석

기존 분석 모형의 성능 평가지표의 변화를 확인한다.

② 데이터 수집 및 전처리

기존 분석 모형에 사용된 데이터를 확인하고, 추가로 필요한 데이터가 있는지 검토하여 사용 데이터 종류 및 기간을 확정한다. 데이터를 수집한 후 모형 구축에 필요한 형태로 전처리한다.

③ 분석 모형 구축

분석 모형 개발 단계와 동일하게 분석 모형을 구축한다. 기존에 사용하지 않았던 데이터를 사용하거나, 새로운 변수를 설계하거나, 새로운 알고리즘을 적용한다. 이때 하이퍼파라미터 튜닝까지 완료하여 기존보다 높은 성능의 분석 모형을 만들 수 있도록 한다.

④ 최종 분석 모형 선정 및 반영

분석 모형 구축 단계에서 만든 분석 모형 중 최종 분석 모형을 선정한다. 분석 모형 개발 단계에서 최종 분석 모형을 선정하던 것과 동일하다. 분석가, 시스템 운영자, 실무자 등 관련 인원이 모여 최종 모형 선정 기준을 미리 선정해야 한다. 정확도, 재현율과 같은 성능 평가지표뿐 아니라 운영 시스템에 크게 부하를 주지는 않는지, 활용 목적에 맞는지 등 다양한 측면에서 분석 모형을 검토한다. 이때 기존에 사용하던 분석 모형과도 비교하도록 한다.

# 챕터 마무리 문제

**01** 다음 중 해석 가능한 모형(interpretable model)이 아닌 것은?

① 선형 회귀
② 로지스틱 회귀
③ 의사결정나무
④ DNN

해설 DNN은 대표적인 블랙박스 모형이다.

**02** 다음 그림은 랜덤 포레스트 모형의 변수 중요도를 나타낸 plot이다. 관련된 설명 중 가장 옳지 않은 것은?

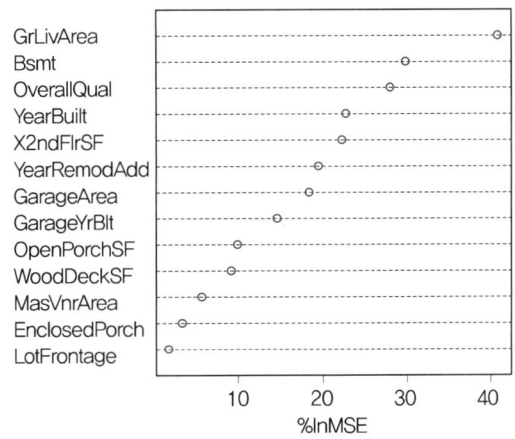

① 이 분석 모형에서 가장 중요한 변수는 GrLivArea다.
② 이 분석 모형은 회귀 모형이다.
③ 이 분석 모형에서 변수 중요도는 MeanDecreaseGini값으로도 계산될 수 있다.
④ LotFrontage 변수를 제외하고 분석 모형을 구축하더라도 성능이 크게 감소하지 않을 것이다.

해설 랜덤 포레스트의 변수 중요도를 계산할 때, 회귀 문제인 경우 각 변수가 예측 오차와 노드 순수도 증가에 얼마나 기여하는지 각각 %IncMSE와 IncNodePurity를 이용하여 계산한다. 반면 분류 문제인 경우 각 변수가 정확도와 노드 불순도 개선에 얼마나 기여하는지 각각 MeanDecreaseAccuracy와 MeanDecreaseGini를 이용하여 계산한다. 주어진 plot에서는 %IncMSE를 이용해 변수 중요도를 계산했으므로 회귀 모형이고, 따라서 추가로 IncNodePurity를 이용해 변수 중요도를 계산할 수 있다.

**정답** 01 ④  02 ③

## 03 다음 중 부분 의존도 plot에 대한 설명으로 옳지 않은 것은?

① 회귀 문제와 분류 문제 모두에 사용할 수 있다.
② 한 변수가 분석 모형의 종속변수에 어떤 영향을 미치는 지 파악할 수 있다.
③ 2개 변수에 대해서는 함께 그릴 수 없다.
④ 개별 관측치에 대한 설명을 하기에는 부족하다.

**해설** 부분 의존도 plot은 1~2개의 독립변수와 종속변수 간의 전반적인 관계를 파악하기 위한 전역적(global)인 방법이다. '전역적'이라는 말은 분석 모형 전체에 대한 변수 관계를 나타냈다는 의미다. 반대로 개별 관측치 각각에 대한 해석이 필요한 경우 Shap모델을 활용한다.

## 04 다음 내용이 설명하는 비즈니스 평가 지표는 무엇인가?

자산을 획득할 때 드는 비용뿐 아니라 교육학습, 유지보수 등의 제반비용을 고려하여 산출되는 총 비용

① PP  ② NPV
③ IRR  ④ TCO

**해설** 총 소유 비용(TCO ; Total Cost of Ownership)은 자산을 획득할 때 드는 비용뿐 아니라 교육학습, 유지보수 등의 제반비용을 고려하여 산출되는 총 비용이다.

## 05 다음 내용이 설명하는 비즈니스 평가 지표는 무엇인가?

투자 시작 시점부터 사업이 끝나는 시기까지 연도별로 편익과 비용을 현재 가치로 환산한 값이 값이 0보다 크면 타당성이 있는 사업으로 판단함

① ROI  ② NPV
③ IRR  ④ TCO

**해설** 순현재가치(NPV ; Net Present Value)는 투자 시작 시점부터 사업이 끝나는 시기까지 연도별로 편익과 비용을 현재 가치로 환산한 값이다.

## 06 시각화는 데이터 시각화, 정보 시각화, 정보 디자인으로 나뉜다. 각 시각화 분류에 대한 설명 중 옳은 것은?

① 데이터 시각화는 미적 형태와 기능성을 모두 고려해야 한다.
② 정보 시각화는 복잡하고 구조적이지 않은 기술 데이터를 시각적으로 표현한다.
③ 마인드맵, 뉴스 표현 등은 정보 시각화에 포함된다.
④ 데이터 시각화는 가장 단순한 형태의 시각화로, 정보 디자인에는 포함되지 않는다.

**해설** 정보 시각화는 대규모 비수량 정보를 시각적으로 표현한다. 데이터 시각화의 예시로는 마인드맵, 뉴스 표현 등이 있다. 데이터 시각화, 정보 시각화, 인포그래픽 모두 정보 디자인에 포함된다.

**정답** 03 ③  04 ④  05 ②  06 ①

## 07 다음 중 시각화 분류와 시각화 예시가 옳지 않은 것은?

① 데이터 시각화 – 수지도
② 정보 시각화 – 트리맵
③ 정보 시각화 – 분기도
④ 정보 디자인 – 인포그래픽

**해설** ① 데이터 시각화 : 마인드맵, 의사결정 트리, 통계 그래픽
②, ③ 정보 시각화 : 트리맵, 분기도, 수지도, 히트맵
④ 정보 디자인 : 인포그래픽

## 08 다음 중 시각화 프로세스 3단계는 무엇인가?

① 정보 구조화 → 정보 시각화 → 정보 시각표현
② 정보 구조화 → 정보 디자인 → 정보 시각표현
③ 데이터 시각화 → 정보 구조화 → 정보 시각표현
④ 정보 시각표현 → 정보 시각화 → 정보 디자인

**해설** 시각화 프로세스는 '정보 구조화 → 정보 시각화 → 정보 시각표현'으로 구성된다.

## 09 다음 중 시각화 종류와 시각화 예시가 옳지 않은 것은?

① 시간 시각화 – 선 그래프
② 공간 시각화 – 등치선도
③ 관계 시각화 – 산점도 행렬
④ 비교 시각화 – 카토그램

**해설** 카토그램은 공간 시각화의 예시다.

| 구분 | 예시 |
| --- | --- |
| 시간 시각화 | 막대 그래프, 산점도, 선 그래프, 계단식 그래프, 영역 차트 |
| 공간 시각화 | 등치 지역도, 도트 플롯맵, 버블 플롯맵, 등치선도, 카토그램 |
| 관계 시각화 | 산점도, 산점도 행렬, 버블 차트, 히스토그램 |
| 비교 시각화 | 히트맵, 스타 차트, 체르노프 페이스, 평행 좌표 그래프 |

## 10 공간 시각화의 방법 중 지리적 단위를 기준으로 데이터의 의미를 색상으로 구분해 표현하는 방법은?

① 버블 플롯맵
② 도트 플롯맵
③ 등치 지역도
④ 등치선도

**해설** 등치 지역도는 지리적 단위를 기준으로 데이터의 의미를 색상으로 구분해 표현하는 방법이다.

**정답** 07 ① 08 ① 09 ④ 10 ③

**11** 스타 차트는 시각화의 종류 중 어디에 해당되는가?

① 시간 시각화  ② 공간 시각화
③ 관계 시각화  ④ 비교 시각화

해설 스타 차트는 비교 시각화 방법이다.

**12** 다음 그래프는 어떤 시각화 방법에 해당하는지 적절한 것을 고르면?

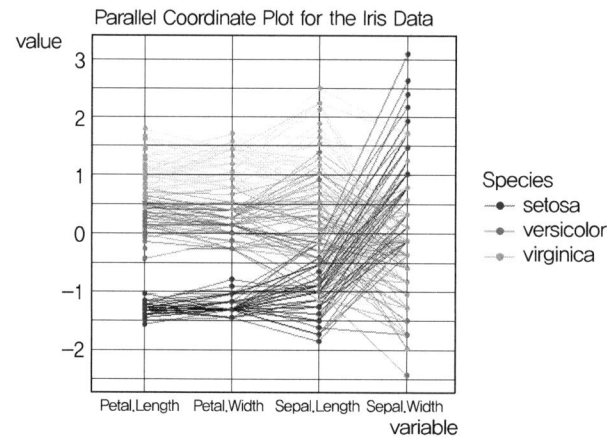

① 트리맵  ② 방사형 차트
③ 평행 좌표 차트  ④ 다차원 척도법

해설 평행 좌표 차트를 그린 것이다.

**13** 다음 중 인포그래픽에 대한 특징으로 옳지 않은 것은?

① 복잡한 정보를 대중이 쉽게 이해할 수 있도록 한다.
② 이미지로 되어 있어 쉽게 공유되기는 힘들다.
③ 대중의 흥미와 관심을 끄는 데 효과적이다.
④ 그래프, 아이콘 등 다양한 시각적 요소를 이용해 데이터를 간소화한다.

해설 이미지로 된 자료는 온라인에서 쉽게 공유 및 확산될 수 있다.

정답  11 ④  12 ③  13 ②

**14** 다음 중 공간 시각화에 대한 설명으로 가장 옳지 않은 것은?

① 등치지역도는 데이터 왜곡을 줄 수 있다.
② 도트맵은 시간의 경과에 따른 확산을 나타낼 때 주로 사용한다.
③ 카토그램은 왜곡된 지도로 정보를 표현하는 방법이다.
④ 도트 플롯맵은 지도 위 경도, 위도 좌표점에 수치 데이터를 함께 표현하는 방법이다.

해설 지도 위 경도, 위도 좌표점에 수치 데이터를 함께 표현하는 방법은 버블 플롯맵이다. 도트 플롯맵은 지도 위 경도, 위도 좌표점만 나타낸다.

**15** 다음 중 모든 수치형 변수 쌍에 대한 산점도를 행렬로 표현한 관계 시각화 방법에 해당하는 것은?

① 산점도 행렬
② 버블 차트
③ 플롯맵
④ 히트맵

해설 산점도 행렬은 모든 수치형 변수 쌍에 대한 산점도를 행렬로 표현하는 관계 시각화 방법이다.

**16** 다음 중 데이터의 각 변수를 눈, 코, 입 등의 모양과 크기로 표현하는 비교 시각화 방법에 해당하는 것은?

① 간트 차트
② 체르노프 페이스
③ 히트맵
④ 스타 차트

해설 체르노프 페이스는 데이터의 각 변수 값을 눈, 코, 입, 귀 등 얼굴의 부분에 대응하여 표현하는 시각화 방법이다.

**17** 다음 분석 모형 활용 단계 중 분석 결과로부터 인사이트를 발굴하고 의사결정에 반영하는 방법을 검토 및 선택하는 단계는 무엇인가?

① 분석 결과 전개
② 분석 모형 활용 시나리오 개발
③ 분석 모형 모니터링
④ 분석 모형 리모델링

해설 분석 결과 활용 시나리오는 분석 결과로부터 인사이트를 발굴하고 의사결정에 반영하는 방법을 검토 및 선택하는 방법을 담는다. 필요에 따라 적절한 차트와 시각화 도구를 선택하기도 한다.

**18** 다음 분석 모형 활용 단계 중 데이터를 분석한 결과를 운영 시스템에 확장 적용하기 위한 단계로 가장 옳은 것은?

① 분석 모형 전개
② 분석 모형 활용 시나리오 개발
③ 분석 모형 모니터링
④ 분석 모형 리모델링

해설 분석 모형 전개(deployment)는 데이터를 분석한 결과를 확장 적용하기 위한 단계다. 분석 모형 평가가 완료되고 최종 모형이 선정된 후 분석 모형을 운영 시스템에 전개하게 된다.

정답 14 ④ 15 ① 16 ② 17 ② 18 ①

**19** 다음 분석 모형 활용 단계 중 분석 모형의 성능이 예상한 수준으로 나오고 있는지 주기적으로 확인하는 단계는 무엇인가?

① 분석 결과 전개
② 분석 모형 활용 시나리오 개발
③ 분석 모형 모니터링
④ 분석 모형 리모델링

해설 분석 모형 모니터링은 분석 모형의 성능을 지속적으로 모니터링하여 개선이 필요한 시점을 파악하는 단계다.

**20** 다음 분석 모형 활용 단계 중 분석 모형을 비즈니스 업무에 적용한 후 성능이 크게 떨어졌을 때 수행하게 되는 단계는 무엇인가?

① 분석 결과 전개
② 분석 모형 활용 시나리오 개발
③ 분석 모형 모니터링
④ 분석 모형 리모델링

해설 분석 모형 모니터링 결과 분석 모형의 성능이 크게 떨어지거나, 성능 저하가 지속되는 경우 분석 모형 리모델링을 수행하게 된다.

정답 19 ③ 20 ④

# 과목 마무리문제

**01** 다음 중 데이터마이닝에서 모델링 성능을 평가할 때 사용하는 평가 기준이 아닌 것은?

① 정확도(Accuracy)　　② 리프트(Lift)
③ 디텍트 레이트(Detect Rate)　　④ Throughput

해설 Throughput은 시뮬레이션에서 사용하는 평가 기준으로 단위 시간당 처리량을 의미한다.

**02** 분류 모형이 범주를 분류한 결과를 정리한 표로 구한 예측 값과 실제 값을 교차 표 형태로 나타낸 것을 무엇이라 하는가?

① 분할표　　② 혼동행렬
③ 교차행렬　　④ ROC곡선

해설 혼동행렬(Confusion Matrix)은 분류모형이 예측한 값과 실제 값의 조합을 표 형태로 나타낸 것이다. 혼동행렬로부터 정확도, 정밀도, 재현율 등의 평가 지표를 계산할 수 있다.

**03** 혼동행렬에서 분류 값은 TP, FN, FP, TN으로 나뉘어진다. 이때 예측이 맞는 경우와 틀린 경우를 나눈 것으로 옳은 것은?

|   | 예측이 맞는 경우 | 예측이 틀린 경우 |
|---|---|---|
| ① | TP | TN |
| ② | TP, FP | TN, FN |
| ③ | TP, TN | FP, FN |
| ④ | FN | TP |

해설 혼동행렬에서 예측이 맞는 경우는 앞에 T(True)가 붙은 TP, TN이고 예측이 틀린 경우는 앞에 F(False)가 붙은 FP, FN이다.

---

**정답** 01 ④　02 ②　03 ③

**04** 다음 중 결정계수($R^2$)에 대한 설명으로 가장 옳지 않은 것은?

① 결정계수는 회귀제곱합을 전체제곱합으로 나눈 값이다.
② 결정계수가 1에 가까울수록 독립변수들이 종속변수를 잘 설명한다고 볼 수 있다.
③ 수정된 결정계수(adjusted $R^2$)는 독립변수의 개수를 고려하는 방법이다.
④ 수정된 결정계수는 결정계수보다 큰 값을 갖는다.

해설 수정된 결정계수는 결정계수보다 작은 값을 갖는다.
$$Adjusted R^2 = 1 - \frac{n-1}{n-p-1}(1-R^2)$$

**05** 선형 회귀 모형의 평가 지표 중 SSR에 대한 설명으로 가장 옳지 않은 것은?

① 회귀제곱합이라고 한다.
② y가 가지는 전체 변동성을 나타낸다.
③ 결정계수를 계산하는 데 사용할 수 있는 지표다.
④ 모형의 예측치와 y값들의 평균의 차이를 이용하여 계산한다.

해설 SSR은 y가 가지는 전체 변동성 중 회귀 모형으로 설명할 수 있는 변동이다. y가 가지는 전체 변동성을 나타내는 지표는 SST(Total Sum of Squares)이다.

**06** ROC 곡선은 분류 모형의 threshold 값에 따라 FPR, TPR이 어떻게 달라지는지 그래프로 나타낸 것이다. 그래프의 x축이 FPR, y축이 TPR일 때, 모형의 AUC가 1인 완벽한 모형인 경우 ROC곡선의 왼쪽 꼭짓점의 x, y 값은 각각 무엇인가?

① 1, 1
② 1, 0
③ 0, 1
④ $\frac{1}{2}, \frac{1}{2}$

해설 왼쪽 꼭짓점의 x가 0, y가 1일 때 모형의 AUC가 1이 된다.

**07** 다음 중 분류 모형의 임곗값을 낮췄을 때의 결과로 가장 옳지 않은 것은?

① 분류 모형이 긍정으로 분류하려는 경향이 강해진다.
② 분류 모형의 FP(거짓 긍정)의 수가 늘어난다.
③ 분류 모형의 특이도는 증가한다.
④ 분류 모형의 민감도는 증가한다.

해설 분류 모형의 임곗값을 낮추면 쉽게 긍정으로 분류하므로 FP(거짓 긍정), TP(참 긍정) 모두 증가한다. 따라서 특이도는 감소하고 민감도는 증가한다.

정답 04 ④ 05 ② 06 ③ 07 ③

**08** 분류 모형 평가 지표를 실제 상황에 적용했을 때 아래 빈칸에 들어갈 말을 올바르게 고른 것은?

> 초기 단계 환자로 의심되는 사람을 걸러낼 때 ( ㉠ )가 ( ㉡ ) 검사법을 사용하는 것이 좋다.

① 민감도, 낮은　　　　　　　　② 민감도, 높은
③ 특이도, 낮은　　　　　　　　④ 특이도, 높은

해설　FN 가능성이 낮아서 음성 값이 나오면 그 값을 더 신뢰할 수 있도록 민감도가 높은 검사법이 필요하다.

**09** 분류 모형 평가 지표를 실제 상황에 적용했을 때 다음 빈칸에 들어갈 말을 올바르게 고른 것은?

> 진단 과정에서 마지막으로 확신하고자 할 때 ( ㉠ )가 ( ㉡ ) 검사법을 사용하는 것이 좋다.

① 민감도, 낮은　　　　　　　　② 민감도, 높은
③ 특이도, 낮은　　　　　　　　④ 특이도, 높은

해설　FP 가능성이 낮아서 양성 값이 나오면 그 값을 더 신뢰할 수 있도록 특이도가 높은 검사법이 필요하다.

[10~12]
아래 혼동행렬을 보고 질문에 답하시오.

| 예측 값 \ 실제 값 | Positive | Negative |
|---|---|---|
| Positive | 8 | 2 |
| Negative | 2 | 13 |

**10** 위 혼동행렬에서 정밀도는?

① $\dfrac{21}{25}$　　　　　　　　② $\dfrac{4}{5}$
③ $\dfrac{2}{15}$　　　　　　　　④ $\dfrac{13}{15}$

해설　정밀도는 Positive로 예측한 값 중에서 실제 Positive인 값의 비율을 나타낸다. 따라서 Positive로 예측한 10개 중에서 실제 Positive인 8개의 비율인 $\dfrac{4}{5}$가 정답이다.

정답　08 ②　09 ④　10 ②

**11** 위 혼동행렬에서 재현율은?

① $\dfrac{21}{25}$  ② $\dfrac{4}{5}$

③ $\dfrac{2}{15}$  ④ $\dfrac{13}{15}$

**해설** 재현율은 실제 Positive인 데이터 중에서 모형이 Positve로 예측한 데이터의 비율을 나타낸다. 따라서 실제 Positive인 10개 데이터 중에서 Positive로 예측한 8개의 비율인 $\dfrac{4}{5}$가 정답이다.

**12** 위 혼동행렬에서 F1 − Score는?

① $\dfrac{21}{25}$  ② $\dfrac{4}{5}$

③ $\dfrac{2}{15}$  ④ $\dfrac{13}{15}$

**해설** F1 − Score는 정밀도와 재현율의 조화평균이다. 따라서 $2 \times \dfrac{\frac{4}{5} \times \frac{4}{5}}{\frac{4}{5} + \frac{4}{5}} = \dfrac{4}{5}$가 정답이다.

**13** 다음 혼동행렬에서 민감도는?

| 예측값 \ 실제값 | Positive | Negative |
|---|---|---|
| Positive | 80 | 20 |
| Negative | 10 | 90 |

① $\dfrac{17}{20}$  ② $\dfrac{8}{17}$

③ $\dfrac{4}{5}$  ④ $\dfrac{8}{9}$

**해설** 민감도는 실제 Positive인 데이터 중 모형이 Positive로 예측한 데이터의 비율이다. 따라서 실제 Positive인 90개 중 Positive로 예측한 80개의 비율인 $\dfrac{8}{9}$이 정답이다.

**정답** 11 ② 12 ② 13 ④

## 14 다음 혼동행렬에서 거짓 긍정률은?

| 예측값 \ 실제값 | Positive | Negative |
|---|---|---|
| Positive | 265 | 20 |
| Negative | 35 | 180 |

① $\dfrac{11}{100}$   ② $\dfrac{1}{10}$

③ $\dfrac{7}{60}$   ④ $\dfrac{7}{43}$

**해설** 거짓 긍정률은 실제 Negative인 데이터 중 Positive로 잘못 예측한 데이터의 비율로, '1−특이도'와 같은 값을 갖는다. 따라서 실제 Negative인 200개 중 Positive로 잘못 예측한 20개의 비율인 $\dfrac{1}{10}$ 이 정답이다.

## 15 다음 혼동행렬에서 특이도를 계산하는 산식은 무엇인가?

| 예측값 \ 실제값 | Positive | Negative |
|---|---|---|
| Positive | ㉠ | ㉡ |
| Negative | ㉢ | ㉣ |

① ㉠/(㉠+㉡)   ② ㉠/(㉠+㉢)
③ ㉣/(㉢+㉣)   ④ ㉣/(㉡+㉣)

**해설** 특이도는 실제 Negative인 데이터 중 모형이 Negative로 예측한 데이터의 비율이다. 따라서 주어진 혼동행렬에서는 ㉣/(㉡+㉣)로 구할 수 있다.

## 16 다음 중 선형 회귀 모형의 가정을 가장 만족하는 잔차 산점도의 형태로 옳은 것은?

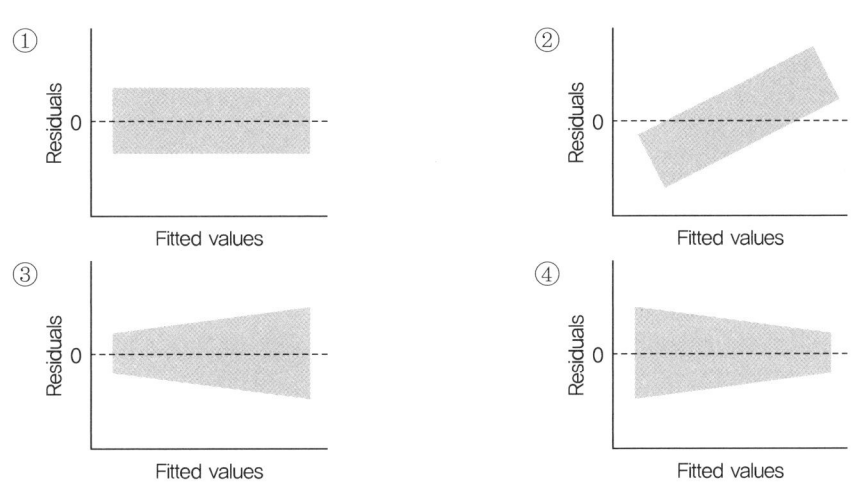

**해설** 선형 회귀 모형이 등분산성을 만족하는 경우 잔차가 전반적으로 고르게 분포되는 모습을 보인다.

**정답** 14 ②  15 ④  16 ①

**17** 분석 모형 구축 시 발생할 수 있는 일반화 오류에 대한 설명으로 가장 옳지 않은 것은?

① 분석 모형 구축 시 학습 데이터의 특성을 지나치게 반영하는 경우에 해당한다.
② 데이터 샘플이 가지고 있는 부가적인 특징, 단순 잡음을 덜 반영하기 때문에 발생한다.
③ 데이터 샘플이 가지고 있는 부가적인 특징, 단순 잡음 등을 모두 반영하기 때문에 발생한다.
④ 과대적합 되었다고도 한다.

해설 '학습 오류'는 분석 모형 구축 시 학습 데이터의 특성을 부족하게 반영하는 경우 발생한다. 데이터가 가지고 있는 부가적인 특징, 단순 잡음을 덜 반영하도록 모형을 구축하여 생기는 오류라고 말할 수 있다.

**18** 데이터 중 하나의 관측치를 검증 데이터로 사용하고 나머지는 학습 데이터로 사용하는 교차 검증 방법은?

① k-fold 교차 검증
② 홀드아웃
③ 리브-원-아웃 교차 검증
④ 부트스트랩

해설 리브-p-아웃 교차 검증은 데이터 중 p개의 관측치만 검증 데이터로 사용하고 나머지는 학습 데이터로 사용하는 기법이다. p=1인 경우 리브-원-아웃 교차 검증이라고도 한다.

**19** 다음 중 k-fold 교차 검증에 대한 설명으로 옳지 않은 것은?

① 각 폴드의 크기는 동일하다.
② 모든 데이터를 학습과 검증에 사용할 수 있다.
③ k값이 증가하면 전체 수행 시간은 오히려 감소한다.
④ 분석 모형의 일반화 성능을 올리는 데 도움이 된다.

해설 k값이 증가하면 수행 시간과 계산량이 증가한다.

정답 17 ② 18 ③ 19 ③

**20** 다음은 R로 샤피로-윌크 검정을 수행한 결과다. 〈보기〉 중 아래 검정 결과에 대한 설명으로 옳은 것을 모두 고른 것은?

```
> shapiro.test(house_prices$SalePrice)

        Shapiro-Wilk normality test

data : house_prices$SalePrice
W = 0.95287, p-value < 2.2e-16
```

―| 보기 |―

㉠ house_prices 데이터셋의 SalePrice 변수가 정규 분포를 따르는지 검정한 결과다.
㉡ SalePrice 변수 데이터로 히스토그램을 그려보면 정규 분포와 유사할 것이다.
㉢ p-value가 0.05보다 작으므로 귀무가설을 채택할 수 있다.
㉣ p-value가 0.05보다 작으므로 귀무가설을 기각할 수 있다.

① ㉠
② ㉠, ㉣
③ ㉠, ㉡, ㉢
④ ㉠, ㉡, ㉣

**해설** 샤피로-윌크 검정은 데이터가 정규 분포를 따르는지 검정하는 방법이다. 귀무가설은 '데이터가 정규 분포를 따른다'이며, 문제의 검정 결과에서 p-value가 0.05보다 작으므로 귀무가설을 기각할 수 있다. 즉, 데이터는 정규 분포를 따르지 않는다.

**21** 다음은 R로 카이제곱 검정을 수행한 결과다. 〈보기〉 중 아래 검정 결과에 대한 설명으로 옳은 것을 모두 고른 것은?

```
> chisq.test(c(225, 25), p=c(0.88, 0.12))

        Chi-squared test for given probabilities

data : c(225, 25)
X-squared = 0.94697, df = 1, p-value = 0.3305
```

―| 보기 |―

㉠ p-value가 0.05보다 크므로 귀무가설을 채택할 수 있다.
㉡ p-value가 0.05보다 크므로 귀무가설을 기각할 수 있다.
㉢ 가정된 확률이 있을 때 사용하는 검정 방법이다.
㉣ 범주형 데이터에 대해 사용하는 검정 방법이다.

① ㉠, ㉢
② ㉠, ㉢, ㉣
③ ㉡, ㉣
④ ㉡, ㉢, ㉣

**해설** 카이제곱 검정은 가정된 확률이 있을 때 사용하는 검정 방법이다. 귀무가설은 '데이터가 가정된 확률을 따른다.'이며, 문제의 검정 결과에서 p-value가 0.05보다 크므로 귀무가설을 채택할 수 있다. 즉 데이터는 가정한 확률을 따른다.

**정답** 20 ② 21 ②

## 22 다음 중 Q-Q plot에 대한 설명 중 옳은 것은?

| 보기 |

㉠ Q-Q plot 내에서 관측치가 0 주위에 분포할 때 정규성을 만족한다고 볼 수 있다.
㉡ 사람마다 Q-Q plot을 다르게 해석할 수 있다.
㉢ Q-Q plot은 시각적으로 데이터의 정규성을 검증하는 방법이다.

① ㉠
② ㉠, ㉡
③ ㉡, ㉢
④ ㉠, ㉡, ㉢

해설  ㉠ Q-Q plot에서 관측치가 대각선을 따라 분포할 때 정규성을 만족한다고 볼 수 있다.

## 23 경사하강법은 가중치 매개변수에 대한 손실함수의 기울기를 통해 최적값을 구하는 방법이다. 이때 매개변수가 변경되는 폭을 지정하는 하이퍼파라미터는 무엇인가?

① 학습률(learning rate)
② 모멘텀(momentum)
③ epoch
④ p-value

해설  학습률(learning rate)은 경사하강법에서 매개변수가 변경되는 스텝 사이즈(폭)를 나타내는 하이퍼파라미터이다.

## 24 다음 중 과대 적합 방지를 위해 학습 과정에서 인공신경망 일부를 사용하지 않는 방법은?

① L1 규제
② L2 규제
③ 라쏘(lasso)
④ 드롭아웃(Dropout)

해설  드롭아웃(Dropout)은 과대 적합 방지를 위해 학습 과정에서 인공신경망의 node의 일부를 임의로 사용하지 않는 방법이다. 학습 시에만 적용하고 예측할 때는 적용하지 않는다.

## 25 매개변수 최적화 방법 중 다음 설명에 가장 알맞은 것은?

- 매개변수를 업데이트하면서 각 변수마다 학습률을 다르게 적용하는 방법
- 자동으로 학습률을 변경해준다는 장점이 있음
- 업데이트가 진행됨에 따라 학습률이 0에 가까워져 매개변수 업데이트가 이루어지지 않을 수 있음

① SGD
② Momentum
③ AdaGrad
④ RMSProp

해설  AdaGrad는 매개변수 값을 업데이트하면서 각 변수마다 학습률을 다르게 적용하는 방법이다. AdaGrad는 $h$라는 새로운 하이퍼파라미터를 도입한다. $h$는 이전 기울기의 제곱 값을 누적해서 저장하는 값이고, 가중치를 업데이트할 때 $\frac{1}{\sqrt{h}}$의 비율로 학습률을 조정해준다. 자동으로 학습률을 변경해준다는 장점이 있지만, 어느 정도 학습이 진행되면 최적값에 도달하기 전에 학습률이 0에 가까워져서 가중치 업데이트가 제대로 이루어지지 않을 수 있다.

정답  22 ③  23 ①  24 ④  25 ③

**26** 다음 매개변수 최적화 방법 중 AdaGrad의 하이퍼파라미터 h에 기울기의 지수 가중 이동 평균 값을 더함으로써 AdaGrad의 단점을 개선한 것은?

① SGD
② Mini-batch Gradient Descent
③ Momentum
④ RMSProp

해설 RMSProp은 AdaGrad에서 최적값에 도달하기 전에 학습률이 0에 가까워지는 상황을 방지하기 위해 개선된 방법이다. 새로운 하이퍼파라미터 $\rho$를 도입하여 $h$에서 기울기를 더할 때 단순 누적이 아니라 지수 가중 이동 평균 값을 더한다.

**27** 다음 경사하강법에 대한 설명 중 옳지 않은 것은?

① 매개변수에 대한 손실함수의 기울기를 통해 매개변수 최적값을 구하는 방법이다.
② 손실함수 값을 최소화하는 매개변수 값을 찾는 것이 목적이다.
③ SGD의 매개변수 변경 폭을 개선한 방법이 모멘텀, AdaGrad이다.
④ RMSProp은 매개변수의 변경 방향과 폭을 모두 적절하게 조절할 수 있다.

해설 SGD의 매개변수 변경 폭을 개선한 방법은 AdaGrad, RMSProp이다.

**28** 다음 경사하강법에 대한 설명 중 옳지 않은 것은?

① 배치 경사하강법은 전체 데이터를 사용하여 매개변수를 최적화하는 방법이다.
② 배치 경사하강법은 최적 값에 부드럽게 수렴한다.
③ 확률적 경사하강법은 배치 경사하강법에 비해 속도는 빠르지만 오차율이 크다.
④ 미니 배치 경사하강법은 무작위로 선택한 1개의 데이터 샘플을 사용한다.

해설 미니 배치 경사하강법은 무작위로 선택한 10~1,000개의 데이터 샘플을 사용한다.

**29** 분석 모형을 융합하는 방법 중 약한 분석 모형(weak learner)을 여러 개 연결해서 강한 분석 모형(strong learner)을 만드는 방법은?

① 배깅(bagging)
② 부스팅(boosting)
③ 스태킹(stacking)
④ 보팅(voting)

해설 부스팅은 약한 분석 모형(weak learner)을 여러 개 연결해서 강한 분석 모형(strong learner)을 만드는 방법을 말한다. 정답에는 낮은 가중치를, 오답에는 높은 가중치를 줘서 오답을 더 잘 맞출 수 있도록 학습을 시킨다.

정답  26 ④  27 ③  28 ④  29 ②

## 30 분석 모형을 융합하는 방법 중 스태킹(stacking)에서 각 분석 모형의 예측 값들을 독립변수로 하여 학습시키는 최종 모델을 무엇이라고 부르는가?

① 블렌더(blender)
② 스택(stack)
③ 하드 보팅(hard voting)
④ 소프트 보팅(soft voting)

**해설** 스태킹은 학습 데이터로 여러 개의 분석 모형을 만든 후, 각 분석 모형의 예측 값들을 독립변수로 하는 최종 예측 모델을 학습시킨다. 이 최종 모델을 블렌더(blender) 또는 메타 학습기(meta learner)라고 한다.

## 31 다음 중 부트스트랩(bootstrap)에 대한 설명으로 옳지 않은 것은?

① 데이터 전체를 학습에 사용할 수 있다.
② 부트스트랩 샘플의 크기는 일정하게 추출한다.
③ 데이터가 정규분포를 따르지 않아도 된다.
④ 부트스트랩 샘플은 중복을 허용하여 추출한다.

**해설** 부트스트랩 샘플은 중복을 허용하여 랜덤 추출하므로, 일부 데이터는 샘플에 한 번도 뽑히지 않을 수 있다.

## 32 다음 〈보기〉는 최종모형 선정 단계에서 수행하는 일 중 일부이다. 일의 순서에 맞게 배열한 것은?

― 보기 ―
㉠ 혼동행렬 만들기
㉡ 분석 모형을 이용하여 예측 값 도출
㉢ 테스트 데이터 준비
㉣ 최종모형 평가에 사용할 성능 지표 계산

① ㉡ – ㉠ – ㉢ – ㉣
② ㉡ – ㉢ – ㉣ – ㉠
③ ㉢ – ㉠ – ㉡ – ㉣
④ ㉢ – ㉡ – ㉠ – ㉣

**해설** 최종모형 선정 단계 중 '분석 모형 평가'에서 수행되는 일이다. 먼저 학습에 사용하지 않은 테스트 데이터를 준비한 후, 개발된 분석 모형들을 이용하여 예측 값을 도출한다. 그리고 혼동행렬을 만든 후 혼동행렬을 이용하여 성능 지표를 계산한다.

## 33 다음 중 최종모형 선정에 대한 설명으로 옳지 않은 것은?

① 분석 모형 최종 평가를 위해 주로 학습에 사용하지 않았던 테스트 데이터를 사용한다.
② 최종모형 평가 기준 선정 과정이 필요하며 정확도, 재현율 등의 성능 지표를 사용한다.
③ 무조건 예측 성능이 가장 높은 모형을 선정한다.
④ 하이퍼파라미터 튜닝, 분석 모형 융합 등 분석 모형의 성능을 개선하기 위한 작업은 모두 완료된 상태여야 한다.

**해설** 최종모형 선정 시에는 분석가, 비즈니스 업무 담당자, 시스템 담당자 등 관련 인원들이 함께 모여 예측 성능과 실제 업무 반영 가능성 등을 종합적으로 고려하여 최종모형을 선정한다.

**정답** 30 ① 31 ② 32 ④ 33 ③

**34** 다음 중 해석 가능한 모형(interpretable models)에 대한 설명으로 옳지 않은 것은?

① 해석 가능한 모형은 상대적으로 예측 정확도가 낮다는 단점이 있다.
② 해석 가능한 모형은 상대적으로 학습 시간이 오래 걸린다는 단점이 있다.
③ 의사결정나무의 각 분기점에서 사용된 변수가 중요한 변수라고 볼 수 있다.
④ 해석 가능한 모형을 사용하면 직관적으로 분석 모형을 해석할 수 있다.

해설 해석 가능한 모형은 상대적으로 학습 시간이 짧고 직관적인 해석이 가능하지만, 예측 정확도는 낮다.

**35** 다음 중 R에서 랜덤포레스트의 변수 중요도 plot을 확인할 때 사용할 수 있는 함수는?

① importance( )
② importancePlot( )
③ varImpPlot( )
④ rfImpPlot( )

해설 R에서 randomForest패키지의 varImpPlot( )함수를 사용하면 변수 중요도 plot을 구할 수 있다.

**36** 다음 설명에 해당하는 것은?

> 중요한 한두 개의 변수를 선택한 후 나머지 변수들에 대해 단순 평균을 취하여 해당 변수가 분석 모형에서 어떤 영향을 미치는지 확인하는 방법이다.

① 부분 의존도
② 순열 변수 중요도
③ 변수 평균 영향도
④ 분석 모형 영향도

해설 부분 의존도 plot은 의존도를 확인하고자 하는 변수를 한두 개 선택한 후 나머지 변수들에 대해서는 단순 평균을 취하여 해당 변수가 분석 모형에서 어떤 영향을 미치는지 확인하는 방법이다.

**37** 비즈니스 기여도 평가 지표 중 투자로 얻을 수 있는 순 효과를 총 비용을 나눈 값을 나타내는 것은?

① NPV
② IRR
③ PP
④ ROI

해설 ROI(Return On Investment)는 투자로 얻을 수 있는 순 효과를 총 비용으로 나눈 값을 나타낸다.

**38** 다음 중 주로 시각화 툴을 사용하여 분석 결과를 효과적으로 표현하는 시각화 프로세스에 해당하는 것은?

① 데이터 시각화
② 정보 구조화
③ 정보 시각화
④ 정보 시각표현

해설 시각화 프로세스는 크게 정보 구조화, 정보 시각화, 정보 시각표현 세 단계로 나뉜다. 이 중 정보 시각화는 시각화 툴을 사용하여 시각화에 필요한 그래프나 기본 틀을 만드는 단계다. 데이터 분석 프로젝트에서는 분석 결과를 효과적으로 표현하는 단계에 해당한다.

정답 34 ② 35 ③ 36 ① 37 ④ 38 ③

### 39 다음 중 데이터를 유사한 것끼리 묶거나 재배열을 함으로써 데이터의 패턴을 찾아내는 시각화 프로세스에 해당하는 것은 무엇인가?

① 데이터 시각화  ② 정보 구조화
③ 정보 시각화  ④ 정보 시각표현

해설 시각화 프로세스는 크게 정보 구조화, 정보 시각화, 정보 시각표현 세 단계로 나뉜다. 이 중 정보 구조화는 데이터를 수집하고 정제하면서 시각화의 목표가 될 만한 것을 발견하거나 설정하는 단계로, 데이터를 유사한 것끼리 묶거나 재배열함으로써 데이터의 패턴을 찾아낸다.

### 40 다음 중 관계 시각화 방법으로 옳지 않은 것은?

① 히스토그램  ② 산점도 행렬
③ 버블 차트  ④ 파이 차트

해설 파이 차트는 분포 시각화 방법에 해당한다.

### 41 다음 중 비교 시각화 방법으로 옳지 않은 것은?

① 도트맵  ② 히트맵
③ 스타 차트  ④ 평행 좌표 그래프

해설 도트맵은 공간 시각화 방법에 해당한다.

### 42 데이터 시각화 유형 중 시간에 따른 데이터 변화를 보여주는 방법은?

① 시간 시각화  ② 공간 시각화
③ 관계 시각화  ④ 비교 시각화

해설 시간 시각화는 시간 흐름에 따른 데이터 변화를 보여주는 시각화 방법이다.

### 43 다음은 어떤 시각화 방법에 대한 설명인지 고르면?

- 선 그래프 안의 영역을 색으로 칠한 형태
- 데이터 구분별로 값의 비율을 알고 싶을 때 사용함

① 막대 그래프  ② 영역 차트
③ 버블 플롯맵  ④ 버블 차트

해설 영역 차트는 선 그래프 안의 영역을 색으로 칠한 형태로 데이터 구분별로 값의 비율을 알고 싶을 때 사용한다.

정답 39 ② 40 ④ 41 ① 42 ① 43 ②

## 44 다음은 어떤 시각화 방법에 대한 설명인지 고르면?

- 지도 위에 같은 지리적 위치를 가진 곳을 선으로 이어서 나타내는 방법
- 지역별 강수량, 지역별 개화시기 등을 나타낼 때 사용함

① 선 그래프  
② 등치선도  
③ 스타 차트  
④ 평행 좌표 그래프

**해설** 등치선도는 지도 위에 같은 지리적 위치를 가진 곳을 선으로 이어서 나타내는 공간 시각화 방법이다.

## 45 다음은 어떤 시각화 방법에 대한 설명인지 고르면?

- 각 행은 관측치를, 열은 변수를 나타내며, 행과 열이 만나는 각 칸의 색상으로 값을 표현함
- 관측치나 변수의 개수가 너무 많으면 가독성이 떨어짐

① 플롯맵  
② 히트맵  
③ 히스토그램  
④ 스타차트

**해설** 히트맵은 각 행은 관측치를, 열은 변수를 나타내며, 행과 열이 만나는 각 칸의 색상으로 값을 표현하는 비교 시각화 방법이다.

## 46 다음은 어떤 시각화 방법에 대한 설명인지 고르면?

- 복잡한 데이터를 그래픽으로 이해하기 쉽게 표현
- 객관적 정보를 전달하거나 주장하는 바를 알리기 위해 사용

① 다이어그램  
② 피봇  
③ 인포그래픽  
④ 스토리보드

**해설** 인포그래픽은 복잡한 데이터를 그래픽으로 이해하기 쉽게 표현하는 시각화 방법이다. 객관적인 정보를 전달하는 '정보형 메시지'를 담거나 주장하는 바를 알리기 위한 '설득형 메시지'를 담기 위해 사용한다.

## 47 다음 중 빅데이터 비즈니스의 주요 실패 요인이 아닌 것은?

① 빅데이터 분석 목적, 빅데이터 서비스 목적이 명확하지 않음  
② 빅데이터 분석 결과를 이용할 사용자가 명확하지 않음  
③ 분석 대상 데이터 품질이 낮음  
④ 분석 모델에 대한 정의 전에 인프라를 도입하지 않음

**해설** 분석 모델에 대한 정의를 하지 않고 인프라를 먼저 도입하는 경우, 분석 모델에서 활용할 데이터를 분석할 인프라가 도입되지 않을 수 있다.

**정답** 44 ② 45 ② 46 ③ 47 ④

## 48 다음 중 빅데이터 비즈니스의 핵심 성공 요소가 아닌 것은?

① 가능한 한 최대한의 규모로 시작하여 성공 사례를 만들어 냄
② 빅데이터 분석 목적, 사용자, 활용 목적에 대하여 명확하게 정의함
③ 데이터 볼륨보다는 가치 창출 관점에서의 검토가 필요함
④ 업무 전문가의 참여가 필수적임

**해설** 작은 규모로 시작하고, 성공 사례를 공유하고 확장하는 형태로 추진해야 한다.

## [49~50]
다음 빈칸에 들어갈 말을 각각 고르시오.

> 분석 모형의 ( ㉠ )은(는) 일별, 주별 등 일정 주기로 계산해서 DB에 저장하게 된다. 그리고 이 ( ㉠ )의 변화 추이를 주별/월별/분기별 등 어떤 주기로 확인하고 싶은지에 따라 분석 모형 ( ㉡ )을(를) 설정한다.

## 49 ㉠에 들어갈 말은?

① 중요 변수
② 성능 지표
③ 응답시간
④ 사용률

**해설** 분석 모형의 성능 지표는 일별, 주별 등 일정 주기로 계산해서 DB에 저장하게 된다. 그리고 이 '성능 지표'의 변화 추이를 주별/월별/분기별 등 어떤 주기로 확인하고 싶은지에 따라 분석 모형 모니터링 주기를 설정한다.

## 50 ㉡에 들어갈 말은?

① 모니터링 주기
② 모니터링 측정 항목
③ 개선점
④ 리모델링

**해설** 분석 모형의 성능 지표는 일별, 주별 등 일정 주기로 계산해서 DB에 저장하게 된다. 그리고 이 '성능 지표'의 변화 추이를 주별/월별/분기별 등 어떤 주기로 확인하고 싶은지에 따라 분석 모형 '모니터링 주기'를 설정한다.

**정답** 48 ① 49 ② 50 ①

빅데이터분석기사 필기 한권완성

# PART 05
## 실전모의고사

제1회 실전모의고사
제2회 실전모의고사
제3회 실전모의고사
제4회 실전모의고사
제5회 실전모의고사
제6회 실전모의고사
제7회 실전모의고사
제8회 실전모의고사

# 제1회 실전모의고사

## PART 01 빅데이터 분석 기획

**01** 빅데이터의 영향으로 올바르지 않은 것은?

① 실시간 트랜잭션 처리로 업무 효율성 증진
② 적시 분석 업무를 통한 경쟁력 강화
③ 최적화를 통한 생산성 향상
④ 여러 분야의 융합으로 새로운 시장 창출

**02** 데이터 변환 기술 중 데이터를 특정 구간에 분포하는 값으로 스케일링하는 기법은?

① 구간화
② 군집화
③ 정규화
④ 일반화

**03** 빅데이터 조직 구조 중 분산 구조에 대한 설명으로 올바른 것은?

① 분석 조직 인력들을 현업 부서로 직접 배치하여 분석 업무를 수행한다.
② 분석 결과에 따른 신속한 활동이 가능하지만 베스트 프랙티스 공유에 제약이 발생될 수 있다.
③ 과거 실적 분석에 국한될 가능성이 크다.
④ 업무 부서와 분석 전담 조직의 분석이 이중화·이원화될 수 있다.

**04** 다음 중 조직 성과 평가 절차로 올바른 것은?

① 목표 설정 → 모니터링 → 평가 실시 → 결과의 피드백 → 목표 조정
② 목표 설정 → 평가 실시 → 결과의 피드백 → 평가 실시 → 모니터링
③ 목표 설정 → 평가 실시 → 모니터링 → 목표 조정 → 결과의 피드백
④ 목표 설정 → 모니터링 → 목표 조정 → 평가 실시 → 결과의 피드백

**05** 데이터 레이크에 관한 설명으로 올바른 것은?

① 데이터 레이크는 다양한 유형의 데이터를 저장하는 저장소로 사용자들이 직접 액세스하여 관리하고 분석할 수 있는 환경을 제공한다.
② 무수히 많은 데이터에서 필요한 데이터를 빠르게 찾기 위해 사전에 스키마를 정의해서 관리한다.
③ 분산 저장 프레임워크, 분산 저장 언어, 메타 관리 솔루션 등이 필요해서 구축하는 데 비용이 많이 들지만 데이터 분석으로 새로운 가치를 창출할 수 있어 투자 효용성이 높아 많은 기업에서 구축을 진행하고 있다.
④ 데이터 레이크의 가공되지 않은 방대한 데이터에서 분석 컨텍스트에 맞는 레이크쇼어 마트(Data Lakeshore Mart)를 구성하여 활용하기도 한다.

**06** 빅데이터와 인공지능에 대한 설명으로 옳지 않은 것은?

① 인공지능은 딥러닝의 발전에 따라 함께 발전하고 있다.
② 인공지능 분야에서 빅데이터가 주목받는 이유는 빅데이터의 정보 처리 능력에 기반한 의미 있는 결과를 도출할 수 있기 때문이다.
③ 빅데이터로 분석할 수 있는 데이터의 종류와 크기가 늘어남에 따라 인공지능의 분석 영역이 확대되었다.
④ 인공지능의 활용과 기술은 빅데이터 기술에 종속적으로, 인공지능 기술의 목표와 빅데이터 분석 기술의 목표는 독립적으로 볼 수 있다.

**07** 정보의 구조화를 통해 유의미한 정보를 분류하고 일반화시킨 아이디어는?

① 데이터(Data)
② 정보(Information)
③ 지식(Knowledge)
④ 지혜(Wisdom)

**08** 다음에서 설명하는 개인정보 제도는?

> 개인정보 처리 과정상의 정보 주체와 개인정보 처리자의 권리, 의무 등을 규정한 법규

① 개인정보보호법
② 정보통신망법
③ 개인정보보호 가이드라인
④ 신용정보법

**09** 다음 중 개인정보 비식별 조치 방법이 아닌 것은?

① 가명처리
② 데이터 축소
③ 데이터 범주화
④ 총계처리

**10** 다음 중 분석가에게 요구되는 스킬 중 성격이 다른 하나는?

① 통찰력 있는 분석　　　　　　　② 분석 기술의 숙련도
③ 다분야 간 협력 능력　　　　　　④ 의사 전달력

**11** 데이터 수집 프로세스의 순서로 올바른 것은?

① 수집 데이터 도출 → 수집 데이터 목록화 → 데이터 소유 기관 확인 및 협의 → 데이터 유형 확인 및 분류 → 데이터 수집 기술 선정 → 수집 계획서 작성 → 수집 주기 정의 → 데이터 수집

② 수집 데이터 도출 → 데이터 소유 기관 확인 및 협의 → 데이터 유형 확인 및 분류 → 수집 데이터 목록화 → 데이터 수집 기술 선정 → 수집 주기 정의 → 수집 계획서 작성 → 데이터 수집

③ 수집 계획서 작성 → 수집 데이터 도출 → 수집 데이터 목록화 → 데이터 소유 기관 확인 및 협의 → 데이터 유형 확인 및 분류 → 수집 주기 정의 → 데이터 수집 기술 선정 → 데이터 수집

④ 데이터 수집 기술 선정 → 수집 데이터 도출 → 수집 데이터 목록화 → 수집 계획서 작성 → 데이터 소유 기관 확인 및 협의 → 데이터 유형 확인 및 분류 → 수집 주기 정의 → 데이터 수집

**12** 다음 중 하둡 에코시스템의 분야별 기술로 올바른 것은?

① 비정형 데이터 수집 : Sqoop　　　② 정형 데이터 수집 : ETL
③ 분산 데이터 저장 : HDFS　　　　④ 분산 데이터베이스 : BigQuery

**13** ETL을 구성하는 요소가 아닌 것은?

① 적재　　　　　　　　　　　　　② 탐색
③ 추출　　　　　　　　　　　　　④ 변환

**14** NoSQL에 관한 설명 중 올바르지 않은 것은?

① 데이터 저장에 스키마가 필요하지 않고 조인(Join) 연산을 사용할 수 없지만 수평적으로 확장이 가능한 DB이다.
② NoSQL의 종류에는 MongoDB, Cassandra, DynamoDB, HBase 등이 있다.
③ 고정된 스키마가 없어 데이터베이스에 필드를 추가하는 데 제약이 높다.
④ NoSQL의 유형은 데이터 저장 모형에 따라 Key Value Database, Document Database, Wide Column Database, Graph Database로 구분된다.

**15** 빅데이터 요구 사항 분석의 절차로 올바른 것은?

① 요구 사항 수집 → 요구 사항 분석 → 요구 사항 명세 → 요구 사항 검증
② 요구 사항 수집 → 요구 사항 명세 → 요구 사항 분석 → 요구 사항 검증
③ 요구 사항 분석 → 요구 사항 수집 → 요구 사항 명세 → 요구 사항 검증
④ 요구 사항 분석 → 요구 사항 명세 → 요구 사항 수집 → 요구 사항 검증

**16** 분석 대상과 분석 방법에 의해 분석 문제 해결 방안을 도출할 때 올바르지 않은 방안은?

① 최적화　　　　　　　　　② 솔루션
③ 통찰　　　　　　　　　　④ 적용

**17** 데이터의 품질 요소 중 다음에서 설명하는 것은?

| 데이터의 구분 기준에 따라 중복이 없는 특성 |

① 정확성　　　　　　　　　② 완정성
③ 정합성　　　　　　　　　④ 유일성

**18** 분석 문제 해결 방안을 선정할 때, 분석 대상을 알지만 분석 방안을 모를 경우 시도할 수 있는 방안으로 올바른 것은?

① 최적화　　　　　　　　　② 솔루션
③ 통찰　　　　　　　　　　④ 발견

**19** 개인정보 비식별화 기술 중 가명처리의 세부기술이 아닌 것은?

① 암호화　　　　　　　　　② 휴리스틱 가명화
③ 부분 삭제　　　　　　　　④ 교환

**20** 분석 문제를 정의하여 과제를 발굴하는 방법에 대한 설명 중 올바른 것은?

① 분석 문제를 정의하는 방법은 상향식 접근법, 중앙확장식 접근법, 하향식 접근법이 있다.
② 상향식 접근법은 문제가 주어진 경우에 문제 탐색, 문제 정의, 해결 방안 탐색, 과제 선정의 단계로 진행하는 방식이다.
③ 문제를 명확히 정의하기 어려울 경우 중앙확장식 접근법을 사용하여 임의로 문제를 정의하고 정의된 문제에 대한 해결 방안을 탐색하는 과정을 반복·수행해서 문제와 해결 방안을 정의할 수 있다.
④ 하향식 접근법의 문제 탐색은 비즈니스 모델의 업무 단위로 문제를 발굴하는 비즈니스 모델 기반 탐색 방법과 외부 사례를 벤치마킹하여 분석 기회를 발굴하는 외부 참조 모델 기반 문제 탐색 방법을 사용한다.

# PART 02 　 빅데이터 탐색

**21** 다음 중 데이터 결측값의 종류에 해당하지 않는 것은?

① 완전 무작위 결측(MCAR)
② 무작위 결측(MAR)
③ 완전 비무작위 결측(NMCAR)
④ 비무작위 결측(NMAR)

**22** 단순 확률 대치법 중에서 대체할 데이터를 현재 진행 중인 설문 조사에서 얻는 것이 아니라, 외부 출처나 다른 설문 조사의 데이터로 대체하는 방법은?

① 핫덱(Hot-Deck) 대체
② 콜드덱(Cold-Deck) 대체
③ 혼합 방법
④ 평균 대치법(Mean Imputation)

**23** 상자 그림(Box-plot)을 활용하여 이상값을 판단하려고 한다. 다음과 같이 요약 정보가 주어졌을 경우 이상값을 판단하는 하한값과 상한값으로 알맞은 것은?

```
> x=c(-19, 2, 4, 10, 1, 6, 8, 37, 6)
> summary(x)
    Min.    1st Qu.   Median    Mean    3rd Qu.    Max.
  -19.000    2.000    6.000    6.111    8.000    37.000
```

① (-9, 13)
② (-9, 17)
③ (-7, 17)
④ (-7, 13)

24 데이터 정제 기법 중에서 날짜 정보를 연도, 월, 일 정보로 각각 분할할 때 사용하는 기법에 해당하는 것은?

① 변환(Transformation)　　② 파싱(Parsing)
③ 보강(Enhancement)　　④ 대체(Replacement)

25 데이터의 분포를 고려한 거리 측도로서, 데이터 관측치가 평균으로부터 벗어난 정도를 측정하여 이상값을 검출하는 통계 기법은?

① 해밍 거리(Hamming Distance)
② 맨하튼 거리(Manhattan Distance)
③ 유클리디안 거리(Euclidean Distance)
④ 마할라노비스 거리(Mahalanobis Distance)

26 다음 설명하는 변수 선택 기법은?

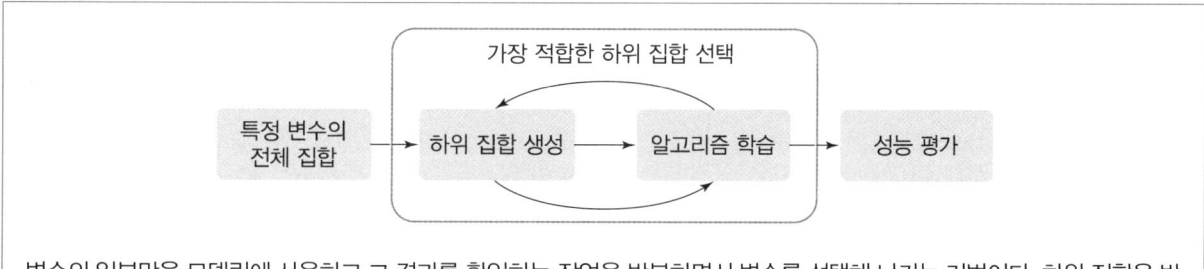

변수의 일부만을 모델링에 사용하고 그 결과를 확인하는 작업을 반복하면서 변수를 선택해 나가는 기법이다. 하위 집합을 반복하여 선택하는 방법으로 탐색한다.

① 콜드덱 기법(Cold-Deck Method)　　② 필터 기법(Filter Method)
③ 래퍼 기법(Wrapper Method)　　④ 임베디드 기법(Embedded Method)

27 임베디드 기법(Embedded Method)에 대한 설명 중 올바르지 않은 것은?

① 라쏘(LASSO) : 가중치의 절댓값의 합을 최소화하는 것을 추가적인 제약 조건으로 하는 방법이다.
② 릿지(Ridge) : L1-norm을 통해 제약을 주는 방법이다.
③ 엘라스틱 넷(Elastic Net) : 라쏘(LASSO)와 릿지(Ridge) 두 개를 선형 결합한 방법이다.
④ SelectFromModel : 의사결정나무 기반 알고리즘에서 피처를 추출하는 방법이다.

28 다음 중 차원축소 기법에 해당하지 않는 것은?

① 주성분 분석(PCA) ② 특이값 분해(SVD)
③ 독립 성분 분석(ICA) ④ 분산 분석(ANOVA)

29 다음 중 변수 변환 방법에 해당하지 않는 것은?

① 로그/지수 변환 ② 비닝(Binning)
③ 정규화 ④ 다차원 척도법(MDS)

30 다음 중 불균형 데이터 처리 방법에 해당하지 않는 것은?

① 과소표집 ② 과대표집
③ 스케일링 ④ SMOTE

31 탐색적 데이터 분석(EDA ; Exploratory Data Analysis)의 특징이 아닌 것은?

① 저항성(Resistance) ② 잔차(Residual) 해석
③ 현시성(Representation) ④ 정확성(Accuracy)

32 다음 중 상관성 분석에 대한 설명으로 올바르지 않은 것은?

① 두 개의 변수 사이의 상관성 분석은 단순 상관 분석이다.
② 수치형 데이터인 경우 피어슨(Pearson) 상관계수를 사용하여 상관성 분석을 수행한다.
③ 순서형 데이터인 경우 스피어만(Spearman) 상관계수를 사용하여 상관성 분석을 수행한다.
④ 명목형 데이터인 경우 T-검정을 통해 상관성 분석을 수행한다.

33 다음 중 기초 통계량에 대한 설명으로 올바른 것은?

① 범위는 최댓값과 최솟값의 차이에 1을 더하여 계산할 수 있다.
② 중위수는 평균보다 이상값에 의한 값의 변동이 심하다.
③ 중위수는 변수의 개수가 짝수일 때 $\frac{n+1}{2}$ 번째 값이다.
④ 사분위수 범위는 제3사분위수($Q_3$)에서 제1사분위수($Q_1$)를 뺀 값으로 데이터 중심에서 흩어진 정도를 파악할 수 있다.

34 데이터 분포의 모양이 왼쪽 꼬리가 긴 분포일 경우에 평균(Mean), 중위수(Median), 최빈값(Mode)을 크기 순서대로 나열한 것은?

① 평균(Mean) < 최빈값(Mode) < 중위수(Median)
② 평균(Mean) < 중위수(Median) < 최빈값(Mode)
③ 중위수(Median) < 평균(Mean) < 최빈값(Mode)
④ 중위수(Median) < 최빈값(Mode) < 평균(Mean)

35 다음 중 공분산에 대한 설명으로 옳지 않은 것은?

① 공분산은 2개의 변수 사이의 상관 정도를 나타내는 값이다.
② 상관관계의 상승 혹은 하강하는 경향을 이해할 수 있다.
③ 2개의 변수 중 하나의 값이 상승하는 경향을 보일 때, 다른 값도 상승하는 경향의 상관관계에 있다면, 공분산의 값은 양수가 된다.
④ 공분산을 통하여 선형 관계의 강도를 파악할 수 있다.

36 아래의 그림과 같이 데이터 수치에 따라 지정한 색상 스케일로 영역을 색칠해서 표현하는 탐색 방법은?

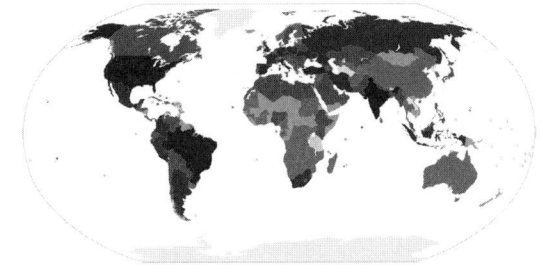

① 코로플레스 지도(Choropleth Map)
② 카토그램(Cartogram)
③ 버블 차트(Bubble Chart)
④ 도트맵(Dot map)

**37** 표본 추출 기법 중에서 다음 설명하는 기법에 해당하는 것은?

> 지역별 여론 조사를 위해 조사 지역을 도별로 나누고, 각 도에서 무작위로 100명씩 선정하여 설문 조사를 실시하였다.

① 단순 무작위 추출(Simple Random Sampling)
② 계통 추출(Systematic Sampling)
③ 층화 추출(Stratified Random Sampling)
④ 군집 추출(Cluster Random Sampling)

**38** 다음 중 연속 확률 분포가 아닌 것은?

① 이항 분포
② t-분포
③ F-분포
④ 카이제곱 분포

**39** 다음 중에서 점 추정(Point Estimation)의 조건에 대한 설명이 올바르지 않은 것은?

① 불편성(Unbiasedness) : 모든 가능한 표본에서 얻은 추정량의 기댓값은 모집단의 모수와 차이가 없다.
② 효율성(Efficiency) : 추정량의 분산은 클수록 좋다.
③ 일치성(Consistency) : 표본의 크기가 아주 커지면, 추정량이 모수와 거의 같아진다.
④ 충족성(Sufficient) : 추정량은 모수에 대하여 모든 정보를 제공한다.

**40** 귀무가설이 참이라는 가정에 따라 주어진 표본 데이터를 희소 또는 극한값으로 얻을 확률은?

① p-값
② $\alpha$
③ $\beta$
④ 검정력

# PART 03  빅데이터 모델링

**41** 고객이 동시에 구매하는 제품을 파악해 패키지 상품을 기획하려고 한다. 다음과 같은 기대효과를 얻기 위한 분석 기법으로 가장 적절한 것은?

① 연관 분석
② 분류 분석
③ 시계열 분석
④ 기술통계 분석

## 42 다음 중 군집화를 수행할 수 있는 모형으로 적절한 것은?

① 의사결정나무
② 판별 분석
③ 주성분 분석
④ 자기조직화지도

## 43 다음 중 모델링을 수행하는 절차로 적절한 것은?

① 데이터 수집 및 전처리 → 모델링 → 탐색적 분석 → 모델 성능 평가
② 데이터 수집 및 전처리 → 탐색적 분석 → 모델링 → 모델 성능 평가
③ 데이터 수집 및 전처리 → 모델링 → 모델 성능 평가 → 탐색적 분석
④ 데이터 수집 및 전처리 → 모델 성능 평가 → 모델링 → 탐색적 분석

## 44 다음 중 분석 모형을 정의할 때 고려사항으로 적절하지 않은 것은?

① 데이터에 비해 모델이 너무 단순하면 과소적합이 발생할 수 있다.
② 하이퍼파라미터 튜닝을 통해 분석 모형의 성능을 최적화한다.
③ 관련 있는 변수를 선택할 수 있도록 EDA를 수행하거나 변수 선택법을 사용한다.
④ 모델 복잡도와 상관없이 관련 있는 모델을 모두 선택하여 결합한다.

## 45 다음 중 데이터 분할에 대한 설명으로 적절하지 않은 것은?

① 일반적으로 데이터를 학습 데이터, 검증 데이터, 테스트 데이터로 분리한다.
② 과적합을 방지하고 일반화 성능을 향상시키는 것이 목적이다.
③ 검증용 데이터에서 측정한 성과가 높다면 모델이 학습을 완벽하게 했다고 볼 수 있다.
④ 학습 데이터는 초기 학습 모델을 구축하기 위해 사용한다.

## 46 회귀분석을 위한 기본적인 가정이 아닌 것은?

① 독립변수들 사이에 독립성이 보장되어야 한다.
② 회귀식의 잔차가 독립성을 만족해야 한다.
③ 회귀식의 잔차는 평균 0, 분산 $\sigma^2$인 정규성을 만족해야 한다.
④ 회귀식은 다중공선성을 만족해야 한다.

**47** 다중 회귀 모형에 개별 회귀 계수를 검정하는 것과 별개로, 전체 회귀 계수가 의미 있는지에 대해 모형의 유의성 검정이 필요하다. 이때 검정하는 통계량을 고르시오.

① F-통계량      ② R-통계량
③ S-통계량      ④ Z-통계량

**48** 다음 로지스틱 회귀분석에 관한 설명 중 옳은 것은?

① 로지스틱 회귀분석은 최대 제곱법을 사용해 모수를 추정한다.
② 로짓(Logit) 변환은 오즈비에 로그를 취한 형태다.
③ 로지스틱 회귀분석에 사용하는 종속변수는 범주형 데이터다.
④ 이진 분류(Binary classification) 문제를 분석하기 위한 방법으로 C5.0 함수를 사용한다.

**49** 의사결정나무에서 지나치게 많은 마디를 가진 의사결정나무는 새로운 데이터에 적용할 예측 오차가 클 가능성이 매우 높다. 이를 방지하기 위해 진행하는 과정은 무엇인가?

① 분할      ② 가지치기
③ 평균 측정법      ④ 성장

**50** 다음 중 분리 기준으로는 카이제곱 통계량을 사용하고, 분리 방법은 다지 분리를 사용하는 의사결정나무 알고리즘은?

① SOM      ② C5.0
③ CHAID      ④ EM

**51** 인공신경망에서 역전파 알고리즘은 출력층으로부터 하나씩 앞으로 되돌아가며 각 층의 가중치를 수정하는 방법이다. 은닉층이 늘어나면서 값이 0으로 수렴하는 문제를 무엇이라 하는가?

① 다중공선성      ② 기울기 소실
③ 과적합      ④ 가지치기

**52** 단층 퍼셉트론을 통해 연산 가능한 문제가 아닌 것은?

① XOR 연산      ② OR 연산
③ AND 연산      ④ NAND 연산

**53** 다음 중 서포트벡터머신을 구성하는 요소가 아닌 것은?

① 서포트벡터　　　　　　　② 결정 경계
③ 초평면　　　　　　　　　④ 지니 지수

**54** 다음 데이터 마이닝 기법 중에서 카탈로그 배열, 교차 판매 등의 마케팅을 계획할 때 분석하는 방법으로 가장 적절한 것은?

① 분류분석　　　　　　　　② 연관분석
③ 군집분석　　　　　　　　④ 회귀분석

**55** k-평균 군집 알고리즘에 대한 설명 중 옳지 않은 것은?

① 군집화 결과는 덴드로그램(dendrogram) 형태로 표현할 수 없다.
② 알고리즘이 단순하고 학습이 빨라 대용량 데이터를 학습하기에 계층적 군집보다 적합하다.
③ 초기값을 지정해 주어야 한다.
④ 한번 군집이 형성되면 군집에 속한 개체는 다른 군집으로 이동할 수 없다.

**56** 다음 중 시계열 데이터의 정상성에 대한 설명으로 적절하지 않은 것은?

① 시점에 상관없이 시계열 특성이 일정한 것을 의미한다.
② 평균이 일정하다.
③ 분산이 시점에 의존하지 않는다.
④ 공분산이 시차와 시점에 의존하지 않는다.

**57** 다음 중 LSTM 모형에 대한 설명으로 가장 적절한 것은?

① 생성자와 구분자가 대립하여 서로의 성능을 개선하며 학습한다.
② 순환신경망(RNN ; Recurrent Neural Networks)의 경사소멸 문제와 장기의존성 문제를 보완한다.
③ 합성곱, 풀링, 완전연결신경망으로 구성된다.
④ 이미지 처리에 특화된 딥러닝 알고리즘이다.

**58** 다음 중 사회 연결망 분석(Social Network Analysis)에서 다른 노드들 사이의 위치하는 정도를 측정하는 지표로 적절한 것은?

① 연결중심성  ② 근접중심성
③ 매개중심성  ④ 위세중심성

**59** 다음 중 배깅(Bagging)에 대한 설명으로 적절하지 않은 것은?

① 배깅은 부스팅에 비하여 병렬처리하기 쉽다.
② 데이터의 사이즈가 작거나 결측값이 있는 경우 유리한 방법이다.
③ 랜덤포레스트는 배깅을 사용한 대표적인 앙상블 모형이다.
④ 부트스트랩 샘플링 수행 시 오분류 데이터에 높은 가중치를 부여한다.

**60** 다음 중 비모수 통계 검정에 대한 설명으로 적절하지 않은 것은?

① 부호검정은 중위수를 기준으로 부호와 크기를 고려한 검정 방법이다.
② 윌콕슨 순위 합 검정은 두 집단 간의 중위수를 비교하는 비모수적 통계 방법이다.
③ 크루스칼-왈리스 검정은 순위 기반 일원분산분석(one-way ANOVA on ranks)이라고도 한다.
④ 런 검정에서 런(Run)은 표본의 부호가 바뀔 때까지의 묶음을 의미한다.

## PART 04 빅데이터 결과 해석

**61** 다음 중 혼동행렬을 이용해서 계산할 수 있는 분류 모형의 평가지표 중 재현율의 산식은?

① $\dfrac{TP+TN}{TP+TN+FP+FN}$  ② $\dfrac{TP}{TP+FP}$

③ $\dfrac{TP}{TP+FN}$  ④ $\dfrac{TN}{FP+TN}$

[62~63]
다음 혼동행렬을 보고 아래 질문에 답하시오.

| 실제값 \ 예측값 | Positive | Negative |
|---|---|---|
| Positive | 80 | 20 |
| Negative | 10 | 90 |

**62** 위 혼동행렬에서 거짓 긍정률은?

① $\dfrac{1}{10}$
② $\dfrac{1}{5}$
③ $\dfrac{2}{11}$
④ $\dfrac{9}{11}$

**63** 위 혼동행렬에서 민감도는?

① $\dfrac{9}{10}$
② $\dfrac{4}{5}$
③ $\dfrac{2}{11}$
④ $\dfrac{9}{11}$

**64** 다음 중 선형회귀 모형의 가정과 의미가 올바르게 연결된 것은?

① 등분산성 : 선형회귀 모형 적합에 사용되는 관측치의 분산은 등분산이어야 한다.
② 선형성 : 독립변수끼리는 서로 선형 관계를 갖는다.
③ 정규성 : 오차항의 평균은 0이다.
④ 독립성 : 종속변수와 독립변수는 서로 독립적이어야 한다.

**65** 다음 검정 결과는 선형회귀 모형의 어떤 가정을 확인하기 위한 방법인가?

> dwtest(model)

    Durbin – Watson test

data : model
DW = 1.6762, p-value = 0.09522
alternative hypothesis : true autocorrelation is greater than 0

① 선형성      ② 독립성
③ 등분산성    ④ 정규성

**66** 다음은 k-fold 교차 검증을 수행하는 절차를 나타낸 것이다. 빈칸에 알맞은 말을 고른 것은?

학습에 사용할 데이터를 k개의 fold로 나눈다.
↓
k-1개 fold는 ( ㉠ ), 나머지 한 개는 ( ㉡ )에 사용하여 모형의 성능을 계산한다.
↓
교차 검증 결과 ( ㉢ )개의 성능의 평균값을 얻는다.

① ㉠ : 학습, ㉡ : 검증, ㉢ : k-1    ② ㉠ : 학습, ㉡ : 검증, ㉢ : k
③ ㉠ : 검증, ㉡ : 학습, ㉢ : k-1    ④ ㉠ : 검증, ㉡ : 학습, ㉢ : k

**67** 전체 데이터를 동일한 크기의 k개의 부분 집합으로 나누고, 하나를 검증 데이터로 사용하고 나머지 데이터를 학습에 사용하는 검증 방법으로 알맞은 것은?

① LOOCV      ② LpOCV
③ Holdout      ④ K-fold CV

**68** 모수 유의성 검정 방법 중 z-검정에 대한 설명으로 옳지 않은 것은?

① z-검정은 정규 분포를 가정한다.
② z-검정의 귀무가설은 표본 평균이 모집단의 평균과 같지 않다는 것이다.
③ 표본이 서로 독립적이어야 한다.
④ 모집단의 분산을 알아야 한다.

**69** 다음 중 적합도 검정 기법의 하나인 카이제곱 검정에서 사용하는 대립가설로 옳은 것은?

① 데이터가 특정 확률을 따른다.
② 데이터가 특정 확률을 따르지 않는다.
③ 데이터가 정규성을 따른다.
④ 데이터가 정규성을 따르지 않는다.

**70** 유연성이 큰 분석 모형의 편향과 분산은 어떻게 나타나는가?

① 편향 : 작다, 분산 : 작다
② 편향 : 작다, 분산 : 크다
③ 편향 : 크다, 분산 : 작다
④ 편향 : 크다, 분산 : 크다

**71** 다음 설명에 해당하는 개념으로 알맞은 것은?

> 경사하강법에서 다음 지점으로 이동할 때 얼마나 이동할지를 나타내는 값이다.

① 학습률(learning rate)
② 초매개변수(hyperparameter)
③ 기울기(gradient)
④ 델타(delta)

**72** 다음 중 확률적 경사하강법의 매개변수 변경 방향에 가속도를 부여해 주는 방식에 해당하는 것은?

① 미니 배치 경사하강법
② AdaGrad
③ RMSProp
④ 모멘텀

**73** 다음 분석 모형 융합 방법 중 여러 개의 분석 모형의 결과를 종합하여 많이 선택된 클래스를 최종 결과로 예측하는 방법에 해당하는 것은?

① 보팅
② 배깅
③ 부스팅
④ 스태킹

**74** 다음 중 분석 모형 융합 방법인 부스팅에 대한 설명으로 옳지 않은 것은?

① 약한 분석 모형을 여러 개 연결하여 강한 분석 모형을 만든다.
② Adaboost, lightGBM 등의 알고리즘이 해당한다.
③ 매 학습마다 데이터에 가중치를 업데이트하는 과정이 필요하다.
④ 분류가 잘 된 데이터에 가중치를 부여하는 방식이다.

**75** 다음 중 최종 모형 선정 단계에 대한 설명으로 옳지 않은 것은?

① 분석 모형 최종 평가를 위해 학습에 사용하지 않았던 데이터를 사용한다.
② 분석 모형을 실제 업무에 반영할 수 있는지는 추후 분석 결과 활용 단계에서 고민한다.
③ 최종 모형을 선정하기 위한 평가 기준을 정해야 한다.
④ 분석가, 업무 담당자, 데이터 처리자 등 관련 인원이 함께 최종 모형을 선정한다.

**76** 다음 중 분석 결과 해석에 대한 설명으로 옳지 않은 것은?

① 분석 모형은 블랙박스의 특성을 가지고 있다.
② 분석 결과를 업무 담당자에게 이해시키는 과정이라 볼 수 있다.
③ 설명력이 높은 분석 모형은 상대적으로 성능도 우수하다.
④ 과제에 따라 설명력이 중요한 최종 모형 선정 기준이 되기도 한다.

**77** 다음 설명에 해당하는 시각화 프로세스 단계로 옳은 것은?

> 데이터를 수집하고 정제하면서 시각화의 목표가 될 만한 것을 발견하거나 설정하는 단계다. 데이터를 유사한 것끼리 묶거나 재배열을 함으로써 데이터의 패턴을 찾아낸다.

① 데이터 시각화
② 정보 시각화
③ 정보 구조화
④ 정보 시각표현

**78** 다음 중 관계 시각화 방법이 아닌 것은?

① 산점도
② 산점도 행렬
③ 히트맵
④ 버블 차트

**79** 다음 중 분석 모형 모니터링에 대한 설명으로 옳지 않은 것은?

① 분석 모형의 성능 지표는 반드시 매일 모니터링 해야 한다.
② 분석 모형이 운영될 경우 학습 때와 비슷한 성능을 내기는 힘들 수 있다.
③ 분석 모형 모니터링 결과를 활용하여 성능 추이를 분석할 수 있다.
④ 분석 모형의 성능 지표 값의 허용 기준을 정하는 과정이 필요하다.

**80** 다음 중 분석 모형 리모델링 단계에서 수행하는 일로 옳지 않은 것은?

① 기존 분석 모형 분석
② 데이터 수집 및 전처리
③ 분석 모형 평가 지표 선정
④ 분석 모형 학습 및 검증

# 제2회 실전모의고사

## PART 01 빅데이터 분석 기획

**01** 데이터를 확보하기 위해 데이터 확보 계획을 수립하는 단계로 올바른 것은?

① 요구 사항 도출 → 예산안 수립 → 계획 수립 → 목표 정의
② 목표 정의 → 요구 사항 도출 → 계획 수립 → 예산안 수립
③ 요구 사항 도출 → 예산안 수립 → 목표 정의 → 계획 수립
④ 목표 정의 → 요구 사항 도출 → 예산안 수립 → 계획 수립

**02** 다음 설명 중 올바르지 않은 것은?

① 센서 데이터, 알람, 실시간 영상 등 네트워크를 통해 실시간으로 전송되는 데이터를 스트림 데이터라고 한다.
② 데이터의 값과 형식이 일관되어 있지 않지만 스키마 구조 형태를 가지며 XML, HTML, 웹 로그, JSON 등으로 대표되는 데이터는 반정형 데이터이다.
③ 언어, 문자 등 정형화되지 않는 데이터를 정량적 데이터라고 한다.
④ 길이, 무게와 같이 수치로 표현되며 연산이 가능한 데이터는 수치형 데이터이다.

**03** 하둡 에코시스템의 하둡 분산 파일 시스템(HDFS)은 하둡에서 분산 컴퓨팅 프레임워크를 지원할 목적으로 개발된 분산 파일 저장소이다. 하둡 분산 파일 시스템의 특징으로 올바르지 않은 것은?

① 하나의 네임 노드와 여러 개의 데이터 노드로 구성되어 있다.
② 다수의 저사양 서버를 이용해서 대용량의 공간을 저렴하게 구성할 수 있다.
③ 저장하려고 하는 파일이 특정 데이터 노드에 저장되어 네임 노드와 클라이언트의 데이터 입출력 요청을 관리한다.
④ 네임 노드는 디렉토리명, 파일명, 파일 블록 등에 대한 메타데이터를 관리하는 마스터 역할이다.

**04** 다음 중 빅데이터의 특징에 해당하지 않는 것은?

① Value  ② Volume
③ Variety  ④ Varchar

**05** 다음 중 NoSQL의 유형에 속하지 않는 것은?

① Key Value Database  ② Row Oriented Database
③ Document Database  ④ Graph Database

**06** 데이터의 품질 요소에 해당하지 않는 것은?

① 완전성  ② 유일성
③ 복합성  ④ 정확성

**07** 분석 문제 정의의 하향식 접근법에서 비즈니스 문제를 데이터의 문제로 전환하는 단계는?

① 문제 탐색  ② 분석 문제 정의
③ 해결 방안 탐색  ④ 타당성 평가 및 과제 선정

**08** 기업에서 조직이 구성되면 조직의 목표를 달성하기 위해 조직원의 성과와 직결된 역량이 매우 중요하다. 분석 조직에서 요구하는 데이터 사이언티스트의 역량으로 올바르지 않은 것은?

① 모형에 대한 이해, 다양한 방법론 등의 빅데이터 지식
② 분석 목적에 맞는 최적의 분석 설계를 할 수 있는 분석 기술
③ 여러 분야와 협력을 매끄럽게 만드는 커뮤니케이션 능력
④ 분석 결과에 따른 비즈니스 의사 결정 능력

**09** 개인에게 축적된 내면화된 지식을 언어나 문서로 도출된 지식으로 전환하는 과정은?

① 공통화  ② 내면화
③ 표출화  ④ 연결화

**10** 개인을 특정할 수 있는 정보가 있는 경우 취해야 할 방법은?

① 방화벽 도입  ② 비식별 조치
③ 데이터 분리 후 분산 저장  ④ 데이터 내면화

**11** 빅데이터 분석 업무 수행은 '데이터 수집 → 데이터 저장 → 데이터의 처리 → (　　) → 모형 설계 → 시각화 및 보고서의 단계'로 진행된다. 이때 빈칸에 들어갈 업무로 올바른 것은?

① 문제 탐색  ② 탐색적 데이터 분석
③ 모형 발전 계획 수립  ④ 시스템 설계

**12** 다음 설명하는 데이터 변환 기술에 해당하는 것은?

> 결측치를 채우고 이상치를 식별하여 제거하는 기술

① 데이터 필터링  ② 데이터 변환
③ 데이터 정제  ④ 데이터 통합

**13** 빅데이터 분석 방법론에서 분석 기획 단계에서 수행되는 업무가 아닌 것은?

① 비즈니스 이해 및 범위 설정  ② 프로젝트 정의 및 계획 수립
③ 분석 데이터 준비  ④ 프로젝트 위험 계획 수립

**14** KDD 분석 방법론의 분석 단계로 올바른 것은?

① 데이터 마이닝 → 데이터 전처리 → 데이터 변환 → 데이터 선택 → 해석과 평가
② 데이터 마이닝 → 데이터 전처리 → 데이터 선택 → 데이터 변환 → 해석과 평가
③ 데이터 선택 → 데이터 전처리 → 데이터 마이닝 → 데이터 변환 → 해석과 평가
④ 데이터 선택 → 데이터 전처리 → 데이터 변환 → 데이터 마이닝 → 해석과 평가

**15** 분석 업무의 우선순위를 난이도와 시급성을 기반으로 정하는데 시급성에 기준을 두었을 때, 진행되어야 하는 분석 업무의 순서로 올바른 것은?

① 난이도는 높지만 시급한 문제 → 난이도가 높고 시급성은 떨어지는 문제 → 난이도가 낮고 시급한 문제 → 난이도는 낮지만 시급성은 떨어지는 문제
② 난이도가 높고 시급성은 떨어지는 문제 → 난이도가 낮고 시급한 문제 → 난이도는 낮지만 시급성은 떨어지는 문제 → 난이도는 높지만 시급한 문제
③ 난이도가 낮고 시급한 문제 → 난이도는 낮지만 시급성은 떨어지는 문제 → 난이도는 높지만 시급한 문제 → 난이도가 높고 시급성은 떨어지는 문제
④ 난이도가 낮고 시급한 문제 → 난이도는 낮지만 시급성은 떨어지는 문제 → 난이도는 높고 시급성은 떨어지는 문제 → 난이도는 높지만 시급한 문제

**16** 스키마 구조 형태가 없는 텍스트 문서, 웹 게시판, 이미지와 같은 데이터로 RSS, Crawling, FTP 등의 기술로 수집하는 데이터의 유형은?

① 정형 데이터
② 반정형 데이터
③ 비정형 데이터
④ 보정형 데이터

**17** 데이터 변환 기술에 해당하지 않는 것은?

① 필터링
② 정규화
③ 평활화
④ 속성 생성

**18** 아래에서 수행된 개인정보 보호 방법은?

| 김다인, 35세, 청담동 거주 → 김○○, 35세, ○○동 거주 |
|---|

① 가명 처리
② 총계 처리
③ 데이터 범주화
④ 데이터 마스킹

**19** 조직 구조를 설계할 때, 조직의 목표를 성공적으로 달성하기 위해 고려해야 하는 사항이 아닌 것은?

① 조직 업무 활동
② 조직 평가자 특성
③ 조직 구조 유형
④ 조직 보고 체계

**20** 빅데이터 저장 기술에 대한 설명 중 올바르지 않은 것은?

① 구글의 구글 파일 시스템(GFS)은 마스터, 청크 서버로 구성되며 하둡 분산 파일 시스템은 네임 노드와 데이터 노드로 구성된다.
② 맵리듀스(MapReduce)는 대용량 데이터를 저사양 서버로 구성된 클러스터 환경에서 병렬 처리를 지원하기 위해 개발된 프레임워크로 Map은 데이터를 분할하고 Reduce는 분할된 데이터를 재결합하는 단계이다.
③ 아마존 웹서비스(AWS)에서 제공하는 파일 시스템 형식의 데이터 저장소는 RDS가 있으며 정형 및 비정형 데이터를 배치 형식으로 버켓(Bucket) 단위로 저장한다.
④ 클라우드 컴퓨팅은 지역별 데이터 센터 등에서 온라인으로 데이터 저장 서비스를 제공하며 아마존의 AWS, 구글의 GCP, 마이크로소프트의 Azure 등이 대표적이다.

# PART 02  빅데이터 탐색

**21** 다음 중 결측값에 대한 설명으로 올바르지 않은 것은?

① 데이터가 비어 있는 경우를 확인하면 결측값 여부는 알기 쉽다.
② 결측값이 있는 경우 다양한 대치(Imputation)법을 사용하여 완전한 자료로 만든 후 분석을 진행할 수 있다.
③ 결측값이 20% 이상인 경우에는 해당 변수를 제거하고 분석하는 것이 바람직하다.
④ 관측치가 있지만 실제로는 입력이 되지 않아 기본(default)값으로 기록된 경우라면 결측값으로 처리해야 한다.

**22** 다음 중 이상값에 대한 설명으로 올바르지 않은 것은?

① 데이터를 측정 또는 입력하는 과정에서 잘못 기입된 이상값은 삭제 또는 대체, 변환한 후 분석한다.
② 설명변수의 관측치에 비해 종속변수의 값이 상이한 값을 이상값이라고 한다.
③ 군집 분석을 통해 데이터 관측치가 평균으로부터 벗어난 정도를 측정하여 이상값을 판단한다.
④ 평균으로부터 표준 편차의 3배가 되는 점을 기준으로 이상값을 정의할 수 있다.

**23** 아래는 이상값 탐지에 대한 설명이다. 다음 중 이상값을 유용하게 사용하는 분야의 예로 적절하지 않은 것은?

① 사기 탐지 : 도난 당한 신용카드의 구매 행위는 원 소유자의 행위와 다를 수 있다. 평상시의 행위와 다른 구매 패턴을 조사하여 사기를 탐지할 수 있다.
② 침입 탐지 : 컴퓨터 네트워크에 대한 공격은 보편화되었다. 침입의 다수는 네트워크에 대한 예외적인 행위를 감시하는 경우에 탐지할 수 있다.
③ 의료 : 특정 환자에게 보이는 예외적인 증세나 검사 결과는 잠재적인 건강 문제를 나타낸다.
④ 환경 파괴 : 자연 세계에서는 환경에 중요한 영향을 줄 수 있는 홍수, 가뭄 같은 사건들이 있다. 그러나 이러한 사건은 정상적인 환경에서 발생하는 사건으로 해석할 수 있다.

24 파생변수는 사용자가 특정 조건을 만족하거나 특정 함수에 의해 값을 만들어 의미를 부여하는 변수이다. 다음 중 파생변수의 설명으로 적절한 것은?

① 파생변수는 재활용성이 높다.
② 파생변수는 매우 주관적인 변수일 수 있으므로 논리적 타당성을 갖춰야 한다.
③ 파생변수는 많은 모델에서 공통적으로 많이 사용될 수 있다.
④ 파생변수는 다양한 모델을 개발해야 하는 경우, 효율적으로 사용할 수 있다.

25 변수 선택은 변수가 여러 개 있을 때, 모델의 정확도를 향상시키기 위해 최적의 변수 조합을 찾아내는 방법이다. 다음 중 변수 선택 기법에 해당하지 않는 것은?

① 필터 기법
② 래퍼 기법
③ 앙상블 기법
④ 임베디드 기법

26 차원축소 방법의 주된 목적은 추출된 데이터에서 적은 수의 특징만으로 특정 현상을 설명하고자 하는 것이다. 차원축소 방법 중의 하나인 주성분 분석에 대한 설명으로 올바르지 않은 것은?

① 차원 감소폭의 결정은 전체 변이의 공헌도, 평균 고윳값, scree plot 등을 이용하는 방법이 있다.
② P개의 변수들을 중요한 M개의 주성분으로 표현하여 전체 변동을 설명하는 것으로, M개의 주성분은 원래 변수들의 선형 결합으로 표현된다.
③ 변수들이 서로 상관이 있는 경우 해석상의 복잡한 구조적 문제가 발생하며, 이때 변수들 사이의 구조를 쉽게 이해하기 위해 주성분 분석이 필요하다.
④ 주성분 분석을 이용하는 주된 동기로 언급되는 것 중 차원의 저주가 있다. 데이터의 차원이 증가할 때, 데이터의 구조를 변환하여 불필요한 정보도 최대한 축적하는 차원 감소 방법이 필요하다.

27 데이터가 가지고 있는 특성을 파악하기 위해 해당 변수의 분포 등을 시각화하여 분석하는 분석 방식은?

① 전처리 분석
② EDA
③ 시공간 분석
④ 다변량 분석

28 탐색적 데이터 분석의 목적은 데이터를 이해하는 것이다. 다음 중 이에 대한 설명으로 올바르지 않은 것은?

① 데이터에 대한 전반적인 이해를 통해 통계 분석 가능한 데이터인지 확인하는 단계이다.
② 탐색적 데이터 분석 과정은 데이터에 포함된 변수의 유형이 어떻게 되는지를 찾아가는 과정이다.
③ 알고리즘이 학습을 얼마나 잘 하는가는 전적으로 데이터의 품질과 데이터에 담긴 정보량에 달려 있다.
④ 데이터를 시각화하는 것만으로는 이상치(outlier) 식별이 잘 되지 않는다.

**29** 히스토그램은 표로 되어 있는 도수분포표를 그래프로 나타낸 것이다. 다음 중 히스토그램에 대한 설명으로 적절하지 않은 것은?

① 히스토그램은 표본의 크기가 작아도 각 막대의 높이가 데이터 분포의 형상을 잘 표현해 낸다.
② 히스토그램에서는 가로축이 계급, 세로축이 도수를 나타낸다. 계급은 보통 변수의 구간이며, 서로 겹치지 않는다.
③ 봉우리가 여러 개 있는 데이터는 일반적으로 2개 이상의 조건에서 데이터가 수집되는 경우 발생한다.
④ 그래프의 모양이 한쪽에 치우쳐 있거나 봉우리가 여러 개 있는 그래프는 비정규 데이터일 수 있다.

**30** 자료의 특징이나 분포를 한 눈에 보기 쉽도록 시각화하는 작업은 매우 중요하다. 다음 중 상자 그림(Box Plot)에 대한 설명으로 부적절한 것은?

① 자료의 크기 순서를 나타내는 5가지 순서 통계량(최솟값, 최댓값, 제1사분위수, 중위수, 제3사분위수)을 이용하여 시각화하는 방법이다.
② 순서 통계량을 사용하기 때문에 이상값 판단에 사용하는 것은 적합하지 않다.
③ 사분위수를 한 눈에 볼 수 있다.
④ 자료의 범위에 대한 분포 정도를 직관적으로 이해할 수 있다.

**31** 최근 시각화 기법의 활용이 높아지면서 데이터의 특성을 파악하는 데 많은 노력을 하고 있다. 다음 중 최근 시각화 기법의 발전된 형태가 아닌 것은?

① 텍스트 마이닝에서의 워드 클라우드를 통한 그래프화
② SNA(Social Network Analysis)에서 집단의 특성과 관계를 그래프화
③ 통계소프트웨어의 기초 통계 정보를 엑셀을 통해서 그래프화
④ polygon, heatmap, mosaic graph 등의 그래프 작업

**32** 공간적 차원과 관련된 속성들을 지도 위에 시각화하고, 관련 속성들의 특징을 크기, 모양, 선 굵기 등으로 구분하여 인사이트를 얻는 분석 방법은?

① 시간 분석
② 공간 분석
③ 차원 분석
④ 시각화 분석

**33** 다음 중 상관 분석에서 활용하는 스피어만 상관계수에 대한 설명으로 적절하지 않은 것은?

① 비선형적인 상관관계를 나타낼 수 있다.
② 서열 척도로 측정된 변수 간의 관계를 측정한다.
③ −1과 1 사이의 값을 가진다.
④ −1은 상관관계가 거의 없음을 의미한다.

**34** 다음 중 모집단에서 표본을 추출하는 방법이 아닌 것은?

① 무작위 추출법
② 집중 추출법
③ 층화 추출법
④ 계통 추출법

**35** 확률은 특정 사건이 일어날 가능성의 척도이다. 다음 중 확률 및 확률 분포에 대한 설명으로 올바르지 않은 것은?

① 확률변수 X가 구간 또는 구간들의 집합 형태의 값을 갖는 확률 분포 함수를 이산형 확률 밀도 함수라 한다.
② 모든 사건의 확률값은 0과 1 사이에 있다.
③ 서로 배반인 사건들의 합집합의 확률은 각 사건들의 확률의 합과 같다.
④ 두 사건 A, B가 독립이라면 사건 B의 확률은 A가 일어난다는 가정하에서의 B의 조건부 확률과 동일하다.

**36** 다음 연속 확률 분포 중에서 정규 분포의 평균을 측정할 때 주로 사용되는 분포로 두 집단의 평균 차이 검증 등에 활용되는 분포는?

① 균등 분포(Uniform distribution)
② 지수 분포(Exponential distribution)
③ t−분포(t−distribution)
④ F−분포(F−distribution)

**37** 표본 조사나 실험을 실시하는 과정에서 추출된 원소들이나 실험 단위로부터 대상을 관측하여 자료를 얻는 것을 측정(measurement)이라 한다. 다음 중 자료의 종류에 대한 설명으로 올바르지 않은 것은?

① 명목 척도 : 측정 대상이 어느 집단에 속하는지 분류할 때 사용
② 순서 척도 : 측정 대상의 특성이 가지는 서열 관계를 관측하는 척도
③ 비율 척도 : 절대적 기준인 원점이 존재하지 않으며 모든 사칙연산이 가능한 척도
④ 구간 척도 : 측정 대상이 갖는 속성의 양을 측정하는 것으로 구간이나 구간 사이의 간격이 의미가 있는 자료

**38** 모집단으로부터 추출된 표본의 통계량으로부터 모집단의 특성인 모수에 관해 통계적으로 추론하는 통계는?

① 기초 통계
② 기술 통계
③ 고급 통계
④ 추론 통계

**39** 모집단의 특성을 잘 나타낼 수 있는 일부를 추출하여 이들로부터 자료를 수집하고 수집된 자료를 토대로 모집단의 특성을 추정하게 된다. 이때 조사하는 모집단의 일부분을 표본(sample)이라 한다. 다음 중 표본 조사에 대한 설명으로 올바르지 않은 것은?

① 표본 편의(sampling bias)는 모수를 작게 또는 크게 할 때 추정하는 것과 같이 표본 추출 방법에서 기인하는 오차를 의미한다.
② 표본 편의는 확률화(randomization)에 의해 최소화하거나 없앨 수 있다. 확률화란 모집단으로부터 편의되지 않은 표본을 추출하는 절차를 의미하며 확률화 절차에 의해 추출된 표본을 확률 표본(random sample)이라 한다.
③ 표본 오차(sample error)는 모집단을 대표할 수 있는 표본 단위들이 조사 대상으로 추출되지 못함으로서 발생하는 오차를 말한다.
④ 비표본 오차(non-sampling error)는 표본 오차를 제외한 모든 오차로 조사 과정에서 발생하는 모든 부주의나 실수, 알 수 없는 원인 등 모든 오차를 의미하며 조사 대상이 증가한다고 오차가 커지지는 않는다.

**40** 귀무가설이 사실인데도 불구하고 사실이 아니라고 판정할 때 이를 제1종 오류라고 한다. 이때 판정이 잘못되었을 실제 확률은 무엇으로 나타낼 수 있는가?

① $\alpha$
② p-value
③ 검정 통계량
④ $1-\alpha$

# PART 03 빅데이터 모델링

**41** 다음 분석 모형 중 지도 학습 모형으로 적절하지 않은 것은?

① 자기 조직화 지도(SOM)
② 최근접이웃 알고리즘(k-NN)
③ 랜덤포레스트(RF)
④ 합성곱신경망(CNN)

42 음원 스트리밍 서비스를 해지할 확률이 높은 고객을 예측하여 프로모션을 진행하고자 한다. 이를 위한 분석 방법으로 적절한 것은?

① 주성분 분석
② 요인 분석
③ 군집 분석
④ 분류 분석

43 다음 중 분석 모형의 구축 절차로 올바른 것은?

① 요건 정의 → 적용 → 모델링 → 검증 및 테스트
② 요건 정의 → 모델링 → 검증 및 테스트 → 적용
③ 모델링 → 적용 → 요건 정의 → 검증 및 테스트
④ 모델링 → 요건 정의 → 검증 및 테스트 → 적용

44 다음 중 데이터 마트 설계 및 구축 단계에 대한 설명으로 적절하지 않은 것은?

① 다양한 원천 시스템으로부터 분석 대상 데이터를 수집한다.
② 데이터 전처리를 통해 변수들을 식별한다.
③ 분석 모형을 학습하고 하이퍼파라미터를 최적화한다.
④ 전처리 결과 데이터를 적재한 데이터 마트를 구축한다.

45 다음 R에 대한 설명 중 옳지 않은 것은?

① 통계 프로그래밍 언어인 S언어를 기반으로 한다.
② R은 Python과 비교하여 범용성이 상대적으로 높다.
③ R은 패키지(Package)와 테스트 데이터를 CRAN을 통하여 다운받을 수 있다.
④ 로버트 젠틀맨(Robert Gentleman)과 로스 이하카(Ross Ihaka)가 만든 오픈 소스 프로그래밍 언어이다.

46 다중 회귀분석에서 독립변수가 지나치게 많을 경우 발생하는 문제로 옳지 않은 것은?

① 종속변수에 대한 독립변수의 상대적 영향력을 비교하기 어렵다.
② 회귀식의 적합도나 타당도가 낮아진다.
③ 추정치의 표준 오차가 커진다.
④ 설명력이 작아진다.

**47** 종속변수가 범주형인 경우에 적용하는 회귀분석 모형은?

① 로지스틱 회귀분석  ② 다중 회귀분석
③ 범주형 회귀분석  ④ 더미 회귀분석

**48** 데이터가 다음과 같은 상태라고 할 때, 지니 지수는?

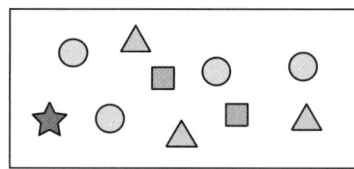

① 0.41  ② 0.66
③ 0.7  ④ 0.5

**49** 지도 학습 모델은 분류와 예측으로 구분할 수 있다. 이 중 분류 모델에 해당하지 않는 것은?

① 의사결정나무  ② 다중 회귀분석
③ 로지스틱 회귀분석  ④ 서포트벡터머신(SVM)

**50** 의사결정나무에 대한 설명으로 옳지 않은 것은?

① 부모마디 : 자식마디의 상위 마디
② 가지 : 하나의 마디로부터 끝마디까지 연결된 선
③ 깊이 : 자식마디를 이루는 마디의 개수
④ 자식마디 : 하나의 마디로부터 분리된 2개 이상의 마디

**51** 의사결정나무에서 분리가 가능하지만, 분리를 멈추고 현재의 마디를 끝마디가 되도록 하는 규칙은?

① 정지 규칙  ② 분기 규칙
③ 끝마디 규칙  ④ 마디 규칙

### 52 신경망 분석에 대한 설명으로 옳지 않은 것은?

① 신경망 모형은 인간의 두뇌를 모방했다.
② 성능이 우수한 편이지만 모델을 해석하기가 어렵다.
③ 대표적인 활성화 함수로 시그모이드(Sigmoid)가 있다.
④ 은닉층은 오로지 하나의 층으로만 이루어진다.

### 53 서포트벡터머신(SVM)에 대한 설명으로 옳은 것은?

① 지지도를 기반으로 성능을 평가할 수 있다.
② 여백(마진)을 최대화하는 초평면을 분류기로 사용한다.
③ 초평면 위에 위치하여 분류 기준을 명확히 하는 데이터를 서포트벡터라고 한다.
④ 과적합의 가능성이 높은 편이다.

### 54 군집 분석에서 활용하는 와드 연결법에 대한 설명으로 옳은 것은?

① 군집 간의 거리의 평균을 기반으로 군집화를 수행한다.
② 군집 내 데이터 하나를 대표로 지정하여 군집화를 수행한다.
③ 군집 내의 오차제곱합을 기반으로 군집화를 수행한다.
④ 군집의 최장거리를 기반으로 군집화를 수행한다.

### 55 계층적 군집 분석에 대한 설명으로 옳지 않은 것은?

① 대표적으로 k 평균 군집 분석이 있다.
② N개의 군집으로 시작하여 군집 간 거리를 기준으로 가장 가까운 군집끼리 병합한다.
③ 덴드로그램(Dendrogram)으로 표현할 수 있다.
④ 군집 수를 사전에 설정하지 않아도 된다.

### 56 MANOVA에 대한 설명 중 적절하지 않은 것은?

① 각 집단의 공분산이 같아야 한다.
② 2개 이상의 종속변수에 대한 분산 분석 방법이다.
③ 가정을 위배한 경우에는 Wilk's Lambda 통계량이 가장 유의한 결과를 출력한다.
④ 종속변수 간에 서로 상관관계가 있는 경우 결합된 차이를 확인할 수 있다.

**57** 다음 시계열 자료의 정상성(Stationary)에 대한 설명 중 부적절한 것은?

① 평균이 일정한 경우에 차분을 통해 정상 시계열로 변환한다.
② 모든 시점에 대해 일정한 분산을 가진다.
③ 공분산은 단지 시차에만 의존하고 시점 자체에는 의존하지 않는다.
④ 시간에 따라 분산이 일정하지 않은 경우에는 변환을 통해서 정상 시계열로 바꿀 수 있다.

**58** 다음 중 시각적 이미지를 분석하는 데 사용되는 대표적인 딥러닝 모형으로 적절한 것은?

① KNN
② CNN
③ RNN
④ SOM

**59** 다음 중 아래에서 설명하는 앙상블 기법으로 적절한 것은?

> - 오분류된 개체들에 가중치를 적용하고 새로운 모형을 학습하는 과정을 반복 수행한다.
> - 예측력이 약한 모형들을 결합하여 최종 예측 모형을 생성한다.

① 배깅
② 부스팅
③ 스무딩
④ 스케일링

**60** 다음 중 비모수적 기법에 대한 설명으로 적절하지 않은 것은?

① 순위와 부호를 기반으로 하여 이상치의 영향을 많이 받는다.
② 모집단의 분포에 아무런 제약을 가하지 않고 검정을 실시하는 기법이다.
③ 관측된 자료가 특정 분포를 따른다고 가정할 수 없는 경우에 이용한다.
④ 데이터 샘플의 크기가 매우 작은 경우에도 사용할 수 있다.

# PART 04 빅데이터 결과 해석

**61** 다음 중 수정된 결정 계수(adjusted $R^2$)에 대한 설명으로 옳지 않은 것은?

① 수정된 결정 계수의 값은 항상 결정 계수보다 작다.
② 유의한 독립변수를 추가하면 수정된 결정 계수의 값은 증가한다.
③ 독립변수 개수가 서로 다른 모형을 비교할 때 사용할 수 있다.
④ 한 모형에서 독립변수의 개수를 줄일수록 수정된 결정 계수 값은 항상 증가한다.

**62** 다음 혼동행렬을 보고 계산한 정밀도는?

| 실제값＼예측값 | Positive | Negative |
|---|---|---|
| Positive | 50 | 50 |
| Negative | 150 | 250 |

① $\frac{5}{6}$  ② $\frac{1}{4}$
③ $\frac{1}{2}$  ④ $\frac{5}{8}$

**63** 다음 혼동행렬에서 정확도를 계산하는 산식은 무엇인가?

| 예측값＼실제값 | Positive | Negative |
|---|---|---|
| Positive | ㉠ | ㉡ |
| Negative | ㉢ | ㉣ |

① ㉠ / (㉠+㉡)
② ㉠ / (㉠+㉢)
③ ㉠ / (㉠+㉡+㉢+㉣)
④ (㉠+㉣) / (㉠+㉡+㉢+㉣)

**64** 다음 혼동행렬에서 재현율을 계산하는 산식은 무엇인가?

| 예측값 \ 실제값 | Positive | Negative |
|---|---|---|
| Positive | ㉠ | ㉡ |
| Negative | ㉢ | ㉣ |

① ㉠ / (㉠+㉡)  
② ㉠ / (㉠+㉢)  
③ ㉣ / (㉢+㉣)  
④ ㉣ / (㉡+㉣)

**65** 다음 중 선형 회귀 모형의 가정과 진단 방법이 올바르게 연결된 것은?

① 독립성 : 더빈-왓슨 검정  
② 등분산성 : 샤피로-윌크 검정  
③ 정규성 : 잔차 산점도에서 점이 고르게 분포되어 있는 것을 확인함  
④ 선형성 : 콜모고로프-스미르노프 적합성 검정

**66** 200개의 데이터를 k-fold 교차 검증 방법으로 학습 및 검증에 활용하고자 한다. 데이터 전체를 사용한다고 할 때, 학습 한 번에 150개 이상의 데이터를 사용하려면 k는 최소 얼마 이상이어야 하는가?

① 2  
② 3  
③ 4  
④ 5

**67** 다음 k-fold 교차 검증 방법에 대한 설명 중 옳지 않은 것은?

① 분석 모형 학습 시 과대적합을 피하기 위한 방법이다.  
② 홀드아웃에 비해 학습 데이터 분할에 더 민감하다.  
③ 분류 문제에서는 k-fold 교차 검증보다 층화(Stratified) k-fold 교차 검증이 더 선호된다.  
④ 일반적으로 k 값은 5나 10을 사용한다.

**68** 모수 유의성 검정 방법 중 카이제곱 검정에 대한 설명으로 옳지 않은 것은?

① 카이제곱 검정은 카이제곱 분포를 사용하는 검정 방법이다.  
② 두 개 이상의 변수가 독립인지 검정할 때는 사용할 수 없다.  
③ 관측치의 비율값이 기대되는 비율값과 같은지 검정하는 방법이다.  
④ 범주형 데이터에 사용할 수 있는 검정 방법이다.

**69** 다음 과대적합과 과소적합에 대한 설명 중 옳지 않은 것은?

① 분석 모형이 과대적합일 경우 일반화 성능이 좋지 않다.
② 분석 모형이 과대적합일 경우 모형의 복잡도는 상대적으로 높다.
③ 분석 모형이 과소적합일 경우 학습 데이터에서는 성능이 낮게 나타난다.
④ 분석 모형이 과소적합일 경우 검증 데이터에서는 성능이 높게 나타난다.

**70** 다음 설명에 해당하는 개념으로 알맞은 것은?

> 매개변수에 대해 손실 함수의 기울기를 구하고, 그 기울기가 감소하는 방향으로 매개변수 값을 갱신하여 최종적으로 손실 함수가 가장 작은 지점을 찾는 알고리즘이다.

① 비용함수　　　　　　　② DNN
③ 경사하강법　　　　　　④ 배깅

**71** 다음 분석 모형 융합 방법 중 부트스트랩 샘플을 이용해서 분석 모형을 학습한 후 학습 결과를 종합하여 최종 분석 모형을 구하는 방법에 해당하는 것은?

① 배깅　　　　　　　　　② 부스팅
③ 스태킹　　　　　　　　④ 보팅

**72** 다음 중 순열 변수 중요도에 대한 설명으로 옳지 않은 것은?

① 변수의 값을 무작위로 섞어서 해당 변수를 노이즈처럼 만드는 방법으로 변수 중요도를 평가한다.
② 순열 변수 중요도는 다른 변수들과의 교호 작용도 포함한다.
③ 순열 변수 중요도를 구할 때마다 결과가 달라질 수 있다.
④ 순열 변수 중요도를 구할 때마다 재학습이 일어난다.

**73** 비즈니스 기여도 평가 지표 중 투자 시작 시점부터 사업이 끝나는 시기까지 연도별로 편익과 비용을 현재 가치로 환산한 값을 나타내는 것은?

① NPV　　　　　　　　② IRR
③ PP　　　　　　　　　④ ROI

**74** 다음 중 시간 시각화 방법으로 옳지 않은 것은?

① 막대그래프　　　　　　② 산점도
③ 영역 차트　　　　　　　④ 히스토그램


**75** 다음 중 시각화 방법과 예시가 잘못 짝지어진 것은?

① 시간 시각화 – 선그래프　　　② 공간 시각화 – 카토그램
③ 관계 시각화 – 버블 차트　　　④ 비교 시각화 – 산점도 행렬


**76** 다음 중 각 행은 관측치를, 열은 변수를 나타내고, 각 칸의 색상을 이용해 값의 크기를 나타내며, 일반적으로 색이 진할수록 값이 크고 연할수록 값이 작은 것을 나타내도록 표현하는 비교 시각화 방법에 해당하는 것은?

① 등치지역도　　　　　　② 레이더 차트
③ 히트맵　　　　　　　　④ 평행좌표 그래프


**77** 다음은 분석 결과 활용 단계 중 어떤 단계에 대한 설명인가?

> 자원이 충분하고, 준실시간으로 분석 결과를 적용해야 하는 업무에서는 분석 모형을 모듈화한 다음 인터페이스(interface)를 통해 모듈을 구동하고 직접 분석 결과를 불러오는 방안을 택할 수 있다. 반면 일배치로 분석 결과를 생성하는 경우에는 생성된 예측 결과 값을 RDB에 저장하거나 파일 형태로 저장한 후, 이를 불러오는 방안을 사용할 수 있다.

① 분석 모형 전개　　　　　② 분석 결과 활용 시나리오 개발
③ 인사이트 발굴 및 확장　　④ 분석 모형 모니터링

[78~80]
분석 결과 활용은 분석 모형 전개, 분석 결과 활용 시나리오 개발, 분석 모형 모니터링, 분석 모형 리모델링 단계로 나누어진다. 다음 보기의 업무는 각각 어느 단계에 이루어지는지 알맞은 것을 고르시오.

### 78 다음 보기의 내용이 분석 결과 활용 단계 중 언제 이루어지는가?

> 최신 데이터를 활용하여 주기적인 분석 모형 재학습을 수행해야 한다. 시스템 규모나 분석 모형이 최신성을 얼마나 요구하는지 등에 따라 일, 주, 월에 한 번 학습을 수행한다. 이는 분석가가 아니라도 교육만 받으면 운영자도 수행할 수 있는 수준의 업무라고 볼 수 있다.

① 분석 모형 전개
② 분석 결과 활용 시나리오 개발
③ 분석 모형 모니터링
④ 분석 모형 리모델링

### 79 다음 보기의 내용이 분석 결과 활용 단계 중 언제 이루어지는가?

> 분석 결과에 적합한 차트 및 시각화 도구를 선택한다. 분석 결과의 인사이트 확보를 위한 주요 요소는 목적에 맞는 차트를 선택하는 것이다. 또한 업무 담당자에게 제공될 분석 결과를 위한 시각화 방법을 선택한다.

① 분석 모형 전개
② 분석 결과 활용 시나리오 개발
③ 분석 모형 모니터링
④ 분석 모형 리모델링

### 80 다음 보기의 내용이 분석 결과 활용 단계 중 언제 이루어지는가?

> 분석 주제를 정의할 때 계획한 분석 결과 활용 방안 외에 비즈니스 관점을 통한 인사이트를 발굴한다. 그리고 도출된 인사이트를 확대 적용할 수 있는 업무 영역과 방안을 검토한다.

① 분석 모형 전개
② 분석 결과 활용 시나리오 개발
③ 분석 모형 모니터링
④ 분석 모형 리모델링

# 제3회 실전모의고사

## PART 01 빅데이터 분석 기획

**01** 다음에서 설명하는 빅데이터의 특징으로 올바른 것은?

> 빅데이터가 다루는 데이터의 유형에 대한 특징으로 기존 데이터 분석에서 활용하던 정형 데이터뿐만 아니라 반정형 데이터, 비정형 데이터를 포함하여 분석하는 특징

① Value
② Velocity
③ Variety
④ Volume

**02** 빅데이터 위기 요인과 그 통제 방안이 짝지어진 것으로 올바르지 않은 것은?

① 사생활 침해 – 동의제에서 책임제로의 변경
② 책임 원칙 훼손 – 예측 모형의 고도화
③ 데이터 오용 – 알고리즘 접근권 제공
④ 데이터 오용 – 알고리즘의 부당함에 대한 반증할 방법 공개를 주문

**03** 분야별 빅데이터 활용에 대한 영향으로 올바르지 않은 것은?

① 기업 – 경쟁력 강화, 생산성 향상
② 정부 – 상황 분석, 미래 이슈 탐지
③ 기업 – 새로운 시장 창출
④ 개인 – 개인데이터 제공에 대한 수익 창출

**04** 빅데이터 조직 구조의 유형에 해당하지 않는 것은?

① 통제 구조　　　　　　　② 분산 구조
③ 집중 구조　　　　　　　④ 기능 구조

**05** 데이터 사이언티스트에게 요구되는 직무 전문성으로 올바르지 않은 것은?

① 통찰력 있는 분석　　　　② 새로운 가치 창출
③ 분석 결과에 대한 설득력 있는 전달　　④ 분석 기술에 대한 지식

**06** 조직의 성과 평가는 평가 목표를 설정하고 성과를 모니터링하며, 필요시 목표를 조정하고 평가를 실시한 다음 그 결과에 대한 분석을 진행한다. 이때 성과의 평가 지표로 적합한 것은?

① KPI　　　　　　　　　② EAI
③ KMS　　　　　　　　　④ ERP

**07** 다음이 설명하는 데이터를 추출하는 데 사용되는 기술이 아닌 것은?

> 키-값의 쌍으로 구성된 데이터 오브젝트를 전달하기 위해 사람이 읽을 수 있는 텍스트를 사용하는 개방형 표준 포맷으로 자바스크립트 언어로부터 파생된 언어 독립형 데이터 포맷이다.

① ETL　　　　　　　　　② Streaming
③ Scribe　　　　　　　　④ Chukwa

**08** 다음 중 데이터의 유형과 거리가 먼 것은?

① 비정형 데이터　　　　　② 고정 데이터
③ 무형 데이터　　　　　　④ 변경 데이터

**09** 하둡 에코시스템의 데이터 수집 기술이 아닌 것은?

① Chukwa　　　　　　　② Sqoop
③ Scribe　　　　　　　　④ Impala

**10** 인공지능 기술이 최근 다시 화두에 오른 것은 빅데이터 기술 중 이것의 발전에 따라 인공지능의 구현 완성도가 높아진 데에 있다. 이것은 무엇인가?

① 지도 학습
② 딥러닝
③ 분산 저장
④ 비정형 분석

**11** CRISP-DM 분석 방법론의 분석 단계 중 아래 빈칸에 들어갈 단계로 올바른 것은?

| 업무 이해 → 데이터 이해 → 데이터 준비 → (　　) → 평가 → 전개 |
| --- |

① 후처리
② 데이터 탐색
③ 모델링
④ 데이터 마이닝

**12** 분석 목적을 달성하기 위해 분석에 적합한 데이터를 확보하는 것이 중요하다. 데이터 확보 계획을 수립할 때 고려해야 하는 사항으로 올바르지 않은 것은?

① 비즈니스 도메인의 특성에 맞는 목표를 정의한다.
② 데이터 수집에 대한 요구 사항을 정리하여 데이터 수집 및 관리 계획을 수립한다.
③ 외부 데이터는 품질에 대한 신뢰성과 법적인 이슈가 발생할 가능성이 크기 때문에 제외한다.
④ 품질 관리 계획을 수립한다.

**13** 다음에서 설명하는 데이터 처리 기술은?

| 연관성이 있는 여러 데이터를 하나로 결합하는 기술로 연계가 필요한 추가 속성을 생성하는 기술이다. |
| --- |

① 데이터 필터링
② 데이터 정제
③ 데이터 변환
④ 데이터 통합

**14** 다음에서 설명하는 정형 데이터의 수집 기술은?

| 커넥터를 활용하여 관계형 데이터베이스와 하둡의 데이터 전송 기능을 제공한다. 병렬처리 방식으로 작동되며 모든 적재 과정이 자동화되어 있다. |
| --- |

① Hbas
② Oozie
③ Sqoop
④ API

**15** 데이터 속성을 파악할 때 데이터 특성에 따라 범주형과 수치형 데이터로 구분할 수 있다. 범주형 데이터와 수치형 데이터의 유형으로 올바르지 않은 것은?

① 명목형　　　　　　　　　　② 등간형
③ 이산형　　　　　　　　　　④ 연속형

**16** 다음에서 설명하는 데이터 비식별화 기법으로 올바르지 않은 것은?

> 개인정보에 통곗값을 적용하여 개인을 특정할 수 없게 하는 기법으로 집계 처리된 데이터를 기준으로 상세한 분석이 어렵다.

① 범위화　　　　　　　　　　② 라운딩
③ 총계처리　　　　　　　　　④ 부분합

**17** 하둡 분산 파일 시스템(HDFS)에 대한 설명으로 올바른 것은?

① 파일을 특정 크기의 블록으로 나누어 데이터 노드에 분산하여 저장한다.
② 마스터 노드와 데이터 노드로 구성되며 마스터 노드는 메타를 관리하고 데이터 노드는 파일을 저장한다.
③ 데이터 노드에 분산된 파일을 저장 시 데이터 블록을 2중으로 복제하여 저장한다.
④ 다수의 서버를 이용하여 구성되므로 비용이 높지만 대용량의 데이터를 쉽게 저장하고 빠르게 탐색할 수 있어 널리 사용되고 있는 빅데이터 저장 플랫폼이다.

**18** NoSQL의 CAP 이론에 대한 설명으로 올바르지 않은 것은?

① 분산 컴퓨팅 환경은 일관성, 가용성, 분산성 등 3가지 특징을 가지고 있지만 이 중 두 가지만 만족할 수 있다는 이론이다.
② 일관성은 모든 사용자에게 동일한 시점에는 동일한 데이터가 제공되어야 하는 특성이다.
③ 가용성은 특정 노드에 장애가 발생해도 다른 노드는 정상적으로 작동해야 하는 특성이다.
④ 분산성은 사용하는 모든 클라이언트가 읽기 · 쓰기가 가능해야 하는 특성이다.

**19** 빅데이터 분석 프로세스 중 분석 결과를 효과적이고 직관적으로 전달하기 위해 그래프와 표, 차트 등으로 분석 결과를 정리하는 단계는?

① 탐색적 데이터 분석　　　　② 시각화
③ 응용 프로그램 연계　　　　④ 모델링

20 다음에서 설명하는 것은?

> 개인이 자신의 정보를 통제하고 관리하고 개인의 요구에 따라 개인 정보 활용 주체가 안전한 환경에서 개인정보를 제공하도록 요구하는 운동으로 개인의 정보를 안전하고 능동적으로 활용할 수 있도록 하는 과정을 의미한다.

① 개인정보　　　　　　　　　② 마이데이터
③ 공공 데이터　　　　　　　　④ 정보 통신 보호

# PART 02　빅데이터 탐색

21 다음 중 데이터 오류를 일으키는 원인에 해당하지 않은 것은?

① 결측값(Missing Value)　　　② 이상값(Outlier)
③ 마스킹(Masking)　　　　　　④ 노이즈(Noise)

22 다음 중 데이터 전처리에 대한 설명으로 올바르지 않은 것은?

① 데이터 전처리는 데이터 분석을 위한 필수 과정이다.
② 데이터 전처리 과정은 데이터를 정제한 후 분석 변수를 처리하는 순서로 수행한다.
③ 데이터 전처리 과정에서 발생한 오류는 데이터 분석의 신뢰성에 부정적인 영향을 미친다.
④ 데이터 전처리는 반복적으로 수행할 수 없다.

23 다음은 데이터 일관성을 유지하기 위한 데이터 정제 기법에 대한 사례이다. 다음에서 설명하는 데이터 정제 기법은?

> 날짜 정보를 통해 월 정보와 일 정보를 추출한 후 요일 정보를 추가 반영

① 변환(Transformation)　　　② 파싱(Parsing)
③ 보강(Enhancement)　　　　④ 대체(Replacement)

**24** 다음에서 설명하는 데이터 결측값의 종류는?

- 다른 변수와 무관하게 발생한 결측값
- 데이터가 충분히 큰 경우, 무작위 표본 추출을 통해 모수를 대표하는 데이터를 구성할 수 있음
- 데이터를 입력할 때 고의성 없이 입력을 빠뜨린 경우에 해당

① 완전 무작위 결측　　　　　　② 무작위 결측
③ 비무작위 결측　　　　　　　　④ 부분 무작위 결측

**25** 다음 중 단순 대치법(Single Imputation)에 대한 설명으로 옳지 않은 것은?

① 결측값을 평균값과 같은 중심 경향성 통계량으로 대체하는 통계적 기법이다.
② 통계적 추론에 사용된 통계량의 효율성 및 일치성 등의 문제를 부분적으로 보완해 준다.
③ 대체된 자료는 결측값이 없이 완전한 형태를 지닌다.
④ 원 표본의 결측값을 여러 번 대치하여 표본을 구하는 방법이다.

**26** 데이터 이상값(Outlier)에 대한 설명으로 옳지 않은 것은?

① 데이터 이상값은 관측된 데이터의 범위에서 많이 벗어난 아주 작은 값이나 아주 큰 값을 말한다.
② 데이터 이상값 발생 원인은 데이터 입력 오류, 측정 오류, 실험 오류 등이 있다.
③ 데이터 이상값은 데이터 분석 결과의 신뢰성을 훼손하기 때문에 제거하는 것이 바람직하다.
④ 데이터 이상값 검출 방법으로는 머신러닝 기법, 개별 데이터 관찰, 시각화 등이 있다.

**27** 다음 중 관측치 사이의 거리 또는 밀도에 의존하지 않고, 의사결정나무(Decision Tree)를 이용하여 이상값을 탐지하는 기법은?

① 비지도 학습(Unsupervised Learning) 기법 활용
② 마할라노비스 거리(Mahalanobis Distnace) 활용
③ LOF(Local Outlier Factor) 기법
④ iForest(Isolation Forest) 기법

**28** 다음 중 변수(Feature)의 유형에 해당하지 않는 것은?

① 명목형(Nominal)　　　　　　② 순서형(Ordinal)
③ 독립형(Independent)　　　　④ 연속형(Continuous)

**29** 다음 중 래퍼 기법(Wrapper Method)에서 변수 선택을 위한 알고리즘 유형에 해당하지 않는 것은?

① 전진 선택법(Forward Selection)  ② 전진 제거법(Forward Elimination)
③ 후진 제거법(Backward Elimination)  ④ 단계적 방법(Stepwise Selection)

**30** 다음 중 차원축소 기법에 해당하지 않는 것은?

① 주성분 분석(PCA)  ② 특이값 분해(SVD)
③ 다층 퍼셉트론(MLP)  ④ 독립 성분 분석(ICA)

**31** 다음 중 주성분 분석에 대한 설명으로 올바르지 않은 것은?

① 가장 적은 수의 주성분을 사용하여 분산의 최대량을 설명한다.
② 주성분 변수는 원래 변수 정보를 축약한 변수이며, 주성분 분석은 일부 주성분에 의해 원래 변수의 변동이 충분히 설명되는지 알아보는 분석 방법이다.
③ P개의 변수가 있는 경우 이를 통해 얻은 정보를 P보다 상당히 적은 K개의 변수로 요약하는 것이다.
④ 집단에 대한 정보로부터 집단을 구별할 수 있는 판별 규칙 혹은 판별 함수를 만들고, 다변량 기법으로 조사된 집단에 대한 정보를 활용하여 새로운 개체가 어떤 집단인지를 탐색하는 통계 기법이다.

**32** 다음 중 변수 결합을 통해 파생변수를 생성하는 경우에 해당하는 것은?

① 주민등록번호에서 나이와 성별을 추출
② 키와 몸무게를 이용하여 BMI 지수를 계산
③ 성적이 60점 미만이면 D, 60~70점이면 C로 성적을 계산
④ 소득 분포를 로그 변환을 통해 계산

**33** 불균형 데이터 처리 기법 중 데이터의 소실이 매우 크고, 중요한 정상 데이터를 잃는다는 단점을 가진 기법은?

① 과소표집(Under-Sampling)  ② 과대표집(Over-Sampling)
③ 스케일링(Scaling)  ④ SMOTE

**34** 다음 중 두 개 이상의 변수 간에 존재하는 연관성의 정도(하나의 변수가 다른 변수와 어떤 연관성을 가지고 변화하는가)를 측정하여 분석하는 방법은?

① 회귀분석
② 분산 분석
③ 교차 분석
④ 상관 분석

**35** 가로축과 세로축의 좌표 평면 상에서 각각의 데이터 관찰점들을 표시하여, 두 연속형 변수 데이터의 관계를 파악할 수 있는 시각적 데이터 탐색 기법은?

① 히스토그램(Histogram)
② 상자 도표(Box Plot)
③ 산점도(Scatter Plot)
④ 버블 플롯(Bubble Plot)

**36** 다음 중 확률 분포에 대한 설명으로 올바르지 않은 것은?

① 확률 분포란 확률변수가 특정한 값을 가질 확률을 나타내는 분포로 확률변수의 종류에 따라 크게 이산 확률 분포와 단일 확률 분포로 나뉜다.
② 이산 확률 분포는 이산 확률 변수 X가 가지는 확률 분포로 확률변수 X가 0, 1, 2, 3, … 와 같이 하나씩 셀 수 있는 값을 취한다.
③ 이산 확률 분포의 종류에는 포아송 분포, 베르누이 분포, 이항 분포 등이 있다.
④ 포아송 분포는 주어진 시간 또는 영역에서 어떤 사건의 발송 횟수를 나타내는 확률 분포이고, 베르누이 분포는 특정 실험의 결과가 성공 또는 실패로 두 가지의 결과 중 하나를 얻는 확률 분포이다.

**37** 다음 중 모집단에서 정해진 규칙 없이 표본을 추출하는 방식은?

① 계통 추출(Systematic Sampling)
② 단순 무작위 추출(Simple Random Sampling)
③ 층화 추출(Stratified Random Sampling)
④ 군집 추출(Cluster Random Sampling)

**38** 다음 중 모집단이 정규 분포라는 정도만 알고 모표준 편차는 모를 때 사용하는 분포에 해당하며, 두 집단의 평균이 동일한지 알고자 할 때 검정 통계량으로 활용하는 분포는?

① 표준 정규 분포
② F-분포
③ t-분포
④ Z-분포

**39** 다음 중 표본 관측에 의해 구하고자 하는 모집단에 대한 정보를 의미하는 용어는?

① 통계량　　　　　　　　　② 추정량
③ 모수　　　　　　　　　　④ 표본 분포

**40** 다음 중 제2종 오류를 범할 최대 허용 확률을 의미하는 용어는?

① 유의 수준(Level of Significance)　　② 신뢰 수준(Level of Confidence)
③ 베타 수준(Level)　　　　　　　　　④ 검정력(Statistical Power)

# PART 03　빅데이터 모델링

**41** 패키지 상품을 기획하기 위해 고객들이 동시에 구매하는 제품을 분석하려고 한다. 이를 위한 분석 모형으로 가장 적절한 것은?

① 분류 분석　　　　　　　　② 요인 분석
③ 연관 분석　　　　　　　　④ 판별 분석

**42** 다음 머신러닝 알고리즘 중 가장 성격이 다른 것은?

① 군집 분석　　　　　　　　② 감성 분석
③ 분류 분석　　　　　　　　④ 회귀분석

**43** 다음 중 분석 모형의 구축 단계 중 모델링 절차로 올바른 것은?

① 데이터 수집 및 전처리 → 모델 개발 → EDA 및 변수 선택 → 모델 성능 평가
② 데이터 수집 및 전처리 → EDA 및 변수 선택 → 모델 성능 평가 → 모델 개발
③ 데이터 수집 및 전처리 → EDA 및 변수 선택 → 모델 개발 → 모델 성능 평가
④ 데이터 수집 및 전처리 → 모델 개발 → 모델 성능 평가 → EDA 및 변수 선택

44 다음 Python에 대한 설명으로 적절하지 않은 것은?

① Python은 오픈소스 프로그래밍 언어로 무료로 사용이 가능하다.
② Python은 R과 달리 범용성이 매우 높은 언어이다.
③ R에서 가능한 분석은 대부분 Python에서도 수행 가능하다.
④ Python은 CRAN에서 패키지와 테스트 데이터 다운로드가 가능하다.

45 다음 중 데이터 분할에 대한 설명으로 가장 적절한 것은?

① 시계열 분석을 수행하는 경우 최신 데이터를 학습 데이터로 분할한다.
② 분할된 데이터는 전체 데이터에 대한 대표성을 띠어야 한다.
③ 과적합 방지를 위해 테스트 데이터를 60~80%로 분할한다.
④ 데이터가 부족한 경우 학습 데이터를 테스트 데이터로 재활용하기도 한다.

46 로지스틱 회귀분석이 가지는 선형 회귀분석과의 차이점으로 올바른 것은?

① 종속변수가 범주형이며, 정규 분포를 따른다.
② 종속변수가 연속형이며, 정규 분포를 따른다.
③ 독립변수가 범주형이며, 이항 분포를 따른다.
④ 종속변수가 범주형이며, 이항 분포를 따른다.

47 다음 중 지도 학습과 비지도 학습 모두 해당될 수 있는 것은?

① 연관 분석
② 의사결정나무
③ 서포트벡터머신(SVM)
④ 인공신경망

48 회귀분석에 대한 설명으로 옳지 않은 것은?

① 종속변수는 결괏값 또는 효과를 설명하기 위한 변수이다.
② 독립변수는 모든 것에 독립적이며 다른 변수에 어떠한 영향도 주지 않는다.
③ 회귀분석은 선형성을 만족해야 한다.
④ 다중 공선성을 유의할 필요가 있다.

**49** 의사결정나무에 대한 설명으로 적절하지 않은 것은?
① 구조가 단순하여 해석이 쉽다.
② 적당한 기준을 가지고 정지 규칙을 사용하여 과적합을 방지한다.
③ 끝 노드로 갈수록 불순도가 증가한다.
④ 연속형 변수와 범주형 변수를 모두 사용할 수 있다.

**50** 분리 기준에 대한 설명으로 옳은 것은?
① 더이상 분리가 일어나지 않고 현재의 마디가 끝마디가 되도록 하는 규칙이다.
② 부모마디보다 자식마디의 순수도가 증가하도록 진행한다.
③ 모든 끝마디에 하나의 데이터만 포함될 때까지 분리를 진행한다.
④ 불필요한 마디를 제거한다.

**51** 신경망 모형에서 입력값이 지나치게 크면 활성화 함수가 편향되어 과적합이 발생한다. 이 상태를 무엇이라고 하는가?
① 불포화 상태　　② 포화 상태
③ 활성 상태　　　④ 과대 입력치

**52** 가중치 매개변수의 기울기를 직접 구하지 않고 출력층에서 입력층으로 오차를 전달하여 가중치와 편향을 계산하는 기법은?
① 다중 퍼셉트론　　② 최대 제곱법
③ 경사 하강법　　　④ 오차 역전파

**53** 다음 중 활성화 함수가 아닌 것은?
① Softmax　　　② Sigmoid
③ Perceptron　　④ reLU

**54** 다음 중 자기지도 학습(SOM ; Self-Organizing Maps)에 대한 설명으로 가장 옳은 것은?

① 연결 강도가 입력 패턴과 가장 차이가 발생하는 경쟁층 뉴런이 승자가 된다.
② 군집 분할을 위하여 역전파 알고리즘을 이용한다.
③ 지도의 형태로 형상화를 하여 입력변수의 위치 관계를 보존하지 않는다.
④ SOM은 입력층과 경쟁층으로 구성된다.

**55** 서포트벡터머신(SVM ; Support Vector Machine) 분석 모델은 지도 학습의 기법으로서 고차원 또는 무한 차원의 공간에서 (　　)의 집합을 찾아, 이를 이용하여 분류와 회귀를 수행한다. 괄호에 적합한 용어는?

① 초평면　　　　　　　　　　② 군집
③ 연관벡터　　　　　　　　　④ 퍼셉트론

**56** 카이제곱 검정에서 적합도 검정을 위한 귀무가설로 가장 적절한 것은?

① 두 변수는 연관성이 없다.
② 두 집단의 분포가 같다.
③ 집단의 분포가 기대 분포와 같다.
④ 사전 평균과 사후 평균이 같다.

**57** 시간이 지날수록 관측치의 평균이 지속적으로 증가하거나 감소하는 경향을 시계열 모형으로 구성한 것은?

① 자기회귀 모형　　　　　　② 이동평균 모형
③ 지수평활 모형　　　　　　④ 분해시계열 모형

**58** 다음 중 CNN 알고리즘에서 커널을 이용하여 특징을 추출하는 연산으로 가장 알맞은 것은?

① 합성곱(Convolution)　　　② 서브샘플링(Subsampling)
③ 풀링(Pooling)　　　　　　　④ 드롭아웃(Drop-Out)

**59** 다음 중 사회 연결망 분석(SNA)의 주요 속성이 아닌 것은?

① 명성(Prominence)　　　　② 포괄성(Inclusiveness)
③ 범위(Range)　　　　　　　④ 중개(Brokerage)

**60** 다음 설명으로 가장 적절한 앙상블 기법은?

> 랜덤 복원 추출을 통해 같은 크기의 표본을 추출한 여러 개의 표본에 각각 모형을 병렬적으로 학습하고 추출된 결과를 집계하는 앙상블 기법

① 랜덤포레스트(Random Forest)  ② 부스팅(Boosting)
③ 배깅(Bagging)  ④ 보팅(Voting)

# PART 04 빅데이터 결과 해석

**61** 다음 회귀 모형 평가 지표 중 이상치가 있는 데이터에 사용하기에 적절한 지표 두 개는?

① MAE  ② MSE
③ RMSE  ④ MAPE

**62** 다음 중 결정계수($R^2$)에 대한 설명으로 옳지 않은 것은?

① 선형 회귀 모형의 성능 지표로 주로 사용된다.
② 선형 회귀 모형이 실제 값을 얼마나 잘 나타내는지 보여준다.
③ 음수 값을 가질 수 있다.
④ 유의하지 않은 독립변수가 증가할 경우 패널티를 주는 방식이다.

**63** 다음 혼동행렬을 보고 재현율을 계산한 것은?

| 실제값 \ 예측값 | Positive | Negative |
| --- | --- | --- |
| Positive | 50 | 50 |
| Negative | 150 | 250 |

① $\frac{5}{6}$  ② $\frac{1}{4}$
③ $\frac{1}{2}$  ④ $\frac{5}{8}$

**64** 다음 중 혼동행렬을 이용해서 계산할 수 있는 분류 모형의 평가 지표 중 참 긍정률의 산식은?

① $\dfrac{TP+TN}{TP+TN+FP+FN}$
② $\dfrac{TP}{TP+FP}$
③ $\dfrac{TP}{TP+FN}$
④ $\dfrac{TN}{FP+TN}$

**65** 다음 중 혼동행렬을 이용해서 계산할 수 있는 분류 모형의 평가 지표 중 특이도의 산식은?

① $\dfrac{TP+TN}{TP+TN+FP+FN}$
② $\dfrac{TP}{TP+FP}$
③ $\dfrac{TP}{TP+FN}$
④ $\dfrac{TN}{FP+TN}$

**66** 다음 중 선형 회귀 모형의 정규성을 검증하기 위한 방법으로 옳지 않은 것은?

① 콜모고로프-스미르노프 적합성 검정
② 샤피로-윌크 검정
③ 더빈-왓슨 검정
④ Q-Q plot

**67** 다음은 분석 모형의 오류 중 어떤 것에 대한 설명인가?

- 분석 모형 구축 시 학습 데이터의 특성을 지나치게 반영하는 경우 발생함
- 과대적합 되었다고도 함

① 일반화 오류
② 학습 오류
③ 제1종 오류
④ 제2종 오류

**68** 다음 교차 검증 기법 중 검증 데이터로 사용하는 부분을 학습에 사용할 수 없는 방법은?

① 홀드아웃 교차 검증
② k-fold 교차 검증
③ 리브-p-아웃 교차 검증
④ 랜덤 샘플링

**69** 모수 유의성 검정 방법 중 분산 분석(ANOVA)에 대한 설명으로 옳지 않은 것은?

① 분산 분석은 F분포를 사용하는 검정 방법이다.
② 그룹 간의 분산이 같은지 검정하는 방법이다.
③ 3개 이상의 집단을 비교할 때도 사용할 수 있다.
④ t-test와 같은 목적으로 사용할 수 있는 방법이다.

**70** 다음은 샤피로 윌크 검정을 수행한 결과이다. 빈칸에 들어갈 말로 옳은 것은?

> Shapiro-Wilk normality test
> data : sampleData
> W=0.8813, p-value=0.5750
>
> 결과 해석 : p-value가 0.05보다 크므로 유의수준 5%에서 귀무가설을 기각할 수 ( ㉠ ).
> 따라서 주어진 데이터는 정규 분포를 ( ㉡ ).

① ㉠ : 있다, ㉡ : 따른다
② ㉠ : 있다, ㉡ : 따르지 않는다
③ ㉠ : 없다, ㉡ : 따른다
④ ㉠ : 없다, ㉡ : 따르지 않는다

**71** 다음 중 Q-Q plot에 대한 설명으로 옳지 않은 것은?

① 데이터의 정규성을 시각적으로 확인하는 방법이다.
② 대각선 참조선을 함께 그려 데이터의 분포를 확인한다.
③ Q-Q plot의 해석은 주관적일 수 있다.
④ 데이터가 한쪽으로 치우쳐 있어도 대각선 참조선 위에 있으면 정규성을 따른다고 볼 수 있다.

**72** 다음은 과대적합에 대한 설명이다. 빈칸에 들어갈 말로 가장 알맞은 것은?

> 분석 모형이 과대적합일 때 상대적으로 학습 오류는 ( ㉠ ) 검증 오류는 ( ㉡ ).

① ㉠ : 크고, ㉡ : 크다
② ㉠ : 크고, ㉡ : 작다
③ ㉠ : 작고, ㉡ : 크다
④ ㉠ : 작고, ㉡ : 작다

**73** 다음 중 경사하강법에 대한 설명으로 옳지 않은 것은?

① 학습률이라는 하이퍼파라미터가 존재한다.
② 확률적 경사하강법은 무작위로 선택한 1개의 데이터 샘플을 사용한다.
③ 배치 경사하강법은 미니 배치 경사하강법보다 시간이 오래 걸리지만 부드럽게 수렴한다.
④ 미니 배치 경사하강법은 확률적 경사하강법보다 오차율이 높지만 속도가 빠르다.

**74** 다음 중 분석 모형 융합 방법에 대한 설명으로 옳지 않은 것은?

① 배깅은 병렬적인 방법이고 부스팅은 순차적인 방법이다.
② 배깅은 부스팅에 비해 결과 해석이 쉽지만 속도가 느리다.
③ 부스팅은 배깅에 비해 성능이 좋지만 과대적합의 위험성이 있다.
④ 의사결정나무 모형의 성능이 낮을 경우 부스팅을 활용해 성능을 개선시킬 수 있다.

**75** 다음 중 PDP(Partial Dependence Plot)에 대한 설명으로 옳지 않은 것은?

① 예측 모형의 한 독립변수에 대해 종속변수에 어떤 영향을 미치는지 알고 싶을 때 사용할 수 있다.
② PDP는 회귀 문제에 사용할 수 있다.
③ PDP는 분류 문제에 사용할 수 있다.
④ PDP는 분석 모형을 해석하는 지역적인 방법론으로 분류된다.

**76** 다음 중 비즈니스 기여도 평가 지표에 대한 설명으로 옳지 않은 것은?

① 내부 수익률은 ROI를 0으로 만드는 할인율을 말한다.
② 내부 수익률이 요구 수익률보다 크면 투자에 적합한 사업으로 판단한다.
③ 순현재가치는 편익의 현재가치와 비용의 현재가치의 차이로 계산한다.
④ 투자 회수 기간은 프로젝트 시작에서부터 누적 현금흐름이 흑자로 돌아서는 시점까지의 기간을 말한다.

**77** 다음은 관계 시각화 방법 중 어떤 것에 대한 설명인가?

- $x$축은 데이터의 구간을 나타내고, $y$축은 각 구간의 빈도수를 나타낸다.
- 데이터의 도수 분포를 막대 형태로 시각화하여 보여 준다.

① 버블차트　　　　　　　　② 히스토그램
③ 산점도 행렬　　　　　　　④ 막대그래프

**78** 체르노프 페이스는 시각화의 종류 중 어디에 해당되는가?

① 관계 시각화　　　　　　　② 비교 시각화
③ 시간 시각화　　　　　　　④ 공간 시각화

**79** 다음 보기의 내용이 분석 결과 활용 단계 중 언제 이루어지는가?

> 기존 분석 모형을 분석하여 기존 분석 모형에 사용된 데이터를 확인한다. 추가로 필요한 데이터가 있는지 검토하여 사용 데이터 종류 및 기간을 확정한다. 데이터를 수집한 후 모형 구축에 필요한 형태로 전처리한다.

① 분석 모형 전개　　　　　　② 분석 결과 활용 시나리오 개발
③ 분석 모형 모니터링　　　　④ 분석 모형 리모델링

**80** 다음 중 분석 모형 모니터링 단계에서 수행하는 업무와 관련이 없는 것은?

① 분석 모형 모니터링 주기 설정　　② 분석 모형 성능 측정 항목 설정
③ 인사이트 발굴 및 확장　　　　　　④ 분석 모형 재학습

# 제4회 실전모의고사

## PART 01  빅데이터 분석 기획

**01** 빅데이터의 특징은 Volume, Variety, Velocity의 3V에서 5V, 7V 등으로 확장하고 있다. 5V, 7V에 해당하지 않는 것은?
① Veracity  ② Versace
③ Value  ④ Validity

**02** 데이터로부터 가치를 추출하는 것을 DIKW 피라미드로 표현할 때 올바르지 않은 것은?
① 예측  ② 정보
③ 지식  ④ 지혜

**03** 다음과 같은 상황에서 가장 필요로 하는 지식 변환 과정은 무엇인가?

> A업무를 처리하기 위해서는 사내 시스템을 사용해야 한다. 신입사원 K씨는 A업무를 맡게 되어 업무 처리를 위해 사내 시스템에 접속했지만 어느 메뉴에서 어떻게 해야 할지 감을 못 잡고 있다. 같은 팀의 선배인 P씨에게 문의를 했지만 자신은 해당 업무를 한 적이 없어 도움이 안 되며 해당 업무는 지금까지 J씨가 하다가 다른 조직으로 전근을 갔다고 한다. 어쩔 수 없이 K사원은 팀장님에게 상황을 보고했는데, 지금까지 매뉴얼로 정리도 안하고 다들 뭐하고 있었냐며 모든 팀원을 대상으로 질책을 했다. 졸지에 신입사원 K씨는 내부고발자가 된 것 마냥 상황이 불편하기만 하다.

① 공통화  ② 내면화
③ 표출화  ④ 연결화

**04** 빅데이터는 개인, 기업, 정부 차원에서 많은 가치를 주지만 그 가치를 산정하기는 매우 어렵다. 그 이유로 올바르지 않은 것은?

① 정부 차원에서 진행하고 있는 빅데이터 분석은 공공재의 성격이 강하다.
② 기존에 없던 새로운 가치를 창출함에 따라 그 가치를 측정하는 기준이 모호하다.
③ 분석 기술의 발전으로 분석에 투입되는 자원에 대한 비용을 산정하기 어렵다.
④ 데이터의 재사용, 다양한 데이터의 조합, 하나의 데이터를 여러 목적으로 활용하는 등 빅데이터를 활용하는 방식이 다양하여 가치의 범위를 파악하기가 힘들다.


**05** 다음에서 설명하는 빅데이터 조직 구조의 유형은?

> 일반적으로 구성되는 조직 유형으로 별도의 분석 조직 없이 각 업무 부서에서 분석을 진행한다. 전사적인 분석 과제를 수행하기 힘들며 과거 실적 기반의 분석에 국한될 가능성이 높은 구조이다.

① 집중 구조
② 개별 구조
③ 분산 구조
④ 기능 구조


**06** 빅데이터 조직의 성과 목표를 균형 성과표로 관리할 때의 관점이 아닌 것은?

① 내부 프로세스
② 재무
③ 학습·성장
④ 기술


**07** 하둡 에코시스템 중 워크플로우를 제어하고 스케줄링, 모니터링을 코디네이터하는 시스템으로 자바 웹 어플리케이션 서버로 UI를 제공하고 맵리듀스, 하이브, 피그와 같은 특화된 액션으로 구성된 워크플로우 작업을 제어하는 것은?

① Kafka
② Oozie
③ Airflow
④ Sqoop


**08** 정형 데이터의 수집에 활용하는 기술로 거리가 먼 것은?

① ETL
② EAI
③ Python
④ Kafka

09 빅데이터 분석 방법론에서 아래에서 설명하는 절차는?

> 빅데이터 분석 방법론 중 분석 기획 단계에서 분석 과제를 진행함에 있어 발생 가능한 이슈를 사전에 검토하고 이에 대한 대응 방안을 수립하여 분석 과제의 완전성을 높이는 절차이다. 이 절차에서 고려 가능한 방안에는 회피, 전가, 완화, 수용이 있다.

① 모델 발전 계획 수립  ② 프로젝트 위험 계획 수립
③ 비즈니스 문제 정의  ④ 프로젝트 범위 설정

10 빅데이터 분석 작업 계획은 분석 과제 정의, 데이터 준비 및 탐색, 분석 모델링 및 검증, 산출물 정리의 단계로 WBS를 나눌 수 있다. 이때 분석 과제 정의 단계의 산출물로 올바른 것은?

① 데이터 정의서  ② 분석 과제 정의서
③ 비즈니스 분석서  ④ 분석 결과서

11 데이터 분석을 위해 데이터 웨어하우스나 데이터 마트 등으로 정형 데이터를 수집하는 데 주로 사용되며 추출, 변환, 적재의 단계로 이루어지는 데이터 수집 기술은?

① FTP  ② ETL
③ API  ④ Sqoop

12 다음 중 일반적인 내부 데이터 유형으로 볼 수 있는 것은?

① SNS 댓글  ② 공공 데이터 포털 기후데이터
③ SCM 데이터  ④ 고시 환율데이터

13 대용량 실시간 로그 처리에 특화된 기술에 아파치 카프카가 있다. 카프카에 대한 설명으로 올바르지 않은 것은?

① 기존 메시징 시스템에 비해 분산 및 복제 구성을 쉽게 할 수 있다.
② 단순 메시지 헤더를 지닌 TCP 기반의 프로토콜을 사용하여 오버헤드를 감소시킨다.
③ Broker가 Consumer에게 메시지를 전송하는 방식이 아닌 Broker로부터 직접 메시지를 가져오는 방식이다.
④ 카프카는 메시지를 메모리에 저장해 속도가 빠르다.

**14** 다음 중 반정형 데이터 수집 기술이 아닌 것은?

① Sensing  ② Flume
③ Scribe  ④ Sqoop

**15** 데이터가 일정 구간 안의 모든 값을 가질 수 있을 때의 데이터 속성을 무엇이라고 하는가?

① 명목형 데이터  ② 순서형 데이터
③ 이산형 데이터  ④ 연속형 데이터

**16** 데이터 비식별화 기법이 아닌 것은?

① 가명 처리  ② 데이터 범주화
③ 임의 데이터 추가  ④ 데이터 마스킹

**17** NoSQL의 특성으로 올바르지 않은 것은?

① 관계형 데이터베이스보다 상대적으로 제한이 덜한 분산 데이터베이스이다.
② 수직적 확장이 용이하다.
③ MongoDB, Cassandra, HBase, 구글 빅테이블, 아마존 SimpleDB 등이 있다.
④ 데이터 저장에 고정된 테이블 스키마가 필요하지 않다.

**18** 분산 파일 저장 시스템의 제품이 아닌 것은?

① Vertica  ② HDFS
③ GFS  ④ Lustre

**19** 데이터 종류와 저장 시스템이 잘못 짝지어진 것은?

① 현업 업무 엑셀 파일 – MSSQL  ② 웹 문서 – MongoDB
③ JSON 파일 – HBase  ④ SNS 이미지 – Sybase

**20** 빅데이터 분석 방법론의 계층 요소가 아닌 것은?

① 단계 ② 태스크
③ 조직 ④ 스텝

# PART 02 빅데이터 탐색

**21** 다음 중 데이터 정제에 대한 설명으로 올바르지 않은 것은?

① 데이터 정제 과정을 통해 데이터 분석 결과 오류를 방지하고 신뢰도를 높일 수 있다.
② 데이터 정제 절차는 '데이터 정제 대상 선정, 데이터 오류 원인 분석, 데이터 정제 방법 결정' 순으로 처리된다.
③ 데이터 전처리는 분석 결과에 따라 반복적으로 수행될 수 있다.
④ 데이터 정제는 결측값을 채우거나 이상값을 제거하는 사전 작업이다.

**22** 다음 중 데이터 결측값에 대한 설명으로 올바르지 않은 것은?

① 데이터 결측값이란 입력이 누락된 값을 의미하고, NA, 999999, Null 등으로 표현한다.
② 데이터 결측값은 결측값 식별, 결측값 부호화, 결측값 대체 절차로 처리된다.
③ 데이터 결측값의 종류에는 완전 무작위 결측, 무작위 결측, 비무작위 결측이 있다.
④ 무작위 결측은 변수 상에서 발생한 결측값이 다른 변수들과 무관하게 발생한 결측값을 말한다.

**23** 다음 데이터 결측값을 처리하는 방법 중 단순 대치법(Single Imputation)에 대한 설명으로 올바르지 않은 것은?

① 단순 대치법은 결측값을 특정 대푯값으로 대체하는 통계적 기법이다.
② 다중 대치법의 종류에는 완전 분석법, 평균 대치법, 단순 확률 대치법이 있다.
③ 평균 대치법의 종류에는 핫덱 대체, 콜드덱 대체, 혼합 방법이 있다.
④ 단순 확률 대치법은 평균 대치법에서 관측된 자료를 토대로 추정된 통계량으로 결측값을 대치할 때, 적절한 확률값을 부여한 후 대치하는 방법이다.

**24** 다음 중 데이터 이상값에 대한 설명으로 올바르지 않은 것은?

① 데이터 이상값의 발생 원인은 데이터 입력 오류, 측정 오류, 실험 오류, 고의적인 이상값, 표본 추출 에러 등이 있다.
② 통계 기법을 통한 데이터 이상값 검출 방법은 ESD, 사분위수 활용, 히스토그램, 시계열 차트 등이 있다.
③ 상자 그림(Box-Plot)을 통해 사분위수에서 벗어나는 영역을 이상값으로 판단할 수 있다.
④ LOF 기법은 관측치 주변의 밀도와 근접한 관측치 주변 밀도의 상대적인 비교를 통해 이상값을 검출하는 기법이다.

**25** 데이터의 분포를 고려한 거리 측도로, 관측치가 평균으로부터 벗어난 정도를 측정하는 통계 기법이며, 이상값 탐색을 위해 고려되는 모든 변수 간의 선형 관계를 만족하고 각 변수들이 정규 분포를 따르는 경우에 적용할 수 있는 이상값 탐색 기법은?

① 비지도 학습(Unsupervised Learning)
② LOF(Local Outlier Factor) 기법
③ iForest(Isolation Forest)
④ 마할라노비스 거리(Mahalanobis Distance) 활용

**26** 다음 중 데이터 이상값 처리에 대한 설명으로 올바르지 않은 것은?

① 데이터 이상값 처리 방법 중 대치법(Imputation)은 사분위수를 이용한 이상값 제거 방법이다.
② 이상값을 제외시키기 위해 양 극단의 값을 절단(Trimming)하는 방법에는 하단, 상단 백분위수를 이용한 제거 방법이 있다.
③ 데이터의 변환은 극단적인 값으로 인해 이상값이 발생했다면 자연로그를 취해서 값을 감소시키는 방법으로 실제값을 변형하는 것이다.
④ 데이터 이상값 처리 기법에는 삭제, 대체, 변환, 박스 플롯 해석을 통한 이상값 제거 방법 등이 있다.

**27** 다음 중 변수의 유형에 대한 설명으로 올바르지 않은 것은?

① 독립변수는 다른 변수에 영향을 받지 않고 종속변수에 영향을 주는 변수로 연구자가 의도적으로 변화시키는 변수이다.
② 종속변수는 다른 변수로부터 영향을 받는 변수로 독립변수의 변화에 따라 어떻게 변하는지 연구하는 변수이다.
③ 변수 속성에는 범주형과 수치형으로 나눠질 수 있고, 범주형은 개체형과 순서형이 있고, 수치형은 산술형과 연속형이 있다.
④ 연속형 변수는 변수가 구간 안에서 모든 값을 가질 수 있는 경우에 해당하며, 몸무게나 키와 같이 소수 형태로 표현할 수 있는 변수이다.

**28** 다음 중 변수 선택(Feature Selection)에 대한 설명으로 올바르지 않은 것은?

① 변수 선택이란 데이터의 독립변수($x$) 중 종속변수($y$)에 가장 관련성이 높은 변수(Feature)만을 선정하는 방법이다.
② 변수 선택 기법 중 필터 기법은 변수의 일부만을 모델링에 사용하고 그 결과를 확인하는 작업을 반복하면서 변수를 선택해 나가는 기법이다.
③ 변수 선택 기법 중 임베디드 기법은 모델 자체에 변수 선택이 포함된 기법이다.
④ 변수 선택은 사용자가 해석하기 쉽게 모델을 단순화해 주고 훈련 시간을 축소해 주며 차원의 저주를 방지해 주고 과적합을 줄여 일반화를 해 주는 장점이 있다.

**29** 다음 중 차원축소에 대한 설명으로 올바르지 않은 것은?

① 차원축소는 분석 대상이 되는 여러 변수의 정보를 최대한 유지하면서 데이터 세트 변수의 개수를 줄이는 탐색적 분석 기법이다.
② 차원축소는 원래의 데이터를 최대한 효과적으로 축약하기 위해 목표변수($y$)는 사용하지 않고 설명변수만 사용하기 때문에 비지도 학습 머신러닝 기법이다.
③ 차원축소 기법 중 주성분 분석(PCA)은 변수들이 서로 독립적이라고 가정하며, 독립 성분의 분포는 비정규 분포를 따르게 되는 차원축소 기법이다.
④ 차원축소 기법 중 요인 분석(Factor Analysis)은 데이터 안에 관찰할 수 없는 잠재적인 변수가 존재한다고 가정하고, 모형을 세운 뒤 관찰 가능한 데이터를 이용하여 해당 잠재 요인을 도출하고 데이터 안의 구조를 해석하는 기법이다.

**30** 다음 중 변수 변환에 대한 설명으로 올바르지 않은 것은?

① 변수 변환 방법 중 비닝(Binning)은 최소－최대 정규화, Z－스코어 정규화 유형이 있다.
② 변수 변환 방법 중 표준화(Standardization)는 데이터를 0을 중심으로 양쪽으로 데이터를 분포시키는 방법이다.
③ 더미 변수화는 범주형 데이터를 연속형 변수로 변환하기 위해 사용한다.
④ 변수 변환 방법으로는 로그/지수 변환, 비닝, 정규화, 표준화가 있다.

**31** 다음 중 불균형 데이터 처리 방법으로 올바르지 않은 것은?

① 불균형 데이터 처리방법으로는 언더 샘플링, 오버 샘플링 기법이 있다.
② 언더 샘플링은 다수 클래스의 데이터를 무작위로 일부만 선택하여 데이터의 비율을 맞추는 방법이다.
③ 오버 샘플링은 소수 클래스의 데이터를 무작위로 복제하여 데이터의 비율을 맞추는 방법이다.
④ SMOTE 기법은 같거나 서로 다른 여러 가지 모형들의 예측ㆍ분류 결과를 종합하여 최종적인 의사결정에 활용하는 기법이다.

**32** 다음 중 데이터 탐색에 대한 설명으로 올바르지 않은 것은?

① 데이터 탐색은 수집한 데이터를 분석하기 전에 그래프나 통계적인 방법을 이용하여 다양한 각도에서 데이터의 특징을 파악하고 의미있는 관계를 파악하는 분석 방법이다.
② 탐색적 데이터 분석의 4가지 특성에는 저항성, 잔차 해석, 자료 재표현, 현시성이 있다.
③ 개별 변수 탐색은 범주형과 수치형으로 나누어 탐색하는데, 수치형 데이터에 대한 시각화는 막대형 그래프를 주로 이용한다.
④ 다차원 데이터 탐색 방법 중에서 범주형-수치형에 대한 시각화는 상자 그림(Box-Plot)을 주로 이용한다.

**33** 다음 중 아래에서 설명하는 변수의 속성에 해당하는 것은?

> • 데이터의 특성을 구분하기 위하여 숫자나 기호를 할당한 데이터 변수로 변수의 연산이 불가능하다.
> • 해당 변수 속성의 상관 분석 방법으로는 카이제곱($\chi^2$) 검정(교차 분석)이 사용된다.

① 순서형 데이터　　　　　　② 수치형 데이터
③ 중의적 데이터　　　　　　④ 명목형 데이터

**34** 다음 중 기초 통계량에 대한 설명으로 올바르지 않은 것은?

① 평균은 변수의 값들의 합을 변수의 개수로 나눈 값이고, 중위수는 데이터를 크기 순서로 정렬하였을 때 가장 가운데 위치한 값이다.
② 표준 편차는 주어진 데이터 중에서 가장 많이 관측되는 수이고, 변동 계수는 측정 단위가 서로 다른 자료의 흩어진 정도를 상대적으로 비교할 때 사용한다.
③ 범위란 데이터 값 중에서 최대 데이터값과 최소 데이터값 사이의 차이이고, 분산이란 데이터가 평균으로부터 흩어진 정도를 나타내는 기초 통계량이다.
④ 왜도는 데이터의 분포가 정규 분포로부터 오른쪽 또는 왼쪽으로 치우친 정도를 보여주는 값이고, 첨도는 데이터 분포가 정규 분포 곡선으로부터 위 또는 아래쪽으로 뾰족한 정도를 보여 주는 값이다.

**35** 다음 중 히스토그램에 대한 설명으로 올바르지 않은 것은?

① 히스토그램은 연속형 변수 데이터를 구간으로 나누고 해당 구간의 빈도를 표시하여, 자료 분포의 형태를 직사각형 형태로 시각화한다.
② 가로축은 데이터의 구간이 되고 세로축은 해당 구간의 데이터 빈도를 표시한다.
③ 히스토그램의 가로축에 해당하는 구간의 범위를 어떻게 설정하느냐에 따라 여러 히스토그램을 도식화할 수 있다.
④ 히스토그램의 막대 넓이는 연속형 변수의 구간을 의미하므로 일반적으로 넓이가 일정하며, 서로 떨어져 있는 형태를 갖는다.

36 아래의 그림과 같이 특정한 데이터값의 변환에 따라 지도의 면적이 왜곡되는 지도로, 데이터 값이 큰 지역의 면적이 시각적으로도 더 크게 표시되는 탐색 방법은?

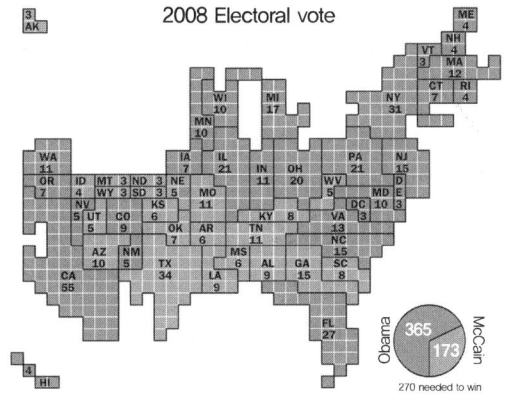

① 코로플레스 지도(Choropleth Map)  ② 카토그램(Cartogram)
③ 버블 차트(Bubble Chart)  ④ 도트맵(Dot map)

37 다음 중 변량 데이터 탐색 방법에 대한 설명으로 올바르지 않은 것은?
① 일변량 데이터 분석은 가장 간단한 형태의 분석으로 하나의 변수를 대상으로 데이터를 요약하거나 패턴을 찾는 것을 목표로 한다.
② 이변량 데이터 분석은 2개의 변수를 이용한 분석을 수행하며 두 변수 간의 관계를 주로 분석한다.
③ 다변량 데이터 분석은 3개 이상의 변수를 이용한 복잡한 형태의 분석으로, 차원을 축소하거나 유사성을 기준으로 분류하는 식의 분석을 주로 수행한다.
④ 다변량 데이터 탐색을 위해 평균, 분산, 표준 편차를 활용하고 그래프 통계량으로 히스토그램과 상자 그림을 활용한다.

38 다음 표본 추출 기법 중, 모집단을 여러 군집으로 나누고 일부 군집의 전체 또는 일부를 추출하는 방식에 해당하는 기법은?
① 단순 무작위 추출(Simple Random Sampling)
② 계통 추출(Systematic Sampling)
③ 층화 추출(Stratified Random Sampling)
④ 군집 추출(Cluster Sampling)

**39** 다음 중 확률 분포에 대한 설명으로 올바르지 않은 것은?

① 확률 분포란 확률 변수가 특정한 값을 가질 확률을 나타내는 분포로 확률변수의 종류에 따라 크게 이산 확률 분포와 연속 확률 분포로 나뉜다.
② 이산 확률 분포는 이산 확률 변수 X가 가지는 확률 분포로 확률변수 X가 0, 1, 2, 3, …와 같이 하나씩 셀 수 있는 값을 취한다.
③ 이산 확률 분포의 종류에는 이항 분포, 포아송 분포, 정규 분포 등이 있다.
④ 포아송 분포는 주어진 시간 또는 영역에서 어떤 사건의 발생 횟수를 나타내는 확률 분포이다.

**40** 다음 중 추론 통계에 대한 설명으로 올바르지 않은 것은?

① 점 추정은 표본의 정보로부터 모집단의 모수를 하나의 값으로 추정하는 기법으로 표본의 평균, 중위수, 최빈값 등을 사용한다.
② 점 추정에 사용되는 통계는 표본 평균, 표본 분산, 중위수, 최빈값이 있다.
③ 구간 추정은 신뢰도를 제시하면서 범위로 모수를 추정하는 방법이다.
④ 가설의 종류에는 귀무가설과 대립가설이 있고, 귀무가설은 표본을 통해 확실한 근거를 가지고 입증하고자 하는 가설이다.

# PART 03  빅데이터 모델링

**41** 분석 기법 사례와 분석 방법이 적절하게 연결된 것은?

① 부모가 있는 어린이 수를 추정, 가족 구성원 총수입 추정 – 의사결정나무
② 시장 세분화로 홍보 활동에 가장 반응률이 높은 고객 선별 – 회귀분석
③ 생물을 종, 속, 과로 분류 – 장바구니 분석
④ 제품 배열 및 교차 판매 등 마케팅 계획 – 연관 분석

**42** 다음 분석 모형 중 지도 학습에 해당하지 않는 것은?

① K-최근접 이웃(KNN)
② 라쏘(Lasso)
③ 인공신경망
④ K-평균 군집화(K-means Clustering)

**43** 다음 중 하이퍼파라미터 사례로 적절하지 않은 것은?

① CNN – 학습률(Learning Rate)
② SVM – 코스트 값(C)
③ KNN – 최근접 이웃 수(K)
④ 회귀 모형 – 결정 계수($R^2$)

**44** 분석 모형 구축 절차의 모델링 단계에 대한 설명으로 적절하지 않은 것은?

① 요구 사항을 도출하여 확정하고 분석 추진 계획을 수립한다.
② 데이터를 수집하고 전처리를 수행한다.
③ 탐색적 데이터 분석을 수행한다.
④ 모델링과 성능 평가를 반복 수행한다.

**45** 다음 중 데이터 분석 도구에 대한 설명으로 적절하지 않은 것은?

① R과 Python은 오픈소스 프로그래밍 언어로 무료로 사용이 가능하다.
② R과 Python 모두 MS Windows, Mac OS, Linux 등 다양한 OS에서 사용 가능하다.
③ SPSS와 SAS는 간단한 클릭 방식, 드래그 앤 드롭 방식으로 데이터 분석이 가능하다.
④ SPSS와 SAS는 유료 라이센스를 필요로 하는 만큼 오픈소스보다 최신 기술 반영이 빠르다.

**46** 회귀분석에 대한 설명으로 적절하지 않은 것은?

① 회귀 계수의 유의성 검증은 t – test로 검증한다.
② 결정 계수가 클수록 회귀 방정식의 설명력이 높다.
③ 결정 계수는 0에서 1 사이의 값을 갖는다.
④ 결정 계수는 총변동과 오차에 대한 변동 비율이다.

**47** 로지스틱 회귀분석 모형으로 선형 확률 모형을 일반화할 때, 종속변수의 범위로 옳은 것은?

① 0~1
② −1~1
③ 0~∞
④ −∞~∞

**48** 다음의 의사결정나무를 보고 A노드의 불순도를 계산한 것은?

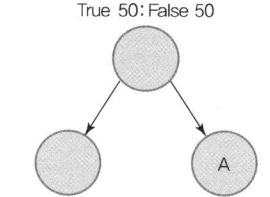

① 0.48  ② 0.32
③ 0.18  ④ 0.02

**49** 의사결정나무 종속변수가 연속형일 때 사용하는 분리 기준으로 옳은 것은?

① 분산의 감소량  ② 엔트로피 지수
③ 지니 지수  ④ 카이제곱의 통계량

**50** 인공신경망 모델에서 입력 신호의 총합을 출력 신호로 변환하는 기능을 하는 것은?

① 디코더  ② 활성화 함수
③ 서포트벡터  ④ 오차 역전파

**51** 인공신경망에 대한 설명 중 옳은 것만 선택한 것은?

> ⓐ 단층 퍼셉트론은 XOR 문제를 해결할 수 없다.
> ⓑ 활성화 함수는 대표적으로 시그모이드(Sigmoid)가 있다.
> ⓒ 신경망 모델은 범주형 변수만을 다룰 수 있다.
> ⓓ 은닉층은 하나의 층으로 이루어져 있다.

① ⓐ  ② ⓐ, ⓑ
③ ⓐ, ⓑ, ⓒ  ④ ⓐ, ⓑ, ⓒ, ⓓ

**52** 서포트벡터머신(SVM ; Support Vector Machine)의 구성 요소가 아닌 것은?

① 벡터  ② 서포트벡터
③ 결정영역  ④ 향상도

**53** 연관 규칙 분석에 대표적으로 사용하는 Apriori 알고리즘에 대한 설명으로 옳은 것은?

① 군집을 형성하는 알고리즘이다.
② 인공 신경망에서 노드 간의 가중치를 계산하는 기법이다.
③ 최소 지지도 이상의 빈발 항목 집합(frequent item set)을 찾아 연관 규칙을 계산하는 기법이다.
④ 의사결정나무에서 분리 규칙을 설정하는 알고리즘이다.

**54** 군집 분석에서 유사성 계산을 위해 사용하는 개념이 아닌 것은?

① 마할라노비스 거리
② 시카고 거리
③ 자카드 거리
④ 민코우스키 거리

**55** (　　)은 분석 전에 군집의 수를 미리 정해 놓고, 군집의 중심으로부터 가까운 순으로 군집에 들어갈 데이터를 정한다. 중심에 모인 데이터를 같은 군집으로 할당한다. 빈칸에 들어갈 단어로 옳은 것은?

① 중심결합법 군집
② 계층적 군집
③ 와드연결법 군집
④ k-평균 군집

**56** 아래 보기 빈칸에 들어갈 말로 올바르게 짝지어진 것은?

| 시계열 분석에서 ARIMA 모형의 차수 식별에는 (　　)와/과 (　　)을/를 이용한다. |
| --- |

① PCA, FA
② ACF, PACF
③ CNN, RNN
④ AR, MA

**57** CNN에서 Pooling의 기능에 대한 설명으로 적절한 것은?

① 학습할 수 있는 가짜 데이터를 생성한다.
② 연산과 무관한 테두리를 추가하여 특성 맵의 사이즈를 조정한다.
③ 특징은 유지하면서 데이터 사이즈를 줄인다.
④ 분류 분석을 수행한다.

**58** 텍스트에 나타나는 사람들의 감정이나 성향 등의 데이터를 분석하는 자연어 처리 기술로 가장 적절한 것은?

① 사회연결망 분석　　② 웹 마이닝
③ 다차원 척도법　　　④ 오피니언 마이닝

**59** 다음 중 부스팅(Boosting) 기반의 알고리즘이 아닌 것은?

① GBM　　　　② Random Forest
③ XGBoost　　④ Light GBM

**60** 비모수 검정 방법 중에서 차이의 부호만을 이용한 중위수에 대한 검정 방법은?

① 크루스칼-왈리스 검정　　② 부호 검정
③ 만-휘트니의 U 검정　　　④ 윌콕슨 부호 순위 검정

# PART 04　빅데이터 결과 해석

**61** 다음 중 혼동행렬을 이용해서 계산할 수 있는 분류 모형의 평가 지표인 정확도의 산식은?

① $\dfrac{TP+TN}{TP+TN+FP+FN}$　　② $\dfrac{TP}{TP+FP}$

③ $\dfrac{TP}{TP+FN}$　　　　　　　　④ $\dfrac{TN}{FP+TN}$

**62** 다음 중 혼동행렬을 이용해서 계산할 수 있는 분류 모형의 평가 지표인 정밀도의 산식은?

① $\dfrac{TP+TN}{TP+TN+FP+FN}$　　② $\dfrac{TP}{TP+FP}$

③ $\dfrac{TP}{TP+FN}$　　　　　　　　④ $\dfrac{TN}{FP+TN}$

**63** 다음 중 ROC 곡선 아래 면적이 가질 수 있는 값의 최솟값, 최댓값은?

① $-1$, $1$
② $0$, $1$
③ $\frac{1}{4}$, $1$
④ $\frac{1}{2}$, $1$

[64~66]
다음 혼동행렬을 보고 아래 질문에 답하시오.

| 실제값 \ 예측값 | True | False |
| --- | --- | --- |
| True | 70 | 30 |
| False | 80 | 120 |

**64** 위 혼동행렬에서 정밀도는?

① $\frac{2}{5}$
② $\frac{3}{5}$
③ $\frac{7}{15}$
④ $\frac{7}{10}$

**65** 위 혼동행렬에서 재현율은?

① $\frac{2}{5}$
② $\frac{3}{5}$
③ $\frac{7}{15}$
④ $\frac{7}{10}$

**66** 위 혼동행렬에서 민감도는?

① $\frac{2}{5}$
② $\frac{3}{5}$
③ $\frac{7}{15}$
④ $\frac{7}{10}$

**67** 리브-원-아웃 교차 검증에 대한 설명으로 옳지 않은 것은?

① 학습 시 분석 모형에 랜덤성(randomness)을 많이 포함시킬 수 있는 장점이 있다.
② 상대적으로 안정적인 분석 모형을 만들 수 있다.
③ 다른 교차 검증 방법에 비해 계산량이 많다.
④ k-fold 교차 검증 방법에 비해 분석 모형의 다양성을 포함하기 어렵다.

**68** 다음 중 비모수 검정 방법이 아닌 것은?

① 윌콕슨의 부호 순위합 검정
② 스피어만의 순위 상관 계수
③ 분산 분석
④ 만-위트니의 U검정

**69** 다음 모집단 유의성 검정 방법 중 두 집단의 차이를 확인하는 데 사용하기 어려운 것은?

① t-검정
② z-검정
③ 분산 분석
④ F-검정

**70** 다음 중 데이터의 누적 분포 함수와 예상 분포의 누적 분포 함수를 비교하는 적합도 검정 방법은?

① 카이제곱 검정
② 샤피로 윌크 검정
③ 콜모고로프 스미르노프 검정
④ t-검정

**71** 다음 중 분석 모형 융합 방법인 배깅에 대한 설명으로 옳지 않은 것은?

① 배깅은 bootstrap aggregating의 줄임말이다.
② 분류 문제의 경우 여러 모형의 예측 결과를 투표 방식으로 하나로 합친다.
③ 회귀 문제의 경우 여러 모형의 예측 결과를 평균하여 하나로 합친다.
④ 배깅을 통해 얻은 분석 모형은 상대적으로 불안정하다.

**72** 분석 모형 학습 시 손실 함수의 값을 가장 작게 만드는 매개변수의 최적값을 찾아나가는 과정을 일컫는 말로 가장 옳은 것은?

① 과대적합 방지
② 매개변수 최적화
③ 모델 복잡도 조정
④ 적합도 검정

**73** 분석 모형 융합 기법 중 여러 개의 분석 모형을 만든 후 각 분석 모형의 예측값들을 독립변수로 하는 최종 예측 모형을 학습시키는 방법은?

① 스태킹  ② 배깅
③ 블렌딩  ④ 레이어

**74** 다음 중 분석 모형을 해석하기 위해 사용할 수 있는 방법으로 옳지 않은 것은?

① 순열 변수 중요도를 구한다.
② 분석 모형을 앙상블한다.
③ 부분 의존도 plot을 그린다.
④ 학습 시 의사결정나무 알고리즘을 사용한다.

**75** 비즈니스 기여도 평가 지표 중 순현재가치를 0으로 만드는 할인율을 나타내는 것은?

① 투자 대비 효과  ② 내부 수익률
③ 투자 회수 기간  ④ 요구 수익률

**76** 다음 설명에 해당하는 시각화 프로세스 단계로 가장 옳은 것은?

> 최종적으로 시각적인 완성을 하는 단계다. 이전 단계에서 시각화 도구를 활용했다면, 이 단계에서는 그래픽 요소를 활용하여 디자인을 완성시킨다.

① 데이터 시각화  ② 정보 시각화
③ 정보 구조화  ④ 정보 시각 표현

**77** 다음 시간 시각화 방법 중 어느 시점에 값의 급격한 변화가 생기는지 확인하기 가장 좋은 방법은?

① 계단식 그래프  ② 산점도
③ 영역 차트  ④ 막대 그래프

**78** 공간 시각화 방법 중 각 위도, 경도 좌표에 점을 찍어서 데이터를 나타내는 방법으로 옳은 것은?

① 도트 플롯 맵  ② 버블 차트
③ 등치 지역도  ④ 등치선도

**79** 버블 차트는 시각화의 종류 중 어디에 해당되는가?

① 시간 시각화  ② 공간 시각화
③ 관계 시각화  ④ 비교 시각화

**80** 히스토그램은 시각화의 종류 중 어디에 해당되는가?

① 시간 시각화  ② 공간 시각화
③ 관계 시각화  ④ 비교 시각화

# 제5회 실전모의고사

## PART 01 빅데이터 분석 기획

**01** 빅데이터에 대한 설명으로 올바르지 않은 것은?

① 빅데이터는 형식에 제한이 없는 방대한 양의 데이터를 의미한다.
② 데이터 자체만 의미하는 것이 아니라 데이터로부터 가치를 추출하고 결과를 분석하는 기술을 의미하기도 한다.
③ 거의 모든 분야에서 데이터가 발생하기 때문에 빅데이터의 활용도는 매우 높다.
④ 데이터 분석에서 규모의 경제를 위해 작은 양의 데이터는 무의미하다.

**02** 데이터로부터 가치를 추출하는 요소 중 특성이 다른 하나는?

① 나의 월급 실수령액은 660만원이고 매년 4% 인상된다.
② 고정으로 지출되는 생활비는 160만원이고 최근 5년간 물가 상승률은 연간 5%이다.
③ A 아파트는 현재 시세가 10억이다.
④ 지금부터 돈을 모으면 A 아파트를 사는 데 20년이 넘게 걸린다.

**03** 빅데이터의 활용에 따라 분석 기술과 예측 정확도가 높아짐에 따라 분석 대상이 되는 사람들이 예측 모형의 피해자가 될 수 있다. 이는 빅데이터 위기 요인 중 무엇에 해당하는가?

① 사생활 침해
② 책임 원칙 훼손
③ 오탐에 대한 피해
④ 데이터 오용

**04** 다음의 상황에서 A사원이 추가적으로 향상시켜야 할 업무 역량은 무엇인가?

> A사원은 통계학 석사 출신으로, 다양한 분석 지식을 인정받아 빅데이터 분석 컨설팅 회사에 입사하게 되었다. L사의 분석팀을 고객으로 새로운 분석 과제를 수행하게 되어 필요한 분석 업무를 수행하고 그 결과를 고객 팀장에게 보고하는 날이 되었다. 팬데믹에 의해 L사의 매출은 지속적으로 하락하고 있었고 판매를 회복하기 위한 주요 전략 요소를 찾는 것이 과제의 목표였다. 분석 모형의 결과를 정리하여 각 주요 인자별 신뢰도, 정확도 등으로 나누어 보고하였지만 고객 팀장은 전혀 공감하지 못하는 듯하다.

① 통찰력 있는 분석 능력　　② 여러 분야와의 협업 능력
③ 빅데이터 관련 지식　　　　④ 설득력 있는 전달력

**05** 데이터에 대한 설명으로 올바르지 않은 것은?

① 데이터는 유형에 따라 정형, 반정형, 비정형으로 구분할 수 있다.
② 정형 데이터는 주로 데이터베이스로 관리한다.
③ SNS에 등록된 사진, 스트리밍 서비스로 제공되는 영상 등은 데이터로 보기 힘들다.
④ 게시판의 댓글은 비정형 형태의 데이터이다.

**06** 빅데이터 분석 방법론에서 데이터 준비 단계에서 진행되는 절차가 아닌 것은?

① 분석 데이터 정의　　② 분석 데이터 준비
③ 데이터 저장 설계　　④ 데이터 수집

**07** 데이터 분석 계획에 따라 분석 문제를 정의하고 분석 방안에 맞는 데이터 확보 계획을 수립하여 데이터를 수집하게 된다. 수집된 데이터는 분석 목적에 따라 가공하여 분석에 활용된다. 이때 데이터 처리 기술에 해당하지 않는 것은?

① 데이터 필터링　　② 데이터 변환
③ 데이터 보안　　　④ 데이터 통합

**08** 데이터 수집 기술 중 응용 프로그램의 인터페이스로 프로그램 내에서 실행을 위한 다수의 함수로 구성되어 있으며 시스템 간 연동을 통해 데이터를 전송할 수 있는 기술은?

① API　　　② Rsync
③ Sqoop　　④ FTP

**09** 데이터 변환 기술 중 데이터를 정해진 구간으로 전환하는 기법으로 최단 근접 분류 혹은 군집화와 같은 거리 측정에 사용되는 기법은 무엇인가?

① 데이터 축소  ② 일반화
③ 평활화  ④ 정규화

**10** 데이터 품질 특성 중 수집된 데이터 세트들 사이에 동일한 데이터가 있을 경우 서로 일치하는 특성을 의미하는 것은 무엇인가?

① 정확성  ② 정합성
③ 유효성  ④ 일관성

**11** 다음 설명하는 구글 파일 시스템의 구성요소는 무엇인가?

> 파일 시스템의 이름을 관리하며 파일과 청크 서버의 위치 정보 등 메타데이터를 관리한다. 주기적으로 청크 서버의 하트비트 메시지를 사용하여 청크 서버의 상태를 관리한다.

① 클라이언트  ② 마스터
③ 슬레이브  ④ 청크

**12** 다음 설명하고 있는 데이터 형식은 무엇인가?

> 데이터의 항목을 쉼표로 구분하여 저장한 텍스트 파일로 다양한 어플리케이션에서 활용이 가능하여 데이터를 주고 받을 때 활용된다.

① XML  ② JSON
③ HTML  ④ CSV

**13** 데이터 비식별화 처리 기법에 대한 설명 중 옳지 않은 것은?

① 총계처리는 개인정보를 통계 값으로 대체한다.
② 가명처리는 식별 값을 다른 값으로 대체한다.
③ 데이터 삭제는 개인정보 속성값의 전체 혹은 일부분을 삭제하고 무의미한 값으로 대체한다
④ 데이터 범주화는 식별 값을 그룹의 대푯값이나 구간 값으로 변환한다.

**14** 빅데이터 분석 방법론의 절차로 올바르지 않은 것은?

① 분석 기획
② 데이터 준비
③ 데이터 분석
④ 분석 프로세스 패키징

**15** 빅데이터 분석 방법론의 계층 중 프로세스 그룹을 통해 완성된 단계별 산출물이 생성되는 계층으로, 베이스라인을 설정하여 관리하고 버전 관리를 통해 통제하는 계층은 무엇인가?

① 단계
② 태스크
③ 디플로이
④ 스텝

**16** 다음 중 범주형 데이터에 대한 설명으로 올바르지 않은 것은?

① 조사 대상을 특성에 따라 범주로 구분하여 측정된 변수이다.
② 정성적 데이터이다.
③ 값을 셀 수 있는 데이터이다.
④ 연산의 개념을 적용시킬 수 없다.

**17** 분석 과제 관리를 위한 방안을 마련할 때 고려해야 하는 요소 중 성격이 다른 하나는?

① 데이터 크기
② 데이터의 복잡도
③ 작업 수행 속도
④ 모델의 정확도

**18** 분석 업무의 우선순위는 난이도와 시급성을 기반으로 정할 수 있다. 이때 평가 기준을 난이도에 두었을 때 진행되어야 하는 분석 업무의 순서로 올바른 것은?

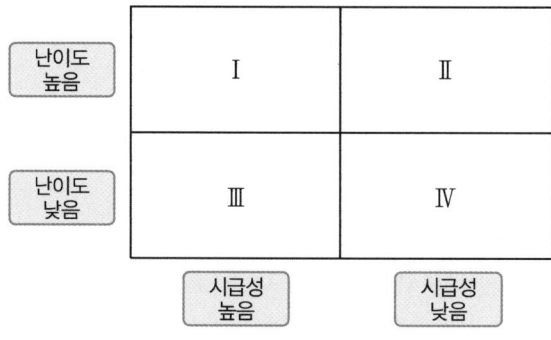

① Ⅰ → Ⅲ → Ⅱ → Ⅳ
② Ⅰ → Ⅱ → Ⅳ → Ⅲ
③ Ⅲ → Ⅰ → Ⅱ → Ⅳ
④ Ⅲ → Ⅳ → Ⅱ → Ⅰ

**19** 다음 설명하는 가명처리 기술은 무엇인가?

> 일정 규칙의 알고리즘을 적용하여 개인정보를 대체하는 방법으로 처리된 데이터를 다시 사용하기 위해서는 복호화가 필요한 방법이다.

① K-익명화
② 휴리스틱 익명화
③ 암호화
④ 교환 방법

**20** 데이터의 활용이 증가함에 따라 목적과 다른 데이터의 사용으로 인한 피해를 방지하기 위해 정보 주체의 개인정보 자기 결정권을 보장하기 위한 규정으로 올바르지 않은 것은?

① 개인정보보호법
② 정보통신망법
③ 신용정보법
④ 특정금융정보법

# PART 02 빅데이터 탐색

**21** 결측값은 기업에서 데이터 분석을 수행할 때 빈번하게 발생하며, 이를 처리할 수 있는 다양한 통계적 기법이 있다. 다음 중 결측값을 처리하는 방법에 대한 설명으로 적절하지 않은 것은?

① 평균 대치법은 자료의 평균값으로 결측값을 대치하여 불완전한 자료를 완전한 자료로 만들어 분석하는 방법이다.
② 단순 확률 대치법은 평균 대치법에서 추정량 표준 오차의 과소 추정 문제를 보완하고자 고안된 방법이다.
③ 완전 분석법은 불완전 자료를 모두 삭제하고 완전한 관측치만으로 자료를 분석하는 방법이다. 그러나 부분적 관측 자료를 사용하므로 통계적 추론의 타당성 문제가 있다.
④ 다중 대치법은 단순 대치법을 한 번 하지 않고 m번 대치를 통해 m개의 가상적 완전 자료를 만들어서 분석하는 방법으로 순서는 1단계인 대치, 2단계인 결합, 3단계인 분석이다.

**22** 이상값을 판정하는 기준과 방법을 정의하는 것은 데이터 분석에서 매우 중요한 과정이다. 다음 중 상자 그림을 이용하여 이상값을 판정하는 방법에 대한 설명으로 부적절한 것은?

① 이상값은 변수의 정상 분포에서 벗어난 값으로 상자 그림을 통해 직관적으로 확인할 수 있다.
② IQR은 $Q_3-Q_1$으로 계산하며, $Q_1-1.5\times IQR<x<Q_3+1.5\times IQR$의 구간을 벗어나는 $x$를 이상값이라고 정의할 수 있다.
③ 일반적으로 평균으로부터 $3\times$표준 편차$(\sigma)$만큼 벗어나는 값들을 이상값으로 정의하고 제거한다.
④ 이상값은 분포를 왜곡할 수 있으나 제거 여부는 실무자들을 통해서 결정하는 것이 바람직하다.

**23** 데이터에 포함되어 있는 잡음과 이상값 및 결측값을 식별하고, 필요시 이를 제거하거나 의미 있는 데이터로 처리하는 데이터 정제 작업 단계를 무엇이라고 하는가?

① 데이터 전처리  ② 데이터 변환
③ 데이터 대체  ④ 데이터 마이닝

**24** 아래의 정의가 가리키는 변수는 무엇인가?

> 특정한 의미를 갖는 분석가의 주관적 정의에 의한 변수로, 사용자가 특정 조건을 만족하거나 특정 함수에 의해 값을 만들어 의미를 부여한 변수

① 종속변수  ② 파생변수
③ 설명변수  ④ 독립변수

**25** 변수를 선택적으로 모델에 적용할 때의 이점에 대한 설명으로 옳지 않은 것은?

① 복잡하거나 중복된 데이터가 사전에 제거되므로 통계 모델의 속도가 더 빨라진다.
② 올바른 하위 집합을 선택할 수 있게 되어 모델의 정확도가 향상된다.
③ 데이터 과적합을 방지하여 일반화 성능을 향상할 수 있다.
④ 모델의 복잡성이 높아지고 데이터가 다양해짐으로 인해 더 많은 인사이트를 얻는 데 도움이 된다.

**26** 데이터의 클래스 불균형에 대한 설명으로 옳지 않은 것은?

① 각 클래스가 가지고 있는 데이터의 질에 큰 차이가 있는 경우 클래스 불균형이 있다고 말한다.
② 불균형 데이터로 모델링 시 다수 클래스의 결과에 영향을 많이 받기 때문에 신뢰할 만한 통계 모델을 구성하기 어렵다.
③ 데이터를 제거하면서 균형을 맞추는 방법으로 정상 데이터 손실의 우려가 있는 방법은 과소 표집이다.
④ 무작위로 정상 데이터를 일부만 선택하여 유의 데이터만 남기는 방법은 중요 데이터 손실의 위험이 있다.

**27** 다음 중 시각화를 통해 모집단의 분포를 파악하는 방법에 대한 설명으로 올바르지 않은 것은?

① 히스토그램은 도수분포표를 이용하여 표본자료의 분포를 나타낸 그래프이다.
② 산점도는 두 특성의 값이 연속적인 수인 경우, 표본자료를 그래프로 나타내는 방법으로서 각 이차원 자료에 대하여 좌표가 (특성 1의 값, 특성 2의 값)인 점을 좌표평면 위에 찍은 것이다.
③ 줄기잎그림은 각 데이터의 점들을 구간 단위로 요약하는 방법으로 계산량이 많다.
④ 파레토그림은 명목형 자료에서 유의미한 소집단을 찾는 데 유용한 방법이다.

**28** 다음 중 소득 수준과 같이 정규 분포를 따르지 않고 오른쪽 꼬리가 긴(right-skewed) 분포를 나타내는 자료의 평균과 중앙값의 관계로 옳은 것은?

① 평균이 중앙값보다 작은 경향을 보인다.
② 평균과 중앙값이 일치하는 경향을 보인다.
③ 평균이 중앙값보다 큰 경향을 보인다.
④ 자료의 크기(scale)에 따라 달라진다.

**29** 다음 상자 그림(Box Plot)에 대한 설명 중 적절하지 않은 것은?

① 중위수는 상자의 선으로 표시되며 데이터 중심의 일반적인 측도로, 관측치의 절반은 이 값보다 작거나 같고 절반은 이 값보다 크거나 같다.
② 사분위수 범위 상자는 데이터의 중간 50%를 나타내며, 제1사분위수와 제3사분위수 간의 거리를 보여준다.
③ 수염은 상자의 양쪽에서 연결되며, 이상값을 제외하고 데이터 값의 하위 25%와 상위 25%의 범위를 나타낸다.
④ 상자의 크기를 통해 그룹 간 분포 차이를 비교할 수 있으며, 그 차이가 유의미함을 보여준다.

**30** 다음 중 중심경향치의 통계량이 아닌 것은?

① 최빈값
② 평균
③ 표준편차
④ 중앙값

**31** 다음 중 시간의 흐름에 따라 관측된 데이터에 관한 것으로 적절한 것은?

① 질적 자료
② 양적 자료
③ 시계열 자료
④ 시공간 자료

**32** 다변량 데이터는 하나의 단위에 대해 두 가지 이상의 특성을 측정하는 경우 얻어지는 변수에 대한 자료이다. 다음 중 다변량 데이터를 탐색하는 방법에 해당하지 않는 것은?

① 히스토그램
② 산점도 행렬
③ 별 그림
④ 등고선 그림

**33** 다음 중 상관계수에 대한 설명으로 올바르지 않은 것은?

① 피어슨 상관계수는 두 변수 간의 선형관계의 크기를 측정한다.
② 스피어만 상관계수는 두 변수 간의 비선형적인 관계도 측정 가능하다.
③ 피어슨 상관계수와 스피어만 상관계수는 -1과 1 사이의 값을 가진다.
④ 피어슨 상관계수는 두 변수를 순위로 변환시킨 후 두 순위 사이의 스피어만 상관계수로 정의된다.

**34** 표본 공간은 어떤 실험이나 시도의 결과로 나올 수 있는 모든 가능한 결과의 집합이다. 사건(Event)은 표본 공간의 부분집합을 말한다. 다음 중 확률 및 확률분포에 관한 설명으로 올바르지 않은 것은?

① (사건 A가 일어나는 경우의 수)/(일어날 수 있는 모든 경우의 수)를 P(A)라 할 때 이를 A의 수학적 확률이라 한다.
② 한 사건 A가 일어날 확률을 P(A)라 할 때 n번의 반복 시행에서 사건 A가 일어난 횟수를 r이라 하면, 상대도수는 $\frac{r}{n}$은 n이 커짐에 따라 확률 P(A)에 가까워짐을 알 수 있다. 이때 P(A)를 사건 A의 통계적 확률이라 한다.
③ 표본 공간에서 임의의 사건 A가 일어날 확률 P(A)는 항상 0과 1 사이에 있다.
④ 두 사건 A, B가 독립일 때, 사건 B의 확률은 A가 일어났다는 가정하에서의 B의 조건부 확률과는 다르다.

**35** 측정 대상이 어느 집단에 속하는지 분류할 때 사용되는 척도로 성별(남, 여) 구분, 출생지(서울특별시, 부산광역시, 경기도 등) 구분 등을 할 때 사용되는 척도는 무엇인가?

① 구간척도
② 비율척도
③ 명목척도
④ 순서척도

**36** 이산형 확률 분포 중 하나로 개별 사건이 두 가지 경우만 존재하며, 각 사건의 성공할 확률이 일정하고 전후 사건에 독립적인 특수한 상황의 확률 분포를 나타내는 것은?

① 포아송 분포
② 지수 분포
③ 베르누이 분포
④ 다항 분포

**37** 다음 중 아래의 표가 나타내는 확률질량함수를 가진 확률변수 $x$의 기댓값 E($x$)로 적절한 것은?

| $x$ | 1 | 2 | 3 | 4 |
|---|---|---|---|---|
| f($x$) | 0.2 | 0.3 | 0.2 | 0.075 |

① 0.775
② 1.6
③ 1.7
④ 10

**38** 자료의 정보를 이용하여 집단에 대한 추측과 결론을 이끌어 내는 과정에 해당하는 통계적 추론에 대한 설명으로 올바르지 않은 것은?

① 모집단에서 표본을 추출하고 표본을 근거로 확률 분포를 활용하여 모집단의 모수들에 대해 추론하는 것을 추정이라 한다.
② 점 추정은 표본의 정보로부터 모집단의 모수를 하나의 값으로 추정하는 것이다.
③ 구간 추정은 모수의 참값이 포함되어 있다고 추정되는 구간을 결정하는 것이며, 실제 모집단의 모수는 신뢰구간에 포함되어야 한다.
④ 통계적 추론은 제한된 표본을 바탕으로 모집단에 대해 일반적인 결론을 유도하려는 시도이므로 본질적으로 불확실성을 수반한다.

**39** 다음 중 구간 추정 방법과 신뢰구간에 대한 설명으로 옳지 않은 것은?

① 일정한 크기의 신뢰수준으로 모수가 특정한 구간에 있을 것이라고 선언하는 것이다.
② 신뢰수준이 높아지면 신뢰수준의 길이는 길어진다.
③ 표본의 수가 많아지면 신뢰구간의 길이는 짧아진다.
④ 95% 신뢰구간은 주어진 신뢰구간에 추정의 대상인 모수가 포함되지 않을 확률이 95%라는 의미이다.

**40** 다음 중 제1종 오류에 대한 설명으로 올바른 것은?

① $H_0$가 사실일 때, $H_0$가 사실이라고 판정
② $H_0$가 사실이 아닐 때, $H_0$가 사실이라고 판정
③ $H_0$가 사실일 때, $H_0$가 사실이 아니라고 판정
④ $H_0$가 사실이 아닐 때, $H_0$가 사실이 아니라고 판정

## PART 03 빅데이터 모델링

**41** 다음 중 성별, 연령, 특성, 행동 패턴 등의 고객 데이터를 활용하여 이탈 고객을 예측하는 데 사용하는 분석 방법으로 가장 적절한 것은?

① 군집 분석
② 연관 분석
③ 요인 분석
④ 분류 분석

**42** 다음 중 분석 방법에 대한 설명으로 적절하지 않은 것은?

① 주요인자 분석은 많은 인자들 중에서 특정 현상에 영향을 미치는 중요한 인자를 선별한다.
② 텍스트 분석은 텍스트 데이터로부터 주제, 의견, 현상 등을 도출한다.
③ 분류 분석은 비지도 학습 모형을 기반으로 데이터 패턴을 학습하여 어느 집단에 속하는지 분류한다.
④ 연관 분석은 장바구니 분석 등을 통해 두 인자 간의 연관성을 도출한다.

**43** 하이퍼파라미터에 대한 설명으로 적절하지 않은 것은?

① 하이퍼파라미터는 사용자가 설정하는 값으로 학습 과정에 영향을 주고 학습 결과인 파라미터 값에 영향을 준다.
② 하이퍼파라미터의 예로 SVM의 코스트 값, KNN의 K값 등이 있다.
③ 그리드 서치는 가능한 모든 조합을 시도하여 최적의 하이퍼파라미터를 찾는 방법이다.
④ 랜덤 서치는 사용자가 직감 또는 경험에 근거하여 하이퍼파라미터 값을 결정하는 방법이다.

**44** 다음 중 분석 모형 구축 절차로 적절한 것은?

① 요구 사항 정의 → 모델 검증 및 테스트 → 모델링 → 운영 적용
② 요구 사항 정의 → 모델링 → 모델 검증 및 테스트 → 운영 적용
③ 요구 사항 정의 → 모델링 → 운영 적용 → 모델 검증 및 테스트
④ 요구 사항 정의 → 운영 적용 → 모델링 → 모델 검증 및 테스트

**45** 다음 중 모델링 단계에 대한 설명으로 적절하지 않은 것은?

① 데이터 수집 및 전처리를 수행한다.
② 적절한 모델을 선정하여 학습하고 성능을 평가한다.
③ 탐색적 데이터 분석을 수행하고 유의변수를 도출한다.
④ 요구 사항을 확정하고 분석 계획을 수립한다.

**46** 로지스틱 분석에서 사용하는 시그모이드 함수식으로 올바른 것은?

① $y = \dfrac{e^x}{1-e^x}$
② $y = \dfrac{e^x}{1+e^{-x}}$
③ $y = \dfrac{e^{-x}}{1+e^x}$
④ $y = \dfrac{e^x}{1+e^x}$

**47** 분류 모형을 학습할 때 특정 범주의 데이터가 다른 범주에 비해 현저히 부족하여 모형 학습이 어려운 경우가 발생한다. 이 문제를 표현하고 있는 용어는?

① 데이터 불균형  ② 기울기 소실
③ 과적합  ④ 차원축소

**48** 도출된 연관 규칙이 얼마나 유의미한지 평가하기 위한 지표 중 아래에서 설명하는 지표는 무엇인가?

> • 품목 B를 구매한 고객 대비 품목 A를 구매한 후 품목 B를 구매하는 고객에 대한 확률을 의미한다.
> • 만일 이 지표의 값이 1보다 크면 해당 규칙이 결과를 예측하는 데 있어 우수하다고 말할 수 있다.

① 적합도  ② 향상도
③ 신뢰도  ④ 지지도

**49** 다음 중 회귀분석을 설명한 것으로 적절하지 않은 것은?

① 단순회귀 : 독립변수가 1개이며 종속변수와의 관계가 직선이다.
② 다중 회귀 : 독립변수가 K개이며 종속변수와의 관계가 선형이다.
③ 곡선 회귀 : 독립변수가 K개이며 종속변수와의 관계가 곡선이다.
④ 로지스틱 회귀 : 종속변수가 범주형인 경우 적용한다.

**50** 신경망 모형의 알고리즘에서 단층 퍼셉트론으로 선형 분리할 수 없는 연산은?

① OR  ② XOR
③ NOR  ④ XNOR

51 다음 중 아래 그림과 같이 군집 내의 오차 제곱합에 기초하여 군집을 수행하는 군집 수행 기법은 무엇인가?

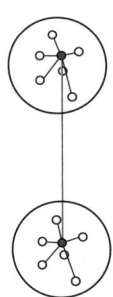

① 와드 연결법  ② 평균 연결법
③ 중심 연결법  ④ 최장 연결법

52 아래의 보기는 다중 회귀분석 결과를 해석하는 과정을 무작위로 나열한 것이다. 세 번째로 실행될 내용으로 올바른 것은?

① 모형의 적합도 확인  ② 다중공선성 확인
③ 회귀계수 유의성 확인  ④ 수정된 결정계수 확인

53 다음의 이론과 가장 연관이 깊은 것은?

전체 거래 중 항목 A와 B를 동시에 포함하는 거래의 비율을 지지도라 한다.

① 베이즈 정리  ② 연관성 분석
③ 시계열 분석  ④ 전 확률의 정리

54 입력층과 출력층으로만 구성된 최초의 인공신경망을 무엇이라 부르는가?

① 퍼셉트론  ② 다층 퍼셉트론
③ 프로토 퍼셉트론  ④ 시그모이드

**55** 다음 중 서포트벡터머신에 대한 설명으로 옳지 않은 것은?

① 주어진 학습 데이터를 회귀분석을 통해 2개의 그룹으로 분류하는 지도 학습 모델이다.
② 비지도 학습 모델이며 다양한 분야에서 활용되고 있다.
③ 최대 마진을 가지는 비확률적 선형 판별에 근거한 이진 분류기이다.
④ 학습시간이 상대적으로 느리지만 정확성이 뛰어나 다른 방법에 비해 과대적합의 가능성이 낮은 모델이다.

**56** 다음 중 다차원 척도법에 대한 설명으로 적절하지 않은 것은?

① 두 변수의 공분산을 표준 편차의 곱으로 나눈 값으로 비선형 관계는 측정하지 못한다.
② 차원의 축소를 통해 개체들 사이의 관계를 상대적 위치 등 공간적 배열을 해석하는 분석 방법이다.
③ 데이터가 연속형 변수인 경우 계량적 다차원 척도법을 사용하고 순서형 변수인 경우 비계량적 다차원 척도법을 사용한다.
④ 스트레스 값(Stress value)을 부적합도로 측정하여 최소가 되도록 좌표를 조정한다.

**57** 진료소에서 총 500명의 사람을 대상으로 전염병 감염 여부 진단을 수행한 결과가 아래와 같다. 검사 결과가 양성일 때, 이 환자가 국내 발생 환자일 확률은?

| 구분 | 양성 | 음성 | 합계 |
|---|---|---|---|
| 국내 거주 | 15 | 385 | 400 |
| 해외 유입 | 5 | 95 | 100 |
| 합계 | 20 | 480 | 500 |

① 12.25%  ② 25.50%
③ 16.70%  ④ 75%

**58** 다음 중 RNN에 대한 설명으로 적절하지 않은 것은?

① RNN은 시간의 흐름이 있는 텍스트 데이터나 시계열 데이터에서 주로 사용한다.
② 합성곱 연산은 커널 또는 필터를 활용해 데이터를 요약한다.
③ LSTM은 RNN의 장기 의존성 문제를 해결하기 위한 모델이다.
④ RNN은 입력과 출력의 길이가 유연하다.

**59** 데이터로부터 크기가 같은 여러 개의 표본을 단순 임의복원 추출하여 모델을 생성하고 결과를 결합하는 앙상블 기법은?

① 배깅(Bagging)   ② 부스팅(Boosting)
③ 보팅(Voting)    ④ 스태킹(Stacking)

**60** 만-위트니 U 검정에 대한 설명으로 적절하지 않은?

① 윌콕슨 순위 합 검정(Wilcoxon rank sum test)과 같은 검정 방법이다.
② 분포의 연속성, 독립성, 대칭성을 가정하는 모수적 통계 방법이다.
③ 두 모집단 간의 중앙값 위치를 비교한다.
④ 검정통계량 $U$는 두 모집단의 혼합표본에서의 순위를 활용한다.

# PART 04  빅데이터 결과 해석

**61** 다음 중 회귀 모형 평가 지표로 옳지 않은 것은?

① MSE           ② MAPE
③ F1-Score      ④ SST

**62** 다음 중 회귀 모형 평가 지표와 그 설명이 잘못 짝지어진 것은?

① RMSE : MSE에 제곱근을 씌운 값
② SSR : 모형의 예측치와 $y$값들의 평균의 차이를 제곱하여 합한 값
③ SSE : $y$가 가지고 있는 전체 변동성 중 회귀 모형으로 설명할 수 없는 변동
④ SST : 실제 관측치와 모형의 예측치의 차이를 제곱하여 합한 값

**63** 다음 분류 모형 평가 지표 중 실제 Positive인 데이터 중 모형이 Positive로 예측한 데이터의 비율을 나타내는 것은?

① 참 긍정률      ② 거짓 긍정률
③ F1-Score     ④ 특이도

64 아래 산점도로 확인할 수 없는 선형 회귀 모형의 가정은?

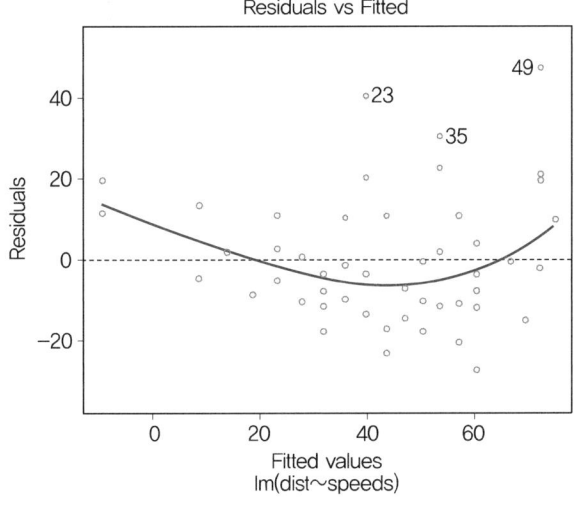

① 선형성
② 독립성
③ 등분산성
④ 정규성

65 데이터 중 p개의 관측치만 검증 데이터로 사용하고 나머지는 학습 데이터로 사용하는 교차 검증 기법은? (단, p>1)

① LOOCV
② LpOCV
③ Holdout
④ K-fold CV

66 분석 모형 학습 시 리브-원-아웃 교차 검증을 사용했을 때와 k-fold 교차 검증을 사용했을 때의 편향(bias)과 분산(variance)을 부등호로 나타냈을 때 옳은 것은?

- 편향 : 리브-원-아웃 교차 검증 ( ㉠ ) k-fold 교차 검증
- 분산 : 리브-원-아웃 교차 검증 ( ㉡ ) k-fold 교차 검증

① ㉠ : >, ㉡ : >
② ㉠ : >, ㉡ : <
③ ㉠ : <, ㉡ : >
④ ㉠ : <, ㉡ : <

**67** 다음 중 모집단에 대한 유의성 검정의 종류와 목적이 다르게 연결된 것은?

① z-검정 : 추출된 표본이 정규분포로 근사할 수 있는지 검증
② t-검정 : 두 집단의 평균을 비교
③ 분산분석(ANOVA) : 두 집단의 평균 비교
④ 카이제곱 검정 : 분산을 모를 때 두 집단의 동질성 검증

**68** 모수 유의성 검정 방법 중 z-검정에 대한 설명으로 옳지 않은 것은?

① z-검정은 정규분포를 가정한다.
② z-검정의 귀무가설은 표본 평균이 모집단의 평균과 같지 않다는 것이다.
③ 표본이 서로 독립적이어야 한다.
④ 모집단의 분산을 알아야 한다.

**69** 다음 중 관측 자료가 특정 통계 분포에 얼마나 잘 맞는지를 나타내는 단어는?

① 적합도         ② 정규성
③ 상관성         ④ 자유도

**70** 다음 적합도 검정 방법 중 데이터의 정규성을 검정할 때 사용할 수 없는 것은?

① Q-Q plot            ② 카이제곱 검정
③ 샤피로 윌크 검정    ④ 콜모고로프 스미르노프 검정

**71** 다음 중 '매개변수별 적응 학습률'을 사용하여 업데이트가 많이 수행된 매개변수는 학습률을 낮게, 그 외 매개변수는 학습률을 높게 조정하는 매개변수 최적화 방법은?

① 미니 배치 확률적 경사하강법    ② 모멘텀
③ AdaGrad                         ④ Adam

72 다음 그림은 과소적합된 모형, 일반화된 모형, 과대적합된 모형 중 일부를 나타낸 것이다. 2번 모형이 1번 모형처럼 되기 위한 방법으로 옳지 않은 것은?

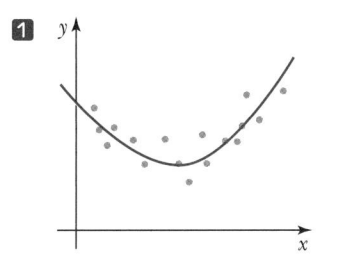
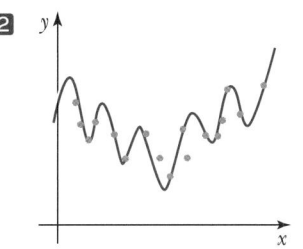

① 데이터를 나누고 학습하는 과정을 여러 번 반복한다.
② 중요도가 낮은 변수를 제거한다.
③ 검증에 사용하는 데이터 비율을 높인다.
④ 손실함수에 페널티를 부여한다.

73 다음 중 배깅 알고리즘에 해당하는 것은?

① Random Forest
② GBM
③ XGBoost
④ CatBoost

74 비즈니스 기여도 평가 지표 중 프로젝트 시작에서부터 누적 현금흐름이 흑자로 돌아서는 시점까지의 기간을 나타내는 것은?

① NPV
② IRR
③ PP
④ ROI

75 다음 설명에 해당하는 시각화 프로세스 단계는?

> 시각화 툴을 사용하여 시각화에 필요한 그래프나 기본 틀을 만드는 단계이다. 데이터 분석 프로젝트에서는 분석 결과를 효과적으로 표현하는 단계에 해당한다.

① 데이터 시각화
② 정보 시각화
③ 정보 구조화
④ 정보 시각표현

**76** 공간 시각화 방법 중 데이터 값에 따라 지역의 크기를 왜곡하여 나타내는 방법은?

① 도트 플롯 맵　　　　　　　② 버블 플롯 맵
③ 등치지역도　　　　　　　　④ 카토그램

**77** 산점도 행렬은 시각화의 종류 중 무엇에 해당되는가?

① 시간 시각화　　　　　　　② 공간 시각화
③ 관계 시각화　　　　　　　④ 비교 시각화

**78** 평행 좌표 그래프는 시각화의 종류 중 무엇에 해당되는가?

① 비교 시각화　　　　　　　② 시간 시각화
③ 관계 시각화　　　　　　　④ 공간 시각화

[79~80]
**다음 빈칸에 들어갈 말을 각각 고르시오.**

> 분석 모형 모니터링 결과 분석 모형의 성능이 크게 떨어지거나, 성능 저하가 지속되는 경우 ( ㉠ )을(를) 수행하게 된다. ( ㉠ ) 단계에서 수행하는 업무 중 하나는 분석 모형 개발 단계와 동일하게 ( ㉡ )하는 것이다. 기존에 사용하지 않았던 데이터를 사용하거나, 새로운 변수를 설계하거나, 새로운 알고리즘을 적용한다.

**79** ㉠에 들어갈 말로 옳은 것은?

① 분석 모형 전개　　　　　　② 분석 결과 활용 시나리오 개발
③ 분석 모형 모니터링　　　　④ 분석 모형 리모델링

**80** ㉡에 들어갈 말로 옳은 것은?

① 기존 분석 모형을 분석　　　② 분석 모형을 구축
③ 추가 데이터를 수집 및 전처리　　④ 최종 분석 모형을 선정

# 제6회 실전모의고사

## PART 01 빅데이터 분석 기획

**01** 빅데이터의 특징 중 다양한 원천에서 수집되는 방대한 데이터에서 노이즈와 오류 데이터 등을 제거하여 데이터의 대한 품질과 신뢰성이 높음을 나타내는 것은?

① Value
② Veracity
③ Variety
④ Validity

**02** 교수님이 강의 시간 전에 미리 정리한 문서를 배포하여 머신러닝 수업을 진행하고 있다. 학생들은 이 수업을 통해서 머신러닝에 대한 지식을 습득하고 있다. 이 수업을 통한 지식변환의 과정은 무엇에 해당하는가?

① 공통화
② 내면화
③ 표출화
④ 연결화

**03** 산업 분야별 빅데이터 활용의 예시가 잘못된 것은?

① 의료 – 개인 건강정보의 수집과 공유, 분석을 통해 건강 관리 최적화
② 제조 – 생산라인의 불량품 탐지 비용 감소
③ 패션 – 구매 패턴 분석으로 생산 단가 절감
④ 물류 – 수요 예측을 통한 생산 · 유통 관리 최적화

**04** 데이터 사이언티스트에게 요구되는 역량은 빅데이터 지식, 분석 기술 등의 역량과 분석의 통찰력, 의사 전달 능력, 협업 능력 등의 역량으로 구분된다. 이때의 역량 요소로 올바른 것은?

① 분석 스킬, 도메인 지식
② 소프트 스킬, 하드 스킬
③ IT 기술, 비즈니스 컨설팅
④ 소프트 스킬, 비즈니스 지식

**05** 다음 중 빅데이터 개발언어와 거리가 먼 것은?

① R
② Java
③ Python
④ Visual Basic

**06** 하둡의 분산 컴퓨팅 환경 소프트웨어 구성요소로 올바르지 않은 것은?

① 맵리듀스
② 얀
③ 하둡 분산 파일 시스템
④ 엑사데이터

**07** 빅데이터 분석 업무에서 수집된 데이터의 특성을 간단한 시각화나 통계 지표를 활용하여 파악하는 작업을 무엇이라고 하는가?

① EDA
② EAI
③ EPS
④ ESC

**08** 빅데이터 분석을 위해 수집된 데이터를 구조적 관점으로 분류할 때 올바르지 않은 것은?

① 정형 데이터
② 반정형 데이터
③ 비정형 데이터
④ 비전 데이터

**09** 다수의 서버로부터 실시간 스트리밍 로그를 수집하는 수집 기술로 대용량 실시간 로그 수집에 사용되며, 클라이언트 서버 타입에 상관없이 로그 수집이 가능하고 확장성, 가용성이 높은 것은 무엇인가?

① Scribe
② ETL
③ Scrapy
④ RSS

**10** 수집된 데이터는 적절하게 처리하여 분석 목적에 맞도록 가공되어야 한다. 저장된 데이터에서 노이즈 혹은 이상치를 제거하거나 여러 데이터를 통합하여 집계하는 등의 작업을 무엇이라고 하는가?

① 데이터 정규화
② 데이터 전처리
③ 데이터 식별화
④ 데이터 후처리

**11** NoSQL을 데이터 모델에 따라 구분할 때 올바르지 않은 것은?

① Key Value Database
② Relational Database
③ Column Database
④ Graph Database

**12** 다음과 같은 데이터의 종류는 무엇인가?

```
{
  "년월" : "2021-04",
  "고정급" : 10000000,
  "야근수당" : 2000000,
  "공제금액" : 3895200,
  "공제항목" : ["국민연금", "고용보험", "건강보험", "소득세", "지방세"]
}
```

① XML
② JSON
③ HTML
④ CSV

**13** 데이터 분석 과제를 선정할 때 과제의 난이도와 시급성을 기준으로 우선순위를 정해야 한다. 다음 중 가장 우선적으로 진행해야 하는 과제는 무엇인가?

① 전략적으로 중요도가 높아 비즈니스에 미치는 영향이 커 최대한 빨리 추진해야 한다. 하지만 현재 분석 수준에서는 바로 적용하기가 힘든 과제이다.
② 현재로서는 중요도가 높지 않지만 중장기적으로 봤을 때 반드시 추진되어야 한다. 현재 분석 수준으로 봤을 때도 바로 적용하기 힘든 과제이다.
③ 비즈니스적으로 중요한 과제로 전략적 가치가 높다. 난이도를 평가했을 때 바로 진행이 가능하다.
④ 현재 분석 수준으로 바로 진행이 가능한 과제이지만 전략적으로 중요도가 높지 않아 중장기적으로 진행하기 적합하다.

**14** KDD 분석 방법론의 단계 중 빈칸에 들어갈 단계는 무엇인가?

데이터 선택 → 데이터 전처리 → ( ) → 데이터 마이닝 → 해석과 평가

① 데이터 이해
② 데이터 정제
③ 데이터 적재
④ 데이터 변환

**15** 빅데이터 분석 방법론에 대한 설명으로 올바르지 않은 것은?

① 빅데이터 분석 방법론은 분석 기획, 데이터 준비, 데이터 분석, 시스템 구현, 평가 및 전개로 구성되어 있다.
② 분석 기획 단계에서는 WBS 기반으로 프로젝트 계획을 수립한다.
③ 데이터 준비 단계에서 탐색적 데이터 분석을 수행하여 수집된 데이터의 유효성을 모델링 수행 전에 검증한다.
④ 평가 및 전개에서는 개발된 분석 모델의 Life Cycle을 설정하여 주기적인 평가와 유지보수 방안을 마련한다.

**16** 데이터 비식별화 적용 대상에서 그 자체로 개인을 특정할 수 있는 정보가 아닌 것은?

① 개인을 식별할 수 있는 정보
② 경력 특징
③ 고유식별 정보
④ 기관 등의 계정정보

**17** 데이터 추출과 변환에 관련된 기술로 원천 데이터를 추출하여 변환 및 적재 과정을 거치며 데이터 웨어하우스, 데이터 마트에 데이터를 적재하는 기술은 무엇인가?

① EAI
② FTP
③ ETL
④ EA

**18** 다음에서 설명하는 프레임워크는 무엇인가?

> 빅데이터 처리를 위한 오픈소스 클러스터 컴퓨팅 프레임워크로 하둡의 맵리듀스와 비슷하지만 디스크가 아닌 메모리를 활용하여 빠르게 데이터를 처리한다. 데이터 처리를 위한 다양한 컴포넌트들이 있으며 인메모리 캐싱, 배치 프로세싱, 스트리밍 분석, 머신러닝, 그래프 데이터베이스 등을 지원한다.

① Spark
② GCP
③ Hive
④ Chukwa

**19** 개인정보 비식별화 절차로 올바른 것은?

① 사전검토 → 비식별 조치 → 적정성 평가 → 사후관리
② 사전검토 → 적정성 평가 → 비식별 조치 → 사후관리
③ 적정성 평가 → 사전검토 → 비식별 조치 → 사후관리
④ 적정성 평가 → 비식별조치 → 사전검토 → 사후관리

20 수집된 데이터에 대한 품질 확인 시 데이터의 값이 정의된 기준에 맞춰 오류 없이 저장되어 있는지 확인하는 기준은 무엇인가?

① 완전성　　② 정확성
③ 유일성　　④ 정합성

# PART 02 빅데이터 탐색

21 다음 중 결측값의 종류에 해당하지 않는 것은?

① 완전 무작위 결측　　② 완전 비무작위 결측
③ 비무작위 결측　　④ 무작위 결측

22 다음 중 불완전 자료는 모두 무시하고 완전하게 관측된 자료만 사용하여 분석하는 방법은?

① 완전 분석법　　② 평균 대치법
③ 단순 확률 대치법　　④ 다중 대치법

23 다음 중 데이터 이상값 처리 방법으로 적절하지 않은 것은?

① ESD　　② 기하평균 활용
③ 상자 그림 활용　　④ 시계열 차트 활용

24 다음 중 특정 모델링 기법에 의존하지 않고 데이터의 통계적 특성으로부터 변수를 선택하는 기법은?

① 필터 기법　　② 래퍼 기법
③ 임베디드 기법　　④ 단계적 기법

25 다음 차원축소 기법 중, 여러 차원의 변수를 대표하는 차원의 변수를 새로 생성하여 전체 변동의 대부분을 설명하고자 하는 알고리즘은?

① 주성분 분석　　② 선형판별 분석
③ 요인 분석　　④ 독립성분 분석

26 최적화 모델을 만들기 위해 적용할 수 있는 다양한 변수 변환 방법 중, 연속형 데이터를 범주형 데이터로 변환하기 위해 사용하는 기법은?

① 로그/지수 변환
② 비닝
③ 더미 변수화
④ 정규화

27 다음 불균형 데이터 처리 기법 중 다수 클래스의 데이터를 무작위로 일부만 선택하여 데이터의 비율을 맞추는 방법은?

① 언더 샘플링
② 오버 샘플링
③ 앙상블 기법
④ SMOTE

28 탐색적 데이터 분석의 특성 중 관찰값들이 주 경향으로부터 얼마나 벗어났는지를 나타내주는 성질은?

① 저항성
② 잔차 해석
③ 자료 재표현
④ 현시성

29 다음 중 개별 데이터 탐색 방법에 대한 설명으로 올바르지 않은 것은?

① 범주형 데이터의 시각화는 히스토그램을 이용한다.
② 범주형 데이터는 빈도수, 최빈값, 비율, 백분율 등을 이용하여 데이터의 분포 특성을 중심성, 변동성 측면에서 파악한다.
③ 수치형 데이터는 평균, 분산, 표준 편차, 첨도, 왜도 등을 이용하여 데이터의 분포 특성을 중심성, 변동성, 정규성 측면에서 파악한다.
④ 수치형 데이터의 시각화는 박스 플롯을 활용한다.

30 분석의 대상이 되는 변수의 속성이 명목형 변수일 때 상관 분석 방법은?

① 피어슨 상관계수
② 스피어만 상관계수
③ 카이제곱 검정
④ F-검정

**31** 다음 데이터에서 중위수는 무엇인가?

| 1, 4, 3, 3, 9, 5, 6 |
|---|

① 3
② 4
③ 5
④ 6

**32** 다음 중 가로축과 세로축의 좌표평면상에서 각각의 관찰점들을 표시하여 두 연속형 변수 간의 상관관계를 파악할 수 있는 시각화 방법은?

① 박스 플롯
② 산점도
③ 히스토그램
④ 막대형 그래프

**33** 다음 비정형 데이터 탐색 방법에 대한 설명 중 올바르지 않은 것은?

① 비정형 데이터는 다양한 오픈 소스를 활용하여 플랫폼을 구성한 후 탐색이 가능하다.
② 소셜 데이터의 텍스트와 같은 스크립트 형태일 경우 데이터를 파싱한 후 탐색할 수 있다.
③ XML은 이진 파일 형태의 데이터일 때, 데이터의 종류별로 응용 소프트웨어를 이용하여 탐색한다.
④ JSON, HTML은 각각의 파서(Parser)를 이용하여 데이터를 파싱한 후 탐색할 수 있다.

**34** 일변량 데이터 분석은 가장 간단한 형태의 분석으로, 하나의 변수를 대상으로 데이터를 요약하거나 패턴을 찾는 것을 목표로 한다. 다음 중 일변량 데이터 탐색 방법으로 알맞은 것은?

① 히스토그램
② 산점도 행렬
③ 별 그림
④ 등고선 그림

**35** 다음 중 중심 경향 통계량에 해당하지 않는 것은?

① 평균
② 중위수
③ 최빈수
④ 표준 편차

**36** 다음 중 모집단 관측치로부터 시간, 순서 및 공간의 동일한 구간을 정해서 무작위로 추출하는 표본 추출 기법은?

① 단순 무작위 추출  ② 계통 추출
③ 층화 추출  ④ 군집 추출

**37** 다음 중 측정 대상의 서열 관계를 관측할 때 사용하며 직급, 영화 평점, 선호도와 같은 자료의 속성을 나타내는 척도는?

① 명목 척도  ② 순서 척도
③ 구간 척도  ④ 비율 척도

**38** 다음 중 모집단이 정규 분포라는 정도만 알고 모표준 편차($\sigma$)는 모를 때 사용하는 분포로 알맞은 것은?

① 정규 분포  ② F-분포
③ t-분포  ④ $\chi^2$-분포

**39** 다음 중 모집단을 조사하기 위해 추출한 모집단의 일부 원소를 의미하는 용어는?

① 모수  ② 표본
③ 통계량  ④ 추정량

**40** 점 추정은 표본의 정보로부터 모집단의 모수를 하나의 값으로 추정하는 기법이다. 다음 중 점 추정 조건에 해당하지 않는 것은?

① 편향성(Biasedness)  ② 효율성(Efficiency)
③ 일치성(Consistency)  ④ 충족성(Sufficient)

# PART 03 빅데이터 모델링

**41** 구매 물품, 행동 패턴 등 고객 데이터를 분석하여 몇 개의 군집으로 세분화하려고 할 때 사용 가능한 분석 방법으로 적절한 것은?

① 연관 분석
② 분류 분석
③ 군집 분석
④ 주성분 분석

**42** 다음 설명 중 적절한 것은?

① 분석 모형을 선정하기에 앞서 분석하고자 하는 문제를 정확하게 파악해야 한다.
② 기술 통계 분석을 할 때 데이터 유형과 상관없이 평균값을 산출한다.
③ 같은 분석 모형이라도 사용자가 설정한 파라미터 값에 따라 결과가 달라질 수 있다.
④ 머신러닝은 종속변수가 있는 경우 비지도 학습으로 구분할 수 있다.

**43** 그리드 서치(Grid Search)와 랜덤 서치(Random Search)에 대한 설명으로 적절하지 않은 것은?

① 최적의 하이퍼파라미터 조합을 찾기 위한 하이퍼파라미터 튜닝 방법이다.
② 그리드 서치는 모든 조합을 시도하므로 후보 수가 증가하면 탐색 시간이 기하급수적으로 증가한다.
③ 랜덤 서치는 지정된 범위에서 난수를 통해 하이퍼파라미터 조합을 확률적으로 탐색한다.
④ 그리드 서치는 불필요한 값의 중복을 줄이고 상대적으로 중요한 값을 많이 탐색할 수 있다.

**44** 다음 중 분석 모형 구축 절차에서 검증 및 테스트 단계에 대한 설명으로 적절한 것은?

① 구체적인 요구사항을 도출하여 확정하고 분석 추진 계획을 수립한다.
② 구축한 분석 모형을 가상 운영 환경에서 테스트하고 비즈니스 영향도를 평가한다.
③ 운영 환경에서 주기적으로 모델을 업데이트한다.
④ 모델링과 성능 평가를 반복 수행하여 최종 모형을 선정한다.

**45** 다음 교차 검증에 대한 설명으로 적절하지 않은 것은?

① 교차 검증은 모든 데이터를 학습과 검증에 사용한다.
② 과적합을 방지하고 일반화 성능을 향상시키는 것이 목적이다.
③ 교차검증에서는 k번의 테스트에서 가장 좋은 성능이 나온 결과를 최종 성능으로 도출한다.
④ 불균형 데이터를 다루는 문제에서는 stratified k-폴드 교차 검증을 실행한다.

**46** 다음 중 지도 학습이 아닌 것은?

① 자기 조직화 지도
② 인공신경망 분석
③ 선형 회귀
④ CNN

**47** 다음 중 회귀 모형의 가정이 아닌 것은?

① 정상성
② 선형성
③ 독립성
④ 향상성

**48** 다음 중 서포트벡터머신의 구성 요소로 알맞지 않은 것은?

① 슬랙 변수
② 시그모이드
③ 서포트벡터
④ 초평면

**49** 활성화 함수 중 은닉층이 많아질수록 출력값이 0에 수렴하는 기울기 소실 문제를 해결하기 위해 사용되는 함수는?

① Softmax
② ReLU
③ Sigmoid
④ tanh

**50** 다음 중 군집 분석에서 군집 간의 거리를 측정하는 방법 중 적절하지 않은 것은?

① 편차 연결법
② 최장 연결법
③ 와드 연결법
④ 중심 연결법

**51** 다음 그림의 지니 지수를 계산한 것은?

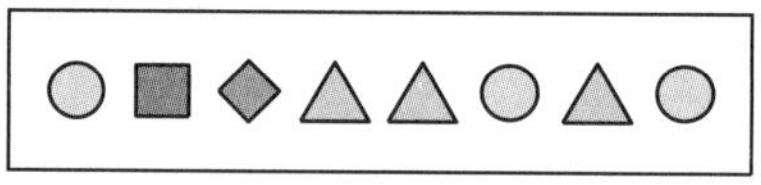

① 0.49
② 0.59
③ 0.69
④ 0.79

**52** 측정값을 기초로 하여 제곱합을 만들고 그것을 최소로 하는 값을 구하여 측정결과를 처리하는 방법으로, 오차 제곱의 합이 가장 작은 해를 구하는 것을 무엇이라 하는가?

① 최소 제곱법
② 역전파 알고리즘
③ 최대 우도 측정
④ 오차 제곱법

**53** (6, 8), (8, 5) 두 좌표 사이의 유클리드 거리를 계산한 것은?

① 11
② $\sqrt{12}$
③ $\sqrt{13}$
④ 14

**54** 다음 중 파라미터의 예시로 적절하지 않은 것은?

① 인공신경망 학습률
② 인공신경망 가중치
③ 선형 회귀분석 결정계수
④ 로지스틱 회귀분석 결정계수

**55** 다음 중 의사결정나무의 구성요소를 설명한 것으로 옳지 않은 것은?

① 뿌리마디는 시작되는 마디로 일부의 데이터를 포함하고 있다.
② 가지는 뿌리마디로부터 끝마디까지 연결된 상태의 마디들이다.
③ 깊이는 뿌리마디부터 끝마디까지 연결된 마디들의 수이다.
④ 자식마디는 하나의 마디로부터 분리되어 나간 2개 이상의 마디들이다.

**56** 다음 중 요인 분석을 실행하기 위한 조건으로 적절하지 않은 것은?

① 요인 분석에서 요인이란, 관측되지는 않으나 여러 문항에 걸쳐 내재하는 잠재 구조적 변수를 의미한다.
② 분석에 사용되는 변수들이 모두 연속형 자료여야 한다.
③ 일반적으로 요인의 수는 고윳값이 1을 넘는 요인의 수만큼 추출한다.
④ 요인 분석에서 분산은 공통분산, 고유분산으로 구분되어 있다.

**57** 교차표 분석에 대한 설명으로 적절하지 않은 것은?

① 두 범주형 변수의 빈도를 표로 작성하여 상호 관련성을 분석한다.
② 상대위험도는 두 집단의 사건발생 확률의 비이다.
③ 오즈(Odds)는 특정 집단에 대한 사건발생 확률과 사건이 발생하지 않을 확률의 비이다.
④ RR과 OR이 1이면 집단과 사건 발생 확률은 연관성이 높다.

**58** 다음 CNN의 연산으로 가장 적절한 것은?

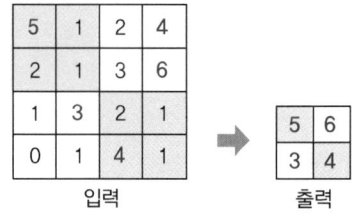

① Average Pooling
② Max pooling
③ Padding
④ Convolution

**59** 다음 중 감성 분석에 대한 설명으로 가장 적절하지 않은 것은?

① 텍스트에 내재된 의견, 감성 등의 주관적인 정보를 분석하는 방법이다.
② 소비자 반응이나 여론 변화의 긍·부정 여부를 판단하여 분석한다.
③ 개인, 집단, 사회의 관계를 구조화하여 분석한다.
④ 동일한 문장의 긍·부정 여부는 주제에 따라 달라질 수 있다.

**60** 다음 중 배깅을 기반으로 한 앙상블 모형으로 가장 적절한 것은?

① XGBoost
② Random Forest
③ Light GBM
④ SVM

# PART 04 빅데이터 결과 해석

**61** 다음 회귀 모형 평가 지표 중 평균제곱근오차를 구하는 산식으로 옳은 것은?

① $\frac{1}{n}\sum_{i=1}^{n}(y_i - \hat{y}_i)^2$
② $\frac{1}{n}\sum_{i=1}^{n}|y_i - \hat{y}_i|$
③ $\sqrt{\frac{1}{n}\sum_{i=1}^{n}(y_i - \hat{y}_i)^2}$
④ $100 \times \frac{1}{n}\sum_{i=1}^{n}\left|\frac{y_i - \hat{y}_i}{y_i}\right|$

**62** 다음 회귀 모형 평가 지표에 대한 설명 중 옳지 않은 것은?

① MSE는 실제 오류의 평균보다 값이 더 커지는 경향이 있다.
② MAE 값은 직관적이므로 이해하기 쉽다.
③ MAPE를 사용하면 단위가 다른 변수 간 오차를 비교할 수 있다.
④ 이상치가 있는 데이터에는 MAE보다 MSE를 쓰는 것이 더 좋다.

**63** 다음 중 ROC 곡선에 대한 설명으로 옳지 않은 것은?

① $x$축은 (1-특이도)이다.
② ROC 곡선 아래 면적을 AUC라고 한다.
③ AUC값이 1에 가까울수록 분류모델의 성능이 좋다고 말할 수 있다.
④ $y$축은 FPR이다.

[64~66]
다음 혼동행렬을 보고 아래 질문에 답하시오.

| 실제값 \ 예측값 | Positive | Negative |
| --- | --- | --- |
| Positive | 70 | 30 |
| Negative | 20 | 80 |

**64** 위 혼동행렬에서 특이도는?

① $\dfrac{8}{11}$  ② $\dfrac{4}{5}$

③ $\dfrac{7}{9}$  ④ $\dfrac{7}{10}$

**65** 위 혼동행렬에서 정확도는?

① $\dfrac{3}{4}$  ② $\dfrac{7}{9}$

③ $\dfrac{7}{10}$  ④ $\dfrac{4}{5}$

**66** 위 혼동행렬에서 재현율은?

① $\dfrac{3}{4}$  ② $\dfrac{7}{9}$

③ $\dfrac{7}{10}$  ④ $\dfrac{4}{5}$

**67** 다음 검정 결과는 선형 회귀 모형의 어떤 가정을 확인하기 위한 방법인가?

```
> shapiro.test(res)

            Shapiro-Wilk normality test

data : res
W = 0.94509, p-value = 0.02152
```

① 선형성  ② 독립성
③ 등분산성  ④ 정상성

**68** 모수 유의성 검정 방법 중 F – 검정에 대한 설명으로 옳지 않은 것은?

① F통계량은 두 집단의 표준 편차의 비로 계산한다.
② F통계량이 1인지 아닌지 가설을 검정하는 방법이다.
③ 두 집단 간의 분산이 동일한지 아닌지 확인할 때 사용한다.
④ F통계량 값은 항상 1 이상이다.

**69** 다음 중 모수 검정 방법이 아닌 것은?

① F – 검정
② 콜모고로프 스미르노프 검정
③ 카이제곱검정
④ 분산분석

**70** 동전의 앞면이 나올 확률은 1/2이라는 가설에 대해 카이제곱 검정을 수행한 결과 p – value가 0.8053이 나왔다. 귀무가설과 검정 결과를 올바르게 해석한 것은?

- H0 : 동전의 앞면이 나올 확률은 ( ㉠ )
- 검정 결과 : p – value가 0.05보다 크므로 유의수준 5%에서 동전의 앞면이 나올 확률은 ( ㉡ )

① ㉠ : 1/2이다, ㉡ : 1/2이다
② ㉠ : 1/2이다, ㉡ : 1/2이 아니다
③ ㉠ : 1/2이 아니다, ㉡ : 1/2이다
④ ㉠ : 1/2이 아니다, ㉡ : 1/2이 아니다

**71** 다음 중 과대적합을 방지하는 방법으로 옳지 않은 것은?

① 모델 복잡도 증가
② 가중치 규제
③ 드롭아웃
④ 학습 데이터 증가

**72** 분석 모형 융합 기법에 대한 설명으로 옳지 않은 것은?

① 과대적합을 막기 위해서는 부스팅 기법보다 배깅 기법이 적합하다.
② 배깅 기법과 부스팅 기법 모두 여러 개의 분류기를 만든다.
③ 배깅 기법 적용 시 모든 데이터는 적어도 한 번 학습에 사용된다.
④ 랜덤포레스트 알고리즘을 사용하면 의사결정나무 알고리즘을 사용할 때보다 분산이 작아진다.

**73** 다음 중 분석 모형 해석에 대한 설명으로 옳지 않은 것은?

① 탐색적 데이터 분석을 통해 비즈니스적인 의미를 담은 변수를 생성할 수 있다.
② 분석 모형 해석이 어려운 블랙박스 모형은 예측 성능이 상대적으로 뛰어나다.
③ 부분 의존도 plot은 블랙박스 모형을 해석하는 데 도움을 준다.
④ 선형 회귀 모형은 대표적인 블랙박스 모형이다.

**74** 다음은 R 내장 데이터셋인 iris를 이용하여 랜덤 포레스트 모형을 만든 후, 변수 중요도를 출력한 결과다. 이에 대한 설명으로 옳지 않은 것은?

```
> model <- randomForest(Species ~., data=iris, importance=TRUE)
> importance(model)
```

|  | setosa | versicolor | virginica | MeanDecrease Accuracy | MeanDecrease Gini |
|---|---|---|---|---|---|
| Sepal.Length | 5.449877 | 6.377263 | 7.653687 | 10.019479 | 8.544504 |
| Sepal.Width | 3.949228 | −1.401876 | 4.416513 | 3.299884 | 1.895162 |
| Petal.Length | 22.703151 | 33.639292 | 29.615730 | 34.696113 | 45.638200 |
| Petal.Width | 21.827548 | 31.323032 | 31.025494 | 32.424534 | 43.197841 |

① 위 모형은 분류 모형이다.
② 모형을 다시 만들어도 변수 중요도 값은 변하지 않을 것이다.
③ 정확도와 노드 불순도 개선 측면에서 변수 중요도를 평가하였다.
④ 위 결과를 변수 선택(feature selection)에 활용할 수 있다.

**75** 다음 그림은 어떤 시각화 방법에 해당하는가?

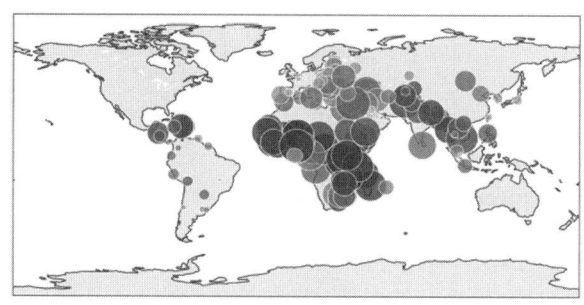

① 등치선도　　　　　　　② 등치지역도
③ 버블 플롯 맵　　　　　④ 히트맵

**76** 다음 중 데이터 시각화 유형으로 옳지 않은 것은?

① 비교 시각화
② 연결 시각화
③ 관계 시각화
④ 시간 시각화

**77** 다음 중 시각화 분류와 시각화 예시를 연결한 것으로 옳지 않은 것은?

① 데이터 시각화 – 마인드맵
② 데이터 시각화 – 의사결정 트리
③ 정보 시각화 – 인포그래픽
④ 정보 시각화 – 히트맵

**78** 시각화 프로세스 중 정보 구조화 단계에서 이루어지는 일로 옳지 않은 것은?

① 시각화 목표 설정
② 데이터 패턴 탐색
③ 시각화 요건 정의
④ 시각화 도구 선택

**79** 다음 중 시각화에 대한 설명으로 옳지 않은 것은?

① 태블로(Tableau)는 대표적인 데이터 시각화 툴이다.
② 시각화는 정형 데이터만 표현할 수 있다.
③ 시각화는 데이터의 의미를 파악하는 데 도움을 준다.
④ 시각화는 데이터가 지니는 인사이트를 다른 사람들과 공유하는 데 도움을 준다.

**80** 다음 분석 모형 활용 단계 중 분석 결과로부터 인사이트를 발굴하고 의사결정에 반영하는 방법을 검토 및 선택하는 단계는 무엇인가?

① 분석 모형 활용 시나리오 개발
② 분석 모형 모니터링
③ 분석 모형 전개
④ 분석 모형 리모델링

# 제7회 실전모의고사

## PART 01 빅데이터 분석 기획

**01** 아래 예시는 DIKW 요소 중 무엇에 대한 예시인가?

> 서울의 재건축 대상 아파트인 A아파트는 시세가 5년 전에 비해 많이 올랐지만 재건축 진행에 이슈가 많아 쉽게 재건축 진행이 되지 않을 것이다. 따라서 가격이 상대적으로 낮지만 재건축이 빠르게 진행되는 B아파트에 투자해서 시세 차익을 보고 A아파트에 투자하는 것이 더 높은 수익률을 줄 것이다.

① 데이터
② 정보
③ 지식
④ 지혜

**02** 빅데이터의 발전에 주요한 영향을 미친 것은 무엇인가?

① 데이터 생산량의 증가
② 클라우드 컴퓨팅의 발전
③ 반도체 생산단가 감소
④ 거대 IT 기업의 발전

**03** 빅데이터 조직 구조를 설계할 때의 특징으로 올바르지 않은 것은?

① 조직의 목표 및 업무 절차 등을 사전에 정의하고 공식화해야 한다.
② 조직 목표를 달성하기 위해 업무를 여러 단위로 나누거나 진행 단계별로 분할하여 수행해야 한다.
③ 다양한 업무를 많이 수행할수록 성과가 높아지므로 최대한 많은 인력으로 구성해야 한다.
④ 조직을 구성하는 구성원의 직무 전문화와 경험은 조직의 목표 달성에 가장 큰 영향을 미친다.

**04** 빅데이터 분석 작업 계획을 수립할 때 분석 절차에 맞춰 실제 수행되어야 하는 작업을 세분화하여 일정과 산출물을 정리해야 하는데, 이때 활용되는 작업 형태는 무엇인가?

① WWF
② WWE
③ WBC
④ WBS

**05** 오라클과 같은 관계형 데이터베이스와 하둡 사이의 데이터 전송을 위해 사용 가능한 기술은?

① ETL
② Sqoop
③ Impala
④ Scribe

**06** 수집 데이터는 데이터의 위치에 따라 내부 데이터와 외부 데이터로 구분된다. 다음 중 외부 데이터에 대한 설명이 아닌 것은?

① ERP, SCM, CRM 등 조직 경영에 필요한 시스템에서 발생한다.
② 공공데이터가 아닌 경우 데이터를 구매하여 수집하는 경우가 많다.
③ 조직 외부에 데이터가 위치하여 특정 기관과의 협의가 필요하다
④ 데이터 전문 업체를 통해 구매하기도 한다.

**07** 다음 설명하는 데이터 유형은 무엇인가?

| 로그, 텍스트 등 파일 형식으로 저장되는 데이터 |
|---|

① 파일 데이터
② 데이터베이스 데이터
③ 콘텐츠 데이터
④ 스트림 데이터

**08** 다음 중 관계형 데이터베이스 제품이 아닌 것은?

① IBM DB2
② Oracle Exadata
③ MS-SQL
④ HBase

**09** 데이터 속성 중 문제 정답 수, 발생 수량 등 변수가 취할 수 있는 값을 셀 수 있는 데이터를 무엇이라고 하는가?

① 명목형
② 순서형
③ 이산형
④ 연속형

**10** CRISP-DM 분석 방법론에서 빈칸에 들어갈 단계는 무엇인가?

> 업무 이해 → ( ) → 데이터 준비 → 모델링 → 평가 → 전개

① 목표 설정
② 데이터 이해
③ 데이터 수집
④ 분석 목표 설정

**11** 다음 설명하는 문제 탐색 방법은?

> 유사·동종 사례의 벤치마킹을 통해 분석기회를 발굴하는 방법으로 산업, 업무별로 분석 과제 그룹을 만들고 분석 테마 후보 목록을 워크숍 형태의 브레인스토밍을 통해 빠르게 도출하는 방법이다.

① 외부 참조 모델 기반 문제 탐색
② 비즈니스 모델 기반 문제 탐색
③ 수익성 분석 문제 탐색
④ 분석 유스케이스 정의

**12** ERP, CRM, SCM 등 기업의 업무 시스템에서 생성되는 데이터를 수집한 후 분석이 필요한 주제 영역별로 집계·요약하여 제공하는 분석 플랫폼으로, 기업 내부의 정형 데이터를 다양한 분석 리포트를 통해 분석할 수 있도록 지원하는 것은 무엇인가?

① 데이터 은행
② 데이터 웨어하우스
③ 빅데이터
④ 마이데이터

**13** 빅데이터가 발전됨에 따라 정보를 추출하는 업무 방식에 본질적인 변화가 일어났다. 그 변화로 올바르지 않은 것은?

① 사전처리 → 사후처리
② 표본조사 → 전수조사
③ 품질 → 양
④ 상관관계 → 인과관계

**14** 데이터 사이언스에 대한 설명으로 옳지 않은 것은?

① 데이터 사이언스는 다양한 유형의 데이터로부터 의미 있는 정보를 추출하는 분야이다.
② 데이터 분석뿐만 아니라 전략적인 분석 인사이트를 도출하는 역할을 수행한다.
③ 분석을 위한 데이터 수집은 데이터 사이언스의 영역이라고 하기 어렵다.
④ 비즈니스의 핵심 이슈에 대한 해결책을 도출하고 사업의 성과를 끌어내 수 있다.

**15** 데이터 사이언티스트의 역할에 대한 설명으로 옳지 않은 것은?

① 데이터 사이언티스트는 대량의 데이터를 구조화하여 데이터 간 연결고리를 만들 수 있어야 한다.
② 문제 해결을 위한 가설을 수립하고 검증할 수 있어야 한다.
③ 추리력과 호기심을 갖춰야 한다.
④ 고객이 표출하지 않은 비즈니스 핵심가치를 스스로 이끌어내도록 분석 결과를 잘 해석해야 한다.

**16** 빅데이터 업무 프로세스 중 빅데이터 서비스를 도입하기 위한 빅데이터 도입 기획, 기술 검토, 도입 조직 구성, 예산 확보를 수행하는 단계는 무엇인가?

① 빅데이터 도입 단계
② 빅데이터 구축 단계
③ 빅데이터 검증 단계
④ 빅데이터 운영 단계

**17** 빅데이터 분석 조직 중 다음에서 설명하는 분석 조직은 무엇인가?

> 각 부서별로 분석을 진행하므로 별도 분석 조직이 없어 전사적인 핵심 분석이 어렵고 과거 실적 분석에 국한될 가능성이 크다.

① 일괄 구조
② 집중 구조
③ 기능 구조
④ 분산 구조

**18** 빅데이터 플랫폼은 다양한 유형의 데이터에서 가치를 창출하는 분석 프로세스를 규격화한 기술로 데이터의 수집, 저장, 분석, 활용으로 구분된다. 빅데이터 플랫폼 구성요소에 대한 설명으로 올바르지 않은 것은?

① 데이터 수집 : 정형/반정형/비정형 데이터의 수집 기술
② 데이터 저장 : 원천 데이터의 누락/변형 없는 저장 기술
③ 데이터 분석 : 통계분석, 머신러닝, 딥러닝, 데이터 마이닝 등의 분석 기술
④ 데이터 활용 : 데이터 시각화 기술 및 분석 리포트, 응용 프로그램의 연계 기술

**19** 분석 로드맵은 빅데이터의 분석 과제를 수행하여 실제 운영환경에 적용하기까지의 과정을 몇 개의 단계로 나누어 계획한다. 이때 분석 로드맵에 포함해야 하는 단계로 올바르지 않은 것은?

① 데이터 분석체계 도입
② 데이터 분석 유효성 검증
③ 데이터 분석 활용
④ 데이터 분석 모형 프리징

20 분석 문제 해결 방안을 대상과 방법에 따라 구분하여 도출할 수 있다. 다음 중 분석 대상을 알고 분석 방안을 알 경우 도입할 수 있는 문제 해결 방안은 무엇인가?

① 최적화
② 솔루션
③ 통찰
④ 발견

# PART 02 빅데이터 탐색

21 다음 이상값(Outlier)에 대한 설명 중 옳지 않은 것은?

① 사기탐지 시스템이나 부도예측 시스템에서는 이상값(Outlier) 자체가 의미가 있으므로 제거하지 않는다.
② 의도하지 않게 잘못 입력된 데이터는 불량 데이터에 해당하며, 이러한 경우 데이터를 제거하여 분석한다.
③ 이상값 인식에 있어서 가장 많이 활용하는 방법은 ESD(Extreme Studentized Deviation) 기법으로 평균에서 3 표준편차를 벗어나는 경우 이상값으로 인식하는 방법이다.
④ 이상값의 처리에 있어서 극단값 절단 방법과 조정 방법이 있으며, 조정 방법은 제거 방법에 비해 데이터 손실률이 높아 설명력이 낮아지는 단점이 있다.

22 다음 중 결측값(Missing Value) 처리의 방법인 대치(imputation)에 관한 설명으로 옳지 않은 것은?

① 완전분석법은 불완전 자료는 모두 무시하고 완전하게 관측된 자료만으로 표준적 통계기법에 의해 분석하는 방법을 말한다.
② 평균 대치법은 관측 또는 실험되어 얻어진 자료의 적절한 평균값으로 결측값을 대치해서 불완전한 자료를 완전한 자료로 만든 후 분석하는 방법을 말한다.
③ 단순 확률 대치법은 평균 대치법에서 추정량 표준오차의 과소추정 문제를 보완하고자 고안된 방법이다.
④ 다중 대치법은 추정량의 과소추정이나 계산의 난해성 문제를 보완하는 방법이다.

23 다음 중 데이터 전처리에 관한 설명으로 옳지 않은 것은?

① 데이터를 분석하기 전 데이터를 정제하고 변수 처리하는 과정을 의미한다.
② 분석가의 대부분이 가장 시간을 많이 소모하는 과정이 데이터 전처리 과정이다.
③ 데이터 전처리는 데이터 분석 결과에 직접 영향을 미치지는 않지만 중요한 과정이다.
④ 데이터 전처리 과정을 거치는 경우 데이터의 신뢰도가 높아진다.

**24** 다음 변수 처리 방법에 대한 설명 중 옳은 것은?

① 변수 선택이란 독립변수에 유의미한 영향을 미칠 것으로 생각되는 종속변수를 선택하는 과정이다.
② 정보가 많을수록 좋으며 모든 변수를 포함하여 분석하는 것이 좋은 결과를 보장한다.
③ 중복되거나 불필요한 변수 요인은 데이터를 복잡하게 하므로 제거하는 것이 효율적이다.
④ 변수의 수가 많은 경우 모든 변수는 종속변수와 관련이 있다.

**25** 다음 변수 선택 방법에 대한 설명 중 옳은 것은?

① 모든 가능한 모델을 고려하여 가장 좋은 모델을 선정하는 방법으로, 변수의 개수가 적은 경우 높은 설명력을 가진 결과를 도출할 수 있는 방법을 전체 집합법이라고 한다.
② 모든 독립변수 가운데 종속변수에 가장 많은 영향을 줄 것으로 판단되는 변수부터 하나씩 제거하면서 모형을 선택하는 방법을 전진 선택법이라고 한다.
③ AIC가 높아지는 모델을 찾으며 연속적으로 변수를 추가 혹은 제거하는 방법을 단계적 방법이라고 한다.
④ AIC가 높은 것부터 하나씩 모형에서 제거하는 방법으로, 변수의 개수가 너무 적은 경우 적용에 어려움이 있는 방법을 후진 제거법이라고 한다.

**26** 다음 내용은 무엇에 대한 설명인가?

> 어떤 데이터에서 각 클래스가 가지고 있는 데이터의 양에 큰 차이가 있는 경우가 있을 수 있다. 이런 경우 관측치 수가 많은 데이터를 중심으로 학습이 진행되기 때문에 관측치가 적은 데이터에 대한 학습은 제대로 이루어지지 않을 가능성이 크다. 이러한 문제는 신용사기 문제, 의학적 진단 등에서 자주 발생한다. 신용사기 진단, 의학적 진단 등과 같이 소수의 데이터에 흥미가 있는 경우에는 이 문제를 반드시 해결해야 한다.

① 차원축소
② 클래스 불균형
③ 차원 불균형
④ 클래스 축소

**27** 다음 중 데이터 중심에서 흩어진 정도를 파악할 수 있는 통계량은 무엇인가?

① 사분위범위(interquartile range)
② 중앙값(median)
③ 첨도(Kurtosis)
④ 평균(mean)

**28** 다음 중 히스토그램에 대한 설명으로 올바르지 않은 것은?

① 히스토그램은 분포의 봉우리와 산포를 확인할 수 있다.
② 표본 크기와 관계없이 데이터 분포를 정확하게 진단할 수 있다.
③ 히스토그램에서 양쪽 끝의 고립된 막대가 이상값을 의미한다.
④ 연속형 자료에 적합하며, 범주형 자료는 막대 그래프를 이용한다.

**29** 다음 요약 통계 결과를 참고했을 때 사분위수 범위와 이상값을 판단하는 상한선이 바르게 연결된 것은 무엇인가?

| Min. | 1st Qu. | Median | Mean | 3rd Qu. | Max. |
| --- | --- | --- | --- | --- | --- |
| 4.0 | 12.0 | 15.0 | 15.4 | 19.0 | 25.0 |

① (7, 29.5)
② (7, 31.5)
③ (14, 29.5)
④ (14, 31.5)

**30** 두 변수 간 선형 관계의 정도뿐만 아니라 비선형적인 관계 또한 표현 가능하며, 단조 함수를 사용해 두 변수의 관계를 얼마나 잘 설명할 수 있는지를 평가하는 척도는?

① 이연 상관계수
② 피어슨 상관계수
③ 점이연 상관계수
④ 스피어만 상관계수

**31** 지리 공간적으로 참조 가능한 모든 형태의 정보를 효율적으로 수집, 저장, 처리, 관리, 분석할 수 있게 설계된 컴퓨터의 하드웨어와 소프트웨어 및 지리적 자료, 인적 자원의 통합체는?

① EDA
② MDS
③ GIS
④ LDA

**32** 텍스트 데이터를 시각화할 때 많이 사용되며 특정 문서에 사용된 각 단어의 출현 빈도와 중요성을 효과적으로 보여주는 구름 이미지는?

① 카토그램
② 워드클라우드
③ 도넛차트
④ 트리맵차트

**33** 다음 중 상관 분석에 대한 설명으로 올바르지 않은 것은?

① 등간척도 및 비율척도로 측정된 변수들 간의 상관계수를 측정하는 데 피어슨 상관계수를 이용한다.
② 서열척도로 측정된 변수들 간의 상관계수를 측정하는 데 스피어만 상관계수를 이용한다.
③ 상관 분석은 변수들 간의 연관성을 파악하기 위해 사용하는 분석 기법 중 하나로 변수 간의 선형 관계 정도를 분석하는 통계기법이다.
④ 상관 분석은 종속변수에 미치는 영향력의 크기를 파악하여 독립변수의 특정한 값에 대응하는 종속변수의 값을 예측하는 선형 모형을 산출하는 방법이다.

**34** 다음 중 연속형 확률 분포가 아닌 것은?

① 이항 분포(Binomial Distribution)
② 정규 분포(Normal Distribution)
③ $t$-분포($t$-distribution)
④ 카이제곱 분포($\chi^2$-distribution)

**35** 표본조사나 실험을 하는 과정에서 추출된 원소나 관측 자료를 얻는 것을 측정이라고 하며, 자료의 측정 수준에 따라 통계에 이용해야 할 통계량이나 검정법이 다르다. 다음 중 자료의 측정 수준에 대한 설명으로 적절하지 않은 것은?

① 명목척도(nominal scale)는 단순한 번호로 순서의 의미는 없다.
② 순서척도(ordinal scale)는 순서 의미가 있는 번호이다.
③ 구간척도(interval scale)는 순서뿐만 아니라 그 간격도 의미가 있으며 0이 절대적인 의미를 가진다.
④ 비율척도(ratio scale)는 0을 기준으로 간격과 비율에 의미를 가진다.

**36** 모집단을 먼저 서로 겹치지 않는 여러 개의 층으로 분할한 후, 각 층에서 단순 임의 추출법에 따라 배정된 표본을 추출하는 방법은?

① 층화 추출법(stratified sampling)
② 군집 추출(cluster sampling)
③ 계통 추출(systematic sampling)
④ 무작위 추출(random sampling)

**37** 확률 변수의 종류에 따라 이산 확률 분포와 연속 확률 분포로 나눌 수 있다. 각각의 분포와 종류를 알맞게 연결한 것은?

① 이산 확률 분포 : 표준정규 분포, 지수 분포, 초기하 분포, 기하 분포
② 이산 확률 분포 : 베타 분포, 지수 분포, $t$-분포, $F$-분포, 카이제곱 분포
③ 연속 확률 분포 : 이항 분포, 포아송 분포, 초기하 분포, 기하 분포, 다항 분포
④ 연속 확률 분포 : 균등 분포, 정규 분포, 표준정규 분포, 지수 분포

38 통계적 추론이란 자료의 정보를 이용하여 모집단에 관한 추측이나 결론을 이끌어 내는 과정이다. 이 과정은 추정과 가설검정을 통하여 이루어진다. 다음 중 추정과 가설검정에 대한 설명으로 올바르지 않은 것은?

① 가장 참값이라고 여겨지는 하나의 모수값을 택하는 것을 점 추정이라고 한다. 즉, 점 추정은 모수가 특정한 값일 것이라고 추정하는 것이다.
② 구간 추정이란 추정량의 분포를 이용하여 표본으로부터 모수 값을 포함하는 구간을 추정하는 것이다. 이때 추정된 구간을 신뢰구간이라고 부른다.
③ 귀무가설이 사실일 때, 관측된 검정통계량의 값보다 귀무가설을 지지하는 방향으로 검정통계량이 나올 확률을 p값이라고 한다.
④ 기각역이란 대립가설이 맞을 때 그것을 받아들이는 확률을 의미한다.

39 통계적 추론에서 모집단의 모수를 검증하기 위해 사용하는 모수적 방법과 비교하여 비모수적 방법의 특징으로 올바르지 않은 것은?

① 비모수적 검정은 모집단의 분포에 대해 아무런 제약을 가하지 않는다.
② 관측된 자료가 특정 분포를 따른다고 가정할 수 없는 경우에 이용된다.
③ 분포의 모수에 대한 가설을 설정하지 않고 분포의 형태에 대해 가설을 설정한다.
④ 비모수 검정에서는 관측값의 절대적 크기에 의존하여 평균, 분산 등을 이용해 검정을 실시한다.

40 가설검정의 제2종 오류에서 귀무가설이 참이 아닌 경우 이를 기각할 수 있는 확률을 의미하는 것은?

① 유의수준(Level of Significance)  ② 신뢰수준(Level of Confidence)
③ 베타수준($\beta$ Level)  ④ 검정력(Statistical Power)

# PART 03 빅데이터 모델링

41 다음 중 비지도 학습 기반 분석을 수행하기에 적절한 것은?

① 인사관리 및 인재 확보를 위해 임직원의 퇴사 확률을 예측한다.
② 공장의 원재료, 설비, 환경 등의 정보를 기반으로 제품의 불량률을 예측한다.
③ 프로모션을 진행하기 위해 고객들을 유사한 그룹으로 세분화한다.
④ 제품 생산 및 재고 관리 고도화를 위해 고객의 수요를 예측한다.

**42** 데이터를 이해하고 데이터의 특징을 설명할 수 있는 데이터 분석으로 적절한 것은?

① 예측(Prediction)　　② 기술(Description)
③ 군집(Clustering)　　④ 연관(Association)

**43** 다음 중 분석 모형과 하이퍼파라미터를 연결한 것으로 적절한 것은?

① 인공신경망 – 가중치(weight)　　② 회귀분석 – 회귀계수
③ 서포트벡터머신 – 코스트(Cost)　　④ 계층적 군집 분석 – 군집의 수

**44** 다음 중 데이터 마트 설계 및 구축에 대한 설명으로 적절한 것은?

① 적절한 분석 모형을 선정하고 모형을 학습한다.
② 인터뷰 과정을 통해 요구 사항을 정의하고 확정한다.
③ 데이터 전처리를 수행하고 지속 활용 가능하도록 데이터 마트를 적재한다.
④ 분석 가능성 및 환경을 검토하여 분석 추진 계획을 수립한다.

**45** 다음 중 파이썬(Python)에 대한 설명으로 적절하지 않은 것은?

① 가장 보편적인 분석 툴 중 하나로 교육 및 학습의 기회가 많다.
② C언어 기반의 프로그래밍 언어로 데이터 분석에만 특화되어 있다.
③ 오픈소스 프로그래밍 언어로 강력한 온라인 커뮤니티가 존재한다.
④ MS Windows, Mac OS, Linux 등 다양한 OS에서 사용 가능하다.

**46** 지도 학습은 크게 분류모델과 예측모델로 구분할 수 있다. 다음 중 분류모델이 아닌 것은?

① 다중 회귀분석　　② 인공신경망
③ 서포트벡터머신　　④ 의사결정나무

**47** 연관성 분석을 위해 사용하는 개념으로 옳지 않은 것은?

① 지지도　　② 향상도
③ 정밀도　　④ 신뢰도

**48** 다중 회귀 모형의 통계적 유의성을 확인하기 위한 적절한 통계량은?

① 결정계수  
② F 통계량  
③ 잔차통계량  
④ 회귀계수의 t 통계량

**49** 로지스틱 회귀분석을 선형 회귀분석과 비교했을 때 차이점으로 올바른 것은?

① 목표변수 : 연속형 / 분포 : 이항 분포  
② 목표변수 : 범주형 / 분포 : 정규 분포  
③ 목표변수 : 연속형 / 분포 : 정규 분포  
④ 목표변수 : 범주형 / 분포 : 이항 분포

**50** 다음 중 군집의 개수를 미리 정하지 않아도 되는 군집 모형은?

① k−평균 군집  
② 계층적 군집  
③ 혼합 분포 군집  
④ 자기 조직화 지도

**51** 두 학생의 시험 성적 데이터의 유사성을 맨하튼 거리로 계산한 것으로 옳은 것은?

| 구분 | 학생 A | 학생 B |
| --- | --- | --- |
| 중간고사 | 95 | 90 |
| 기말고사 | 85 | 100 |

① 20  
② 10  
③ $\sqrt{200}$  
④ $\sqrt{250}$

**52** 다음 중 분리 기준에 따라 트리 형태로 분류 예측을 진행하는 모델은?

① 서포트벡터머신  
② 다중 회귀모형  
③ 인공신경망  
④ 의사결정나무

**53** 다음 중 서포트벡터머신에서 선형적으로 완벽한 분리가 불가능할 때 분류를 위해 허용된 오차를 위한 변수는?

① 슬랙변수  
② 종속변수  
③ 커널변수  
④ 독립변수

**54** 시그모이드 함수는 기울기 소실 현상의 원인이었으며, ( A ) 함수를 통해 기울기 소실 현상의 문제를 해결하였다. A에 들어갈 말로 옳은 것은?

① tanh
② ReLU
③ Softmax
④ 계단

**55** 고객들의 구매 기록을 토대로 연관성 분석을 진행하려 한다. A를 구매하는 경우와 B를 구매하는 경우가 독립적인 관계라고 할 때, 향상도는 얼마인가?

① $-1$
② 0
③ 0.5
④ 1

**56** 다음 중 두 변수의 상호작용효과와 각 변수의 주효과를 분석하는 방법으로 적절한 것은?

① 대응표본 t-test
② 분할표 분석
③ 피셔의 정확 검정
④ two-way ANOVA

**57** 다음 ACF와 PACF를 통해 식별된 모형으로 적절한 것은?

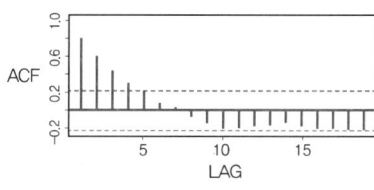
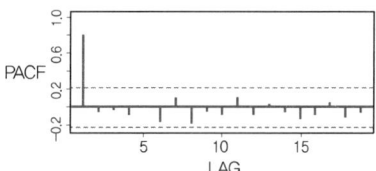

① AR(1)
② MA(1)
③ AR(2)
④ MA(2)

**58** LSTM 모형이 보완하는 RNN의 문제로 적절한 것은?

① Social Network
② Gradient vanishing
③ Long-term dependency
④ Bootstrap sampling

**59** 다음 앙상블 모형에 대한 설명 중 적절하지 않은 것은?

① 배깅(Bagging)은 부트스트랩 샘플링으로 추출한 각 표본에 대해 학습한 모형을 결합하는 앙상블 기법이다.
② 랜덤포레스트는 배깅 기법과 변수의 랜덤 선택을 결합한 앙상블 모형이다.
③ 부스팅(Boosting)은 재표본(Resampling) 과정에서 분류가 잘못된 데이터에 더 큰 가중을 주어 표본을 추출한다.
④ Light GBM은 부스팅 기반 트리 모형으로 Level-wise 방식으로 트리 분할을 수행한다.

**60** 다음 중 부호와 상대적 크기를 고려해 중위수를 검정하는 비모수 통계 방법은?

① 런 검정
② 부호 검정
③ 만-휘트니의 U 검정
④ 윌콕슨 부호 순위 검정

# PART 04  빅데이터 결과 해석

**61** 회귀 모형 평가 지표 중 MSE를 구하는 산식으로 옳은 것은?

① $\sqrt{\dfrac{1}{n}\sum_{i=1}^{n}(y_i - \hat{y}_i)^2}$

② $\dfrac{1}{n}\sum_{i=1}^{n}|y_i - \hat{y}_i|$

③ $\dfrac{1}{n}\sum_{i=1}^{n}(y_i - \hat{y}_i)^2$

④ $100 \times \dfrac{1}{n}\sum_{i=1}^{n}\left|\dfrac{y_i - \hat{y}_i}{y_i}\right|$

**62** 분류 모형 평가 지표 중 모형이 Positive로 예측한 데이터 중 실제 Positive인 데이터의 비율을 나타내는 것은?

① 정밀도
② 재현율
③ 특이도
④ 민감도

**63** 분류 모형 평가 지표 중 실제 Negative인 데이터 중 모형이 Negative로 예측한 데이터의 비율을 나타내는 것은?

① 정밀도
② 특이도
③ 민감도
④ 거짓 긍정률

**64** 다음 중 제1종 오류와 제2종 오류에 대한 설명으로 옳지 않은 것은?

① 제1종 오류는 귀무가설이 참임에도 불구하고 귀무가설을 기각하는 오류다.
② 제1종 오류는 $\alpha$ 오류라고도 한다.
③ 제2종 오류는 False Positive인 경우다.
④ 제2종 오류는 스팸 메일인데 스팸 메일이 아니라고 분류하는 경우에 해당한다.

[65~66]
다음 그림은 분류 모형이 양성으로 예측한 경우를 +, 음성으로 예측한 경우를 −로 표시한 것이다. 그림을 보고 아래 질문에 답하시오.

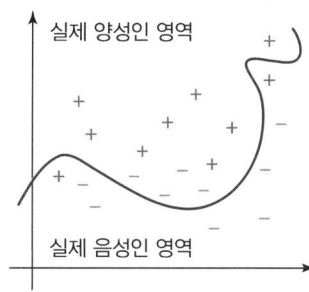

**65** 위 그림에서 정확도 값은?

① $\frac{7}{10}$
② $\frac{4}{5}$
③ $\frac{3}{5}$
④ $\frac{3}{4}$

**66** 위 그림에서 특이도 값은?

① $\frac{7}{10}$
② $\frac{4}{5}$
③ $\frac{3}{5}$
④ $\frac{3}{4}$

**67** k-fold 교차 검증에 대한 설명으로 옳지 않은 것은?

① k-fold 교차 검증을 통해 하이퍼파라미터 최적값을 찾은 후 전체 데이터를 사용해서 분석 모형을 다시 학습한다.
② 홀드아웃은 k-fold 교차 검증에 비해 분산이 높은 분석 모형을 만든다.
③ 데이터의 크기가 작은 경우 fold 개수를 줄이는 것이 좋다.
④ k 값이 증가하면 분석 모형의 일반화 성능 추정 시 편향은 줄고 분산은 증가한다.

**68** 모수 유의성 검정 방법 중 t-검정에 대한 설명으로 옳지 않은 것은?

① 모집단의 표준 편차를 알 수 없을 때 사용한다.
② 집단의 평균값이 맞는지 검정하는 방법이다.
③ 두 집단의 평균값 차이가 있는지 검정하는 방법이다.
④ 표본 수가 30개 미만인 집단에 대해서는 사용할 수 없다.

**69** 다음 그림은 과소적합된 모형, 일반화된 모형, 과대적합된 모형 중 하나를 나타낸 것이다. 다음 그림이 나타내는 모형의 편향과 분산은 어떻게 나타나는가?

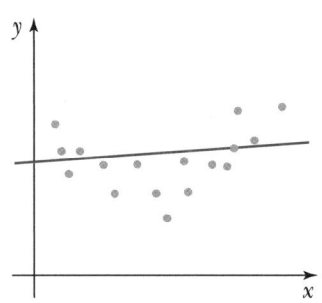

① 편향은 높고 분산도 높다
② 편향은 높고 분산은 낮다
③ 편향은 낮고 분산은 높다
④ 편향은 낮고 분산도 낮다

**70** 다음 가중치 규제 방법에 대한 설명 중 옳은 것은?

① 하이퍼파라미터 값을 증가시키면 규제의 강도도 세진다.
② L1 규제를 사용하면 일부 가중치의 경우 영향력이 크게 감소할 수 있다.
③ L2 규제를 사용하면 일부 가중치 값이 0으로 수렴할 수 있다.
④ L2 규제는 변수 선택(feature selection)에 사용할 수 있다.

**71** 다음 중 데이터의 정규성을 검정하는 방법으로 옳지 않은 것은?

① 샤피로 윌크 검정
② Q-Q plot
③ 콜모고로프 스미르노프 적합성 검정
④ 카이제곱 검정

**72** 다음 중 공간 시각화에 대한 설명으로 옳지 않은 것은?

① 도트 플롯 맵은 데이터 값의 크기에 따라 점의 크기를 다르게 나타낸다.
② 등치지역도는 음영이나 색을 통해 지역별 값의 차이를 나타낸다.
③ 등치선도는 시각적으로 분포를 파악하기 쉽다는 장점이 있다.
④ 카토그램은 의도적으로 지역의 크기를 왜곡하는 방법이다.

**73** 다음 그림은 시각화 유형 중 어디에 해당하는가?

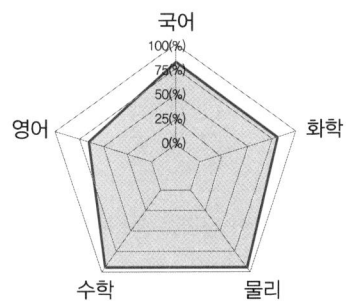

① 관계 시각화　　　　　　　　② 비교 시각화
③ 분포 시각화　　　　　　　　④ 다면 시각화

**74** 다음 그림은 데이터의 각 관측치를 아래와 같이 다양한 얼굴의 형태로 나타내는 방법을 나타낸 것이다. 이에 해당하는 시각화 유형으로 올바른 것은?

① 공간 시각화　　　　　　　　② 관계 시각화
③ 비교 시각화　　　　　　　　④ 분포 시각화

**75** 시각화 방법 중 $x$축과 $y$축에 변숫값의 쌍을 점으로 표현하여 변수 간 상관관계를 파악하는 데 유용한 것은?

① 히트맵
② 카토그램
③ 선그래프
④ 산점도

**76** 다음 그림은 시각화 유형 중 어디에 해당하는가?

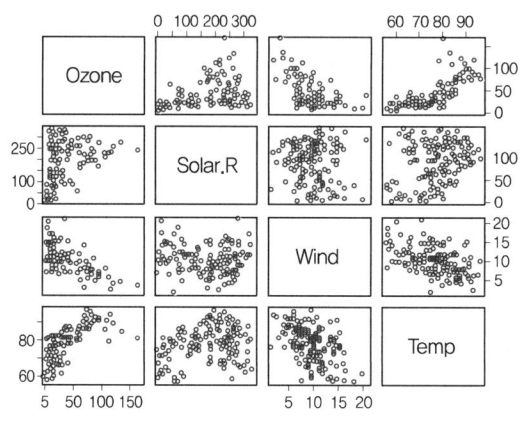

① 공간 시각화
② 관계 시각화
③ 비교 시각화
④ 분포 시각화

**77** 분석 모형을 융합하는 방법 중 여러 개의 분석 모형 결과를 종합하여 많이 선택된 클래스를 최종 결과로 예측하는 방법은?

① 하드 보팅(hard voting)
② 소프트 보팅(soft voting)
③ 부스팅(boosting)
④ 스태킹(stacking)

[78~80]
아래는 분석 모형 개선 시 수행하는 업무를 무작위로 나열한 것이다. 보기를 참고하여 질문에 답하시오.

| a. 드롭아웃 | b. 배깅 | c. 모멘텀 | d. 가중치 규제 |
| e. 경사하강법 | f. 부스팅 | g. 교차 검증 | h. Adagrad |

**78** 위 보기 중 매개변수 최적화를 위해 수행하는 업무로만 짝지어진 것은?

① a, c, e
② a, b, g
③ c, e, h
④ c, g, h

**79** 위 보기 중 분석 모형 융합을 위해 수행하는 업무로만 짝지어진 것은?

① b, f, h  ② a, f
③ b, f    ④ c, f, h

**80** 위 보기 중 과대적합 방지를 위해 수행하는 업무로만 짝지어진 것은?

① a, b, c  ② b, d, h
③ c, h    ④ a, d, g

# 제8회 실전모의고사

## PART 01 빅데이터 분석 기획

**01** 빅데이터의 영향으로 올바르지 않은 것은?

① 기업의 생산성 향상
② 새로운 시장 창출
③ 이슈의 사전 탐지
④ 사생활 보호 향상

**02** 지식의 유형 중 암묵지에 해당하지 않는 것은?

① 경기도 무형문화재 제38호에 등록된 풀피리
② 유재석의 방송 진행 능력
③ 엄마 친구 딸의 공부 비법
④ 박막례 할머니의 복숭아 장아찌 담그는 법

**03** 빅데이터 분석 방법론의 분석 절차에 해당하지 않는 것은?

① 비즈니스 분석
② 프로젝트 범위 및 계획 수립
③ 데이터 저장 플랫폼 벤치마크테스트(BMT)
④ 모델 평가 및 검증

**04** 다음 중 데이터를 분류하는 기준이 다른 하나는?

① 정형 데이터
② 실시간 데이터
③ 반정형 데이터
④ 비정형 데이터

05 데이터를 저장 형태 기준으로 분류할 때 텍스트, 이미지, 오디오, 비디오 등 개별 객체로 구분되는 미디어 데이터는?

① 파일 데이터
② 데이터베이스 데이터
③ 콘텐츠 데이터
④ 스트림 데이터

06 빅데이터 저장플랫폼 설계 시 고려해야 하는 사항으로 올바르지 않은 것은?

① 수집 데이터의 종류, 크기와 백업정책 등을 고려하여 적정 저장 공간의 크기를 산정해야 한다.
② 저장 대상이 되는 데이터의 유형, 저장 방식, 변경 여부에 따라 적합한 저장 플랫폼이 달라지기 때문에 데이터에 대한 파악이 중요하다.
③ 기존에 사용 중인 데이터 웨어하우스나 HDFS가 있더라도 분석용 데이터는 기존 시스템과 독립적으로 구축해야 한다.
④ 수집 데이터의 크기가 급격히 증가할 가능성이 있는 경우 수평확장이 용이한 저장 플랫폼이 유리하다.

07 확장성 생성 언어란 의미로, 클라이언트 시스템의 복잡한 데이터를 쉽게 처리하며 사용자가 구조화된 데이터베이스를 조작할 수 있는 태그 기반의 데이터는?

① XML
② JSON
③ HTML
④ CSV

08 다음에서 설명하는 조직이 기획해야 하는 분석 업무의 유형은 무엇인가?

> A사는 사업이 확장됨에 따라 사내 업무를 시스템화하고 데이터 웨어하우스와 BI를 도입하여 시스템 기반의 업무 분석을 진행해 왔다. 회사의 규모가 발전하여 생산, 판매, 고객 관리 등 내부 데이터도 폭발적으로 증가하고 외부적으로도 SNS, 비대면 서비스, 소셜 판매망 등 급격한 변화에 대응하기 위해 유사업종의 다양한 빅데이터 분석 사례를 도입하여 진행하고 있다. 하지만 회사의 경쟁력은 점점 약화되고 있으며 빅데이터 분석 결과는 선진 사례에서 참조한 만큼 경영에 도움이 안 된다고 판단된다.

① 최적화
② 솔루션
③ 통찰
④ 발견

09 분석 방법론은 복잡하고 다양한 분석업무의 진행 상황을 일반화하여 절차와 방법을 정리한 것이다. 방법론의 특성에 따라 다양한 모델을 사용하는데, 다음 중 분석 방법론의 모델에 해당하지 않는 것은?

① 나사형 모델
② 프로토타입 모델
③ 나선형 모델
④ 폭포수 모델

**10** CRISP-DM 분석 방법론의 구성 요소가 아닌 것은?

① 단계
② 일반화 태스크
③ 스텝
④ 프로세스 실행

**11** 분석 과제 발굴의 하향식 접근법에서 문제 탐색 단계에서 사용하는 비즈니스 모델 기반 문제 탐색은 5개의 영역으로 단순화하여 분석 주제를 도출하는 방법이다. 5개의 영역에 해당하지 않는 것은?

① 경쟁사
② 제품
③ 규제와 감사
④ 지원 인프라

**12** 빅데이터의 특징 중 성격이 다른 하나는 무엇인가?

① Variety
② Volume
③ Velocity
④ Value

**13** 데이터 정규화에 대한 설명 중 올바르지 않은 것은?

① 정규화 방법은 데이터를 특정 구간의 값으로 스케일을 변화시키는 방법이다.
② 최소-최대 정규화는 데이터를 정규화하는 일반적인 방법으로 이상치에 의한 영향이 크다.
③ 데이터 정규화에는 최소-최대 정규화, z-스코어 정규화, 소수 스케일링이 있다.
④ 소수 스케일링은 데이터의 소수점을 이동하여 데이터 크기를 조정하는 방법이다.

**14** HDFS에 저장된 데이터를 질의하는 시스템이 아닌 것은?

① Impala
② Tajo
③ Mahout
④ Hive

**15** 데이터 수집 기술 중 수집 대상이 다른 하나는 무엇인가?

① Crawling
② ETL
③ Apache Kafka
④ Scrapy

**16** 기업의 방대한 기간계 데이터를 통합 관리하여 의사결정 도구의 기초 데이터로 사용되는 데이터의 집합체로, 관점의 주제별로 데이터를 통합하는 기술은 무엇인가?

① 데이터 레이크
② 데이터 웨어하우스
③ 데이터 허브
④ 비즈니스 인텔리전스

**17** 수집된 데이터를 가공할 때 추가가 필요한 속성을 다른 데이터로부터 연계하는 것은?

① 데이터 필터링
② 데이터 정제
③ 데이터 통합
④ 데이터 변환

**18** 개인정보 비식별 조치 가이드라인의 적정성 평가의 단계로 올바른 것은?

① 평가단 구성 → 기초 자료 작성 → 평가 수행 → 추가 비식별 조치 → 데이터 활용
② 평가단 구성 → 기초 자료 작성 → 평가 수행 → 데이터 활용 → 추가 비식별 조치
③ 기초 자료 작성 → 평가단 구성 → 평가 수행 → 추가 비식별 조치 → 데이터 활용
④ 기초 자료 작성 → 평가단 구성 → 데이터 활용 → 추가 비식별 조치 → 평가 수행

**19** 반정형 데이터가 아닌 것은?

① JSON
② 오디오 데이터
③ 센싱 데이터
④ XML

**20** 센서, HTTP 트랜잭션, 알람과 같이 네트워크를 통해 실시간으로 전송되는 데이터는?

① 스트림 데이터
② 정형 데이터
③ 콘텐츠 데이터
④ 파일 데이터

# PART 02 빅데이터 탐색

**21** 데이터 결측값 처리 방법에서 단순 확률 대치법이란 평균 대치법에서 대푯값으로 통계량을 통해 결측값을 대치할 때 적절한 확률값을 부여한 후 대치하는 방법이다. 다음 중 단순 확률 대치법의 유형에 해당하는 것은?

① 완전 분석법
② 평균 대치법
③ 다중 대치법
④ 혼합 방법

**22** 다음 중 데이터 이상값 검출 방법에 해당하지 않는 것은?

① 다중 대치법
② ESD
③ 사분위수 활용
④ 마할라노비스 거리 활용

**23** 다음 중 데이터 이상값 처리 방법이 아닌 것은?

① Deletion
② Imputation
③ Binning
④ Transformation

**24** 다음 중 래퍼 기법(Wrapper Method)에서 사용하는 변수 선택 알고리즘에 해당하지 않는 것은?

① 차원축소(Dimensionality Reduction)
② 전진 선택법(Forward Selection)
③ 후진 제거법(Backward Elimination)
④ 단계적 방법(Stepwise Method)

**25** 최적화 모델을 만들기 위해 적용할 수 있는 변수 변환에 대한 설명 중 적절하지 않은 것은?

① 변수의 분포를 변환하기 위해서 지수 변환 기법을 사용한다.
② 연속형 데이터를 범주형 데이터로 변환하기 위해서 비닝(Binning) 기법을 사용한다.
③ 다수 클래스의 데이터를 무작위로 일부만 선택하여 데이터의 비율을 맞추는 과소표집 기법을 사용한다.
④ 데이터를 특정 구간으로 바꾸는 정규화 기법을 사용한다.

**26** 탐색적 데이터 분석의 특성 중 데이터 분석과 해석을 단순화할 수 있도록 원래 변수를 적당한 척도로 바꾸는 것은?

① 저항성
② 잔차 해석
③ 자료 재표현
④ 현시성

**27** 다음 중 변수 조합에 따른 다차원 데이터 탐색 방법에 대한 설명으로 옳지 않은 것은?

① 범주형 – 범주형 조합의 경우 빈도수와 비율을 활용한 교차 빈도를 활용하여 데이터 간의 연관성을 분석한다.
② 범주형 – 수치형 조합의 경우 변수 간의 상관성과 추세성 여부는 산점도를 이용하여 시각화한다.
③ 범주형 – 수치형 조합의 경우 범주형 데이터의 항목들을 그룹으로 간주하고 각 그룹에 따라 수치형 변수의 기술 통계량 차이를 상호 비교한다.
④ 수치형 – 수치형 조합의 경우 피어슨(Pearson) 상관계수를 통하여 관계 방향과 강도를 파악한다.

**28** 두 변수가 기업의 광고비 지출과 매출액, 매출액과 영업이익 같은 수치형 데이터일 경우에 두 변수 사이의 연관성을 통계적으로 산출하여 분석하는 방법으로 적절한 것은?

① 피어슨 상관계수
② 스피어만 상관계수
③ 교차 검정
④ t – 검정

**29** 다음 중 데이터를 탐색하기 위한 시각화 기법을 설명한 것으로 부적절한 것은?

① 히스토그램은 연속형 변수 데이터를 구간으로 나누고 해당 구간의 빈도를 표시하여, 자료 분포의 형태를 직사각형으로 시각화한다.
② 박스 플롯을 통해 데이터의 범위를 직관적으로 확인할 수 있으며, 통계적으로 이상값을 빠르게 파악하는 데 용이한 시각화 기법이다.
③ 가로축과 세로축의 좌표평면상에서 각각의 관찰점들을 표시하여 2개의 연속형 변수 간의 관계를 보기 위하여 산점도를 사용한다.
④ 데이터 값이 큰 지역의 면적을 시각적으로 더 크게 표시하여 데이터를 직관적으로 보기 위해 버블 플롯 맵을 사용한다.

**30** 다음 중 박스 플롯의 구성요소에 해당하지 않는 것은?

① 아웃라이어
② 분산
③ 제2사분위
④ 수염

**31** 다음 중 코로플레스 지도에 대한 설명으로 적절하지 않은 것은?

① 영역별 데이터를 표현하는 가장 보편적인 방법이다.
② 어떤 데이터 수치에 따라 지정한 색상 스케일로 영역을 색칠해서 표현한다.
③ 표시된 지역의 면적이 실제 데이터값의 크기를 반영할 수 없다는 단점이 있다.
④ 위도와 경도를 사용하여 좌표를 원으로 정의한다.

**32** 다음 중 표본 추출 기법에 대하여 설명한 것으로 올바르지 않은 것은?

① 단순 무작위 추출 : 100장의 번호표에서 무작위로 10개의 번호표를 추출
② 계통 추출 : 100명의 참가자에게 쿠폰을 지급하고 끝 자리가 5인 사람들을 선정
③ 층화 추출 : 여론 조사를 위해 연령별로 그룹을 나누고, 각 연령대에서 무작위로 10명씩 선정
④ 군집 추출 : 검은색, 노란색, 파란색 번호표를 무작위로 추출

**33** 확률 분포는 확률변수의 종류에 따라 이산 확률 분포와 연속 확률 분포로 구분할 수 있다. 다음 중 이산 확률 분포의 종류가 아닌 것은?

① 이항 분포
② 포아송 분포
③ 기하 분포
④ 균등 분포

**34** 다음 중 t-분포에 대한 설명으로 올바르지 않은 것은?

① 정규분포의 평균($\mu$)의 해석에 많이 쓰이는 분포이다.
② 모집단이 정규 분포라는 정도만 알고, 모표준 편차($\sigma$)는 모를 때 사용한다.
③ 독립적인 카이제곱 분포가 있을 때, 두 확률변수의 비이다.
④ 두 집단의 평균이 동일한지 알고자 할 때 검정 통계량으로 활용한다.

**35** 표본의 개수가 커지면 그 데이터가 어떠한 형태이든 표본의 분포가 최종적으로 정규분포를 따른다는 원칙을 의미하는 용어는 무엇인가?

① 큰 수의 법칙
② 중심극한정리
③ 파레토 법칙
④ 마르코프 부등식

**36** 다음 중 표본의 정보로부터 모집단의 모수를 하나의 값으로 추정하는 점 추정의 조건에 해당하지 않는 것은?

① 불편성(Unbiasedness)　　② 일치성(Consistency)
③ 사용성(Usability)　　④ 충족성(Sufficient)

**37** 가설검정에 대한 설명으로 옳지 않은 것은?

① 귀무가설은 현재까지 주장되어 온 것이거나 기존과 비교하여 변화 혹은 차이가 없음을 나타내는 가설이다.
② 대립가설은 표본을 통해 확실한 근거를 가지고 입증하고자 하는 가설이다.
③ 대립가설을 연구가설이라고 한다.
④ 대립가설은 $H_0$으로 표기하고, 귀무가설은 $H_1$으로 표기한다.

**38** 다음 중 추정과 가설검정에 대한 설명으로 올바르지 않은 것은?

① 점 추정은 표본의 정보로부터 모집단의 모수를 하나의 값으로 추정하는 것이다.
② 구간 추정은 추정량의 분포에 대한 전제가 주어져야 하고, 구해진 구간 안에 모수가 있을 가능성의 크기(신뢰수준)가 주어져야 한다.
③ 신뢰수준이란 추정값이 존재하는 구간에 모수가 포함되어 있을 가능성의 크기를 의미한다.
④ 귀무가설이 사실일 때, 관측된 검정 통계량의 값보다 대립가설을 더 지지하는 검정 통계량이 나올 확률을 p-값이라고 한다.

**39** 다음 중 검정 통계량에 대한 설명으로 올바른 것은?

① 가설검정의 대상이 되는 모수를 추론하기 위해 사용되는 표본 통계량이다.
② 귀무가설이 거짓이라는 전제하에 모집단으로부터 추출된 확률표본의 정보를 이용한다.
③ 귀무가설이 참일 때 귀무가설을 기각하게 되는 제1종 오류를 범할 확률이다.
④ 귀무가설이 참이라는 가정에 따라 주어진 표본 데이터를 희소한 확률로 얻을 값이다.

**40** 다음 중 제1종 오류에 대한 설명으로 올바른 것은?

① 귀무가설이 참인데 이를 채택하는 경우
② 귀무가설이 참이 아닌데 이를 채택하지 않는 경우
③ 귀무가설이 참인데 이를 기각하는 경우
④ 귀무가설이 참이 아닌데 이를 채택하는 경우

# PART 03 빅데이터 모델링

**41** 다음 분석 모형 중 비지도 학습 모형이 아닌 것은?

① k-평균 군집분석(k-Means clustering)
② 엘라스틱넷(elasticNet)
③ 자기 조직화 지도(SOM)
④ 독립성분 분석(ICA)

**42** 파라미터에 대한 설명으로 적절하지 않은 것은?

① 모델 내적인 요소로 모형의 성능에 직접적인 영향을 미친다.
② 예측을 수행할 때, 데이터를 학습한 결과 자동으로 결정된다.
③ 인공신경망의 가중치, 서포트벡터머신의 서포트벡터, 선형회귀 모형의 결정계수 등이 있다.
④ 모델 외적인 요소로 사용자가 직접 설정한다.

**43** 다음 중 모델링 절차로 올바른 것은?

① 데이터 마트 구축 → EDA → 모델링 → 모델 성능평가
② EDA → 모델링 → 모델 성능평가 → 데이터 마트 구축
③ EDA → 데이터 마트 구축 → 모델링 → 모델 성능평가
④ 모델링 → EDA → 모델 성능평가 → 데이터 마트 구축

**44** 분석 모형 구축 절차에서 모델링 단계에 대한 설명으로 가장 적절한 것은?

① 기획 단계보다 상세한 분석 요건을 도출하여 요구 사항으로 정리한다.
② 탐색적 데이터 분석을 통해 데이터 특성을 이해하고 유의 변수를 도출한다.
③ 최적 모델을 생성하기 위해 가능한 모든 데이터를 학습에 사용한다.
④ 분석 가능성, 분석 환경, 일정 등을 고려하여 분석 추진계획을 수립한다.

**45** 다음 중 데이터 분할에 대한 설명으로 적절한 것은?

① 과적합을 방지하고 일반화 성능을 향상시키는 것이 목적이다.
② 데이터가 부족한 경우 테스트 데이터는 따로 분할하지 않는다.
③ 검증용 데이터와 모델 성능을 평가하는 데이터로 테스트 데이터라고도 한다.
④ 학습 데이터는 모델의 성능 평가에 사용한다.

**46** 다음 중 회귀 모형의 가정으로 적절하지 않은 것은?

① 일관성　　　　　　　　② 정상성
③ 등분산성　　　　　　　④ 선형성

**47** 로지스틱 회귀분석을 실시하려 한다. 데이터의 변수는 어떤 형태를 띠고 있는가?

① 독립변수 : 범주형 / 종속변수 : 연속형
② 독립변수 : 연속형 / 종속변수 : 연속형
③ 독립변수 : 범주형 / 종속변수 : 범주형
④ 독립변수 : 연속형 / 종속변수 : 무관함

**48** (　　　)는 표본에서 나온 관측값을 회귀선과 비교할 때의 차이이다. 빈칸에 들어갈 말로 옳은 것은?

① 과대적합　　　　　　　② 잔차
③ 마진　　　　　　　　　④ 피팅

**49** 다음 중 두 군집 사이의 거리를 각 군집에서 하나씩 관측값을 뽑았을 때 나타날 수 있는 거리의 최솟값으로 측정하는 연결법으로 알맞은 것은?

① 중심 연결법　　　　　　② 최장 연결법
③ 최단 연결법　　　　　　④ 평균 연결법

**50** 다음 중 예측 모델 기법들에 대한 설명으로 옳지 않은 것은?

① 회귀분석 : 관찰된 연속형 변수들에 대해 두 변수 사이의 모형을 구한 뒤 지지도를 측정해 내는 분석 방법
② 의사결정나무 : 의사결정 규칙을 나무 구조로 도표화하여 분류와 예측을 수행하는 분석 방법
③ 인공신경망 : 사람 두뇌의 신경세포인 뉴런이 전기신호를 전달하는 모습을 모방한 예측 모델
④ 시계열 분석 : 관측치가 시간적 순서를 가지는 시계열 데이터를 통해 미래의 값을 예측하는 기법

**51** 다음은 의사결정나무의 분석 과정을 무작위로 나열한 것이다. 마지막에 진행해야 할 과정은?

① 의사결정나무의 성장
② 가지치기
③ 타당성 평가
④ 해석 및 예측

**52** 다음 연속형 변수 거리 중 수학적 거리로 옳지 않은 것은?

① 유클리드 거리
② 마할라노비스 거리
③ 민코프스키 거리
④ 맨하튼 거리

**53** 다음 중 활성화 함수가 아닌 것은?

① Sigmoid 함수
② Softmax 함수
③ ReLU 함수
④ XOR 함수

**54** 아래 집단에 대한 지니 지수(Gini Index)를 계산한 것으로 옳은 것은?

□ ▲ ▲ □ □ ▲

① 0.5
② 0.6
③ 0.7
④ 0.8

**55** 다음 중 자기지도 학습(SOM ; Self-Organizing Maps)에 대한 설명으로 옳지 않은 것은?

① SOM은 입력층과 경쟁층으로 구성된다.
② 지도 신경망으로 고차원의 데이터를 이해하기 쉬운 저차원의 뉴런으로 정렬하여 지도의 형태로 형상화한다.
③ 코호넨에 의해 제시, 개발되었으며 코호넨 맵으로 알려져 있다.
④ 실제 공간의 입력변수가 가까이 있으면 지도상에는 가까운 위치에 있게 된다.

**56** 피셔의 정확 검정(Fisher's Exact Test)에 대한 설명으로 적절한 것은?

① 종속변수가 연속형인 경우 사용한다.
② 분포를 이용하여 범주형 자료 간의 차이를 분석한다.
③ 분할표에서 표본의 수가 작거나 범주가 많아서 빈도수가 극도로 작은 경우 사용한다.
④ 분포를 가정하지 않는 비모수 통계 방법이다.

**57** 다음 중 ARIMA(p, d, q) 모형에 대한 설명으로 적절하지 않은 것은?

① ARIMA 모형은 비정상 시계열 모형이다.
② 차분이나 변환을 통해 AR 모형이나 MA 모형, ARMA 모형으로 정상화할 수 있다.
③ d는 ARIMA에서 ARMA로 정상화할 때 몇 번 차분을 했는지를 의미한다.
④ 차수 p, d가 0인 경우 AR 모형과 동일하다.

**58** 다음 중 나이브 베이즈에 대한 설명으로 적절하지 않은 것은?

① 베이즈 정리 기반의 비지도 학습 분류 모델이다.
② 모든 독립변수가 서로 동등하고 독립적으로 기여한다고 가정한다.
③ 실시간 분류 또는 텍스트 분석에 주로 사용된다.
④ 관측치가 각 범주에 속할 확률을 구하고 확률이 큰 범주에 할당한다.

**59** 다음 설명에서 빈칸에 들어갈 하이퍼파라미터로 적절한 것은?

> Training data가 30,000건이 있고 mini-batch size가 1,000이라면 1 epoch를 수행하기 위해 30(　　　)이 필요하다.

① kernel
② cost
③ learning rate
④ iteration

60 사회연결망분석(SNA)에서 다른 노드들 사이에 위치하는 정도를 나타내는 지표로, 지나는 경로가 많을수록 높은 값을 갖는 지표는?

① 연결 중심성
② 근접 중심성
③ 매개 중심성
④ 위세 중심성

# PART 04 빅데이터 결과 해석

61 다음 중 혼동행렬에서 예측한 값이 음성이고 실제 값은 양성인 경우를 나타내는 말은?

① TP
② TN
③ FP
④ FN

[62~63]
병 진단에 사용하는 A검사법과 B검사법이 있다. A는 다른 검사법에 비해 민감도가 높은 검사법이고, B는 다른 검사법에 비해 특이도가 높은 검사법이다. 아래 질문에 답하시오.

62 병 진단 과정에서 마지막으로 최종 진단을 내릴 때 사용하기에 더 적합한 검사법과 그 이유로 적합한 것은?

① A－FN이 나올 확률이 낮기 때문에 음성 값이 나왔을 때 그 값을 더 신뢰할 수 있다.
② A－FP가 나올 확률이 낮기 때문에 양성 값이 나왔을 때 그 값을 더 신뢰할 수 있다.
③ B－FN이 나올 확률이 낮기 때문에 음성 값이 나왔을 때 그 값을 더 신뢰할 수 있다.
④ B－FP가 나올 확률이 낮기 때문에 양성 값이 나왔을 때 그 값을 더 신뢰할 수 있다.

63 조금이라도 환자로 의심되는 사람을 1차적으로 걸러내고 싶을 때 사용하기에 더 적합한 검사법과 그 이유로 적합한 것은?

① A－FN이 나올 확률이 낮기 때문에 음성 값이 나왔을 때 그 값을 더 신뢰할 수 있다.
② A－FP가 나올 확률이 낮기 때문에 양성 값이 나왔을 때 그 값을 더 신뢰할 수 있다.
③ B－FN이 나올 확률이 낮기 때문에 음성 값이 나왔을 때 그 값을 더 신뢰할 수 있다.
④ B－FP가 나올 확률이 낮기 때문에 양성 값이 나왔을 때 그 값을 더 신뢰할 수 있다.

**64** 다음 중 선형 회귀 모형의 가정과 의미가 올바르게 연결되지 않은 것은?

① 선형성 : 종속변수는 독립변수의 선형 함수다.
② 독립성 : 독립변수 사이에는 상관관계가 없어야 한다.
③ 등분산성 : 독립변수의 분산은 모두 동일해야 한다.
④ 정규성 : 오차항의 평균은 0이다.

**65** 다음 중 학습 데이터의 특성을 덜 반영하도록 분석 모형을 만들 때 생기는 오류를 일컫는 말로, 일반화 오류와 반대되는 개념에 해당하는 것은?

① 학습 오류
② 제1종 오류
③ 제2종 오류
④ 과대적합

**66** 50개의 데이터에 p=3인 리브-p-아웃 교차 검증 데이터를 구성하는 경우의 수는?

① $_{50}C_3$
② $_{50}P_3$
③ $50 \times 49 \times 48$
④ $50!$

**67** 다음은 모수 유의성 검정 방법과 검정 대상이 연결된 것이다. 옳지 않은 것은?

① t-검정 - 모평균
② 카이제곱 검정 - 모분산
③ F-검정 - 모분산
④ ANOVA - 모분산

**68** 다음 중 범주형 데이터를 대상으로 관측된 값들의 빈도수와 기대 빈도수가 동일한지 검정하는 적합도 검정 방법은?

① t-검정
② 카이제곱 검정
③ 샤피로 윌크 검정
④ 콜모고로프 스미르노프 검정

**69** 다음은 과소적합에 대한 설명이다. 빈 칸에 들어갈 말로 가장 알맞은 것은?

> 분석 모형이 과소적합일 때 상대적으로 학습 오류는 ( ㉠ ) 검증 오류는 ( ㉡ ).

① ㉠ : 크고, ㉡ : 크다
② ㉠ : 크고, ㉡ : 작다
③ ㉠ : 작고, ㉡ : 크다
④ ㉠ : 작고, ㉡ : 작다

**70** 다음 중 절댓값을 이용하여 가중치의 값을 제한하는 과대적합 방지 방법은?

① L1 규제
② L2 규제
③ 드롭아웃
④ 데이터 수 증가

[71~72]

다음 그래프는 4개의 관측치에 회귀 직선을 적합시킨 결과를 나타낸 것이다. $a_n, b_n$은 각각 회귀 모형이 지니는 변동을 나타낸 것이다. 아래 질문에 답하시오.

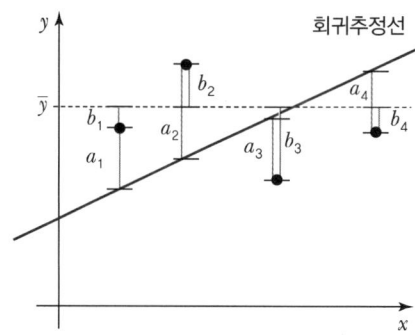

**71** $\sum_{i=1}^{4} a_i^2$으로 구할 수 있는 오차에 대한 설명으로 옳은 것은?

① 회귀모형의 설명력을 나타낸다.
② 종속변수가 지니고 있는 전체 변동 중 회귀식으로 설명이 불가능한 변동이다.
③ 종속변수가 지니고 있는 전체 변동 중 회귀식으로 설명이 가능한 변동이다.
④ 종속변수가 지니고 있는 전체 변동이다.

**72** $\sum_{i=1}^{4} b_i^2$으로 구할 수 있는 오차에 대한 설명으로 옳은 것은?

① 회귀모형의 설명력을 나타낸다.
② 종속변수가 지니고 있는 전체 변동 중 회귀식으로 설명이 불가능한 변동이다.
③ 종속변수가 지니고 있는 전체 변동 중 회귀식으로 설명이 가능한 변동이다.
④ 종속변수가 지니고 있는 전체 변동이다.

## [73~75]
다음 혼동행렬을 보고 질문에 답하시오.

| 예측값 \ 실제값 | Positive | Negative |
|---|---|---|
| Positive | 80 | 20 |
| Negative | 120 | 280 |

**73** 위의 혼동행렬을 보고 민감도를 계산한 것은?

① $\dfrac{2}{5}$  ② $\dfrac{18}{25}$

③ $\dfrac{1}{15}$  ④ $\dfrac{7}{10}$

**74** 위의 혼동행렬을 보고 정확도를 계산한 것은?

① $\dfrac{2}{5}$  ② $\dfrac{18}{25}$

③ $\dfrac{1}{15}$  ④ $\dfrac{7}{10}$

**75** 위의 혼동행렬을 보고 거짓 긍정률을 계산한 것은?

① $\dfrac{2}{5}$  ② $\dfrac{18}{25}$

③ $\dfrac{1}{15}$  ④ $\dfrac{7}{10}$

**76** 다음 중 비즈니스 기여도 평가 지표와 그 설명이 옳게 짝지어지지 않은 것은?

① IRR : 순현재가치를 0으로 만드는 할인율
② NPV : 투자 시작 시점부터 사업이 끝나는 시기까지 연도별로 편익과 비용을 현재 가치로 환산한 값
③ ROI : 투자로 얻을 수 있는 순 효과를 총 비용으로 나눈 값
④ TCO : 자산 획득에 드는 총 비용

**77** 다음 중 시각화 종류와 방법이 옳게 짝지어지지 않은 것은?

① 시간 시각화 – 계단그래프
② 공간 시각화 – 등치지역도
③ 비교 시각화 – 트리 맵
④ 관계 시각화 – 산점도

**78** 다음 중 2018~2020년 분기별 매출액 추이를 보고자 할 때 적합하지 않은 시각화 방법은?

① 선그래프
② 산점도 행렬
③ 막대그래프
④ 계단식그래프

**79** 다음 중 시도별 인구 수를 나타낼 때 적합하지 않은 시각화 방법은?

① 막대그래프
② 등치지역도
③ 히스토그램
④ 카토그램

**80** 다음 중 인포그래픽에 대한 설명으로 옳지 않은 것은?

① 시각화의 분류 중 정보 시각화에 해당한다.
② 인포메이션(information)과 그래픽(graphic)을 합친 말이다.
③ 객관적 정보를 전달할 때 사용할 수 있다.
④ 설득형 메시지를 담을 때 사용할 수 있다.

빅데이터분석기사 필기 한권완성

# PART 06

# 실전모의고사 정답 및 해설

제1회 실전모의고사
제2회 실전모의고사
제3회 실전모의고사
제4회 실전모의고사
제5회 실전모의고사
제6회 실전모의고사
제7회 실전모의고사
제8회 실전모의고사

# 제1회 실전모의고사 정답 및 해설

| 01 | 02 | 03 | 04 | 05 | 06 | 07 | 08 | 09 | 10 |
|---|---|---|---|---|---|---|---|---|---|
| ① | ④ | ① | ④ | ④ | ④ | ③ | ① | ② | ② |
| 11 | 12 | 13 | 14 | 15 | 16 | 17 | 18 | 19 | 20 |
| ① | ③ | ② | ③ | ① | ④ | ④ | ② | ③ | ④ |
| 21 | 22 | 23 | 24 | 25 | 26 | 27 | 28 | 29 | 30 |
| ③ | ② | ③ | ② | ④ | ③ | ② | ④ | ④ | ③ |
| 31 | 32 | 33 | 34 | 35 | 36 | 37 | 38 | 39 | 40 |
| ④ | ④ | ④ | ② | ④ | ① | ③ | ① | ② | ① |
| 41 | 42 | 43 | 44 | 45 | 46 | 47 | 48 | 49 | 50 |
| ① | ④ | ② | ④ | ③ | ④ | ① | ③ | ② | ③ |
| 51 | 52 | 53 | 54 | 55 | 56 | 57 | 58 | 59 | 60 |
| ② | ① | ④ | ② | ④ | ④ | ② | ③ | ④ | ① |
| 61 | 62 | 63 | 64 | 65 | 66 | 67 | 68 | 69 | 70 |
| ③ | ① | ② | ③ | ② | ② | ④ | ② | ② | ② |
| 71 | 72 | 73 | 74 | 75 | 76 | 77 | 78 | 79 | 80 |
| ① | ④ | ① | ④ | ② | ③ | ③ | ③ | ① | ③ |

## PART 01 빅데이터 분석 기획

### 01
정답 | ①

해설 | 실시간 트랜잭션 처리(OLTP ; On-Line Transaction Processing)는 다수의 사용자 요청에 즉각적으로 반응하여 업무 단위로 데이터를 처리하는 기술로 효율적인 업무 지원을 위해 발전된 데이터베이스 처리 기술로 빅데이터의 영향과는 거리가 멀다.

### 02
정답 | ④

해설 | 데이터 변환 기법에는 데이터의 노이즈를 구간화, 군집화 등으로 다듬는 평활화, 다양한 차원으로 요약하는 집계, 특정 구간으로 값을 스케일링하는 일반화, 정해진 구간으로 전환하는 정규화, 새로운 속성을 생성하는 기법 등이 있다.

### 03
정답 | ①

해설 | 빅데이터 조직의 분산 구조는 분석 조직 인력들을 현업 부서로 직접 배치하여 분석 업무를 수행하는 구조로 분석 결과에 따른 신속한 활동이 가능하고 베스트 프랙티스(Best Practice) 공유가 용이하다.

### 04
정답 | ④

해설 | 조직 성과 평가 절차 : 목표 설정 → 모니터링 → 목표 조정 → 평가 실시 → 결과의 피드백

### 05
정답 | ④

해설 | 데이터 레이크는 정형, 비정형의 다양한 유형의 데이터를 저장, 관리하며 소스 데이터의 형태를 그대로 저장하기 때문에 메타의 관리가 중요하다. 따라서 분산 저장 프레임워크, 분산 저장 언어, 메타 관리 솔루션의 구축이 필요하지만 상대적으로 데이터 웨어하우스의 구축보다 비용이 낮다. 데이터 레이크에 저장되는 방대한 데이터에서 효율적으로 유의미한 데이터를 활용하기 위해 레이크쇼어 마트를 구성하여 사용하기도 한다.

## 06
정답 | ④

해설 | 빅데이터와 인공지능은 상호 보완적인 관계로 빅데이터의 목표와 인공지능의 목표는 서로 부합한다. 빅데이터 기술의 발전에 따라 인공지능 영역이 함께 발전되었고 인공지능의 발전은 새로운 빅데이터 분석 방법을 발전시켜 새로운 인사이트를 도출하는 데 유용하게 활용된다.

## 07
정답 | ③

해설 | 
- 데이터 : 객관적 사실로서 가공하기 전의 순수한 수치나 기호
- 정보 : 데이터 간의 연관 관계와 함께 의미가 도출된 데이터
- 지식 : 다양한 정보를 구조화하여 유의미한 정보로 분류하고 일반화시킨 결과물
- 지혜 : 지식의 축적으로 도출되는 창의적 아이디어

## 08
정답 | ①

해설 | 
- 개인정보보호법 : 개인정보 처리 과정상의 정보 주체와 개인 정보 처리자의 권리, 의무 등을 규정
- 정보통신망법 : 정보통신망을 통하여 수집, 처리, 보관, 이용 되는 개인정보의 보호에 관한 규정
- 개인정보보호 가이드라인 : 공개된 개인정보 또는 이용내역정보의 수집, 저장, 분석 등에 있어 이용자의 프라이버시를 보호하고 안전한 이용환경을 조성하기 위한 가이드라인
- 신용정보법 : 개인 신용정보의 취급 단계별 보호조치 및 의무 사항에 관한 규정

## 09
정답 | ②

해설 | 개인정보 비식별 조치 방법에는 가명처리, 총계처리, 데이터 삭제, 데이터 범주화, 데이터 마스킹이 있다. 데이터 축소는 데이터 변환 기술이다.

## 10
정답 | ②

해설 | 
- Soft Skill : 분석의 통찰력, 여러 분야의 협력 능력, 설득력 있는 전달력
- Hard Skill : 빅데이터 관련 이론적 지식, 분석 기술의 숙련도

## 11
정답 | ①

해설 | 데이터 수집 프로세스 : 수집 데이터 도출 → 수집 데이터 목록화 → 데이터 소유 기관 확인 및 협의 → 데이터 유형 확인 및 분류 → 데이터 수집 기술 선정 → 수집 계획서 작성 → 수집 주기 정의 → 데이터 수집

## 12
정답 | ③

해설 | 하둡 에코시스템의 기술 중 비정형 데이터 수집은 Apache Chukwa, Apache Flume, Scribe가 있고 정형 데이터 수집에는 Apache Sqoop이 있다. 분산 데이터 저장 기술로 HDFS가 있으며 분산 데이터베이스는 Apache HBase가 있다. ETL은 데이터 웨어하우스에서 주로 사용하는 데이터 전송 기술로 하둡 에코시스템과는 거리가 멀다. BigQuery는 Google Cloud의 서버리스 데이터 웨어하우스 서비스이다.

## 13
정답 | ②

해설 | ETL은 추출(Extract), 변환(Transform), 적재(Load)의 단계로 구성된다.

## 14
정답 | ③

해설 | NoSQL은 고정된 스키마 없이 자유롭게 데이터베이스에 필드를 추가할 수 있다.

## 15
정답 | ①

해설 | 요구 사항 분석 절차 : 요구 사항 수집 → 요구 사항 분석 → 요구 사항 명세 → 요구 사항 검증

## 16
정답 | ④

해설 | 대상별 분석 기획 유형 : 최적화, 솔루션, 통찰, 발견

## 17
정답 | ④

해설 | 유일성에 대한 설명이다.

## 18
정답 | ②

해설 | 분석 문제의 해결 방안은 분석 대상 인지 여부와 분석 방법의 인지 여부에 따라 최적화, 솔루션, 통찰, 발견으로 도출할 수 있다. 분석 대상을 알고, 분석 방안을 모를 경우에는 분석 주제에 대한 솔루션을 찾아냄으로써 분석 과제를 기획할 수 있다.

## 19
정답 | ③

해설 | 가명처리에는 휴리스틱 가명화, K-익명화, 암호화, 교환 방법이 있다. 부분 삭제는 데이터 삭제 기술이다.

## 20
정답 | ④

해설 | 분석 문제를 정의하여 과제를 발굴하는 방법은 상향식 접근법, 하향식 접근법이 있으며 하향식 접근법은 문제 탐색, 문제 정의, 해결 방안 탐색, 과제 선정의 단계로 진행된다. 이때 문제 탐색은 비즈니스 모델 기반 탐색 방법과 외부 참조 모델 기반 문제 탐색 방법을 사용한다.

# PART 02 빅데이터 탐색

## 21
정답 | ③

해설 | 데이터 결측값의 종류로는 완전 무작위 결측(MCAR ; Missing Completely At Random), 무작위 결측(MAR ; Missing At Random), 비무작위 결측(NMAR ; Not Missing At Random)이 있다.

## 22
정답 | ②

해설 | 무응답에 대한 결측값을 현재 진행 중인 설문 조사에서 비슷한 성향을 가진 다른 응답자 데이터로 대체하는 방법은 핫덱(Hot-Deck) 대체이다. 대체할 데이터를 현재 진행 중인 설문 조사에서 얻는 것이 아니라, 외부 출처나 다른 설문 조사의 데이터로 대체하는 방법은 콜드덱(Cold-Deck) 대체이다.

## 23
정답 | ③

해설 | 사분위수 범위(IQR ; Interquartile Range)는 제3사분위수($Q_3$)에서 제1사분위수($Q_1$)를 뺀 값으로, 8-2=6으로 계산할 수 있다. 하한값은 $Q_1-(IQR\times1.5)$ 계산식에 따라, $2-(6\times1.5)=-7$로 계산할 수 있다. 상한값은 $Q_3+(IQR\times1.5)$ 계산식에 따라, $8+(6\times1.5)=17$로 계산할 수 있다.

## 24
정답 | ②

해설 | 파싱은 데이터에 정제 규칙을 적용하여 유의미한 최소 단위로 분할하는 작업이다. 또 다른 예시로 주민등록번호를 생년월일, 성별로 분할할 때 사용 가능한 정제 기법이다.

## 25
정답 | ④

해설 | 데이터의 분포를 고려한 거리 측도로서, 데이터 관측치가 평균으로부터 벗어난 정도를 측정하여 이상값을 검출하는 통계 기법은 마할라노비스 거리이다.

## 26
정답 | ③

해설 | 변수 일부만을 모델링에 사용하고 그 결과를 확인하는 작업을 반복하면서 변수를 선택해 나가는 기법은 래퍼 기법(Wrapper Method)이다.

## 27
정답 | ②

해설 | 릿지(Ridge)는 L2-norm을 통해 제약을 주는 방법이다.

## 28
정답 | ④

해설 | 차원축소 기법으로는 주성분 분석(PCA ; Principal Component Analysis), 특이값 분해(SVD ; Singular Value Decomposition), 요인 분석, 독립 성분 분석(ICA ; Independent Component Analysis), 다차원 척도법(MDS ; Multi-Dimensional Scaling)이 있다.

## 29
정답 | ④

해설 | 변수 변환 방법으로 단순 기능 변환, 비닝, 정규화, 표준화 등이 있다.

## 30
정답 | ③

해설 | 불균형 데이터 처리 방법으로는 과소표집(Under-Sampling), 과대표집(Over-Sampling), SMOTE(Synthetic Minority Oversampling Technique)가 있다.

## 31
정답 | ④

해설 | 탐색적 데이터 분석의 4가지 특성은 저항성(Resistance), 잔차(Residual) 해석, 자료의 재표현(Re-expression), 현시성(Representation)이 있다.

## 32
정답 | ④

해설 | 명목형 데이터인 경우, 카이제곱 검정(교차 분석)을 통해 상관성 분석을 수행한다.

## 33
정답 | ④

해설 | 평균은 이상값에 의한 값의 변동이 중위수보다 심하다. 범위는 데이터의 최댓값과 최솟값의 차이로 구할 수 있다. 중위수는 변수의 개수가 홀수일 때 $\frac{n+1}{2}$번째 값이다. 사분위수 범위는 제3사분위수($Q_3$)에서 제1사분위수($Q_1$)를 뺀 값으로 데이터 중심에서 흩어진 정도를 파악할 수 있다.

## 34
**정답 |** ②
**해설 |** 왼쪽 편포(왼쪽 꼬리 분포)일 경우 '평균(Mean)<중위수(Median)<최빈값(Mode)'이다. 편포에 상관없이 중위수는 항상 가운데에 위치한다.

## 35
**정답 |** ④
**해설 |** 공분산 값의 크기는 측정 단위에 따라 달라지므로 선형 관계의 강도를 나타내지는 못한다.

## 36
**정답 |** ①
**해설 |** 코로플레스 지도(Choropleth Maps)는 어떤 데이터 수치에 따라 지정한 색상 스케일로 영역을 색칠해서 표현하는 방법으로 등치지역도라고도 한다.

## 37
**정답 |** ③
**해설 |** 층화 추출(Stratified Random Sampling)은 모집단을 어떤 특성에 따라 서로 겹치지 않는 여러 계층으로 나누고, 계층별로 무작위 추출을 수행하는 방식이다.

## 38
**정답 |** ①
**해설 |** 이항 분포는 이산 확률 분포이다. 연속 확률 분포의 종류로는 정규 분포, t-분포, 카이제곱 분포, F-분포 등이 있다.

## 39
**정답 |** ②
**해설 |** 점 추정 조건에는 불편성, 효율성, 일치성, 충족성이 있다. 효율성은 추정량의 분산이 작을수록 좋다.

## 40
**정답 |** ①
**해설 |** 귀무가설이 참이라는 가정에 따라 주어진 표본 데이터를 희소 또는 극한값으로 얻을 확률값은 p-값(p-value)이다. 산출된 p-값이 작을수록 표본이 모수에 대하여 귀무가설을 기각할 증거를 충분히 제공한다는 의미로도 해석할 수 있다.

# PART 03 빅데이터 모델링

## 41
**정답 |** ①
**해설 |** 연관 분석은 장바구니 분석 등을 통해 두 인자 간의 연관성을 도출하는 방법이다.

## 42
**정답 |** ④
**해설 |** 자기조직화지도(SOM)는 군집화와 차원축소를 동시에 수행할 수 있는 분석 모형이다.

## 43
**정답 |** ②
**해설 |** 모델링을 수행하는 절차는 '데이터 수집 및 전처리 → 탐색적 분석 → 모델링 → 모델 성능 평가'를 순차적으로 수행한다. 모델 성능 평가 결과를 기반으로 반복 수행을 통해 모델을 조정하고 최적 모델을 도출한다.

## 44
**정답 |** ④
**해설 |** 부적합 모형을 선택하면 오류 발생 위험이 높다. 모델 복잡도를 고려하여 적합한 모델을 선택해야 한다.

## 45
**정답 |** ③
**해설 |** 검증용 데이터는 최적 모델 선정 및 파라미터 튜닝에 사용한다. 검증용 데이터에 대한 성능이 과도하게 높은 경우 모형의 과적합을 의심해야 한다.

## 46
**정답 |** ④
**해설 |** 회귀식은 선형성, 등분산성, 독립성, 정규성, 비상관성을 만족해야 한다.

## 47
**정답 |** ①
**해설 |** 다중 회귀 모형에 개별 회귀 계수를 검정하는 통계량은 F-통계량이다.

## 48
**정답 |** ③
**해설 |** 로지스틱 회귀분석은 종속변수가 범주형 데이터일 때 사용한다.

## 49
정답 | ②
해설 | 가지치기를 통해 불필요하게 많은 가지를 줄여 과적합을 방지한다.

## 50
정답 | ③
해설 | 분리 기준으로는 카이제곱 통계량을 사용하고, 분리 방법은 다지분리를 사용하는 의사결정나무 알고리즘은 CHAID이다.

## 51
정답 | ②
해설 | 기울기 소실에 대한 설명이다.

## 52
정답 | ①
해설 | 단층 퍼셉트론은 XOR 연산을 해결하지 못해 등장한 것이 은닉층을 포함하는 다층 퍼셉트론이다.

## 53
정답 | ④
해설 | 지니 지수는 의사결정나무의 불순도 지표이다.

## 54
정답 | ②
해설 | 연관분석은 기업의 데이터베이스에서 상품의 구매, 서비스 등의 거래 또는 사건 간의 규칙을 발견하기 위해 적용하며, 장바구니 분석, 서열 분석이라고도 불린다. 연관분석은 연관규칙 분석, 연관성 분석, 연관규칙 학습 등 다양한 용어로 활용된다.

## 55
정답 | ④
해설 | 군집 형성 과정에서 군집에 속한 개체는 어느 군집에 속하더라도 이후에 다른 군집으로 바뀔 수 있다.

## 56
정답 | ④
해설 | 정상성의 조건은 다음과 같다.
- 평균이 일정하다.
- 분산이 시점에 의존하지 않는다.
- 공분산은 시차에만 의존하고 시점에는 의존하지 않는다.

## 57
정답 | ②
해설 | ①은 GAN에 대한 설명이고 ③, ④는 CNN에 대한 설명이다.

## 58
정답 | ③
해설 | 매개중심성은 다른 노드들 사이의 위치하는 정도를 나타내는 지표이다. 지나는 경로가 많을수록 매개중심성이 높다.

## 59
정답 | ④
해설 | 잘못 분류한 데이터에 높은 가중치를 부여하는 앙상블 기법은 부스팅(Boosting)이다.

## 60
정답 | ①
해설 | 부호검정은 부호(Sign)만을 기준으로 모집단의 중위수를 검정하는 비모수적 통계 방법이다.

# PART 04 빅데이터 결과 해석

## 61
정답 | ③
해설 | 재현율(Recall)은 실제값이 Positive인 데이터 중 모형이 Positive로 예측한 데이터의 비율로 $\frac{TP}{TP+FN}$로 구한다.

## 62
정답 | ①
해설 | 거짓 긍정률(FPR ; False Positive Rate)은 실제 Negative인 데이터 중 Positive로 잘못 예측한 데이터의 비율로, '1 – 특이도'와 같은 값을 갖는다. 따라서 실제 Negative인 100개 중 Positive로 잘못 예측한 10개의 비율인 $\frac{1}{10}$이 정답이다.

## 63
정답 | ②
해설 | 민감도(Sensitivity)는 실제 Positive인 데이터 중 모형이 Positive로 예측한 데이터의 비율이다. 따라서 실제 Positive인 100개 중 Positive로 예측한 80개의 비율인 $\frac{4}{5}$가 정답이다.

## 64
정답 | ③
해설 | 선형회귀 모형의 가정은 선형성, 독립성, 등분산성, 정규성 4가지다.
① 등분산성 : 오차항의 분산은 등분산이어야 한다.
② 선형성 : 종속변수는 독립변수의 선형 함수여야 한다는 가정이다.
④ 독립성 : 독립변수 사이에는 상관관계가 없어야 한다.

## 65
정답 | ②
해설 | 주어진 검정 결과는 더빈-왓슨 검정으로 선형회귀 모형의 독립성을 확인할 때 사용할 수 있는 진단방법이다.

## 66
정답 | ②
해설 | k-fold 교차 검증은 학습에 사용할 데이터를 k개의 fold로 나눈 후, 한 개를 검증, 나머지 k-1개를 학습에 사용하는 방법이다. k번 학습을 진행한 후 각각의 성능 결과를 평균하여 교차 검증 결과를 구한다.

## 67
정답 | ④
해설 | 문제는 k-fold 교차 검증에 대한 설명이다. 선택지는 차례로 리브-원-아웃 교차 검증(LOOCV ; Leave-One-Out Cross Validation), 리브-p-아웃 교차 검증(LpOCV ; Leave-p-Out Cross Validation), 홀드아웃(Holdout), k-fold 교차 검증(K-fold Cross Validation)을 나타낸다.

## 68
정답 | ②
해설 | z-검정의 귀무가설은 표본 평균이 모집단의 평균과 같다는 것이다.

## 69
정답 | ②
해설 | 카이제곱 검정은 범주형 데이터에 사용되며 데이터가 예상되는 분포에 얼마나 잘 맞는지를 검정한다. 이때 귀무가설은 '데이터가 특정 확률을 따른다'이며, 반대로 대립가설은 '데이터가 특정 확률을 따르지 않는다'가 된다.

## 70
정답 | ②
해설 | 유연성이 큰 분석 모형은 상대적으로 복잡한 모형이다. 복잡한 모형은 편향은 작고 분산은 크게 나타난다.

## 71
정답 | ①
해설 | 학습률(Learning rate)은 다음 지점으로 이동할 때 얼마나 이동할지를 결정하는 초매개변수다. 학습률이 너무 작으면 최적의 가중치를 찾는 데 시간이 오래 걸리거나 지역적 최솟값에서 학습이 멈출 수 있다. 반면 학습률이 너무 크면 최솟값을 벗어나 큰 값으로 발산하는 문제가 생길 수 있다.

## 72
정답 | ④
해설 | 모멘텀(Momentum)은 확률적 경사하강법의 매개변수 변경 방향에 가속도를 부여해 주는 방식이다.

## 73
정답 | ①
해설 | 보팅(Voting)은 여러 개의 분석 모형 결과를 종합하는 방법이다. 많이 선택된 클래스를 최종 결과로 예측하는 방법을 직접 투표(Hard voting) 방식이라고 한다. 각 모형의 클래스 확률값을 평균 내어 확률이 가장 높은 클래스를 최종 결과로 예측하는 방법을 간접 투표(Soft voting) 방식이라고 한다.

## 74
정답 | ④
해설 | 부스팅(Boosting)은 잘못 분류된 데이터에 가중치를 부여하여 분석 모형이 더 잘 분류할 수 있도록 하는 방식이다.

## 75
정답 | ②
해설 | 예측 성능과 분석 모형을 실제 업무에 반영할 수 있는지 함께 고려해야 한다.

## 76
정답 | ③
해설 | 설명력이 높은 분석 모형은 상대적으로 성능이 떨어진다는 단점이 있다.

## 77
정답 | ③
해설 | 정보 구조화는 데이터를 수집하고 정제하면서 시각화의 목표가 될 만한 것을 발견하거나 설정하는 단계다. 데이터를 유사한 것끼리 묶거나 재배열을 함으로써 데이터의 패턴을 찾아낸다. 데이터 분석 프로젝트에서는 데이터 먼징(munging) 과정(원 데이터를 정리 및 변환하여 패턴을 식별하거나 특정 정보를 추출하는 과정)이 이 단계에 해당한다고 볼 수 있다.

## 78
정답 | ③
해설 | 히트맵(Heat map)은 비교 시각화 방법에 해당한다.

## 79
정답 | ①
해설 | 분석 모형의 종류와 비즈니스 요구 사항에 따라 일별, 주별, 월별 등 모니터링 주기를 설정하면 된다. 반드시 매일 모니터링할 필요는 없다.

## 80
정답 | ③
해설 | 최종 분석 모형 선정 시에 사용했던 평가 지표를 활용하기 때문에 분석 모형 평가 지표 선정은 수행하지 않는다.

# 제2회 실전모의고사 정답 및 해설

| 01 | 02 | 03 | 04 | 05 | 06 | 07 | 08 | 09 | 10 |
|---|---|---|---|---|---|---|---|---|---|
| ④ | ③ | ③ | ④ | ② | ③ | ② | ④ | ③ | ② |
| 11 | 12 | 13 | 14 | 15 | 16 | 17 | 18 | 19 | 20 |
| ② | ③ | ③ | ④ | ③ | ③ | ① | ④ | ② | ③ |
| 21 | 22 | 23 | 24 | 25 | 26 | 27 | 28 | 29 | 30 |
| ④ | ③ | ④ | ② | ③ | ③ | ② | ④ | ① | ② |
| 31 | 32 | 33 | 34 | 35 | 36 | 37 | 38 | 39 | 40 |
| ③ | ② | ④ | ② | ① | ③ | ③ | ④ | ④ | ② |
| 41 | 42 | 43 | 44 | 45 | 46 | 47 | 48 | 49 | 50 |
| ① | ④ | ② | ③ | ② | ① | ① | ③ | ② | ③ |
| 51 | 52 | 53 | 54 | 55 | 56 | 57 | 58 | 59 | 60 |
| ① | ④ | ② | ③ | ① | ③ | ① | ② | ② | ① |
| 61 | 62 | 63 | 64 | 65 | 66 | 67 | 68 | 69 | 70 |
| ④ | ② | ④ | ② | ① | ③ | ② | ② | ④ | ③ |
| 71 | 72 | 73 | 74 | 75 | 76 | 77 | 78 | 79 | 80 |
| ① | ④ | ① | ④ | ④ | ③ | ① | ③ | ② | ② |

## PART 01 빅데이터 분석 기획

### 01
정답 | ④
해설 | 데이터 확보 계획 단계 : 목표 정의 → 요구 사항 도출 → 예산안 수립 → 계획 수립

### 02
정답 | ③
해설 | 언어, 문자 등 정형화되지 않아 저장, 검색, 분석에 많은 비용이 소모되는 데이터는 정성적 데이터이다.

### 03
정답 | ③
해설 | 하둡 분산 파일 시스템에서는 저장하고자 하는 파일을 특정 크기의 블록 단위로 나누어 분산된 서버에 저장하고 데이터 유실을 방지하기 위해 블록을 3중으로 복제하여 저장한다.

### 04
정답 | ④
해설 | 빅데이터의 특징에는 3V(Volume, Variety, Velocity)에 Veracity, Value, Validity, Volatility 등이 추가되고 있다.

### 05
정답 | ②
해설 | NoSQL의 유형은 데이터 저장 모델에 따라 Key Value Database, Document Database, Wide Column Database, Graph Database로 구분된다.

### 06
정답 | ③
해설 | 데이터의 품질 요소에는 정확성, 유효성, 완전성, 정합성, 유일성, 유용성, 적시성, 보안성, 안정성, 일관성 등이 있다.

## 07
정답 | ②

해설 | 하향식 접근 방식의 분석 문제 정의는 문제 탐색, 분석 문제 정의, 해결 방안 탐색, 타당성 평가 및 과제 선정으로 진행되며 문제 탐색에서 도출된 비즈니스 문제를 데이터의 문제로 전환하는 단계는 분석 문제 정의 단계이다.

## 08
정답 | ④

해설 | 분석 결과를 토대로 비즈니스 의사 결정을 하는 것은 분석 과제의 업무에 대한 의사 결정자의 몫이다. 데이터 사이언티스트들은 의사 결정자가 합리적이고 비즈니스 목적에 맞는 의사 결정을 할 수 있도록 의사 결정을 지원하는 역할을 수행한다.

## 09
정답 | ③

해설 | 형식지와 상호 작용하는 요소로, 개인에게 축적된 내면화된 지식을 문서나 매체로 저장, 가공, 분석하는 과정은 표출화라고 한다.

## 10
정답 | ②

해설 | 데이터 비식별 조치는 데이터를 안전하게 사용하기 위해 개인을 특정할 수 있는 정보를 삭제하거나 대체하여 개인 정보를 보호하기 위한 조치 방법이다.

## 11
정답 | ②

해설 | 분석 업무 수행 시 모형 설계 이전에 데이터 현황을 간단한 시각화나 통계 지표를 활용하여 특성을 파악하고 분석 방향을 수립하는 단계를 탐색적 데이터 분석 단계라고 한다.

## 12
정답 | ③

해설 | 데이터 처리 기술은 데이터 필터링, 데이터 변환, 데이터 정제, 데이터 통합, 데이터 축소가 있으며 이 중 결측치를 채우고 이상치를 제거하는 기술은 데이터 정제이다.

## 13
정답 | ③

해설 | 분석 데이터 준비는 데이터 분석 단계에서 수행되는 업무이다.

## 14
정답 | ④

해설 | KDD 분석 방법론의 분석 단계 : 데이터 선택 → 데이터 전처리 → 데이터 변환 → 데이터 마이닝 → 해석과 평가

## 15
정답 | ③

해설 | 시급성과 난이도를 기준으로 분석 업무의 우선순위를 정할 때는 다음과 같은 순서로 진행한다. 난이도가 낮고 시급한 과제를 최우선적으로 진행하고, 그 다음으로는 시급성이 다소 낮더라도 난이도가 낮아 즉시 수행 가능한 과제를 진행한다. 난이도가 높고 시급성도 낮은 과제는 가장 마지막에 수행한다.

## 16
정답 | ③

해설 | 데이터에 대한 스키마 구조가 없으며 문서, 이미지, 비디오, 오디오 같은 형식으로 Crawling, RSS, Open API, FTP 등의 기술로 수집하는 데이터는 비정형 데이터이다.

## 17
정답 | ①

해설 | 데이터 처리 기술에는 데이터 필터링, 데이터 변환, 데이터 정제, 데이터 통합, 데이터 축소 등이 있고 이 중 데이터 변환 기술에는 평활화, 집계, 일반화, 정규화, 속성 생성이 있다.

## 18
정답 | ④

해설 | 개인을 식별할 수 있는 식별값 전체 또는 부분을 대체값으로 변환하는 것은 데이터 마스킹이다.

## 19
정답 | ②

해설 | 조직 구조 설계 시 조직의 업무 활동, 조직 구조, 조직 보고 체계를 고려해야 한다.

## 20
정답 | ③

해설 | 아마존 AWS에서 제공하는 파일 시스템 저장소는 S3(Simple Storage Service)이다.

# PART 02 빅데이터 탐색

## 21
정답 | ④

해설 | 관측치가 기록된 값을 결측값으로 처리하여 분석에 활용하는 것은 옳지 않다. 기본(default)값이 기록된 경우라도 그 값의 의미를 가지고 있기 때문에 결측값으로 처리하면 분석에 큰 오류로 작용할 수 있다.

## 22
정답 | ③

해설 | 군집 분석을 활용한 이상값 검출은, 주어진 데이터를 군집으로 묶고 군집으로 정의되지 않는 영역을 이상값으로 판단한다. 군집 분석은 단순히 거리상 멀리 떨어진 데이터를 이상값으로 판단하지 않는다. 거리상 멀리 떨어진 데이터를 이상값으로 판단하는 기법은 마할라노비스 거리(Mahalanobis Distance)를 활용한 이상값 판단 기법의 설명에 가깝다.

## 23
정답 | ④

해설 | 이상값 탐지는 사기 탐지, 의료, 침입 탐지 등에 활용이 가능하지 환경 파괴에는 적용하기 어렵다.

## 24
정답 | ②

해설 | 파생변수는 사용자가 특정 조건을 만족하거나 특정 함수에 의해 값을 만들어 의미를 부여한 변수로서, 매우 주관적일 수 있으므로 논리적 타당성을 갖추어 개발해야 한다.

## 25
정답 | ③

해설 | 변수 선택 기법에는 필터 기법(Filter Method), 래퍼 기법(Wrapper Method), 임베디드 기법(Embedded Method)이 있다.

## 26
정답 | ③

해설 | 주성분 분석은 서로 상관성이 높은 변수들의 선형 결합으로 만들어 기존의 상관성이 높은 변수들을 요약 및 축소하는 기법이며, 분석을 통해 나타나는 주성분으로 변수들 사이의 구조를 쉽게 이해하기는 어렵다.

## 27
정답 | ②

해설 | 탐색적 데이터 분석(EDA)은 다양한 차원과 값을 조합해 가며 특이한 점이나 의미 있는 사실을 도출하고 분석의 최종 목적을 달성해 나가는 과정이다.

## 28
정답 | ④

해설 | 상자 그림(Box Plot)을 그리면 이상치를 식별하기 쉽다.

## 29
정답 | ①

해설 | 히스토그램은 표본의 크기가 작으면 각 막대의 높이가 데이터 분포의 형상을 잘 표현해 내지 못한다.

## 30
정답 | ②

해설 | 상자 그림에서 수염을 넘어가는 자료로 이상치 판단이 가능하다.

## 31
정답 | ③

해설 | 엑셀의 그래프는 최근 시각화 기술의 발전된 형태가 아니라 기존의 기술이다.

## 32
정답 | ②

해설 | 지도 위에 공간과 관계된 속성들을 다양한 표현으로 시각화하는 방법은 공간 분석이다.

## 33
정답 | ④

해설 | 스피어만 상관계수는 순서형 변수를 사용하여 비모수적 상관관계를 나타낼 수 있다. −1과 1사이의 값을 가지며, 0인 경우 상관관계가 없음을 의미한다.

## 34
정답 | ②

해설 | 표본 추출 방법은 무작위 추출법(단순 랜덤 추출법), 계통 추출법, 집락 추출법, 층화 추출법이 있다.

## 35
정답 | ①

해설 | 연속형 확률변수는 가능한 값이 실수의 특정 구간 전체에 해당하는 확률변수이며 연속형 확률 밀도 함수를 가진다.

## 36
정답 | ③

해설 | t−분포는 연속형 확률 분포 중 표준 정규 분포와 같이 평균이 0을 중심으로 좌우가 동일한 분포를 따르며 두 집단의 평균이 동일한지 알고자 할 때 검정 통계량으로 활용된다.

## 37
정답 | ③

해설 | 비율 척도는 간격에 대한 비율이 의미를 가지는 자료로서 절대적인 기준 0이 존재하고 사칙연산이 가능하다.

## 38
정답 | ④

해설 | 추론 통계는 모집단으로부터 추출된 표본 통계량으로부터 모집단의 특성인 모수에 관한 통계적으로 추론하는 절차이다.

**39**
정답 | ④
해설 | 비표본 오차는 표본 오차를 제외한 모든 오차로서 조사 과정에서 발생하는 모든 부주의나 실수, 알 수 없는 원인 등 모든 오차를 의미하며 조사 대상이 증가하면 오차가 커진다.

**40**
정답 | ②
해설 | p-value는 귀무가설이 사실인데도 불구하고 사실이 아니라고 판정할 때 실제 확률을 나타낸다.

## PART 03 빅데이터 모델링

**41**
정답 | ①
해설 | 자기 조직화 지도(SOM)는 경쟁 학습 방법을 사용해서 모형 학습하는 비지도 학습 모형이다.

**42**
정답 | ④
해설 | 해지 여부를 예측하는 지도 학습 분류 분석을 수행한다.

**43**
정답 | ②
해설 | 분석 모형 구축은 '요건 정의 → 모델링 → 검증 및 테스트 → 적용 단계'로 실행된다.

**44**
정답 | ③
해설 | 분석 모형 학습 및 하이퍼파라미터 최적화는 모델링 단계에서 수행한다.

**45**
정답 | ②
해설 | Python은 C언어 기반의 프로그래밍 언어다. R과 달리 특정 영역에 특화된 언어가 아닌 범용성이 매우 높은 언어이다.

**46**
정답 | ①
해설 | 독립변수의 수는 변수에 대한 영향력 비교와 무관하다.

**47**
정답 | ①
해설 | 종속변수가 범주형인 경우에 적용하는 회귀분석 모형은 로지스틱 회귀분석이다.

**48**
정답 | ③
해설 | $1 - \left(\left(\frac{4}{10}\right)^2 + \left(\frac{3}{10}\right)^2 + \left(\frac{2}{10}\right)^2 + \left(\frac{1}{10}\right)^2\right) = 0.7$

**49**
정답 | ②
해설 | 다중 회귀분석은 회귀 예측 모델로 구분한다.

**50**
정답 | ③
해설 | 깊이는 가지를 이루는 마디의 개수를 의미한다.

**51**
정답 | ①
해설 | 정지 규칙에 대한 설명이다.

**52**
정답 | ④
해설 | 은닉층은 여러 가지 층으로 이루어질 수 있다.

**53**
정답 | ②
해설 | ① 지지도는 연관성 분석에 사용하는 개념이다.
③ 결정 경계에 가장 가까이 있는 각 클래스의 데이터를 서포트벡터라고 한다.
④ 다른 모델에 비해 과적합의 가능성이 낮다.

**54**
정답 | ③
해설 | 와드 연결법은 군집 내의 오차제곱합을 기반으로 군집화를 수행하는 방법이다.

**55**
정답 | ①
해설 | k 평균 군집 분석은 비계층적 군집 분석의 한 방식이다.

**56**
정답 | ③
해설 | 가정을 위배한 경우에는 Pillai's trace 통계량이 가장 유의한 결과를 출력한다.

## 57
정답 | ①
해설 | 평균이 일정하지 않은 경우 차분을 통해 정상화한다.

## 58
정답 | ②
해설 | 합성곱신경망(CNN)은 시각적 이미지를 분석하는 데 사용되는 심층신경망이다.

## 59
정답 | ②
해설 | 부스팅은 예측력이 약한 모형들을 결합하여 최종 예측 모형을 생성하는 앙상블 모형이다. 부스팅은 오분류된 개체들에 가중치를 적용하고 새로운 모형을 학습하는 과정을 반복 수행한다.

## 60
정답 | ①
해설 | 비모수적 기법은 순위와 부호를 기반으로 하여 이상치의 영향이 작다.

# PART 04 빅데이터 결과 해석

## 61
정답 | ④
해설 | 수정된 결정 계수는 모형에 유의하지 않은 변수를 추가하는 것을 제어하기 위한 방법이지 독립변수 개수를 무조건 줄이기 위한 방법은 아니다. 즉, 유의한 독립변수를 모형에서 제거하면 수정된 결정 계수 값은 감소한다.

## 62
정답 | ②
해설 | 정밀도(Precision)는 Positive로 예측한 데이터 중 실제 Positive인 데이터의 비율이다. 따라서 Positive로 예측한 200개 중 실제 Positive인 50개의 비율인 $\frac{1}{4}$이 정답이다.

## 63
정답 | ④
해설 | 정확도(Accuracy)는 전체 데이터 중 예측을 정확하게 한 데이터의 비율이다. 따라서 주어진 혼동행렬에서는 (㉠+㉣) / (㉠+㉡+㉢+㉣)로 구할 수 있다.

## 64
정답 | ②
해설 | 재현율(Recall)은 실제값이 Positive인 데이터 중 모형이 Positive로 예측한 데이터의 비율이다. 따라서 주어진 혼동행렬에서는 ㉠ / (㉠+㉢)로 구할 수 있다.

## 65
정답 | ①
해설 | 선형 회귀 모형의 가정별 올바른 진단 방법은 아래와 같다.
② 등분산성 : 잔차 산점도를 봤을 때 잔차가 고르게 분포되어야 함
③ 정규성 : 샤피로－윌크 검정, 콜모고로프－스미르노프 적합성 검정
④ 선형성 : 잔차 산점도에서 선형성을 확인함

## 66
정답 | ③
해설 | k = 4일 때 200개를 4분할하여 150개를 학습 데이터, 50개를 검증 데이터로 사용하게 된다.

## 67
정답 | ②
해설 | 교차 검증을 사용하면 다양한 검증 데이터에 대해 하이퍼파라미터 튜닝을 하기 때문에 일반화 성능이 올라간다. 홀드아웃은 데이터를 학습 데이터와 검증 데이터로 어떻게 나누느냐에 따라 성능 값의 차이가 발생한다. 반면 k－fold는 데이터를 여러 번 분할하여 성능을 계산한 후 평균값을 구하므로, 데이터 분할에 따른 성능 차이가 상쇄된다. 따라서 홀드아웃이 k－fold 교차 검증에 비해 학습 데이터 분할에 더 민감한 방법이라고 할 수 있다.
분류 문제에서는 전체 데이터의 클래스 비율을 고려해서 fold를 구성하는 층화 k－fold 교차 검증 방법을 사용한다.

## 68
정답 | ②
해설 | 카이제곱 검정은 두 개 이상의 변수가 독립인지 검정할 때도 사용할 수 있다(독립성 검정). 그 외에도 적합도 검정과 동질성 검정을 위해 사용할 수 있다.

## 69
정답 | ④
해설 | 분석 모형이 과소적합일 경우 분석 모형이 필요한 패턴을 충분히 학습하지 못하였으므로, 학습 데이터와 검증 데이터 모두에서 낮은 성능을 보인다.

## 70
정답 | ③

해설 | 경사하강법(Gradient descent)은 가중치 매개변수에 대한 손실 함수의 기울기를 통해 최적값을 구하는 방법이다. 매개변수 벡터에 대해 손실 함수의 현재 기울기를 계산하고, 기울기가 감소하는 방향으로 매개변수 값을 갱신한다. 갱신을 반복하다 기울기가 0이 되는 순간이 손실함수가 최소화되는 매개변수 값이 된다.

## 71
정답 | ①

해설 | 배깅(Bagging)은 먼저 학습 데이터에서 일정한 크기의 부트스트랩 샘플을 무작위로 복원 추출한다. 부트스트랩 샘플을 이용해서 분석 모형을 각각 학습한 후, 학습 결과를 종합하여 최종 분석 모형을 구한다. 일반적으로 회귀 모형의 경우에는 각 예측값을 평균하고, 분류 모형의 경우에는 예측 결과를 다수결로 종합한다.

## 72
정답 | ④

해설 | 순열 변수 중요도(Permutation feature importance)는 변수의 값을 무작위로 섞어서 해당 변수를 노이즈처럼 만드는 방법으로 변수 중요도를 평가하는 방법이다. 변숫값을 무작위로 섞기 때문에 변수 중요도를 구할 때마다 조금씩 달라질 수 있다. 하지만 변수 제거와 분석 모형 학습을 반복하는 일을 하지 않아도 된다는 장점이 있다.

## 73
정답 | ①

해설 | 순현재가치(NPV ; Net Present Value)는 투자 시작 시점부터 사업이 끝나는 시기까지 연도별로 편익과 비용을 현재 가치로 환산한 값을 나타낸다.

## 74
정답 | ④

해설 | 히스토그램(Histogram)은 막대그래프와 유사한 형태로, 데이터의 도수 분포를 막대 형태로 시각화하여 보여 주는 방법이다. x축이 데이터의 구간을 나타내므로 시간의 흐름에 따른 변화를 살펴보기에는 적합하지 않다.

## 75
정답 | ④

해설 | 산점도 행렬(Scatter plot matrix)은 관계 시각화 방법이다.

## 76
정답 | ③

해설 | 히트맵(Heat map)의 각 행은 관측치를, 열은 변수를 나타내고, 각 칸의 색상을 이용해 값의 크기를 나타낸다. 색이 나타내는 의미는 옵션 설정에 따라 다르지만 일반적으로 색이 진할수록 값이 크고, 연할수록 값이 작은 것을 나타내도록 표현한다.

## 77
정답 | ①

해설 | 분석 모형 전개는 데이터를 분석한 결과를 확장 적용하기 위한 단계다. 분석 모형 평가가 완료되고 최종 모형이 선정된 후 분석 모형을 운영 시스템에 전개하게 된다. 전개 방법은 운영 시스템이 어떻게 구성되어 있는지, 분석 모형이 어떤 툴 혹은 언어로 개발되어 있는지, 운영 요건은 어떠한지 등에 따라 다르게 적용될 수 있다.

## 78
정답 | ③

해설 | 보기의 내용은 '분석 모형 재학습'에 대한 설명이다. 분석 모형 재학습은 분석 모형 모니터링 단계에서 이뤄진다.

## 79
정답 | ②

해설 | 보기의 내용은 '차트 및 시각화 도구 선택'에 대한 설명으로, 분석 결과 활용 시나리오 개발 단계에서 이뤄진다.

## 80
정답 | ②

해설 | 보기의 내용은 '인사이트 발굴 및 확장'에 대한 설명으로, 분석 결과 활용 시나리오 개발 단계에서 이뤄진다.

# 제3회 실전모의고사 정답 및 해설

| 01 | 02 | 03 | 04 | 05 | 06 | 07 | 08 | 09 | 10 |
|---|---|---|---|---|---|---|---|---|---|
| ③ | ② | ④ | ① | ② | ① | ① | ③ | ④ | ② |
| 11 | 12 | 13 | 14 | 15 | 16 | 17 | 18 | 19 | 20 |
| ③ | ③ | ④ | ③ | ② | ① | ① | ④ | ② | ② |
| 21 | 22 | 23 | 24 | 25 | 26 | 27 | 28 | 29 | 30 |
| ③ | ④ | ③ | ① | ④ | ③ | ④ | ③ | ② | ③ |
| 31 | 32 | 33 | 34 | 35 | 36 | 37 | 38 | 39 | 40 |
| ④ | ② | ① | ④ | ③ | ① | ② | ③ | ③ | ③ |
| 41 | 42 | 43 | 44 | 45 | 46 | 47 | 48 | 49 | 50 |
| ③ | ① | ③ | ④ | ② | ④ | ④ | ② | ③ | ② |
| 51 | 52 | 53 | 54 | 55 | 56 | 57 | 58 | 59 | 60 |
| ② | ④ | ③ | ④ | ① | ③ | ② | ① | ② | ③ |
| 61 | 62 | 63 | 64 | 65 | 66 | 67 | 68 | 69 | 70 |
| ①, ④ | ③ | ③ | ③ | ④ | ③ | ① | ① | ② | ③ |
| 71 | 72 | 73 | 74 | 75 | 76 | 77 | 78 | 79 | 80 |
| ④ | ③ | ④ | ② | ④ | ① | ② | ② | ④ | ③ |

## PART 01 빅데이터 분석 기획

**01**
정답 | ③
해설 | 빅데이터가 사용하는 데이터의 다양성(Variety)에 대한 설명이다.

**02**
정답 | ②
해설 | 책임 원칙 훼손을 통제하기 위해서는 기존 책임 원칙을 강화하여 보강하고 불이익 가능성을 최소화할 수 있는 장치를 마련해야 한다.

**03**
정답 | ④
해설 | 빅데이터를 활용함으로써 개인은 다양한 서비스를 저렴하게 활용하고 필요한 정보를 적시에 획득할 수 있다.

**04**
정답 | ①
해설 | 빅데이터 조직 구조는 집중 구조, 기능 구조, 분산 구조의 유형으로 나눌 수 있다.

**05**
정답 | ②
해설 | 데이터 사이언티스트에게 논리적이면서 창의적인 사고력을 요구하고 있지만 그 자체가 새로운 가치 창출의 능력을 요구하는 것은 아니다. 새로운 가치는 분석 결과를 비즈니스에 입각하여 업무적으로 활용할 때 창출할 수 있다.

**06**
정답 | ①
해설 | 성과의 평가 지표로 사용되는 것은 KPI이다.

## 07
정답 | ①
해설 | JSON에 대한 설명으로 반정형 데이터 유형이다. 반정형 데이터의 수집은 Sensing, Streaming, Flume, Scribe, Chukwa 등의 기술을 사용한다.

## 08
정답 | ③
해설 | 데이터는 사실이나 측정된 결과가 수치나 값으로 표현된 것을 의미한다. 고정 데이터는 생성된 이후 변경되지 않는 데이터를 의미하고 변경 데이터는 생성된 이후 변경이 가능한 데이터로 데이터 수집 단계에서 변경 여부에 따라 사용되는 기술이 다르다.

## 09
정답 | ④
해설 | Impala는 실시간 SQL 질의 시스템이다.

## 10
정답 | ②
해설 | 인공지능은 빅데이터의 딥러닝이 발전함에 따라 완성도가 높아졌다. 딥러닝은 머신러닝의 한 분야로 사람의 개입이 없는 비지도 학습법이다.

## 11
정답 | ③
해설 | CRISP-DM 분석 방법론의 분석 절차 : 업무 이해 → 데이터 이해 → 데이터 준비 → 모델링 → 평가 → 전개

## 12
정답 | ③
해설 | 외부 데이터 획득은 서로 다른 데이터 정책과 보안 이슈, 법적인 문제가 있을 수 있지만 분석에 필요한 경우 협의를 통해 데이터 수집을 진행해야 한다.

## 13
정답 | ④
해설 | 서로 다른 데이터를 연관성에 맞게 결합하는 기술은 데이터 통합이다.

## 14
정답 | ③
해설 | Sqoop에 대한 설명이다.

## 15
정답 | ②
해설 | 범주형 데이터는 명목형과 순서형으로 구분할 수 있으며 수치형 데이터는 이산형과 연속형으로 구분할 수 있다.

## 16
정답 | ①
해설 | 설명하는 기법은 총계처리 기법으로 범위화는 식별값을 해당 그룹의 대푯값이나 구간값으로 변환하는 범주화 기법이다.

## 17
정답 | ①
해설 | 하둡 분산 파일 시스템은 메타를 관리하는 네임 노드와 파일이 저장되는 데이터 노드로 구성되며 파일을 특정 크기의 블록으로 나누어 데이터 노드에 3중으로 저장한다. 저사양의 다수 서버로 구성되어 기존 파일 시스템에 비해 비용효율적이다.

## 18
정답 | ④
해설 | 분산성은 네트워크가 물리적으로 분산된 환경에서도 시스템이 원활하게 작동해야 하는 특성이다.

## 19
정답 | ②
해설 | 모델의 결과를 토대로 분석 결과를 그래프나 표, 차트 등으로 정리하여 사용자가 쉽게 이해할 수 있는 기술은 시각화 기술이다. 수치로 나온 통계 결과를 업무에 기반하여 가시성을 확보하면 사용자가 분석의 결과를 쉽게 이해하는 데 큰 도움이 되어 다양한 시각화 S/W가 사용되고 있다.

## 20
정답 | ②
해설 | 마이데이터에 관한 설명이다.

# PART 02 빅데이터 탐색

## 21
정답 | ③
해설 | 마스킹은 데이터 오류를 일으키는 원인이 아닌, 데이터 비식별화 기법에 해당한다. 데이터 오류를 일으키는 원인에는 결측값(Missing Value), 이상값(Outlier), 노이즈(Noise) 등이 있다.

## 22
정답 | ④
해설 | 데이터 전처리는 분석 결과에 따라 반복적으로 수행될 수 있다.

## 23
정답 | ③
해설 | 변환, 파싱, 수정, 표준화 등을 통한 추가 정보를 반영하는 작업은 보강이다.

## 24
정답 | ①
해설 | 완전 무작위 결측은 다른 변수와 무관하게 발생한 결측값에 해당한다. 데이터가 충분히 큰 경우, 무작위 표본 추출을 통해 모수를 대표하는 데이터를 구성할 수 있다.

## 25
정답 | ④
해설 | 결측값을 여러 번 대치하는 방식은 다중 대치법(Multiple Imputation)에 대한 설명이다.

## 26
정답 | ③
해설 | 데이터 이상값은 반드시 제거할 필요가 없기 때문에 분석가의 주관에 따라 이상값 처리 방법에 대한 판단이 필요하다.

## 27
정답 | ④
해설 | iForest 기법은 관측치 사이의 거리 또는 밀도에 의존하지 않고, 데이터 마이닝 기법인 의사결정나무(Decision Tree)를 이용하여 이상값을 탐지하는 방법이다. 의사결정나무 기법으로 분류 모형을 생성하여 모든 관측치를 고립시켜 나가면서 분할 횟수로 이상값을 탐색한다.

## 28
정답 | ③
해설 | 변수의 유형은 범주형(명목형, 순서형)과 수치형(이산형, 연속형)이 있다.

## 29
정답 | ②
해설 | 래퍼 기법(Wrapper Method)에서 변수 선택을 위한 알고리즘 유형에는 전진 선택법, 후진 제거법, 단계적 방법이 있다.

## 30
정답 | ③
해설 | 차원축소 기법에는 주성분 분석, 특이값 분해, 요인 분석, 독립성분 분석, 다차원 척도법이 있다.

## 31
정답 | ④
해설 | 집단에 대한 정보로부터 집단을 구별할 수 있는 판별 규칙 혹은 판별 함수를 만들고, 다변량 기법으로 조사된 집단에 대한 정보를 활용하여 새로운 개체가 어떤 집단인지를 탐색하는 통계 기법은 판별 분석(Discriminant Analysis)이다.

## 32
정답 | ②
해설 | 변수 결합을 통해 파생변수를 생성하는 것은 여러 변수를 수식으로 결합하는 것을 의미한다. 키와 몸무게를 이용하여 BMI 지수를 계산하는 것이 이에 해당한다.

## 33
정답 | ①
해설 | 과소표집은 다수 클래스의 데이터를 무작위로 일부만 선택하여 데이터의 비율을 맞추는 방법이다. 데이터를 제거하는 방법을 통해 클래스의 비율을 맞추기 때문에 데이터의 소실이 매우 크고, 중요한 정상 데이터를 잃는다는 단점이 있다.

## 34
정답 | ④
해설 | 상관 분석은 두 개 이상의 변수 간에 존재하는 연관성의 정도(하나의 변수가 다른 변수와 어떤 연관성을 가지고 변화하는가)를 측정하여 분석하는 방법이다. 데이터의 속성에 따라서 수치형, 명목형, 순서형 데이터 등을 가지는 변수 간의 상관 분석이 있다.

## 35
정답 | ③
해설 | 산점도의 형태를 통해 두 연속형 변수 간의 상관관계를 판단할 수 있다.

## 36
정답 | ①
해설 | 확률 분포란 확률변수가 특정한 값을 가질 확률을 나타내는 분포로 확률변수의 종류에 따라 크게 이산 확률 분포와 연속 확률 분포로 나뉜다.

## 37
정답 | ②
해설 | 단순 무작위 추출(Simple Random Sampling) 기법은 모집단에서 정해진 규칙 없이 표본을 추출하는 방식이다.

## 38
정답 | ③
해설 | 정규 분포의 평균($\mu$)의 해석에 많이 쓰이는 분포로 두 집단의 평균이 동일한지 알고자 할 때 검정통계량으로 활용하는 것은 t-분포이다.

## 39
정답 | ③
해설 | 모수(Parameter)는 표본 관측에 의해 구하고자 하는 모집단에 대한 정보를 의미한다.

## 40
정답 | ③
해설 | 베타 수준은 제2종 오류를 범할 최대 허용 확률을 의미하며, $\beta$로 표기한다.

# PART 03 빅데이터 모델링

## 41
정답 | ③
해설 | 연관 분석은 데이터에 존재하는 항목 간 상호 관계와 종속 관계를 찾아내는 분석 기법이다. 장바구니 분석, 서열 분석이라고도 하며 컨텐츠 기반 추천의 기본 기법이다.

## 42
정답 | ①
해설 | 군집 분석은 비지도 학습에 해당하며, 나머지는 지도 학습에 해당한다.

## 43
정답 | ③
해설 | 모델링 절차는 '데이터 수집 및 전처리 → EDA 및 변수 선택 → 모델 개발 → 모델 성능 평가' 순으로 이루어진다.

## 44
정답 | ④
해설 | CRAN에서 패키지와 테스트 데이터 다운로드 가능한 분석 도구는 R이다.

## 45
정답 | ②
해설 | • 시계열 분석을 수행하는 경우 최신 데이터를 테스트 데이터로 분할한다.
• 분할된 데이터는 전체 데이터에 대한 대표성을 띠어야 한다.
• 일반적으로 학습 데이터와 검증 데이터를 60~80%, 테스트 데이터를 20~40%로 분할한다.
• 학습 데이터, 검증 데이터, 테스트 데이터는 중복이 있으면 안 된다.

## 46
정답 | ④
해설 | 종속변수가 범주형이며, 이항 분포를 따른다.

## 47
정답 | ④
해설 | 인공신경망은 지도 학습, 비지도 학습 모두에 해당될 수 있다.

## 48
정답 | ②
해설 | 독립변수는 입력값이며 원인을 설명하는 변수이다.

## 49
정답 | ③
해설 | 끝 노드로 갈수록 불순도가 낮아진다.

## 50
정답 | ②
해설 | ①은 정지 규칙에 대한 설명이며, ④는 가지치기에 대한 설명이다.

## 51
정답 | ②
해설 | 시그모이드(Sigmoid)와 같은 활성화 함수는 일반적으로 입력값이 크면 기울기가 작아지고 평평한 활성화 함수를 갖는다. 가중치의 학습은 활성화 함수의 기울기에 영향을 받아 학습 능력이 제한된다. 이러한 현상을 포화라고 하며 이를 방지하기 위해 입력값을 작게 유지해야 한다.

## 52
정답 | ④
해설 | 오차 역전파 알고리즘에 대한 설명이다.

## 53
정답 | ③
해설 | 퍼셉트론은 인공신경망의 구조에 해당한다.

## 54
정답 | ④
해설 | SOM은 입력층과 경쟁층으로 구성된다. 입력 패턴과 가장 유사한 경쟁층 뉴런이 승자가 되며 경쟁층에는 승자 뉴런만이 나타난다.

## 55
정답 | ①
해설 | 서포트벡터머신(SVM ; Support Vector Machine) 분석 모델은 지도 학습의 기법으로서 고차원 또는 무한 차원의 공간에서 초평면의 집합을 찾아, 이를 이용하여 분류와 회귀를 수행한다.

## 56
정답 | ③
해설 | 적합도 검정은 하나의 범주형 변수에 대하여 데이터가 특정 분포를 만족하는지를 검정하는 기법이다.

## 57
정답 | ②

해설 | 이동평균 모형은 평균이 시간에 따라 변화하는 경향을 시계열 모형으로 구성한 모형이다.

## 58
정답 | ①

해설 | 합성곱 연산을 통하여 사용자가 입력한 이미지에서 필터를 이용하여 특징(Feature)을 추출한 피처맵과 서브샘플링 연산을 통해 화면의 크기를 줄여 차원을 축소한다.

## 59
정답 | ②

해설 | 사회 연결망 분석의 주요 속성은 응집력, 구조적 등위성, 명성, 범위, 중개이다.

## 60
정답 | ③

해설 | 배깅은 부트스트랩 샘플링으로 추출한 여러 개의 표본에 각각 모형을 병렬적으로 학습하고 추출된 결과를 집계하는 앙상블 기법이다.

# PART 04 빅데이터 결과 해석

## 61
정답 | ①, ④

해설 | MAE, MAPE는 오차 계산 시 절댓값을 사용하므로 MSE, RMSE에 비해 이상치가 있는 데이터에 유리하다.
- 평균절대오차(MAE ; Mean Absolute Error) :
$$\frac{1}{n}\sum_{i=1}^{n}|y_i - \hat{y}_i|$$
- 평균절대백분율오차(MAPE ; Mean Absolute Percentage Error) : $100 \times \frac{1}{n}\sum_{i=1}^{n}\left|\frac{y_i - \hat{y}_i}{y_i}\right|(\%)$

## 62
정답 | ③

해설 | 결정 계수($R^2$)는 0 ~ 1의 값을 갖는다.

## 63
정답 | ③

해설 | 재현율(Recall)은 실제값이 Positive인 데이터 중 모형이 Positive로 예측한 데이터의 비율이다. 따라서 실제 Positive인 100개 중 Positive로 예측한 50개의 비율인 $\frac{1}{2}$이 정답이다.

## 64
정답 | ③

해설 | 참 긍정률(TPR ; True Positive Rate)은 실제값이 Positive인 데이터 중 모형이 Positive로 예측한 데이터의 비율로 재현율, 민감도와 동일하다. 산식은 $\frac{TP}{TP+FN}$로 구한다.

## 65
정답 | ④

해설 | 특이도(Specificity)는 실제 Negative인 데이터 중 모형이 Negative로 예측한 데이터의 비율이다. 산식은 $\frac{TN}{FP+TN}$로 구한다.

## 66
정답 | ③

해설 | 정상성(정규성)은 샤피로-윌크 검정, 콜모고로프-스미르노프 적합성 검정, Q-Q plot을 이용하여 검정할 수 있다. 더빈-왓슨 검정은 독립성을 검정하기 위한 방법이다. 또한 '정규성'은 '정상성'이라는 용어와 혼용되기도 한다.

## 67
정답 | ①

해설 | 일반화 오류(Generalization error)는 분석 모형 구축 시 학습 데이터의 특성을 지나치게 반영하는 경우 발생한다.

## 68
정답 | ①

해설 | 홀드아웃(Holdout)은 전체 데이터를 학습 데이터와 검증 데이터로 분할하여 사용하기 때문에 검증 데이터로 사용하는 부분은 학습에 사용할 수 없다.

## 69
정답 | ②

해설 | 분산 분석(ANOVA)은 그룹 간의 평균이 같은지 검증하는 방법이다.

## 70
정답 | ③

해설 | 샤피로 윌크 검정은 데이터의 정규성을 검정하는 방법이다. 샤피로 윌크 검정의 귀무가설은 '관측 데이터가 정규 분포를 따른다'이다. 검정 결과 p-value가 α보다 작으면 유의수준 100×α%에서 귀무가설을 기각할 수 있다. 따라서 문제에서 검정 결과 p-value가 0.05보다 크므로 유의수준 5%하에서 귀무가설을 기각할 수 없고, 주어진 데이터가 정규분포를 따른다고 해석할 수 있다.

## 71
정답 | ④

해설 | 데이터가 한쪽에 치우쳐 있으면 정규성을 따른다고 볼 수 없다. 정규성을 띤 데이터라면 대각선 위에 고르게 분포되어 있어야 한다.

## 72
정답 | ③

해설 | 분석 모형이 과소적합일 때 학습 오류와 검증 오류 모두 크게 나타난다. 반면 분석 모형이 과대적합일 때 상대적으로 학습 오류는 작고 검증 오류는 크게 나타난다.

## 73
정답 | ④

해설 | 확률적 경사하강법(SGD ; Stochastic Gradient Descent)은 속도가 빠르지만 오차율이 높고 불안정하게 수렴한다는 특징이 있다. 미니 배치 경사하강법(Mini-batch gradient descent)은 확률적 경사하강법보다 느리더라도 오차율이 낮은 장점이 있다.

## 74
정답 | ②

해설 | 부스팅(Boosting)은 배깅(Bagging)에 비해 성능이 좋지만 속도가 느리고 과대적합의 위험성이 있다.

## 75
정답 | ④

해설 | 부분 의존도 plot(PDP ; Partial Dependence Plot)은 회귀 문제, 분류 문제 모두에 사용할 수 있다. 또한 독립변수와 종속변수의 전체적인 관계를 파악하는 방법으로, 분석 모형을 해석하는 전역적인(global) 방법론으로 분류된다.

## 76
정답 | ①

해설 | 내부 수익률(IRR ; Internal Rate of Return)은 순현재가치(NPV ; Net Present Value)를 0으로 만드는 할인율을 말한다.

## 77
정답 | ②

해설 | 히스토그램(Histogram)은 막대그래프와 유사한 형태로, 데이터의 도수 분포를 막대 형태로 시각화하여 보여 주는 방법이다. $x$축은 데이터의 구간을 나타내고, $y$축은 각 구간의 빈도수를 나타낸다.

## 78
정답 | ②

해설 | 체르노프 페이스는 비교 시각화 방법이다.

## 79
정답 | ④

해설 | 보기는 분석 모형 리모델링 단계에서 수행되는 업무 중 '데이터 수집 및 전처리'에 대한 설명이다.

## 80
정답 | ③

해설 | '인사이트 발굴 및 확장'은 분석 결과 활용 시나리오 개발 단계에서 이루어지는 업무다.

# 제4회 실전모의고사 정답 및 해설

| 01 | 02 | 03 | 04 | 05 | 06 | 07 | 08 | 09 | 10 |
|---|---|---|---|---|---|---|---|---|---|
| ② | ① | ③ | ① | ④ | ④ | ② | ④ | ② | ② |
| 11 | 12 | 13 | 14 | 15 | 16 | 17 | 18 | 19 | 20 |
| ② | ③ | ④ | ④ | ④ | ③ | ② | ① | ④ | ③ |
| 21 | 22 | 23 | 24 | 25 | 26 | 27 | 28 | 29 | 30 |
| ② | ④ | ③ | ② | ④ | ① | ③ | ② | ③ | ① |
| 31 | 32 | 33 | 34 | 35 | 36 | 37 | 38 | 39 | 40 |
| ④ | ③ | ④ | ② | ④ | ② | ④ | ④ | ③ | ④ |
| 41 | 42 | 43 | 44 | 45 | 46 | 47 | 48 | 49 | 50 |
| ④ | ④ | ④ | ① | ④ | ④ | ① | ② | ① | ② |
| 51 | 52 | 53 | 54 | 55 | 56 | 57 | 58 | 59 | 60 |
| ② | ④ | ③ | ② | ④ | ② | ③ | ④ | ② | ② |
| 61 | 62 | 63 | 64 | 65 | 66 | 67 | 68 | 69 | 70 |
| ① | ② | ④ | ③ | ④ | ④ | ① | ③ | ② | ③ |
| 71 | 72 | 73 | 74 | 75 | 76 | 77 | 78 | 79 | 80 |
| ④ | ② | ① | ② | ② | ④ | ① | ① | ③ | ③ |

## PART 01 빅데이터 분석 기획

**01**
정답 | ②
해설 | 빅데이터의 특징은 3V를 기초로 5V에서는 신뢰성(Veracity), 가치(Value)가 추가되며 7V에서는 정확성(Validity), 휘발성(Volatility)가 추가된다.

**02**
정답 | ①
해설 | DIKW는 데이터, 정보, 지식, 지혜로 구성된다.

**03**
정답 | ③
해설 | 개인에게 내재된 경험을 문서나 매체로 저장해서 다른 사람에게 공유가 될 수 있는 표출화가 필요한 상황이다.

**04**
정답 | ①
해설 | 빅데이터의 가치를 산정하기 어려운 이유는 데이터 활용 방식의 다양화, 기존에 없던 새로운 가치 창출, 분석 기술의 발전 등이 있다. 정부 차원에서 진행하는 것과 가치를 산정하기 어려운 것은 별개의 문제이다.

**05**
정답 | ④
해설 | 빅데이터 조직 구조 중 기능 구조에 대한 설명이다.

**06**
정답 | ④
해설 | 균형 성과표는 재무, 고객, 내부 프로세스, 학습 · 성장의 관점으로 관리한다.

## 07
정답 | ②
해설 | 빅데이터 에코시스템 중 하둡 에코시스템의 작업 관리 기술인 우지(Oozie)에 대한 설명이다.

## 08
정답 | ④
해설 | Apache Kafka는 대용량 실시간 로그 처리에 특화된 데이터 수집 기술로 정형 데이터의 수집과 거리가 멀다. Python은 개발, 분석 언어이면서 다른 데이터베이스에 접속하여 데이터를 로드하여 저장할 수 있어 정형 데이터 수집에 활용이 가능하다.

## 09
정답 | ②
해설 | 설명하는 절차는 분석 기획 단계에서 진행되는 프로젝트 위험 계획 수립 절차이다. 분석 과제를 진행함에 있어 다양한 위험 요소가 존재하는데 이를 사전에 식별하여 대응 방안을 수립하지 않으면 갑자기 이슈가 발생하여 분석 과제를 실패할 확률이 높다.

## 10
정답 | ②
해설 | 분석 과제 정의 단계에서는 분석 과제 정의서를 기반으로 분석 업무 단위별 일정을 수립하고 전체 일정에 맞는 사전 준비를 진행한다.

## 11
정답 | ②
해설 | ETL은 Extract, Transform, Load의 약자로 정형 데이터를 데이터 웨어하우스나 데이터 마트에 저장하는 기술이다.

## 12
정답 | ③
해설 | 일반적인 내부 데이터는 조직의 ERP, SCM, CRM, 포털 등 내부 시스템에서 현업이 생성하는 데이터나 생산라인 로그 등 조직의 자산에서 발생하는 데이터 등을 의미한다.

## 13
정답 | ④
해설 | 카프카는 메시지를 메모리에 저장하는 다른 시스템과 달리 메시지를 파일 시스템에 저장한다.

## 14
정답 | ④
해설 | Sqoop은 관계형 데이터베이스와 하둡 사이의 데이터를 전송하는 기술이다.

## 15
정답 | ④
해설 | 키, 거리 등 구간 안의 모든 값에 대해 데이터가 발생하는 데이터는 연속형 데이터이다.

## 16
정답 | ③
해설 | 데이터 비식별 조치는 개인정보를 안전하게 활용하기 위한 목적으로 데이터로부터 개인을 특정하지 못하게 하는 기술로 임의의 데이터를 추가하는 것은 분석에 활용하기 적절치 않다.

## 17
정답 | ②
해설 | NoSQL은 수평적 확산(Scale-Out)이 용이한 구조의 DBMS이다.

## 18
정답 | ①
해설 | Vertica는 병렬 DBMS 제품이다.

## 19
정답 | ④
해설 | Sybase는 관계형 데이터베이스의 한 종류로 비정형 데이터인 SNS 이미지를 저장하는 데 적합하지 않다.

## 20
정답 | ③
해설 | 빅데이터 분석 방법론은 단계(Phase), 태스크(Task), 스텝(Step)으로 구성되어 각 프로세스(단계)에 해당하는 최하위의 단위 프로세스(스텝)가 매핑(태스크)된 계층 구조로 구성되어 있다.

# PART 02  빅데이터 탐색

## 21
정답 | ②
해설 | 데이터 정제 절차는 '데이터 오류 원인 분석, 데이터 정제 대상 선정, 데이터 정제 방법 결정' 순으로 처리된다.

## 22
정답 | ④
해설 | 완전 무작위 결측은 다른 변수와 무관하게 발생한 결측값이다. 무작위 결측은 결측값이 다른 변수와 관련되어 일어나지만, 결측값이 결과 분포에 영향을 미치지 않는 경우에 해당한다.

## 23
정답 | ③

해설 | 핫덱 대체, 콜드덱 대체, 혼합 방법은 단순 확률 대치법이다. 평균 대치법의 종류에는 비조건부 평균 대치법과 조건부 평균 대치법 등이 있다.

## 24
정답 | ②

해설 | 통계 기법을 통한 데이터 이상값 검출 방법에는 ESD 기법, 기하평균 활용 기법, 사분위수를 이용하는 방법, 표준화 점수(Z-Score)를 활용하는 방법, 통계적 가설검정을 활용하는 방법이 있다.

## 25
정답 | ④

해설 | 데이터의 분포를 고려한 거리 측도로, 관측치가 평균으로부터 벗어난 정도를 측정하는 통계량 기법은 마할라노비스 거리를 활용한 이상값 탐색 기법이다.

## 26
정답 | ①

해설 | 대치법은 하한값과 상한값을 결정한 후 하한값보다 작으면 하한값으로 대체하고, 상한값보다 크면 상한값으로 대체하는 방법이다.

## 27
정답 | ③

해설 | 변수 속성에는 범주형과 수치형으로 나눠질 수 있고, 범주형은 명목형과 순서형이 있고, 수치형은 이산형과 연속형이 있다.

## 28
정답 | ②

해설 | 변수의 일부만을 모델링에 사용하고 그 결과를 확인하는 작업을 반복하면서 변수를 선택해 나가는 기법은 래퍼 기법(Wrapper Method)이다.

## 29
정답 | ③

해설 | 변수들이 서로 독립적이라고 가정하며, 독립 성분의 분포는 비정규 분포를 따르게 되는 차원축소 기법은 독립 성분 분석(ICA)이다.

## 30
정답 | ①

해설 | 변수 변환 방법 중 비닝(Binning)은 연속형 데이터를 범주형 데이터로 변환하기 위해 사용하며, 데이터값을 몇 개의 Bin으로 분할하여 계산하는 방법이다.

## 31
정답 | ④

해설 | 같거나 서로 다른 여러 가지 모형들의 예측·분류 결과를 종합하여 최종적인 의사결정에 활용하는 기법은 앙상블 기법이다.

## 32
정답 | ③

해설 | 개별 변수 탐색은 범주형과 수치형으로 나누어 탐색하는데, 범주형 데이터에 대한 시각화는 막대형 그래프를 주로 이용한다. 수치형 데이터에 대한 시각화는 박스 플롯이나 히스토그램을 주로 이용한다.

## 33
정답 | ④

해설 | 데이터의 특성을 구분하기 위하여 숫자나 기호를 할당한 데이터 변수로 변수의 연산이 불가능한 것은 명목형 데이터이다.

## 34
정답 | ②

해설 | 표준 편차는 분산의 양의 제곱근의 값이다. 주어진 데이터 중에서 가장 많이 관측되는 수는 최빈값이다.

## 35
정답 | ④

해설 | 히스토그램의 막대 넓이는 연속형 변수의 구간을 의미하므로 넓이가 일정하며 서로 붙어 있는 형태를 갖는다.

## 36
정답 | ②

해설 | 카토그램(Cartogram)은 특정한 데이터값의 변환에 따라 지도의 면적이 왜곡되는 지도로 변량비례도라고도 한다. 데이터값이 큰 지역의 면적이 시각적으로도 더 크게 표시됨으로써 데이터값의 크기를 직관적으로 인지할 수 있다는 장점이 있다.

## 37
정답 | ④

해설 | 일변량 데이터 탐색을 위해 기술 통계량으로 평균, 분산, 표준편차를 활용하고 그래프 통계량으로 히스토그램과 상자 그림을 활용한다.

## 38
정답 | ④

해설 | 군집 추출(Cluster Sampling)은 모집단을 여러 군집으로 나누고, 일부 군집의 전체 또는 일부를 추출하는 표본 추출 기법이다.

## 39
정답 | ③

해설 | 확률 분포란 확률변수가 특정한 값을 가질 확률을 나타내는 분포로 확률변수의 종류에 따라 크게 이산 확률 분포와 연속 확률 분포로 나뉜다. 이산 확률 분포에는 이항 분포, 포아송 분포, 베르누이 분포 등이 있다.

## 40
정답 | ④

해설 | 귀무가설은 현재까지 주장되어 온 것이거나 기존과 비교하여 변화 혹은 차이가 없음을 나타내는 가설이다. 대립가설은 표본을 통해 확실한 근거를 가지고 입증하고자 하는 가설이다.

# PART 03 빅데이터 모델링

## 41
정답 | ④

해설 | 연관 분석은 장바구니 분석이 대표적이며 제품 배열 및 교차 판매 등 마케팅 계획에 적합하다.

## 42
정답 | ④

해설 | K-평균 군집화(K-means Clustering)는 비지도 학습에 해당하는 군집 분석 모형 중 하나이다.

## 43
정답 | ④

해설 | 선형 회귀나 로지스틱 회귀분석에서의 결정 계수는 파라미터이다.

## 44
정답 | ①

해설 | 요건 정의 단계에서 요구 사항을 도출하여 확정하고 분석 추진 계획을 수립한다.

## 45
정답 | ④

해설 | R과 Python과 같은 오픈소스 언어는 강력한 커뮤니티가 존재하여 최신 기술 반영과 공유가 빠르다.

## 46
정답 | ④

해설 | 결정 계수는 전체 분산 중 모델에 의해 설명 가능한 분산의 비율을 의미한다.

## 47
정답 | ①

해설 | 확률값 P는 0에서 1 사이의 값을 가진다.

## 48
정답 | ②

해설 | $1 - \left[\left(\frac{10}{50}\right)^2 + \left(\frac{40}{50}\right)^2\right] = 0.32$

## 49
정답 | ①

해설 | ②, ③, ④는 이산형 변수에 사용하는 분리 기준에 해당한다.

## 50
정답 | ②

해설 | 활성화 함수는 입력 신호의 총합을 출력 신호로 변환하는 함수이다.

## 51
정답 | ②

해설 | 신경망 모델은 연속형, 범주형 변수 모두 다룰 수 있다. 은닉층은 여러 층일 수 있다.

## 52
정답 | ④

해설 | 향상도는 연관성 분석에 규칙 기준으로 사용하는 개념이다.

## 53
정답 | ③

해설 | Apriori 알고리즘은 연관성 분석의 대표적인 알고리즘이다.

## 54
정답 | ②

해설 | 대표적인 거리 개념에는 유클리드 거리, 맨하탄 거리, 민코우스키 거리, 마할라노비스 거리, 자카드 거리 등이 있다.

## 55
정답 | ④

해설 | k-평균 군집 분석은 비계층적 군집 분석의 한 방식이다.

## 56
정답 | ②

해설 | 시계열 데이터의 ACF와 PACF 그래프를 이론적 그래프와 비교하여 차수를 식별한다.

## 57
정답 | ③

해설 | 풀링(Pooling)은 합성곱 과정을 거친 데이터를 요약한다. 추출한 특징은 유지하면서 데이터 사이즈를 줄일 수 있다. 학습 대상 파라미터 수를 줄이고 과적합을 방지하는 효과도 있다.

## 58
정답 | ④

해설 | 감성 분석 또는 오피니언 마이닝은 텍스트에 내재된 의견, 감성 등의 주관적인 정보를 분석하는 방법이다. 텍스트에서 긍·부정 여부를 판단하여 소비자 반응이나 여론 변화 등을 분석하는 목적으로 사용한다.

## 59
정답 | ②

해설 | 랜덤포레스트는 의사결정나무 기반의 앙상블 알고리즘이다. 기본 배깅에 변수를 랜덤으로 선택하는 특징 배깅(Feature bagging) 과정을 추가한 방법이다.

## 60
정답 | ②

해설 | 부호 검정은 부호(Sign)만을 기준으로 모집단의 중앙값을 검정하는 비모수적 통계 방법이다.

# PART 04  빅데이터 결과 해석

## 61
정답 | ①

해설 | 정확도(Accuracy)는 전체 데이터 중 예측을 정확하게 한 데이터의 비율이다. 산식은 $\frac{TP+TN}{TP+TN+FP+FN}$로 구한다.

## 62
정답 | ②

해설 | 정밀도(Precision)는 Positive로 예측한 데이터 중 실제 Positive인 데이터의 비율이다. 산식은 $\frac{TP}{TP+FP}$로 구한다.

## 63
정답 | ④

해설 | AUC(Area Under the Curve)의 값은 항상 $\frac{1}{2}$에서 1 사이의 값을 갖는다.

## 64
정답 | ③

해설 | 정밀도(Precision)는 Positive로 예측한 데이터 중 실제 Positive인 데이터의 비율이다. 따라서 Positive로 예측한 150개 중 실제 Positive인 70개의 비율인 $\frac{7}{15}$이 정답이다.

## 65
정답 | ④

해설 | 재현율(Recall)은 실제값이 Positive인 데이터 중 모형이 Positive로 예측한 데이터의 비율이다. 따라서 실제 Positive인 100개 중 Positive로 예측한 70개의 비율인 $\frac{7}{10}$이 정답이다.

## 66
정답 | ④

해설 | 민감도(Sensitivity)는 재현율과 동일한 지표로, 민감도는 실제값이 Positive인 데이터 중 모형이 Positive로 예측한 데이터의 비율이다. 따라서 실제 Positive인 100개 중 Positive로 예측한 70개의 비율인 $\frac{7}{10}$이 정답이다.

## 67
정답 | ①

해설 | 리브-원-아웃 교차 검증(LOOCV ; Leave-One-Out Cross Validation)은 모델 학습 시 어떠한 randomness도 포함하지 않는다는 장점이 있다.

## 68
정답 | ③

해설 | 분산 분석(ANOVA)은 두 개 이상의 집단을 비교하는 모수 검정 방법이다.

## 69
정답 | ②

해설 | z-검정은 추출된 표본이 모집단에 속하는지 검증하는 방법이다.

## 70
정답 | ③

해설 | 콜모고로프 스미르노프 검정은 데이터가 예상되는 분포에 얼마나 잘 맞는지를 검정하는 방법으로, 데이터의 누적 분포 함수와 예상 분포의 누적 분포 함수를 비교한다.

## 71
정답 | ④

해설 | 배깅(Bagging)은 다양한 샘플을 이용하여 분석 모형을 학습하기 때문에 상대적으로 안정적인 모형을 얻을 수 있다.

## 72
정답 | ②
해설 | 분석 모형 학습 시 손실 함수를 최소화하는 매개변수 값을 찾는 과정을 '매개변수 최적화'라고 한다. 여기서 매개변수란 학습을 통해 분석 모형 내부에서 결정되는 변수를 말한다.

## 73
정답 | ①
해설 | 스태킹(Stacking)은 여러 분석 모형의 예측을 종합하는 방식으로 모델을 사용한다. 학습 데이터로 여러 개의 분석 모형을 만든 후, 각 분석 모형의 예측값들을 독립변수로 하는 최종 예측 모델을 학습시킨다. 이 최종 모델을 블렌더(Blender) 또는 메타 학습기(Meta learner)라고 한다.

## 74
정답 | ②
해설 | 분석 모형을 앙상블할 경우 모형의 성능은 올라가나 설명력은 떨어진다. 앙상블 모형을 해석하기 위해서는 추가로 순열 변수 중요도, 부분 의존도 plot, xAI 등의 방법을 적용해야 한다.

## 75
정답 | ②
해설 | 내부 수익률(IRR ; Internal Rate of Return)은 순현재가치(NPV ; Net Present Value)를 0으로 만드는 할인율을 말한다.

## 76
정답 | ④
해설 | 정보 시각 표현은 최종적으로 시각적인 완성을 하는 단계다. 정보 시각화 단계에서 시각화 도구를 활용했다면, 정보 시각 표현 단계에서는 그래픽 요소를 활용하여 디자인을 완성시킨다.

## 77
정답 | ①
해설 | 계단식 그래프(Step Chart)는 선 그래프가 점과 점 사이를 선으로 연결한 것과는 달리 $x$축과 평행한 선으로 연결하여 마치 계단과 같이 그려진다. 어느 시점에 값의 급격한 변화가 일어났는지 확인하기 쉽다.

## 78
정답 | ①
해설 | 도트 플롯 맵(Dot Plot Map)은 위도, 경도값을 가지고 있는 데이터의 경우, 각 지리적 좌표 위에 점을 찍어서 데이터를 나타내는 방법이다. 점이 아니라 데이터값의 크기에 따라 점의 크기를 다르게 나타내는 경우 버블 플롯 맵이 된다.

## 79
정답 | ③
해설 | 버블 차트(Bubble Chart)는 관계 시각화 방법이다.

## 80
정답 | ③
해설 | 히스토그램(Histogram)은 관계 시각화 방법이다.

# 제5회 실전모의고사 정답 및 해설

| 01 | 02 | 03 | 04 | 05 | 06 | 07 | 08 | 09 | 10 |
|----|----|----|----|----|----|----|----|----|----|
| ④ | ④ | ② | ④ | ③ | ② | ③ | ① | ④ | ② |
| 11 | 12 | 13 | 14 | 15 | 16 | 17 | 18 | 19 | 20 |
| ② | ④ | ③ | ④ | ① | ③ | ④ | ③ | ③ | ④ |
| 21 | 22 | 23 | 24 | 25 | 26 | 27 | 28 | 29 | 30 |
| ④ | ③ | ① | ② | ④ | ① | ③ | ② | ④ | ③ |
| 31 | 32 | 33 | 34 | 35 | 36 | 37 | 38 | 39 | 40 |
| ③ | ① | ④ | ④ | ③ | ③ | ③ | ③ | ④ | ③ |
| 41 | 42 | 43 | 44 | 45 | 46 | 47 | 48 | 49 | 50 |
| ④ | ③ | ④ | ② | ④ | ④ | ① | ② | ③ | ② |
| 51 | 52 | 53 | 54 | 55 | 56 | 57 | 58 | 59 | 60 |
| ① | ④ | ② | ① | ② | ① | ④ | ② | ① | ② |
| 61 | 62 | 63 | 64 | 65 | 66 | 67 | 68 | 69 | 70 |
| ③ | ④ | ① | ④ | ② | ③ | ④ | ② | ① | ② |
| 71 | 72 | 73 | 74 | 75 | 76 | 77 | 78 | 79 | 80 |
| ③ | ③ | ① | ③ | ② | ④ | ③ | ① | ④ | ② |

## PART 01 빅데이터 분석 기획

**01**
정답 | ④
해설 | 빅데이터 분석이 다양한 데이터를 수집하여 데이터 간의 상관관계를 토대로 분석을 진행하는 것이지만 데이터 활용의 의미는 데이터 양보다는 분석 목적에 얼마나 부합하느냐에 달려있다.

**02**
정답 | ④
해설 | 객관적 사실을 의미하는 것은 데이터이고 데이터로부터 의미를 도출한 것은 정보이다.

**03**
정답 | ②
해설 | 예측 모형으로 무고한 피해자를 만드는 것은 명확한 결과에 대한 책임을 묻는 책임 원칙을 훼손할 가능성이 있다.

**04**
정답 | ④
해설 | 분석 모형의 결과를 수치적으로 전달할 경우 그 결과가 무엇을 의미하는지 통계적인 지식이 없는 사람은 이해하기가 힘들다. 데이터 사이언티스트는 고객의 업무 지식에 대한 이해를 바탕으로 분석 결과를 비즈니스에 입각하여 해석해서 전달해야 한다. 분석 결과를 업무 요소에 대한 영향도로 나타낼 때 업무 담당자들이 분석의 결과를 쉽게 이해하고 분석 결과를 토대로 합리적인 의사 결정을 할 수 있다.

**05**
정답 | ③
해설 | 온라인상에 저장된 이미지나 스트리밍 영상 등도 데이터의 한 유형으로 볼 수 있다.

**06**
정답 | ②
해설 | 분석 데이터 준비는 데이터 분석 단계에서 수행된다.

## 07
정답 | ③
해설 | 데이터 처리는 수집된 데이터를 분석에 용이하게 가공하는 단계로 데이터 필터링, 데이터 변환, 데이터 정제, 데이터 통합, 데이터 축소 등의 기술이 있다.

## 08
정답 | ①
해설 | API는 Application Programming Interface의 약자로 시스템 간 연동을 통해 데이터를 전송하는 응용 프로그램 인터페이스이다.

## 09
정답 | ④
해설 | 정규화는 데이터를 정해진 구간 내에 들도록 하는 기법으로 데이터의 값을 −1.0 ~ 1.0 사이처럼 일정 구간으로 전환하는 방식이다.

## 10
정답 | ②
해설 | 정합성은 시스템 내의 동일한 데이터가 서로 일치하는 특성이다.

## 11
정답 | ②
해설 | 구글 파일 시스템에서 메타데이터를 관리하는 요소는 마스터(Master)이다.

## 12
정답 | ④
해설 | CSV(Comma Separated Value)에 관한 설명이다.

## 13
정답 | ③
해설 | 개인정보 값의 전체 또는 일부분을 대체값으로 변환하는 기법은 데이터 마스킹이다.

## 14
정답 | ④
해설 | 빅데이터 분석 방법론은 분석 기획, 데이터 준비, 데이터 분석, 시스템 구현, 평가 및 전개의 단계로 진행된다. 분석 프로세스를 패키징한 것은 분석 방법론 자체를 의미한다.

## 15
정답 | ①
해설 | 빅데이터 분석 방법론의 계층은 단계, 태스크, 스텝으로 구성되어 있으며, 해당 내용은 단계에 대한 설명이다.

## 16
정답 | ③
해설 | 값을 셀 수 있는 데이터는 수치형 데이터의 하나인 이산형 데이터이다.

## 17
정답 | ④
해설 | 분석 과제 관리 방안을 마련할 때에는 데이터 크기, 데이터의 유형, 데이터 수집, 모델 수행 성능과 같은 물리적인 요소와 분석의 복잡성, 분석 모형의 정확도 등 논리적인 요소를 고려해야 한다. 데이터 크기, 데이터 복잡도, 작업 수행 속도는 물리적인 요소에, 모델의 정확도는 논리적인 요소에 해당한다.

## 18
정답 | ③
해설 | 난이도를 우선순위에 두고 시급성과 난이도를 고려하여 과제 우선순위를 정할 때는 'III → I → II → IV' 순서로 진행한다.

## 19
정답 | ③
해설 | 가명처리 중 암호화는 일정 규칙의 알고리즘을 적용하여 데이터를 대체하며, 복호화를 통해 값을 원복해야 유용하게 사용할 수 있다.

## 20
정답 | ④
해설 | 특정금융정보법은 불법적인 금융거래를 규제하기 위해 특정 금융거래에 대해서 그 거래정보를 보고하고 그 정보를 이용하기 위한 규정들을 명시하는 금융보안 관련 규정안이다.

## PART 02  빅데이터 탐색

## 21
정답 | ④
해설 | 다중대치법의 순서는 1단계인 대치(Imputation Step), 2단계인 분석(Analysis Step), 결합(Combination Step)이다.

## 22
정답 | ③
해설 | 이상값이라고 규정한 자료는 분석에서 제외할 수는 있지만 무조건 제거할 수는 없다.

## 23
정답 | ①
해설 | 데이터 전처리는 데이터를 정제한 후 분석변수를 처리하는 순서로 수행한다.

## 24
정답 | ②
해설 | 파생변수에 관한 설명이다.

## 25
정답 | ④
해설 | 모델의 복잡성을 줄임으로써 사용자가 모델을 해석하기가 더 쉬워진다.

## 26
정답 | ①
해설 | 데이터의 질이 아닌 양에 큰 차이가 있는 경우를 클래스 불균형이 있다고 표현한다.

## 27
정답 | ③
해설 | 줄기잎그림의 계산량은 많지 않다.

## 28
정답 | ③
해설 | 오른쪽 꼬리가 긴 분포에서는 이상치의 영향으로 평균이 중앙값보다 큰 경향을 보인다.

## 29
정답 | ④
해설 | 상자 그림(Box Plot)은 통계적으로 유의미함을 알 수 없다.

## 30
정답 | ③
해설 | 평균, 중앙값, 최빈값이 중심경향치에 해당한다. 표준 편차는 산포도의 통계량이다.

## 31
정답 | ③
해설 | 시계열 자료는 시간의 흐름에 따라 관찰된 값을 의미한다.

## 32
정답 | ①
해설 | 다변량 데이터를 탐색하는 방법에는 산점도 행렬, 별 그림, 등고선 그림 등이 있다. 히스토그램은 일변량 데이터를 탐색하는 방법이다.

## 33
정답 | ④
해설 | 피어슨 상관계수는 연속형 변수에 사용하며 정규성을 가정한다. 스피어만 상관계수는 순서형 변수에 사용하며 비모수적 방법이다. 피어슨 상관계수를 순위로 변환시키는 것은 옳지 않다.

## 34
정답 | ④
해설 | 두 사건 A, B가 독립일 때, 사건의 B의 확률과 A가 일어났다는 가정 하에서의 B의 조건부 확률은 같다.

## 35
정답 | ③
해설 | 명목척도는 측정 대상이 어느 집단에 속하는지 분류할 때 사용되는 척도로 성별, 출생지 등을 구분하기 위한 질적 척도이다.

## 36
정답 | ③
해설 | 베르누이 확률 분포는 이산형 확률 분포 중 두 가지 개별 사건으로 각 사건이 성공할 확률이 일정하고 전후 사건에 독립적인 특수한 상황의 확률 분포이다.

## 37
정답 | ③
해설 | $E(x)$는 $(1 \times 0.2) + (2 \times 0.3) + (3 \times 0.2) + (4 \times 0.075) = 1.7$이다.

## 38
정답 | ③
해설 | 구간 추정은 모수의 참값이 포함되어 있다고 추정되는 구간을 결정하는 것이지만, 실제 모집단의 모수가 신뢰구간에 꼭 포함되어 있는 것은 아니다.

## 39
정답 | ④
해설 | 95% 신뢰구간은 95% 신뢰수준을 기준으로 추정된 통계적으로 유의미한 모수의 범위를 의미한다.

## 40
정답 | ③
해설 | 제1종 오류는 $H_0$가 사실일 때, $H_0$가 사실이 아니라고 판정하는 것이다.

## PART 03 빅데이터 모델링

**41**
정답 | ④
해설 | 분류 분석은 지도 학습 모형을 기반으로 데이터 패턴을 학습하여 고객의 이탈 여부를 분류한다.

**42**
정답 | ③
해설 | 분류 분석은 지도 학습 모형을 기반으로 데이터 패턴을 학습하여 어느 집단에 속하는지 분류한다.

**43**
정답 | ④
해설 | 사용자가 직감 또는 경험에 근거하여 직접 하이퍼파라미터를 조합하고 조정하는 방법은 메뉴얼 서치(Manual search)이다. 랜덤 서치(Random search)는 하이퍼파라미터 값의 범위를 지정하고 무작위 표본추출을 통해 생성한 조합을 시도하여 최적의 파라미터 값을 찾는 방법이다.

**44**
정답 | ②
해설 | 분석 모형 구축은 '요구 사항 정의 → 모델링 → 모델 검증 및 테스트 → 운영 적용'의 절차를 따른다.

**45**
정답 | ④
해설 | 요구 사항 확정과 분석 계획 수립은 요건 정의 단계에서 수행한다.

**46**
정답 | ④
해설 | 로지스틱 회귀분석에서 사용하는 시그모이드 함수식은
$y = \dfrac{e^x}{1+e^x}$ 이다.

**47**
정답 | ①
해설 | 데이터 불균형을 표현한 문제이다. 데이터 불균형이 발생하면 올바른 분류모형을 학습하기 어려워진다.

**48**
정답 | ②
해설 | 향상도는 A를 구매하지 않았을 때 품목 B를 구매할 확률에 비해, A를 구매했을 때 품목 B를 구매할 확률의 증가비이다. 연관 규칙 A→B는 품목 A와 품목 B의 구매가 서로 관련이 없는 경우에 향상도가 1이 된다.

**49**
정답 | ③
해설 | 곡선 회귀는 독립변수가 1개이며 종속변수와의 관계가 곡선이다.

**50**
정답 | ②
해설 | XOR연산은 비선형 분리만 가능하다.

**51**
정답 | ①
해설 | 군집 내의 오차 제곱합에 기초하여 군집을 수행하는 기법은 와드 연결법이다.

**52**
정답 | ④
해설 | 다중 회귀분석 결과를 해석하는 과정은 '다중공선성 확인 → 회귀계수 유의성 확인 → 수정된 결정계수 확인 → 모형의 적합도 확인'이다.

**53**
정답 | ②
해설 | 보기는 연관성 분석의 척도로 쓰이는 지지도에 대한 설명이다.

**54**
정답 | ①
해설 | 퍼셉트론은 인공신경망의 한 종류로, 다층 퍼셉트론은 입력층과 출력층 외에 은닉층을 가지고 있다.

**55**
정답 | ②
해설 | 서포트벡터머신은 지도 학습 모델이다.

**56**
정답 | ①
해설 | 피어슨 상관계수는 두 변수의 공분산을 표준 편차의 곱으로 나눈 값으로 비선형 관계는 측정하지 못한다.

**57**
정답 | ④
해설 | 문제의 내용을 표로 정리하면 다음과 같다.
- P(국내 거주) = 400/500 = 0.8
- P(국내 거주 | 양성 판정) = 15/400 = 0.0375
- P(양성) = 20/500 = 0.04
- P(국내 거주 | 양성) = P(양성 | 국내 거주)P(국내 거주)/P(양성)
  = (0.0375 × 0.8)/0.04 = 0.75

## 58
정답 | ②
해설 | 합성곱 연산을 수행하는 신경망 모델은 CNN이다.

## 59
정답 | ①
해설 | 배깅(Bagging)은 데이터로부터 여러 개의 표본을 부트스트랩 샘플링으로 추출하여 모델을 생성하고 결과를 결합하는 앙상블 기법이다.

## 60
정답 | ②
해설 | 만-위트니 U 검정은 비모수적 통계 방법이다.

# PART 04 빅데이터 결과 해석

## 61
정답 | ③
해설 | F1-Score는 분류 모형 평가 지표다.

## 62
정답 | ④
해설 | SST(Total Sum of Squares)는 전체 제곱 합으로 실제 관측치($y_i$)와 $y$값들의 평균($\bar{y}$)의 차이를 제곱하여 합한 값이다. $y$가 가지는 전체 변동을 나타낸다.

## 63
정답 | ①
해설 | 참 긍정률(TPR ; True Positive Rate)은 실제 Positive인 데이터 중 모형이 Positive로 예측한 데이터의 비율이다. 재현율, 민감도와 동일하다.

## 64
정답 | ④
해설 | 선형 회귀 모형의 가정 중 선형성, 독립성, 등분산성은 잔차 산점도로 확인할 수 있지만 정규성은 샤피로-윌크 검정, 콜모고로프-스미르노프 적합성 검정, Q-Q plot 등을 이용하여 검정할 수 있다.

## 65
정답 | ②
해설 | 리브-p-아웃 교차 검증(LpOCV ; Leave-p-Out Cross Validation)은 데이터 중 p개의 관측치만 검증 데이터로 사용하고 나머지는 학습 데이터로 사용하는 기법이다. p=1인 경우 리브-원-아웃 교차 검증(LOOCV ; Leave-One-Out Cross Validation)이라고도 한다.

## 66
정답 | ③
해설 | 리브-원-아웃 교차 검증은 관측치 하나하나에 대해 검증을 모두 수행하고, 매 학습 시 거의 전체 데이터를 학습에 반복적으로 사용하게 된다. 따라서 k-fold 교차 검증 방법에 비해 상대적으로 과대적합의 위험이 있다. 그러므로 분석 모형의 편향은 k-fold 교차 검증을 사용했을 때, 분산은 리브-원-아웃 교차 검증을 사용했을 때 더 크게 나타날 가능성이 크다.

## 67
정답 | ④
해설 | 카이제곱 검정은 분산을 알고 있을 때 두 집단의 동질성을 검정하는 방법이다. 관찰된 빈도가 기대되는 빈도와 유의미하게 다른지를 검정하기 위해 사용된다.

## 68
정답 | ②
해설 | z-검정의 귀무가설은 표본 평균이 모집단의 평균과 같다는 것이다.

## 69
정답 | ①
해설 | 적합도는 통계 분포가 관측치에 얼마나 잘 맞는지를 나타낸다. 적합도 검정은 관측치의 분포를 가정한 후, 그 가정이 맞는지 검정하는 과정을 말한다.

## 70
정답 | ②
해설 | 적합도 검정 방법 중 데이터의 정규성을 검정할 때 사용할 수 있는 것은 Q-Q plot, 샤피로 윌크 검정, 콜모고로프 스미르노프 검정 등이다.

## 71
정답 | ③
해설 | AdaGrad는 매개변수 값을 업데이트하면서 각 변수마다 학습률을 다르게 적용하는 방법이다. 초깃값에서 이미 값이 많이 변한 매개변수는 최적값에 가까워졌다고 생각하고 학습률을 작게 하여 값을 미세하게 조절한다. 반면 값이 많이 변하지 않은 매개변수는 반대로 학습률을 크게 하여 빠르게 손실을 줄일 수 있도록 한다.

## 72
정답 | ③
해설 | 그림에서 1번 모형은 일반화된 모형, 2번 모형은 과대적합된 모형을 나타낸다. 검증에 사용하는 데이터 비율을 높이기보다는 학습 및 검증에 사용하는 데이터의 개수를 늘리는 것이 우선적으로 필요하다.

## 73
정답 | ①
해설 | 랜덤포레스트(Random Forest)는 대표적인 배깅 알고리즘이다.

## 74
정답 | ③
해설 | 투자 회수 기간(PP ; Payback Period)은 프로젝트 시작에서부터 누적 현금흐름이 흑자로 돌아서는 시점까지의 기간을 말한다.

## 75
정답 | ②
해설 | 정보 시각화는 시각화 툴을 사용하여 시각화에 필요한 그래프나 기본 틀을 만드는 단계로, 데이터 분석 프로젝트에서는 분석 결과를 효과적으로 표현하는 단계에 해당한다.

## 76
정답 | ④
해설 | 카토그램은 데이터 값에 따라 지도상에서 지역의 크기를 조정하여 나타내는 방법이다. 상대적으로 값이 크면 해당 지역의 크기는 더 크게, 값이 작으면 지역의 크기도 더 작게 왜곡하여 나타낸다.

## 77
정답 | ③
해설 | 산점도 행렬은 관계 시각화 방법이다.

## 78
정답 | ①
해설 | 평행 좌표 그래프는 비교 시각화 방법이다.

## 79
정답 | ④
해설 | 분석 모형 모니터링 결과 분석 모형의 성능이 크게 떨어지거나, 성능 저하가 지속되는 경우 '분석 모형 리모델링'을 수행하게 된다.

## 80
정답 | ②
해설 | 분석 모형 리모델링 단계에서 수행하는 업무 중 하나는 분석 모형 개발 단계와 동일하게 '분석 모형을 구축'하는 것이다. 기존에 사용하지 않았던 데이터를 사용하거나, 새로운 변수를 설계하거나, 새로운 알고리즘을 적용한다.

# 제6회 실전모의고사 정답 및 해설

| 01 | 02 | 03 | 04 | 05 | 06 | 07 | 08 | 09 | 10 |
|---|---|---|---|---|---|---|---|---|---|
| ② | ② | ③ | ② | ④ | ④ | ① | ④ | ① | ④ |
| 11 | 12 | 13 | 14 | 15 | 16 | 17 | 18 | 19 | 20 |
| ② | ② | ③ | ④ | ③ | ② | ③ | ① | ① | ② |
| 21 | 22 | 23 | 24 | 25 | 26 | 27 | 28 | 29 | 30 |
| ② | ① | ④ | ① | ① | ② | ① | ② | ① | ③ |
| 31 | 32 | 33 | 34 | 35 | 36 | 37 | 38 | 39 | 40 |
| ② | ② | ③ | ① | ④ | ② | ② | ③ | ② | ① |
| 41 | 42 | 43 | 44 | 45 | 46 | 47 | 48 | 49 | 50 |
| ③ | ① | ④ | ② | ③ | ① | ④ | ② | ② | ① |
| 51 | 52 | 53 | 54 | 55 | 56 | 57 | 58 | 59 | 60 |
| ③ | ① | ③ | ① | ① | ④ | ④ | ② | ③ | ② |
| 61 | 62 | 63 | 64 | 65 | 66 | 67 | 68 | 69 | 70 |
| ③ | ④ | ④ | ② | ① | ③ | ④ | ① | ② | ① |
| 71 | 72 | 73 | 74 | 75 | 76 | 77 | 78 | 79 | 80 |
| ① | ③ | ④ | ② | ③ | ② | ③ | ④ | ② | ① |

## PART 01 빅데이터 분석 기획

**01**
정답 | ②
해설 | 빅데이터의 신뢰성(Veracity)에 대한 설명이다.

**02**
정답 | ②
해설 | 교육, 훈련이나 매뉴얼, 교재 등을 통해 개개인이 지식을 체득해 개인의 암묵지로 만들어 가는 과정은 내면화이다.

**03**
정답 | ③
해설 | 구매 패턴의 분석으로 소비 트렌드를 예측하여 경쟁력을 향상시키거나 상품 추천을 통하여 판매량을 높일 수는 있지만, 생산 단가 절감에 직접적으로 영향을 미치지는 않는다. 생산 단가를 절감하기 위해서는 생산 수율의 증가, 원자재 구매 최적화 등이 진행되어야 한다.

**04**
정답 | ②
해설 | 데이터 사이언티스트에게 요구되는 역량은 빅데이터 지식, 분석 기술 등의 하드 스킬과 통찰력, 커뮤니케이션 능력, 비즈니스 이해도 등 소프트 스킬로 구분할 수 있다.

**05**
정답 | ④
해설 | 비쥬얼 베이직은 빅데이터 개발과 거리가 먼 컴퓨터 언어이다.

**06**
정답 | ④
해설 | 오라클의 엑사데이터는 관계형 데이터베이스로 하둡 분산 컴퓨팅과 거리가 멀다.

## 07
**정답 | ①**

해설 | 빅데이터 분석에서 분석 모델링을 진행하기에 앞서 수집된 데이터의 분포나 특성을 간단한 차트나 통계 지표로 사전에 탐색하는 작업은 분석 모델링의 방향을 잡는 데 큰 도움이 된다. 이러한 데이터 탐색 작업을 탐색적 데이터 분석(EDA ; Exploratory Data Analysis)이라고 한다.

## 08
**정답 | ④**

해설 | 구조 관점의 데이터 유형은 정형 데이터, 반정형 데이터, 비정형 데이터 등이다.

## 09
**정답 | ①**

해설 | 반정형 데이터 수집 방식 중 실시간 스트리밍 로그를 수집하는 Scribe에 대한 설명이다.

## 10
**정답 | ④**

해설 | 데이터 처리는 수집 데이터를 저장하기 전 단계에서 데이터의 품질을 높이고 수집 효율성을 높이기 위해 진행하는 데이터 전처리와 저장된 데이터를 사용 목적에 맞도록 가공하는 데이터 후처리로 나눌 수 있다.

## 11
**정답 | ②**

해설 | Relational Database는 오라클, My SQL 등 행과 열의 표 형식으로 데이터를 관리하는 전통적인 데이터베이스이다.

## 12
**정답 | ②**

해설 | JSON(JavaScript Object Notation)에 대한 예시이다.

## 13
**정답 | ③**

해설 | 비즈니스적으로 중요도가 높아 시급성이 높고 난이도가 낮은 과제를 우선적으로 진행해야 한다.

## 14
**정답 | ④**

해설 | KDD 분석 방법론은 '데이터 선택 → 데이터 전처리 → 데이터 변환 → 데이터 마이닝 → 해석과 평가'의 단계로 진행된다.

## 15
**정답 | ③**

해설 | 탐색적 데이터 분석은 데이터 준비 이후 실제 모델링을 수행하기 전에 진행하는 단계로, 수집된 데이터의 유효성을 검증하는 목적과는 거리가 멀다.

## 16
**정답 | ②**

해설 | 경력 특징은 다른 정보와 함께 결합하여 개인을 특정할 수 있는 데이터로, 그 자체로 개인을 식별할 수 있는 정보는 아니다.

## 17
**정답 | ③**

해설 | 추출, 변환, 적재의 단계로 정형 데이터를 추출하여 수집하는 기술은 ETL이라고 한다.

## 18
**정답 | ①**

해설 | 아파치 스파크에 대한 설명이다.

## 19
**정답 | ①**

해설 | 개인정보 비식별 조치는 '사전검토 → 비식별 조치 → 적정성 평가 → 사후관리'로 진행된다.

## 20
**정답 | ②**

해설 | 데이터가 정의된 기준에 맞도록 저장되어 있는 특성은 정확성이다.

# PART 02 빅데이터 탐색

## 21
**정답 | ②**

해설 | 결측값이 결과에 영향을 주는지 여부에 따라, 영향을 주지 않는 무작위 결측과 영향을 주는 비무작위 결측으로 크게 구분할 수 있다. 결과에 영향을 주지 않는 무작위 결측은 다른 변수와의 연관성에 따라 완전 무작위 결측과 무작위 결측으로 다시 세분화할 수 있다.

## 22
정답 | ①
해설 | 단순 대치법은 특정 대푯값으로 결측값을 대체하는 통계적 기법이며 종류에는 완전 분석법, 평균 대치법, 단순 확률 대치법이 있다. 불완전 자료는 모두 무시하고 완전하게 관측된 자료만 사용하여 분석하는 방법은 완전 분석법이다.

## 23
정답 | ④
해설 | 이상값을 처리할 때는 ESD(Extreme Studentized Deviate), 기하평균, 박스 플롯과 데이터 분류 작업으로 발견하여, 데이터 삭제 및 대치, 변환 등의 방법으로 제거할 수 있다.

## 24
정답 | ①
해설 | 특정 모델링 기법에 의존하지 않고 데이터의 통계적 특성으로부터 변수를 택하는 기법은 필터 기법(Filter Method)이다.

## 25
정답 | ①
해설 | 주성분 분석은 여러 차원의 변수를 대표하는 차원의 주성분을 생성하여 전체 변동의 대부분을 설명하고자 하는 알고리즘이다. 주성분 분석은 변수 간의 상관관계가 있는 고차원 데이터를 저차원 데이터로 변환하여 데이터의 복잡성을 줄이고 데이터 분석의 성능 효율성과 효과성을 높인다.

## 26
정답 | ②
해설 | 비닝(Binning)은 연속형 데이터를 범주형 데이터로 변환하기 위해 사용하는 변수 변환 방법이다. 데이터 평활화에서 주로 사용되는 기법이다.

## 27
정답 | ①
해설 | 언더 샘플링은 무작위로 정상 데이터의 일부만 선택하는 것으로, 유의미한 데이터만을 남기는 방식이다.

## 28
정답 | ②
해설 | 잔차는 관찰값들이 주 경향으로부터 벗어난 정도를 나타내는 성질이다. 잔차를 검토해 봄으로써 데이터의 보통과 다른 특징을 탐색할 수 있다.

## 29
정답 | ①
해설 | 수치형 데이터 시각화는 박스 플롯이나 히스토그램을 주로 이용하고, 범주형 데이터의 시각화는 막대형 그래프를 주로 이용한다.

## 30
정답 | ③
해설 | 명목형 데이터는 범주형 데이터 중에서 명목 척도에 해당하며, 상관 분석 방법으로는 카이제곱 검정을 활용한다.

## 31
정답 | ②
해설 | 중위수는 모든 변수 값을 크기 순서로 오름차순 정렬하였을 때 중앙에 위치한 데이터값을 의미한다. 오름차순 정렬한 (1, 3, 3, 4, 5, 6, 9)에서 중앙값은 4이다.

## 32
정답 | ②
해설 | 가로축과 세로축의 좌표평면상에서 각각의 관찰점들을 표시하는 시각화 방법은 산점도이다.

## 33
정답 | ③
해설 | 동영상이나 이미지는 이진 파일 형태의 데이터일 때, 데이터의 종류별로 응용 소프트웨어를 이용하여 탐색할 수 있다.

## 34
정답 | ①
해설 | 일변량 데이터 탐색 방법에는 기술 통계량, 그래프 통계량 두 가지 종류가 있다. 기술 통계량에는 평균, 분산, 표준 편차 등이 있고 그래프 통계량에는 히스토그램, 상자 그림 등이 있다.

## 35
정답 | ④
해설 | 중심 경향 통계량에는 평균, 중위수, 최빈수 등이 있다. 표준 편차는 산포도 통계량에 해당한다.

## 36
정답 | ②
해설 | 계통 추출은 모집단 관측치로부터 시간, 순서 및 공간의 동일한 구간을 정해서 무작위로 추출하는 표본 추출 기법이다.

## 37
정답 | ②
해설 | 순서 척도는 측정 대상 사이의 대소 관계를 나타내기 위한 척도로, 측정 대상의 서열 관계를 관측할 때 사용한다.

## 38
정답 | ③
해설 | t-분포는 정규 분포의 평균($\mu$)의 해석에 많이 쓰이는 분포이다. 두 집단의 평균이 동일한지 알고자 할 때 검정통계량으로 활용한다.

## 39
정답 | ②
해설 | 표본(Sample)은 모집단을 조사하기 위해 추출한 모집단의 일부 원소를 의미한다.

## 40
정답 | ①
해설 | 점 추정 조건으로는 불편성, 효율성, 일치성, 충족성이 있다.

# PART 03 빅데이터 모델링

## 41
정답 | ③
해설 | 군집 분석은 비지도 학습 모형으로 패턴이 유사한 데이터를 군집으로 묶는다.

## 42
정답 | ①
해설 | ② 기술 통계 분석을 할 때 데이터 유형에 따라 산출하는 통계량이 달라진다.
③ 같은 분석 모형이라도 설정한 하이퍼파라미터 값에 따라 결과가 달라질 수 있다.
④ 머신러닝은 종속변수가 있는 경우 지도 학습으로 구분할 수 있다.

## 43
정답 | ④
해설 | 그리드 서치는 모든 조합을 시도하므로 불필요한 값을 탐색하는 데 시간을 많이 소요할 수 있다.

## 44
정답 | ②
해설 | ① 요건 정의 단계에서 구체적인 요구사항을 도출하여 확정하고 분석 추진 계획을 수립한다.
③ 적용 단계에서 운영 환경에서 주기적으로 모델을 업데이트한다.
④ 모델링 단계에서 모델링과 성능 평가를 반복 수행하여 최종 모형을 선정한다.

## 45
정답 | ③
해설 | 교차검증에서는 k번의 테스트를 통해 나온 모델의 성능을 평균하여 최종 성능으로 도출한다.

## 46
정답 | ①
해설 | 자기 조직화 지도는 비지도 학습의 유형이다.

## 47
정답 | ④
해설 | 회귀 모형의 가정에는 선형성, 독립성, 등분산성, 정상성이 있다.

## 48
정답 | ②
해설 | 서포트벡터머신의 구성 요소에는 결정 경계, 초평면, 마진, 서포트벡터, 슬랙 변수 등이 있다.

## 49
정답 | ②
해설 | ReLU 함수는 0보다 크면 입력값을 그대로 출력하고 0 이하의 값은 0으로 출력하는 특징을 가지고 있다.

## 50
정답 | ①
해설 | 군집 간의 연결법에는 최단 연결법, 최장 연결법, 평균 연결법, 와드 연결법, 중심 연결법 등이 있다.

## 51
정답 | ③
해설 | $1 - \left(\frac{3}{8}\right)^2 - \left(\frac{1}{8}\right)^2 - \left(\frac{1}{8}\right)^2 - \left(\frac{3}{8}\right)^2 = 0.69$

## 52
정답 | ①
해설 | 최소 제곱법은 어떤 방정식을 구할 때, 근사 해와 실제 해의 오차 제곱의 합이 최소가 되도록 하는 해를 구하는 계산 방법이다.

## 53
정답 | ③
해설 | 유클리드 계산법을 활용한 식을 세우면 다음과 같다.
$\sqrt{(6-8)^2 + (8-5)^2} = \sqrt{13}$

## 54
정답 | ①
해설 | 인공신경망에서 학습률은 하이퍼파라미터의 예시이다.

## 55
정답 | ①
해설 | 뿌리마디는 시작되는 마디이며 전체 데이터를 포함하고 있다.

## 56
정답 | ④
해설 | 요인 분석에서 분산은 공통분산, 고유분산, 오차분산으로 구분한다.

## 57
정답 | ④

해설 | RR과 OR이 1이면 집단과 사건 발생 확률은 연관성이 없다.

## 58
정답 | ②

해설 | 최댓값을 대푯값으로 산출하는 맥스 풀링(Max pooling) 연산이다. 풀링은 합성곱 과정을 거친 데이터를 요약한다. 추출한 특징은 유지하면서 데이터 사이즈를 줄일 수 있다.

## 59
정답 | ③

해설 | 개인, 집단, 사회의 관계를 네트워크 구조로 분석하고 시각화하는 방법은 소셜 네트워크 분석이다.

## 60
정답 | ②

해설 | 랜덤포레스트는 의사결정나무 기반의 앙상블 알고리즘이다. 기본 배깅에 변수를 랜덤으로 선택하는 특징 배깅(Feature bagging) 과정을 추가한 방법이다.

# PART 04 빅데이터 결과 해석

## 61
정답 | ③

해설 | 평균제곱근오차(RMSE ; Root Mean Squared Error)는 MSE에 제곱근을 씌운 값으로 산식은 $\sqrt{\frac{1}{n}\sum_{i=1}^{n}(y_i - \hat{y_i})^2}$ 이다.

## 62
정답 | ④

해설 | 이상치가 있는 데이터에는 오차를 제곱하는 MSE보다 오차의 절댓값을 사용하는 MAE를 사용하는 것이 더 유리하다.

## 63
정답 | ④

해설 | ROC곡선의 $x$축은 FPR, $y$축은 TPR이다.

## 64
정답 | ②

해설 | 특이도(Specificity)는 실제 Negative인 데이터 중 모형이 Negative로 예측한 데이터의 비율이다. 실제 Negative인 100개 중 모형이 Negative로 예측한 80개의 비율인 4/5가 정답이다.

## 65
정답 | ①

해설 | 정확도(Accuracy)는 전체 데이터 중 예측을 정확하게 한 데이터의 비율이다. 따라서 전체 200개 데이터 중 TP와 TN의 개수를 합친 150개의 비율인 $\frac{3}{4}$ 이 정답이다.

## 66
정답 | ③

해설 | 재현율(Recall)은 실제값이 Positive인 데이터 중 모형이 Positive로 예측한 데이터의 비율이다. 따라서 실제 Positive인 100개 중 Positive로 예측한 70개의 비율인 $\frac{7}{10}$ 이 정답이다.

## 67
정답 | ④

해설 | 주어진 검정 결과는 샤피로-윌크 검정으로 선형 회귀 모형의 정규성(정상성)을 확인할 때 사용할 수 있는 진단방법이다.

## 68
정답 | ①

해설 | F통계량은 두 집단의 분산의 비로 계산한다. $s_1^2$, $s_2^2$ 이 두 집단의 표본분산일 때 F 통계량은 $F = \frac{s_1^2}{s_2^2}$ 로 구한다. 두 집단의 표본분산 중 더 큰 값이 분자, 작은 값이 분모가 된다.

## 69
정답 | ②

해설 | 콜모고로프 스미르노프 검정은 두 집단의 데이터 분포가 동일한지 검정하는 비모수 검정 방법이다.

## 70
정답 | ①

해설 | 카이제곱 검정의 귀무가설은 '관측 데이터가 기대되는 빈도수(확률)를 따른다'이다. 검정 결과 p-value가 $\alpha$보다 작으면 유의수준 $100 \times \alpha$%에서 귀무가설을 기각할 수 있다. 문제에서 관측 데이터가 검정 결과 p-value가 0.05보다 크므로 유의수준 5%하에서 귀무가설을 따른다고 볼 수 있다.

## 71
정답 | ①

해설 | 모델 복잡도가 증가하면 오히려 분석 모형이 더 과대적합할 수 있다. 과대적합을 방지하기 위해서는 모델 복잡도가 감소하는 방향으로 분석 모형을 개선해야 한다.

## 72
정답 | ③
해설 | 배깅(Bagging) 기법은 부트스트랩(Bootstrap) 샘플을 사용한다. 부트스트랩은 샘플을 데이터로부터 단순 랜덤 복원추출하므로 일부 데이터는 학습에 한 번도 사용되지 않을 수 있다.

## 73
정답 | ④
해설 | 선형 회귀 모형은 대표적인 설명 가능한 모형(Interpretable model)이다. 블랙박스 모형에는 랜덤포레스트, GBM, DNN 등이 있다.

## 74
정답 | ②
해설 | 순열 변수 중요도는 랜덤성을 지니고 있기 때문에 수행 시마다 값이 조금씩 변하게 된다. 변수 중요도 순서도 충분히 변할 수 있음에 주의한다. 아래 결과는 실제로 문제의 코드를 재실행한 결과이다.

```
> model <- randomForest(Species ~., data=iris,
  importance=TRUE)
> importance(model)
              setosa  versicolor  virginica  Mean Decrease Accuracy  Mean Decrease Gini
Sepal.Length  5.866001  8.2857767  7.863606   10.872231              8.907101
Sepal.Width   4.020301  0.2003781  3.718775   3.837225               2.121210
Petal.Length  22.313167 33.8377730 29.230126  34.328765              43.954474
Petal.Width   22.208063 32.5243690 30.164122  32.702059              44.253521
```

## 75
정답 | ③
해설 | 주어진 그림은 버블 플롯 맵의 예시다. 특정 데이터의 값의 크기에 따라 점의 크기를 다르게 하여 지도 위에 점을 표시하였다.

## 76
정답 | ②
해설 | 시각화 유형에는 시간 시각화, 공간 시각화, 관계 시각화, 비교 시각화 등이 있다.

## 77
정답 | ③
해설 | 인포그래픽(Infographic)은 정보 디자인의 예시다.
데이터 시각화 예 – 마인드맵, 의사결정 트리, 통계 그래픽
정보 시각화 예 – 트리맵, 분기도, 수지도, 히트맵
정보 디자인 예 – 인포그래픽

## 78
정답 | ④
해설 | 시각화 도구를 사용하는 시각화 프로세스 단계는 정보 시각화에 해당한다.

## 79
정답 | ②
해설 | 텍스트와 같은 비정형 데이터도 워드 클라우드와 같은 방식으로 시각화가 가능하다.

## 80
정답 | ①
해설 | 분석 결과 활용 시나리오는 분석 결과로부터 인사이트를 발굴하고 의사결정에 반영하는 방법을 검토 및 선택하는 방법을 담는다. 필요에 따라 적절한 차트와 시각화 도구를 선택하기도 한다.

# 제7회 실전모의고사 정답 및 해설

| 01 | 02 | 03 | 04 | 05 | 06 | 07 | 08 | 09 | 10 |
|----|----|----|----|----|----|----|----|----|----|
| ④ | ② | ③ | ④ | ② | ① | ① | ④ | ③ | ② |
| 11 | 12 | 13 | 14 | 15 | 16 | 17 | 18 | 19 | 20 |
| ① | ② | ④ | ③ | ④ | ① | ③ | ② | ④ | ① |
| 21 | 22 | 23 | 24 | 25 | 26 | 27 | 28 | 29 | 30 |
| ④ | ④ | ③ | ③ | ④ | ② | ① | ② | ① | ④ |
| 31 | 32 | 33 | 34 | 35 | 36 | 37 | 38 | 39 | 40 |
| ③ | ② | ④ | ① | ③ | ① | ④ | ③ | ④ | ④ |
| 41 | 42 | 43 | 44 | 45 | 46 | 47 | 48 | 49 | 50 |
| ③ | ② | ③ | ③ | ② | ① | ③ | ② | ④ | ② |
| 51 | 52 | 53 | 54 | 55 | 56 | 57 | 58 | 59 | 60 |
| ① | ④ | ① | ② | ④ | ④ | ① | ③ | ④ | ④ |
| 61 | 62 | 63 | 64 | 65 | 66 | 67 | 68 | 69 | 70 |
| ③ | ① | ② | ③ | ① | ④ | ③ | ④ | ② | ① |
| 71 | 72 | 73 | 74 | 75 | 76 | 77 | 78 | 79 | 80 |
| ④ | ① | ② | ③ | ④ | ② | ① | ③ | ③ | ④ |

## PART 01 빅데이터 분석 기획

### 01
정답 | ④
해설 |
- 데이터 : A와 B아파트는 재건축 대상이다. A아파트의 현재 시세는 ○○이다. B아파트의 현재 시세는 ○○이다 등
- 정보 : A아파트는 재건축 이슈로 가격이 5년 전에 비해 많이 올랐다. B아파트는 A아파트보다 가격이 낮다. A아파트 재건축에는 ㅁㅁ 같은 정책이 이슈로 작용한다 등
- 지식 : A아파트의 재건축은 쉽게 진행이 되지 않고 오래 걸릴 것이다. B아파트는 재건축 진행이 빠르게 될 것이다 등
- 지혜 : A아파트에 투자하는 데는 비용과 시간이 많이 투입되니 B아파트에 투자해서 얻은 수익으로 A아파트에 들어가면 좋을 것이다 등

### 02
정답 | ②
해설 | 클라우드 컴퓨팅 기술의 발전으로 폭발적으로 증가하는 데이터를 저렴한 비용으로 처리할 수 있게 되어 빅데이터 기술이 급격히 발전하고 있다.

### 03
정답 | ③
해설 | 조직 구성의 규모는 조직 목표를 효율적으로 달성하고 관리자가 효과적으로 관리할 수 있는 범위에서 정해야 한다.

### 04
정답 | ④
해설 | 업무를 세분화하고 일정을 수립하며 역할을 나누고 업무의 결과물을 관리하는 산출물을 정리하는 작업을 작업 분할 구조도(WBS ; Work Breakdown Structure)라고 한다.

**05**
정답 | ②
해설 | Sqoop은 커넥터를 사용하여 관계형 데이터베이스와 하둡 사이에 데이터를 전송하는 기술이다.

**06**
정답 | ①
해설 | ERP, SCM, CRM 등은 기업 내부의 시스템으로 각 시스템에서 생성되는 데이터는 내부 데이터이다.

**07**
정답 | ①
해설 | 시스템 로그, 텍스트 파일, CSV 등 파일 형식으로 저장되는 데이터는 파일 데이터라고 한다.

**08**
정답 | ④
해설 | HBase는 NoSQL 제품이다.

**09**
정답 | ③
해설 | 값을 셀 수 있는 변수는 이산형 데이터이다.

**10**
정답 | ②
해설 | CRISP-DM 분석 방법론은 '업무 이해, 데이터 이해 → 데이터 준비 → 모델링 → 평가 → 전개'의 단계로 진행된다.

**11**
정답 | ①
해설 | 외부 참조 모델 기반 문제 탐색에 관한 설명이다.

**12**
정답 | ②
해설 | 데이터 웨어하우스에 대한 설명이다.

**13**
정답 | ④
해설 | 기존에는 한정된 데이터를 기반으로 인과관계를 중심으로 분석이 진행되었다면 빅데이터의 활용으로 많은 데이터를 수집하고 그 사이의 상관관계 분석을 통해 새로운 인사이트를 도출할 수 있게 되었다.

**14**
정답 | ③
해설 | 분석 기획부터 데이터의 수집, 가공, 분석, 결과의 해석 및 시스템 연동까지가 데이터 사이언스의 역할이다.

**15**
정답 | ④
해설 | 데이터 사이언티스트는 고객으로부터 표출되지 않은 비즈니스 핵심가치를 끌어내는 컨설팅 능력이 중요하다.

**16**
정답 | ①
해설 | 빅데이터 업무 프로세스는 빅데이터 도입, 구축, 운영 등으로 구성된다. 이 중 빅데이터 도입 단계에서 빅데이터 도입 기획, 기술 검토, 도입 조직 구성, 예산 확보를 수행한다.

**17**
정답 | ③
해설 | 빅데이터 조직 구조 중 기능 구조에 대한 설명이다.

**18**
정답 | ②
해설 | 데이터 저장은 수집된 데이터를 목적에 맞는 형태로 저장하는 기술로, 데이터의 품질을 높이고 분석 정확도와 효율성을 높이기 위해 효과적으로 가공·저장하는 기술이 필요하다.

**19**
정답 | ④
해설 | 분석 로드맵은 데이터 분석 체계 도입, 데이터 분석 유효성 검증, 데이터 분석 활용 및 고도화 단계로 나눌 수 있다. 데이터 분석 모형 프리징은 개발하고 있는 모형의 성능이 기준치(평가지표)를 통과했을 때 프리징하는 것을 말한다. 분석 로드맵의 단계와는 관계가 없다.

**20**
정답 | ①
해설 | 분석 문제 해결 방안은 분석 대상과 분석 방안에 따라 최적화, 솔루션, 통찰, 발견으로 나누어 도출할 수 있다. 분석 대상을 알고 분석 방안을 알 경우에는 최적화를 통한 문제 해결 방법을 탐색한다.

## PART 02 빅데이터 탐색

**21**
정답 | ④
해설 | 이상치를 절단하거나 조정하는 경우 제거 방법에 비해 데이터의 손실률이 낮아지기 때문에 설명력이 높아지는 장점이 생긴다.

## 22
정답 | ④

해설 | 다중 대치법(Multiple Imputation), 단순 대치법(Single Imputation)은 결측치를 가진 자료 분석에 사용하기가 용이하고, 통계적 추론에 사용된 통계량의 효율성 및 일치성 등의 문제를 부분적으로 보완해 준다. 그러나 추정량 표준오차의 과소추정 또는 계산의 난해성의 문제를 여전히 가지고 있다.

## 23
정답 | ③

해설 | 데이터 전처리 과정은 모든 데이터 분석 과정에서 반드시 거쳐야 하는 과정이며, 이 과정의 오류는 데이터 분석 결과에 직접적인 영향을 미칠 수 있다.

## 24
정답 | ③

해설 | ① 변수 선택이란 종속변수에 유의미한 영향을 미칠 것으로 생각되는 독립변수를 선택하는 과정이다.
② 정보는 많으면 많을수록 좋지만, 모든 변수를 포함하여 분석하는 것이 반드시 좋은 결과를 보장하는 것은 아니다.
④ 변수의 수가 많을 경우 일부 변수는 종속변수와 전혀 관련이 없을 수도 있고, 어떤 변수들은 중복된 정보를 포함하고 있을 수도 있다.

## 25
정답 | ④

해설 | ① 변수의 개수가 적은 경우 높은 설명을 가진 결과를 도출해낼 수 있는 방법은 부분 집합법이다.
② 전진 선택법에서 가장 많은 영향을 줄 것으로 판단되는 변수를 하나씩 추가해야 한다.
③ 단계적 방법은 AIC가 낮아지는 모델을 찾는 방법이다.

## 26
정답 | ②

해설 | 데이터의 양에 큰 차이가 있는 경우 데이터의 클래스 균형이 맞지 않는다고 하여 클래스 불균형이라고 한다.

## 27
정답 | ①

해설 | 사분위범위는 제1사분위수와 제3사분위수 사이의 거리로 전체 데이터 분포에서 중앙 50%의 데이터에 대한 범위이다.

## 28
정답 | ②

해설 | 히스토그램은 표본의 크기가 20 전후일 때 사용한다. 표본의 크기가 너무 작으면 히스토그램은 각 막대에 데이터 분포를 정확하게 표시하기에 충분한 데이터 점이 포함되지 않을 수 있다. 표본이 클수록 히스토그램이 모집단 분포의 형상과 유사하다.

## 29
정답 | ①

해설 | 사분위수 범위는 $Q_3 - Q_1$로 계산할 수 있다. 즉, 19에서 12를 뺀 7이다. 또한 아웃라이어를 판단하는 상한선은 $Q_3 + (1.5 \times IQR)$로 계산할 수 있기 때문에 29.5이다.

## 30
정답 | ④

해설 | 스피어만 상관계수는 두 변수의 선형 관계의 크기뿐만 아니라 비선형적인 관계 또한 표현 가능하며, 단조 함수를 사용해 두 변수의 관계를 얼마나 잘 설명할 수 있는지를 평가하는 척도다.

## 31
정답 | ③

해설 | 지리정보시스템(GIS ; Geographic Information System)은 지리 공간적으로 참조 가능한 모든 형태의 정보를 효율적으로 수집, 저장, 처리, 관리, 분석할 수 있게 설계된 컴퓨터의 하드웨어와 소프트웨어 및 지리적 자료, 인적 자원의 통합체이다.

## 32
정답 | ②

해설 | 워드클라우드(Word Cloud)는 특정 문서에 사용된 단어로 구성된 구름 이미지로, 각 단어의 크기로 출현 빈도와 중요성을 효과적으로 보여주기 때문에 텍스트 데이터를 시각화할 때 많이 사용된다.

## 33
정답 | ④

해설 | 종속변수에 미치는 영향력의 크기를 파악하여 독립변수의 특정한 값에 대응하는 종속변수의 값을 예측하는 선형 모형을 산출하는 방법은 회귀분석이다.

## 34
정답 | ①

해설 | 연속형 확률 분포의 종류는 균일 분포, 정규 분포, 지수 분포, t-분포, $\chi^2$-분포, F-분포가 있다.

## 35
정답 | ③

해설 | 구간척도(등간척도)는 측정 대상이 갖고 있는 속성의 양을 측정하는 것으로 구간이나 구간 사이의 간격이 의미가 있는 자료이다. 순서뿐만 아니라 그 간격도 의미가 있으며 0이 절대적인 의미를 가지는 것은 비율척도에 해당한다.

## 36
정답 | ①

해설 | 모집단을 어떤 특성에 따라 서로 겹치지 않는 여러 계층으로 나누고, 계층별로 무작위 추출을 수행하는 방식은 층화 추출법이다.

## 37
정답 | ④
해설 | 이산 확률 분포에는 이항 분포, 포아송 분포, 초기하 분포, 기하 분포, 다항 분포가 있다. 연속 확률 분포에는 균등 분포, 정규 분포, 표준정규 분포, 감마 분포, 베타 분포, 지수 분포, t-분포, f-분포, 카이제곱 분포가 있다.

## 38
정답 | ③
해설 | p-value는 귀무가설이 옳다는 가정하에서 실제 관측된 값보다 대립가설을 지지하는 방향으로 검정통계량이 치우쳐 나타날 확률이다.

## 39
정답 | ④
해설 | 비모수적 검정은 관측값의 절대적인 크기에 의존하지 않는 관측값들의 순위나 두 관측값 차이의 부호 등을 이용해 검정한다.

## 40
정답 | ④
해설 | 검정력은 가설검정의 제2종 오류에서 귀무가설이 참이 아닌 경우 이를 기각할 수 있는 확률을 의미한다.

# PART 03 빅데이터 모델링

## 41
정답 | ③
해설 | 고객 세분화는 비지도 학습 기반의 군집 분석에 해당한다.

## 42
정답 | ②
해설 | 기술(Description)은 데이터가 가지고 있는 특징을 나타내고 설명에 대한 답을 제공할 수 있다.

## 43
정답 | ③
해설 | 서포트벡터머신의 코스트(Cost)는 어느 정도의 오류를 허용하느냐를 결정하는 하이퍼파라미터이다.

## 44
정답 | ③
해설 | 데이터 마트 설계 및 구축 단계에서 분석 대상 데이터를 수집하고 데이터 전처리 및 마트 설계·개발을 수행한다.

## 45
정답 | ②
해설 | Python은 C언어 기반의 프로그래밍 언어다. R과 달리 특정 영역에 특화된 언어가 아닌 범용성이 매우 높은 언어이다.

## 46
정답 | ①
해설 | 다중 회귀분석은 회귀(예측) 모델로 구분할 수 있다.

## 47
정답 | ③
해설 | 연관성 분석을 위해 사용하는 개념에는 지지도, 향상도, 신뢰도가 있다.

## 48
정답 | ②
해설 | 모형에 대한 검정은 F-검정을 수행한다. t-검정은 개별 회귀 계수에 대한 검정 방법이다.

## 49
정답 | ④
해설 | 로지스틱 회귀분석의 목표변수는 범주형이며 이항 분포의 형태를 띈다.

## 50
정답 | ②
해설 | 계층적 군집은 군집의 개수를 미리 정하지 않고 유사한 객체를 묶어 나가는 과정을 반복하여 원하는 개수의 군집을 형성하는 방법이다.

## 51
정답 | ①
해설 | 맨하튼 거리 계산법을 활용하여 식을 세우면 다음과 같다.
$|95-90|+|85-100|=20$

## 52
정답 | ④
해설 | 의사결정나무는 각 데이터들이 가진 속성들로부터 분할 기준 속성을 판별하고, 분할 기준 속성에 따라 트리 형태로 모델링하는 분류 예측 모델이다.

## 53
정답 | ①
해설 | 서포트벡터머신에서 선형적으로 완벽한 분리가 불가능할 때 분류를 위해 허용된 오차를 위한 변수는 슬랙변수이다.

## 54
정답 | ②
해설 | ReLU 함수는 입력값이 0보다 작으면 0을 출력하고 0보다 크면 입력값을 그대로 출력하는 함수이다.

## 55
정답 | ④
해설 | 향상도가 1일 경우 서로 독립적인 관계를 갖는다.

## 56
정답 | ④
해설 | 두 변수의 상호작용효과와 각 변수의 주효과를 분석하는 방법은 two-way ANOVA이다. 주효과는 각 변수에 대한 one-way ANOVA 결과와 같다.

## 57
정답 | ①
해설 | ACF의 절댓값이 서서히 감소하고 PACF의 시점 2 기준으로 절단된 형태를 보이므로 AR(1)모형이 적절하다.

## 58
정답 | ③
해설 | 장기 의존성(Long-term dependency) 문제는 은닉층의 과거 정보가 끝까지 전달되지 못하고 희미해지는 현상을 의미한다. LSTM은 RNN의 장기 의존성 문제를 해결하기 위한 모델이다.

## 59
정답 | ④
해설 | Light GBM은 Level-wise 방식이 아닌 Leaf-wise 방식을 사용하는 트리 기반 알고리즘이다.

## 60
정답 | ④
해설 | 윌콕슨 검정은 부호와 상대적 크기를 고려해 중앙값을 검정하는 비모수적 통계 방법으로, 부호만을 고려하는 부호 검정의 단점을 보완한 방법이다.

# PART 04  빅데이터 결과 해석

## 61
정답 | ③
해설 | 평균제곱오차(MSE ; Mean Squared Error)는 모형의 실제 값과 예측 값의 차이(오차)를 제곱하여 평균한 값으로 산식은 $\frac{1}{n}\sum_{i=1}^{n}(y_i - \hat{y_i})^2$ 이다.

## 62
정답 | ①
해설 | 정밀도(Precision)는 Positive로 예측한 데이터 중 실제 Positive인 데이터의 비율이다.

## 63
정답 | ②
해설 | 특이도는 실제 Negative인 데이터 중 모형이 Negative로 예측한 데이터의 비율이다.

## 64
정답 | ③
해설 | 제2종 오류는 귀무가설이 거짓임에도 불구하고 귀무가설을 채택하는 오류로, False Negative인 경우다.

## 65
정답 | ①
해설 | 정확도는 (TP+TN)/(TP+TN+FP+FN)의 산식으로 구할 수 있으므로 정답은 $\frac{14}{20} = \frac{7}{10}$ 이다.

## 66
정답 | ④
해설 | 특이도는 TN/(TN+FP)의 산식으로 구할 수 있으므로 정답은 $\frac{6}{8} = \frac{3}{4}$ 이다.

## 67
정답 | ③
해설 | k-fold 교차 검증은 만족할 만한 일반화 성능을 내는 최적의 하이퍼파라미터 값을 찾을 때 사용한다. 데이터의 크기가 작은 경우 fold 개수를 늘리는 것이 좋다.

## 68
정답 | ④
해설 | t-검정은 30개 이하의 적은 수의 표본에 대해 활용할 수 있는 방법이다.

## 69
정답 | ②

해설 | 그림은 과소적합된 모형을 나타낸다. 편향(Bias)은 훈련 알고리즘에서 잘못된 가정을 했을 때 발생하는 오차를 말하고 분산(Variance)은 훈련 데이터에 내재된 변동 때문에 발생하는 오차를 말한다. 일반적으로 분석 모형이 복잡해질수록 편향은 낮아지고, 분산은 높아진다. 이런 편향과 분산의 관계를 '편향-분산 트레이드오프(bias-variance tradeoff)'라고 한다. 과소적합된 모형은 분석 모형이 학습이 충분히 되지 않아 상대적으로 단순한 모형으로, 편향은 높고 분산은 낮다.

## 70
정답 | ①

해설 | L1 규제는 가중치 절댓값의 합을 규제 항으로 사용한다. 이때 중요하지 않은 변수의 가중치는 0으로 수렴할 수 있고, 변수 선택의 효과를 얻을 수 있다. 따라서 sparse한 모델에 사용하여 일반화 성능을 올리기에 좋다. 반면 L2 규제는 가중치 제곱값의 합을 규제 항으로 사용한다. 가중치 값이 0에 가까워지긴 하지만 0으로 수렴하지는 않는다.

## 71
정답 | ④

해설 | 데이터의 정규성을 검정하는 방법은 Q-Q plot, 샤피로 윌크 검정, 콜모고로프 스미르노프 적합성 검정 등이 있다.

## 72
정답 | ①

해설 | 도트 플롯 맵(Dot plot map)은 위도, 경도 값을 가지고 있는 데이터의 경우, 각 지리적 좌표 위에 점을 찍어서 데이터를 나타내는 방법이다. 데이터 값의 크기에 따라 점의 크기를 다르게 나타내는 경우 버블 플롯 맵이 된다.

## 73
정답 | ②

해설 | 그림은 스타 차트(Star chart)의 예시다. 스타 차트는 비교 시각화 방법에 해당한다.

## 74
정답 | ③

해설 | 그림은 체르노프 페이스(Chernoff faces)의 예시다. 체르노프 페이스는 비교 시각화 방법에 해당한다.

## 75
정답 | ④

해설 | 산점도(Scatter plot)는 관계를 알고 싶은 두 변수를 $x$축, $y$축으로 두고, 관측치의 값에 해당하는 위치에 점으로 표시하는 시각화 방법이다. 변수 간 상관관계나 이상치 등을 파악할 때 유용하다.

## 76
정답 | ②

해설 | 그림은 산점도 행렬(Scatter plot matrix)의 예시다. 산점도 행렬은 관계 시각화 방법에 해당한다.

## 77
정답 | ①

해설 | 보팅(Voting)은 여러 개의 분석 모형 결과를 종합하는 방법이다. 많이 선택된 클래스를 최종 결과로 예측하는 방법을 직접 투표(Hard voting) 방식이라고 한다. 반면 각 모형의 클래스 확률 값을 평균 내어 확률이 가장 높은 클래스를 최종 결과로 예측하는 방법을 간접 투표(Soft voting) 방식이라고 한다.

## 78
정답 | ③

해설 | 주어진 보기를 분석 모형 개선 단계에 맞게 짝지으면 아래와 같다.
매개변수 최적화 : c. 모멘텀, e. 경사하강법, h. Adagrad

## 79
정답 | ③

해설 | 주어진 보기를 분석 모형 개선 단계에 맞게 짝지으면 아래와 같다.
분석 모형 융합 : b. 배깅, f. 부스팅

## 80
정답 | ④

해설 | 주어진 보기를 분석 모형 개선 단계에 맞게 짝지으면 아래와 같다.
과대적합 방지 : a. 드롭아웃, d. 가중치 규제, g. 교차 검증

# 제8회 실전모의고사 정답 및 해설

| 01 | 02 | 03 | 04 | 05 | 06 | 07 | 08 | 09 | 10 |
|---|---|---|---|---|---|---|---|---|---|
| ④ | ④ | ③ | ② | ③ | ③ | ① | ③ | ① | ③ |
| 11 | 12 | 13 | 14 | 15 | 16 | 17 | 18 | 19 | 20 |
| ① | ④ | ① | ③ | ② | ② | ③ | ③ | ② | ① |
| 21 | 22 | 23 | 24 | 25 | 26 | 27 | 28 | 29 | 30 |
| ④ | ① | ③ | ① | ③ | ③ | ② | ① | ④ | ② |
| 31 | 32 | 33 | 34 | 35 | 36 | 37 | 38 | 39 | 40 |
| ④ | ④ | ④ | ③ | ② | ③ | ④ | ④ | ① | ③ |
| 41 | 42 | 43 | 44 | 45 | 46 | 47 | 48 | 49 | 50 |
| ② | ④ | ① | ② | ① | ① | ③ | ② | ③ | ① |
| 51 | 52 | 53 | 54 | 55 | 56 | 57 | 58 | 59 | 60 |
| ④ | ② | ④ | ① | ② | ③ | ④ | ① | ④ | ③ |
| 61 | 62 | 63 | 64 | 65 | 66 | 67 | 68 | 69 | 70 |
| ④ | ④ | ① | ③ | ① | ① | ④ | ② | ① | ① |
| 71 | 72 | 73 | 74 | 75 | 76 | 77 | 78 | 79 | 80 |
| ② | ④ | ① | ② | ③ | ④ | ③ | ② | ③ | ① |

## PART 01 빅데이터 분석 기획

**01**
정답 | ④
해설 | 빅데이터의 활용으로 사생활 침해에 대한 위기가 발생할 수 있다. 이를 위해 개인정보 사용에 대한 책임을 강화해야 한다.

**02**
정답 | ④
해설 | 암묵지란 개인에게 내재화되어 겉으로 드러나지 않는 지식이다. 매뉴얼, 레시피 등 문서나 매체로 형상화된 지식은 형식지이다.

**03**
정답 | ③
해설 | 빅데이터 분석 방법론은 분석 기획, 데이터 준비, 데이터 분석, 시스템 구현, 평가 및 전개로 진행된다. 데이터 저장 설계 시 분석에 필요한 데이터에 따라 적합한 저장 플랫폼을 선택해야 하지만 꼭 여러 플랫폼의 벤치마크테스트가 필요한 것은 아니다.

**04**
정답 | ②
해설 | 정형, 반정형, 비정형은 데이터의 구조 관점에서 분류한 유형이고 실시간 데이터는 존재 형태로 구분한 유형이다.

**05**
정답 | ③
해설 | 콘텐츠 데이터는 텍스트, 이미지, 오디오, 비디오 같이 개별적인 객체로 구분되는 미디어 데이터를 의미한다.

**06**
정답 | ③
해설 | 분석 대상 데이터가 주로 정형 데이터로 구성되고 기존 데이터 웨어하우스가 있는 경우 기존 저장소를 활용하는 것이 비용효율적일 수 있다. 기존에 HDFS가 구성되어 데이터가 있는 경우 기존 저장 환경에 추가 서비스를 도입하여 기존 저장 환경을 확장시킬 수도 있다.

## 07
정답 | ①
해설 | XML(eXtensible Markup Language)에 대한 설명이다.

## 08
정답 | ③
해설 | A사는 시스템을 정보화시키고 사내 데이터를 분석했다. 또한 기술과 환경의 변화에 맞추어 빅데이터 분석까지 진행했다. 이때 다양한 외부 사례를 참조하기도 했다. 하지만 그만큼 분석의 효과를 보지 못하고 있는 상태다. 이런 상황이 발생하는 이유는 비즈니스 문제를 어떻게 데이터 문제로 해결할지에 대한 방법을 인지하지 못했을 때 나타난다. 데이터와 비즈니스를 다양한 관점으로 분석하여 비즈니스 통찰을 얻어냈을 때 이런 문제를 해결할 수 있다.

## 09
정답 | ①
해설 | 분석 방법론의 모델에는 폭포수 모델, 나선형 모델, 프로토타입 모델 등이 있다.

## 10
정답 | ③
해설 | CRISP-DM 분석 방법론은 단계, 일반화 태스크, 세분화 태스크, 프로세스 실행으로 구성되어 있다.

## 11
정답 | ①
해설 | 하향식 접근법의 비즈니스 모델 기반 문제 탐색 기법은 비즈니스를 업무, 제품, 고객, 규제와 감사, 지원 인프라로 구분하여 분석 주제를 도출하는 방법이다.

## 12
정답 | ④
해설 | 빅데이터 분석 과제의 우선순위는 시급성과 난이도로 평가할 수 있다. 이때 시급성은 빅데이터의 비즈니스 효과(Value)이며, 난이도는 빅데이터의 수집, 분석, 적용과 관련된 데이터의 크기(Volume), 데이터 유형(Variety), 분석 성능(Velocity) 등 투자 비용 요소다.

## 13
정답 | ①
해설 | 데이터를 특정 구간에 분포하는 값으로 스케일을 변화시키는 방법은 일반화 기법이다.

## 14
정답 | ③
해설 | Mahout은 지능형 어플리케이션 개발을 위한 분산·병렬처리가 가능한 머신러닝 라이브러리이다.

## 15
정답 | ②
해설 | ETL은 정형 데이터 수집 기술이다.
① Crawling : 웹에 게시된 데이터를 수집할 때 사용하는 기술을 총칭하는 개념이다.
③ Apace Kafka : 분산된 스트림 데이터를 추출하기 위한 오픈 소스 솔루션이다.
④ Scrapy : Crawling 소프트웨어 중의 하나다.

## 16
정답 | ②
해설 | 데이터 웨어하우스에 대한 설명이다. 데이터 레이크도 다양한 기간계 데이터를 수집하지만 관점별 주제 데이터로 집계하는 것이 목적은 아니다.

## 17
정답 | ③
해설 | 다른 데이터로부터 기존 데이터에 추가 속성을 연계하는 것은 데이터 통합이다.

## 18
정답 | ③
해설 | 개인정보 비식별 조치 적정성 평가는 '기초 자료 작성 → 평가단 구성 → 평가 수행 → 추가 비식별 조치 → 데이터 활용'의 단계로 진행된다.

## 19
정답 | ②
해설 | 오디오 데이터는 비정형 데이터이다.

## 20
정답 | ①
해설 | 스트림 데이터에 대한 설명이다.

# PART 02 빅데이터 탐색

## 21
정답 | ④
해설 | 단순 확률 대치법에는 핫덱(Hot-Deck) 대체, 콜드덱(Cold-Deck) 대체, 혼합 방법이 있다. 혼합 방법은 여러 가지 대체 방법을 혼합하는 방식이다.

## 22
정답 | ①
해설 | 다중 대치법은 여러 번의 단순 대치법을 통해 결측값이 대체된 여러 개의 데이터를 생성한 뒤, 해당 복수 개의 데이터를 통계 분석하는 방법이다.

## 23
정답 | ③
해설 | 이상값은 반드시 제거할 필요가 없기 때문에 분석가의 주관에 따라 이상값 처리 방법에 대한 판단이 필요하다. 일반적으로 이상치를 처리하는 방법에는 삭제, 대체, 변환 등의 방법이 있다.

## 24
정답 | ①
해설 | 래퍼 기법(Wrapper Method)에서 변수 선택을 위한 알고리즘 유형으로는 전진 선택법과 후진 제거법과 단계적 방법이 있다.

## 25
정답 | ③
해설 | 다수 클래스의 데이터를 무작위로 일부만 선택하여 데이터의 비율을 맞추는 방법인 과소표집 기법은 변수 변환 기법이 아닌 불균형 데이터 처리 기법이다.

## 26
정답 | ③
해설 | 탐색적 데이터 분석의 특성 중 자료의 재표현은 데이터 분석과 해석을 단순화할 수 있도록 원래 변수를 적당한 척도(로그 변환, 제곱근 변환, 역수 변환 등)로 바꾸는 것을 의미한다.

## 27
정답 | ②
해설 | 수치형 – 수치형 조합의 경우 변수 간의 상관성과 추세성 여부는 산점도를 이용하여 시각화한다.

## 28
정답 | ①
해설 | 수치형 데이터의 상관 분석에서 피어슨 상관계수 방법을 일반적으로 사용한다. 두 변수의 분산이 동일하다는 전제조건 아래에서 사용한다.

## 29
정답 | ④
해설 | 데이터 값이 큰 지역의 면적을 시각적으로 더 크게 표시하여 데이터를 직관적으로 보기 위해 사용하는 기법은 카토그램이다. 시공간 데이터 탐색에서 버블 플롯 맵은 위도와 경도를 사용하여 좌표를 원으로 정의하는 차트이다.

## 30
정답 | ②
해설 | 박스 플롯의 구성요소에는 최솟값, 제1사분위수, 중위수(제2사분위수), 제3사분위수, 최댓값과 수염 및 아웃라이어가 있다.

## 31
정답 | ④
해설 | 시공간 데이터 탐색 방법 중, 버블 플롯 맵은 위도와 경도를 사용하여 좌표를 원으로 표현한다.

## 32
정답 | ④
해설 | 군집 추출은 모집단을 여러 군집으로 나누고, 일부 군집의 전체 또는 일부를 추출하는 방식이다. 100장의 번호표에 무작위로 검은색, 노란색, 파란색을 칠하고 파란색의 번호표를 모두 추출하는 기법이다.

## 33
정답 | ④
해설 | 이산 확률 분포에는 이항 분포, 포아송 분포, 초기하 분포, 기하 분포, 다항 분포 등이 있다. 균등 분포는 연속 확률 분포이다.

## 34
정답 | ③
해설 | 독립적인 카이제곱 분포가 있을 때, 두 확률변수의 비는 F – 분포이다.

## 35
정답 | ②
해설 | 표본수가 무한히 크면 표본의 분포와 관련 없이 표본합 또는 표본평균은 정규 분포를 따른다는 것은 중심극한정리이다.

## 36
정답 | ③
해설 | 점 추정은 불편성, 효율성, 일치성, 충족성의 조건을 만족해야 한다.

## 37
정답 | ④
해설 | 귀무가설은 $H_0$으로 표기하고, 대립가설은 $H_1$으로 표기한다.

## 38
정답 | ④
해설 | p – 값은 귀무가설이 옳다는 가정하에 얻은 통계량이 귀무가설을 얼마나 지지하는지를 나타낸 확률이다.

## 39
정답 | ①
해설 | ② 귀무가설이 참이라는 가정에 따라 주어진 표본 데이터를 희소 또는 극한값으로 얻을 확률값은 p-값이다.
③ 귀무가설이 참일 때 귀무가설을 기각하게 되는 1종 오류를 범할 확률은 p-값이다.
④ 검정 통계량은 귀무가설이 참이라는 전제하에서 모집단으로부터 추출된 확률표본의 정보를 이용한다.

## 40
정답 | ③
해설 | 귀무가설이 참인데 잘못하여 기각하게 되는 것은 제1종 오류이다.

# PART 03 빅데이터 모델링

## 41
정답 | ②
해설 | 엘라스틱넷(elasticNet)은 지도 학습을 수행하는 회귀분석 모형이다.
④ 독립성분 분석(ICA)은 불분명한 신호를 분리하는 비지도 학습이다.

## 42
정답 | ④
해설 | 하이퍼파라미터는 모형 외부 요소로 모형의 성능에 간접적인 영향을 미친다. 사용자가 설정하는 값으로 학습 과정에 영향을 주고 학습 결과인 파라미터 값에 영향을 준다.

## 43
정답 | ①
해설 | 모델링 절차는 '데이터 마트 구축 → EDA → 모델링 → 모델 성능평가'를 순차적으로 수행한다.

## 44
정답 | ②
해설 | 모델링 단계는 정의된 요건에 따라 본격적인 분석을 수행한다. 데이터 준비 및 탐색적 데이터 분석을 수행하고 모델링과 성능평가를 반복 수행하여 최종 모형을 선정한다.

## 45
정답 | ①
해설 | • 데이터 분할은 과적합을 방지하고 일반화 성능을 향상시키는 것이 목적이다.
• 일반적으로 학습 데이터, 검증 데이터, 테스트 데이터로 분할한다.
• 데이터가 부족한 경우 학습 데이터와 테스트 데이터로만 분할하기도 한다.
• 검증용 데이터와 테스트 데이터는 서로 다른 목적으로 사용한다.

## 46
정답 | ①
해설 | 회귀모형의 가정에는 선형성, 등분산성, 독립성, 정상성이 있다.

## 47
정답 | ③
해설 | 로지스틱 회귀분석은 종속변수가 범주형일 경우 사용 가능한 기법이다.

## 48
정답 | ②
해설 | 잔차는 표본에서 나온 관측값을 회귀선과 비교할 때 나타나는 차이이다.

## 49
정답 | ③
해설 | 각 군집에서 관측값을 뽑아 나오는 거리 중 가장 최솟값을 측정하는 연결법은 최단 연결법이다.

## 50
정답 | ①
해설 | 지지도는 연관성 분석에서 사용하는 개념이다.

## 51
정답 | ④
해설 | 의사결정나무는 '성장, 가지치기, 타당성 평가, 해석 및 예측' 순으로 진행한다.

## 52
정답 | ②
해설 | 수학적 거리에는 유클리드 거리, 맨하튼 거리, 민코프스키 거리가 있으며, 통계적 거리에는 표준화 거리와 마할라노비스 거리가 있다.

## 53
정답 | ④
해설 | 활성화 함수는 퍼셉트론의 출력값을 결정하는 비선형 함수이다. Sigmoid, Tanh, Softmax, ReLU 등이 있다. 반면 XOR 연산에서 선형분리가 불가능한 문제를 해결하기 위해 등장한 것이 다층 퍼셉트론이다.

## 54
정답 | ①
해설 | 지니 지수를 구하기 위해 식을 세우면 다음과 같다.
$$1 - \left(\frac{3}{6}\right)^2 - \left(\frac{3}{6}\right)^2 = \frac{1}{2}$$

## 55
정답 | ②
해설 | 비지도 신경망으로 고차원의 데이터를 이해하기 쉬운 저차원의 뉴런으로 정렬하며 지도의 형태로 형상화한다.

## 56
정답 | ③
해설 | 피셔의 정확 검정(Fisher's Exact Test)은 초기하 분포를 기반으로 분할표에서 표본의 수가 작거나 범주가 많아서 빈도수가 극도로 작은 경우 사용한다.

## 57
정답 | ④
해설 | • ARIMA(p, d, q) 모형에서 차수 p, d가 0인 경우 MA(q) 모형이다.
• ARIMA(p, d, q) 모형에서 차수 d, q가 0인 경우 AR(p) 모형이다.

## 58
정답 | ①
해설 | 나이브 베이즈는 베이즈 정리 기반의 지도 학습 분류 모델이다.

## 59
정답 | ④
해설 | 딥러닝 모형에서 1iteration 동안 한 번의 forward pass와 backward pass를 진행한다.

## 60
정답 | ③
해설 | 매개 중심성은 다른 노드들 사이에 위치하는 정도를 나타내는 지표로 지나는 경로가 많을수록 매개 중심성이 높다.

# PART 04 빅데이터 결과 해석

## 61
정답 | ④
해설 | FN(False Negative)은 예측한 값이 Negative(음성)이고 실제 값은 Positive(양성)인 경우를 나타내는 말이다.

## 62
정답 | ④
해설 | 특이도가 높은 검사법은 FP(False Positive)가 나올 확률이 낮기 때문에 양성 값이 나왔을 때 그 값을 더 신뢰할 수 있다.

## 63
정답 | ①
해설 | 민감도가 높은 검사법은 FN(False Negative)이 나올 확률이 낮기 때문에 음성 값이 나왔을 때 그 값을 더 신뢰할 수 있다.

## 64
정답 | ③
해설 | 선형 회귀 모형의 가정 중 등분산성은 오차항의 분산은 등분산이어야 한다는 의미다.

## 65
정답 | ①
해설 | 학습 오류(Training error)는 분석 모형 구축 시 학습 데이터의 특성을 부족하게 반영하는 경우 발생한다. 학습 오류가 큰 경우 과소적합(Under-fitting)되었다고도 한다.

## 66
정답 | ①
해설 | 리브-p-아웃 교차검증의 검증 데이터를 구성하는 경우의 수는 $_nC_p$ 이다.

## 67
정답 | ④
해설 | 분산분석(ANOVA)은 모집단의 평균을 대상으로 가설검정을 수행하는 모수 유의성 검정 방법이다.

## 68
정답 | ②
해설 | 카이제곱 검정은 범주형 데이터에 사용되며 데이터가 예상되는 분포에 얼마나 잘 맞는지를 검정한다. 주로 rxc 분할표를 함께 사용한다.

## 69
정답 | ①
해설 | 분석 모형이 과소적합일 때 학습 오류와 검증 오류 모두 크게 나타난다. 반면 분석 모형이 과대적합일 때 상대적으로 학습 오류는 작고 검증 오류는 크게 나타난다.

## 70
정답 | ①
해설 | L1규제는 모든 가중치 절댓값들의 합을 손실함수에 추가함으로써 가중치 값을 제한하는 방법이다.

## 71
정답 | ②

해설 | $\sum_{i=1}^{4} a_i^2$ 는 실제 관측치와 모형의 예측치의 차이를 제곱하여 합한 값으로 SSE(Sum of Squared Errors)라고 부른다. $y$가 가지는 전체 변동성 중 회귀 모형으로 설명할 수 없는 변동에 해당한다.

## 72
정답 | ④

해설 | $\sum_{i=1}^{4} b_i^2$ 는 실제 관측치와 y값들의 평균($\bar{y}$)의 차이를 제곱하여 한한 값으로 SST(Total Sum of Squares)라고 부른다. $y$가 가지는 전체 변동에 해당한다.

## 73
정답 | ①

해설 | 민감도는 실제 Positive인 데이터 중 모형이 Positive로 예측한 데이터의 비율이다. 따라서 실제 Positive인 200개 중 Positive로 예측한 80개의 비율인 $\frac{2}{5}$ 가 정답이다.

## 74
정답 | ②

해설 | 정확도는 전체 데이터 중 예측을 정확하게 한 데이터의 비율이다. 따라서 전체 500개 데이터 중 TP와 TN의 개수를 합친 360개의 비율인 $\frac{18}{25}$ 이 정답이다.

## 75
정답 | ③

해설 | 거짓 긍정률은 실제 Negative인 데이터 중 Positive로 잘못 예측한 데이터의 비율로, '1 − 특이도'와 같은 값을 갖는다. 따라서 실제 Negative인 300개 중 Positive로 잘못 예측한 20개의 비율인 $\frac{1}{15}$ 이 정답이다.

## 76
정답 | ④

해설 | TCO(Total Cost of Ownership)은 총 소유 비용으로 자산을 획득할 때 드는 비용뿐 아니라 교육학습, 유지보수 등의 제반비용을 고려하여 산출되는 총 비용을 뜻한다.

## 77
정답 | ③

해설 | 트리 맵은 분포 시각화에 해당한다.

## 78
정답 | ②

해설 | 산점도 행렬은 수치형 변수 여러 개 간의 관계를 볼 때 적합한 시각화 방법이다. 나머지 선그래프, 막대그래프, 계단식그래프는 모두 시간 시각화에 해당하여 분기별 매출액 추이 분석에 적합하다고 볼 수 있다.

## 79
정답 | ③

해설 | 히스토그램은 도수 분포를 나타내는 시각화 방법이므로 지역 구분별 값을 나타내기에 적합하지 않다. 막대그래프는 범주별 데이터 값을 나타낼 때 사용 가능하며, 등치지역도와 카토그램은 지역별로 특정 변수 값을 시각적으로 표현하는 방법이다.

## 80
정답 | ①

해설 | 인포그래픽은 정보 디자인에 해당한다.

MEMO

빅데이터분석기사 필기 한권완성

# PART 07

# 기출복원문제

제9회 기출복원문제
제8회 기출복원문제
제7회 기출복원문제
제6회 기출복원문제
제5회 기출복원문제
제4회 기출복원문제
제9회 기출복원문제 정답 및 해설
제8회 기출복원문제 정답 및 해설
제7회 기출복원문제 정답 및 해설
제6회 기출복원문제 정답 및 해설
제5회 기출복원문제 정답 및 해설
제4회 기출복원문제 정답 및 해설

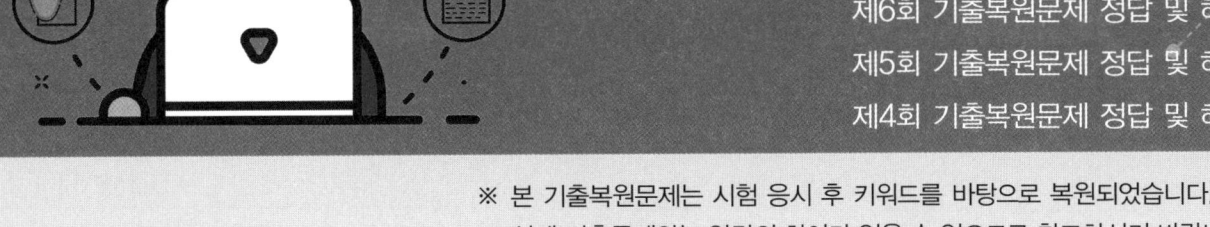

※ 본 기출복원문제는 시험 응시 후 키워드를 바탕으로 복원되었습니다.
　 실제 기출문제와는 약간의 차이가 있을 수 있으므로 참고하시기 바랍니다.

## 제9회 기출복원문제

**01** 다음은 텍스트 데이터 전처리 과정에 대한 설명이다. 이에 해당하는 작업으로 옳은 것은?

> 텍스트에서 조사, 접속사와 같은 분석에 필요 없는 단어들을 제거하는 과정

① Stemming
② Tokenization
③ Lemmatization
④ Stopword 제거

**02** 다음 중 정형 데이터에 속하는 것은?

① 병원에서 촬영한 MRI 영상 데이터
② 엑셀 파일에 저장된 판매 수치 데이터
③ SNS에서 수집된 사용자 리뷰 데이터
④ 음성 파일로 저장된 인터뷰 내용

**03** 빅데이터 분석의 3V 중 "다양성(Variety)"에 해당하는 설명으로 적절한 것은?

① 데이터 처리 속도가 매우 빠르다.
② 데이터의 신뢰성을 평가할 수 있다.
③ 데이터가 다양한 형식과 출처에서 수집된다.
④ 데이터의 양이 많아 저장 공간이 요구된다.

**04** 다음 중 비정형 데이터의 예시로 가장 적합한 것은?

① 데이터베이스에 저장된 고객 구매 이력
② 고객 리뷰로 작성된 텍스트 데이터
③ CSV 파일로 저장된 수치 데이터
④ 생산 공정의 센서 데이터

**05** 다음 중 텍스트 마이닝에서 Bag-of-Words(BOW) 모델의 단점으로 옳은 것은?

① 데이터의 순서를 반영하지 못한다.
② 단어 간의 상호작용을 효과적으로 표현한다.
③ 텍스트 데이터를 직접적으로 벡터화하지 못한다.
④ 단어 빈도를 정량적으로 표현하지 못한다.

**06** 데이터 사이언티스트가 데이터를 분석한 후, 비즈니스 조직과 소통하기 위해 가장 중요한 소프트 스킬은?

① 프로그래밍 능력
② 설득력 있는 의사 전달
③ 데이터 모델링 기술
④ 대용량 데이터 처리 속도

**07** 다음 중 분산 파일 시스템(HDFS)의 주요 특성이 아닌 것은?

① 대용량 데이터를 처리하기 위해 설계되었다.
② 데이터를 여러 노드에 중복 저장하여 신뢰성을 확보한다.
③ SQL 기반 질의 처리를 기본으로 지원한다.
④ 데이터 저장과 처리 작업을 분리하지 않는다.

**08** 데이터 품질의 특성 중 "완전성(Completeness)"에 대한 설명으로 적절한 것은?

① 데이터가 정확하고 신뢰할 수 있다.
② 데이터가 필요한 모든 속성을 포함한다.
③ 데이터가 분석에 적합한 형식으로 저장된다.
④ 데이터가 시의적절하게 제공된다.

**09** 다음 중 빅데이터 플랫폼에서 데이터 수집 단계에 해당하지 않는 것은?

① 로그 데이터 수집
② 비정형 데이터 추출
③ 정형 데이터 변환
④ 데이터 분석 결과 저장

**10** 다음 데이터는 특정 도시에서 월별 교통량을 측정한 결과이다. 이 데이터의 유형으로 알맞은 것은?

| 월 | 교통량(대수) |
| --- | --- |
| 1월 | 150,000 |
| 2월 | 160,000 |
| 3월 | 170,000 |

① 종단면 자료
② 횡단면 자료
③ 패널 자료
④ 시계열 자료

**11** 다음은 데이터 비식별화 기법에 대한 설명이다. 이 기법으로 적절한 것은?

> 데이터를 특정 구간으로 그룹화하여 개인 식별이 어렵게 만드는 방법

① 가명화  
② 데이터 마스킹  
③ 데이터 범주화  
④ 섭동

**12** 다음 데이터는 A 기업에서 3년 동안 동일한 직원들을 대상으로 수집한 월급 변화를 보여준다. 이 데이터의 유형으로 알맞은 것은?

| 직원 ID | 연도 | 월급(만원) |
|---|---|---|
| A001 | 2021 | 300 |
| A001 | 2022 | 320 |
| A001 | 2023 | 350 |
| A002 | 2021 | 280 |
| A002 | 2022 | 290 |
| A002 | 2023 | 310 |

① 종단면 자료  
② 횡단면 자료  
③ 패널 자료  
④ 시계열 자료

**13** 다음 중 데이터 마스킹(Data Masking)의 특징으로 옳지 않은 것은?

① 민감한 데이터를 가려 개인정보를 보호한다.  
② 원본 데이터의 통계적 특성을 유지한다.  
③ 임의의 값을 추가하거나 대체하여 원본 데이터를 보호한다.  
④ 데이터 마스킹 후에도 개인 식별이 가능하다.

**14** 데이터 거버넌스에서 메타데이터 관리가 중요한 이유로 가장 적합한 것은?

① 데이터 저장 공간을 절약할 수 있다.  
② 데이터 처리 속도를 높일 수 있다.  
③ 데이터의 출처와 정의를 명확히 하여 신뢰성을 높인다.  
④ 데이터 분석 결과를 자동으로 시각화한다.

**15** 다음 데이터는 B 회사의 여러 부서에서 수집된 연도별 매출액을 보여준다. 이 데이터를 분석하는 데 적합한 기법은?

| 부서 | 연도 | 매출액(억원) |
|---|---|---|
| 마케팅 | 2021 | 50 |
| 마케팅 | 2022 | 55 |
| 영업 | 2021 | 60 |
| 영업 | 2022 | 65 |

① ANOVA(분산 분석)　　② 회귀 분석
③ 연관성 분석　　　　　 ④ 군집 분석

**16** 빅데이터에서 "속도(Velocity)"라는 특성이 중요한 이유로 적절한 것은?

① 데이터를 빠르게 저장할 수 있다.
② 데이터를 실시간으로 수집하고 처리할 수 있다.
③ 데이터를 다양한 포맷으로 변환할 수 있다.
④ 데이터를 대용량 저장소에 저장한다.

**17** 머신 러닝 모델을 학습시키기 전, 데이터를 정규화(Normalization)해야 하는 주요 이유는?

① 데이터의 분포를 정규분포로 만들기 위해
② 데이터 간의 단위 차이를 제거하기 위해
③ 데이터를 일정한 구간으로 변환하기 위해
④ 데이터에 누락된 값을 채우기 위해

**18** 다음 중 비정형 데이터 분석에서 텍스트 마이닝 기법을 사용해야 하는 이유는?

① 데이터의 순서를 분석하기 위해
② 텍스트 데이터를 구조화하여 분석하기 위해
③ 텍스트 데이터를 삭제하기 위해
④ 텍스트 데이터를 수치로 변환하지 않기 위해

**19** 데이터 분석에서 Overfitting(과적합)을 방지하기 위한 방법으로 적절하지 않은 것은?

① 더 많은 데이터를 수집한다.
② 복잡한 모델을 선택한다.
③ 규제(Regularization)를 사용한다.
④ 교차 검증(Cross-Validation)을 수행한다.

**20** 다음 중 분산 파일 시스템의 주요 장점으로 적합하지 않은 것은?

① 대규모 데이터를 병렬로 처리할 수 있다.
② 데이터 중복 저장으로 신뢰성을 확보한다.
③ 데이터를 중앙 서버에만 저장한다.
④ 데이터 처리 속도가 향상된다.

**21** 데이터의 평균과 분산을 구할 때, 모집단이 아닌 표본 데이터로 계산할 경우 분산에 적용되는 조정값은 무엇인가?

① n
② n-1
③ n+1
④ n-2

**22** 왜도가 양수인 데이터의 분포에서 올바른 설명은 무엇인가?

① 왜도>0, 최빈값<중위수<평균값
② 왜도>0, 최빈값>중위수>평균값
③ 왜도<0, 최빈값<중위수<평균값
④ 왜도<0, 최빈값>중위수>평균값

**23** 연관 규칙에서 지지도(Support)와 신뢰도(Confidence)를 계산할 때, 다음 거래 데이터를 기반으로 계산한 결과는?

> 전체 거래 수 : 10개
> {우유, 빵, 버터} 포함된 거래 수 : 3개
> {우유, 빵} 포함된 거래 수 : 5개

① 지지도 : 30%, 신뢰도 : 60%
② 지지도 : 50%, 신뢰도 : 60%
③ 지지도 : 30%, 신뢰도 : 50%
④ 지지도 : 50%, 신뢰도 : 50%

**24** 동질성 검정에 사용되는 적절한 표본 추출 방법은 무엇인가?

① 단순추출  ② 계통추출
③ 층화추출  ④ 군집추출

**25** 다음 중 포아송 분포에 대한 설명으로 옳지 않은 것은?

① 포아송 분포의 평균과 분산은 같다.
② 특정 시간 간격 내 사건 발생 횟수를 다룬다.
③ 독립적 사건 발생을 가정한다.
④ 사건 발생 간격이 고르게 분포한다.

**26** 다음 회귀모형 함수식에서 $x$의 값이 3일 때, 기울기의 의미로 올바른 것은?

$$f(x) = 2x^2 - 4x + 1$$

① $y$의 변화율은 양수이며, $y$가 증가한다.
② $y$의 변화율은 음수이며, $y$가 감소한다.
③ $x$의 값에 관계없이 $y$는 일정 비율로 증가한다.
④ $y$는 $x$와 선형 관계를 갖는다.

**27** 다음 중 데이터 시각화 기법에 대한 설명으로 적절하지 않은 것은?

① 상자 그림(Box Plot)은 데이터의 이상치와 분포를 확인하는 데 유용하다.
② 산점도(Scatter Plot)는 두 변수 간의 관계를 시각적으로 나타낸다.
③ 히스토그램(Histogram)은 시간에 따른 데이터의 변화를 시각적으로 표현한다.
④ 파이차트(Pie Chart)는 각 범주의 비율을 나타내는 데 유용하다.

28. 아래와 같은 선 그래프를 사용했을 때, 가장 적합한 분석 목적은 무엇인가?

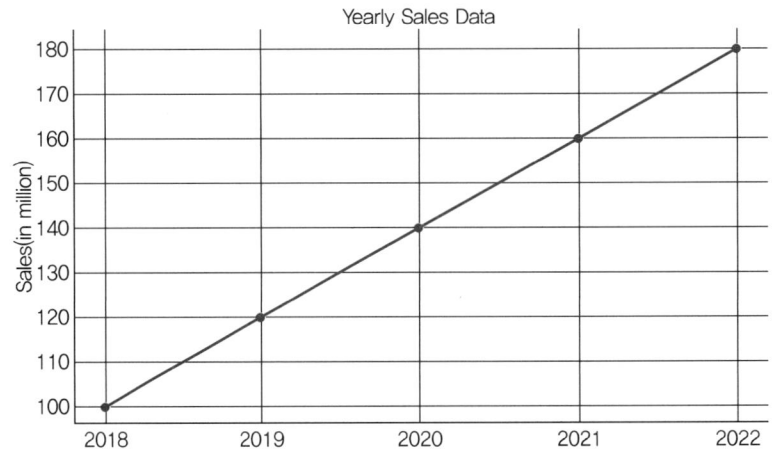

① 두 변수 간의 상관관계 분석
② 특정 카테고리의 비율 비교
③ 시간에 따른 데이터의 추세 분석
④ 데이터의 빈도수 분포 확인

29. 다음 데이터 집합의 중앙값(Median)을 구하시오.

| {5, 7, 3, 8, 10} |
|---|

① 5
② 6
③ 7
④ 8

30. 데이터 분석에서 분산(Variance)에 대한 설명으로 옳지 않은 것은?

① 분산은 데이터의 흩어짐 정도를 나타내는 척도이다.
② 모집단 분산은 표본 분산의 기대값으로 추정된다.
③ 표본 분산은 n−1로 나눈 값으로 계산한다.
④ 분산은 데이터의 단위와 동일하다.

31. 노이즈 제거를 위해 사용하지 않는 방법은?

① 구간화(Binning)
② 회귀값 대치(Regression Imputation)
③ 표준화(Standardization)
④ 군집화(Clustering)

**32** 박스플롯에서 특정 데이터셋이 오른쪽으로 긴 꼬리를 가진 경우, 적절한 설명은 무엇인가?

① 평균값은 중위값보다 작다.
② 중위값은 최댓값보다 크다.
③ 이상치가 있을 가능성이 높다.
④ 분산은 항상 작다.

**33** 다음 데이터가 표현하는 척도 유형으로 옳은 것은? (단, 데이터의 단위는 킬로그램이다.)

| {35, 42, 55, 64, 73} |
|---|

① 명목척도　　　　　　② 서열척도
③ 등간척도　　　　　　④ 비율척도

**34** 다중 대치법(Multiple Imputation)에서 사용하는 대치 방법으로 틀린 것은?

① 핫덱 대치　　　　　　② 회귀 대치
③ 완전 대치　　　　　　④ 다중 시뮬레이션

**35** 표본 크기를 2배로 늘렸을 때, 신뢰구간의 변화를 설명한 것으로 올바른 것은?

① 신뢰구간이 좁아진다.
② 신뢰구간이 넓어진다.
③ 신뢰구간이 변하지 않는다.
④ 신뢰구간은 표본 크기에 영향을 받지 않는다.

**36** 도시 A에서 무작위로 추출한 주민 1,000명 중 100명이 실업자인 경우, 95% 신뢰구간에 대한 설명으로 적절하지 않은 것은?

① 신뢰수준 95%의 신뢰구간은 신뢰수준 90%보다 신뢰구간이 넓다.
② 표본 크기가 증가하면 신뢰구간이 좁아진다.
③ 실업자 비율이 높을수록 신뢰구간이 넓어진다.
④ 신뢰구간은 모집단 비율 추정치의 신뢰성을 나타낸다.

**37** 상관계수가 0.85인 두 변수 간 관계를 가장 적합하게 설명한 것은?

① 강한 양의 선형 관계가 있다.
② 약한 양의 선형 관계가 있다.
③ 강한 음의 선형 관계가 있다.
④ 상관관계가 없다.

**38** 다음 중 데이터 분석에서 변동계수(CV ; Coefficient of Variation)에 대한 설명으로 옳지 않은 것은?

① 변동계수는 평균에 대한 표준편차의 상대적 비율을 나타낸다.
② 변동계수는 데이터 단위와 무관하게 비교를 가능하게 한다.
③ 변동계수는 데이터가 모두 음수일 때도 사용할 수 있다.
④ 변동계수가 작을수록 데이터의 상대적 변동성이 낮다.

**39** 다음 데이터셋의 최빈값(Mode)을 구하시오.

{2, 3, 4, 2, 5, 3, 2, 6}

① 2　　　　　　　　　　　② 3
③ 4　　　　　　　　　　　④ 5

**40** 회귀 분석에서 결정계수($R^2$)의 의미로 적절한 것은?

① 모델이 설명하지 못한 분산 비율　　② 모델이 설명한 분산 비율
③ 독립 변수의 총 개수　　　　　　　④ 종속 변수의 평균값

**41** 다음 중 주성분 분석(PCA)에서 제1, 2 주성분이 설명하는 분산 비율의 합계가 60%일 때, 첫 번째 주성분의 설명 비율로 가장 적절한 것은?

① 30%　　　　　　　　　　② 50%
③ 60%　　　　　　　　　　④ 70%

**42** 다음 중 다중회귀모형에서 다중공선성을 평가하는 지표로 사용되는 것은?

① AIC
② BIC
③ VIF
④ 결정계수

**43** 다음 주어진 혼동행렬에서 정확도를 계산하시오.

| 실제 긍정 : 60, 실제 부정 : 40, 예측 긍정 : 50, 예측 부정 : 50 |
|---|

① 0.60
② 0.65
③ 0.70
④ 0.75

**44** 다음 중 인공신경망에서 은닉층 노드가 3개, 가중치가 각각 0.2, 0.3, 0.5, 출력층 노드가 1개이며 편향이 0.1일 때 출력값을 계산하시오. (단, 입력값은 1, 2, 3이다.)

① 1.6
② 2.1
③ 2.4
④ 3.0

**45** 주어진 조건부 확률 문제에서, 사건 A와 B가 독립적일 경우 다음계산식으로 올바른 것은?

① $P(A \mid B) = P(A)$
② $P(A \mid B) = P(A) \cdot P(B)$
③ $P(A \cap B) = P(A \mid B)/P(B)$
④ $P(A \mid B) = P(B \mid A)$

**46** 다음 중 시퀀스투시퀀스(Seq2Seq) 모델의 특징으로 적절하지 않은 것은?

① 입력과 출력의 길이가 다를 수 있다.
② 인코더-디코더 구조를 사용한다.
③ 입력 시퀀스를 그대로 출력한다.
④ 마지막에 컨텍스트 벡터를 생성한다.

**47** 다음 중 서포트 벡터 머신(SVM)의 초매개변수가 아닌 것은?

① 커널 함수
② 마진 폭
③ 학습률
④ 정규화 상수 C

**48** A군과 B군의 평균 차이를 비교하는 ttt-검정을 실행하다. 다음 중 귀무가설을 기각하기 위한 조건으로 적합한 것은?

① p-값이 알파보다 작을 때
② p-값이 알파보다 클 때
③ 자유도가 알파보다 작을 때
④ 자유도가 알파보다 클 때

**49** 다음 중 비지도학습의 기법으로 가장 적합한 것은?

① 선형 회귀
② K-Means
③ 랜덤 포레스트
④ Gradient Boosting

**50** 점 A(2,3)와 점 B(5,7) 사이의 유클리드 거리를 계산하시오.

① 4
② 5
③ 6
④ 7

**51** 주어진 군집 연결법 중 "두 군집 간 가장 먼 거리를 사용하는 방법"으로 적합한 것은?

① 단일 연결법
② 중심 연결법
③ 완전 연결법
④ 평균 연결법

**52** 인공신경망의 활성화 함수로 사용되지 않는 것은?

① 시그모이드
② ReLU
③ Tanh
④ Softmax

**53** 주어진 데이터셋에서 다중공선성을 해결하기 위한 방법으로 적절하지 않은 것은?

① 불필요한 변수 제거
② 변수 정규화
③ 릿지 회귀 사용
④ 변수 간 상관성 확인

**54** 회귀분석 결과에서 결정계수 $R^2 = 0.85$라는 의미로 가장 적합한 것은?

① 회귀모형이 85%의 변동성을 설명한다.
② 회귀모형의 잔차가 85%이다.
③ 회귀모형의 정확도가 85%이다.
④ 회귀모형의 자유도가 85%이다.

**55** 다음 중 Gradient Descent에서 학습률(Learning Rate)을 지나치게 작게 설정했을 때 발생하는 문제는?

① 손실 함수가 발산한다.
② 학습이 너무 느리게 진행된다.
③ 최적값을 지나칠 가능성이 높아진다.
④ 학습이 중단된다.

**56** 다음 중 지도학습 모델에서 과적합(Overfitting)을 방지하는 방법으로 적합하지 않은 것은?

① 교차검증
② 데이터 증강
③ 모델의 복잡도 증가
④ 규제(Regularization) 사용

**57** K-폴드 교차검증의 주요 목적은?

① 과적합을 방지하고 모델의 일반화 성능을 평가한다.
② 데이터를 고르게 분배하기 위해 데이터를 나눈다.
③ 데이터셋의 크기를 늘리기 위해 사용한다.
④ 데이터의 노이즈를 제거하기 위해 사용한다.

**58** 다음 중 노이즈 제거를 위해 주성분 분석(PCA)을 사용하는 이유로 가장 적합한 것은?

① 상관성이 높은 변수 제거
② 변수 간의 독립성 확보
③ 데이터의 정보량 감소
④ 분산이 큰 축을 유지

**59** 랜덤 포레스트(Random Forest)의 주요 특징으로 옳지 않은 것은?

① 앙상블 학습 기법을 사용한다.
② 과적합이 거의 발생하지 않는다.
③ 결정 트리 기반의 알고리즘이다.
④ 모든 트리가 동일한 데이터를 학습한다.

**60** 지도학습에서 새로운 데이터에 대한 예측 성능을 평가하기 위해 가장 많이 사용되는 데이터 분리 방법은?

① 데이터 정규화　　　　　　　② 데이터 표준화
③ 데이터셋 분할　　　　　　　④ 변수 선택

**61** 다음 중 데이터 수가 적을 때 가장 적합한 교차검증 방법은?

① 홀드아웃　　　　　　　　　② 계층별 K-Fold 교차검증
③ K-Fold 교차검증　　　　　　④ LOOCV

**62** 모든 ROC 커브에서 $x$축은 오분류율, $y$축은 ( ㉠ )이다. 다음 중 ㉠에 들어갈 적합한 값은?

① 정확도　　　　　　　　　　② 민감도
③ AUC　　　　　　　　　　　④ 정밀도

**63** 과적합(Overfitting)을 방지하기 위한 방법으로 가장 적합하지 않은 것은?

① 데이터를 더 추가한다.
② 피처의 개수를 추가하여 학습한다.
③ 드롭아웃(Dropout) 기법을 적용한다.
④ 교차검증을 통해 일반화 성능을 평가한다.

**64** 다음 중 데이터 왜곡이 없는 시각화 방법으로 적합하지 않은 것은?

① 파이차트를 3차원으로 회전하여 표현한다.
② 계절 변화를 나타내기 위해 극좌표를 사용한다.
③ 차이가 작은 집단을 비교하기 위해 y축의 시작점을 조정한다.
④ 가을철 과일 수확량을 나타내기 위해 감과 배만 표현한다.

**65** 시공간 데이터에 대한 설명으로 적합하지 않은 것은?

① 등고선을 사용하여 고도 데이터를 표현한다.
② 시계열 데이터를 활용해 시간 축을 추가한다.
③ 공간 데이터를 차원 축소하여 표현한다.
④ 시간과 공간 정보를 따로 분리하여 분석한다.

**66** 교차분석에 대한 설명으로 적합하지 않은 것은?

① 정확도는 전체 데이터 중 올바르게 예측한 비율을 의미한다.
② 교차분석은 두 변수 간의 상관관계를 분석하는 데 사용된다.
③ 교차표는 빈도 데이터를 기반으로 관계를 요약한다.
④ 민감도는 잘못 예측한 비율을 나타낸다.

**67** 다음 중 혼동 행렬(Confusion Matrix)에 대한 설명으로 적합하지 않은 것은?

① 정확도는 전체 데이터 중 올바르게 예측한 비율이다.
② 정밀도는 실제 양성 중 올바르게 예측한 비율이다.
③ 민감도는 실제 음성 중 올바르게 예측한 비율이다.
④ F1 점수는 정밀도와 민감도의 조화를 나타낸다.

**68** 다음 중 데이터가 모두 양수여야만 사용할 수 있는 산포도 지표는?

① 변동계수
② 분산
③ 사분위수 범위(IQR)
④ 범위

**69** 클래스 불균형 문제를 해결하기 위한 방법으로 적합하지 않은 것은?

① 과소표집
② 과대표집
③ 군집
④ 가중치 조정

**70** 앙상블 기법에 대한 설명으로 적합한 것은?

① 랜덤 포레스트는 약한 모형 여러 개를 순차적으로 결합한다.
② 배깅(Bagging)은 샘플을 여러 번 복원 추출하여 모형을 만든다.
③ 부스팅(Boosting)은 병렬적으로 모형을 학습시킨다.
④ 스태킹(Stacking)은 단일 모델만 사용한다.

**71** 텍스트 마이닝의 자연어 처리 기법에 대한 설명으로 적합하지 않은 것은?

① POS 태깅은 텍스트의 품사 정보를 부여한다.
② Stopword 제거는 중요하지 않은 단어를 삭제하는 작업이다.
③ 토큰화(Tokenization)는 텍스트를 문장 단위로 나누는 작업이다.
④ 스테밍(Stemming)은 단어의 어간을 추출하는 작업이다.

**72** 역전파 신경망(Backpropagation)의 원리와 구성 요소에 대한 설명으로 옳지 않은 것은?

① 출력층만 존재할 경우, 로지스틱 회귀와 유사한 모델로 간주될 수 있다.
② 오차 역전파는 출력층에서 계산된 오차를 은닉층으로 전달하여 가중치를 조정한다.
③ 은닉층의 가중치 조정은 출력층의 오차 계산 결과와 직접적으로 연관된다.
④ ReLU는 은닉층에서만 사용되며, 시그모이드는 활성화 함수로 사용되지 않는다.

**73** 다음 중 데이터 분석의 정확성을 높이기 위한 전처리 과정에 해당하지 않는 것은?

① 데이터 정규화　　　　　② 이상치 제거
③ 데이터 증강　　　　　　④ 모델 하이퍼파라미터 튜닝

**74** 다음 중 k-최근접 이웃(KNN) 알고리즘의 단점으로 가장 적합한 것은?

① 과적합 발생 가능성이 높다.
② 계산 비용이 크다.
③ 데이터의 순서를 고려하지 않는다.
④ 학습 속도가 매우 느리다.

**75** 분산 분석(ANOVA)의 기본 가정으로 옳지 않은 것은?

① 모든 표본은 독립적이다.
② 각 그룹의 분산은 같다.
③ 모든 그룹의 데이터는 정규분포를 따른다.
④ 모든 그룹의 평균은 같다.

**76** 다음 중 데이터의 스케일링 기법으로 적합하지 않은 것은?

① Min-Max Scaling
② Z-Score Scaling
③ 표준화(Standardization)
④ 차원 축소

**77** 신경망 학습에서 드롭아웃(Dropout)을 적용하는 주된 목적은?

① 학습 속도를 빠르게 하기 위해
② 과적합을 방지하기 위해
③ 활성화 함수를 단순화하기 위해
④ 학습률을 낮추기 위해

**78** 다중회귀 모델의 성능을 평가하기 위해 사용하는 지표로 적합하지 않은 것은?

① 결정계수 $R^2$
② 잔차제곱합(SSR)
③ 평균제곱오차(MSE)
④ F1 점수

**79** 다음 중 데이터 분석에서 파생 변수를 생성하는 이유로 적합하지 않은 것은?

① 모델 성능 향상
② 데이터의 설명력 증가
③ 변수 간의 독립성 제거
④ 새로운 관계 도출

**80** 다음 중 데이터 시각화를 통해 얻을 수 없는 이점은?

① 데이터의 패턴 확인
② 복잡한 관계를 명확히 표현
③ 데이터의 신뢰성 향상
④ 데이터 탐색의 용이성

## 제8회 기출복원문제

**01** 다음 중 텍스트 마이닝에 대한 설명으로 옳지 않은 것은?

① 사용하지 않거나 분석에 필요 없는 불용어(stopword)를 제거한다.
② Stemming을 통해 어간을 추출한다.
③ 긴 문자열을 단어, 구, 또는 의미 있는 최소 단위로 나누는 작업은 Tokenization이다.
④ Pos 태깅을 통해 뜻을 판단한다.

**02** 다음 중 사용자에 대한 정보를 뒤섞어 정보의 손실 없이 가명화를 수행하는 방법의 범주와 이름이 잘 연결된 것을 고르시오.

① 가명처리-휴리스틱 익명화
② 데이터 삭제-식별자 제거
③ 총계처리-재배열
④ 데이터 마스킹-데이터 교환

**03** 다음 중 빅데이터의 5V에 대한 설명으로 옳은 것은?

① Veracity : 데이터의 정확성 또는 신뢰성을 의미한다.
② Volume : 데이터가 다양하다.
③ Velocity : 데이터가 실시간으로 변한다.
④ Variety : 데이터 양이 많다.

**04** 다음 중 분석 기획의 탑 다운(Top-Down) 및 바텀 업(Bottom-Up) 접근 방식에 대한 설명으로 옳지 않은 것은?

① 탑 다운(Top-Down) 접근 방식은 조직의 전략적 목표나 비즈니스 문제에서 출발하여, 이를 해결하기 위한 분석 기회를 식별하고, 필요한 데이터를 탐색하는 방식이다.
② 바텀 업(Bottom-Up) 접근 방식은 기존에 수집된 데이터를 기반으로, 새로운 인사이트를 도출하고 이를 통해 비즈니스 문제를 정의하거나 해결하는 방식이다.
③ 탑 다운(Top-Down) 접근 방식은 주로 경영진이나 고위 의사결정자에 의해 주도되며, 조직의 전체적인 전략과 일치하는 분석 목표를 설정한다.
④ 바텀 업(Bottom-Up) 접근 방식은 분석 결과가 도출된 후, 조직의 전략과 목표에 맞게 조정하는 과정을 거치지 않아도 된다.

**05** 다음 중 매개변수와 초매개변수에 대한 설명으로 옳지 않은 것은?

① 매개변수는 학습하며 갱신된다.
② 매개변수는 경사하강법으로 추정할 수 있다.
③ 초매개변수는 학습이 진행되는 과정에서 자동으로 최적화된다.
④ 은닉층 수와 학습률은 초매개변수이다.

**06** 다음 중 모델에 대한 설명으로 알맞은 것은?

① 모델이 복잡할수록 항상 성능이 향상된다.
② 데이터가 많을수록 과적합의 위험이 완전히 사라진다.
③ 편향이 낮고 분산이 낮으면 좋은 모델로 간주된다.
④ 모델의 학습 시간은 항상 성능보다 중요하지 않다.

**07** 다음 중 분산 파일 시스템이 아닌 것을 고르시오.

① HBase  ② Ceph
③ GoogleFS  ④ HDFS

**08** 다음 중 카산드라(Cassandra)와 몽고디비(MongoDB)를 포함하는 반정형, 비정형 데이터 저장소를 고르시오.

① In-Memory DB  ② DFS
③ NoSQL  ④ RDBMS

**09** 다음 중 하향식 문제 탐색 과정에 대한 설명으로 옳지 않은 것은?

① 문제 탐색은 간단하게 문제를 나열하는 과정이다.
② 문제 정의는 문제를 명확히 규정하고 분석하는 과정이다.
③ 해결방안 탐색은 다양한 해결책을 제시하고 평가하는 과정이다.
④ 타당성 검토는 제시된 해결방안의 실현 가능성을 평가하는 과정이다.

**10** 다음 중 비정형 데이터가 아닌 것은?

① 거래 데이터  ② 음성 데이터
③ 메시지 데이터  ④ 이미지 데이터

11 다음 중 데이터 분석 단계에서 진행하는 작업이 아닌 것을 고르시오.
① 데이터 확인 및 추출
② 데이터 모델링
③ 모델링 적용 및 운영방안
④ 데이터 준비

12 다음 중 표준화에 대한 설명으로 옳은 것은?
① 두 개의 샘플을 하나로 통합한다.
② 데이터의 노이즈를 제거하여 매끄럽게 만든다.
③ 데이터의 분포를 정규분포로 변환한다.
④ 표준화된 값은 단위가 없다.

13 다음 설명이 무엇에 대한 것인지 고르시오.

> 수집한 데이터를 처리, 분석, 저장, 관리하여 의사결정에 활용할 수 있도록 하는 통합 시스템

① 데이터베이스 관리 시스템(DBMS)
② 빅데이터 플랫폼
③ 클라우드 스토리지
④ 인공지능(AI) 모델

14 다음 중 데이터가 얼마나 편중되어 있는지를 확인할 수 있는 척도를 고르시오.
① 분산
② 평균
③ 표준편차
④ 왜도

15 다음 중 데이터 웨어하우스의 특징으로 옳지 않은 것은?
① 데이터는 주기적으로 갱신되며, 과거 데이터는 삭제되지 않고 보관된다.
② 다양한 출처에서 데이터를 통합하여 일관된 형식으로 저장한다.
③ 데이터는 분석 및 보고 목적을 위해 축적되며, 조회 시 원본 데이터가 실시간으로 변경된다.
④ 시간에 따라 변화하는 데이터를 관리하여, 과거부터 현재까지의 데이터 추세를 파악할 수 있다.

**16** 다음 중 정성적 데이터와 정량적 데이터에 대한 설명으로 옳지 않은 것은?

① 정성적 데이터는 질적 데이터다.
② 정량적 데이터는 양적 데이터다.
③ 정성적 데이터 중 일부 데이터는 연속형 데이터로 변환 가능하다.
④ 정량적 데이터 중 계수 데이터는 범주형 데이터로 변환 가능하다.

**17** 다음 중 내부데이터와 외부데이터에 대한 설명으로 옳지 않은 것은?

① 내부데이터는 기업의 운영 과정에서 발생하는 데이터이다.
② 내부데이터는 재무, 판매, 고객 정보 등과 관련이 있다.
③ 외부데이터는 정부 통계, 시장 조사 데이터 등 외부 기관에서 제공하는 데이터이다.
④ 외부데이터는 데이터 소유권과 저작권 문제를 신경쓰지 않고 자유롭게 사용해도 된다.

**18** 다음 중 Key-Value 데이터베이스에 대한 설명으로 옳지 않은 것은?

① Key-Value 데이터베이스는 빠른 읽기/쓰기 성능을 제공한다.
② Key-Value 데이터베이스는 간단한 구조를 가지고 있다.
③ Key-Value 데이터베이스는 모든 타입의 값을 수용할 수 있다.
④ Key-Value 데이터베이스는 복잡한 쿼리의 수행이 가능하다.

**19** 다음 중 개인정보보호법에 대한 설명으로 옳지 않은 것은?

① 개인정보보호위원회가 개인정보보호를 위한 독립적인 기구로 설립되었다.
② 개인정보보호법에 따라 개인정보를 수집, 이용, 보관할 때는 보호 조치를 준수해야 한다.
③ 익명정보를 생성할 때는 당사자의 동의를 구해야 한다.
④ 개인정보는 필요한 최소한의 범위에서 수집해야 한다.

**20** 다음 중 데이터 마스킹에 대한 설명으로 옳지 않은 것은?

① 데이터 마스킹은 민감한 정보를 보호하기 위해 데이터를 가리는 기술이다.
② 데이터 마스킹을 통해 식별 가능한 정보를 제거하여 개인정보 보호를 강화할 수 있다.
③ 데이터 마스킹 수준이 높으면 데이터를 식별하거나 예측하기 어려워진다.
④ 마스킹 수준이 높으면 데이터를 식별, 예측하기 쉬워진다.

21 다음 중 다변량분산분석(Manova)에 대한 설명으로 옳은 것은?

① 독립변수가 하나이고 종속변수가 여러 개일 때 사용한다.
② 독립변수 여러 개를 종속변수 하나에 대해 분석하는 방법이다.
③ 독립변수가 하나이고 종속변수도 하나인 경우에 적합하다.
④ 독립변수 여러 개와 종속변수 여러 개를 동시에 분석하는 방법이다.

22 다음 중 비모수검정에 대한 설명으로 옳지 않은 것은?

① 비모수검정은 특정 분포를 가정하지 않는다.
② 비모수검정은 데이터의 순위를 사용하여 분석할 수 있다.
③ 비모수검정이 모수검정보다 검정력이 높다.
④ 비모수검정은 작은 샘플 크기에서도 유용하다.

23 3명의 학생이 있다. 국어 점수가 각각 60, 70, 80일 때 표본분산을 계산하시오.

① 10
② 20
③ 100
④ 200

24 귀무가설과 대립가설이 주어진 상황에서, 아래 표의 ㉠, ㉡, ㉢에 들어갈 내용으로 알맞은 것을 고르시오.

|  | 귀무가설을 기각한 경우 | 귀무가설을 채택한 경우 |
| --- | --- | --- |
| $H_0$이 참인 경우 | ㉠ | ㉡ |
| $H_0$이 거짓인 경우 | 알맞은 판단 | ㉢ |

① ㉠ : 알맞은 판단, ㉡ : 제2종 오류, ㉢ : 제1종 오류
② ㉠ : 제1종 오류, ㉡ : 알맞은 판단, ㉢ : 제2종 오류
③ ㉠ : 제2종 오류, ㉡ : 제1종 오류, ㉢ : 알맞은 판단
④ ㉠ : 알맞은 판단, ㉡ : 제1종 오류, ㉢ : 제2종 오류

25 다음 중 척도와 예시가 잘못 연결된 것을 고르시오.

① 비율척도-나이
② 명목척도-성별
③ 서열척도-매출액
④ 등간척도-기온

26 다음 중 기술통계량이 아닌 것을 고르시오.

① 최댓값
② 중앙값
③ 이상값
④ 분산

27 다음 중 음수 데이터는 불가능하고 양수 데이터만 가능하며, 데이터를 정규분포에 근사하게 변환하는 방법을 고르시오.

① Max-Min 스케일링
② Z Score 변환
③ 절댓값 변환
④ Box-Cox 변환

28 어느 회사에서 새로운 광고 캠페인이 매출에 영향을 미쳤는지 분석하고자 한다. 분석을 위해 다음과 같은 가설을 세웠다.

- 귀무가설 $H_0$ : 새로운 광고 캠페인이 매출에 영향을 미치지 않았다.
- 대립가설 $H_1$ : 새로운 광고 캠페인이 매출에 영향을 미쳤다.

다음 중 귀무가설을 기각할 때 발생할 수 있는 오류는 무엇인가?

① 제1종 오류 : 광고 캠페인이 실제로 매출에 영향을 미치지 않았는데, 영향을 미쳤다고 결론 내리는 오류
② 제2종 오류 : 광고 캠페인이 실제로 매출에 영향을 미쳤는데, 영향을 미치지 않았다고 결론 내리는 오류
③ 제1종 오류 : 광고 캠페인이 실제로 매출에 영향을 미쳤는데, 영향을 미치지 않았다고 결론 내리는 오류
④ 제2종 오류 : 광고 캠페인이 실제로 매출에 영향을 미치지 않았는데, 영향을 미쳤다고 결론 내리는 오류

29 다음은 OECD 국가 중 유럽 국가와 비유럽 국가의 GDP를 비교한 박스플롯이다. 이 박스플롯에 대한 설명으로 옳지 않은 것은?

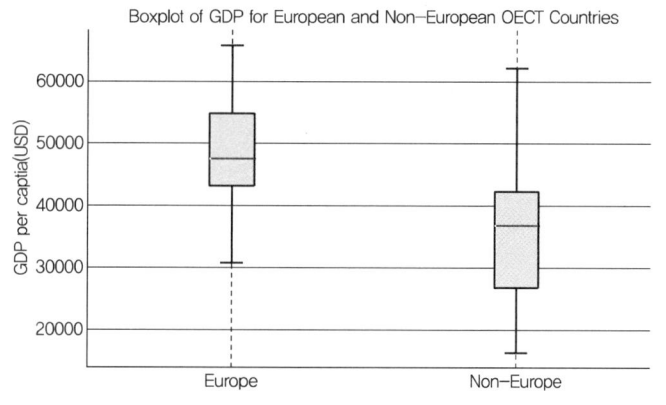

① 유럽 국가와 비유럽 국가 간 중앙값의 차이를 비교할 수 있다.
② 박스플롯은 각 그룹의 데이터 분포를 시각적으로 비교하기에 적합하다.
③ 상자 내의 범위는 각 그룹의 사분위수(Q1, Q3) 간의 범위를 나타낸다.
④ 박스플롯에서 신뢰구간 95%가 표현된다.

**30** 다음 중 샘플링에 사용되지 않는 기법을 고르시오.
① Metropolis-Hastings Algorithm
② Perfect Sampling
③ EM 알고리즘
④ Rejection Sampling

**31** 다음 중 기초통계량과 그래프로 확인할 수 없는 것을 고르시오.
① 결측치
② 이상치
③ 통계적 유의성
④ 데이터 분포

**32** 암 발생률과 소득의 상관관계를 다른 변수들을 제외하고 분석하고 싶을 때 사용하는 기법을 고르시오.
① 군집분석
② 편상관
③ F분포
④ 카이제곱

**33** 다음 중 데이터 불균형에 대한 설명으로 옳지 않은 것은?
① 데이터 불균형이 있을 경우 모델의 학습이 불가능하다.
② 데이터 불균형 문제는 오버샘플링이나 언더샘플링을 통해 해결할 수 있다.
③ 데이터 불균형 문제는 분류 모델의 성능에 영향을 줄 수 있다.
④ 소수 클래스는 언더샘플링을 통해 해결할 수 있다.

**34** 다음 중 표본의 수가 많아질수록 표본평균의 분포가 정규분포에 가까워지는 현상을 무엇이라고 하는가?
① 대수의 법칙
② 중심극한정리
③ 표본분포
④ 중심화법칙

**35** 다음은 특정 연도별 출생 인구를 나타낸 산점도이다. 이 산점도를 바탕으로 가장 옳지 않은 것은?

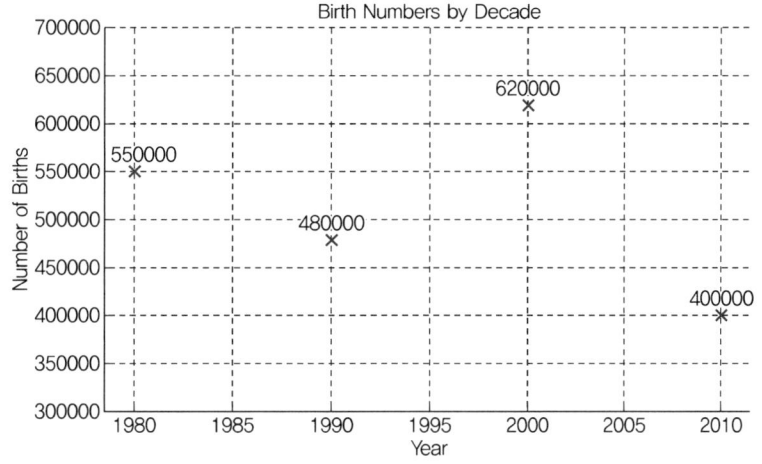

① 1980년대부터 2000년대까지 출생 인구는 대체로 증가 추세를 보였다.
② 2000년대생 출생 인구는 60만 명을 넘었다.
③ 2010년대생 출생 인구는 2000년대생 출생 인구보다 적었다.
④ 1990년대생 인구는 1980년대생 인구와 비슷한 수준을 유지했다.

**36** 다음 중 데이터 변환에 해당하지 않는 것은?

① 날짜 형식을 YYYY년 MM월 DD일에서 YYYY/MM/DD로 변환한다.
② 10~30세는 청년, 40~60세는 중년 등으로 범주화한다.
③ 1, 2, 3학년 값을 batch로 변환하여 데이터 분할한다.
④ 키 수치를 평균 0, 표준편차 1로 표준화한다.

**37** 다음 중 파생변수에 대한 설명으로 옳지 않은 것은?

① 시간에 따른 파생변수를 만들 수 있다.
② 특정 조건의 파생변수를 만들 수 있다.
③ 독립변수와 종속변수의 교호작용을 통해 파생변수를 만들 수 있다.
④ 파생변수는 기존 변수들의 조합을 통해 생성될 수 있다.

**38** 다음 분포도를 참고하여, 최빈값, 중앙값, 평균값의 대소 관계로 옳은 것을 고르시오.

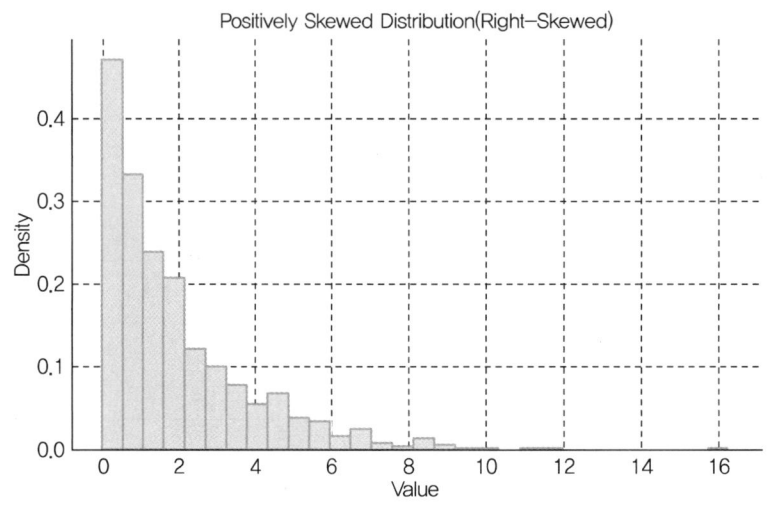

① 최빈값 < 중앙값 < 평균값
② 최빈값 > 중앙값 > 평균값
③ 평균값 < 중앙값 < 최빈값
④ 중앙값 < 평균값 < 최빈값

**39** 다음 중 결측값 대체 시 발생할 수 있는 문제점에 대한 설명으로 옳지 않은 것은?

① 결측값을 평균으로 대체하면 데이터의 분산이 줄어들 수 있다.
② 결측값을 중위수로 대체하면 데이터의 중앙값이 왜곡될 수 있다.
③ 결측값을 제거하면 데이터 샘플 크기가 줄어들어 통계적 유의성이 낮아질 수 있다.
④ 자가회귀로 결측값을 대체하면 상관성이 낮아지고 분산이 커진다.

**40** 다음 중 표본평균과 모집단 평균에 대한 설명으로 옳지 않은 것은?

① 표본의 크기가 클수록, 표본평균은 모집단 평균에 더 가까워진다.
② 표본의 크기가 작을수록, 표본평균은 모집단 평균과 차이가 있을 수 있다.
③ 표본 크기와 상관없이, 항상 표본평균은 모집단의 평균과 동일하다.
④ 표본 크기가 증가하면, 표본평균의 분포는 점점 정규분포에 가까워진다.

**41** 다음 중 주성분 분석(PCA)에서 제3주성분이 설명하는 비율에 대한 설명으로 옳은 것은?

① 8.45%
② 50.00%
③ 75.34%
④ 95.66%

42 다음 중 인공신경망에서 마지막 은닉노드가 2개, 출력노드가 1개이며, 편향이 0.2일 때 출력값을 계산한 결과로 옳은 것은?

> 은닉노드 값은 각각 0.2, 0.1이고, 가중치는 각각 0.4, 0.5이다.

① 0.24
② 0.28
③ 0.33
④ 0.37

43 다음 중 주어진 혼동행렬에서 가장 적절하지 않은 것을 고르시오.

|  | 예측 긍정 | 예측 부정 |
| --- | --- | --- |
| 실제 긍정 | 50 | 5 |
| 실제 부정 | 10 | 35 |

① 정확도 : 0.85
② 민감도 : 0.91
③ 특이도 : 0.78
④ 정밀도 : 0.70

44 다음 중 주어진 공정기술의 불량률과 정상률에 대한 위험도와 승산비를 계산한 결과로 가장 적절한 것을 고르시오.

|  | 불량률(Failure Rate) | 정상률(Success Rate) |
| --- | --- | --- |
| 기존 공정기술 | 0.08 | 0.92 |
| 신규 공정기술 | 0.02 | 0.98 |

① 위험도 : 4, 승산비 : $(0.02 \times 0.98)/(0.08 \times 0.92)$
② 위험도 : 4, 승산비 : $(0.02 \times 0.92)/(0.08 \times 0.98)$
③ 위험도 : 0.25, 승산비 : $(0.02 \times 0.98)/(0.08 \times 0.92)$
④ 위험도 : 0.25, 승산비 : $(0.02 \times 0.92)/(0.08 \times 0.98)$

45 다음 중 나이브 베이즈 분류기(Naive Bayes)에 대한 설명으로 옳지 않은 것은?

① 나이브 베이즈는 조건부 독립성을 가정한다.
② 나이브 베이즈는 새로운 데이터 포인트에 대해 가장 높은 사후확률을 가진 클래스를 예측한다.
③ 나이브 베이즈는 사전확률과 사후확률을 토대로 우도를 계산한다.
④ 나이브 베이즈는 각 특징이 독립적으로 클래스에 영향을 미친다고 가정한다.

**46** 다음 중 시퀀스투시퀀스(seq2seq) 모델에서 인코더가 입력 시퀀스를 처리한 후 생성하는 벡터로 디코더에 전달되어 출력 시퀀스를 생성하는 데 사용되는 벡터를 가리키는 용어로 옳은 것은?

① 고유벡터  
② 컨텍스트벡터  
③ 공벡터  
④ 기저벡터

**47** 다음 중 주성분 분석(PCA)에 대한 설명으로 옳은 것을 모두 고르시오.

> (가) 정규분포를 따른다.  
> (나) 차원축소는 변수들 간에 관계가 없어도 가능하다.  
> (다) 분산이 크다.

① (가)  
② (다)  
③ (가), (다)  
④ (가), (나), (다)

**48** 다음 중 서포트벡터머신(SVM)에 대한 설명으로 옳지 않은 것은?

① SVM은 선형 및 비선형 분류 문제에 사용할 수 있다.  
② SVM은 최대 마진을 찾는 것이 목표이다.  
③ 초매개변수의 최적화는 필요 없다.  
④ 커널 함수 여러 개를 사용할 수 있다.

**49** A그룹의 인원은 100명이며, 그중 71명이 투표에 참여했다. B그룹의 인원은 200명이며, 그중 134명이 투표에 참여했다. A그룹과 B그룹의 투표율 $P(A)$와 $P(B)$에 대해 $P(A)-P(B)$ 값의 추정치를 구하시오.

① 0.04  
② 0.10  
③ -0.04  
④ -0.10

**50** 다음은 어떤 거리에 관한 공식인지 고르시오.

$$D(x,y) = \left(\sum_{i=1}^{n}|x_i - y_i|^p\right)^{\frac{1}{p}}$$

① 마할라노비스 거리  
② 유클리드 거리  
③ 맨해튼 거리  
④ 민코프스키 거리

51 다음 중 의사결정나무에 대한 설명으로 옳은 것을 모두 고르시오.

> (가) 의사결정나무는 설명력이 명확하다.
> (나) 의사결정나무는 동질성이 커지는 방향으로 분기한다.
> (다) 정규성 가정이 필요하다.
> (라) 교호작용을 고려한다.

① (가), (나), (다)
② (가), (나)
③ (나), (다), (라)
④ (다), (라)

52 샘플 평균 S1과 샘플 분산 S2에 대한 다음 설명을 바탕으로 옳은 것을 고르시오.

> - S1은 주어진 표본의 평균을 이용하여 모평균을 추정한 값이다.
> - S2는 주어진 표본의 분산을 이용하여 모분산을 추정한 값이다. 이때 S2는 1/(n−1)을 사용하여 계산된 불편분산이다.

① S1의 기댓값은 모수의 실제 값과 일치하지 않는다.
② S2는 일치추정량이 아니다.
③ S2의 bias는 0이다.
④ S1과 S2는 모두 편향된 추정량이다.

53 다음은 회귀분석 결과를 나타낸 분산분석표(ANOVA)이다. 이 표를 바탕으로 틀린 설명을 고르시오.

| | 제곱합(SS) | 자유도(df) | 평균제곱(MS) | F값 | p값 |
| --- | --- | --- | --- | --- | --- |
| 회귀(R ; Regression) | 600 | 1 | 600 | 10 | 0.012 |
| 오차(E ; Error) | 480 | 8 | 60 | | |
| 총합(T ; Total) | 1080 | 9 | | | |

① 회귀 제곱합(SSR)은 종속변수의 변동 중 설명변수로 설명할 수 있는 부분을 의미한다.
② 오차 제곱합(SSE)은 종속변수의 변동 중 설명변수로 설명할 수 없는 부분을 의미한다.
③ F-값은 10이며, 이는 회귀모형이 종속변수를 설명하는 변동이 오차 변동에 비해 10배 더 크다는 의미이다.
④ 모델에 사용된 독립변수의 수는 2개다.

54 지도학습 모델을 선정할 때 고려해야 할 요소로 적합하지 않은 것을 고르시오.

① 데이터의 크기와 품질
② 변수의 중요도
③ 모델의 해석 가능성
④ 자기상관성

**55** 다음 중 k-폴드 교차검증에 대한 설명으로 가장 옳지 않은 것은?

① k-1개 데이터셋은 학습용, 1개 데이터셋은 검정용으로 사용된다.
② 데이터셋은 행으로만 나눈다.
③ 데이터셋을 k번 반복하여 사용한다.
④ 데이터셋 각각을 한 번씩만 검정용으로 사용한다.

**56** 다음 중 차원축소를 통해 할 수 없는 것을 고르시오.

① 특징 추출
② 설명력 증가
③ 노이즈 제거
④ 데이터 정제

**57** 다음 중 선형회귀와 로지스틱회귀에 대한 설명으로 옳지 않은 것은?

① 종속변수가 범주형인 경우 로지스틱 회귀를 사용한다.
② 선형회귀와 로지스틱 회귀 모두 잔차의 정규성을 가정한다.
③ 선형회귀 계수를 최소제곱법(LSE)으로 추정하면 불편추정량이 된다.
④ 선형회귀와 로지스틱 회귀 모두 최대우도추정법(MLE)으로 계수를 추정할 수 있다.

**58** 다음 중 가중치의 제곱합을 최소화하는 제약을 주는 기법을 고르시오.

① 라쏘(Lasso)
② 릿지(Ridge)
③ 엘라스틱넷(Elastic Net)
④ 드롭아웃(Dropout)

**59** 다음 중 다중공선성에 대한 설명으로 옳은 것은?

① 다중공선성은 독립변수와 종속변수 간의 상관성을 나타내며, 이 값이 클수록 회귀모델의 성능이 향상된다.
② 다중공선성은 독립변수들 간의 상관성을 나타내는 값으로, 이 값이 클수록 회귀모델에 악영향을 미친다.
③ 다중공선성은 종속변수의 분산을 줄이기 위한 방법이다.
④ 다중공선성은 독립변수들이 서로 독립적일 때 발생한다.

**60** 다음 중 유의미한 변수를 고르는 작업은 어느 과정에서 진행되는가?

① 데이터 수집
② 데이터 전처리
③ 데이터 분석
④ 모형화

61 다음 중 모자이크 플롯에 대한 설명으로 옳지 않은 것은?

① 다양한 범주형 변수를 시각화할 때 사용된다.
② 직사각형의 높이와 넓이는 각각의 범주 빈도에 따라 달라진다.
③ 히스토그램 안에 히스토그램을 그리는 방식이다.
④ 직사각형 면적 하나가 빈도를 나타낸다.

62 다음 중 경사하강법에 대한 설명으로 옳지 않은 것은?

① 확률적 경사하강법은 전체 데이터 중 일부를 랜덤추출하여 사용하는 방법이다.
② 모멘텀은 관성을 이용해 지역최소를 극복하고 전역최소를 찾아가는 방법이다.
③ Adaptive gradient는 고정된 이전 가중치에 따라 속도가 달라진다.
④ 경사하강법은 기울기를 이용해 가장 빠르게 최솟값을 찾아가는 방법이다.

63 다음 중 지표와 공식이 잘못 연결된 것을 고르시오.

① MAE(Mean Absolute Error) $= \frac{1}{n} \sum_{i=1}^{n} |y_i - \hat{y_i}|$

② MSE(Mean Squared Error) $= \frac{1}{n} \sum_{i=1}^{n} (y_i - \hat{y_i})^2$

③ MAPE(Mean Absolute Percentage Error) $= \frac{1}{n} \sum_{i=1}^{n} |\frac{y_i - \hat{y_i}}{y_i}|$

④ MPE(Mean Percentage Error) $= \frac{1}{n} \sum_{i=1}^{n} (\frac{y_i - \hat{y_i}}{y_i})$

64 다음 중 국회의원 선거에서 지역 면적이 아니라 지역구에 당선된 국회의원 수에 따라 시각화하고자 할 때 적합한 시각화 도구를 고르시오.

① 단계구분도
② 등치선도
③ 격자 카토그램
④ 픽토그램

65 다음 중 ROC 곡선(Receiver Operating Characteristic curve)에 대한 설명으로 옳지 않은 것은?

① FPR 값에 따른 TPR 값 그래프이다.
② FPR이 작아도 TPR이 클 수 있다.
③ 무작위의 경우 TPR과 FPR은 같은 곳으로 수렴한다.
④ AUC 값이 작을수록 좋은 모델이다.

**66** 다음 중 부스팅(Boosting)에 대한 설명으로 옳지 않은 것은?

① 부스팅은 여러 약한 학습기를 결합하여 성능을 향상시키는 기법이다.
② AdaBoost는 부스팅 알고리즘 중 하나로, 잘못 분류된 샘플에 가중치를 더 주어 학습하는 방식이다.
③ XGBoost는 GBM(Gradient Boosting Machine)을 개선한 방식이지만 GBM보다 속도가 늦다.
④ LightGBM은 기존 트리 방식과 다르게 leaf 중심으로 분기한다.

**67** 다음 중 특정 회사의 지역별 매출과 지역별 수입을 시각화하기에 적합한 도구를 각각 고르시오.

① 매출-히트맵, 수입-막대 차트
② 매출-카토그램, 수입-버블 차트
③ 매출-파이 차트, 수입-라인 차트
④ 매출-트리맵, 수입 - 히스토그램

**68** 다음 중 인포그래픽 유형과 데이터가 잘 연결된 것을 고르시오.

(가) 지역별 코로나 발생률
(나) 월별 코로나 발생률

① (가) 타임라인 인포그래픽-(나) 지도 인포그래픽
② (가) 지도 인포그래픽-(나) 타임라인 인포그래픽
③ (가) 타임라인 인포그래픽-(나) 파이 차트 인포그래픽
④ (가) 바 차트 인포그래픽-(나) 지도 인포그래픽

**69** 다음 중 옳지 않은 것을 고르시오.

① 모델 성능을 평가할 때는 교차검증을 사용한다.
② 데이터 전처리는 모델의 성능에 중요한 영향을 미친다.
③ 앙상블 모델은 단일 모델로 분석하는 것보다 항상 성능이 좋다.
④ 모델의 과적합을 방지하기 위해 정규화를 사용할 수 있다.

**70** 다음 중 데이터 시각화의 올바른 순서를 고르시오.

① 데이터 수집 → 데이터 정제 → 데이터 분석 → 시각화 도구 선택 → 시각화
② 데이터 정제 → 데이터 수집 → 데이터 분석 → 시각화 도구 선택 → 시각화
③ 데이터 분석 → 데이터 정제 → 시각화 도구 선택 → 데이터 수집 → 시각화
④ 시각화 도구 선택 → 데이터 분석 → 데이터 정제 → 데이터 수집 → 시각화

**71** 다음 중 실제값이 참일 때 예측값이 참일 확률을 나타내는 용어는 무엇인가?

① 정밀도  ② 재현율
③ 정확도  ④ 특이도

**72** 다음 중 결정계수($R^2$)에 대한 설명으로 옳은 것은?

① 결정계수 값의 범위는 0~1이다.
② 결정계수가 1에 가까울수록 모델의 예측력이 낮다.
③ 결정계수가 0이면 모델이 모든 데이터를 완벽하게 설명한다.
④ 결정계수는 종속변수의 분산을 설명하지 않는다.

**73** 다음 중 모델의 배치(batch)에 관한 설명으로 옳지 않은 것은?

① 배치 크기는 훈련 속도에 영향을 주지만 성능에 영향을 미치지 않는다.
② 배치 크기가 너무 크면 메모리 문제가 발생할 수 있다.
③ 배치 크기가 작으면 노이즈가 생기며 모델의 학습에 악영향을 줄 수 있다.
④ 배치 크기는 훈련 과정에서의 업데이트 빈도에 영향을 미친다.

**74** 다음 중 앙상블 기법에 대한 설명으로 옳지 않은 것은?

① 보팅(Voting)-여러 모델의 예측 결과를 투표로 결정한다.
② (선택지 없음)
③ 배깅(Bagging)-동일한 표본으로 여러 모델을 학습시킨다.
④ 스태킹(Stacking)-동일한 표본으로 다양한 유형의 모델을 학습시킨다.

**75** 다음 중 교차검증에 대한 설명으로 옳지 않은 것은?

① 교차검증은 모델의 일반화 성능을 평가하기 위해 사용된다.
② 시계열 데이터는 시간순으로 나눠서 검증하지 않는다.
③ k-폴드 교차검증은 데이터를 k개의 폴드로 나누어 검증을 반복한다.
④ 교차검증은 과적합을 방지하고 모델의 성능을 검증하는 데 도움을 준다.

**76** 다음 중 과적합(overfitting)을 방지하는 방안으로 옳지 않은 것은?

① 모델의 복잡도를 줄인다.
② 매개변수를 늘린다.
③ 데이터의 양을 늘린다.
④ 드롭아웃(Dropout) 기법을 사용한다.

**77** 다음 중 분석 활용 계획에 대한 설명으로 옳지 않은 것은?

① 분석 목표를 설정한 후, 분석 활용 계획을 수립한다.
② 분석 활용 계획은 데이터를 분석하기 전에 수립해야 한다.
③ 분석 결과를 어떻게 활용할지 명확히 하기 위해 계획을 수립한다.
④ 분석 활용 계획 수립은 가장 나중에 한다.

**78** 다음 중 회귀 모형의 성능을 평가할 때 사용하는 지표로 적절하지 않은 것은?

① 결정계수($R^2$)-회귀 모델이 종속변수의 변동을 얼마나 잘 설명하는지 나타내는 지표이다.
② 평균 제곱근 오차(RMSE)-예측값과 실제값 간의 차이를 측정하는 지표이다.
③ 로그 우도(Log-Likelihood)-회귀 모델의 성능을 평가하는 데 사용될 수 있는 지표이다.
④ 정확도(Accuracy)-회귀 모델의 예측 정확성을 평가하는 적절한 지표이다.

**79** 다음 중 회귀 모형의 가정을 검정하는 방법에 대한 설명으로 옳지 않은 것은?

① 잔차의 정규성을 검정하기 위해 Q-Q 플롯을 사용할 수 있다.
② 독립변수들 간의 다중공선성을 확인하기 위해 분산 팽창 요인(VIF)을 사용할 수 있다.
③ 잔차의 등분산성을 검정하기 위해 더빈-왓슨 검정을 사용할 수 있다.
④ 잔차의 독립성을 확인하기 위해 자기상관함수(ACF)를 활용할 수 있다.

**80** 다음 중 분석 모델을 선정할 때 고려해야 할 요소로 옳지 않은 것을 고르시오.

① 데이터의 크기와 복잡성에 따라 적합한 모델을 선택해야 한다.
② 모델의 해석 가능성보다는 예측 정확성을 우선시해야 한다.
③ 데이터의 구조(정형/비정형)에 따라 적합한 모델이 달라질 수 있다.
④ 분석 목표에 따라 회귀, 분류, 군집화 등 적절한 모델을 선택해야 한다.

# 제7회 기출복원문제

01 다음 중 하둡 분산 파일 시스템(HDFS)의 설명으로 옳은 것은?

① 마스터, 픽터, 슬레이브 구조로 되어 있다.
② 데이터 노드가 마스터 역할을 한다.
③ 네임 노드 오류 발생 시 데이터 읽기 쓰기가 불가능하다.
④ 데이터를 블록으로 나누어 중복 저장하기 때문에 비용이 비싸다.

02 다음 중 CRISP-DM 방법론의 순서로 옳은 것은?

① 업무 이해 → 데이터 이해 → 데이터 준비 → 모델링 → 평가 → 전개
② 업무 이해 → 데이터 이해 → 데이터 준비 → 평가 → 모델링 → 전개
③ 업무 이해 → 데이터 준비 → 데이터 이해 → 모델링 → 평가 → 전개
④ 업무 이해 → 데이터 준비 → 데이터 이해 → 평가 → 모델링 → 전개

03 다음 중 수집된 정형 데이터의 품질 검증과 관련된 내용으로 옳지 않은 것은?

① 완전성, 유일성, 유효성 등의 품질기준을 정의하여 검증한다.
② 업무규칙을 이용한 품질 검증은 비즈니스 특성만 알 수 있고, 데이터 오류는 검증하지 못 한다.
③ 데이터 프로파일링은 데이터의 값뿐만 아니라 데이터의 구조 진단도 수행한다.
④ 저장된 데이터의 메타데이터 분석으로 품질 검증이 가능하다.

04 다음 중 비정형 데이터가 아닌 것은?

① 스마트폰 판매가격 데이터
② 스트리밍 음악 데이터
③ SNS 업로드 사진
④ 숏폼 영상

05 빅데이터 분석 기획에서 하지 않는 것은?
① 비즈니스 이해 및 범위 설정
② 프로젝트 정의 및 계획 수립
③ 프로젝트 위험 계획 수립
④ 분석 데이터 준비 및 알고리즘 후보군 탐색

06 다음 중 계량적 수치로 표현 가능한 데이터가 아닌 것은?
① 한 달간의 기온 예보
② 개인의 견해
③ 국민의 정책 만족도
④ 대학생들의 통학 시간

07 분석 기획 단계에서 분석 과제의 우선순위를 정할 때 고려할 요소가 아닌 것은?
① 전략적 중요도
② 비즈니스 성과
③ 분석 데이터 적용 수준
④ 실행 용이성

08 기업의 분석 수준을 진단하기 위한 항목으로 적절하지 않은 것은?
① 분석에 활용하는 데이터의 종류
② 분석 플랫폼 IT 인프라
③ 분석 과제의 수, 분석 결과 업무 적용 건수
④ 기업 내 분석 조직의 규모

09 다음 중 데이터 3법과 관련이 없는 것은?
① 개인정보 보호법
② 정보통신망 이용 촉진 및 정보보호 등에 관한 법률
③ 신용정보의 이용 및 보호에 관한 법률
④ 공공 데이터 제공 및 이용 활성화에 관한 법률

10 데이터 품질 요소 중 누락 여부를 검증하는 요소는 무엇인가?
① 정확성
② 완전성
③ 정합성
④ 적시성

**11** 데이터 사이언티스트에게 요구되는 소프트 스킬에 해당하는 것은?

① 통찰력
② 빅데이터 지식
③ 분석 기술
④ 통계 이론

**12** 다음 중 데이터의 특성 3V에 해당하는 것은 무엇인가?

① 규모(Volume), 다양성(Variety), 속도(Velocity)
② 규모(Volume), 다양성(Variety), 가치(Value)
③ 다양성(Variety), 속도(Velocity), 신뢰성(Veracity)
④ 규모(Volume), 속도(Velocity), 가치(Value)

**13** 데이터 사이언티스트의 역할로 적절하지 않은 것은?

① IT 기술 방법론과 알고리즘 등을 통해 데이터로부터 지식과 인사이트를 추출한다.
② 데이터 처리 기술 이외에 커뮤니케이션과 프레젠테이션 등의 스킬이 요구된다.
③ 고객 내면에 있는 비즈니스 핵심가치를 끌어내어 분석 결과를 업무에 적용시키는 컨설팅 능력이 필요하다.
④ 분석 모델에 대한 한계점은 배제하고 분석 과제를 진행한다.

**14** 데이터가 처리되는 과정에서 변경되거나 손상되지 않고, 유지함을 보장하는 특성으로 알맞은 것은?

① 완전성
② 정확성
③ 일관성
④ 무결성

**15** 데이터의 일부를 공백처리 하거나 노이즈를 추가하는 비식별화 기술로 알맞은 것은?

① 가명처리
② 데이터 마스킹
③ 데이터 삭제
④ 데이터 범주화

**16** 아래 박스 안의 설명과 다른 유형의 데이터는 무엇인가?

> - 어느 정도 정해진 구조가 있으나 변경될 수 있음
> - 데이터 구조를 메타와 스키마로 제공함
> - 데이터로부터 구조를 유추할 수도 있음

① HTML  ② JSON
③ RDB  ④ 로그데이터

**17** 개인정보 비식별화 기술로 수치적 개인정보를 임의적으로 올림 내림하는 것은?

① 랜덤 라운딩  ② 제어 라운딩
③ 범위화  ④ 부분합

**18** 빅데이터 플랫폼에 대한 설명으로 옳지 않은 것은?

① 소프트웨어 계층에는 머신러닝을 수행할 수 있는 도구와 라이브러리가 포함된다.
② 인프라 스트럭쳐 계층에서는 데이터 처리, 분석, 수집 및 정제를 수행한다.
③ 플랫폼 계층의 소프트웨어로 Hadoop, Spark 및 NoSQL 등이 있다.
④ 빅데이터 플랫폼은 클라우드 기반 서비스뿐만 아니라 온프레미스 환경도 포함된다.

**19** 다음 특징에 해당하는 데이터베이스는 무엇인가?

> - 오토샤딩(Auto-Sharding)을 사용한다.
> - 처리속도가 빠르며 문서 지향 NoSQL이다.

① Cassandra  ② CouchDB
③ DynamoDB  ④ MongoDB

**20** 다음 데이터 분석가의 특징 중 옳지 않은 것은?

① 데이터 분석의 객관성을 위해 배경지식을 배제해야 한다.
② 주어진 질문에 대한 답만 잘하는 것이 아니라 그 답을 통해 무엇을 해야 하는지 해석하고 도출해야 한다.
③ 알고리즘 적용을 위한 기술보다 데이터가 가진 특성을 탐구하고 데이터의 관계성을 고민하는 데 많은 노력을 기울여야 한다.
④ 단순히 주어진 데이터뿐만 아니라 데이터를 이해하고 이를 기반으로 새로운 데이터를 가공하여 분석에 활용할 수 있어야 한다.

**21** 다음 중 중심 경향값을 나타내는 통계량이 아닌 것은 무엇인가?

① 최빈값
② 평균
③ 중앙값
④ 표준편차

**22** 데이터의 분포가 정규 분포로부터 오른쪽 또는 왼쪽으로 치우친 정도를 보여주는 통계량은 무엇인가?

① 평균
② 표준편차
③ 첨도
④ 왜도

**23** 데이터 전처리에 대한 설명으로 올바르지 않은 것은?

① 데이터 전처리 작업은 반드시 레거시 시스템에서 전처리를 진행해야 한다.
② 데이터 전처리는 분석 결과에 따라 반복적으로 수행될 수 있다.
③ 데이터 전처리 과정에서 발생한 오류는 데이터 분석의 신뢰성에 부정적인 영향을 미친다.
④ 데이터 분석가의 대부분이 가장 시간을 많이 소모하는 과정이다.

**24** 다음 중 파생변수를 생성하는 방법으로 옳지 않은 것은?

① 데이터 컬럼의 이름을 한글에서 영어로 변경
② 주민등록번호에서 나이와 성별을 추출
③ 성적이 60점 미만이면 D, 60~70점이면 C로 성적을 계산
④ 소득 분포를 로그 변환을 통해 계산

**25** 다음 중 명목형 데이터를 요약할 때 사용하는 그래프가 아닌 것은?

① 파레토 차트　　　② 막대 그래프
③ 파이 차트　　　　④ 히스토그램

**26** 다음 중 이산형 확률변수의 확률 분포에 해당하는 것은 무엇인가?

① 정규 분포　　　② t-분포
③ 이항 분포　　　④ F-분포

**27** 최빈값에 대한 설명으로 올바르지 않은 것은?

① 점 추정에 사용되는 통계량에 해당한다.
② 중심 경향성 통계량에 해당한다.
③ 연속형 자료의 데이터 분포 특성을 정규성 측면에서 파악하기에 적절하다.
④ 데이터 분포의 모양이 왼쪽 꼬리가 긴 분포일 경우에 '평균<중앙값<최빈값'의 특징을 갖는다.

**28** 혈액형에 대한 설문조사를 할 때 결측값을 대체하는 방안으로 가장 적절한 것은?

① 결측값이 있는 경우 해당 변수를 제거하고 분석한다.
② 결측값을 NA로 표기하고 분석한다.
③ SMOTE 기법을 활용하여 처리한다.
④ 결측값을 최빈값으로 대체하여 분석한다.

**29** 다음 중 관측값이 쌍을 이루는 경우의 두 집단에 대한 비모수 검정 방법에 해당하는 것은?

① 독립표본 t-검정　　　② 대응표본 t-검정
③ 윌콕슨 부호 검정　　　④ 만-휘트니 U 검정

**30** 일변량 분석에서 이상치를 판단하는 방법 중 옳지 않은 것은?

① 평균($\mu$)으로부터 표준편차($\sigma$)×3만큼 떨어진 값을 이상값으로 판단한다.
② 히스토그램을 통해 평균값이나 중앙값으로부터 멀리 떨어진 범위를 이상값으로 판단한다.
③ 산포도를 활용해서 패턴에 포함되지 않는 데이터를 이상치로 판단한다.
④ 상자 그림에서는 이상치를 표현할 수 없다.

**31** 다음 중 데이터 정제에 대한 설명으로 옳지 않은 것은?

① 중복 데이터를 제거하는 과정을 통해 데이터의 신뢰도를 높일 수 있다.
② 비정형과 반정형 데이터보다는 정형 데이터가 품질 저하 위협에 많이 노출되어 있다.
③ 데이터 오류 원인 분석 후에 데이터를 정제한다.
④ 데이터 품질 저하의 위험이 있는 데이터는 더 많은 정제 활동을 수행한다.

**32** 다음 그림에 맞는 인코딩 방식은?

| Food Name | Categorical | Calories |
|---|---|---|
| Apple | 1 | 95 |
| Chicken | 2 | 231 |
| Broccoli | 3 | 50 |

→

| Apple | Chicken | Croccoli | Calories |
|---|---|---|---|
| 1 | 0 | 0 | 95 |
| 0 | 1 | 0 | 231 |
| 0 | 0 | 1 | 50 |

① 원-핫 인코딩
② 레이블 인코딩
③ 정수 인코딩
④ 문자 인코딩

**33** 다음 중 시공간 데이터에 대한 설명으로 옳지 않은 것은?

① 시공간 데이터는 공간 데이터에 시간의 흐름을 결합한 데이터이다.
② 시공간 데이터는 공간 데이터와 시간 데이터를 따로 추출할 수 있다.
③ 공간 데이터는 다차원 구조이다.
④ 공간 데이터는 시간 데이터를 계산하여 추출할 수 있다.

**34** 다음 중 중심 극한 정리에 대한 설명으로 옳지 않은 것은?

① 표본의 개수가 커지면 모집단의 분포와 상관없이 표본 분포는 정규 분포에 근사하게 된다.
② 중심 극한 정리는 모집단의 분포가 연속형 형태일 때만 성립한다.
③ 표본 평균이 이루는 표본 분포와 모집단 간의 관계를 증명함으로써 수집한 표본의 통계량을 통한 모수 추정이 가능하게 하는 확률적 근거를 마련해준다.
④ 모집단의 분포가 균등 분포, 비균등 분포, 정규 분포 등을 이룰 때 중심 극한 정리를 적용할 수 있다.

**35** 다음 중 가설 검정에 대한 설명으로 옳지 않은 것은?

① 귀무가설은 현재까지 주장되어 온 것이나 기존과 비교하여 변화 혹은 차이가 없음을 나타내는 가설이다.
② 가설 검정에는 귀무가설 1개, 대립가설 1개만 존재한다.
③ 귀무가설은 $H_0$으로 표기하고, 대립가설은 $H_1$으로 표기한다.
④ 대립가설은 표본을 통해 확실한 근거를 가지고 입증하고자 하는 가설이다. 귀무가설과 대립되고 뚜렷한 증거가 있을 때 주장하는 것은 대립가설이다.

**36** 다음 중 변수 선택 방법에 대한 설명으로 옳지 않은 것은?

① 분산이 큰 데이터는 종속변수에 영향을 덜 줄 것이므로 사용하지 않는다.
② 예측하고자 하는 변수와 상관계수가 높은 변수일수록 해당 변수는 영향력이 크다.
③ 각각의 독립변수를 하나만 사용한 예측모형의 성능을 이용하여, 가장 분류성능이 높은 변수를 선택한다.
④ 특성 중요도를 계산할 수 있는 랜덤포레스트 등의 다른 모형을 사용하여 일단 특성을 선택하고, 최종 분류는 다른 모형을 사용한다.

**37** 다음 중 차원축소 방법에 대한 설명으로 옳지 않은 것은?

① 선형 판별 분석(LDA ; Linear Discriminant Analysis)은 데이터를 최적으로 분류하여 차원을 축소하는 방법이고, 주성분 분석(PCA ; Principal Component Analysis)은 데이터를 최적으로 표현하는 관점에서 차원을 축소하는 방법이다.
② 요인 분석(Factor Analysis)은 데이터 안에 관찰할 수 없는 잠재적인 변수가 존재할 때, 변수들의 상관관계를 고려하여 서로 유사한 변수들끼리 묶어주는 방법이다.
③ 독립성분 분석(ICA ; Independent Component Analysis)은 다변량의 신호를 통계적으로 독립적인 하부성분으로 분리하여 차원을 축소하는 기법이다.
④ 특이값 분해(SVD ; Singular Value Decomposition)는 행과 열의 크기가 같은 M×M 차원의 정방행렬 데이터를 적용하여 특이값을 추출하고 데이터를 축약할 수 있다.

**38** 표준편차가 10, 평균이 60인 정규분포를 따르는 모집단이 있다. 변숫값이 70일 때, Z-score 스케일링을 수행한 값은?

① 10　　　　　　　　　　　　② 1
③ 0.1　　　　　　　　　　　　④ -1

**39** 다음 중 공분산(Covariance)에 대한 설명으로 올바르지 않은 것은?

① 공분산의 값이 0이면 두 변수는 독립이다.
② 공분산은 두 변수가 평균으로부터 얼마나 함께 변하는지를 나타내는 측도이다.
③ 공분산이 양수이면 한 변수가 증가할 때 다른 변수도 증가하는 경향이 있음을 의미한다.
④ 공분산은 측정 단위에 따라 값이 달라지므로, 두 변수 간의 관계 강도를 직접적으로 비교하기 어렵다.

**40** 다음은 R의 summary 명령을 이용하여 확인한 데이터의 기술통계 결과이다. 이에 대한 설명으로 옳지 않은 것은?

```
        mt1              mt2              mt3              mt4
Min.    :1.000    Min.    :1.000    Min.    :1.000    Min.    :1.000
1st Qu. :1.000    1st Qu. :2.000    1st Qu. :2.000    1st Qu. :2.000
Median  :2.000    Median  :3.000    Median  :4.000    Median  :3.000
Mean    :2.419    Mean    :3.014    Mean    :3.375    Mean    :3.139
3rd Qu. :3.750    3rd Qu. :4.000    3rd Qu. :4.000    3rd Qu. :4.000
Max.    :5.000    Max.    :5.000    Max.    :5.000    Max.    :5.000
                  NA's    :2        NA's    :2        NA's    :2
```

① 4개 변수 모두 numerical 변수에 해당한다.
② 1번 변수를 제외하고 나머지 모두 결측치가 존재한다.
③ 1번, 2번, 4번 변수의 분포보다 3번 변수의 분포는 왼쪽으로 꼬리가 긴 분포에 해당한다.
④ 4개 변수 모두 5보다 큰 이상치가 존재할 수 있다.

**41** 다음 설명에서 괄호 안에 들어갈 이름으로 옳은 것은?

- (　　　)는 물체 감지와 객체 인식에 대한 딥러닝 기반 접근 방식입니다.
- (　　　)는 입력된 이미지를 일정 분할로 그리드한 다음, 신경망을 통과하여 바운딩 박스와 클래스 예측을 생성하여 최종 감지 출력을 결정합니다. 실제 이미지 및 비디오에서 테스트하기 전에 먼저 전체 데이터 세트에 대해 여러 인스턴스를 학습합니다.
- (　　　)는 Joseph Redmon 등에 의해 처음 소개되었습니다. 2015년 논문에 처음 등장한 후 몇 차례 업데이트되었죠. 이후 다수의 개발자에 의해 v8까지 출시되었습니다.
- (　　　)는 복잡한 파이프라인을 다루지 않기 때문에 매우 빠른 모델입니다. 따라서 실시간 의사 결정이 필요한 분야에서 특히 두각을 드러내고 있습니다.

① GAN　　　　　　　　　② LSTM
③ YOLO　　　　　　　　 ④ Diffusion

42 자연어 처리를 위한 Transformer 기법과 관련된 용어를 고르면?
   ① Attention
   ② Generator
   ③ Forget gate
   ④ Feature map

43 분석 모형 설계 절차로 옳은 것은?
   ① 모델링 → 검증 및 테스트 → 운영화 및 적용 → 분석 요건 정의
   ② 분석 요건 정의 → 모델링 → 검증 및 테스트 → 운영화 및 적용
   ③ 검증 및 테스트 → 운영화 및 적용 → 분석 요건 정의 → 모델링
   ④ 운영화 및 적용 → 분석 요건 정의 → 모델링 → 검증 및 테스트

44 다음 중 가설 검정에 대한 설명으로 옳지 않은 것은?
   ① 가설 수립 단계에서 귀무가설과 대립가설을 수립한다.
   ② 단측검정은 음의 방향과 양의 방향 중 한 방향만을 살펴보는 검정이다.
   ③ 귀무가설은 모집단의 특성에 대해 옳다고 제안하는 주장이다.
   ④ 양측검정에서는 채택역을 양쪽으로 설정하여 가설을 검정한다.

45 다음은 회귀분석 식 중 하나이다. 설명으로 옳지 않은 것은?

$$J(\theta) = MSE(\theta) + \alpha \sum_{i=1}^{n} |\theta_i|$$

   ① L1 규제에 해당한다.
   ② 라쏘 회귀라고 한다.
   ③ 훈련 데이터셋에 과적합 되는 효과가 있다.
   ④ 변수 선택이 되는 효과가 있다.

46 다음 중 연관 있는 것끼리 짝을 이룬 것은?
   ① Bagging – Gradient Boost
   ② Bagging – Extra Trees
   ③ Boosting – Random Forest
   ④ Boosting – Extra Trees

**47** 실생활에 활용한 '분류' 모형에 대한 설명으로 알맞은 것은?

① 부동산과 경제 지표들을 활용하여 집값을 예측했다.
② AI 생성 모델을 활용하여 피카소 화풍의 그림을 생성했다.
③ 마케팅 부서에서 온라인 쇼핑몰 구매 기록을 토대로 비슷한 취향의 고객들을 그룹으로 묶었다.
④ 우주연구센터에서 관측한 별들의 정보를 기반으로 별의 종류를 예측했다.

**48** 도시 내 비만인의 비중이 30%이다. 비만인 사람 중 키가 180cm 이상인 사람은 10%, 비만이 아닌 사람 중 키가 180cm 이상인 사람은 20%일 때, 키가 180cm 이상인 사람이 비만일 확률은?

① 약 0.36　　② 약 0.27
③ 약 0.18　　④ 약 0.09

**49** 다음 중 그 성격이 다른 군집 분석은?

① DBSCAN　　② K-평균 군집 분석
③ 계층적 군집 분석　　④ SOM

**50** 다음 Boosting 모형에 대한 설명 중 옳지 않은 것은?

① 잘 분류하지 못한 데이터에 가중치를 주어 다음 모델에 넘겨준다.
② 과적합의 문제를 가지고 있다.
③ 대표적인 모델에는 Extreme Gradient Boosting이 있다.
④ Bootstrap 기법을 활용하는 것으로 알려져 있다.

**51** 인공신경망의 마지막 은닉층과 출력층이 보기와 같을 때 출력값을 구하시오.

- 마지막 은닉층의 첫 번째 노드 입력값 : 0.1
- 마지막 은닉층의 두 번째 노드 입력값 : −0.1
- 첫 번째 노드의 가중치 : 2
- 두 번째 노드의 가중치 : 3
- 출력층 bias : −0.1
- 출력층 활성화 함수 : $f(x)=x(x\geq 0)$, otherwise $f(x)=-1$

① 1　　② 0
③ 0.09　　④ −1

**52** 다음 역전파 알고리즘에 대한 설명에서 (ㄱ), (ㄴ)에 들어갈 말로 가장 적절한 것은?

> 역전파 알고리즘은 역방향 전파를 통해 출력층에서 입력층으로 순차적으로 (ㄱ)을 하면서 (ㄴ)을 증가시키는 방법이다.

① (ㄱ) 편미분, (ㄴ) 학습률
② (ㄱ) 정적분, (ㄴ) 거리
③ (ㄱ) 내적, (ㄴ) 거리
④ (ㄱ) 내적, (ㄴ) 기울기

**53** seq2seq 모델에 대한 설명에서 (ㄱ), (ㄴ)에 들어갈 말로 가장 적절한 것은?

> (ㄱ)은 입력 시퀀스를 단일 벡터로 바꾸고, (ㄴ)은 단일 벡터를 출력 시퀀스로 바꾼다.

① (ㄱ) 인코더, (ㄴ) 디코더
② (ㄱ) 디코더, (ㄴ) 인코더
③ (ㄱ) 제너레이터, (ㄴ) 비제너레이터
④ (ㄱ) 비제너레이터, (ㄴ) 제너레이터

**54** 다음 중 교차 검증에 대한 설명으로 가장 적절하지 않은 것은?

① 모델의 과적합을 방지하기 위한 검증 방법이다.
② 리브-원-아웃 교차 검증은 데이터 분할 시 randomness를 포함하지 않는다.
③ k-fold 교차 검증은 홀드아웃 교차 검증보다 학습 속도가 빠르다.
④ 분류 문제에서는 분포를 고려하는 층화 k-fold 교차 검증을 사용하기도 한다.

**55** 다음 품목별 판매 건수를 보고 (사과) → (배, 포도)의 향상도를 계산하시오.

| 품목 | 건수 |
| --- | --- |
| 사과 | 5 |
| 배, 바나나 | 10 |
| 바나나 | 5 |
| 사과, 배, 바나나, 포도 | 2 |
| 배, 포도 | 1 |
| 사과, 배, 포도 | 3 |
| 사과, 포도 | 4 |

① 0.17
② 0.36
③ 1.05
④ 1.79

**56** 선형 회귀분석의 과적합에 대한 설명으로 가장 적절하지 않은 것은?

① variance가 높은 모델은 과적합 가능성이 높다.
② bias가 높은 모델은 과적합 가능성이 낮다.
③ SSE 값이 작은 모델은 항상 과적합 모델이다.
④ 정규화 모델을 사용하여 과적합을 줄일 수 있다.

**57** 종속변수가 없을 때 사용하는 모델 유형으로 가장 적절한 것은?

① 로지스틱 회귀분석
② 의사결정나무
③ K-최근접이웃 알고리즘
④ K-평균 클러스터링

**58** 학습 데이터(training data)와 평가 데이터(test data)에 대한 설명으로 가장 적절하지 않은 것은?

① 평가 데이터(test data)는 최종 모델의 성능을 평가하기 위한 데이터이다.
② 학습 데이터(training data)와 평가 데이터(test data)는 동일한 비율(5:5)로 나뉜다.
③ 모델 과적합을 방지하고 일반화 성능을 향상시키기 위해 데이터를 나눈다.
④ 데이터가 부족하지 않으면 일반적으로 별도의 검증 데이터(validation data)를 구분한다.

**59** 회귀분석 수행 시 잔차에 대한 가정으로 적절하지 않은 것은?

① 잔차는 독립성을 만족한다.
② 잔차는 Q-Q plot에서 우상향하는 정규성을 가진다.
③ 잔차의 자유도는 표본의 크기에서 -1한 값이다
④ 잔차 간에 비상관성을 만족한다.

**60** 소셜 미디어 데이터 분석 방법으로 가장 적절하지 않은 것은?

① 연결망 분석
② 텍스트 분석
③ 감성 분석
④ 맵리듀스

**61** 시간 시각화에 대한 설명으로 옳지 않은 것은?

① 시간에 따른 데이터의 변화를 나타낸다.
② 막대그래프를 사용한다.
③ 점그래프에서 점의 분포와 배치로는 데이터의 흐름을 파악하기 힘들다.
④ $x$축에는 주로 시각, 날짜 등의 값이 들어간다.

**62** 초매개변수(Hyperparameter)에 대한 설명 중 옳지 않은 것은?

① 초매개변수 선택은 모델 선택 전 데이터 집합 수준에서 결정할 수 있다.
② 분석가가 임의로 지정하는 값이다.
③ grid search, 베이지안 최적화 등의 방법을 사용해 최적 조합을 찾을 수 있다.
④ 초매개변수의 예시로 SVM의 코스트 값이 있다.

**63** K-평균 군집 분석에서 최적 K 평균을 구하는 방법은?

① 실루엣 계수                    ② 덴드로그램
③ 표준화 거리                    ④ 엘보우 기법

**64** 적합도 검정에 대한 설명으로 옳지 않은 것은?

① 검정 통계량은 기대도수와 관측도수 값으로 계산된다.
② 관측치가 특정 이론 분포를 따르는지 검정하는 방법이다.
③ 귀무가설이 기각되더라도 기대도수 합과 관측도수의 합은 동일하다.
④ 카이제곱 검정을 활용한다.

**65** 다음 중 두 개의 집단에서 사용되는 비모수 검정 방법은?

① Z 검정                        ② T 검정
③ 윌콕슨 부호 순위 검정          ④ 카이제곱 검정

**66** 비교 시각화에 대한 내용으로 적절한 것은?

① 다양한 변수를 한 번에 비교할 수 있다.
② 상관관계 분석을 할 수 있다.
③ 산포도와 버블 차트로 표현할 수 있다.
④ 두 개 이상의 변수 간 관계를 나타낸다.

**67** 의사결정나무 정지규칙으로 옳지 않은 것은?

① depth가 최대이면 멈춘다.
② 마지막 가지 끝에 남은 개수가 일정 개수 이하이면 멈춘다.
③ 가지에 남은 개수가 같으면 멈춘다.
④ 더 이상 불순도가 개선되지 않으면 멈춘다.

**68** 다음 중 앙상블 기법에 대한 설명으로 올바르지 않은 것은?

> 가. 앙상블의 예시로 k = 1, 5, 7인 knn(k 근접이웃) 모델을 결합시키는 것을 들 수 있다.
> 나. 서로 다른 알고리즘으로 생성한 분류기는 앙상블할 수 없다.
> 다. 페이스팅은 배깅과 달리 데이터 샘플링 시 중복을 허용한다.

① 가, 나
② 가, 다
③ 나, 다
④ 가, 나, 다

**69** 혼동행렬을 계산한 값으로 옳지 않은 것을 고르시오.

| 실제 | | 예측 | |
|---|---|---|---|
| | | 참 | 거짓 |
| 실제 | 참 | 150 | 100 |
| | 거짓 | 50 | 200 |

① 정분류율=7/10
② 민감도=3/5
③ 특이도=3/4
④ 재현율=3/5

**70** ROC 곡선에 대한 설명으로 옳지 않은 것은?

① ROC 곡선으로 머신러닝 모델을 평가할 수 있다.
② ROC 곡선은 특이도와 민감도를 이용하여 구할 수 있다.
③ ROC 곡선의 $x$축은 특이도, $y$축은 민감도를 나타낸다.
④ ROC 곡선의 아래 면적이 넓을수록 좋은 모델이다.

**71** 다음 중 부스팅 알고리즘으로 적절하지 않은 것은?

① AdaBoost
② Naive Bayes
③ GBM
④ Catboost

**72** 다음 Q-Q 플롯에 대한 설명으로 옳은 것은?

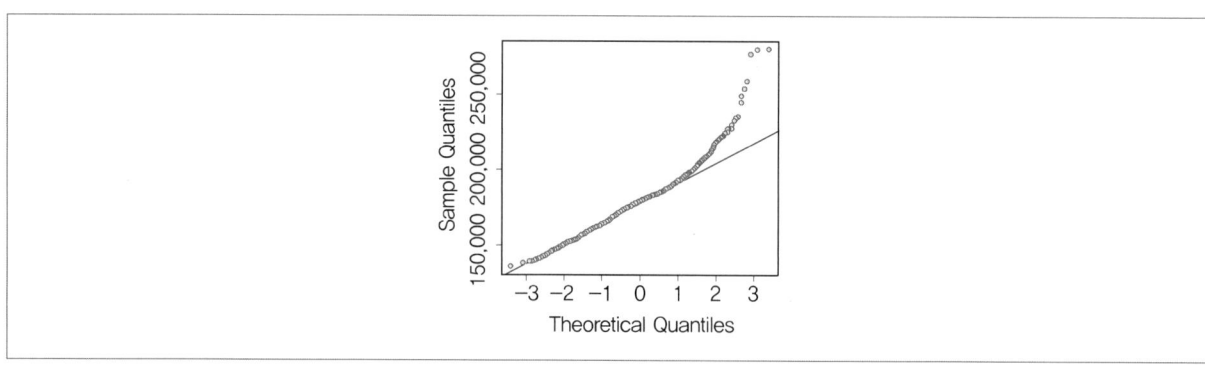

가. 왜도가 0 이상이다.
나. 데이터 분포가 왼쪽에 치우쳐져 있다.
다. 데이터의 평균보다 중앙값이 크다.

① 가, 다
② 가, 나
③ 나, 다
④ 가, 나, 다

**73** 다음 중 정준상관 분석에 대한 설명으로 옳은 것은?

① 데이터들의 주성분을 찾는다.
② 두 변수 집단 간의 선형 상관관계를 파악한다.
③ 변수들 간 상관관계를 이용하여 유사한 변수끼리 묶어준다.
④ 데이터 내에서 연관 규칙을 발견한다.

**74** 다음 중 과적합에 대한 설명으로 올바르지 않은 것은?

① 학습 성능이 우수하다.
② 테스트 데이터에서 편향이 작다.
③ 학습데이터에서 분산이 크다.
④ 필요 이상으로 복잡한 모델이다.

**75** 회귀 및 분류 문제에 대한 설명 중 옳지 않은 것은?

① 회귀와 분류는 종속변수가 다르지만, 해석을 위해 동일한 지표를 사용한다.
② 회귀 문제의 종속변수는 기온, 키, 제품 가격 등이 될 수 있다.
③ 분류 문제의 독립변수는 수치형, 범주형 모두 가능하다.
④ 지도 학습에 해당한다.

**76** 전기 사용량을 예측하는 모델의 성능을 계산하기 위한 지표로 적절하지 않은 것은?

① MAPE
② F1-score
③ RMSE
④ MSE

**77** 다음 중 F1-score를 올바르게 표현한 것은?

① (specificity+sensitivity)/2
② 2×(specificity×sensitivity)/(specificity+sensitivity)
③ (precision+recall)/2
④ 2×(precision×recall)/(precision+recall)

**78** 다음 데이터를 표현하기에 가장 적절한 시각화 기법은?

| 차량 모델 | 평가 요소(10점 만점) | | | | |
|---|---|---|---|---|---|
| | 디자인 | 성능 | 안전, 편의 | 크기, 공간 | 유지, 관리 |
| A | 8 | 9 | 8 | 7 | 5 |
| B | 6 | 8 | 8 | 10 | 8 |
| C | 10 | 7 | 7 | 5 | 6 |

① 레이더 차트
② 산점도 행렬
③ 버블 차트
④ 모자이크 플롯

**79** 다음 중 과적합으로 보기 가장 적절한 것은?

① 학습 데이터 정확도 90%, 평가 데이터 정확도 90%
② 학습 데이터 정확도 70%, 평가 데이터 정확도 90%
③ 학습 데이터 정확도 90%, 평가 데이터 정확도 70%
④ 학습 데이터 정확도 70%, 평가 데이터 정확도 70%

**80** k-fold 검증에서 k = 10일 때 옳지 않은 것은?

① 각 fold는 학습 데이터로 한 번 사용된다.
② 각 fold는 검증 데이터로 한 번 사용된다.
③ 검증 데이터는 전체 데이터의 10%를 차지한다.
④ k-fold 검증을 통해 과적합을 방지할 수 있다.

# 제6회 기출복원문제

**01** 정형, 반정형, 비정형으로 구분한 빅데이터의 특성은?

① 속도
② 규모
③ 다양성
④ 가치

**02** 빅데이터의 위기 요인이 아닌 것은?

① 사생활 침해
② 데이터 오용
③ 책임 원칙 훼손
④ 인간과 인간(Human to Human) 연결 가능

**03** 다음 중 기업의 분석 수준 진단에 대한 서술로 옳지 않은 것은?

① 준비형 : 데이터 분석을 위한 낮은 준비도와 낮은 성숙도
② 정착형 : 조직 및 인력, 분석 업무, 분석기법이 내부에 오픈
③ 도입형 : 업무 기법은 충분하나, 조직 인력이 부실
④ 확산형 : 6가지 분석 구성요소를 모두 갖춰 지속적 확산이 가능

**04** 데이터 분석 조직에 관한 설명으로 옳지 않은 것은?

① 기능형은 전사의 핵심 업무를 분석하지 못 한다.
② 집중구조는 별도의 분석 조직이 존재하므로 협업 조직과의 업무 중복 가능성이 없다.
③ 분산구조는 전담 조직 인력을 협업부서에 배치하므로 신속한 업무에 적합하다.
④ 기능형은 별도로 분석 조직이 없다.

**05** 분석준비도(Readiness)의 진단 영역으로 옳지 않은 것은?

① 분석 업무   ② 분석 인력
③ 분석 기법   ④ 분석 성과 평가

**06** 다음 중 데이터 거버넌스의 구성요소에 해당하지 않는 것은?

① 원칙   ② IT 인프라
③ 프로세스   ④ 조직

**07** 데이터 사이언스에 대한 설명으로 옳은 것은?

① 가능한 많은 데이터를 모으기만 하면 의미가 도출된다.
② 특정한 상관관계가 중요시되던 과거와 달리, 인과관계를 통한 인사이트 도출이 점점 확산되고 있다.
③ 의학, 공학 등 다양한 연구 분야에서 적용된다.
④ 데이터 소량화로 인해 급격한 확산 속도가 둔화된다.

**08** 다음 중 데이터 웨어하우스와 데이터 마트에서 사용하기 적합한 데이터 수집 기술은?

① FTP   ② HTTP
③ Open API   ④ DB to DB

**09** 분산파일시스템에 대한 설명으로 적절하지 않은 것은?

① 네트워크를 통해 물리적으로 다른 위치에 있는 여러 컴퓨터에 자료를 분산 저장하는 시스템이다.
② 마치 로컬 시스템에서 사용하는 것처럼 동작한다.
③ 데이터 가용성을 향상시키지만 네트워크를 사용하기 때문에 노드들 간에 데이터를 전송할 때 데이터가 손실되거나 누락될 가능성이 있다.
④ 대표적인 분산파일 시스템은 하둡으로, 대용량 파일을 파일 단위로 데이터 노드에 저장한다.

**10** 맵리듀스 패턴 중에 다른 데이터와 연결하여 분석하는 패턴은 무엇인가?

① 디자인 패턴   ② 요약 패턴
③ 조인 패턴   ④ 필터링 패턴

**11** 다음 중 머신러닝과 딥러닝에 대한 설명으로 옳지 않은 것은?

① 머신러닝은 주어진 데이터 패턴을 학습하고 유추하는 것이다.
② 머신러닝 학습방법으로는 지도, 비지도, 강화학습이 대표적이다.
③ 머신러닝은 딥러닝의 일부이다.
④ 머신러닝을 개선하여 딥러닝으로 발전하였다.

**12** 공공데이터와 같이 조직 외부의 데이터를 사용할 때의 장점으로 가장 적절한 것은?

① 비용이 저렴하다.
② 내부 데이터보다 보안이 좋다.
③ 데이터 선택의 폭이 넓다.
④ 데이터 소유권을 가질 수 있다.

**13** 데이터 분석으로 얻고자 하는 개선사항은 언제 도출하는 것이 적절한가?

① 도메인 이슈 도출
② 분석 목표 수립
③ 프로젝트 계획 수립
④ 모델 개발

**14** 분석마스터 플랜에 대한 설명으로 옳은 것은?

① 좁은 범위의 특정 주제에 대해 테스트를 실행함으로써 빠르게 문제를 해결해나가는 방법이다.
② 모든 과정을 반복 수행한다.
③ 분석 로드맵은 중장기적 관점의 수행 계획을 수립하는 과정을 의미한다.
④ 프레임 워크보다는 단기 과제성 계획을 수립한다.

**15** 데이터 전처리는 어느 단계에서 수행하는 것인가?

① 데이터 준비
② 분석 기획
③ 데이터 분석
④ 시스템 구현

**16** 탐색적 데이터 분석(EDA)에 관한 설명으로 옳지 않은 것은?

① 주성분 분석(PCA)은 EDA가 아니다.
② 시각화 툴을 사용할 수 있다.
③ 데이터 구조를 가정한다.
④ 분석 모델을 만들기 위한 과정으로 필요하다.

17 데이터 추출과 저장을 위한 기술로 옳은 것은?
① ETL
② ODS
③ DW
④ Data Mart

18 다음 중 노이즈를 제거하는 방법으로 옳은 것은?
① 평활화(Smoothing)
② 정규화(Normalization)
③ 표준화(Standardization)
④ 일반화(Generalization)

19 네트워크를 통해서 호스트와 호스트 간에 데이터를 전송하는 방식은 무엇인가?
① 분산파일 시스템
② 공유 데이터베이스
③ 파일 전송 프로토콜
④ 네트워크 데이터베이스

20 다음 중 비정형 데이터에 관한 설명으로 옳은 것은?
① 데이터 스키마를 지원한다.
② 주로 DB to DB를 사용해 수집한다.
③ NoSQL을 사용한다.
④ 데이터 레이크보다 데이터 웨어하우스를 사용한다.

21 데이터 전처리 기법에 대한 설명 중 옳지 않은 것은?
① 데이터 정제 : 결측값, 노이즈, 이상값 등 데이터 오류 요인을 제거한다.
② 데이터 통합 : 정제된 다수의 데이터를 통합한다.
③ 데이터 축소 : 노이즈 제거를 위해 정규화한다.
④ 데이터 변환 : 정규화 등으로 분석이 편하도록 한다.

22 데이터 정제에 대한 설명으로 옳지 않은 것은?
① 데이터를 사용하기 쉽게 변환
② 결측값 대체
③ 이상값 제거
④ 노이즈 교정

## 23 결측값 처리방법에 대한 설명으로 적절하지 않은 것은?

① 완전삭제법 : 결측지 부분만 없애지 않고, 결측값이 있는 데이터 전체를 삭제한다.
② 평균대치법 : 관측된 값의 평균값으로 대치한다.
③ 회귀대치법 : 회귀식의 예측값으로 결측치를 대치한다.
④ 다중대치법 : 통계량에 확률값을 부여하는 방법을 이용한다.

## 24 이상값 처리에 대한 설명으로 옳은 것은?

① 이상값은 빈도에 비해 영향력이 작으므로 분석에서는 무시한다.
② 삭제 시 데이터가 작아져 분산은 커지고, 편향이 발생할 확률은 낮아진다.
③ 결측값 처리에서 사용하는 단순대치법과 다중대치법은 사용할 수 없다.
④ 평균값 대체도 결측값 대체와 같이 신뢰성이 저하되지 않는다.

## 25 데이터 이상값 발생 원인으로 옳지 않은 것은?

① 측정 오류
② 처리 오류
③ 표본 오류
④ 보고 오류

## 26 회귀진단 시 이상값 및 영향값 탐색 방법으로 옳은 것은?

① 라쏘회귀
② AIC(Akaike Information Criterion)
③ 사분위수 범위
④ 레버리지(Leverage)

## 27 다음은 어떤 그래프를 의미하는가?

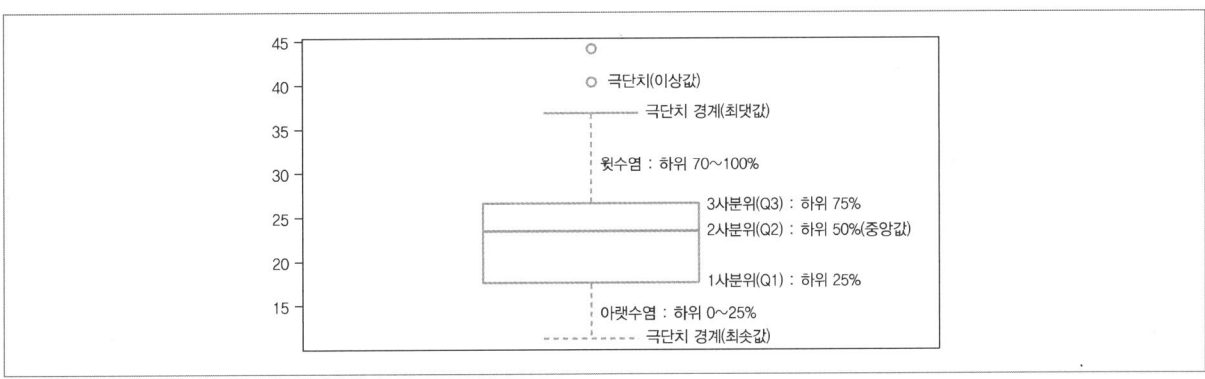

① 박스플롯
② 히스토그램
③ 산점도
④ 막대그래프

**28** 다음 중 연속형 변수가 아닌 것은?

① 키
② 실내 온도
③ 성인의 혈액형
④ 책 두께

**29** 파생변수에 대한 설명으로 옳지 않은 것은?

① 기존 변수에 특정 조건이나 함수를 활용하기도 한다.
② 유의미한 특성이 객관적으로 반영되어야 한다.
③ 결측값을 주변 값으로 채우기도 한다.
④ 다수 필드 내에 시간 종속적인 데이터를 피봇해서 사용하는 방법도 있다.

**30** 최소-최대 정규화 시 세 학생의 성적(60, 70, 80) 합은?

① 0.5
② 1.0
③ 1.5
④ 2.0

**31** 다음 중 독립변수 12개와 절편 1을 포함하는 모델이 있다. 변수 1개당 3가지의 범주를 값으로 갖는다면 회귀모수의 개수는?

① 24
② 25
③ 35
④ 37

**32** 클래스 불균형(Class Imbalance)에 대한 설명으로 옳지 않은 것은?

① 이상값 대체는 결측값을 처리할 경우와 같은 신뢰도 문제를 발생시키지 않는다.
② 무게 균형(Weight Balancing)으로는 해결 불가하다.
③ 언더샘플링 혹은 오버샘플링으로 해결할 수 있다.
④ 클래스 개수와는 무관하다.

**33** 다음 중 인과관계분석(Causal Analysis)에 대한 설명으로 옳은 것은?

① 변수 간의 상관성을 확인한다.
② 해석을 포함하고 있지 않다.
③ 이상값 파악이 용이하다.
④ 독립변수와 종속변수 간의 인과관계를 분석한 것이다.

34 다음 시계열 분포도에 대한 설명으로 옳은 것은?

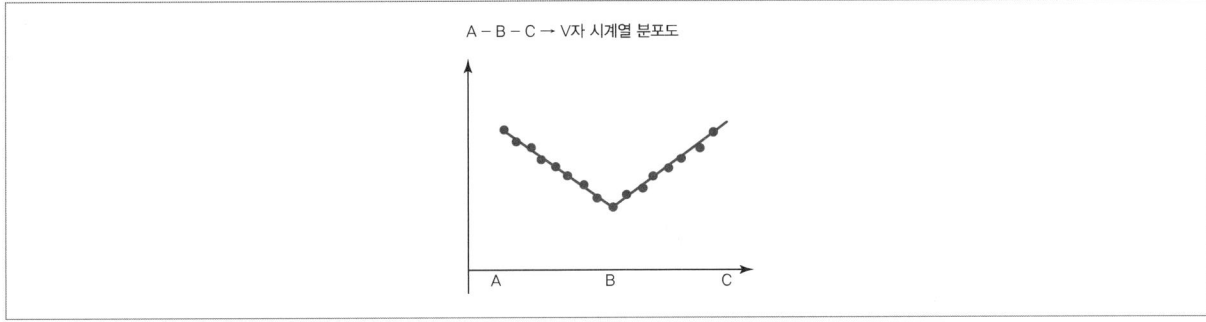

① A-B, B-C로 나누면 의미를 도출할 수 있다.
② B-C 구간에서 음의 관계이다.
③ A-B 구간에서 기울기가 커지고 B-C 구간에서 기울기가 작아진다.
④ A-B-C 구간은 산포도가 크다.

35 산포도에 대한 설명으로 옳지 않은 것은?
① 사분위수 범위는 제3분위수에서 제1분위수를 뺀 부분까지이다.
② 왜도는 분포의 기울어진 정도를 설명한 통계량이다.
③ 첨도는 그래프 양쪽의 뾰족한 정도를 뜻한다.
④ 변동계수의 값이 작으면 상대적인 차이가 작고, 클수록 상대적인 차이가 크다는 것을 의미한다.

36 다음 기술통계에서 사용하는 개념으로 옳지 않은 것은?
① 사분위수는 Q3-Q1이다.
② 범위는 Min, Max 값만 고려한다.
③ 편차의 절댓값이 크면 평균에서 멀리 떨어져 있는 값이고, 작으면 평균에서 가까운 값이다.
④ 일반적으로 표본의 수가 많을수록 표준오차는 작아진다.

37 다음 수식으로 표현되는 단위 시간 안의 사건 발생 횟수를 나타낸 분포는?

$$p(x) = \frac{e^{-\lambda}\lambda^x}{x!},\ e = 2.718281 \cdots$$

① 기하 분포
② 포아송 분포
③ 베르누이 분포
④ 정규 분포

## 38 정규 분포의 설명이 아닌 것은?

① 왜도가 3, 첨도가 0이다.
② 직선 $x = \mu$(평균)에 대하여 대칭인 종 모양의 곡선이다.
③ 곡선과 x축으로 둘러싸인 영역의 넓이는 1이다(확률의 총합은 100%이다).
④ 곡선의 모양은 표준편차가 일정할 때, 평균이 변하면 대칭축의 위치와 곡선의 모양이 바뀐다.

## 39 다음 설명 중 옳지 않은 것은?

① 표본분산은 표본의 분산을 의미하며, 관측값에서 표본평균을 빼고 제곱한 값을 모두 더한 뒤에 그 값을 $n-1$로 나눈 값이다.
② 추출한 표본의 n이 충분히 크면(일반적으로 30 이상) 모집단 분포의 모양에 상관없이 추출된 표본들의 평균의 분포는 표준정규분포를 따른다.
③ 표본평균의 분포는 특정한 모집단에서 동일한 크기로 표본을 뽑아서 각각의 표본들의 평균을 계산했을 때, 그 평균들의 확률분포를 의미한다.
④ 모집단을 통해 표본집단을 추론한다.

## 40 다음 값의 평균값과 표본분산을 구하면?

| 2, 4, 6, 8, 10 |
|---|

① 표본분산 : 6, 평균 : 10
② 표본분산 : 6, 평균 : 8
③ 표본분산 : 10, 평균 : 6
④ 표본분산 : 10, 평균 : 8

## 41 머신러닝(기계학습)에 대한 설명으로 옳지 않은 것은?

① 머신러닝은 대표적으로 지도학습과 통계분식으로 나눌 수 있다.
② 지도학습은 목적에 따라 분류와 예측으로 나눈다.
③ 비지도학습 유형으로는 군집화, 차원축소, 연관규칙이 있다.
④ 머신러닝과 통계분석은 결과물에 대한 공식을 도출할 수 있다.

## 42 선형회귀분석의 가정에 대한 설명으로 옳지 않은 것은?

① 오차항은 서로 독립적이어야 한다.
② 오차항의 정규성 검정 기법으로는 정규성 T-검정 등이 있다.
③ 오차항이 있는 선형관계로 정의한다.
④ 독립변수와 종속변수의 선형성을 만족한다.

**43** 회귀분석에 대한 설명으로 옳지 않은 것은?

① 교호작용이 일어나면 회귀식의 형태나 회귀계수에 변화가 있을 수 있다.
② 회귀계수를 추정하기 위해 최소제곱법을 사용한다.
③ 분산팽창계수가 10 이상일 때, 다중공선성이 존재하지 않는다.
④ 회귀계수의 유의성을 판단하기 위해서 t검정을 수행할 수 있다.

**44** 다음 다중회귀분석 결과에 대해 올바르게 해석한 것을 <보기>에서 모두 고르면?

$$\hat{y} = \hat{\beta}_0 + \hat{\beta}_1 X_1 + \hat{\beta}_2 X_2 + \hat{\beta}_3 X_3 + \hat{\beta}_4 X_4 + \hat{\beta}_5 X_5 + \hat{\beta}_6 X_6$$

| 다중회귀분석 결과 | | 종속변수 | 식당평가지수 |
|---|---|---|---|
| 결정계수 | 0.84 | 조정된 결정계수 | 0.83 |
| F-statistic | 46.27 | Prob(F-statistic) | 3.83E-12 |
| No. Observations | 437 | AIC | 250 |
| Df Residuals | 430 | Df Model | 6 |

| 항목 | 구성요소 | 회귀계수 | t값 | P>|t| |
|---|---|---|---|---|
| 오차항 | 절편 | 15.1335 | 9.061 | 0 |
| 접근성 | 역과의 거리 | 7.3904 | 4.958 | 0 |
|  | 주차 가능 여부(Y/N) | -2.8191 | -2.12 | 0.534 |
| 응대 | 준비 속도 | 12.0122 | 2.9 | 0.004 |
|  | 친절함(상/중/하) | 32.8398 | 7.813 | 0 |
| 품질 | 맛(상/중/하) | 11.1842 | 3.1 | 0.002 |
|  | 건강 관련(높음/낮음) | -2.7458 | -1.406 | 0.016 |

―| 보기 |―

가. 역과의 거리, 주차장 등의 키워드가 포함된 리뷰는 '접근성' 항목과의 연관성이 높다.
나. '응대' 항목의 지수는 식당 평가에 긍정적인 영향을 준다.
다. 모든 항목이 평가지수에 유의미하지는 않다.

① 가, 나
② 나, 다
③ 가, 다
④ 가, 나, 다

**45** 다음 설명 중 옳지 않은 것은?

① 결정계수는 종속변수의 분산 중에서 독립변수로 설명되는 비율을 의미한다.
② 독립변수가 적어지면 결정계수가 작아진다.
③ 회귀계수는 0~1의 범위를 가진다.
④ 결정계수 값이 클수록 회귀 모델의 유용성이 높다고 할 수 있다.

**46** 괄호 안에 공통적으로 들어갈 알맞은 단어를 고르면?

> 다중공선성은 회귀분석에서 독립변수들 간에 높은 상관관계가 있는 경우 발생하는 현상으로, 독립변수들 간의 강한 선형 관계로 인해 회귀계수의 추정이 불안정해지는 문제이다. 다중공선성을 평가하기 위해 주로 사용되는 지표 중 하나가 ( )이다. ( )은/는 각 독립변수의 설명력을 평가하는 지표로, 해당 독립변수를 다른 독립변수들로 선형회귀하여 얻은 결정계수의 증가 정도를 나타낸다.

① 스튜던트화 잔차(Student)
② 맬로우즈 Cp(Mallow's Cp)
③ 분산팽창지수(VIF)
④ 쿡의 거리(Cook's Distance)

**47** 다음 회귀분석 모델평가에 대한 절차로 옳은 것은?

① 독립변수 검정 → 회귀모델 유의성 검정 → 회귀계수 추정 → 예측력 평가
② 회귀계수 추정 → 예측력 평가 → 회귀모델 유의성 검정 → 독립변수 검정
③ 독립변수 검정 → 회귀계수 추정 → 회귀모델 유의성 검정 → 예측력 평가
④ 회귀계수 추정 → 독립변수 검정 → 예측력 평가 → 회귀모델 유의성 검정

**48** 다음 조건에 대한 값을 구하면?

> 흡연자 100명 중 폐암 10명, 비흡연자 100명 중 폐암 2명 발생할 때, 흡연 여부에 대한 오즈비

① 약 3.21
② 약 4.32
③ 약 5.43
④ 약 6.78

**49** 다음 수식에 대한 설명으로 옳은 것은?

$$\log(P(Y=1 \mid X)/(1-P(Y=1 \mid X))) = b_0 + b_1 X$$

① Logit 변환에 대한 수식이다.
② 지수 변환에 대한 수식이다.
③ 회귀분석과는 무관하다.
③ X가 1단위 증가하면 $e^{b_1}$만큼 증가한다.

**50** 의사결정나무에 대한 설명으로 옳지 않은 것은?

① 주요 알고리즘으로 CART와 C4.5가 있다.
② 분리기준으로 정보이득, 지니계수, 엔트로피를 사용한다.
③ 알파컷을 사용하여 과대적합을 방지할 수도 있다.
④ 알파컷이 작을수록 나무의 깊이도 얕아진다.

**51** 의사결정나무에서 D에 들어가는 노드는 무엇인가?

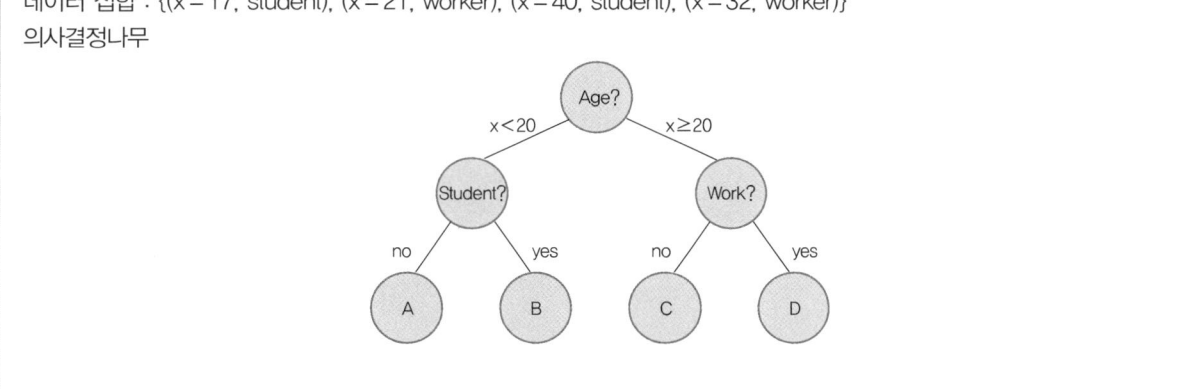

① x=17, student
② x=19, worker
③ x=40, student
④ x=32, worker

52 다음 중 학습률에 대한 설명으로 옳은 것은?

① 손실함수가 크면 가중치를 조금만 수정하면 된다.
② 반복 작업을 통해 조금씩 최적화하며 학습률을 수정하면서 진행한다.
③ 학습률이 매우 클 경우 학습 시간은 오래 걸리나, 증감이 작아서 최소 손실 점수를 찾기 쉽다.
④ 학습률에 배치 크기와 반복 횟수는 무관하며 고려하지 않는다.

53 인공신경망 학습 시 과적합 방지 방법으로 적절하지 않은 것은?

① 입력 노드 수를 줄인다.
② 드롭아웃(Dropout)을 실행한다.
③ 규제(Regularization)를 진행한다.
④ 학습데이터에 대해서만 평가를 진행한다.

54 원 핫 인코딩에 대한 설명으로 옳지 않은 것은?

① 서로 다른 단어의 내적은 0이다.
② 각 값이 독립적인 벡터로 표현된다.
③ 벡터의 차원을 줄일 수 있어 차원축소에 활용한다.
④ 범주형 데이터를 수치형으로 변환하는 기법이다.

55 다음 중 군집 수 k를 직접 설명하지 않아도 되는 모델은?

① K-MEDIAN
② ENSEMBLE MODEL
③ MIXTURE MODEL
④ K-MEANS

56 범주형 종속변수 예측모델이 아닌 것은?

① 의사결정나무
② 다중 로지스틱 회귀분석
③ 선형 회귀
④ 다층 퍼셉트론

**57** 주성분 분석(PCA)에 대한 설명으로 옳지 않은 것은?

① 주어진 데이터의 분산을 최대화하는 방향으로 새로운 좌표축을 찾아내고, 이를 통해 데이터를 저차원 공간으로 투영한다.
② 공분산 행렬의 고유벡터는 데이터가 어떤 방향으로 분산되었는지를 나타낸다.
③ 고유값을 계산하기 위해 공분산 행렬을 계산한다.
④ 다수의 n차원 데이터에 대해 데이터 중심으로부터 데이터의 응집력이 적은 n개의 직교 방향을 분석하는 방법이다.

**58** 괄호 안에 공통적으로 들어갈 단어로 적절한 것은?

( )은/는 시계열 데이터에서 특정 시차(lag)에 대한 데이터 값들의 상관 관계를 분석하기 위해 사용되는 함수이다. 시계열 데이터는 시간에 따라 관측된 데이터 포인트들로 이루어져 있다. ( )은/는 이러한 데이터의 시차(lag)에 따른 상관 관계를 나타내는 지표를 계산한다.

① 자기상관성 함수
② 시계열 분해
③ 실루엣 계수
④ 회귀계수

**59** 다음 <보기> 중 옳지 않은 것을 모두 고르면?

─┤ 보기 ├─

A. 시계열은 종단면 데이터(Longitudinal Data)로 여러 대상에 대해 시간에 따라 측정한 데이터를 표시한다.
B. 시계열 분해를 통해 데이터에서 추세를 분해하지 못한다.
C. 백색잡음(White Noise)은 규칙을 가진 잡음을 나타낸다.
D. 정상성(Stationary)의 조건으로 모든 시점에 대해 일정한 평균을 가진다.
E. AR은 과거로부터 현재까지의 시계열 자료를 대상으로 일정 기간별 이동평균을 계산하고, 이들의 추세를 파악하여 다음 기간을 예측하는 방법이다.

① A, B
② B, C
③ B, C, E
④ B, C, D, E

**60** 다음 중 성격이 다른 모델을 하나를 고르면?

① RNN
② LSTM
③ GRU
④ CNN

**61** 로지스틱 회귀분석에서 관심범주(Positive)의 확률 추정값 P는 다음과 같이 나타낼 수 있다. 이에 대한 설명으로 옳은 것은?

> 관심범주 : P(성공 k개의 독립변수) ≥ $c$, $0 \leq c \leq 1$

① $c = 0$이면, 민감도와 특이도 차이는 1이다.
② $c = 0.5$이면, 민감도와 특이도 차이는 1이다.
③ $c = 0$이면, 민감도와 정밀도 차이는 1이다.
④ $c = 0.5$이면, 민감도와 정밀도 차이는 0이다.

**62** 혼동행렬에 대한 설명으로 옳지 않은 것은?

① 정확도의 산식은 $\dfrac{TP + TN}{TP + TN + FP + FN}$ 이다.
② 정밀도의 산식은 $\dfrac{TP}{TP + FP}$ 이다.
③ F1 스코어는 정밀도와 재현율의 기하평균이다.
④ 재현율의 산식은 $\dfrac{TP}{TP + FN}$ 이다.

**63** 변수 10,000개 중 1,000개를 선별한 후 상관관계 분석으로 검증하고자 한다. 모델 테스트 방법으로 옳은 것은?

① 변수를 선택하고 상관관계 분석하고 검정한 후 데이터를 분할한다.
② 데이터를 분할하고 상관관계 분석한 후 변수를 선택한다.
③ 모델의 예측 능력을 상관관계 분석으로 확인 후 데이터를 분할한다.
④ 무작위로 변수 선택을 진행한 후 상관관계 분석으로 종속변수와의 관계를 검정한다.

**64** 케이폴드 교차검증(K-fold Cross Validation)에 대한 설명으로 옳지 않은 것은?

① 데이터셋을 k개로 분할한다.
② k−1개의 검증 데이터를 확보할 수 있다.
③ 학습데이터와 검증 데이터를 서로 다르게 지정하여 k번 반복한다.
④ 최종 성능은 k번 각각의 성능에 대한 평균을 사용한다.

## 65 <보기>에서 설명하는 것은 무엇인가?

| 보기 |

두 명의 데이터 분석가 A와 B가 있다. A와 B는 각자의 방식으로 데이터를 분석하기로 했으며, 분석 시 10개의 파라미터를 동일하게 설정하기로 결정했다.

① LOOCV
② 5fold-CV
③ Bootstrap
④ Stratified K-fold CV

## 66 <보기> 중 콜모고로프-스미르노프(K-S) 통계량에 대한 설명으로 옳은 것을 모두 고르면?

| 보기 |

가. 서로 다른 두 개의 집단이 동일한 분포를 이루고 있는지를 검증하는 지표
나. 비교하는 두 개 집단의 누적분포 간 최대 거리
다. 누적분포함수(CDF ; Cumulative Distribution Function)와 경험적 누적분포 함수(ECDF ; Experience CDF)를 사용

① 가
② 가, 나
③ 나, 다
④ 가, 나, 다

## 67 다음 중 적합도 검정에 대한 설명으로 옳지 않은 것은?

① 연속형 데이터의 경우 정규분포를 가정해야만 적합도 검정을 할 수 있다.
② 데이터가 특정 이론적 분포와 일치하는지를 검정하는 방법이다.
③ 정규분포를 가정 시 정규성 검정을 가장 많이 활용하고 있다.
④ 범주형 데이터의 경우 카이제곱 검정을 이용해 적합도를 판단할 수 있다.

## 68 데이터 분할(Split)에 대한 설명으로 옳지 않은 것은?

① 학습 데이터(훈련 데이터)보다 검증 데이터에서 성능이 좋은 하이퍼파라미터를 선정한다.
② 테스트 데이터로 모델 간 성능을 비교한다.
③ 학습 데이터로 학습한다.
④ 데이터셋을 학습 데이터, 검증 데이터, 테스트 데이터로 나누는 것이 적합하다.

**69** 다음 중 하이퍼파라미터에 대한 설명으로 옳지 않은 것은?

① 파라미터와 하이퍼파라미터는 학습 전에 정한다.
② 하이퍼파라미터는 학습 과정 자체를 제어한다.
③ 하이퍼파라미터는 사람이 직접 입력값을 설정해줘야 한다.
④ 서로 다른 하이퍼파라미터값은 모델 정확도(Accuracy) 혹은 수렴율(Convergence Rate)에 영향을 미칠 수 있다.

**70** 하이퍼파라미터 최적화 기법에 대한 설명으로 옳지 않은 것은?

① 수동탐색(Manual Search)은 사용자가 사전 지식을 가지고 있다.
② 무작위탐색(Random Search)은 다양한 조합들을 시험해 예상치 못한 결과를 얻을 수 있다.
③ 베이지안 최적화(Bayesian Optimization)는 새로운 하이퍼파라미터값에 대한 조사를 수행할 때에 사전 지식을 충분히 반영한다.
④ 원래 분석가의 경험에 따라 값을 조절하는 게 최적이지만, 자동화를 위해 격자탐색(Grid Search) 등을 수행한다.

**71** 다음 중 파라미터 최적화 기법이 아닌 것은?

① RMSProp
② Adadelta
③ Nadam
④ Bayesian Optimization

**72** 랜덤포레스트 기법에 대한 설명으로 옳지 않은 것은?

① 각각의 트리는 과적합 가능성이 있다.
② 최종 결과는 다수의 결정 트리의 결과로부터 도출된다.
③ 여러 개의 결정나무에 배깅을 사용한다.
④ 전체 데이터셋으로 학습한다.

**73** 부스팅(Boosting)에 대한 설명으로 옳지 않은 것은?

① 약학습기(Weak Learner)로 만든다.
② 병렬로 학습한다.
③ 오답에 대한 가중값을 부여한다.
④ 보팅(Voting)과 함께 앙상블 학습 유형으로 사용된다.

**74** 데이터에 대한 비즈니스 효과에 대한 설명으로 옳지 않은 것은?

① 비즈니스 기여도는 데이터 분석 결과를 활용하여 사업 수행 혹은 과제 수행 등을 통해 얻게 되는 긍정적인 영향도를 의미한다.
② 비즈니스 기여도는 ROI, NPV 등의 평가지표로 평가할 수 있다.
③ 경영변화에 따라 비즈니스 효과 지표는 유연하게 변화한다.
④ 데이터의 가치(Value)는 투자 요소, 속도와 규모는 비즈니스 효과를 나타낸다.

**75** 시간 시각화에 대한 설명으로 옳지 않은 것은?

① 산점도는 시계열 데이터를 표현하는 데 적합하지 않다.
② 영역차트는 선그래프와 그래프 축 사이에 면적으로 데이터를 표시한 그래프이다.
③ 막대그래프는 범주의 수가 7개 이하일 때 주로 사용된다.
④ 꺾은선그래프는 점그래프를 선으로 이은 것이다.

**76** 다음 중 x축(가로축)과 y축(세로축) 각각에 두 변수 값의 순서쌍을 점으로 표현해 두 변수의 관계를 나타낸 그래프는?

① 산점도
② 버블차트
③ 히스토그램
④ 플로팅바차트

**77** 비교 시각화 유형에 대한 설명으로 옳지 않은 것은?

① 평행좌표그래프는 각 행을 변수별로 선을 매핑시켜 나타낸다.
② 히트맵은 색상을 부여하는 방법이다.
③ 체르노프 페이스는 데이터 값을 얼굴 형태로 표현한 방법이다.
④ 스타차트는 수치를 별의 개수로 표현하는 시각화 유형이다.

**78** 다음 중 인포그래픽에 대한 설명으로 옳지 않은 것은?

① 일부 인포그래픽은 확인할 때 전문 소프트웨어가 필요할 수 있다.
② 인포그래픽은 소프트웨어를 설치해야만 제작할 수 있다.
③ 정보와 그래픽의 합성어이다.
④ 그림 전체적으로 의미하는 바가 있어, 부분 전달이나 일부를 잘라서 적용할 경우 오해가 있을 수 있다.

**79** 다음 인포그래픽 유형 중 경쟁 관계의 두 브랜드를 비교하기에 적합한 유형으로 가장 알맞은 것은?

① 도표형
② 스토리텔링형
③ 비교분석형
④ 타임라인형

**80** 다음 인포그래픽 유형 중 연도나 시간의 흐름에 따라 정보를 나열하기에 적합한 유형으로 가장 알맞은 것은?

① 타임라인형
② 도표형
③ 스토리텔링형
④ 비교분석형

# 제5회 기출복원문제

**01** 다음 중 빅데이터 분석 기획 단계 중 WBS 작성을 수행하는 단계로 가장 옳은 것은?

① 분석 주제 정의
② 프로젝트 계획 수립
③ 도메인 및 프로세스 이해
④ 모델링 방안 수립

**02** CRISP – DM 방법론의 단계별 프로세스로 옳은 것은?

① 사업(비즈니스) 이해 – 데이터 이해 – 데이터 준비 – 모델링 – 평가 – 전개
② 사업(비즈니스) 이해 – 데이터 준비 – 데이터 처리 – 모델링 – 평가 – 전개
③ 사업(비즈니스) 이해 – 데이터 준비 – 데이터 이해 – 모델링 – 전개 – 평가
④ 사업(비즈니스) 이해 – 데이터 준비 – 데이터 처리 – 모델링 – 전개 – 평가

**03** 다음 중 인공지능, 머신러닝, 딥러닝의 상호관계를 바르게 나타낸 것은?

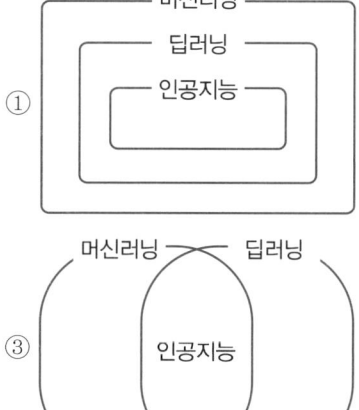
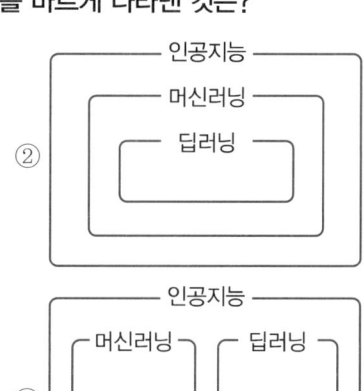

**04** 기업 내 관계형 데이터 베이스 기반 구조를 하둡 기반으로 전환하고, 이를 모니터링하는 직무는?

① 데이터 엔지니어  ② 데이터 아키텍트
③ 데이터 애널리스트  ④ 데이터 모델러

**05** 다음 중 개인정보 비식별화 조치에 대한 설명으로 옳지 않은 것은?

① 총계 처리는 개별 데이터의 값 대신 데이터의 총합으로 대체한다.
② 가명 처리는 개인정보 중 주요 식별정보를 다른 값으로 대체한다.
③ 데이터 범주화는 개인정보 중 주요 식별정보를 삭제한다.
④ 데이터 마스킹은 개인정보 중 주요 식별정보의 전체 또는 부분적으로 대체값으로 변환한다.

**06** 다음 중 데이터 품질진단 절차에서 데이터를 측정하고 분석하여 수치를 산출하는 단계는?

① 품질진단 계획 수립  ② 품질기준 및 진단대상 정의
③ 데이터 품질측정  ④ 데이터 품질측정 결과 분석

**07** 다음 중 개인정보보호법과 관련된 내용으로 옳지 않은 것은?

① 빅데이터 처리 사실 및 목적 등의 공개를 통해 투명성을 확보해야 한다.
② 개인정보가 재식별될 경우 즉시 파기하거나 비식별화 조치를 추가로 취해야 한다.
③ 데이터 3법은 개인정보 보호법, 정보통신망법, 신용정보법의 개정안을 일컫는다.
④ 데이터 3법 개정으로 가명처리 후 활용 시 정보주체의 동의가 필요하다.

**08** 관계형 데이터처럼 테이블 형태로 구조화되어 있지 않지만 메타데이터의 특성을 갖고 있는 데이터로 옳은 것은?

① 반정형 데이터  ② 비정형 데이터
③ 파일 데이터  ④ 스트림 데이터

**09** 총계 처리기법에 대한 단점으로 옳지 않은 것은?

① 집계 처리되어 정밀한 분석이 어렵다.
② 집계 수량이 적을 경우 데이터 결합 과정에서 개인정보 예측이 가능하다.
③ 총계 처리는 비식별화가 불가능하다.
④ 재배열 방법의 경우 개개인의 특성을 파악하기 힘들다.

**10** 다음 중 자료 수집 방법에 대한 설명으로 옳은 것은?

① 브레인스토밍(Brainstorming) : 두 개 후보의 차이점을 비교한다.
② 인터뷰(Interview) : 다수의 사람들에게 질문지를 배포한다.
③ FGI(Focus Group Interview) : 전문가 설문조사 후 온·오프라인 면담을 수행한다.
④ 스캠퍼(SCAMPER) : 이해관계자와 이야기한다.

**11** 데이터 수집 기술에 대한 설명으로 옳지 않은 것은?

① 스쿱(Sqoop) : 커넥터를 사용하여 관계형 데이터베이스 시스템에서 하둡 파일 시스템으로 데이터를 수집한다.
② FTP(File Transfer Protocol) : 다수의 서버로부터 대용량의 실시간 로그 파일을 수집한다.
③ API(Application Programming Interface) : 시스템 간 연동을 통해 실시간으로 데이터 수신할 수 있는 인터페이스 기술이다.
④ 크롤링(Crawling) : 다양한 웹 사이트에서 SNS, 뉴스 등의 웹 문서 및 콘텐츠를 수집한다.

**12** 다음 중 특정 분야에서 학습된 신경망을 유사하거나 다른 분야의 신경망 학습에 활용하는 방법은?

① 합성곱 신경망(CNN)  ② 장단기 메모리(LSTM)
③ 생성적 적대 신경망(GAN)  ④ 전이학습(Transfer Learning)

**13** 데이터 분석 방법론 프로세스 중 Raw 데이터를 이해하고 수집하는 단계는?

① 분석 기획  ② 데이터 준비
③ 데이터 분석  ④ 평가 및 전개

**14** 데이터 및 자원 할당 관리, 빅데이터 어플리케이션 실행을 위한 서비스 제공을 하는 빅데이터 플랫폼 계층 구조는?

① 소프트웨어 계층  ② 하드웨어 계층
③ 플랫폼 계층  ④ 인프라 스트럭쳐 계층

**15** 병렬 DBMS의 특성으로 옳지 않은 것은?

① 다수의 마이크로프로세서를 동시에 사용한다.
② 데이터 중복치가 증가한다.
③ 데이터 처리가 빠르다는 장점이 있다.
④ 시스템 용량 확장이 쉽다.

**16** 빅데이터 분석에 대한 설명으로 옳지 않은 것은?

① 신제품의 경쟁력을 예측하고 각종 리스크를 미리 점검할 수 있다.
② 공공부문에서 비용을 절감할 수 있다.
③ 개인 프라이버시 침해 위험이 있다.
④ 항상 경제적으로 이익을 얻을 수 있다.

**17** 다음에서 설명하는 것은?

> 다양한 데이터 소스 시스템에서 필요한 원천 데이터를 추출하고 변환하여 적재하는 작업 및 기술이다.

① ERP
② ETL
③ CRM
④ RDB

**18** 다음 중 예측을 위한 분석으로 옳은 것은?

① 군집 분석(Clustering Analysis)
② 인자 분석(Factor Analysis)
③ 예측 분석(Predictive Analysis)
④ 판별 분석(Discriminant Analysis)

**19** 분석기획에서 비즈니스 계획 수립 절차로 옳지 않은 것은?

① 비즈니스 이해 및 범위 설정
② 프로젝트 정의 및 계획 수립
③ 프로젝트 위험 계획 수립
④ 모델 발전 계획 수립

**20** 다음 중 데이터 저장 기술로 옳지 않은 것은?

① 텍스트 마이닝
② RDB
③ NoSQL
④ 분산 파일 시스템

**21** 단위 시간 안에 발생한 특정 사건의 수를 표현하는 이산 확률 분포로 옳은 것은?

① 베르누이 시행
② t 통계량
③ 카이제곱 통계량
④ 포아송비

**22** 아래 <표준정규분포표>를 참고했을 때 ㉠에 들어갈 적절한 값은?

> A 공장의 하루 평균 제품 생산량을 추정하려고 한다. 50일 동안 일일 제품 생산량을 기록한 결과 표본평균=110(톤), 표본표준편차=8(톤)이다. 이때 하루 평균 제품 생산량에 대한 95% 신뢰구간은 다음과 같이 계산할 수 있다.
> $$\left[110 - ㉠ \times \frac{8}{\sqrt{50}},\ 110 + ㉠ \times \frac{8}{\sqrt{50}}\right]$$

<표준정규분포표>

| z | 0.00 | 0.01 | 0.02 | 0.03 | 0.04 | 0.05 | 0.06 | 0.07 | 0.08 | 0.09 |
|---|---|---|---|---|---|---|---|---|---|---|
| 0.0 | 0.5000 | 0.5040 | 0.5080 | 0.5120 | 0.5160 | 0.5199 | 0.5239 | 0.5279 | 0.5319 | 0.5359 |
| 0.1 | 0.5398 | 0.5438 | 0.5478 | 0.5517 | 0.5557 | 0.5596 | 0.5636 | 0.5675 | 0.5714 | 0.5753 |
| 0.2 | 0.5793 | 0.5832 | 0.5871 | 0.5910 | 0.5948 | 0.5987 | 0.6026 | 0.6064 | 0.6103 | 0.6141 |
| 0.3 | 0.6179 | 0.6217 | 0.6255 | 0.6293 | 0.6331 | 0.6368 | 0.6406 | 0.6443 | 0.6480 | 0.6517 |
| 0.4 | 0.6554 | 0.6591 | 0.6628 | 0.6664 | 0.6700 | 0.6736 | 0.6772 | 0.6808 | 0.6844 | 0.6879 |
| 0.5 | 0.6915 | 0.6950 | 0.6985 | 0.7019 | 0.7054 | 0.7088 | 0.7123 | 0.7157 | 0.7190 | 0.7224 |
| ⋮ | | | | | | | | | | |
| 1.5 | 0.9332 | 0.9345 | 0.9357 | 0.9370 | 0.9382 | 0.9394 | 0.9406 | 0.9418 | 0.9429 | 0.9441 |
| 1.6 | 0.9452 | 0.9463 | 0.9474 | 0.9484 | 0.9495 | 0.9505 | 0.9515 | 0.9525 | 0.9535 | 0.9545 |
| 1.7 | 0.9554 | 0.9564 | 0.9573 | 0.9582 | 0.9591 | 0.9599 | 0.9608 | 0.9616 | 0.9625 | 0.9633 |
| 1.8 | 0.9641 | 0.9649 | 0.9656 | 0.9664 | 0.9671 | 0.9678 | 0.9686 | 0.9693 | 0.9699 | 0.9706 |
| 1.9 | 0.9713 | 0.9719 | 0.9726 | 0.9732 | 0.9738 | 0.9744 | 0.9750 | 0.9756 | 0.9761 | 0.9767 |
| 2.0 | 0.9772 | 0.9778 | 0.9783 | 0.9788 | 0.9793 | 0.9798 | 0.9803 | 0.9808 | 0.9812 | 0.9817 |
| ⋮ | | | | | | | | | | |

① 0.5987
② 0.6915
③ 1.645
④ 1.96

**23** 임의로 추출된 20명의 사람에게 새로 개발한 다이어트 약을 투여한 후 약의 전후 효과를 비교하려 한다. 다이어트 약 투여 후 체중이 줄어들었는지 검정하기 위한 분포로 옳은 것은?

① 대응표본, 단측검정
② 대응표본, 양측검정
③ 독립표본, 단측검정
④ 독립표본, 양측검정

**24** 다음 중 공분산에 대한 설명으로 옳지 않은 것은?

① 두 확률변수의 공분산 Cov(X, Y)>0이면 X 값이 상승할 때 Y 값도 상승하는 경향을 보인다.
② 두 확률변수 X, Y가 독립이면 공분산 Cov(X, Y)가 0이다.
③ 두 확률변수의 공분산 Cov(X, Y)가 0이라면, 두 확률 변수 X, Y는 항상 상호 독립이다.
④ 공분산 값은 측정 단위에 따라 달라진다.

**25** 다음 산점도 자료에 대한 피어슨 상관계수로 옳은 것은?

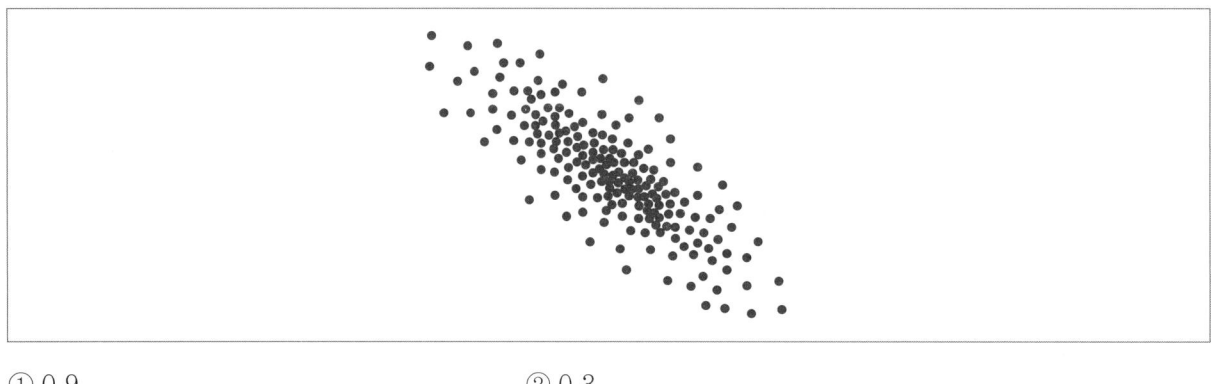

① 0.9  ② 0.3
③ -0.3  ④ -0.9

**26** 클래스 불균형 데이터를 처리하기 위한 방안으로 옳지 않은 것은?

① 임곗값(threshold) 조정  ② 정규화(regularization)
③ 언더샘플링(under-sampling)  ④ 오버샘플링(over-samplling)

**27** 0~100까지 양수 값을 가지며 최댓값과 최솟값의 차이가 크고, 분포가 한쪽으로 기울어진 변수가 있다. 이 변수를 분석하기 쉽게 변환하고자 할 때 적용하기에 가장 적절한 변수 변환 방법은?

① 자연로그 변환  ② 비닝
③ 더미 변수화  ④ 최소-최대 정규화

28 모집단의 표준편차를 알지 못하는 경우 평균의 차이에 대한 검정을 수행하는 분포로 옳은 것은? (N : 표본 수)

① 자유도 N, Z 분포
② 자유도 N−1, Z 분포
③ 자유도 N−1, T 분포
④ 자유도 N, F 분포

29 아래 표는 4개 변수 간의 피어슨 상관계수를 구한 것이다. 이때 피어슨 상관계수를 기반으로 변수를 제거하는 경우 중복되어 제거해야 하는 변수로 옳은 것은?

| 변수 | A | B | C | D |
| --- | --- | --- | --- | --- |
| A | 1 | 0.3 | 0.86 | −0.11 |
| B | 0.3 | 1 | 0.52 | 0.17 |
| C | 0.86 | 0.52 | 1 | 0.29 |
| D | −0.11 | 0.17 | 0.29 | 1 |

① A 또는 D 제거
② A 또는 C 제거
③ B 또는 D 제거
④ 제거할 변수 없음

30 다음 막대그래프에 대한 전처리 기법으로 적절한 것은?

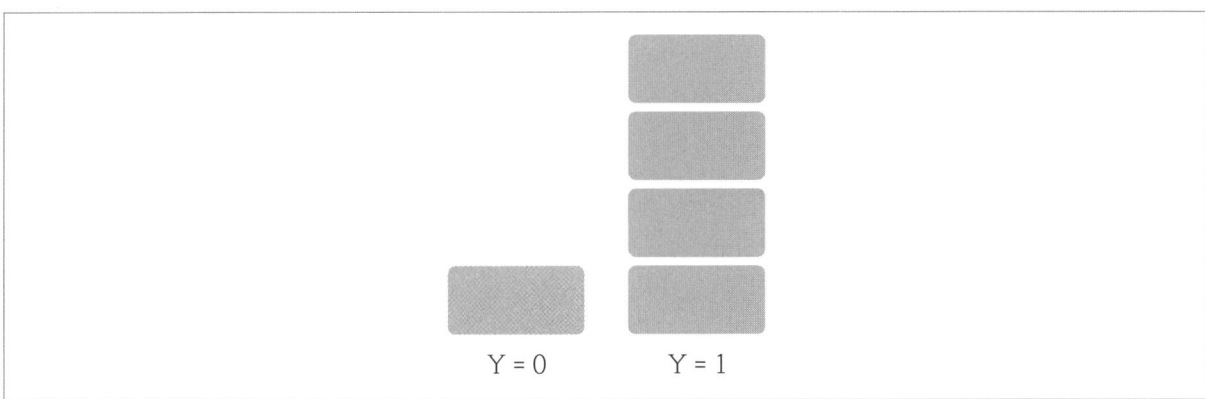

① 클래스 불균형 처리
② 더미 변수화
③ 이상치 제거
④ 차원축소

**31** 다음 중 표본 분포에 대한 설명으로 옳지 않은 것은?

① 표본 크기가 커질수록 표본 평균의 분산이 0에 가까워진다.
② 중심 극한 정리는 모집단의 분포와 상관없이 적용된다.
③ 모분산이 알려져 있지 않은 경우 정규분포 대신 t-분포를 사용할 수 있다.
④ 표본 크기와 관계없이 표본 평균의 기댓값은 항상 모평균과 동일하다.

**32** 다음 중 인코딩 기법에 대한 설명으로 옳지 않은 것은?

① 원 핫 인코딩을 적용하면 sparse한 데이터가 된다.
② 타깃 인코딩은 종속변수 값들의 표준편차를 활용한다.
③ 레이블 인코딩은 각 범주를 숫자에 대치시킨다.
④ 원 핫 인코딩을 적용할 때보다 바이너리 인코딩을 적용할 때 모델 학습 속도가 더 빠르다.

**33** 다음 데이터 변환 기술에 대한 설명으로 옳지 않은 것은?

① 집계(Aggregation) : 데이터를 요약한다.
② 일반화(Generalization) : 데이터의 스케일을 변화시킨다.
③ 정규화(Normalization) : 데이터의 여러 통곗값을 사용한다.
④ 평활화(Smoothing) : 특정 속성을 추가한다.

**34** 데이터 탐색에 대한 설명으로 옳지 않은 것은?

① 왜도가 0보다 크면 평균이 중위수보다 크다.
② 산점도로 변수 간 상관관계를 확인할 수 있다.
③ 박스플롯 제1사분위는 75분율 데이터를 의미한다.
④ 박스플롯으로 이상치 존재를 파악할 수 있다.

**35** 정규분포를 다루는 확률분포에서 모집단으로부터 표본의 크기가 4개인 확률변수를 추출한다. $X_1, X_2, X_3, X_4$에 대한 설명으로 옳지 않은 것은?

① $X_2, X_3$는 서로 종속이다.
② 표본은 정규분포를 따른다.
③ 표본표준편차는 모집단의 표준편차를 2로 나눈 값이다.
④ 표본의 크기를 늘리면 표본평균은 모집단의 평균에 가까워진다.

**36** 데이터 변수 척도에 대한 설명으로 옳지 않은 것은?

① 회귀분석을 위해 명목형 척도를 더미변수화한다.
② 크기 구분(소형, 중형, 대형)은 순서형 척도다.
③ 연속형 척도와 범주형 척도는 모두 평균, 표준편차와 같은 기술 통계량을 구할 수 있다.
④ 데이터 값이 정수인 경우 수치형 척도에 해당한다.

**37** 다음 그림이 나타내는 시각화 기법은 무엇인가?

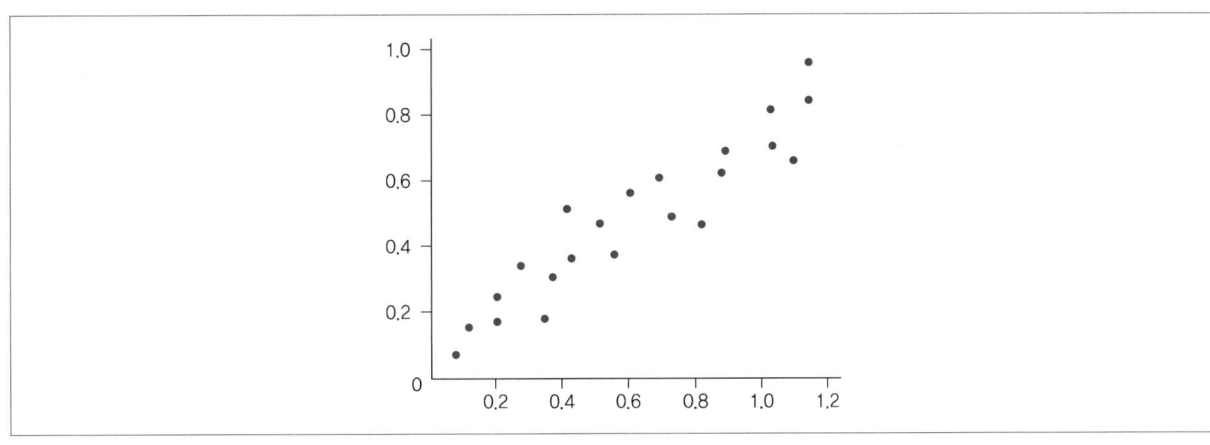

① 히스토그램　　　　　　　② 산점도
③ 플롯 맵　　　　　　　　　④ 버블 차트

**38** A 지역의 소득 분포를 도사하였더니 다음과 같은 분포를 보였다. 이때 일부 응답 값이 누락되어 대치하는 경우 대푯값으로 옳은 것은?

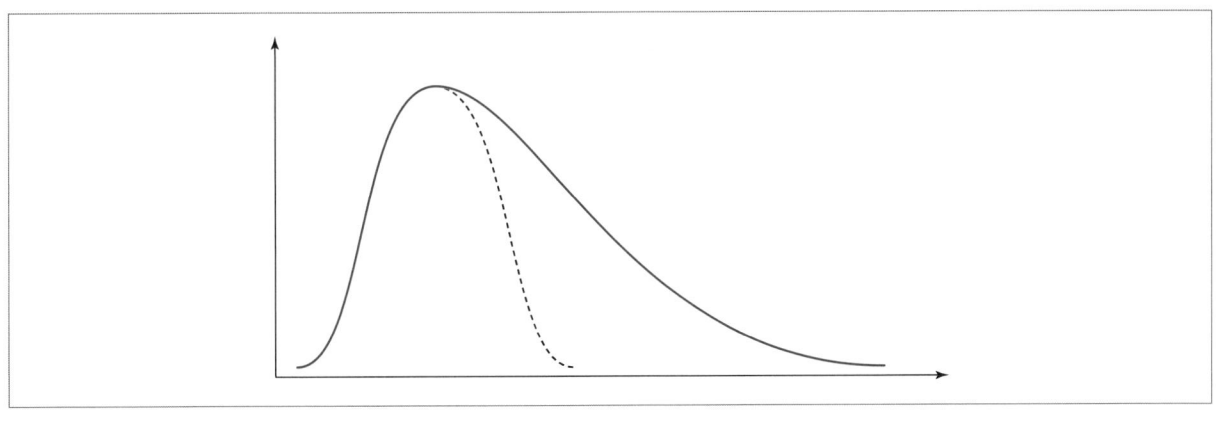

① 최솟값　　　　　　　　　② 최댓값
③ 평균　　　　　　　　　　④ 중앙값

**39** 상자 수염 그림과 이상치에 대한 설명으로 옳지 않은 것은?

① 1.5배 IQR에서 IQR 3배까지 박스 수염이 이어져 있다.
② 상자 수염 그림에서 중앙값을 확인할 수 있다.
③ 수염보다 바깥쪽에 존재하는 데이터들은 이상치이다.
④ 상자의 범위는 Q1~Q3이다.

**40** 다음 중 확률분포에 대한 설명으로 옳지 않은 것은?

① 이산확률분포에는 이항분포, 포아송분포가 있다.
② 연속확률분포에는 초기하분포, 지수분포가 있다.
③ 확률질량함수는 이산확률변수의 확률분포를 나타내는 함수이다.
④ 확률밀도함수의 면적이 그 구간에 해당하는 확률값이다.

**41** 다음 중 분석 모형 선정에 대한 설명으로 옳지 않은 것은?

① 데이터 특성에 따라 적용 가능한 분석 모형이 다르다.
② 비지도 학습을 통해 데이터 패턴 도출이 가능하다.
③ 비용민감함수(비용민감학습)는 주요인자 분석에 사용한다.
④ 소셜 네트워크 분석으로 사회적 관계를 시각화할 수 있다.

**42** 시간에 따른 일별 기온 변화를 표현할 수 있는 기법은?

① 시계열 분석　　　② 장바구니 분석
③ 텍스트 분석　　　④ 주요 인자 분석

**43** 다음 중 드롭아웃 효과와 동일한 효과를 가져올 수 있는 기법은?

① 풀링(Pooling)
② 패딩(Padding)
③ 데이터 증강(Data Augmentation)
④ 커널 트릭(Kernel trick)

**44** k-fold 교차 검증에 대한 설명으로 옳지 않은 것은?

① stratified k-fold 교차 검증은 분류 데이터셋에서 사용된다.
② 평가 데이터를 제외한 나머지 데이터는 검증에 최소 한 번 사용된다.
③ 훈련, 검증, 평가 데이터 셋을 2:3:5 비율로 구성한다.
④ 모델의 일반화 성능을 향상시킬 수 있다.

**45** 다음 중 인공신경망 모형에서 과적합을 방지할 수 있는 방법으로 옳지 않은 것은?

① 학습 데이터 수를 늘린다.
② 가지치기를 수행한다.
③ 가중치 규제를 적용한다.
④ 학습 시 early stopping을 적용한다.

**46** 다음 덴드로그램 그래프에서 h=4 기준으로 군집을 분리할 때 묶이는 군집의 개수는?

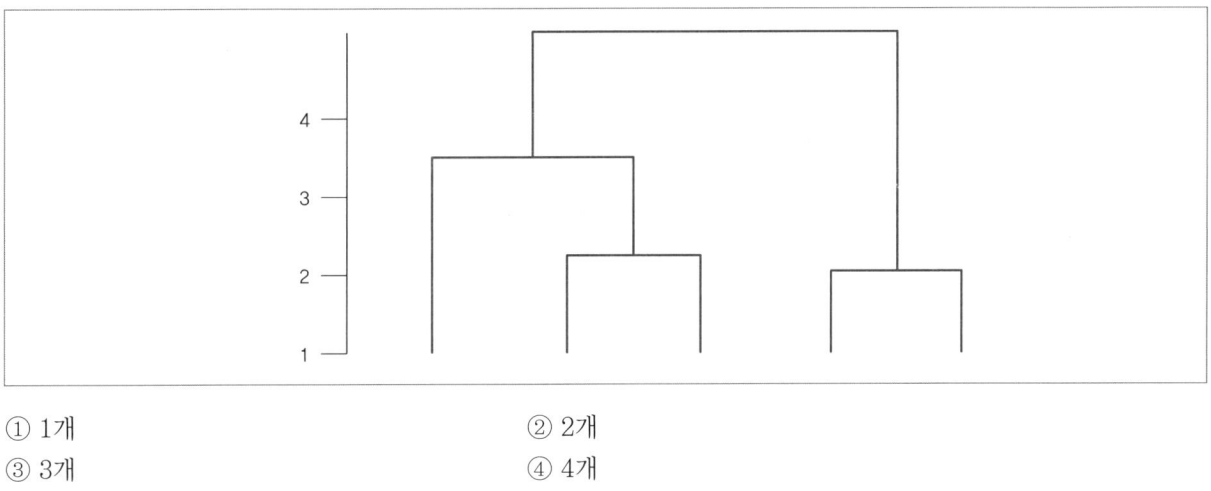

① 1개　　　　　　　　　　② 2개
③ 3개　　　　　　　　　　④ 4개

**47** 텍스트 마이닝 기법 중 단어를 벡터화하는 Text To Vector 변환 기법으로 옳지 않은 것은?

① One-hot encoding　　　② TF-IDF
③ Word Embedding　　　④ Pos-tagging

**48** 다음 중 분석 모형에서 변수를 선택하는 방법이 아닌 것은?

① 차수 선택법　　　　　　② 전진 선택법
③ 단계적 선택법　　　　　④ 후진 제거법

**49** 다음 중 모형 선정에 대한 설명으로 옳지 않은 것은?

① 단순한 모형보다 복잡한 모형이 무조건 좋다.
② 나이브 베이즈 모델은 범주형 독립변수 및 종속변수를 사용한다.
③ 일반적으로 설명력이 좋은 모형은 예측력이 떨어진다.
④ SOM은 비지도 학습에 속한다.

**50** 다음 중 로지스틱 회귀에 관한 설명으로 옳은 것은?

① 종속변수의 범주가 세 개 이상일 때는 적용할 수 없다.
② Odds는 −무한대~무한대의 범위를 갖는다.
③ y값이 0~1 사이 값을 가지고 이진 분류한다.
④ 로지스틱 회귀는 정규분포를 따른다.

**51** 시계열 모형 기법인 ARIMA 모형에 대한 설명으로 옳지 않은 것은?

① 정상성을 보이는 시계열은 추세나 계절성이 없다.
② AR모델은 변수의 과거 값을 이용한다.
③ MA모델은 과거 예측 오차를 이용한다.
④ 백색잡음은 서로 독립적이지 않다.

**52** 주성분 분석에 대한 설명으로 옳지 않은 것은?

① 고차원 데이터를 저차원으로 변환한다.
② 주성분끼리는 서로 직교한다.
③ 주성분은 기존 변수들의 선형결합으로 이루어져 있다.
④ 주성분 분석을 하기 위해서는 변수의 수가 표본의 수보다 항상 커야 한다.

**53** 다음 중 비모수 검정에 대한 설명으로 옳지 않은 것은?

① 만-휘트니 검정은 양측 모수 검정이다.
② 윌콕슨 순위합 검정은 중위수의 차이를 비교한다.
③ 크루스칼-왈리스 검정은 분산 분석에서 정규성 가정이 만족되지 않을 때 사용한다.
④ 일반적으로 모수 검정보다 검정력이 떨어진다.

**54** 다음은 암 환자에 대한 조사 결과이다. 표에 대한 설명으로 옳은 것은?

| 구분 | 초기 | | 말기 | | TOTAL | |
|---|---|---|---|---|---|---|
| | 생존 | 사망 | 생존 | 사망 | 생존 | 사망 |
| A약 | 16 | 4 | 4 | 16 | 20 | 20 |
| B약 | 7 | 3 | 9 | 21 | 16 | 24 |

① A약 암환자 생존율은 50%, B약 암환자 생존율은 40%이다.
② 초기 암 생존율은 A약보다 B약이 높다.
③ 말기 암 생존율은 A약이 B약보다 높다.
④ A약이 B약보다 효과적이다.

**55** 연관규칙 측도 중 하나로, A항목이 포함된 거래 중 A항목과 B항목이 동시에 포함된 거래의 비율을 나타내는 지표는?

① 지지도
② 신뢰도
③ 향상도
④ 레버리지

**56** 다음 중 요인 분석에 대한 설명으로 옳지 않은 것은?

① 고차원의 데이터를 저차원으로 축소한다.
② 변수들의 상관관계를 기반으로 공통의 요인을 찾는다.
③ 요인 회전 방법으로 VariMax, ScreeMax 등이 있다.
④ 요인 분석 결과로 만들어진 새로운 변수들은 서로 대등하다.

**57** 독립변수와 종속변수 척도에 따른 통계분석 방법에 대한 설명 중 옳지 않은 것은?

① T-검정은 수치형 종속변수와 2개 범주의 독립변수를 사용하여 분석하는 방법이다.
② 로짓모형은 범주형 종속변수와 범주형 및 수치형 독립변수를 사용하여 분석하는 방법이다.
③ 카이제곱검정은 범주형 종속변수와 범주형 독립변수를 사용하여 분석하는 방법이다.
④ 공분산 분석(ANCOVA)은 종속변수가 범주형, 독립변수가 연속형인 분석 방법이다.

**58** 회귀모형에 대한 설명으로 옳은 것은?

① 다중회귀모형에서 통계적 유의성을 확인하는 방법은 Z-통계량이다.
② 독립변수가 2개 이상이고 회귀계수가 2차 이상이면 다항회귀 모형이다.
③ 설명 변수들 사이에 비선형 관계가 존재하면 다중공선성 문제가 발생한다.
④ 회귀모형의 변수선택법에는 주성분 분석법, 전진 선택법, 후진 제거법 등이 있다.

**59** 의사결정나무 분석 결과에서 뿌리노드만 남는 이유로 옳은 것은?

① 변별력 있는 변수가 없어 분리를 정지한다.
② 모델이 과적합되었다.
③ 불필요한 가지를 제거했다.
④ 변수들 간 관계가 비선형이기 때문이다.

**60** 데이터 분석 결과 산출물로 옳지 않은 것은?

① 분석 모델
② 알고리즘 보안 계획서
③ EDA 보고서
④ 변수 정의서

**61** 다음 중 ROC Curve 축을 구성하는 지표로 바르게 짝지어진 것은?

① 정확도, 정밀도
② 정밀도, 특이도
③ 민감도, 특이도
④ 민감도, f1-score

**62** 분석 결과 스토리텔링을 준비하는 과정에서 수행해야 하는 일로 적절하지 않은 것은?

① 사용자별 사용 데이터셋 및 정보 기술
② 사용자 시나리오 작성
③ 스토리보드 기획
④ 스토리보드 도구 검증

63 다음 그림이 나타내는 시각화 기법은 무엇인가?

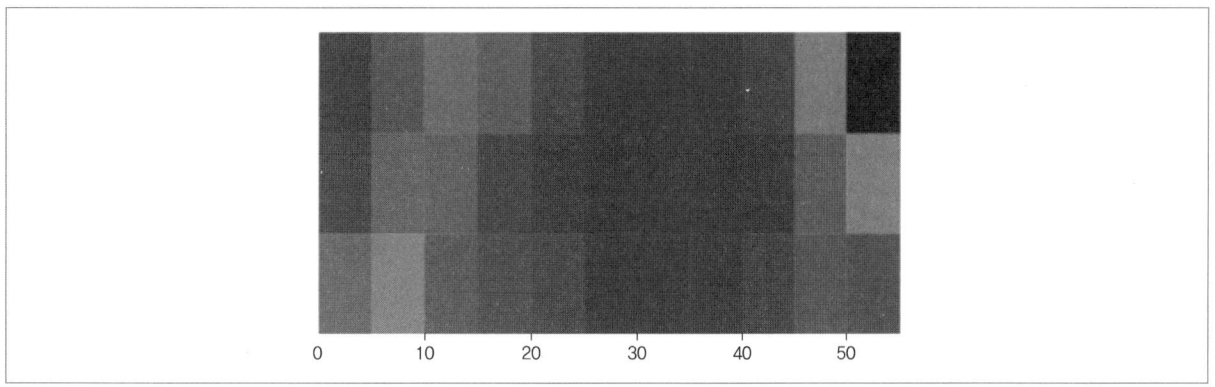

① 히트맵　　　　　　　　　② 트리맵
③ 영역 차트　　　　　　　　④ 산점도

64 최종 모델을 평가하는 기준으로 옳지 않은 것은?

① 평가 지표　　　　　　　　② 표본의 충분성
③ 시스템 구현 가능성　　　　④ 업무 담당자의 의견

65 분류모형 평가에 대한 설명으로 옳지 않은 것은?

① ROC Curve로 혼동행렬을 구할 수 있다.
② 혼동행렬에서 모델이 참으로 예측한 수는 TP+FP로 구할 수 있다.
③ F1-score는 정밀도와 재현율의 조화평균 값이다.
④ AUC 값이 1에 가까울수록 분류 모델의 성능이 좋다.

66 분석모형 평가지표에 대한 공식으로 옳지 않은 것은?

① $MAE = \frac{1}{n} \sum_{i=1}^{n} |y_i - \hat{y_i}|$

② $MAPE = 100 \times \frac{1}{n} \sum_{i=1}^{n} \left| \frac{y_i - \hat{y_i}}{y_i} \right| (\%)$

③ $MSE = \frac{1}{n} \sum_{i=1}^{n} (y_i - \hat{y_i})$

④ $RMSE = \sqrt{\frac{1}{n} \sum_{i=1}^{n} (y_i - \hat{y_i})^2}$

**67** 다음 중 정규성 검정 기법으로 옳지 않은 것은?

① Q-Q plot
② 카이제곱 검정
③ 샤피로-윌크 검정
④ 콜모고로프-스미르노프 검정

**68** 다음 <보기> 중 일반화 선형 모형(GLM)에 대한 설명으로 옳은 것을 모두 고르면?

―| 보기 |―
가. 반응변수가 이항분포이면 연결함수로 logit함수를 사용한다.
나. 종속변수의 정규성이 성립하지 않아도 사용할 수 있다.
다. 로지스틱 회귀가 대표적인 일반화 선형 모형이다.

① 가, 나
② 가, 다
③ 나, 다
④ 가, 나, 다

**69** 다음 중 비교시각화 기법으로 옳지 않은 것은?

① 버블차트
② 히트맵
③ 체르노프 페이스
④ 스타차트

**70** 다음 중 관계시각화 기법으로 옳지 않은 것은?

① 누적막대그래프
② 산점도
③ 버블차트
④ 산점도행렬

**71** 민감도가 0.6, 정밀도가 0.4인 경우 F1-Score를 산출하면 얼마인가?

① 0.24
② 0.48
③ 0.5
④ 1

**72** 다음 <보기> 중 앙상블 모형에 대한 설명으로 옳은 것을 모두 고르면?

─┤ 보기 ├─

가. 랜덤포레스트가 대표적인 앙상블 모형이다.
나. 배깅은 부트스트랩 샘플을 사용한다.
다. 부스팅은 정답에 더 높은 가중치를 부여하여 모델 성능을 올리는 방법이다.

① 가
② 가, 나
③ 나, 다
④ 가, 나, 다

**73** 신경망 모형에서 발생하는 Gradient Vanishing 문제에 대한 설명으로 옳은 것은?

① 신경망 학습 과정에서 기울기가 점차 커지다가 발산하는 현상이다.
② 오차 역전파 과정에서 기울기가 감소하여 가중치가 업데이트되지 않는 현상이다.
③ 은닉층의 활성화 함수로 시그모이드 함수를 사용하면 문제가 완화된다.
④ 그래디언트 클리핑을 하면 문제가 완화된다.

**74** 앙상블 모형을 각 베이스 모형들을 독립적으로 최적화시키는 방법으로 옳지 않은 것은?

① 평가 데이터셋을 다양화한다.
② 학습 데이터셋을 다양화한다.
③ 하이퍼파라미터튜닝을 한다.
④ 학습 시간을 늘려본다.

**75** 다음 중 재현율에 대한 공식으로 옳은 것은?

① TN/(TN+FP)
② TN/(TN+TP)
③ TP/(TP+FN)
④ TP/(TP+TN)

**76** 분석 모형 해석에 대한 설명으로 옳은 것은?

① 의사결정나무는 해석이 어렵다는 단점이 있다.
② 군집 분석의 성능은 지지도, 향상도 등으로 평가할 수 있다.
③ 연관성 분석을 통해 두 변수 간의 선형관계를 알 수 있다.
④ 예측 분석은 현재 분석 결과를 통해 미래를 예측한다.

77 과대적합을 해결하기 위한 방법으로 옳은 것은?

① 벌점화 회귀를 사용하여 모형에 제약조건을 추가한다.
② 학습 시간을 늘린다.
③ 모델의 복잡성을 증가시킨다.
④ 데이터의 다양성을 줄여 패턴을 더 잘 인식하도록 한다.

78 과적합에 대한 설명으로 옳지 않은 것은?

① 일반화 성능이 낮은 상태이다.
② 모형의 분산이 크다.
③ 과대적합은 비선형모형보다 선형모형에서 더 쉽게 발생한다.
④ 모형이 과도하게 복잡한 상태이다.

79 인포그래픽에 대한 설명으로 옳지 않은 것은?

① 중요한 정보를 효과적으로 나타낼 수 있다.
② 적절한 텍스트를 넣어 이해하기 쉽게 만든다.
③ 데이터의 패턴을 탐색할 수 있다.
④ 디자인적 요소를 고려하여 만든다.

80 빅데이터 시각화 절차에 해당하는 요소로 옳지 않은 것은?

① 정제　　　　　　　　　② 구조화
③ 시각화　　　　　　　　④ 시각표현

# 제4회 기출복원문제

**01** 다음 중 HDFS에 대한 설명으로 옳은 것은?

① Replication의 횟수는 3회이며 사용자가 바꾸지 못한다.
② 네임노드는 삭제데이터가 저장된 데이터 노드를 관리한다.
③ NTFS가 상위 파일 시스템이다.
④ GFS(GoogleFileSystem)를 기반으로 만들었다.

**02** 다음 중 인공지능학습에 대한 설명으로 옳지 않은 것은?

① 지도학습이란 데이터의 정답지가 주어진 상태로 학습하는 것을 말한다.
② 강화학습이란 특정 조건에서 최적의 행동을 선택하도록 하는 학습방법이다.
③ 강인공지능은 인간의 지성을 컴퓨터 정보처리능력으로 구현한 시스템으로, 특정한 분야의 문제 해결을 위해 만든 약인공지능에 반대되는 말이다.
④ 훌륭한 알고리즘을 보유하였다면 학습을 생략해도 된다.

**03** 다음 중 분산 파일 시스템에 대한 설명으로 옳은 것은?

① 하나의 컴퓨팅 자원을 다수의 시스템에 연결하여 병목현상의 문제가 있다.
② 여러 컴퓨터를 하나의 서버 환경처럼 연결하여 데이터를 저장, 처리하는 시스템을 말한다.
③ 비관계형 DB와 같은 의미를 지니며 대표적으로 NoSQL이 있다.
④ 대규모의 데이터가 아닌 양질의 소규모 데이터를 관리하기 위해 고안되었다.

**04** 분석 로드맵을 수립할 때 우선 고려해야 할 항목이 아닌 것은?

① 비즈니스 성과 및 ROI
② 시급성 및 중요도
③ 분석모델 활용 방안
④ 실현 가능성

**05** 다음 DIKW 피라미드 요소 중 지혜(Wisdom)에 해당하는 예시는 무엇인가?

① A마트의 과일이 더 저렴하다.
② A마트의 과일은 1,000원, B마트의 과일은 2,000원이다.
③ 과일은 A마트에서 구매하는 것이 더 좋다.
④ 초밥도 A마트가 B마트보다 저렴할 것이다.

**06** 다음 중 빅데이터 분석 기획 절차로 옳은 것은?

① 프로젝트 정의 → 비즈니스 이해 및 범위 설정 → 프로젝트 위험관리 계획 수립 → 프로젝트 수행 계획 수립
② 프로젝트 정의 → 비즈니스 이해 및 범위 설정 → 프로젝트 수행 계획 수립 → 프로젝트 위험관리 계획 수립
③ 비즈니스 이해 및 범위 설정 → 프로젝트 정의 → 프로젝트 위험관리 계획 수립 → 프로젝트 수행 계획 수립
④ 비즈니스 이해 및 범위 설정 → 프로젝트 정의 → 프로젝트 수행 계획 수립 → 프로젝트 위험관리 계획 수립

**07** 다음 중 개인정보 비식별화에 대한 설명으로 옳지 않은 것은?

① 비식별화는 개인을 알아볼 수 없도록 하는 조치를 말한다.
② 비식별 정보는 비식별 조치 후에도 모니터링과 기술적 보호 조치를 수행해야 한다.
③ 비식별 정보는 제3자 제공이 가능하며, 원칙적으로 불특정 다수에 대한 공개가 가능하다.
④ 비식별 정보는 사전에 개인정보 해당 여부에 대하여 검토하고, 개인정보가 아닌 것은 활용 가능하도록 한다.

**08** 다음 중 개인정보 비식별화 기술에 대한 설명으로 옳지 않은 것은?

① 총계처리 : 데이터의 총합 값으로 처리하여 개별 데이터의 값을 보이지 않도록 하는 기술
② 범주화 : 데이터의 값을 범주의 값으로 변환하여 값을 변경하는 기술
③ 데이터 마스킹 : 개인 식별에 중요한 데이터 값을 삭제하는 것
④ 가명처리 : 개인 식별에 중요한 데이터를 식별할 수 없는 다른 값으로 변경

**09** 가트너가 정의한 빅데이터 처리 플랫폼 특징 중 3V에 속하지 않는 것은?

① 규모(Volume)  ② 속도(Velocity)
③ 다양성(Variety, Variation)  ④ 가치(Value)

**10** 1사분면에 있는 분석과제는 난이도를 조율함으로써 적용 우선순위를 조정할 수 있다. 이때 고려사항이 아닌 것은?

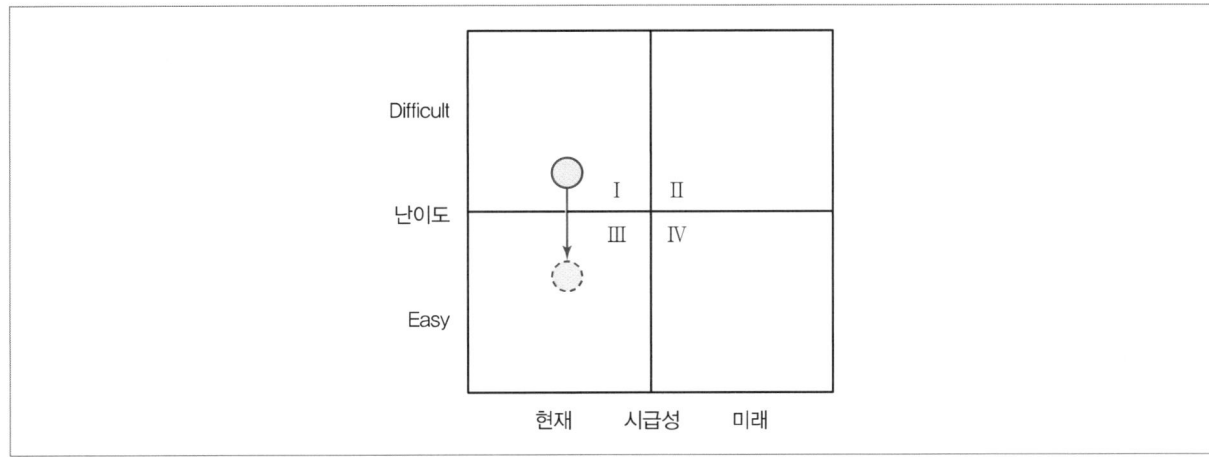

① 분석 데이터의 적용 수준
② 분석과제 수행 범위
③ 업무 내재화 범위
④ 투자비용

**11** 다음에서 설명하고 있는 것은?

> 대표적인 빅데이터 분산처리 엔진으로 인메모리(In-Memory) 기반으로 대용량 데이터를 처리할 수 있어 빠른 성능을 보인다.

① 맵리듀스(Map Reduce)
② 스파크(Spark)
③ 하이브(Hive)
④ 피그(Pig)

**12** 다음 중 빅데이터 분석 모델링 과정에서 수행하는 업무가 아닌 것은?

① 데이터 셋 분할
② 프로젝트 성과 분석 및 평가 보고
③ 분석 모형 모델링
④ 분석 모델 적용 및 운영 방안 수립

**13** 다음 중 정형 데이터와 비정형 데이터에 대한 설명으로 옳은 것은?

① 동영상, 오디오 데이터는 정형 데이터에 속한다.
② 정형과 반정형 성질을 모두 갖고 있는 것을 비정형 데이터라고 한다.
③ 형태소는 정형 데이터를 분석하기 위한 단위이다.
④ XML과 Json은 반정형 데이터 중 하나이다.

**14** 다음 중 고품질 데이터의 특성이 아닌 것은?

① 정확성(Accuracy)   ② 적시성(Timeliness)
③ 일관성(Consisitence)   ④ 불편성(Unbiasedness)

**15** 다음 설명에 해당하는 것은?

> 클라이언트로부터 다양한 요청을 받은 후 서버에 전달하며, 서버에서 처리한 결과를 클라이언트에 다시 전달한다. 즉, 다양한 성격의 디지털 서비스 사이를 중계(Proxy)하는 기술이다.

① API 게이트웨이   ② 데이터베이스
③ PaaS   ④ ESB

**16** 다음 중 데이터 3법에 포함되지 않는 법은?

① 개인정보보호법
② 정보통신망 이용 촉진 및 정보보호 등에 관한 법률
③ 신용정보의 이용 및 보호에 관한 법률
④ 정보통신산업 보호법

**17** 다음 중 공공데이터 포털에서 제공하는 파일 형식이 아닌 것은?

① XML   ② JSON
③ CSV   ④ SQL

**18** 다음은 무엇에 대한 설명인가?

> 대규모의 다양한 원시 데이터셋을 저장한다. 이 데이터는 분석을 위해 필요할 때 추출하여 변환하며 분석할 필요가 없을 때는 원시 데이터셋 형태로 저장을 해 둔다.

① 운영 데이터베이스  ② 데이터웨어하우스
③ 하둡  ④ 데이터레이크

**19** 다음은 무엇에 관한 설명인가?

> 데이터에 노이즈를 추가하여 개인정보보호와 데이터분석을 모두 진행할 수 있는 개인정보보호기법이다.

① K-익명성  ② 개인정보 차등보호
③ 가명화  ④ L-다양성

**20** 다음 중 빅데이터 저장소를 지칭하는 것은?

① 맵리듀스  ② SQL
③ 가시화  ④ NoSQL

**21** 축구 선수의 경우 팀 내 일반적인 선수의 연봉은 일반적인 범위에 분포되어 있지만 일부 소수 탑플레이어 선수의 연봉은 매우 높은 상위권에 분포되어 있다. 축구 선수의 연봉 데이터를 활용하여 팀별 연봉 대푯값을 산출한다고 할 때 의미있는 통계량은 무엇인가?

① 평균(Mean)  ② 범위(Range)
③ 중앙값(Median)  ④ 분산(Variance)

**22** 가설검정에서 제1종 오류를 범할 확률을 무엇이라고 하는가?

① 유의수준  ② 유의확률
③ 오차한계  ④ 신뢰수준

**23** 다음 중 시공간 데이터로 옳지 않은 것은?

① GIS 데이터　　　　　　　② 코로플로스맵
③ 패널 데이터　　　　　　　④ 격자 데이터

**24** 다음 중 이상값을 찾는 방법에 대한 설명으로 옳지 않은 것은?

① 박스플롯과 산점도 등에서 멀리 떨어진 값을 찾는다.
② 가설 검정의 노이즈 값을 찾는다.
③ 표준정규분포에서 표준편차가 3 이상인 값을 찾는다.
④ 도메인 지식에서 이론적이나 물리적으로 맞지 않는 값을 찾는다.

**25** 두 변수 $x$, $y$의 상관계수가 0일 때 옳은 설명은?

① 두 변수 $x$, $y$ 사이에는 아무런 관계가 없다.
② 두 변수 $x$, $y$ 사이에는 선형적인 관계가 없다.
③ 두 변수 $x$, $y$ 사이에는 깊은 관계가 있다.
④ 두 변수 $x$, $y$ 사이에는 매우 강한 선형적인 관계가 있다.

**26** 정규분포를 따르고 평균이 150, 분산이 16인 자료 $X_i$에 대하여, 모든 자료에 $(X_i - 150)/4$의 스케일링을 적용하면 자료의 분포는 어떤 분포를 따르는가?

① $N(150, 16)$　　　　　　② $N(0, 1)$
③ $N(0, 1/10)$　　　　　　④ $N(0, 1/100)$

**27** 다음 중 박스플롯에서 3Q보다 항상 작은 값을 갖는 것은?

① IQP 사분위수범위　　　　② 80퍼센트
③ 중앙값　　　　　　　　　④ 최댓값

28 다음 중 주성분 분석에 대한 설명으로 옳지 않은 것은?

① 기존 변수들을 선형 결합하여 새로운 변수를 만든다.
② 주성분 분석의 결과와 해석을 직관적으로 이해할 수 있다.
③ 주성분들이 설명하는 분산이 최대한 커지도록 한다.
④ 데이터가 이산형, 연속형인 경우에 사용한다.

29 다음 좌표에 대하여 A 지점으로부터 C 지점까지의 맨해튼 거리는 얼마인가?

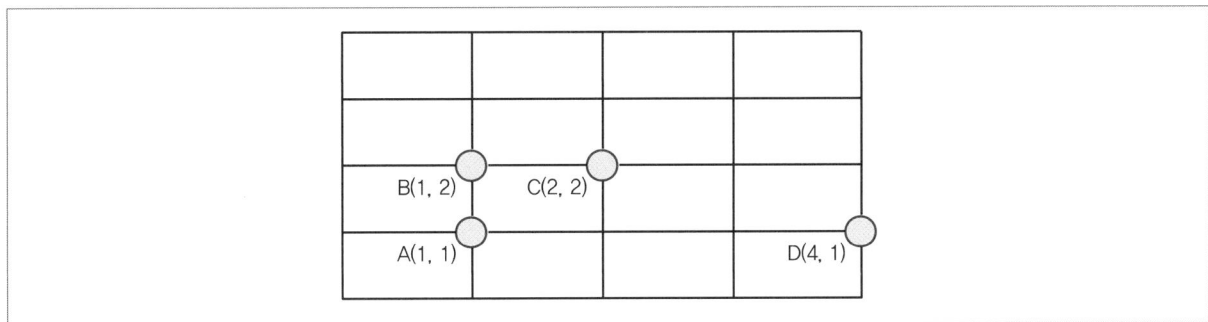

① 1
② 2
③ 3
④ 4

30 어떤 공장에서 생산하는 제품의 종류가 A, B, C가 있을 때 각각의 생산량은 50%, 30%, 20%이다. 제품 A의 불량률은 1%, 제품 B의 불량률은 2%, 제품 C의 불량률은 3%이다. 품질 검사 과정에서 제품이 불량이 나온 경우, 해당 제품이 A제품일 확률은 얼마인가?

① 29.41%
② 35.29%
③ 64.71%
④ 70.59%

31 다음 중 비정형 텍스트 데이터 전처리 기법으로 옳지 않은 것은?

① Tokenizing
② Streaming
③ Pos tagging
④ Stemming

**32** 항목 집합의 지지도를 산출하여 발생 빈도와 최소지지도를 기반으로 거래의 연관성을 밝히는 알고리즘은?

① Apriori
② 인공신경망
③ 의사결정나무
④ 어간추출

**33** 자료의 분포가 아래 그림과 같이 오른쪽으로 긴꼬리일 경우 통계량의 관계에 대한 설명으로 옳은 것은?

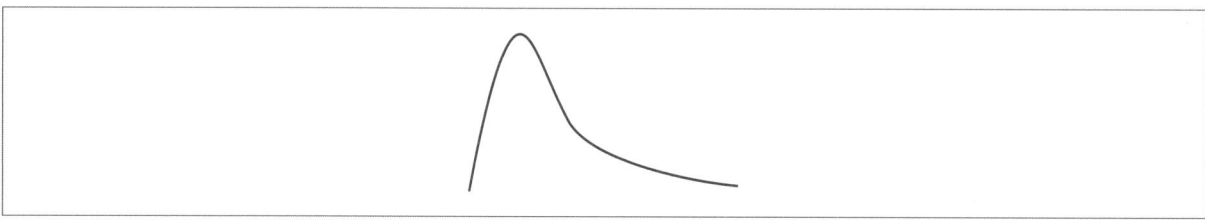

① 왜도>0, 최빈값<중위수<평균
② 왜도>0, 평균<중앙값<최빈값
③ 왜도<0, 중앙값<최빈값<평균
④ 왜도<0, 최빈값<중앙값<평균

**34** 데이터의 불균형이 발생한 경우의 데이터 처리 방법에 대한 설명으로 가장 적절한 것은?

① SMOTE는 단순히 다수 클래스 데이터를 복제하는 것이 아니라, k-최근접 이웃 알고리즘을 활용하여 기존 데이터 사이에 새로운 합성 데이터를 생성함으로써 과적합 위험을 줄이고 분류 성능을 향상시킬 수 있다.
② 임곗값 조정은 새로운 데이터를 생성하거나 기존 데이터를 제거하지 않고도 예측 결과를 개선할 수 있다.
③ 언더 샘플링은 정보 손실의 위험이 크고, 오버 샘플링은 과적합 문제가 발생할 수 있어, 두 방법 모두 불균형 데이터 처리에 적절하지 않다.
④ 다수 클래스와 소수 클래스의 비율 차이가 클수록 랜덤 오버 샘플링이 언더 샘플링보다 더 효과적이며, 데이터 크기가 작을 때는 교차 검증을 통해 과적합을 방지할 수 있다.

**35** 다음 조건이 주어졌을 때 기초 통계량을 구한 것으로 옳은 것은?

> 평균이 $\bar{x}$ 이고 표준편차가 $\sigma$ 인 확률변수 $x_i$ 에 대하여 $x_1 + x_2$ 의 표준편차는 얼마인가?(단, $x_i$ 는 상호 독립이다.)

① $\sqrt{2}\sigma$
② $\sigma$
③ $\dfrac{\sigma}{\sqrt{2}}$
④ $\sigma^2$

**36** 머신러닝 수행 시 학습 데이터가 불균형한 경우, 해결할 수 있는 방법에 대한 설명으로 옳지 않은 것은?

① 불균형 문제를 해결하지 않으면 모델은 가중치가 높은 클래스를 더 예측하려고 하기 때문에 정확도(Accuracy)는 낮아지고 분포가 작은 클래스의 재현율(Recall)은 높아진다.
② 과소표집기법을 통해 유의미한 데이터만을 남길 수 있다는 장점이 있지만, 정보가 유실된다는 단점이 있다.
③ 과대표집기법을 통해 정보의 손실을 막을 수 있으나, 새로운 테스트 데이터가 추가되면 모델의 결과가 나빠진다.
④ 불균형 상태 그대로 머신러닝 모델을 통해 예측하게 된다면 과적합 문제가 발생할 수 있다.

**37** 다음 중 표준화와 자료분포에 관한 설명으로 옳은 것은?

① 표준화는 각 요소에서 평균을 뺀 값에 분산을 나눈다.
② 정규 분포는 평균과 표준편차에 따라 모양이 달라지지 않기 때문에 표준화가 필요 없다.
③ 표준화된 자료의 표준편차는 0이다.
④ 표준화는 단위가 다른 자료에 대하여 평균=0, 분산과 표준편차=1이 되도록 변환하는 과정이다.

**38** 다음 중 변동계수에 대한 설명으로 틀린 것은?

① 단위가 다른 두 데이터를 비교할 때, 단위에 영향을 받지 않는 변동성 척도이다.
② 상대표준편차라고도 한다.
③ 표준편차(Standard Deviation)와 분산을 사용하여 두 가지 자료의 산포도를 측정할 수 있다.
④ 평균과 표준편차를 나누어서 서로 다른 단위의 산포도를 비교할 수 있다.

**39** 다음 중 초기하 분포에 대한 설명으로 옳지 않은 것은?

① 만약 복원 추출을 하는 경우 이항분포를 사용해야 한다.
② 비복원 추출로 인해 각 시행의 성공 확률은 일정하지 않다.
③ 자료는 이산형 확률분포를 따른다.
④ 각 시행의 성공 확률은 상호 독립적이다.

**40** 다음 중 Boxplot을 통해 확인할 수 없는 통계량은?

① 사분위수범위(Interquartile range)
② 이상값(Outlier)
③ 중앙값(Median)
④ 분산(Variance)

**41** 다음 중 텍스트 마이닝에서 문장을 2개 이상의 단어로 분리하는 방법으로 옳은 것은?

① 토픽모델링　　　　　　　② N-gram
③ TF-IDF　　　　　　　　④ Dendrogram

**42** 다음 중 선형회귀 모형의 가정에 대한 특성으로 옳지 않은 것은?

① 독립성　　　　　　　　② 정규성
③ 등분산성　　　　　　　④ 수렴성

**43** 다음 빈칸에 들어갈 용어로 옳은 것은?

> 비지도학습이란 타겟 변수의 (A)이 안 된 모형을 의미하며, 대표적인 모형 예시로는 (B)이 있다.

① (A) 라벨링, (B) 로지스틱모형
② (A) 레벨링, (B) 인공신경망모형
③ (A) 라벨링, (B) 군집분석
④ (A) 레벨링, (B) 연관분석모형

**44** 다음 중 앙상블 모형에 대한 설명으로 적절하지 않은 것은?

① 배깅은 주어진 자료에서 여러 개의 부트스트랩 자료를 생성하고 각 부트스트랩 자료에 예측모형을 만든 후 결합하여 최종 모형을 만드는 방법이다.
② 부스팅은 배깅과 유사하나 재표본 과정에서 오차항에 동일한 확률을 부여하여 여러 모형을 만들어 결합하는 방법이다.
③ 랜덤포레스트는 의사결정나무를 여러 개 결합하여 분석하는 모형으로 배깅에 속한다.
④ 앙상블 모형은 훈련을 한 뒤 예측에 사용하므로 지도학습에 해당한다.

**45** 다음 중 역전파 알고리즘을 이용하여 모수를 추정하는 예측모형은?

① 다층 인공신경망 모형　　② 로지스틱 회귀모형
③ 서포트 벡터 머신　　　　④ 랜덤 포레스트 모형

**46** 다음 중 단층 인공신경망에서 수행하지 못하는 논리 문제는?

① AND
② OR
③ XOR
④ NOR

**47** 다음 중 오토인코더(Auto Encoder)모형에 대한 설명으로 옳지 않은 것은?

① 신경망을 활용한 비지도 학습 기법이다.
② 입력 특성 간 상관관계를 학습하여 출력을 재구성한다.
③ 입력층의 뉴런 수는 은닉층의 뉴런 수보다 항상 작다.
④ 인코드(Encode) 입력수와 디코드(Decode) 출력수는 동일하다.

**48** 다음 중 의사결정나무에 대한 설명으로 옳지 않은 것은?

① 자식 노드의 가지 수가 하나만 남을 때까지 계속하여 학습을 진행한다.
② 지니 지수, 엔트로피 지수 등을 통해 분리규칙을 설정한다.
③ 두 범주 간의 차이가 없다고 판단되면 분리를 멈춘다.
④ 과적합을 방지하기 위해 가치치기(Pruning) 작업을 수행한다.

**49** 다음 중 ROC Curve에 대한 설명으로 옳지 않은 것은?

① 분류 분석 결과의 성과분석을 위한 그림이다.
② AUC는 Area Under the Curve의 약어로 ROC 곡선 아래의 면적을 의미한다.
③ AUC가 크면 클수록 좋은 분류모형의 결과를 보인다.
④ ROC 곡선의 $y$축은 $1-$Specificity이며 $x$축은 Sensitivity다.

**50** 시계열 분석은 정상성을 만족해야 한다. 정상성은 시점에 상관없이 시계열의 특성이 일정하다는 것을 의미한다. 다음 중 비정상 시계열에 대한 내용이 아닌 것은?

① 평균이 일정하지 않다.
② 분산이 시점에 의존한다.
③ 공분산은 단지 시차에만 의존하고 시점 자체에도 의존한다.
④ 백색잡음 과정은 비정상 시계열이다.

**51** 다음 혼동행렬의 민감도 값으로 올바른 것은?

| 실제값 \ 예측값 | True | False | 합계 |
|---|---|---|---|
| True | 30 | 4 | 34 |
| False | 5 | 1 | 6 |
| 합계 | 35 | 5 | 40 |

① 4/34
② 5/35
③ 30/34
④ 30/35

**52** 다음 중 불균형 데이터를 평가하기 위한 분류모형의 지표로 옳지 않은 것은?

① 민감도
② 정확도
③ 오분류율
④ ROC 곡선

**53** 기존 모형을 일반화 모형으로 확장하기 위해서는 연결함수가 필요하다. 다음 중 자연로그함수를 연결함수로 사용하는 자료 분포로 옳은 것은?

① 정규분포
② 이항분포
③ 감마분포
④ 포아송분포

**54** 인공지능에 대한 설명으로 가장 적절하지 않은 것은?

① 비용함수는 최적화된 비용에 관련된 변량에 대한 어떤 관계를 나타내는 함수이다.
② 일반적으로 딥러닝은 여러 개의 은닉층을 가진 신경망을 통해 데이터를 학습한다.
③ 딥러닝은 인공신경망으로 발전했다.
④ 인공지능의 기울기 소실 문제로 인해 암흑기가 발생한 적이 있다.

**55** 다음 중 계층적 군집분석에 대한 설명으로 옳지 않은 것은?

① 대표적으로 K 평균 군집 분석이 있다.
② N개의 군집으로 시작하여 군집 간 거리를 기준으로 가장 가까운 군집끼리 병합한다.
③ 덴드로그램(Dendrogram)으로 표현할 수 있다.
④ 군집 수를 사전에 설정하지 않아도 된다.

**56** 데이터를 학습 세트, 검증 세트, 시험 세트 세 가지로 분할하는 방법을 일컫는 것은?

① K-Fold
② Holdout
③ Dropout
④ Cross Validation

**57** 다음은 k-fold 교차검증을 수행하는 절차를 나타낸 것이다. 빈칸에 알맞은 말을 고른 것은?

> 학습에 사용할 데이터를 k개의 fold로 나눈다.
> ↓
> k-1개 fold는 ( ㉠ ), 나머지 한 개는 ( ㉡ )에 사용하여 모형의 성능을 계산한다.
> ↓
> 교차 검증 결과 ( ㉢ )개의 성능의 평균값을 얻는다.

① ㉠ 학습, ㉡ 검증, ㉢ k-1
② ㉠ 학습, ㉡ 검증, ㉢ k
③ ㉠ 검증, ㉡ 학습, ㉢ k-1
④ ㉠ 검증, ㉡ 학습, ㉢ k

**58** 다음 중 과대적합을 방지하기 위한 기법으로 옳지 않은 것은?

① Regularization
② Gradient Vanishing
③ Drop Out
④ MAX Pooling

**59** 다음 ( ) 안에 들어갈 단어가 순서대로 연결된 것은?

> ( ⓐ )은 모집단에 대한 사전정보가 없는 경우 주어진 관측값 사이의 유사성을 이용하여 전체를 몇 개의 집단으로 그룹화하여 각 집단의 성격을 파악하는 ( ⓑ ) 기반의 분석법이다. 이 분석방법은 군집내 응집도를 최대화하고 군집 간 분리도를 최대화하도록 군집을 형성해야 한다. 군집분석의 대표적인 방법 중 하나인, ( ⓒ )은 가장 유사한 개체를 묶어 나가는 과정을 반복하여 원하는 개수의 군집을 형성하는 방법으로 분할적 방법과 병합적 방법이 있다. 이때 군집의 결과는 ( ⓓ )을 통해서 시각화하여 보여줄 수 있다.

① 군집분석, 지도학습, K평균군집분석, 스크리플랏
② 군집분석, 비지도학습, 계층적군집분석, 덴드로그램
③ 분류분석, 지도학습, 계층적군집분석, 스크리플랏
④ 분류분석, 비지도학습, K평균군집분석, 덴드로그램

**60** 다음 중 인공신경망 모형에 대한 설명으로 옳지 않은 것은?

① 히든레이어의 노드에 사용되는 활성화 함수는 시그모이드 함수, ReLU 함수, than 함수, Softmax 함수가 있다.
② Drop Out은 딥러닝 학습 과정에서 일부 노드를 생략하는 것으로, 과적합을 방지하기 위해서 수행한다.
③ 역전파 알고리즘은 출력층의 오차를 역으로 입력층으로 전파해 가중치를 조정하는 과정으로, 오차를 줄이기 위한 목적으로 사용한다.
④ 입력된 이미지 데이터의 특징을 추출하는 합성곱 과정을 거치면 이미지의 사이즈는 점점 더 작아진다.

**61** 다음 중 시공간 시각화 기법으로 옳은 것은?

① 히스토그램
② 체르노프페이스
③ 카토그램
④ 평행좌표계

**62** 다음 중 초매개변수(Hyper Parameter)의 최적화 기법으로 옳지 않은 것은?

① 베이지안 최적화
② 그리드 탐색
③ 랜덤 탐색
④ 경사하강법

**63** 다음 그래프에 대한 설명으로 잘못된 것은?

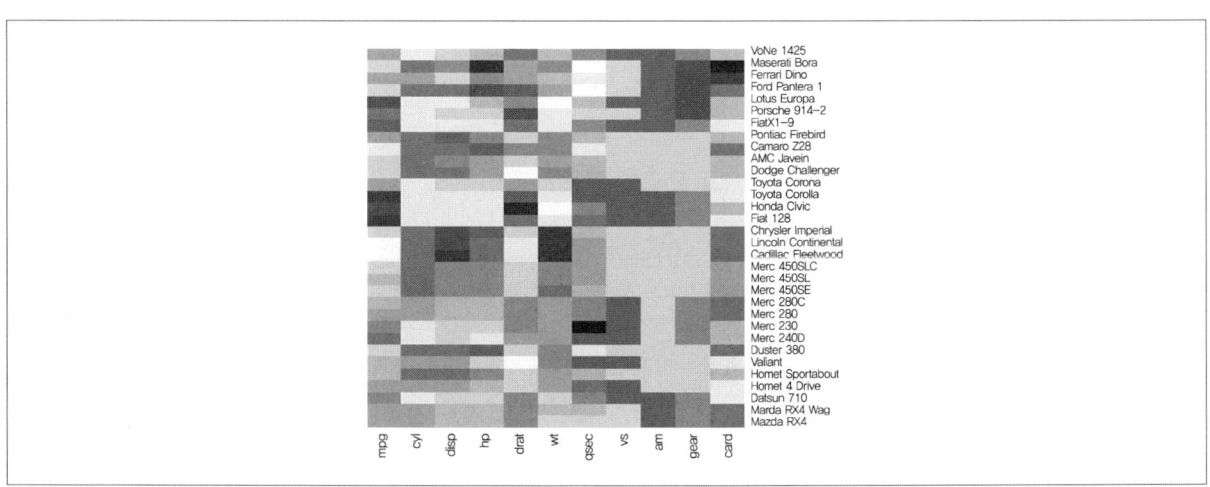

① 그래프의 이름은 히트맵(Heat Map)이다.
② 칸의 색상을 이용해 값의 크기를 나타낸다.
③ 일반적으로 색이 진할수록 값이 작고 연할수록 값이 크다.
④ 일반적으로 각 행은 관측치, 열은 변수를 나타낸다.

**64** 다음 분류 모형 평가지표에 대한 내용 중 잘못된 것은?

① 특이도는 실제 거짓인 데이터 중 모형이 거짓으로 예측한 데이터의 비율이다.
② F1 스코어는 정밀도와 재현율의 조화평균으로, 데이터가 불균형일 경우 사용하는 지표다.
③ 거짓긍정률은 실제 거짓인 데이터 중 모형이 참으로 예측한 데이터의 비율이며, 1 – 민감도와 같다.
④ 참긍정률은 실제 참인 데이터 중 모형이 참으로 예측한 데이터의 비율이며, 민감도와 같다.

**65** 다음 시각화 기법 중 용도가 다른 것은?

① 등치지역도
② 도트 플롯 맵
③ 버블 플롯 맵
④ 히트맵

**66** 다음 중 K – Fold 교차검증(Cross Validation)에 대한 설명으로 옳지 않은 것은?

① 데이터를 분할하여 일부는 분석모형학습에 사용하고 나머지는 모델의 검증에 사용하는 방법이다.
② 데이터를 충분히 확보했을 때 사용하는 방식으로 홀드아웃 방식에 비해서 데이터가 많을 때 사용하면 효과가 좋다.
③ 대표적인 방법은 K – Fold 교차검증이 있으며 K – 1개는 학습에, 나머지 한 개는 검증에 사용한다.
④ 연령대별로 구성된 데이터가 있다면 학습 및 검증데이터의 고른 추출을 위해 층화추출방식을 사용할 수 있다.

**67** 다음 분석모형 진단에 대한 설명 중 옳지 않은 것은?

① 분석모형 진단은 분석에 사용된 데이터가 분석모형의 가정을 제대로 만족하고 있는지 확인하는 절차다.
② 선형회귀 모형은 선형성, 독립성, 등분산성, 정규성 가정하에서 분석을 한다.
③ 등분산성은 잔차의 분산이 일정해야 함을 말하며, Q – Q Plot으로 시각적으로 판단할 수 있다.
④ 독립성은 독립변수들 간에 통계적 독립성이 없어야 함을 말한다. 잔차 산점도를 통해서 시각적으로 판단할 수 있다.

**68** 아래 혼동행렬 표에 대한 설명으로 옳지 않은 것은?

|  |  | 예측 값 | |
|---|---|---|---|
|  |  | 불량 | 정상 |
| 실제 값 | 불량 | 10 | 5 |
|  | 정상 | 10 | 75 |

① 정확도는 0.85이다.
② 정밀도는 0.67이다.
③ 특이도는 0.88이다.
④ 참긍정률은 0.67이다.

## 69 모수 유의성 검정에 대한 설명으로 옳지 않은 것은?

① 모수 유의성 검정은 수집된 자료가 통계적으로 유의한지 판단하는 과정으로 수집된 자료의 모집단에 대한 가설을 설정하고 그 가설이 맞는지 확인한다.
② 가설이 모집단의 분포를 가정하는 것이면 비모수 검정, 아니면 모수 검정을 사용한다.
③ 비모수 검정은 표본 수가 30개 미만으로 적거나 변수의 척도가 서열 척도 혹은 명목 척도인 경우에 사용한다.
④ 모수 유의성 검정 방법에는 Z-검정, T-검정, 분산분석, 카이제곱 검정 등의 방식이 있다.

## 70 다음 과대적합과 과소적합에 대한 설명 중 옳지 않은 것은?

① 분석모형이 과대적합일 경우 일반화 성능이 좋지 않다.
② 분석모형이 과대적합일 경우 모형의 복잡도는 상대적으로 높다.
③ 분석모형이 과소적합일 경우 학습데이터에서는 성능이 낮게 나타난다.
④ 분석모형이 과소적합일 경우 검증데이터에서는 성능이 높게 나타난다.

## 71 다음 매개변수 최적화에 대한 설명 중 잘못된 것은?

① 분석 모형의 결괏값과 실제 값의 차이를 손실함수로 표현한다.
② 분석 모형 학습은 학습 데이터로부터 손실함수의 값을 가장 작게 만드는 매개변수의 최적 값을 찾아가는 과정이다.
③ 매개변수 최적화 기법은 경사하강법, 모멘텀, AdaGard, RMSProp 등의 방식이 있다.
④ 매개변수 최적화를 통해서 하이퍼파라미터가 튜닝된다.

## 72 다음은 무엇에 대한 설명인가?

가중치 매개변수에 대한 손실함수의 기울기를 통해 최적값을 구하는 방법이다. 이때 최적값은 학습 데이터 전체를 대상으로 이루어진다. 전체 데이터에 대해서 업데이트가 이루어지므로 연산 횟수가 적고 부드럽게 수렴하는 특성이 있지만 학습 시간이 오래 걸리고 로컬 최적화에 빠질 위험이 있다.

① 배치 경사하강법
② 확률적 경사하강법
③ 미니 배치 경사하강법
④ 모멘텀

**73** 다음 그림과 관련이 있는 초매개변수는?

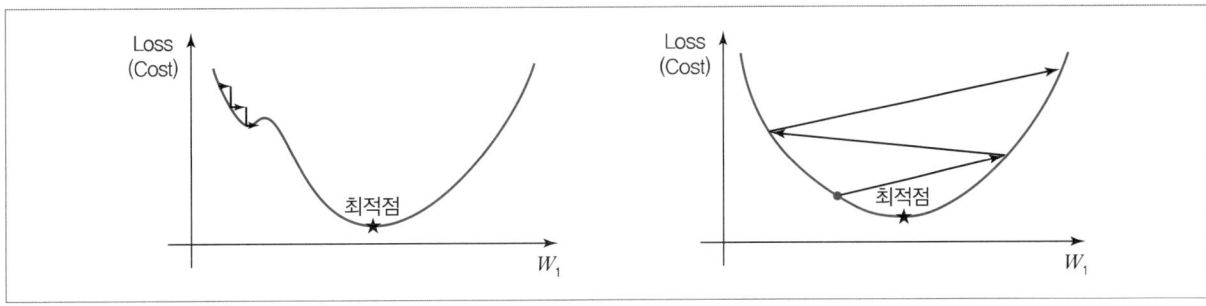

① Learning Rate
③ Iteration Rate
② Batch Size
④ Cost Size

**74** 다음 중 상관성 분석에 대한 설명으로 가장 옳지 않은 것은?

① 수치적 데이터의 상관성 분석 방법으로는 피어슨(Pearson) 상관계수가 있다.
② 순서적 데이터의 상관성 분석에는 스피어만(Spearman) 순위상관계수를 사용한다.
③ 세 개 이상의 변수 사이의 상관성 분석은 다변량 상관 분석이다.
④ 명목적 데이터의 상관성 분석은 T – 검정을 이용한다.

**75** 분류모형 평가에서 복원추출 방식을 사용하여 훈련용 데이터 선정을 충분히 한다고 가정할 때, 전체 관측치 대비 훈련용 데이터셋의 비율로 가장 적절한 것은?

① 60.0%
③ 40.5%
② 78.5%
④ 30.0%

**76** 다음 그래프에 대한 설명으로 잘못된 것은?

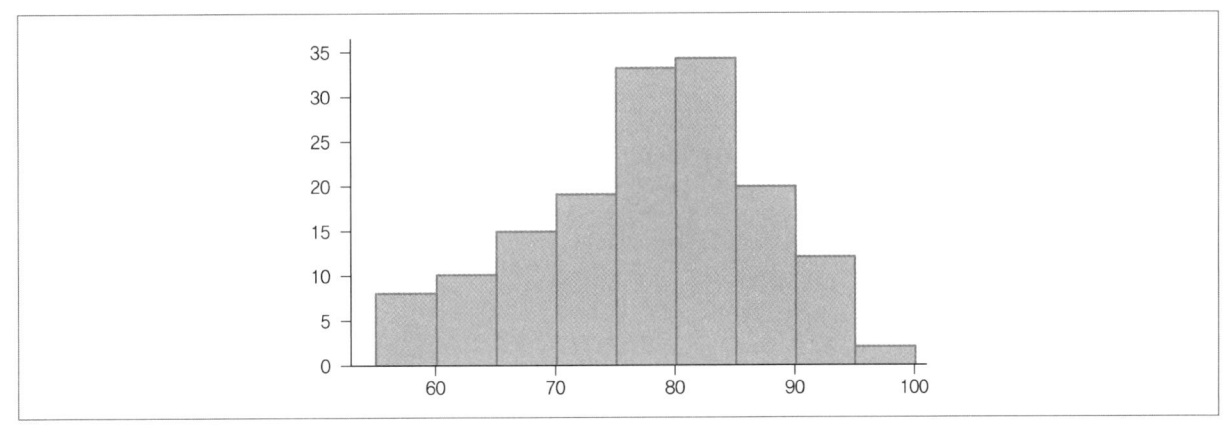

① 데이터 관계를 시각화한 그래프다.
② 데이터의 도수 분포를 막대 형태로 시각화한 막대 그래프다.
③ $x$축은 데이터 구간을 $y$축은 구간의 빈도수를 나타낸다.
④ $x$축의 데이터 구간을 더 세세하게 조정할 수도 있다.

**77** 다음 중 시각화에 대한 설명으로 잘못된 것은?

① 분석가가 분석결과를 과제의 이해관계자들에게 전달하고 인사이트를 발견할 수 있도록 돕는 과정에서 사용한다.
② 그래픽 안에 최대한 효과적으로 많은 정보를 담아서 전달한다.
③ 시간에 따른 데이터의 변화를 보여주는 방법을 시간 시각화라고 한다.
④ 단순 그래프를 그려서 전달하기 보다는 스토리를 적절히 담아내는 정보를 구성하는 것이 효과적이다.

**78** 다음 중 분석 결과 활용 시나리오에 대한 설명으로 부적절한 것은?

① 활용시나리오를 통해서 분석결과로부터 인사이트를 발굴하여 의사결정에 반영하는 방법을 선택할 수 있다.
② 필요에 따라서 적절한 차트와 시각화 도구를 선택하여 사용할 수 있다.
③ 분석의 목적을 명확히 하는 것에 주안점을 두고 개발한다.
④ 이해관계자들에게 분석결과를 효과적으로 제공할 수 있는 의사소통수단으로 활용할 수 있다.

**79** 다음은 분석모형의 비즈니스 기여도 평가에 대한 설명이다. 잘못된 것은 무엇인가?

① 최종 모형이 실업무에 적용되었을 때 어떤 개선 효과가 있는지 정량적으로 평가하는 과정이다.
② 재무분석에 사용하는 지표는 ROI, NPV, IRR, TCO, PP 등이 있다.
③ 투자 회수 기간은 프로젝트 시작에서부터 시점 현금흐름이 흑자로 돌아서는 시점까지의 기간이다.
④ 총 소유 비용에는 자산 획득 비용과 유지 운영 비용이 포함된다.

**80** 다음은 분석모형 리모델링에 대한 설명이다. 잘못된 것은 무엇인가?

① 분석모형의 성능이 크게 떨어졌을 경우 수행한다.
② 최신 데이터를 활용하여 주기적으로 수행해주어야 한다.
③ 새로운 데이터셋을 추가하거나 새로운 알고리즘을 반영할 수 있다.
④ 최종 분석모형을 선정할 때는 기존 분석 모형과 비교하는 과정이 필요하다.

# 제9회 기출복원문제 정답 및 해설

| 01 | 02 | 03 | 04 | 05 | 06 | 07 | 08 | 09 | 10 |
|---|---|---|---|---|---|---|---|---|---|
| ④ | ② | ③ | ② | ① | ② | ③ | ② | ④ | ④ |
| 11 | 12 | 13 | 14 | 15 | 16 | 17 | 18 | 19 | 20 |
| ③ | ③ | ④ | ③ | ① | ② | ② | ② | ② | ③ |
| 21 | 22 | 23 | 24 | 25 | 26 | 27 | 28 | 29 | 30 |
| ② | ① | ① | ③ | ④ | ① | ③ | ③ | ③ | ④ |
| 31 | 32 | 33 | 34 | 35 | 36 | 37 | 38 | 39 | 40 |
| ③ | ③ | ④ | ③ | ① | ③ | ① | ③ | ① | ② |
| 41 | 42 | 43 | 44 | 45 | 46 | 47 | 48 | 49 | 50 |
| ② | ③ | ③ | ③ | ① | ③ | ③ | ① | ② | ② |
| 51 | 52 | 53 | 54 | 55 | 56 | 57 | 58 | 59 | 60 |
| ③ | ④ | ④ | ① | ② | ③ | ① | ④ | ④ | ③ |
| 61 | 62 | 63 | 64 | 65 | 66 | 67 | 68 | 69 | 70 |
| ④ | ② | ② | ① | ④ | ④ | ③ | ① | ③ | ② |
| 71 | 72 | 73 | 74 | 75 | 76 | 77 | 78 | 79 | 80 |
| ③ | ④ | ④ | ② | ④ | ④ | ② | ④ | ③ | ③ |

## 01
정답 | ④
해설 | Stopword 제거는 텍스트 데이터에서 조사, 접속사 등 분석에 필요 없는 단어를 제거하는 과정이다. 이 작업은 데이터의 크기를 줄이고 중요한 단어들에 집중하도록 돕는다.
① , ③ Stemming, Lemmatization : 단어의 어간을 추출하거나 표제어로 변환하는 과정
② Tokenization : 긴 텍스트를 단어 단위로 분리하는 작업

## 02
정답 | ②
해설 | 정형 데이터는 행과 열로 구성된 데이터로, 엑셀 파일이나 데이터베이스에서 구조화된 형태로 저장된다. 판매 수치 데이터는 이러한 정형 데이터의 대표적 예다. 반면, 비정형 데이터는 구조화되지 않은 데이터로 텍스트, 영상, 음성 등이 포함된다.

## 03
정답 | ③
해설 | 빅데이터의 다양성(Variety)은 데이터를 다양한 형식(정형, 반정형, 비정형)과 출처에서 수집한다는 특징을 의미한다. 예를 들어, 센서 데이터, 소셜미디어 텍스트, 이미지 데이터가 동시에 수집될 수 있다.

## 04
정답 | ②
해설 | 고객 리뷰는 비정형 데이터의 대표적인 예다. 이는 구조화되지 않은 텍스트 형태로 저장되며, 분석 전 텍스트 마이닝과 같은 전처리 과정을 거쳐야 한다. 정형 데이터는 데이터베이스와 같은 표 형식으로 저장된다.

## 05
정답 | ①
해설 | Bag-of-Words(BOW) 모델은 텍스트 데이터를 단어의 출현 빈도로 표현하지만, 데이터의 순서를 반영하지 못한다는 단점이 있다. 단어 간의 문맥이나 상호작용을 표현하기 어렵기 때문에 추가적인 기법이 필요하다.

## 06
**정답 | ②**

**해설 |** 데이터 사이언티스트는 분석 결과를 효과적으로 전달하고 비즈니스 조직과 소통하기 위해 설득력 있는 의사소통 능력이 중요하다. 이는 기술적 결과를 비전문가도 이해할 수 있는 형태로 바꿔 전달하는 데 필수적이다.

## 07
**정답 | ③**

**해설 |** HDFS는 대규모 데이터 저장을 위해 설계되었으며, SQL 기반 질의 처리를 기본으로 지원하지 않는다. SQL 기반 처리를 위해서는 하둡 생태계의 다른 도구(예 Hive)를 사용해야 한다.

## 08
**정답 | ②**

**해설 |** 데이터의 완전성(Completeness)은 분석에 필요한 모든 속성과 값을 데이터가 포함하고 있는지를 나타낸다. 데이터 결측값이 없는 경우 완전성이 높다고 평가된다.

## 09
**정답 | ④**

**해설 |** 데이터 수집 단계에서는 비정형 데이터 추출, 로그 데이터 수집, 정형 데이터 변환이 주로 포함되며, 분석 결과 저장은 데이터 분석 단계 이후에 이루어진다.

## 10
**정답 | ④**

**해설 |** 월별 교통량 데이터는 시간 순서에 따라 변화를 나타내는 시계열 데이터의 전형적인 사례다. 시계열 분석은 이러한 데이터를 기반으로 패턴을 발견하거나 미래를 예측한다.

## 11
**정답 | ③**

**해설 |** 데이터 범주화는 데이터를 특정 구간으로 그룹화하여 개인 식별을 어렵게 만드는 비식별화 기법이다. 예를 들어, 연령을 10대, 20대와 같이 범주화하면 식별 가능성이 줄어든다.

## 12
**정답 | ③**

**해설 |** 동일한 개인을 대상으로 시간의 흐름에 따라 데이터를 반복적으로 수집한 경우 이를 패널 자료라고 한다. 예를 들어, 직원의 연도별 월급 데이터를 수집한 자료가 이에 해당한다.

## 13
**정답 | ④**

**해설 |** 데이터 마스킹은 민감한 정보를 보호하기 위해 데이터를 가리는 기술이다. 만약 마스킹 후에도 개인 식별이 가능하다면 적절한 마스킹이 이루어지지 않은 것이다.

## 14
**정답 | ③**

**해설 |** 메타데이터 관리는 데이터의 정의, 출처, 연계성을 명확히 하여 데이터의 신뢰성을 높이고, 데이터 활용도를 높이는 데 중요한 역할을 한다.

## 15
**정답 | ①**

**해설 |** ANOVA(분산 분석)는 여러 그룹 간의 평균 차이를 분석하는 데 사용된다. 부서별 매출 데이터를 비교할 때 적합하다.

## 16
**정답 | ②**

**해설 |** 빅데이터에서 속도(Velocity)는 실시간으로 데이터를 처리하고 분석하는 능력을 강조한다. 이는 의사결정의 신속성을 높이는 데 중요한 역할을 한다.

## 17
**정답 | ②**

**해설 |** 정규화(Normalization)는 데이터의 단위 차이를 제거하여 모델이 공정하게 학습하도록 한다. 예를 들어, 키와 몸무게처럼 단위가 다른 데이터를 같은 범위로 맞추는 과정이다.

## 18
**정답 | ②**

**해설 |** 텍스트 마이닝은 비정형 데이터인 텍스트를 분석 가능한 구조로 변환하여 의미 있는 정보를 추출하는 기술이다. 예로 텍스트에서 키워드를 추출하거나 감정을 분석할 수 있다.

## 19
**정답 | ②**

**해설 |** 과적합(Overfitting)을 방지하기 위해 모델의 복잡도를 줄이거나 규제 기법을 사용하는 것이 효과적이다. 복잡한 모델은 과적합의 위험을 증가시킨다.

## 20
**정답 | ③**

**해설 |** 분산 파일 시스템은 데이터를 여러 노드에 분산 저장하고 처리하는 구조로, 중앙 서버에만 데이터를 저장하는 방식은 분산 시스템의 특성으로 옳지 않다.

## 21
**정답 | ②**

**해설 |** 표본 분산은 모집단 분산을 추정하기 위해 $n-1$로 나누어 계산한다. 이는 자유도를 보정하여 표본 분산이 모집단 분산을 더 잘 추정할 수 있도록 한다.

## 22
정답 | ①

해설 | 왜도가 양수(>0)이면 분포가 오른쪽으로 꼬리가 길어지며, 최빈값<중위수<평균값 순서로 나타난다. 이는 평균값이 큰 값에 의해 영향을 받는 특성 때문이다.

## 23
정답 | ①

해설 |
- 지지도(Support) = $\dfrac{\text{오렌지, 자몽, 버터 포함 거래 수}}{\text{전체 거래 수}} = \dfrac{3}{10} = 30\%$
- 신뢰도(Confidence) = $\dfrac{\text{오렌지, 자몽, 버터 포함 거래 수}}{\text{오렌지, 자몽 포함 거래 수}} = \dfrac{3}{5} = 60\%$

따라서, 정답은 지지도 30%, 신뢰도 60%인 ①이다.

## 24
정답 | ③

해설 | 동질성 검정은 층화추출을 통해 모집단의 특정 계층을 고려하여 표본을 추출하고, 그룹 간 차이가 유의미한지 분석한다. 단순추출, 계통추출, 군집추출은 각기 다른 목적에 더 적합하다.

## 25
정답 | ④

해설 | 포아송 분포는 사건 발생 횟수를 다루며, 독립적이고 고정된 시간 간격에서 사건 발생 간격이 일정하다고 가정한다. 그러나 사건이 고르게 분포한다고 가정하지는 않는다.

## 26
정답 | ①

해설 | $x=3$에서 기울기 $f'(3)=8$이며, 이 값은 $y$가 양의 방향으로 증가하고 있음을 나타낸다.

## 27
정답 | ③

해설 | 히스토그램은 데이터를 구간별로 나누어 빈도수를 시각화하는 데 사용되며, 시간의 흐름을 나타내지 않는다. 시간에 따른 데이터 변화는 선 그래프(Line Graph)가 적합하다.

## 28
정답 | ③

해설 | 선 그래프는 연속적 데이터, 특히 시간에 따른 데이터의 추세(변화)를 시각적으로 나타내는 데 적합한 시각화 도구이다. 따라서, 위 예시에서 2018년부터 2022년까지의 매출액 변화를 분석하는 데 적합하다.

## 29
정답 | ③

해설 | 중앙값은 데이터의 중간값을 의미하며, {3, 5, 7, 8, 10}에서 중앙값은 세 번째 값인 7이다.

## 30
정답 | ④

해설 | 분산(Variance)은 데이터가 평균값을 중심으로 얼마나 흩어져 있는지를 나타내는 척도로, 데이터 값의 제곱 단위를 가진다.

## 31
정답 | ③

해설 | 표준화(Standardization)는 데이터의 스케일을 조정하기 위한 방법으로, 노이즈 제거에는 사용되지 않는다. 구간화, 회귀값 대치, 군집화는 노이즈 제거에 효과적이다.

## 32
정답 | ③

해설 | 박스플롯에서 꼬리가 오른쪽으로 긴 경우 이상치가 존재할 가능성이 높다. 이는 데이터의 분포가 비대칭적일 때 흔히 나타난다.

## 33
정답 | ④

해설 | 주어진 데이터는 0을 포함하며 절대적 크기를 비교할 수 있으므로 비율척도이다. 비율척도는 절대 영점과 크기의 비율 비교가 가능하다.

## 34
정답 | ③

해설 | 다중 대치법에서 핫덱 대치는 설문조사나 결측값 대치에 사용된다. 완전 대치는 단일 데이터셋을 대체하는 방법으로 다중 대치법과 관련이 없다.

## 35
정답 | ①

해설 | 표본 크기를 증가시키면 표본 평균의 불확실성이 감소하고, 신뢰구간이 좁아진다. 이는 표본 크기가 신뢰구간 폭에 영향을 미치기 때문이다.

## 36
정답 | ③

해설 | 실업자 비율이 높아질수록 신뢰구간 폭은 좁아진다. 이는 모집단 내 변동성이 낮아지기 때문이다. 신뢰구간이 좁다는 것은 모집단의 특성을 더 정확히 파악했다는 의미로 통계 분석에서 중요한 역할을 한다. 실업률의 신뢰구간이 5~20%일 때 보다, 9.5~10.5%일 때 추정치가 더 정확하고 신뢰성이 높다고 할 수 있다. 일반적으로 데이터 표본이 늘어날수록 표준오차는 감소하고 신뢰구간은 좁아진다.

## 37
정답 | ①

해설 | 상관계수가 0.85인 경우 두 변수는 강한 양의 선형 관계를 가진다. 상관계수는 1에 가까울수록 양의 관계가 강함을 의미한다.

## 38
**정답 | ③**

해설 | 변동계수를 계산하려면 평균이 0이 아니어야 하며, 음수 평균의 경우 상대적 비율 해석이 모호해질 수 있다.

## 39
**정답 | ①**

해설 | 최빈값은 데이터셋에서 가장 자주 나타나는 값이다. {2, 3, 4, 2, 5, 3, 2, 6}에서 최빈값은 2이다.

## 40
**정답 | ②**

해설 | 결정계수($R^2$)는 모델이 종속 변수의 변동성을 얼마나 설명하는지를 나타낸다. 값이 1에 가까울수록 모델이 잘 설명함을 의미한다.

## 41
**정답 | ②**

해설 | 첫 번째 주성분은 분산을 가장 많이 설명한다. 문제에서 제1, 2 주성분이 60%를 설명한다고 했으므로, 첫 번째 주성분은 50% 정도의 비율 설명한다고 보는 것이 가장 적절하다. PCA의 특성상, 첫 번째 주성분이 두 번째 주성분보다 항상 더 많은 분산을 설명한다.

## 42
**정답 | ③**

해설 | 다중공선성을 평가하기 위한 대표적인 지표는 VIF(Variance Inflation Factor)이다. AIC와 BIC는 모델 선택 기준으로 사용되며, 결정계수는 모델의 설명력을 나타낸다.

## 43
**정답 | ③**

해설 | 주어진 정보를 바탕으로 혼동행렬에서 정확도를 계산하면 정확도 $= \frac{\text{정확히 예측한 샘플 수}}{\text{전체 샘플 수}} = \frac{60+40}{100} = 0.70$이므로 정답은 ③이다.

## 44
**정답 | ③**

해설 | 주어진 정보를 바탕으로 출력값을 계산하면 출력값 $= (1 \cdot 0.2) + (2 \cdot 0.3) + (3 \cdot 0.5) + 0.1 = 2.4$이므로 정답은 ③이다.

## 45
**정답 | ①**

해설 | 사건 $A$와 $B$가 독립적일 경우, $P(A \mid B) = P(A)$가 성립한다. 이는 조건부 확률에서 독립성을 의미한다.

## 46
**정답 | ③**

해설 | Seq2Seq 모델은 입력과 출력의 길이가 다를 수 있으며, 컨텍스트 벡터를 생성하여 출력 시퀀스를 생성하지만 입력 시퀀스를 그대로 출력하지 않으므로 정답은 ③이다.

## 47
**정답 | ③**

해설 | SVM의 초매개변수는 커널 함수, 정규화 상수 CCC, 마진과 관련이 있지만, 학습률은 Gradient Descent와 관련된 초매개변수이다.

## 48
**정답 | ①**

해설 | 귀무가설은 p-값이 알파(유의수준)보다 작을 때 기각된다. 이는 유의미한 차이가 있음을 나타낸다.

## 49
**정답 | ②**

해설 | 비지도학습의 대표적인 기법은 K-Means이다. 선형 회귀, 랜덤 포레스트, Gradient Boosting은 모두 지도학습에 해당한다.

## 50
**정답 | ②**

해설 | 점 A(2,3)와 점 B(5,7) 사이의 유클리드 거리를 계산하면 거리 $= \sqrt{(5-2)^2 + (7-3)^2} = \sqrt{3^2 + 4^2} = \sqrt{9+16} = 5$이므로 정답은 ②이다.

## 51
**정답 | ③**

해설 | 완전 연결법은 두 군집 간 가장 먼 거리를 사용하는 군집 연결법이다.

## 52
**정답 | ④**

해설 | 인공신경망의 활성화 함수 중 Softmax는 출력층에서 사용되며, 은닉층에서는 일반적으로 사용되지 않는다.

## 53
**정답 | ④**

해설 | 변수 간 상관성 확인은 다중공선성을 평가하는 방법 중 하나지만, 이를 해결하기 위한 방법은 아니다. 불필요한 변수 제거, 변수 정규화, 릿지 회귀 사용이 적절한 해결 방법이다.

## 54
**정답 | ①**

해설 | 결정계수 $R^2 = 0.85$는 회귀모형이 종속 변수의 변동성 중 85%를 설명할 수 있음을 의미한다.

## 55
정답 | ②
해설 | 학습률이 지나치게 작으면 학습이 너무 느리게 진행되며, 최적값에 도달하는 데 많은 시간이 걸린다.

## 56
정답 | ③
해설 | 모델의 복잡도를 증가시키면 과적합이 더 심해질 수 있다. 교차검증, 데이터 증강, 규제(Regularization)는 과적합 방지에 효과적이다.

## 57
정답 | ①
해설 | K-폴드 교차검증은 과적합을 방지하고 모델의 일반화 성능을 평가하기 위해 사용된다.

## 58
정답 | ④
해설 | 주성분 분석(PCA)은 분산이 큰 축을 유지함으로써 데이터의 중요한 특성을 보존하면서 차원을 축소한다.

## 59
정답 | ④
해설 | 랜덤 포레스트는 앙상블 학습 기법으로, 각 트리는 서로 다른 데이터 샘플을 학습한다. 따라서 모든 트리가 동일한 데이터를 학습한다는 설명은 잘못된 내용이다.

## 60
정답 | ③
해설 | 데이터셋 분할은 지도학습에서 새로운 데이터에 대한 예측 성능을 평가하기 위해 가장 널리 사용되는 방법이다.

## 61
정답 | ④
해설 | LOOCV(Leave-One-Out Cross Validation)는 데이터 수가 적을 때 적합한 교차검증 방법으로, 한 번에 하나의 데이터를 검증 데이터로 사용하여 반복적으로 학습을 수행한다.

## 62
정답 | ②
해설 | ROC 커브의 $y$축은 '민감도(Sensitivity)'를 나타내므로 ㉠에 들어갈 적합한 값은 민감도이다. 민감도는 실제 양성 중에서 올바르게 예측된 비율을 의미한다.

## 63
정답 | ②
해설 | 피처의 개수를 추가하면 모델 복잡도가 증가하여 과적합이 발생할 가능성이 높아진다. 과적합 방지를 위해서는 데이터를 추가하거나 드롭아웃 기법을 사용하는 것이 효과적이다.

## 64
정답 | ①
해설 | 파이차트를 3차원으로 회전하면 실제 데이터 비율과 왜곡된 시각적 표현이 발생할 수 있다. 데이터 왜곡을 최소화하기 위해 평면 차트를 사용하는 것이 적합하다.

## 65
정답 | ④
해설 | 시공간 데이터는 시간과 공간 정보를 동시에 분석한다. 시간과 공간을 따로 분리하면 데이터의 중요한 상관관계를 잃을 수 있으므로 부적절한 방법이다.

## 66
정답 | ④
해설 | 민감도는 실제 양성 데이터 중 올바르게 예측한 비율을 의미한다. 민감도가 잘못 예측한 비율을 나타낸다는 설명은 민감도의 정의로 옳지 않다.

## 67
정답 | ③
해설 | 민감도는 실제 양성 데이터 중 올바르게 예측된 비율을 나타낸다. "실제 음성 중 올바르게 예측한 비율"은 특이도의 정의이다.

## 68
정답 | ①
해설 | 변동계수(CV ; Coefficient of Variation)는 데이터가 모두 양수일 때 사용 가능한 지표로 평균 대비 표준편차의 비율을 나타낸다.

## 69
정답 | ③
해설 | 군집(Clustering)은 클래스 불균형 문제를 해결하는 직접적인 방법이 아니다. 일반적으로 과소표집, 과대표집, 가중치 조정이 사용된다.

## 70
정답 | ②
해설 | 배깅(Bagging)은 샘플을 여러 번 복원 추출하여 모형을 학습하는 기법이다. 랜덤 포레스트는 배깅을 기반으로 동작한다.

## 71
정답 | ③
해설 | 토큰화(Tokenization)는 텍스트를 단어 또는 문장 단위로 나누는 작업이다. 문장 단위로 나누는 것은 세분화된 토큰화 방식으로 옳지 않은 설명이다.

## 72
정답 | ④
해설 | 시그모이드 함수는 활성화 함수로 사용되며, 특히 이진 분류 문제에서 출력값을 확률값으로 변환한다.

## 73
정답 | ④

해설 | 모델 하이퍼파라미터 튜닝은 데이터 전처리 과정이 아니라 모델 최적화 과정에 해당한다. 전처리 과정에 해당하는 예로는 데이터 정규화, 이상치 제거 등이 있다.

## 74
정답 | ②

해설 | KNN 알고리즘은 계산 비용이 크다. 새로운 데이터를 분류할 때 모든 훈련 데이터를 참조하므로, 특히 데이터셋이 클 경우 연산 시간이 많이 소요된다.

## 75
정답 | ④

해설 | ANOVA의 기본 가정에는 "모든 그룹의 평균은 같다"라는 가정이 포함되지 않다. 이는 귀무가설로 테스트하는 대상일 뿐 기본 가정은 아니다.

## 76
정답 | ④

해설 | 차원 축소는 데이터의 스케일링 기법이 아니다. 스케일링 기법에는 Min-Max Scaling, Z-Score Scaling 등이 포함된다.

## 77
정답 | ②

해설 | 드롭아웃(Dropout)은 학습 중 무작위로 뉴런을 비활성화하여 모델의 복잡도를 줄이고 과적합을 방지한다.

## 78
정답 | ④

해설 | F1 점수는 분류 모델의 성능을 평가하는 데 사용되며, 다중회귀 모델의 성능 지표로는 적합하지 않다. 다중회귀 모델에서는 $R^2$, MSE 등이 주로 사용된다.

## 79
정답 | ③

해설 | 파생 변수는 데이터의 설명력과 모델 성능을 향상시키기 위해 생성된다. 변수 간 독립성을 제거하려는 목적과는 무관하다.

## 80
정답 | ③

해설 | 데이터 시각화는 데이터의 신뢰성을 향상시키는 목적보다는 데이터의 패턴과 관계를 명확히 보여주고 탐색 과정을 돕는 데 초점이 맞춰져 있다.

# 제8회 기출복원문제 정답 및 해설

| 1 | 2 | 3 | 4 | 5 | 6 | 7 | 8 | 9 | 10 |
|---|---|---|---|---|---|---|---|---|---|
| ④ | ③ | ③ | ④ | ③ | ③ | ① | ③ | ① | ① |
| 11 | 12 | 13 | 14 | 15 | 16 | 17 | 18 | 19 | 20 |
| ④ | ④ | ② | ④ | ③ | ③ | ④ | ④ | ③ | ④ |
| 21 | 22 | 23 | 24 | 25 | 26 | 27 | 28 | 29 | 30 |
| ④ | ③ | ③ | ② | ② | ③ | ④ | ① | ④ | ③ |
| 31 | 32 | 33 | 34 | 35 | 36 | 37 | 38 | 39 | 40 |
| ③ | ② | ① | ② | ① | ③ | ③ | ① | ④ | ③ |
| 41 | 42 | 43 | 44 | 45 | 46 | 47 | 48 | 49 | 50 |
| ① | ③ | ④ | ④ | ③ | ② | ② | ③ | ① | ④ |
| 51 | 52 | 53 | 54 | 55 | 56 | 57 | 58 | 59 | 60 |
| ② | ② | ④ | ④ | ② | ④ | ② | ② | ② | ④ |
| 61 | 62 | 63 | 64 | 65 | 66 | 67 | 68 | 69 | 70 |
| ③ | ③ | ③ | ③ | ④ | ③ | ② | ② | ③ | ① |
| 71 | 72 | 73 | 74 | 75 | 76 | 77 | 78 | 79 | 80 |
| ② | ① | ① | ③ | ② | ② | ④ | ④ | ③ | ② |

## 01

정답 | ④

해설 | Pos 태깅(Part-of-Speech tagging)은 단어의 품사를 식별하고 태그를 붙이는 작업으로, 단어의 의미를 판단하는 것이 아니라 그 문장에서의 역할(명사, 동사 등)을 결정하는 과정이다. 뜻을 판단하는 작업은 단어의 의미를 분석하는 작업이며, 이는 Pos 태깅과는 다르다.

## 02

정답 | ③

해설 | 총계처리(Aggregation)는 데이터의 세부 정보를 묶어 더 큰 그룹으로 처리하는 방법으로, 재배열은 이러한 총계처리의 일환으로 데이터를 뒤섞는 과정이다. 이를 통해 정보의 손실 없이 데이터를 보호하며, 분석에 필요한 주요 통계는 유지된다.

## 03

정답 | ③

해설 | Velocity는 데이터의 생성, 처리, 분석 속도를 의미하며, 빅데이터 환경에서 데이터가 빠르게 생성되고 실시간으로 변동되는 특성을 나타낸다. 나머지 보기는 각각 다른 V에 대한 잘못된 설명이다.

## 04

정답 | ④

해설 | 바텀 업(Bottom-Up) 접근 방식에서 도출된 분석 결과는 조직의 전략과 목표에 맞게 조정되거나 활용되어야 하며, 이를 거치지 않을 경우 분석 결과가 조직의 목표와 일치하지 않을 수 있다.
- 탑 다운(Top-Down) 접근 방식 : 조직의 큰 그림에서 출발하여, 명확한 전략적 목표나 문제 정의에서 분석 작업을 시작하는 방식이다. 이는 주로 고위 의사결정자들에 의해 주도된다.
- 바텀 업(Bottom-Up) 접근 방식 : 기존의 데이터를 활용하여 인사이트를 발견하고, 이를 기반으로 비즈니스 문제를 정의하거나 해결하는 방식이다. 이는 종종 현장 수준의 발견에서 시작하여, 점차 전략적 의미를 도출해낸다.

## 05
**정답 | ③**

해설 | 초매개변수는 학습 과정에서 자동으로 최적화되지 않고, 사전에 설정되어 학습 중에는 고정된 값을 유지한다. 초매개변수의 최적값은 별도의 탐색 과정(grid search, random search, Bayesian optimization 등)을 통해 찾아야 한다.

## 06
**정답 | ③**

해설 | 모델의 성능을 평가할 때, 편향(bias)과 분산(variance)이라는 두 가지 주요 요소를 고려한다. 편향이 낮다는 것은 모델이 학습 데이터에 잘 맞추어져 있다는 것을 의미하며, 분산이 낮다는 것은 모델이 새로운 데이터에 대해서도 잘 일반화할 수 있다는 것을 의미한다. 따라서, 편향과 분산이 모두 낮은 모델이 가장 바람직한 모델로 평가된다.

## 07
**정답 | ①**

해설 | HBase는 분산 데이터베이스 시스템으로, 분산 저장 시스템 위에서 동작하지만, 자체적으로는 분산 저장 시스템이 아니다.
② Ceph : 분산 파일 시스템으로, 대규모 데이터 스토리지를 관리하는 데 사용되는 오픈소스 플랫폼이다. 주로 클라우드 시스템에 활용되며 AWS의 S3와 같은 오브젝트 스토리지 서비스 구축이 대표적인 사례이다.
③ GoogleFS(Google File System) : Google에서 개발한 분산 파일 시스템으로, 대규모 데이터 처리와 저장을 위해 사용된다.
④ HDFS(Hadoop Distributed File System) : Hadoop의 분산 파일 시스템으로, 대용량 데이터를 효율적으로 저장하고 관리하기 위해 설계된 시스템이다.

## 08
**정답 | ③**

해설 | 카산드라(Cassandra)와 몽고디비(MongoDB)는 모두 NoSQL 데이터베이스의 대표적인 예이다. NoSQL은 비정형 또는 반정형 데이터를 저장하고 처리하는 데 최적화된 데이터베이스 시스템으로, 관계형 데이터베이스와 달리 다양한 데이터 구조를 지원한다.
① In-Memory DB : 주로 메모리에 데이터를 저장해 빠르게 액세스할 수 있는 데이터베이스를 말한다.
② DFS(Distributed File System) : 분산 파일 시스템으로, 대규모 파일 데이터를 분산 저장하는 시스템이다.
④ RDBMS(Relational Database Management System) : 관계형 데이터베이스 관리 시스템으로, 정형 데이터를 테이블 형태로 저장한다.

## 09
**정답 | ①**

해설 | 문제 탐색은 단순히 문제를 나열하는 것이 아니라, 문제의 원인을 깊이 탐구하고 이해하는 과정이다. 이 과정에서는 문제의 본질을 파악하고, 문제 해결을 위한 기초적인 이해를 쌓는 것이 중요하다.
② 문제 정의 : 문제를 명확하게 규정하고, 문제의 범위와 영향을 분석하는 단계이다.
③ 해결방안 탐색 : 다양한 가능성을 고려하여, 여러 해결책을 제시하고, 그 중에서 가장 적합한 해결책을 선택하는 과정이다.
④ 타당성 검토 : 제안된 해결책들이 실제로 실현 가능한지 여부를 평가하는 단계이다.

## 10
**정답 | ①**

해설 | 거래 데이터는 일반적으로 숫자나 문자열 형태로 저장되는 정형 데이터이다. 정형 데이터는 구조화된 형식(剛 데이터베이스의 테이블)에 저장될 수 있으며, 일정한 형식을 가지고 있어 쉽게 관리 및 분석이 가능하다. 반면, 음성 데이터, 메시지 데이터, 이미지 데이터는 비정형 데이터로, 고정된 구조가 없어 저장, 처리, 분석이 더 복잡하다.

## 11
**정답 | ④**

해설 | 데이터 준비는 데이터 분석의 전 단계에서 이루어지는 작업으로, 데이터 수집, 정제, 변환 등의 작업을 포함하며, 분석을 위한 기초 작업에 해당한다. 데이터 분석 단계 자체로 보기는 어렵다. 따라서 데이터 준비는 데이터 분석 단계의 작업으로 분류되기보다는 그 이전의 준비 단계로 보는 것이 타당하다.
①, ②, ③ 데이터 확인 및 추출, 데이터 모델링, 모델링 적용 및 운영방안은 모두 데이터 분석 과정의 중요한 단계이다. 이 단계들은 데이터의 이해, 모델링, 그리고 모델의 실질적인 적용과 운영을 포함한다.

## 12
**정답 | ④**

해설 | 표준화는 데이터의 각 값을 평균이 0, 표준편차가 1이 되도록 변환하는 과정이다. 이 과정에서 데이터는 무단위의 값으로 변환되어, 서로 다른 단위를 가진 데이터 간의 비교가 용이해진다. 따라서 표준화된 값은 단위를 가지지 않는다.
① 두 개의 샘플을 통합하는 것은 표준화와 관련이 없다.
② 노이즈 제거는 데이터 전처리의 일부일 수 있지만, 표준화의 목적과는 다르다.
③ 데이터의 분포를 정규분포로 변환하는 것은 표준화와는 다르며, 표준화는 분포를 정규화하지 않는다.

## 13
**정답 | ②**

해설 | 빅데이터 플랫폼은 대량의 데이터를 수집, 처리, 분석, 저장, 관리할 수 있는 통합 시스템으로, 다양한 데이터 소스에서 데이터를 가져와 실시간 분석과 저장을 수행하여 의사결정에 활용할 수 있도록 한다.
① 데이터베이스 관리 시스템(DBMS) : 주로 정형 데이터의 저장 및 관리를 담당하는 시스템이다.
③ 클라우드 스토리지 : 데이터를 원격 서버에 저장하고 관리하는 서비스로, 데이터의 처리와 분석은 포함되지 않는다.

④ 인공지능(AI) 모델 : 데이터를 학습하고 예측을 수행하는 알고리즘이지만, 데이터의 수집과 저장, 처리 등의 기능은 포함되지 않는다.

## 14
**정답 |** ④
**해설 |** 왜도(Skewness)는 데이터의 분포가 얼마나 비대칭적인지를 나타내는 척도이다. 왜도가 0이면 데이터가 완전히 대칭적이고, 양수 또는 음수이면 데이터가 한쪽으로 치우쳐 있음을 의미한다. 분산과 표준편차는 데이터의 흩어짐 정도(즉, 데이터의 변동성)를 나타내지만, 데이터의 대칭성을 직접적으로 나타내지는 않는다. 평균은 데이터의 중심 경향성을 나타내며, 편중된 정도를 확인하는 척도는 아니다. 따라서, 데이터가 얼마나 편중되어 있는지 확인할 수 있는 척도는 왜도이다.

## 15
**정답 |** ③
**해설 |** 데이터 웨어하우스는 데이터가 일단 저장되면 수정되지 않으며, 비휘발성의 특성을 가지고 있다. 즉, 데이터는 영구적으로 보관되며, 분석 및 보고에 사용된다. 과거 데이터는 삭제되지 않고 보관되며, 시간에 따른 데이터를 축적하여 분석할 수 있다. 이로 인해 데이터의 시간 가변성과 통합성이 강조된다. 그러나, 데이터 웨어하우스에서 원본 데이터가 실시간으로 변경된다는 것은 옳지 않다. 데이터 웨어하우스는 실시간 변경보다는 안정적이고 일관된 데이터 조회를 위해 설계된다. 따라서 조회 시 원본 데이터가 실시간으로 변경된다는 설명은 데이터 웨어하우스의 특징으로 옳지 않다.

## 16
**정답 |** ③
**해설 |** 정성적 데이터는 본질적으로 질적이며, 숫자나 연속적인 값으로 변환하기 어렵다. 따라서 정성적 데이터를 연속형 데이터로 변환하는 것은 일반적으로 불가능하다. 정량적 데이터 중 계수 데이터(예 학생 수)는 경우에 따라 범주형 데이터로 변환할 수 있다. 예를 들어, 학생 수를 "적다", "많다"로 범주화할 수 있다. 따라서, 정성적 데이터 중 일부를 연속형 데이터로 변환 가능하다는 설명은 옳지 않다.
- 정성적 데이터(Qualitative Data) : 질적 데이터를 의미하며, 주로 범주형 데이터를 포함한다. 이러한 데이터는 숫자보다는 특성이나 범주를 표현하는 데 사용된다. 예 성별, 색상 등
- 정량적 데이터(Quantitative Data)는 양적 데이터를 의미하며, 주로 숫자로 표현되고 계산이 가능한 데이터를 포함한다. 예 키, 나이, 점수 등

## 17
**정답 |** ④
**해설 |** 내부데이터는 기업 내부에서 생성되는 데이터로, 기업의 운영, 재무, 고객 정보 등이 포함된다. 외부데이터는 외부 기관이나 조직에서 제공받는 데이터로, 정부 통계, 시장 조사, 소셜 미디어 데이터 등이 포함된다. 외부데이터는 데이터 소유권과 저작권 문제가 따를 수 있으며, 이를 무시하고 자유롭게 사용할 수 없다. 외부 데이터를 사용할 때는 라이선스, 저작권, 사용 조건 등을 반드시 확인하고 준수해야 한다. 따라서, 외부데이터는 신경쓰지 않고 자유롭게 사용해도 된다는 설명은 옳지 않다.

## 18
**정답 |** ④
**해설 |** Key-Value 데이터베이스는 키와 값의 쌍으로 데이터를 저장하는 매우 간단한 데이터 모델을 제공한다. 빠른 읽기/쓰기 성능을 제공하며, 다양한 데이터 타입을 값으로 저장할 수 있다. 그러나 Key-Value 데이터베이스는 복잡한 쿼리 수행에 적합하지 않다. 예를 들어, 관계형 데이터베이스에서 제공하는 조인, 그룹화, 필터링 같은 복잡한 쿼리 기능은 Key-Value 모델에서 지원되지 않으며, 주로 단순한 키-값 조회에 최적화되어 있다. 따라서, Key-Value 데이터베이스가 복잡한 쿼리의 수행이 가능하다는 설명은 옳지 않다.

## 19
**정답 |** ③
**해설 |** 익명정보는 특정 개인을 식별할 수 없도록 처리된 정보로, 개인정보보호법에 따라 개인정보의 범주에서 제외된다. 익명화된 정보는 개인정보가 아니기 때문에, 이를 생성할 때 당사자의 동의를 구할 필요가 없다. 개인정보보호위원회는 개인정보보호를 위한 독립적인 기구로, 개인정보와 관련된 정책을 수립하고 집행하는 역할을 한다. 개인정보는 필요한 최소한의 범위에서 수집하고, 이를 처리할 때 보호 조치를 준수해야 한다. 따라서 익명정보를 생성할 때 당사자의 동의를 구해야 한다는 설명은 옳지 않다.

## 20
**정답 |** ④
**해설 |** 데이터 마스킹은 데이터를 가리거나 변형하여 민감한 정보를 보호하는 기술이다. 이를 통해 데이터가 식별되거나 개인정보가 노출될 위험을 줄일 수 있다. 마스킹 수준이 높으면 데이터의 가려지는 정도가 커지므로, 식별하거나 예측하기가 더 어려워진다. 따라서 마스킹 수준이 높아지면 데이터의 식별 가능성이 낮아지는 것이 일반적이다.

## 21
**정답 |** ④
**해설 |** 다변량분산분석(Manova)은 여러 개의 독립변수와 종속변수를 동시에 고려하여, 변수들 간의 상호작용과 영향을 분석하는 통계 기법이다. 이 기법은 변수들이 복잡하게 얽혀 있을 때 그 관계를 명확히 이해하는 데 유용하다.

## 22
**정답 | ③**

**해설 |** 비모수검정은 특정 분포를 가정하지 않고 데이터를 분석할 수 있는 방법으로, 주로 분포가 명확하지 않거나 표본 크기가 작을 때 사용된다. 비모수검정은 데이터의 순위 정보를 사용하기 때문에, 순서나 순위를 기반으로 데이터를 분석하는 경우에 적합하다. 모수검정은 특정 분포(예 정규분포)를 가정하며, 일반적으로 데이터가 그 분포를 따르는 경우 검정력이 더 높다. 비모수검정은 데이터의 분포에 대한 가정이 없기 때문에 적용 범위는 넓지만, 데이터가 특정 분포를 따를 때는 모수검정보다 검정력이 낮을 수 있다.

## 23
**정답 | ③**

**해설 |** 표본분산(Sample Variance)은 표본 데이터의 분포가 얼마나 퍼져 있는지를 나타내는 통계적 척도이다. 표본분산은 표본 평균으로부터 각 데이터 포인트가 얼마나 떨어져 있는지를 제곱한 후, 그 값들의 평균을 계산하여 구합니다. 이는 데이터의 변동성을 측정하는 중요한 지표이다.

- 표본 분산 계산 공식 : $s^2 = \dfrac{1}{n-1}\sum_{i=1}^{n}(x_i - \bar{x})^2$
- 단계별 계산
  - 평균 계산 : $\bar{x} = \dfrac{60+70+80}{3} = 70$
  - 각 데이터와 평균의 차이를 제곱한 값 계산
    $(60-70)^2 = (-10)^2 = 100$
    $(70-70)^2 = 0^2 = 0$
    $(80-70)^2 = 10^2 = 100$
  - 제곱된 차이들의 합 : $100 + 0 + 100 = 200$
  - 표본분산 계산 : $s^2 = \dfrac{200}{3-1} = \dfrac{200}{2} = 100$

## 24
**정답 | ②**

**해설 |** 제1종 오류는 실제로 참인 귀무가설을 기각하는 오류이고, 제2종 오류는 실제로 거짓인 귀무가설을 기각하지 못하는 오류이다. 따라서 표에 올바르게 들어갈 내용은 ㉠ 제1종 오류, ㉡ 알맞은 판단, ㉢ 제2종 오류이다.

## 25
**정답 | ③**

**해설 |** 매출액은 서열척도가 아니라 비율척도에 해당한다. 매출액은 절대적 영점(0원)이 존재하고 사칙연산이 모두 가능하며, 비율 비교가 가능하기 때문이다(예 A 회사의 매출액이 B 회사의 2배).
① 비율척도란 절대적 영점이 있고 비율계산이 가능한 척도를 말한다. 대표적인 예는 무게, 길이, 금액 등이 있다.
② 명목척도는 단순 분류를 위한 이름이나 범주를 나타내는 척도를 말한다.
④ 등간척도는 간격이 동일한 척도다. 예를 들어 섭씨 온도나 학력, IQ 등이 해당한다.

## 26
**정답 | ③**

**해설 |** 기술통계량은 데이터를 요약하고 설명하는 데 사용되는 값으로, 대표적으로 평균, 중앙값, 분산, 표준편차, 최댓값, 최솟값 등이 포함된다. 이상값(Outlier)은 데이터셋에서 다른 값들과 큰 차이를 보이는 특이값을 의미하지만, 기술통계량 자체는 아니다. 이상값은 데이터 분석 시에 주로 확인하거나 제거할 대상이지, 데이터의 일반적인 요약값으로 사용되지 않는다.

## 27
**정답 | ④**

**해설 |** Box-Cox 변환은 데이터를 정규분포에 가깝게 만들기 위해 주로 사용되는 방법으로, 양수 데이터에만 적용할 수 있다. 이 변환은 특정 파라미터를 선택하여 데이터를 최적으로 변환하며, 다양한 데이터 유형에 적용 가능하다.
① Max-Min 스케일링 : 데이터를 특정 범위(예 0과 1 사이)로 변환하는 방법으로, 정규성 확보에는 직접적으로 사용되지 않는다.
② Z Score 변환 : 데이터의 평균을 0, 표준편차를 1로 만드는 표준화 방법으로, 변환 후 정규성을 보장하는 것은 아니며, 양수와 음수 데이터 모두에 적용 가능하다.
③ 절댓값 변환 : 데이터의 모든 값을 양수로 바꾸는 방법이지만, 정규분포로의 근사와는 관련이 없다.

## 28
**정답 | ①**

**해설 |** 귀무가설을 기각한다는 것은, 광고 캠페인이 매출에 영향을 미쳤다고 결론 내리는 것을 의미한다. 그러나 이때 귀무가설이 실제로 참이라면, 즉 광고 캠페인이 실제로는 매출에 영향을 미치지 않았는데 이를 기각하게 되면 제1종 오류(Type I Error)가 발생한다.

## 29
**정답 | ④**

**해설 |** 박스플롯(Box Plot)은 데이터의 분포를 사분위수(중앙값, Q1, Q3)와 함께 시각적으로 나타내는 도구로, 주로 데이터의 중위수, 사분위 범위, 그리고 이상치(outlier)를 시각화한다. 박스플롯은 95% 신뢰구간을 표시하지 않으며, 이는 보통 평균과 표준오차를 기반으로 계산된 신뢰구간과는 별개다. 신뢰구간은 t-검정이나 평균을 중심으로 하는 다른 시각화 도구에서 주로 사용된다.

## 30
**정답 | ③**

**해설 |** EM 알고리즘(Expectation-Maximization)은 샘플링 기법이 아니라, 주로 가우시안 혼합 모델 등에서 최대우도 추정을 위해 사용되는 알고리즘이다.
① Metropolis-Hastings Algorithm : MCMC(Markov Chain Monte Carlo) 샘플링 기법의 하나로, 확률분포로부터 샘플을 생성하는 데 사용된다.
② Perfect Sampling : 샘플링 기법 중 하나로, 실제 분포로부터 정확한 샘플을 생성하기 위해 사용된다.

④ Rejection Sampling : 목표 분포에서 샘플을 생성하기 위한 기법으로, 비교적 단순한 방법이다.

## 31
**정답 | ③**
**해설 |** 통계적 유의성은 특정 통계적 검정(예 t-검정, ANOVA 등)을 통해 확인되는 것으로, 기초통계량이나 그래프로 직접 확인할 수 없다. 통계적 유의성은 일반적으로 p-값을 통해 판단되며, 이는 별도의 분석을 통해서만 알 수 있다.
  ① 결측치 : 데이터에서 누락된 값을 의미하며, 기초통계량에서 직접적으로 확인할 수 있다.
  ② 이상치 : 데이터 분포에서 벗어나는 값으로, 박스플롯이나 히스토그램 같은 그래프로 쉽게 시각화할 수 있다.
  ④ 데이터 분포 : 히스토그램, 박스플롯 등의 그래프로 시각화하여 확인할 수 있다.

## 32
**정답 | ②**
**해설 |** 편상관(Partial Correlation)은 두 변수 간의 상관관계를 다른 변수들의 영향을 제거하고 분석할 때 사용하는 기법이다. 암 발생률과 소득 간의 상관관계를 분석하면서 다른 변수들의 영향을 통제하고자 할 때 사용된다.
  ① 군집분석 : 데이터 포인트를 유사한 그룹으로 묶는 데 사용되는 기법으로, 상관관계 분석과는 관련이 없다.
  ③ F분포 : 분산분석(ANOVA)에서 사용되는 분포로, 두 모분산의 비율을 비교하는 데 사용된다.
  ④ 카이제곱 검정 : 범주형 변수 간의 독립성 또는 적합성을 테스트하는 데 사용되는 기법이다.

※ 편상관 추가 설명
  • 변수를 설정
    - $X$ : 독립 변수(예 소득)
    - $Y$ : 종속 변수(예 암 발생률)
    - $Z$ : 통제하고자 하는 변수(예 나이, 교육 수준 등)
  • 회귀 분석 수행
    - Step 1 : $Z$ 변수를 사용하여 $X$를 회귀 분석하여 잔차를 계산한다. 즉, $X$에 대해 $Z$를 통제한 상태에서 $X$가 가치는 잔차 $r_{X|Y}$를 구한다.
    - Step 2 : $Z$ 변수를 사용하여 $Y$를 회귀 분석하여 잔차를 계산한다. 즉, $Y$에 대해 $Z$를 통제한 상태에서 $Y$가 가치는 잔차 $r_{Y|X}$를 구한다.
  • 편상관 계산
    - $X$와 $Y$의 잔차들 사이의 상관관계가 바로 편상관이다.
    - 공식 : $r_{XY|Z} = \dfrac{r_{XY} - r_{XZ} \times r_{YZ}}{\sqrt{(1-r^2_{XZ})(1-r^2_{YZ})}}$
    - $r_{XY|Z}$ : $Z$를 통제한 상태에서의 $X$와 $Y$ 간의 편상관
    - $r_{XY}$ : $X$와 $Y$ 간의 단순 상관계수
    - $r_{XZ}, r_{YZ}$ : 각각 $X$와 $Z$, $Y$와 $Z$ 간의 상관계수

## 33
**정답 | ①**
**해설 |** 데이터 불균형은 주로 분류 문제에서 발생하며, 특정 클래스의 데이터가 다른 클래스에 비해 현저히 적은 경우를 의미한다. 이로 인해 모델이 소수 클래스에 대해 잘 학습하지 못할 수 있다. 그러나 데이터 불균형이 있더라도 모델의 학습은 가능하다. 다만, 모델이 다수 클래스에 편향될 수 있으며, 소수 클래스의 예측 성능이 저하될 수 있다. 오버샘플링(SMOTE), 언더샘플링, 또는 비율 조정 등의 기법을 통해 데이터 불균형 문제를 완화할 수 있다. 따라서, 모델 학습이 불가능하다는 설명은 옳지 않다.

## 34
**정답 | ②**
**해설 |** 중심극한정리(Central Limit Theorem)는 표본의 크기가 충분히 크다면, 표본의 분포가 원래 분포의 형태와 상관없이 표본평균의 분포가 정규분포에 가까워진다는 이론이다. 이는 통계적 추론의 기본 원리 중 하나로, 실제 데이터가 정규분포를 따르지 않더라도 표본의 크기가 커질수록 표본평균의 분포가 정규분포에 가까워짐을 보장한다.
  ① 대수의 법칙 : 장기적으로 표본평균이 모평균에 수렴하는 것을 설명하지만, 분포가 정규분포에 가까워지는 것을 설명하지 않는다.
  ③ 표본분포 : 여러 표본을 통해 얻은 통계량들의 분포를 의미하며, 중심극한정리의 결과에 따라 정규분포를 따를 수 있다.
  ④ 중심화법칙 : 통계적 개념이 아니라 잘못된 용어이다.

## 35
**정답 | ①**
**해설 |** 산점도를 통해 연도별 출생 인구의 추이를 분석할 수 있다. 1980년대부터 2000년대까지의 출생 인구는 연도에 따라 증가하거나 감소하였다. 따라서 산점도에 따라 대체로 증가 추세를 보였다는 설명은 옳지 않은 것으로 판단된다.
  ② 2000년대생 인구가 60만 명을 넘었다는 설명은 산점도에 따라 옳은 것으로 판단된다.
  ③ 2010년대생 인구가 2000년대생보다 적다는 설명은 연도별 추이에 따라 옳은 것으로 판단된다.
  ④ 1990년대생과 1980년대생의 인구 수준이 비슷했다는 설명은 산점도에 따라 옳은 것으로 판단된다.

## 36
**정답 | ③**
**해설 |** 데이터 변환은 데이터를 특정 형식이나 스케일로 변환하는 과정을 의미하며, 여기에는 날짜 형식 변환, 범주화, 표준화 등이 포함된다. 학년 값을 batch로 변환하여 데이터 분할하는 것은 데이터 변환이 아니라 데이터 처리나 데이터 준비 과정의 일환으로 볼 수 있다. 이는 데이터를 학습이나 분석을 위해 특정 집합으로 나누는 과정이지, 데이터 자체의 형식이나 값을 변경하는 것은 아니다.
  ① 날짜 형식의 변환은 데이터 변환의 전형적인 예로, 데이터를 다른 형식으로 표현하는 것이다.
  ② 나이 구간을 범주화하는 것도 데이터 변환의 한 형태로, 연속적인 수치를 범주형 데이터로 변환한다.

④ 키 수치를 표준화하는 것도 데이터 변환의 일종으로, 데이터를 평균 0, 표준편차 1로 변환하여 비교 가능한 형태로 만든다.

## 37
정답 | ③

해설 | 파생변수는 기존 데이터에서 새로운 변수를 생성하는 과정으로, 이는 주로 독립변수들 간의 상호작용, 특정 조건에 따른 변형, 또는 시간에 따른 변화를 반영하여 생성된다. 그러나 독립변수와 종속변수의 교호작용을 통해 파생변수를 만드는 것은 적절하지 않다. 교호작용은 모델링 과정에서 독립변수들 간의 상호작용을 고려하는 것이며, 종속변수와의 상호작용은 파생변수 생성과는 무관하다.
① 시간에 따른 파생변수 생성은 일반적인 방법으로, 예를 들어 일정 기간 동안의 변화율을 계산할 수 있다.
② 특정 조건에 따라 파생변수를 만드는 것도 가능하다. 예를 들어, 특정 값이 기준치를 초과할 때의 이벤트를 나타내는 변수를 생성할 수 있다.
④ 기존 변수들의 조합을 통해 파생변수를 생성하는 것도 일반적인 방법이다. 예를 들어, 두 변수의 곱이나 합을 통해 새로운 변수를 만들 수 있다.

## 38
정답 | ①

해설 | 이 분포는 오른쪽으로 긴 꼬리를 가진 우측 꼬리가 긴 분포로, 일반적으로 평균값이 가장 오른쪽에, 중앙값이 그 다음, 최빈값이 가장 왼쪽에 위치한다. 따라서, 최빈값<중앙값<평균값이 옳다.

## 39
정답 | ④

해설 | 결측값을 대체하는 방법에는 여러 가지가 있으며, 각각의 방법은 데이터 분석에 다양한 영향을 미칠 수 있다. 자가회귀(Autoregression) 기법을 사용하여 결측값을 대체하는 경우, 이 기법은 시간적 상관성을 고려하여 결측값을 추정하므로 상관성을 유지하거나 증가시킬 가능성이 있다. 분산 또한 대체 방법에 따라 변화할 수 있지만, 상관성이 낮아진다고 일반적으로 말할 수는 없다.
① 결측값을 평균으로 대체하는 경우 데이터의 변동성이 줄어들어 분산이 감소할 수 있다.
② 결측값을 중위수로 대체하는 경우 데이터의 중앙값이 왜곡될 수 있다.
③ 결측값을 제거하는 경우 데이터의 크기가 줄어들어 통계적 유의성이 낮아질 수 있다.

## 40
정답 | ③

해설 | 표본평균은 모집단 평균을 추정하는 값으로, 표본의 크기가 클수록 더 정확하게 모집단의 평균을 추정할 수 있다. 표본 크기가 작을 때는 표본평균이 모집단 평균과 차이가 날 수 있으며, 이는 표본의 크기와 무작위성에 따라 달라진다. 표본 크기와 상관없이 표본평균이 모집단 평균과 항상 같다는 것은 사실이 아니다. 표본의 크기가 작으면 표본평균이 모집단 평균과 다를 수 있으며, 표본 크기가 클수록 두 값이 더 가까워진다. 표본의 크기가 충분히 크면, 중심극한정리에 따라 표본평균의 분포가 정규분포에 가까워진다.

## 41
정답 | ①

해설 | 주성분 분석(PCA)에서 제3주성분은 데이터의 분산을 적은 비율로 설명한다. 예를 들어, 제3주성분이 설명하는 비율이 $8.45\%$라면, 이는 이전 주성분들이 데이터의 대부분을 설명하고, 나머지 소량의 분산을 이 주성분이 담당한다는 것을 의미한다. 제1주성분은 약 $40~70\%$, 제2주성분은 $10~30\%$, 제3주성분은 약 $5~10\%$를 설명하며, 3개의 주성분이 설명하는 총 분산의 비율은 대략 $55~90\%$다.

## 42
정답 | ③

해설 | 출력값은 은닉노드의 값과 가중치를 곱한 후 편향을 더해 계산한다. 계산식을 구하면 $0.2 \times 0.4 + 0.1 \times 0.5 + 0.2 = 0.33$이므로 출력값은 $0.33$이 된다.

## 43
정답 | ④

해설 | 주어진 혼동행렬의 정밀도(Precision)를 계산하면 정밀도 $= 50/(50+10) = 0.83$이므로 가장 적절하지 않은 것은 ④이다.
① 정확도(Accuracy) : $(50+35)/(50+10+5+35) = 0.85$
② 민감도(Sensitivity) : $50/(50+5) = 0.91$
③ 특이도(Specificity) : $35/(10+35) = 0.78$

## 44
정답 | ④

해설 | 위험도는 두 공정기술의 불량률을 단순히 비교한 값으로, 위험도 $=$ 신규 공정기술의 불량률/기존 공정기술의 불량률 $= 0.02/0.08 = 0.25$이다. 승산비는 두 공정기술 간의 불량과 정상의 상대적 비율을 비교한 값으로, 승산비 $= (0.02 \times 0.92)/(0.08 \times 0.98)$이 된다.
- 위험도 : 두 집단 간의 위험을 비교하는 지표로, 한 집단의 위험률을 다른 집단의 위험률로 나눈 값이다. 여기서 위험률은 불량률과 같은 부정적 결과가 발생할 확률을 의미한다.
- 승산비 : 두 집단 간의 사건 발생의 상대적 가능성을 비교하는 지표로, 각각의 집단에서 사건 발생의 승산을 계산한 후, 이를 나눈 값이다. 여기서 승산(Odds)은 사건이 발생할 확률을 사건이 발생하지 않을 확률로 나눈 값이다.

## 45

정답 | ③

해설 | 나이브 베이즈 분류기는 사전확률과 우도를 이용하여 사후확률을 계산하는 방식으로 작동한다. 우도는 주어진 클래스에서 특정 특징이 나타날 확률을 의미하며, 사전확률과 우도를 기반으로 베이즈 정리를 통해 사후확률을 계산한다. 따라서 ③은 틀린 설명이다.

- 사전확률[$P(C)$] : 어떤 클래스가 주어졌을 때의 확률이다.
- 우도[$P(X|C)$] : 주어진 클래스에서 데이터 XXX가 나타날 가능성을 의미한다.
- 사후확률[$P(C|X)$] : 주어진 데이터 XXX를 바탕으로 클래스 CCC가 발생할 확률이다.

※ 우도(Likelihood)란?

우도(Likelihood)는 통계학과 머신러닝에서 매우 중요한 개념으로, 특히 베이즈 정리와 나이브 베이즈 분류기에서 자주 사용된다. 우도는 특정한 관측 데이터가 주어졌을 때, 그 데이터가 어떤 확률 모형(또는 가설)하에서 나타날 가능성을 의미한다. 일반적으로 $P$(데이터|모델) $P(X|\theta)$ 형태로 나타난다. 여기서 $X$=관측된 데이터 또는 특징값을, $\theta$=모델의 파라미터 또는 가설을 의미한다.

예를 들어, 어떤 주사위가 공정한지 확인하기 위해 몇 번 던졌다고 가정하자. 주사위가 6이 나오는 경우를 $X$, 주사위가 공정하다는 가설을 $\theta$로 둔다. 공정한 주사위라면, 각 면이 나올 확률은 1/6이다. 주사위를 10번 던졌을 때 6이 3번 나왔다면, 이 데이터 $X$가 공정한 주사위 $\theta$하에서 나올 우도는 $P(X|\theta)$가 된다. 이 우도는 주어진 가설(공정한 주사위)에 비추어 관측된 데이터(6이 3번 나온 것)가 얼마나 가능성 있는지를 보여준다.

## 46

정답 | ②

해설 | 시퀀스투시퀀스(seq2seq) 모델은 주로 자연어 처리에서 사용되며, 인코더와 디코더로 구성된다. 인코더는 입력 시퀀스를 고정된 크기의 벡터로 변환하며, 이 벡터는 컨텍스트 벡터라고 불린다. 이 벡터는 디코더에 전달되어 출력 시퀀스를 생성하는 데 중요한 역할을 한다. 고유벡터, 공벡터, 기저벡터는 각각 다른 수학적 개념이나 용어를 나타내며, 여기서는 사용되지 않는다.

## 47

정답 | ②

해설 | 주성분 분석(PCA)은 데이터의 분산을 최대화하는 방향으로 주성분을 찾는 방법이다. 이때 분산이 큰 주성분일수록 중요한 정보를 많이 포함하고 있기 때문에, 분산이 큰 주성분이 더 중요하게 다루어진다. 또한, PCA는 변수들 간에 상관관계가 있을 때 주로 사용되며, 데이터가 정규분포를 따를 필요는 없다. 따라서 옳은 설명은 (다)이다.

## 48

정답 | ③

해설 | SVM에서는 초매개변수(C, 커널 파라미터 등)의 최적화가 매우 중요하다. 이 초매개변수들은 SVM의 성능에 큰 영향을 미치며, 일반적으로 교차 검증과 같은 방법을 사용해 최적의 값을 찾는다. 따라서 초매개변수의 최적화가 필요 없다는 설명은 옳지 않다.

## 49

정답 | ①

해설 | 각 그룹의 투표율은 $P(A) = 0.71$, $P(B) = 0.67$이며, $P(A) - P(B)$의 추정치는 $0.71 - 0.67 = 0.04$이다.

## 50

정답 | ④

해설 | 주어진 공식은 민코프스키 거리(Minkowski Distance)를 나타낸다. 이 거리는 $P$값에 따라 다른 형태의 거리 측정이 가능하다. 예를 들어, $P = 2$이면 유클리드 거리가 되고, $P = 1$이면 맨해튼 거리가 된다. 따라서 이 공식은 민코프스키 거리에 해당한다.

## 51

정답 | ②

해설 | (가) 의사결정나무는 각 분기가 명확한 규칙에 따라 이루어지며, 최종적으로 어떻게 분류나 예측이 이루어졌는지 쉽게 해석할 수 있다.
(나) 의사결정나무는 데이터를 분기할 때, 각 분기 후의 그룹이 더 동질적(즉, 하나의 클래스나 값으로 집중되는)인 방향으로 나아가도록 한다.
(다) 의사결정나무는 비모수적 기법으로, 데이터의 정규성 가정이 필요하지 않다. 따라서 이 설명은 옳지 않다.
(라) 의사결정나무는 교호작용을 명시적으로 고려하지 않으며, 이는 보통 더 복잡한 모델에서 고려된다.

## 52

정답 | ②

해설 | S2는 불편분산으로 계산되었기 때문에 그 기댓값이 모분산과 일치하며, 따라서 bias가 0이다. 불편추정량은 추정량의 기댓값이 모수의 실제 값과 일치하는 추정량이다. 일치추정량은 표본 크기가 증가할수록 추정량이 모수의 실제 값에 수렴하는 추정량이다. 불편추정량은 일치추정량이 될 수 있지만, 모든 일치추정량이 불편추정량은 아니다.

## 53

정답 | ④

해설 | 회귀의 자유도는 독립변수의 개수를 말한다. 자유도가 1이라는 것은 회귀 분석 모델에 하나의 독립변수(설명변수)만 사용했다는 것을 의미한다. 자유도 1은 단순 회귀 분석에서 일반적으로 나타나며 회귀 모델이 독립변수 1개를 가지고 종속변수를 예측하는 모델이라는 것을 의미한다. 오차의 자유도는 총 데이터 포인트 수에서 회귀 모델의 매개변수 개수를 뺀 값으로 계산된다. 자유도 8은 데이터의 총 개수($n$)가 10개일 때 $n - 2 = 8$로 계산된다. 여기서 2를 빼는 이유는 모델의 매개변수 수가 회귀식의 상수항과 독립변수의 계수로 2개이기 때문이다.

## 54
정답 | ④
해설 | 자기상관성은 시계열 데이터에서 시간에 따른 데이터 포인트 간의 상관성을 나타내는 것으로, 비지도 학습이나 시계열 분석에서 주로 고려되는 요소이다. 반면, 지도학습에서는 데이터의 크기와 품질, 변수의 중요도, 모델의 해석 가능성 등이 중요한 요소로 고려된다. 따라서, 자기상관성은 지도학습 모델을 선정할 때 일반적으로 적합하지 않은 고려 요소이다.

## 55
정답 | ②
해설 | k-폴드 교차검증은 주어진 데이터셋을 k개의 부분으로 나누고, 그 중 k-1개의 데이터를 학습용으로, 나머지 1개의 데이터를 검증용으로 사용하여 모델을 평가하는 방법이다. 이 과정을 k번 반복하여 각 부분이 한 번씩 검증용으로 사용되도록 한다. 데이터셋을 나눌 때는 행과 열의 개념보다는 데이터를 랜덤하게 섞은 후 k개의 그룹으로 나누는 것이 일반적이다. 즉, 데이터셋은 행으로만 나눈다는 설명은 옳지 않다. 교차검증은 데이터의 특정 구조(예 행)와 관계없이 이루어질 수 있다.
①, ③, ④는 k-폴드 교차검증의 일반적인 과정에 대한 올바른 설명이다.

## 56
정답 | ④
해설 | 차원축소는 고차원의 데이터를 저차원으로 변환하여 데이터의 핵심 정보를 보존하면서 데이터의 복잡성을 줄이는 기법이다. 주로 특징 추출과 노이즈 제거를 통해 모델의 성능을 향상시키고, 설명력을 증가시킬 수 있다. 그러나 데이터 정제는 결측치 처리, 이상치 제거 등 데이터를 클리닝하는 과정을 의미하며, 이는 차원축소가 아닌 데이터 전처리 과정에 해당한다.
① 특징 추출 : 차원축소의 주요 목표 중 하나로, 데이터의 중요한 정보를 추출하여 더 간결한 표현을 만드는 과정이다.
② 설명력 증가 : 차원축소를 통해 중요한 변수만을 남겨 모델이 더 잘 일반화되도록 하는 효과를 말한다.
③ 노이즈 제거 : 차원축소 과정에서 불필요한 정보(노이즈)를 제거하여 데이터의 품질을 향상시킬 수 있다.

## 57
정답 | ②
해설 | 로지스틱 회귀는 종속변수가 범주형일 때 사용되며, 주로 이진 분류 문제에서 활용된다. 선형회귀는 종속변수가 연속형일 때 사용되며, 잔차(오차)들이 정규분포를 따르는 것을 가정한다. 로지스틱 회귀는 잔차의 정규성을 가정하지 않으며, 오히려 종속변수가 특정 확률분포(예 이항분포)를 따르는 것을 가정한다. 따라서, 선형회귀와 로지스틱 회귀 모두에서 잔차의 정규성을 가정한다는 설명은 옳지 않다. 최소제곱법(LSE)은 선형회귀 계수를 추정하는 데 사용되며, 불편추정량이 되는 특성을 가진다. 최대우도추정법(MLE)은 선형회귀와 로지스틱 회귀 모두에서 계수를 추정하는 데 사용될 수 있다.

## 58
정답 | ②
해설 | 릿지 회귀(Ridge Regression)는 L2 정규화를 사용하여 모델의 가중치 제곱합을 최소화하는 제약을 추가하는 회귀 기법이다. 이를 통해 과적합을 방지하고, 모델의 일반화 성능을 향상시킬 수 있다.
① 라쏘 회귀(Lasso Regression) : L1 정규화를 사용하여 가중치의 절대값 합을 최소화하는 제약을 추가하며, 일부 가중치를 0으로 만들어 변수 선택 효과를 낼 수 있다.
③ 엘라스틱넷(Elastic Net) : L1과 L2 정규화를 결합한 기법으로, 라쏘와 릿지의 장점을 결합한 형태이다.
④ 드롭아웃(Dropout) : 신경망 모델에서 특정 노드를 무작위로 드롭하여 과적합을 방지하는 기법으로, 가중치의 정규화와는 직접적인 관련이 없다.

## 59
정답 | ②
해설 | 다중공선성은 회귀분석에서 독립변수들 간의 높은 상관성으로 인해 발생하는 문제를 의미한다. 이로 인해 회귀계수의 추정이 불안정해지고, 모델의 해석이 어려워지며, 예측 정확도가 떨어질 수 있다.
① 다중공선성이 심할수록 회귀모델의 계수가 크게 왜곡되거나, 모델의 성능이 저하될 수 있다.
③ 다중공선성은 독립변수들 간의 상관성으로 인해 발생하며, 종속변수와는 직접적인 관련이 없다.
④ 독립변수들이 서로 독립적일 때는 다중공선성이 발생하지 않는다.

## 60
정답 | ④
해설 | 유의미한 변수를 고르는 작업은 보통 모형화(Modeling) 과정에서 진행된다. 이 과정에서는 데이터 분석을 통해 유의미한 변수를 선택하고, 모델을 최적화하는 데 사용한다.
① 데이터 수집은 데이터를 수집하는 초기 단계로, 변수의 유의미성에 대한 판단은 이루어지지 않는다.
② 데이터 전처리에서는 주로 데이터 정제, 결측값 처리, 데이터 변환 등이 이루어지며, 변수의 유의미성을 판단하는 것은 주된 목적이 아니다.
③ 데이터 분석 단계에서 변수 간의 관계를 탐색할 수 있지만, 변수 선택의 최종적인 결정은 모형화 과정에서 이루어진다.

## 61
정답 | ③
해설 | 모자이크 플롯은 히스토그램 안에 히스토그램을 그리는 방식이 아니라, 다양한 범주형 변수의 빈도를 직사각형의 면적으로 표현하는 시각화 방법이다. 직사각형의 크기는 해당 범주의 빈도수를 나타낸다.

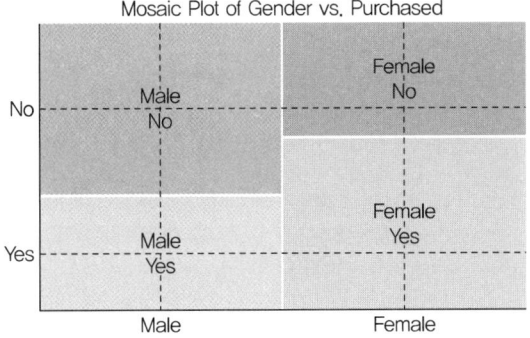

## 62
정답 | ③

해설 | Adaptive gradient는 '고정된' 이전 가중치가 아니라, 각 파라미터별로 '적응적으로' 학습률을 조정한다. Adaptive gradient는 각 파라미터의 과거 기울기 정보를 활용하여 파라미터별로 학습률을 적응적으로 조정하는 방법이다. 자주 업데이트되는 파라미터는 작은 학습률을, 드물게 업데이트되는 파라미터는 큰 학습률을 적용한다.

## 63
정답 | ③

해설 | MAPE는 예측 오차를 비율(%)로 나타내기 위해 $\frac{1}{n}\sum_{i=1}^{n}|\frac{y_i - \hat{y_i}}{y_i}| \times 100$ 으로 계산해야 한다. 따라서, 100이 곱해지지 않은 공식은 잘못된 표현이다.

## 64
정답 | ③

해설 | 격자 카토그램(Gridded Cartogram)은 지리적 면적이 아닌 특정 변수를 기준으로 지역의 크기를 변형하여 시각화하는 도구이다. 이 경우, 국회의원 수에 따라 지역의 크기를 변형하여 시각화할 수 있다.

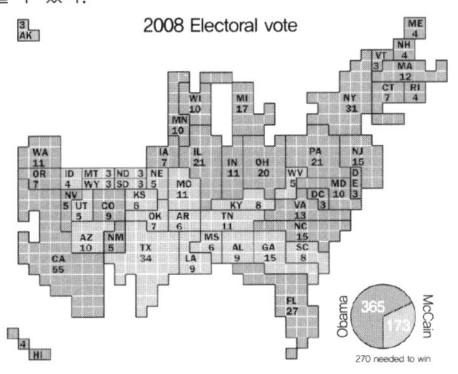

① 단계구분도(Choropleth Map) : 지역별로 색을 달리하여 변수를 표현하는 지도이지만, 면적의 크기를 변형하지 않는다.

② 등치선도(Isoline Map) : 주로 지리적 연속성을 나타낼 때 사용된다.

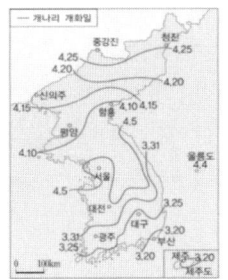

④ 픽토그램(Pictogram) : 그림이나 아이콘을 사용하여 정보를 전달하는 시각화 도구로, 면적을 변형하는 방식은 아니다.

## 65
정답 | ④

해설 | ROC 곡선은 거짓 긍정 비율(FPR)과 참 긍정 비율(TPR) 간의 관계를 시각화한 그래프이다. 좋은 모델은 FPR이 작아도 TPR이 큰 경우에 해당한다. 무작위 모델은 TPR과 FPR이 같은 값을 가지며, ROC 곡선에서 45도 대각선으로 표현된다. AUC(Area Under the Curve)는 ROC 곡선 아래의 면적으로, 이 값이 클수록 모델의 성능이 좋다는 것을 의미한다. 따라서, AUC 값이 작을수록 좋은 모델이라는 설명은 틀린 것이다.

## 66
정답 | ③

해설 | XGBoost는 GBM(Gradient Boosting Machine)을 기반으로 다양한 최적화와 성능 향상을 이루어낸 알고리즘으로, GBM보다 속도가 빠르고 효율적이다. 이는 병렬 처리를 지원하고, 다양한 하이퍼파라미터 튜닝 옵션을 제공하기 때문에 더 빠르고 정확한 결과를 얻을 수 있다. 따라서 XGBoost가 GBM보다 속도가 늦다는 설명은 옳지 않다.

④ LightGBM은 Gradient Boosting 알고리즘의 한 변형으로, leaf-wise(리프 중심) 분기를 통해 더 효율적으로 트리를 구축한다. 이는 depth-wise(깊이 중심) 분기 방식보다 성능이 높고 학습 속도가 빠르다.

## 67
정답 | ②

해설 | 
- 카토그램(Cartogram) : 지리적 데이터를 왜곡하여 매출과 같은 특정 변수를 시각적으로 강조하는 데 적합하다. 이를 통해 회사의 지역별 매출을 시각화할 때, 매출 규모에 따라 지역의 크기를 조정하여 시각적으로 비교하기 쉽다.

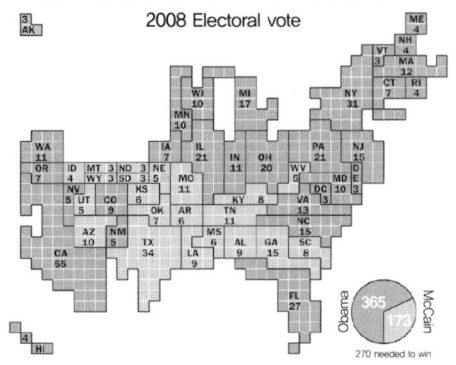

- 버블 차트(Bubble Chart) : 지역별 수입을 표현할 때 유용하며, 각 데이터 포인트는 수입의 크기에 비례하는 버블로 표시된다. 이를 통해 수입의 상대적 크기를 한눈에 파악할 수 있다.

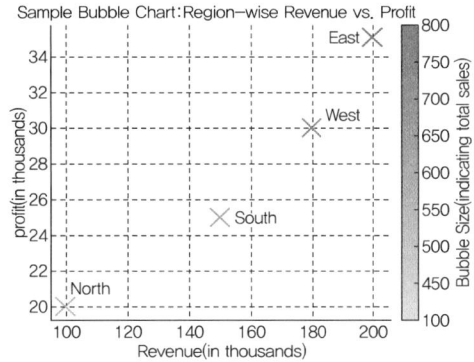

## 68
정답 | ②

해설 | 지역별 코로나 발생률은 지리적 분포를 시각화하는 데 적합하므로, 지도 인포그래픽이 효과적이다. 월별 코로나 발생률은 시간에 따른 변화를 보여주는 것이 중요하므로, 타임라인 인포그래픽이 가장 적합하다. 따라서, (가)는 지도 인포그래픽, (나)는 타임라인 인포그래픽과 연결된 것이 적절하다.

## 69
정답 | ③

해설 | 앙상블 모델은 여러 모델을 결합하여 성능을 향상시키는 기법으로, 일반적으로 단일 모델보다 더 좋은 성능을 보일 수 있다. 그러나 항상 그런 것은 아니며, 데이터의 특성이나 문제에 따라 단일 모델이 더 적합할 수도 있다. 교차검증, 데이터 전처리, 정규화는 모두 모델 성능과 관련된 중요한 과정으로, 옳은 설명이다. 따라서 앙상블 모델이 항상 단일 모델보다 좋다는 설명은 옳지 않다.

## 70
정답 | ①

해설 | 데이터 시각화 순서는 다음과 같다.
- 데이터 수집 : 분석할 데이터를 먼저 수집한다.
- 데이터 정제 : 수집한 데이터를 깨끗하게 정리하고, 결측값이나 이상값을 처리한다.
- 데이터 분석 : 정제된 데이터를 분석하여 인사이트를 도출한다.
- 시각화 도구 선택 : 분석 결과를 가장 효과적으로 전달할 수 있는 시각화 도구를 선택한다.
- 시각화 : 선택한 도구를 사용하여 데이터를 시각적으로 표현한다.

## 71
정답 | ②

해설 | 재현율(Recall)은 실제값이 참일 때, 모델이 이를 참으로 예측한 비율을 의미한다. 이는 모델이 실제로 중요한 데이터를 얼마나 잘 찾는지를 나타내는 중요한 지표이다.
① 정밀도(Precision) : 예측값이 참일 때, 실제값도 참일 확률을 의미한다.
③ 정확도(Accuracy) : 전체 데이터에서 예측이 맞은 비율을 나타낸다.
④ 특이도(Specificity) : 실제값이 거짓일 때, 이를 정확하게 거짓으로 예측한 비율을 의미한다.

## 72
정답 | ①

해설 | 결정계수($R^2$)는 회귀모델에서 독립변수가 종속변수의 변동을 얼마나 잘 설명하는지를 나타내는 지표이다. 결정계수의 값은 0에서 1 사이의 값을 가지며, 1에 가까울수록 모델이 종속변수의 변동을 잘 설명한다는 의미이다.
②, ③ 결정계수가 1이면 모델이 데이터를 완벽하게 설명하는 것이고, 0이면 모델이 데이터를 전혀 설명하지 못한다는 의미이다.
④ 결정계수는 종속변수의 분산을 설명하는 정도를 나타내는 지표이다.

## 73
정답 | ①

해설 | 배치 크기(batch size)는 모델을 훈련할 때 데이터를 몇 개의 샘플로 나누어 한 번에 학습할지 결정하는 중요한 하이퍼파라미터이다. 배치 크기가 크면 모델이 더 많은 데이터를 동시에 처리하기 때문에 훈련 속도가 빨라질 수 있지만, 큰 배치 크기는 더 많은 메모리를 요구하며, 일반화 성능에 부정적인 영향을 미칠 수 있다. 배치 크기가 작으면 모델이 데이터를 자주 업데이트하며 학습하므로 노이즈가 발생할 수 있고, 과적합의 위험이 있다. 배치 크기는 훈련 속도뿐만 아니라 모델의 성능에도 영향을 미친다. 적절한 배치 크기를 선택하는 것은 모델의 성능을 최적화하는 데 매우 중요하다.

## 74
정답 | ③

해설 | 배깅(Bagging)은 원 데이터에서 복원 추출을 통해 여러 부트스트랩 샘플을 생성하고, 각 샘플에 대해 모델을 학습시킨 후, 그 결과를 평균 또는 다수결로 결합하는 기법이다. 동일한 표본이 아니라, 복원 추출된 다양한 표본을 사용한다.
① 보팅(Voting) : 여러 모델의 예측 결과를 합산하여 최종 결과를 도출하는 앙상블 기법이다.
④ 스태킹(Stacking) : 다양한 유형의 모델을 학습시키고, 그 결과를 결합하는 기법으로, 최종 메타 모델이 이 결과들을 기반으로 최종 예측을 수행한다.

## 75
정답 | ②

해설 | 시계열 데이터의 경우, 데이터의 순서가 중요하므로 일반적인 교차검증 방법을 사용하기보다는 시간순으로 데이터를 나눠 훈련과 검증을 수행해야 한다. 이를 통해 시간적 순서에 따른 모델의 예측 능력을 제대로 평가할 수 있다.
① 교차검증(Cross-validation)은 모델의 성능을 평가하고 일반화 능력을 테스트하기 위해 데이터를 여러 번 나누어 훈련과 검증을 반복하는 방법이다.
③ k-폴드 교차검증은 데이터를 k개의 폴드로 나누어, 각 폴드를 검증용 데이터로 사용하고 나머지 폴드를 훈련에 사용하는 과정을 반복하는 방법이다.
④ 교차검증은 과적합을 방지하고 모델의 일반화 성능을 높이는 데 중요한 역할을 한다.

## 76
정답 | ②

해설 | 과적합은 모델이 학습 데이터에 지나치게 맞춰져서 새로운 데이터에 대한 일반화 성능이 떨어지는 현상을 의미한다. 모델의 복잡도를 줄이거나, 데이터의 양을 늘리거나, 드롭아웃과 같은 정규화 기법을 사용하는 것은 과적합을 방지하는 데 효과적인 방법이다. 반면에 매개변수를 늘리면 모델의 복잡도가 증가하고, 그 결과 과적합이 더 심해질 수 있다. 따라서 매개변수를 늘리는 것은 과적합 방지에 도움이 되지 않는다.

## 77
정답 | ④

해설 | 분석 활용 계획은 데이터를 분석하기 전에 설정해야 하는 중요한 단계로, 분석 결과를 어떻게 활용할지 명확히 하는 과정이다. 분석 목표를 설정하고, 그에 따라 데이터를 분석한 후, 결과를 적절히 활용하기 위해 사전에 계획을 세우는 것이 중요하다. 분석이 끝난 후에야 분석 활용 계획을 세우는 것은 비효율적이며, 분석 결과가 적절히 활용되지 않을 위험이 있다.

## 78
정답 | ④

해설 | 정확도(Accuracy)는 주로 이진 분류 모델에서 사용되는 지표로, 회귀 모델의 성능을 평가하는 데는 적절하지 않다. 회귀 모델에서는 연속적인 예측값과 실제값 간의 차이를 평가하는 지표가 필요하다.
① 결정계수($R^2$) : 회귀 모델에서 독립변수가 종속변수의 변동을 얼마나 잘 설명하는지 평가하는 데 사용된다.
② 평균 제곱근 오차(RMSE) : 예측값과 실제값 간의 차이를 제곱해 평균한 후 그 값의 제곱근을 구하여 예측 오차를 측정한다.
③ 로그 우도(Log-Likelihood) : 통계 모델의 성능을 평가하는 데 사용될 수 있으며, 회귀 모델에서도 모델 적합도를 평가할 때 사용할 수 있다.

## 79
정답 | ③

해설 | 잔차의 정규성을 검정하기 위해 Q-Q 플롯이 자주 사용된다. 이 플롯은 잔차가 정규분포를 따르는지 시각적으로 확인할 수 있다. 독립변수들 간의 다중공선성을 확인하기 위해 분산 팽창 요인(VIF)이 사용된다. VIF 값이 높을수록 다중공선성이 높다는 의미이다. 잔차의 등분산성을 검정하기 위해서는 브레슈-페이건 검정(Breusch-Pagan test) 또는 화이트 검정(White's test)이 사용된다. 반면, 더빈-왓슨 검정(Durbin-Watson test)은 잔차의 독립성을 검정하는 데 사용된다. 잔차의 독립성을 검정하기 위해 자기상관함수(ACF)를 활용할 수 있다. 이는 잔차들 간의 상관성을 시각적으로 확인할 수 있다.

## 80
정답 | ②

해설 | 모델의 해석 가능성과 예측 정확성은 모두 중요하며, 상황에 따라 어느 쪽을 우선시할지는 다르다. 그러나, 무조건 예측 정확성을 우선시하는 것은 바람직하지 않다. 특히, 해석 가능성이 중요한 경우(예 의사결정의 투명성 요구)에는 해석 가능성이 더 중요한 요소가 될 수 있다.
① 데이터의 크기와 복잡성은 모델 선택의 중요한 요소이다. 예를 들어, 대규모 데이터나 복잡한 패턴을 처리하기 위해서는 복잡한 모델이 필요할 수 있다.
③ 데이터의 구조(정형 또는 비정형)에 따라 다른 모델이 필요하다. 예를 들어, 텍스트 데이터(비정형) 분석에는 자연어 처리(NLP) 모델이 필요할 수 있다.
④ 분석 목표에 따라 적절한 모델을 선택하는 것이 중요하다. 예를 들어, 예측을 위한 회귀 모델, 분류를 위한 분류 모델, 데이터 군집화를 위한 군집화 모델 등이 있다.

# 제7회 기출복원문제 정답 및 해설

| 01 | 02 | 03 | 04 | 05 | 06 | 07 | 08 | 09 | 10 |
|---|---|---|---|---|---|---|---|---|---|
| ③ | ① | ② | ① | ④ | ② | ③ | ④ | ④ | ② |
| 11 | 12 | 13 | 14 | 15 | 16 | 17 | 18 | 19 | 20 |
| ① | ① | ④ | ④ | ② | ③ | ① | ② | ④ | ① |
| 21 | 22 | 23 | 24 | 25 | 26 | 27 | 28 | 29 | 30 |
| ④ | ④ | ① | ① | ④ | ③ | ③ | ④ | ③ | ④ |
| 31 | 32 | 33 | 34 | 35 | 36 | 37 | 38 | 39 | 40 |
| ② | ① | ④ | ② | ② | ① | ④ | ② | ④ | ④ |
| 41 | 42 | 43 | 44 | 45 | 46 | 47 | 48 | 49 | 50 |
| ③ | ① | ② | ④ | ③ | ② | ④ | ③ | ③ | ④ |
| 51 | 52 | 53 | 54 | 55 | 56 | 57 | 58 | 59 | 60 |
| ④ | ① | ① | ③ | ④ | ③ | ④ | ② | ③ | ④ |
| 61 | 62 | 63 | 64 | 65 | 66 | 67 | 68 | 69 | 70 |
| ③ | ① | ④ | ③ | ③ | ① | ③ | ③ | ③ | ③ |
| 71 | 72 | 73 | 74 | 75 | 76 | 77 | 78 | 79 | 80 |
| ② | ② | ② | ② | ① | ② | ④ | ① | ③ | ① |

## 01
정답 | ③
해설 | 네임 노드가 망가지면 정상적인 작동을 못 한다.

## 02
정답 | ①
해설 | CRISP-DM 분석 방법론은 '업무 이해 → 데이터 이해 → 데이터 준비 → 모델링 → 평가 → 전개'의 순으로 진행된다.

## 03
정답 | ②
해설 | 업무규칙은 비즈니스 관점의 업무규칙과 정보시스템 관점의 업무규칙이 있으며, 정보시스템 관점의 업무규칙으로 데이터의 품질 검증이 가능하다.

## 04
정답 | ①
해설 | 판매가격 데이터와 같은 수치는 일반적으로 관계형 데이터베이스에 저장한다. 이는 정형 데이터로 볼 수 있다.

## 05
정답 | ④
해설 | 빅데이터 분석 방법론의 분석 기획 단계에서는 비즈니스 이해 및 범위 설정, 프로젝트 정의 및 계획 수립, 프로젝트 위험 계획 수립을 진행한다.

## 06
정답 | ②
해설 | 개인의 견해와 의견은 정량적으로 가공하여 표현할 수 없는 데이터이다.

## 07
정답 | ③
해설 | 분석 마스터플랜을 수립할 때에는 전략적 중요도, 비즈니스 성과, 실행 용이성을 고려하여 우선순위를 정한다. 우선순위가 설정되면 업무 내재화 적용 수준, 분석 데이터 적용 수준, 기술 적용 수준을 고려하여 적용 범위 및 방식을 정한 뒤 분석 로드맵을 수립한다.

## 08
정답 | ④
해설 | 기업의 분석 수준을 진단할 때에는 분석 업무, 분석 데이터, 분석 기법 등의 분석 능력과 분석 조직, 분석 인프라, 분석 문화 등으로 이루어진 분석 준비도를 검증한다.

## 09
정답 | ④
해설 | 데이터 3법은 개인정보 보호법, 정보통신망법, 신용정보법을 일컫는다.

## 10
정답 | ②
해설 | 데이터의 필수 항목에 누락이 없는 특성을 완전성이라고 한다.

## 11
정답 | ①
해설 | 데이터 사이언티스트에게 요구되는 역량은 빅데이터 지식, 분석 기술 등의 하드 스킬과 통찰력, 커뮤니케이션 능력, 비즈니스 이해도 등 소프트 스킬로 구분할 수 있다.

## 12
정답 | ①
해설 | 빅데이터 특성 3V는 다양성, 속도, 규모이다.

## 13
정답 | ④
해설 | 데이터 사이언티스트는 분석 모델의 한계점을 잘 파악하여 최적의 성능(모델 정확성, 투자 비용, 모델 성능 등)을 구현할 수 있도록 해야 한다.

## 14
정답 | ④
해설 | 데이터 무결성은 데이터의 생성에서 폐기까지 전 생애주기 동안 데이터가 완전하고, 일관되고, 정확한지를 나타내는 품질 지표이다.

## 15
정답 | ②
해설 | 데이터 마스킹은 전체 또는 부분을 대체값으로 변환하는 기법으로 임의 잡음 추가, 공백·대체 방법이 있다.

## 16
정답 | ③
해설 | 반정형 데이터에 대한 설명으로, RDB는 정형 데이터에 해당한다.

## 17
정답 | ①
해설 | 수치 데이터의 값을 임의적으로 올림/내림 처리하는 기술은 데이터 범주화 기법 중 랜덤 라운딩에 해당한다.

## 18
정답 | ②
해설 | 데이터의 수집, 저장, 처리, 분석이 수행되는 계층은 플랫폼 계층이다.

## 19
정답 | ④
해설 | 지문에서 설명하는 데이터베이스는 MongoDB이다. 샤딩은 같은 테이블 스키마를 가진 데이터를 다수의 데이터베이스에 분산하여 저장하는 방법을 의미한다.

## 20
정답 | ①
해설 | 데이터 분석가는 본인이 가진 배경지식을 활용하여 분석 결과를 비즈니스에 접목하여 활용될 수 있도록 해야 한다.

## 21
정답 | ④
해설 | 최빈값, 평균, 중앙값은 중심 경향성을 나타내는 통계량이다. 표준편차는 산포도를 나타내는 통계량이다.

## 22
정답 | ④
해설 | 왜도는 데이터의 분포가 정규 분포로부터 오른쪽 또는 왼쪽으로 치우친 정도를 보여주는 값이다. 첨도는 데이터 분포가 정규 분포 곡선으로부터 위 또는 아래쪽으로 뾰족한 정도를 보여주는 값이다.

## 23
정답 | ①
해설 | 정형/비정형 데이터와 내부/외부 데이터 및 소셜 데이터 등 다양한 데이터가 수집됨에 따라, 데이터 전처리 작업을 레거시 시스템에서만 진행하는 것은 비효율적이다. 또한 업무 처리용으로 운영하고 있는 레거시 시스템의 성능 저하 및 부하 발생 등의 문제를 야기할 수도 있다.

## 24
정답 | ①
해설 | 파생변수는 기존 변수에 특정 조건 혹은 함수 등을 활용하여 새롭게 재정의한 변수를 의미하므로, 데이터 컬럼의 이름을 변경하는 것은 파생변수 생성 방법이 아니다.

## 25
정답 | ④

해설 | 히스토그램은 도수분포표를 이용하여 표본자료의 분포를 나타낸 그래프이다. 히스토그램은 연속형 데이터를 표현할 때 활용한다.

## 26
정답 | ③

해설 | 이산확률분포는 이산확률변수 X가 가지는 확률 분포로 확률변수 X가 0, 1, 2, 3, …와 같이 하나씩 셀 수 있는 값을 취한다. 이산확률분포의 종류에는 포아송 분포, 베르누이 분포, 이항 분포 등이 있다.

## 27
정답 | ③

해설 | 범주형 자료는 빈도수, 최빈값, 비율, 백분율 등을 이용하여 데이터의 분포 특성을 중심성, 변동성 측면에서 파악할 수 있다. 연속형 자료는 평균, 분산, 표준편차, 첨도, 왜도 등을 이용하여 데이터의 분포 특성을 정규성 측면에서 파악할 수 있다.

## 28
정답 | ④

해설 | SMOTE 기법은 불균형 데이터 처리 방법이다. 결측값 대신 중심 경향성 통계량(평균값 또는 최빈값)을 사용할 수 있고, 데이터를 제거하는 대신 대푯값으로 대체함으로써 결측값 없이 완전한 형태를 지닐 수 있다.

## 29
정답 | ③

해설 | 윌콕슨 부호 검정은 모수 검정 방법인 대응표본 T-검정에 상응하는 비모수 검정 방법이다. 관측값이 쌍을 이루는 경우의 두 집단 간의 차이를 확인할 때 활용한다.
① 모수 검정 방법에 해당한다.
② 모수 검정 방법에 해당한다.
④ 관측값이 쌍을 이루지 않는 경우의 두 집단 간의 비교를 위해 활용하는 비모수 검정 방법이다.

## 30
정답 | ④

해설 | 상자 그림에서 사분위수와 사분위수 범위(IQR)를 활용하여 이상값으로 표시하고 판단할 수 있다.

## 31
정답 | ②

해설 | 정형 데이터보다는 비정형과 반정형 데이터가 품질 저하 위협에 많이 노출되어 있다.

## 32
정답 | ①

해설 | 원-핫 인코딩은 단어 집합의 크기를 벡터의 차원으로 하고, 표현하고 싶은 단어의 인덱스에 1의 값을 부여하고, 다른 인덱스에는 0을 부여하는 단어의 벡터 표현 방식이다.

## 33
정답 | ④

해설 | 공간 데이터는 시간 데이터를 계산하여 추출할 수 없다.

## 34
정답 | ②

해설 | 중심 극한 정리에 의하면 모집단의 분포가 연속형이든, 이산형이든, 또는 한쪽으로 치우친 형태이든 간에 표본의 크기가 클수록 표본평균의 분포는 정규 분포에 근사하게 된다.

## 35
정답 | ②

해설 | 귀무가설은 일반적으로 'A와 B가 차이가 없다', 'C는 효과가 없다' 등으로 정의하기 때문에 1개로 표현할 수 있지만, 대립가설은 'A가 B보다 크다', 'B가 A보다 크다', 'C는 효과가 2배 높다' 등과 같이 여러 가지 표현으로 정의될 수 있다.

## 36
정답 | ①

해설 | 표본 변화에 따른 데이터 값의 변화량 즉, 분산이 큰 변수는 종속변수에 영향을 크게 미친다. 반대로 분산이 기준치보다 낮은 특성을 갖는 변수는 제거하는 것이 바람직하다. 예를 들어, 성별이 남성만 있는 데이터에서 남성의 흡연율을 분석할 때는 성별 컬럼은 제거하는 것이 타당하다.

## 37
정답 | ④

해설 | 특이값 분해는 PCA와 달리 행과 열의 크기가 다른 M×N 차원의 정방행렬 데이터를 적용하여 특이값을 추출하고 데이터를 축약할 수 있다.

## 38
정답 | ②

해설 | Z-Score 정규화는 $\frac{x-\overline{X}(평균)}{s(표준편차)}$ 와 같이 계산한다. 따라서, $(70-60) \div 10 = 1$로 계산할 수 있다.

## 39
정답 | ①

해설 | 공분산이 0이라고 해서 반드시 두 변수가 독립인 것은 아니다. 비선형적 관계를 가질 수 있기 때문이다.

## 40
정답 | ④
해설 | 최댓값은 데이터 중 가장 큰 값을 의미한다. 4개 변수 모두 최댓값이 5이므로, 5를 넘는 이상치는 존재할 수 없다. 3번 변수의 분포는 다른 변수들의 분포와 달리 평균<중앙값이므로, 왼쪽으로 꼬리가 긴 분포에 해당한다.

## 41
정답 | ③
해설 | ① 생성 모델의 일종이다.
② RNN 기반의 시계열 및 자연어 처리에 사용하는 모델이다.
④ 생성 모델의 일종이다.

## 42
정답 | ①
해설 | Attention은 문맥에 따라 집중할 단어를 결정하는 방식을 의미하는 용어로 Transformer와 관련된 용어이다.
② Generator : 생성자라는 의미로, GAN과 관련된 용어이다.
③ Forget gate : LSTM과 관련된 용어이다.
④ Feature map : CNN과 관련된 용어이다.

## 43
정답 | ②
해설 | '분석 요건 정의 → 모델링 → 검증 및 테스트 → 운영화 및 적용'이 가장 올바른 절차이다.

## 44
정답 | ④
해설 | 양측검정에서는 기각역을 양쪽으로 설정하여 가설을 검정한다.

## 45
정답 | ③
해설 | 주어진 식은 Lasso 회귀분석 식이며, L1 규제에 해당한다. MSE가 최소가 되게 하는 가중치와 편향을 찾으면서 동시에 가중치들의 절댓값의 합이 최소가 되게 한다. 다시 말해 가중치의 모든 원소가 0이 되거나 0에 가깝게 되도록 해야 한다. 이를 위해 alpha 값을 조정할 수 있으며 이 값을 높이면 계수가 0이 되어 변수가 완전히 제외된다. 일반화된 회귀분석이며 훈련 데이터셋의 과적합을 방지하는 효과가 있다.

## 46
정답 | ②
해설 | Boosting과 Bagging은 Ensemble 모형의 대표적인 방식이다. Boosting은 모델을 순차적으로 배치하며 Bagging은 병렬로 배치하여 성능향상을 추구한다. Gradient Boost는 Boosting 기법을 활용한 대표적인 모델이며, Extra Trees와 Random Forest는 Bagging을 활용한 대표적인 모델이다.

## 47
정답 | ④
해설 | ① 집값을 예측한 회귀 모형을 활용했다.
② 생성 모델을 활용했다.
③ 군집화 모델을 활용했다.

## 48
정답 | ③
해설 | 도시 내 인구가 100명일 때, 비만인 사람은 30명, 비만이 아닌 사람은 70명이다. 그중 비만이면서 키가 180cm 이상인 사람은 3명이며, 비만이 아니면서 키가 180cm 이상인 사람은 14명이다. 이때 키가 180cm 이상인 사람이 비만일 확률은 17명 중 3명인 0.1764… 약 0.18이다.

## 49
정답 | ③
해설 | ①, ②, ④는 모두 분할적 군집화에 속하는 군집방법이다.

## 50
정답 | ④
해설 | Bootstrap을 사용하는 기법은 배깅(Bagging)이다.

## 51
정답 | ④
해설 | $0.1 \times 2 + (-0.1) \times 3 + (-0.1) = -0.2 \rightarrow f(-0.2) = -1$

## 52
정답 | ①
해설 | 역전파 알고리즘은 출력값으로 결정된 결과값의 오차를 역으로 입력층으로 전파하면서 오차가 최소가 될 수 있도록 가중치를 업데이트한다. 경사 하강법(Gradient Descent)으로 가중치를 업데이트하려면 편미분을 계산해야 한다.

## 53
정답 | ①
해설 | seq2seq는 인코더와 디코더로 구성된다. 인코더는 입력 문장의 모든 단어를 압축해서 하나의 컨텍스트 벡터(context vector)로 만들어 디코더로 전송한다. 디코더는 컨텍스트 벡터를 받아서 번역된 단어를 한 개씩 순차적으로 출력한다.

## 54
정답 | ③
해설 | 홀드아웃 교차 검증은 한 세트의 학습/검증 데이터에 대하여 모델을 학습/평가하고, k-fold 교차 검증은 k개 세트의 학습/검증 데이터에 대하여 k번 모델을 학습하고 평가한다. 학습 속도는 k-fold 교차 검증이 오래 걸린다.

## 55
정답 | ④

해설 | 향상도(lift)는 품목 B를 구매한 고객 대비 품목 A를 구매한 후 품목 B를 구매한 고객에 대한 확률을 의미한다. 본 문제에서는 (배, 포도)를 구매한 고객 대비 (사과)를 구매한 후 (배, 포도)를 구매한 고객에 대한 확률이다.

$$\text{lift} = \frac{P(B|A)}{P(B)} = \frac{P(A \cap B)}{P(A)P(B)}$$

$$= \frac{A\text{와 }B\text{를 포함하는 거래 수}}{A\text{를 포함하는 거래 수} \times B\text{를 포함하는 거래 수}}$$

$= \{(2+3)/30\}/[\{(5+2+3+4)/30\} \times \{(2+1+3)/30\}]$
$= 1.7857$

## 56
정답 | ③

해설 | 모델의 복잡도가 높아져 SSE가 작아지면 과적합 가능성이 클 수 있으나 항상 과적합 모델인 것은 아니다. Variance는 다양한 데이터셋에서 예측값이 얼마나 변화할 수 있는지를 표현하며, Bias는 모델의 출력으로 얻은 예측값과 정답의 차이의 평균을 말한다. 가장 좋은 모델의 경우 bias와 variance가 모두 낮은 경우다.

## 57
정답 | ④

해설 | 종속변수가 포함되지 않은 데이터를 학습하는 머신러닝 모델은 비지도 학습에 해당한다. K-평균 클러스터링 외에 다른 보기는 모두 지도 학습 모델이다.

## 58
정답 | ②

해설 | 학습 데이터와 평가 데이터의 비율은 분석가가 검증 방법, 데이터 사이즈 등에 따라 주관적으로 결정한다. 홀드아웃 교차 검증 시 일반적으로 7:3, 8:2와 같은 비율로 데이터를 분할한다.

## 59
정답 | ③

해설 | 잔차의 자유도는 표본의 크기(n)에서 -2한 값이다.

## 60
정답 | ④

해설 | 맵리듀스는 대용량 데이터를 처리하기 위한 분산 병렬 컴퓨팅 소프트웨어 프레임워크다.

## 61
정답 | ③

해설 | 점그래프를 사용하여 시간에 따른 데이터의 변화를 확인할 수 있다. 예를 들어 5분마다의 계측값이나 매시간별 강수량 값 등을 점그래프로 나타내어 값의 변화를 확인할 수 있다.

## 62
정답 | ①

해설 | 변수와 초매개변수의 다양한 조합에 대해 모델 성능을 확인한 후 가장 적절한 초매개변수 조합을 선택하게 된다.

## 63
정답 | ④

해설 | 엘보우 기법에서는 k값을 증가시키면서 SSE 값을 계산하여 그래프로 나타낸 후 SSE 값이 감소하는 수준이 급격히 줄어드는 지점을 최적의 k값으로 설정한다.

## 64
정답 | ③

해설 | 귀무가설이 기각될 경우 관측치가 예상과 다른 분포를 따른다고 볼 수 있다. 따라서 기대 도수 합과 전체 도수의 합은 다를 수 있다.

## 65
정답 | ③

해설 | 윌콕슨 부호 순위 검정은 관측값이 쌍을 이루는 경우, 두 표본의 중앙값을 비교하는 비모수 검정 방법이다.

## 66
정답 | ①

해설 | 비교 시각화는 히트맵, 체르노프페이스, 스타 차트, 평행좌표계, 다차원 척도법 등이 있다. ①을 제외한 나머지는 관계 시각화에 대한 설명이다.

## 67
정답 | ③

해설 | 의사결정나무는 depth가 최대가 되거나, 마지막 가지 끝에 남은 개수가 일정 개수 이하인 경우 성장을 멈춘다. 또한 분기를 더 하더라도 불순도 지표가 개선되지 않으면 성장을 멈춘다.

## 68
정답 | ③

해설 | 나. 앙상블 기법 중 voting을 통해 서로 다른 알고리즘으로 생성한 분류기(분류 모델)의 결과를 합칠 수 있다.
다. 데이터 샘플링 시 중복을 허용하는 방법이 배깅(Bagging-Bootstrap aggregating의 줄임말), 중복을 허용하지 않는 방법이 페이스팅(Pasting)이다.

## 69
정답 | ③

해설 | 특이도 = TN/(TN+FP) = 200/250 = 4/5

## 70
**정답 | ③**
해설 | ROC 곡선의 $x$축은 (1-특이도)(=FPR), $y$축은 민감도(=TPR)를 나타낸다.

## 71
**정답 | ②**
해설 | Naive Bayes는 베이즈 정리를 적용한 분류기의 일종으로 부스팅 알고리즘에 해당하지 않는다.

## 72
**정답 | ②**
해설 | Q-Q 플롯은 데이터가 정규 분포를 따르는지 확인하는 시각화 방법이다. 주어진 그림은 데이터 분포가 왼쪽에 치우쳐져 있고 오른쪽으로 긴 꼬리가 늘어진 형태를 해당한다. 이때 데이터 왜도는 0보다 크며, 데이터의 중앙값이 평균보다 더 크다.

## 73
**정답 | ②**
해설 | 정준상관 분석은 몇 개의 변수로 이루어진 집단 사이의 연관성을 구하는 방법이다.
① 주성분 분석(PCA)에 대한 설명이다.
③ 요인 분석에 대한 설명이다.
④ 연관 분석에 대한 설명이다.

## 74
**정답 | ②**
해설 | 과적합은 학습데이터에서는 편향이 작으며, 테스트 데이터에서는 편향이 크게 나타난다. 테스트(새로운) 데이터에 대한 일반화 능력 부족하기 때문이다.

## 75
**정답 | ①**
해설 | 회귀와 분류 모델은 서로 다른 평가 지표를 사용해야 한다.

## 76
**정답 | ②**
해설 | 전기 사용량을 예측하는 모델은 MSE, RMSE, MAPE 등의 회귀 모델 평가 지표를 사용하여 성능을 계산해야 한다.

## 77
**정답 | ④**
해설 | F1-score의 산식은 $2 \times (\text{precision} \times \text{recall})/(\text{precision}+\text{recall})$이다.

## 78
**정답 | ①**
해설 | 여러 데이터를 한눈에 비교할 때 레이더 차트를 이용할 수 있다.

## 79
**정답 | ③**
해설 | 과적합(과대적합)은 모델이 학습 데이터에 지나치게 최적화하여, 학습 성능은 우수하나 검증 성능은 떨어지는 경우에 해당한다.

## 80
**정답 | ①**
해설 | 각 fold는 학습 데이터로 (k-1)번, 검증 데이터로 1번 사용된다.

# 제6회 기출복원문제 정답 및 해설

| 01 | 02 | 03 | 04 | 05 | 06 | 07 | 08 | 09 | 10 |
|---|---|---|---|---|---|---|---|---|---|
| ③ | ④ | ③ | ② | ④ | ② | ③ | ④ | ④ | ③ |
| 11 | 12 | 13 | 14 | 15 | 16 | 17 | 18 | 19 | 20 |
| ③ | ③ | ② | ③ | ① | ① | ① | ① | ③ | ③ |
| 21 | 22 | 23 | 24 | 25 | 26 | 27 | 28 | 29 | 30 |
| ③ | ① | ④ | ④ | ④ | ④ | ① | ③ | ③ | ③ |
| 31 | 32 | 33 | 34 | 35 | 36 | 37 | 38 | 39 | 40 |
| ④ | ② | ④ | ① | ③ | ① | ② | ① | ④ | ③ |
| 41 | 42 | 43 | 44 | 45 | 46 | 47 | 48 | 49 | 50 |
| ① | ② | ③ | ④ | ③ | ③ | ④ | ③ | ① | ④ |
| 51 | 52 | 53 | 54 | 55 | 56 | 57 | 58 | 58 | 60 |
| ④ | ② | ④ | ③ | ② | ③ | ④ | ① | ③ | ④ |
| 61 | 62 | 63 | 64 | 65 | 66 | 67 | 68 | 69 | 70 |
| ① | ③ | ④ | ② | ③ | ④ | ① | ① | ① | ④ |
| 71 | 72 | 73 | 74 | 75 | 76 | 77 | 78 | 79 | 80 |
| ④ | ④ | ② | ④ | ① | ① | ④ | ② | ③ | ① |

## 01
정답 | ③
해설 | 정형, 반정형, 비정형은 데이터의 유형에 따라 구분한 속성이며, 다양한 유형의 데이터를 사용하여 분석하는 빅데이터의 다양성으로 볼 수 있다.

## 02
정답 | ④
해설 | 빅데이터의 위기 요인에는 개인정보 누출에 의한 사생활 침해, 결과가 발생하기 전에 행위에 대한 책임을 물을 수 없는 책임 원칙의 훼손, 잘못된 분석으로 인해 피해가 발생하는 데이터 오용이 있다.

## 03
정답 | ③
해설 | 도입형은 도입되어 있는 분석 업무 및 분석 기법은 부족하지만 조직 및 인력에 대한 준비도가 높은 수준을 의미한다.

## 04
정답 | ②
해설 | 집중구조는 각 부서별로 분석을 진행하며 전사 분석 업무를 별도의 분석 전담 조직에서 담당하기 때문에 분석 업무가 이중화·이원화될 수 있다.

## 05
정답 | ④
해설 | 분석준비도는 빅데이터 분석 업무를 도입하기 위한 조직의 분석 업무의 수준을 파악하는 지표로 분석 업무 및 파악, 인력 및 조직, 분석 기법, 분석 데이터, 분석 문화, IT 인프라가 있다.

## 06
정답 | ②
해설 | 데이터 거버넌스는 전사 차원의 데이터에 대한 정책과 지침, 운영조직 및 책임 등 표준화된 관리 체계를 수립하고 운영하는 기반을 마련하는 것으로 원칙, 조직, 프로세스로 구성되어 있다.

## 07
정답 | ③
해설 | 데이터 사이언스는 다양한 유형의 데이터로부터 의미 있는 정보를 추출하는 분야로 의학 영역과 공학 영역 등 다양한 분야에서 활용될 수 있다.

## 08
정답 | ④
해설 | 디비투디비(DB-to-DB)란 하나의 데이터베이스를 다른 데이터베이스로 직접 연계하는 것을 말한다. 데이터 웨어하우스와 데이터 마트에서 빠르고 효과적으로 사용할 수 있지만 데이터베이스에 대한 접근 권한 문제와 보안상의 이슈로 사용상 제약이 있을 수 있다.

## 09
정답 | ④
해설 | 하둡은 대용량 파일을 블록 단위로 분할하여 데이터 노드에 저장한다. 블록이 어느 노드에 저장되었는지에 대한 메타데이터를 네임노드에 저장한다.

## 10
정답 | ③
해설 | 다른 데이터와 연결하여 데이터의 관계를 발견하기 위한 분석 패턴은 조인 패턴이다.
① 디자인 패턴 : 효과적으로 맵리듀스를 프로그래밍할 수 있는 방법론을 의미한다.
② 요약 패턴 : 데이터를 요약하고 그룹핑하여 상위 수준의 관점을 찾는 것이다.
④ 필터링 패턴 : 데이터의 일부 영역을 추출하는 프로그래밍 방식이다.

## 11
정답 | ③
해설 | 딥러닝은 머신러닝의 한 분야로 인공신경망 기법을 사용하여 학습하는 기술을 의미한다.

## 12
정답 | ③
해설 | 저렴한 비용, 보안성, 소유권은 내부데이터의 장점이다. 반면 외부데이터의 장점으로 내부에서 발생되지 않은 데이터를 활용할 수 있다는 측면에서 데이터 선택의 폭이 넓어지는 것이 있다.

## 13
정답 | ②
해설 | 데이터 분석을 통한 개선사항은 현황 분석을 통해 도메인 이슈를 파악하고 이를 기반으로 개선과제를 도출하여 분석 목표를 수립하는 단계에서 도출된다.

## 14
정답 | ③
해설 | 분석 로드맵은 빅데이터 분석 프로젝트의 계획, 이행, 적용을 위해 중장기적으로 단계별 계획과 수행 내용을 수립하는 과정을 의미한다.

## 15
정답 | ①
해설 | 데이터 전처리는 데이터를 사용하여 분석하기 전 단계인 데이터 준비 단계에서 수행하게 된다.

## 16
정답 | ①
해설 | 탐색적 데이터 분석은 분석 모형을 개발하기 전에 데이터 현황을 분포도와 같은 간단한 시각화나 평균과 분산 같은 통계 지표를 활용하여 데이터의 구조와 특성을 파악하여 분석 방향을 수립하는 과정이다. 주성분 분석은 차원축소의 대표적인 알고리즘으로 고차원 데이터의 차원을 줄여 데이터를 더 잘 이해할 수 있는 형태로 변환하여 데이터의 특성을 파악할 수 있다.

## 17
정답 | ①
해설 | ETL은 데이터의 추출 변환 적재의 과정을 거쳐 데이터를 수집하는 기술로 정형데이터 수집의 기본적인 기술이다.

## 18
정답 | ①
해설 | 데이터로부터 노이즈를 제거하여 데이터 추세에 벗어나는 값들을 변환하는 기법은 평활화이다.

## 19
정답 | ③
해설 | 파일 전송 프로토콜(FTP)은 네트워크의 호스트 간에 파일을 전송하기 위한 방식으로 한 호스트에서 다른 호스트의 데이터에 접근할 수 있다.

## 20
정답 | ③
해설 | 비정형 데이터는 정형화되어 있지 않고 데이터의 스키마가 없어 데이터베이스로 수집, 관리하기 어려운 데이터를 의미한다. NoSQL을 사용할 수 있으며 데이터베이스 기반의 데이터 웨어하우스를 사용하기 어렵고 데이터 레이크에 파일 형식으로 수집·관리된다.

## 21
정답 | ③
해설 | 정규화는 데이터 변환에 해당하는 전처리 기법이다.

## 22
정답 | ①
해설 | 데이터 정제는 결측값, 이상값, 노이즈(잡음)를 제거하거나 교정하는 작업을 통칭한다.

## 23
정답 | ④
해설 | 다중대치법은 여러 번의 단순대치법(평균대치법, 회귀대치법 등)을 통해 여러 개의 데이터를 생성한 뒤, 해당 다수의 데이터를 만들어서 분석하는 방법이다. 통계량을 통해 결측값을 대치할 때 적절한 확률값을 부여한 후 대치하는 방법은 단순확률대치법이다.

## 24
정답 | ④
해설 | 이상값 처리에서 결측값 처리와 같이 평균값으로 대치하는 방법을 사용할 수 있으며, 신뢰성이 저하되지 않는 방법 중 하나이다.

## 25
정답 | ④
해설 | 데이터 이상값 발생 원인은 고의적인 이상값, 측정 오류, 처리 오류, 표본추출 오류가 있다.

## 26
정답 | ④
해설 | 개별적인 데이터 표본 하나하나가 회귀분석 결과에 미치는 영향력은 레버리지 분석을 통해 알 수 있다.

## 27
정답 | ①
해설 | 박스플롯은 데이터셋의 중앙값, 상한/하한 사분위수, 최소/최대값, 이상치를 표시하여, 데이터셋의 변동성 요약을 시각적으로 확인할 수 있다.

## 28
정답 | ③
해설 | 혈액형은 A, O, B, AB 데이터가 존재하므로 명목형 변수에 해당한다.

## 29
정답 | ③
해설 | 파생변수는 기존 변수에 특정 조건 혹은 함수 등을 사용하여 다시 정의한 변수를 의미한다. 변수를 생성할 때는 논리적 타당성과 기준이 필요하며, 특정 상황에만 유의미하지 않도록 대표성을 나타내야 한다.

## 30
정답 | ③
해설 | 최소-최대 정규화는 (값-MIN)÷(MAX-MIN)으로 계산한다. 따라서 최소-최대 정규화를 적용한 세 학생의 성적은 (0, 0.5, 1)이며, 합은 1.5이다.

## 31
정답 | ④
해설 | 상수항을 포함한 선형 모형의 경우, 회귀모수의 개수는 입력 데이터의 차원의 수에 1을 더한 값이다. 따라서 (12×3)+1로 계산되므로, 회귀모수의 개수는 37이다.

## 32
정답 | ②
해설 | 무게 균형(Weight balancing)은 딥러닝에서 클래스 균형을 맞추기 위한 방법이다. 트레이닝 데이터셋의 각 데이터에서 loss를 계산할 때 특정 클래스의 데이터에 더 큰 loss 값을 갖도록 처리한다.

## 33
정답 | ④
해설 | 상관관계분석은 두 변수 간의 일정한 관계를 분석하는 것이고, 인과관계분석은 독립변수와 종속변수 간에 원인과 결과에 해당하는 논리적 관계를 분석하는 것이다.

## 34
정답 | ①
해설 | A-B 구간은 음의 관계를 갖고 있고, B-C 구간은 양의 관계를 갖고 있다. 따라서 각각의 구간으로 나누어 분석하면 의미를 도출할 수 있다.

## 35
정답 | ③
해설 | 첨도는 확률분포 양쪽의 꼬리가 두꺼운 정도를 나타내는 척도이다. 첨도값이 3보다 크면 정규분포보다 꼬리가 두꺼운 분포로 판단할 수 있다.

## 36
정답 | ①
해설 | 제3사분위수(Q3)에서 제1사분위수(Q1)를 뺀 값은 사분위수 범위에 해당하며 IQR(InterQuartile Range)로 표현한다.

## 37
정답 | ②
해설 | 포아송 분포는 단위 시간 안에 어떤 사건이 몇 번 발생할 것인지를 표현하는 이산 확률 분포이다.

## 38
정답 | ①
해설 | 정규 분포는 왜도가 0, 첨도가 3인 연속 확률 분포이다.

## 39
정답 | ④
해설 | 추론통계는 표본을 추출한 후 표본 집단에서 관측 또는 측정된 값을 통해 모집단의 특성을 추정하는 것을 의미한다.

## 40
정답 | ③
해설 | 평균은 측정값의 합을 측정값의 개수로 나눈 통계량이다. 따라서 $(2+4+6+8+10) \div 5$로 계산되므로, 평균은 6이다. 표본분산은 측정값에서 평균을 뺀 값을 제곱한 후 측정값의 개수에서 1을 뺀 값으로 나눈 값이다. 따라서 $\{(2-6)^2+(4-6)^2+(6-6)^2+(8-6)^2+(10-6)^2\} \div (5-1)$로 계산되므로, 표본분산은 10이다.

## 41
정답 | ①
해설 | 머신러닝은 대표적으로 지도학습과 비지도학습으로 나눌 수 있다.

## 42
정답 | ②
해설 | 일반적으로 정규성 검정에는 샤피로-윌크 검정, 콜모고로프-스미노프 검정 등이 사용된다.

## 43
정답 | ③
해설 | 분산팽창계수(VIF ; Variance Inflation Factor)는 다중공선성을 평가하는 지표 중 하나이다. VIF 값은 각 독립변수를 나머지 독립변수들로 선형회귀하여 얻은 결정계수의 역수이다. 일반적으로 VIF 값이 10을 넘어가면 다중공선성의 존재를 의심해야 한다.

## 44
정답 | ④
해설 | 가. 역과의 거리, 주차 가능 여부는 접근성 항목의 구성요소이다.
나. 응대 항목의 구성요소는 모두 유의하고(P-value<0.01), 회귀계수 값이 양수값을 가진다. 이는 해당 구성요소의 지수 값이 높아질수록 식당 평가 지수도 높아진다는 의미이므로 식당 평가에 긍정적인 영향을 준다고 할 수 있다.
다. 접근성의 주차 가능 여부의 P-value가 0.05보다 커서 유의미하지 않다.

## 45
정답 | ③
해설 | 회귀계수는 제한이 없으며 독립변수와 종속변수 간의 관계를 나타낸다. 0~1의 범위를 가지는 것은 결정계수이며 결정계수가 1에 가까울수록 회귀모델의 예측력이 높다고 할 수 있다.

## 46
정답 | ③
해설 | 다중공선성을 평가하기 위해 사용되는 지표는 분산팽창지수이다.

## 47
정답 | ③
해설 | 회귀분석은 변수 선정 후 변수 검정, 최소자승법을 이용한 회귀계수 추정, 모델 유의성 검정, 예측력 평가의 순으로 수행한다.

## 48
정답 | ③
해설 | 오즈비는 폐암 발생자의 오즈(발생 확률/비발생 확률)를 흡연자와 비흡연자 간에 비교한 것이다.
- 흡연자, 폐암 발생 오즈 : (흡연자, 폐암 10/흡연자, 정상 90) = 약 $0.1111$
- 비흡연자, 폐암 발생 오즈 : (비흡연자, 폐암 2/비흡연자, 정상 98) = 약 $0.0204$
- 오즈비 = 흡연자의 폐암 발생 오즈/비흡연자의 폐암 발생 오즈 = $0.1111/0.0204 \fallingdotseq 5.439$

## 49
정답 | ①
해설 | 로짓 변환(Logit transformation)은 로지스틱 회귀에서 사용되는 변환 방법 중 하나로, 로지스틱 함수의 결과를 선형 관계로 표현하기 위해 사용된다. 로지스틱 회귀는 분류 모델 중 하나로 확률로 분류 대상을 표현한다. 예를 들어 개와 고양이를 0과 1로 분류할 때 고양이일 확률이 0.51일 경우 이 대상은 고양이로 분류한다. 이때 확률값을 얻기 위해 사용하는 방식이 로짓 변환이다.

## 50
정답 | ④
해설 | 알파컷은 의사결정나무에서 가지를 성장시킬지 말지를 결정하는 임곗값으로 사용한다. 알파컷을 작게 설정하면 가지가 자라기 쉽고, 따라서 나무의 깊이가 깊어진다. 반대로 알파컷을 크게 설정하면 가지가 성장하지 않아 나무의 깊이가 얕아진다.

## 51
정답 | ④
해설 | 각 가지를 따라 내려가면 D에 들어갈 데이터는 x는 20 이상에 work가 yes인 데이터이다.

## 52
정답 | ②

해설 | ① 손실함수와 가중치의 관계는 직접적으로 연결되어 있지 않다.
③ 학습률이 크면 학습시간은 빠르나, 최소 손실 점수를 찾기 쉽다고 볼 수는 없다. 오히려 수렴하지 못하고 발산할 우려가 있다.
④ 학습률은 배치 크기와 반복 횟수 둘 다 영향을 미치므로 모두 고려해야 한다.

## 53
정답 | ④

해설 | 모델의 일반화 능력을 평가하기 위해서는 학습데이터 이외의 새로운 데이터에 대해서도 모델을 평가해야 한다. 학습데이터에 대해서만 평가하면 모델이 학습데이터에만 과적합되어 다른 데이터에서의 성능이 좋지 않을 수 있다.

## 54
정답 | ③

해설 | 벡터의 차원이 늘어나는 특성을 가질 수 있으며, 범주형 변수의 고유한 값의 개수에 비례하여 증가한다.

## 55
정답 | ②

해설 | 앙상블은 모델 여러 개를 결합하여 더 강력한 예측 모델을 형성하는 방법이며 군집과는 무관한 모델이다.
①, ④ 두 모델 모두 분석가가 군집 개수 k를 지정하여 데이터를 군집화하는 모델이다.
③ 혼합모델은 전체 집단 안의 하위 집단의 존재를 나타내기 위한 확률 모델이다. 데이터를 군집화하는 데 사용할 수 있다.

## 56
정답 | ③

해설 | 선형 회귀는 연속형 종속변수를 예측하는 데 사용된다.

## 57
정답 | ④

해설 | 응집력이 적은 n개의 직교 방향이 아닌 응집력이 높은 n개의 직교 방향을 분석한다.

## 58
정답 | ①

해설 | 자기상관성 함수(ACF ; Autocorrelation Function)에 대한 설명이다.

## 59
정답 | ③

해설 | B. 시계열 분해를 통해 추세와 주기성, 잔차의 구성요소로 분해가 가능하다.
C. 백색잡음은 완전 무작위한 잡음을 나타낸다.
E. 자기상관법(AR)이 아닌 이동평균법에 대한 설명이다.

## 60
정답 | ④

해설 | RNN(Recurrent Neural Network)은 순차적인 데이터 처리에 주로 사용되는 신경망 모델로, 이전 시간 단계의 정보를 현재 시간 단계로 전달하여 순차적인 의존성을 학습할 수 있다. LSTM과 GRU는 RNN의 한 종류로, 장기 의존성 문제를 해결하며 GRU는 계산 효율성을 더 높인 모델이다. 반면 CNN은 이미지 처리와 패턴 인식에 주로 사용되는 신경망 모델로 다른 모델과 성격이 다르다.

## 61
정답 | ①

해설 | 지표들의 산식에 의해 민감도는 TP/(TP+FN), 특이도는 TN/(TN+FP), 정밀도는 TP/(TP+FP)이다. $c=0$인 경우, $P \geq 0$일 때 관심범주(Positive)라는 의미가 되고, 이는 모든 경우에 대해 Positive로 예측하는 것과 같다. 이때 FN, TN은 모두 0이 되므로 민감도는 TP/TP = 1, 특이도는 0/FP = 0이다.

## 62
정답 | ③

해설 | F1 스코어는 정밀도와 재현율의 조화평균이다.

## 63
정답 | ④

해설 | 상관관계 분석으로 독립변수와 종속변수 간 선형 관계가 존재하는지 알 수 있다.

## 64
정답 | ②

해설 | k-fold 교차검증 시 k개의 분할 데이터(fold)는 각각 한 번씩 검증 데이터로 사용된다.

## 65
정답 | ③

해설 | <보기>에서 설명하는 방식은 한 데이터셋에서 여러 개의 샘플을 샘플링한 후 각각 모델을 만드는 부트스트랩 방식과 유사하다.

## 66
정답 | ④

해설 | 콜모고로프-스미르노프(K-S) 통계량은 서로 다른 두 집단의 분포가 동일한지 검증할 때 사용한다. 누적분포함수나 경험적 누적분포함수로 두 집단의 누적분포를 구했을 때, 두 분포 간의 최대 거리를 통계량으로 사용한다.

## 67
정답 | ①

해설 | 정규분포를 가정하지 않더라도 콜모고로프-스미르노프 검정을 통해 주어진 데이터와 가정하는 분포가 일치하는지 검정할 수 있다.

## 68
정답 | ①

해설 | 학습 데이터로 학습한 후, 검증 데이터로 모델의 성능을 확인하여 학습 성능과 검증 성능이 유사한지 확인한다. 일반화된 모델의 경우 학습 성능이 검증 성능보다 유사하고 성능이 조금 더 좋다. 학습 데이터보다 검증 데이터에서 성능이 좋을 경우, 그 모델은 학습이 충분히 이루어지지 않았다고 볼 수 있다.

## 69
정답 | ①

해설 | 하이퍼파라미터는 학습 전 분석가가 지정하는 값이지만 파라미터는 학습의 결과로 결정되는 값이다.

## 70
정답 | ④

해설 | 분석가의 경험에 따라 값을 조정할 경우 local minimum에 빠질 가능성이 있어 최적이라고 볼 수 없다. 격자탐색을 통해 넓은 범위의 다양한 하이퍼파라미터 조합을 테스트해보며 최적값을 찾아갈 수 있다.

## 71
정답 | ④

해설 | 파라미터 최적화 기법으로는 Momentum, NAG, RMSProp, Adagrad, Adadelta, Nadam 등이 있다. Nadam은 NAG와 Adam의 장점을 합친 방법이다. 반면 Bayesian Optimization은 Grid Search, Random Search와 같은 하이퍼파라미터 탐색 방법이다.

## 72
정답 | ④

해설 | 랜덤포레스트 모델은 부트스트랩 샘플로 학습한다. 전체 데이터셋 중 한 번도 학습에 사용되지 않은 데이터도 존재하며, 이를 이용해 구한 검증 오차를 OOB(Out-Of-Bag) Error라고 한다.

## 73
정답 | ②

해설 | 부스팅은 여러 개의 약학습기를 순차, 직렬로 학습하는 방법이다. 반대로 배깅은 병렬로 학습한다.

## 74
정답 | ④

해설 | 데이터의 규모(양), 다양성, 속도는 투자 요소를 나타내고 가치는 비즈니스 효과를 나타낸다.

## 75
정답 | ①

해설 | 산점도는 x축에 연, 월, 일, 시간 등의 변수를 두고 y축에 관심 대상인 변수를 두어 그 값의 분포, 변화를 확인하는 데 효과적이다.

## 76
정답 | ①

해설 | 산점도는 x축, y축에 해당하는 두 변수의 값을 순서쌍으로 점으로 표현한 그래프이다.

## 77
정답 | ④

해설 | 스타차트는 방사형 차트라고도 불리며, 중앙에서 바깥으로 여러 개의 축을 그리고 각 축마다 변수 값들을 나타내는 그래프이다.

## 78
정답 | ②

해설 | 인포그래픽은 전문 소프트웨어가 없어도 제작할 수 있다.

## 79
정답 | ③

해설 | 인포그래픽 유형은 지도형, 도표형, 타임라인형, 스토리텔링형, 만화형, 비교분석형 등이 있다. 이 중 비교분석형은 두 개 이상의 대상을 비교분석하여 나타낸 것이다.

## 80
정답 | ①

해설 | 인포그래픽 유형은 지도형, 도표형, 타임라인형, 스토리텔링형, 만화형, 비교분석형 등이 있다. 이 중 타임라인형은 어떤 주제에 대해 관련 역사나, 전개 양상 등을 시간 순서로 나타낸 것이다.

# 제5회 기출복원문제 정답 및 해설

| 01 | 02 | 03 | 04 | 05 | 06 | 07 | 08 | 09 | 10 |
|---|---|---|---|---|---|---|---|---|---|
| ② | ① | ② | ① | ③ | ③ | ④ | ① | ③ | ③ |
| 11 | 12 | 13 | 14 | 15 | 16 | 17 | 18 | 19 | 20 |
| ② | ④ | ② | ③ | ② | ④ | ② | ③ | ④ | ① |
| 21 | 22 | 23 | 24 | 25 | 26 | 27 | 28 | 29 | 30 |
| ④ | ④ | ① | ③ | ④ | ② | ① | ③ | ② | ③ |
| 31 | 32 | 33 | 34 | 35 | 36 | 37 | 38 | 39 | 40 |
| ④ | ② | ④ | ③ | ① | ③ | ② | ④ | ① | ② |
| 41 | 42 | 43 | 44 | 45 | 46 | 47 | 48 | 49 | 50 |
| ③ | ① | ③ | ③ | ② | ② | ④ | ① | ① | ③ |
| 51 | 52 | 53 | 54 | 55 | 56 | 57 | 58 | 59 | 60 |
| ④ | ④ | ① | ① | ② | ③ | ④ | ② | ① | ② |
| 61 | 62 | 63 | 64 | 65 | 66 | 67 | 68 | 69 | 70 |
| ③ | ④ | ① | ② | ① | ③ | ② | ④ | ① | ① |
| 71 | 72 | 73 | 74 | 75 | 76 | 77 | 78 | 79 | 80 |
| ② | ② | ② | ① | ③ | ④ | ① | ③ | ③ | ① |

## 01
정답 | ②
해설 | WBS(Work Breakdown Structure)는 분석 절차에 맞춰 실제 수행되어야 하는 작업을 세분화하여 일정과 산출물 등을 정리하는 것으로 프로젝트 계획 수립 단계에서 작성한다.

## 02
정답 | ①
해설 | CRIS-DM 방법론은 업무(사업, 비즈니스) 이해 - 데이터 이해 - 데이터 준비 - 모델링 - 평가 - 전개의 6단계로 진행되며 각 단계 간 피드백을 통해 완성도를 높일 수 있다.

## 03
정답 | ②
해설 | 인공지능은 인간의 지적 능력을 컴퓨터를 통해 구현하는 기술이다. 머신러닝은 인공지능의 한 분야로 컴퓨터가 여러 데이터를 분석하고 그 결과를 토대로 적합한 규칙을 찾도록 하는 알고리즘 및 기술을 지칭한다. 딥 러닝은 머신러닝의 인공신경망 기법에서 발전한 분야에 해당한다.

## 04
정답 | ①
해설 | 데이터 아키텍트는 비즈니스 요건을 구현하기 위한 데이터의 흐름과 표준, 원칙 등을 규정하는 업무로 데이터 관리의 큰 틀을 제시하는 것을 주요 목적으로 한다. 데이터 엔지니어는 데이터 분석을 위한 데이터 플랫폼에 대한 설계뿐만 아니라 데이터 Flow 관리 및 모델 배포까지 데이터 분석 환경을 설계하고 구축하는 업무로 볼 수 있다. 데이터 모델러는 데이터 처리를 위한 모델(논리 모델, 물리 모델)의 설계·개발의 업무를 수행한다. 따라서 RDB 기반의 데이터 플랫폼을 하둡 기반으로 전환하고 관리하는 직무는 데이터 엔지니어에 가깝다.

## 05
정답 | ③
해설 | 데이터 범주화는 데이터의 값을 해당 그룹의 대푯값 또는 구간값으로 변환하여 정확한 수치를 숨기는 방법이다.

## 06
정답 | ③

해설 | 데이터 품질진단 절차는 품질진단 계획 수립, 품질기준 및 진단대상 정의, 데이터 품질측정, 데이터 품질측정 결과 분석, 데이터 품질개선의 5단계로 이루어진다. 이 중 데이터를 측정하고 분석하여 수치를 산출하는 단계는 '데이터 품질측정' 단계에 해당한다.

※ 참고 : 데이터 품질진단 절차 및 기법 (ver1.0), 한국데이터베이스진흥원, https://www.cisp.or.kr/wp-content/uploads/2019/05/데이터-품질진단-절차-및-기법-v1.0.pdf

## 07
정답 | ④

해설 | 데이터 3법 개정으로 가명정보의 개념을 도입하고, 가명정보 주체의 동의 없이 데이터를 활용하는 것이 가능해졌다.

## 08
정답 | ①

해설 | 반정형 데이터는 값과 형식이 일관되지 않으나 스키마나 메타데이터를 가지고 있어 데이터의 구조를 이해할 수 있는 데이터 종류이다. XML, HTML, 웹 로그, JSON 파일, RSS, 센서 데이터 등이 해당한다.

## 09
정답 | ③

해설 | 총계 처리는 개인정보에 통곗값을 적용하여 개인을 특정할 수 없게 하는 개인정보 비식별화 기술이다.

## 10
정답 | ③

해설 | FGI(Focus Group Interview)는 관찰자의 역할을 가진 연구자가 6~12명 정도의 동질의 소수 집단을 대상으로 특정한 주제에 대한 자유로운 토론을 이끌어내 자료를 수집하는 방법이다.

## 11
정답 | ②

해설 | FTP는 원격지 시스템 간에 파일을 공유하기 위한 서버-클라이언트 모델로 TCP/IP 기반으로 파일을 송·수신하는 응용계층 통신 프로토콜이다.

## 12
정답 | ④

해설 | 전이학습은 특정 분야에서 학습된 신경망을 유사하거나 다른 분야의 신경망 학습에 활용하는 방법이다.

## 13
정답 | ②

해설 | 데이터 분석 방법론은 분석 기획, 데이터 준비, 데이터 분석, 시스템 구현, 평가 및 전개의 5단계로 이루어진다. 이 중 데이터 준비 단계에서 분석 데이터 정의, 데이터 저장 설계, 데이터 수집 및 정합성 검증 등의 업무를 수행한다.

## 14
정답 | ③

해설 | 빅데이터 플랫폼 구조는 소프트웨어 계층, 플랫폼 계층, 인프라 스트럭처 계층으로 나뉜다. 소프트웨어 계층은 데이터 수집, 처리, 분석 업무의 응용 S/W가 처리되는 영역이다. 플랫폼 계층은 작업 관리, 데이터 및 자원 할당·관리 등의 업무가 수행되는 영역이다. 인프라 스트럭처 계층은 네트워크, 스토리지 등의 자원을 제공하고 관리하는 영역이다.

## 15
정답 | ②

해설 | 병렬 DBMS는 데이터를 중복 저장하여 처리하는 것이 아닌 데이터를 일정 크기로 나누어 대규모 데이터 처리를 위해 병렬로 트랜잭션 처리를 하는 시스템이다.

## 16
정답 | ④

해설 | 다양한 분야에서 빅데이터 분석을 도입하여 수익 증대를 실현할 수 있으나 항상 경제적으로 이익을 얻을 수 있는 것은 아니다.

## 17
정답 | ②

해설 | ETL은 원천 데이터를 데이터 저장소인 DW(Data Warehouse) 또는 DM(Data Mart)으로 이동시키기 위해 다양한 데이터 소스에서 필요한 데이터를 추출(Extract)하고 변환(Transform)하여 적재(Load)하는 기술이다.

## 18
정답 | ③

해설 | 예측 분석은 과거 및 현재 데이터를 분석하여 미래의 일을 예측하는 분석 방법이다.

## 19
정답 | ④

해설 | 모델 발전 계획 수립은 '평가 및 전개' 단계에서 이루어진다.

## 20
정답 | ①

해설 | 텍스트 마이닝은 비정형 텍스트 데이터에서 패턴 또는 관계를 추출하여 유의미한 정보를 찾아내는 기법이다.

## 21
정답 | ④
해설 | 포아송 분포는 이산형 확률 분포 중 주어진 시간 또는 영역에서 어떤 사건의 발생 횟수를 나타내는 확률 분포다.

## 22
정답 | ④
해설 |

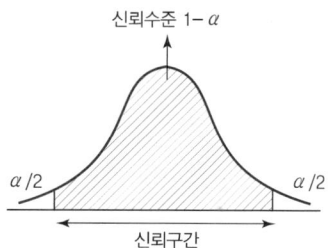

모평균에 대해 구간 추정을 할 때 모분산을 알지 못하면 t분포로 추정한다. 하지만 이때 표본의 크기가 충분히 크면(n≥30) 표본분산은 모분산에 근사하므로 신뢰구간은 $\left[\overline{X}-z_{\frac{\alpha}{2}}\frac{s}{\sqrt{n}}, \overline{X}+z_{\frac{\alpha}{2}}\frac{s}{\sqrt{n}}\right]$로 구할 수 있다. 문제에서 95% 신뢰구간을 구하고 있으므로 α=0.05가 된다.

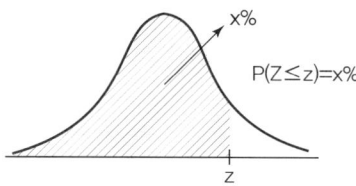

표준정규분포표는 표준화된 Z에 대해 z 값 이하일 확률(=표준정규분포 아래 면적)이 얼마인지를 나타낸다.
95% 신뢰구간을 구하기 위해 필요한 $z_{\frac{\alpha}{2}}$ 값은 표준정규분포표에서 확률이 0.975에 해당하는 z값이 되므로 (ㄱ)=1.96이 된다.
※ 표준정규분포 : 평균이 0, 분산이 1인 정규분포

## 23
정답 | ①
해설 | 가설 검정에서 실험 전, 후의 집단이 동일할 경우 대응표본을 사용한다. 또한 체중이 변화하였는지가 아닌 줄어들었는지를 검정하는 것이므로 단측검정을 한다.

## 24
정답 | ③
해설 | 두 확률변수 X, Y가 독립이면 공분산 Cov(X, Y) = 0이지만 Cov(X, Y) = 0인 경우 X, Y가 항상 독립인 것은 아니다.

## 25
정답 | ④
해설 | 두 변수 간 강한 음의 관계를 보이므로 -0.9가 상관계수로 가장 적절한 값이다.

## 26
정답 | ②
해설 | 클래스 불균형 데이터는 임계값 조정, 언더샘플링, 오버샘플링 등을 통해 해결할 수 있다. 정규화는 데이터의 범위를 0과 1사이로 변환하여 데이터의 범위를 조정하는 데이터 스케일링 기법이다.

## 27
정답 | ①
해설 | 한쪽으로 치우친 변수를 로그/지수 변환하여 분석 모형을 적합하게 할 수 있다.

## 28
정답 | ③
해설 | 모표준편차를 모르며 표본의 크기가 30보다 작고 집단 간 평균이 동일한지 알고자 할 때, T 분포를 사용한다. 이때 자유도는 N-1이다.

## 29
정답 | ②
해설 | 상관계수가 큰 변수들이 존재할 경우 모델의 성능이 떨어지거나 불안정해질 수 있다. A와 C의 피어슨 상관계수가 0.86으로 두 변수는 아주 강한 양의 상관관계를 갖고 있으므로, 둘 중 한 변수를 제거해야 한다.

## 30
정답 | ①
해설 | 막대 그래프에서 Y=0, 1 각 클래스에 속한 데이터 수가 크게 차이남을 확인할 수 있다. 이 경우 클래스 불균형을 조정하는 전처리 기법을 수행해야 한다.

## 31
정답 | ④
해설 | 중심 극한 정리는 표본의 개수가 커지면 모집단의 분포와 상관없이 표본 분포가 정규 분포에 근사한다는 것이다.

## 32
정답 | ②
해설 | 타깃 인코딩에서는 각 범주의 레이블 값이 학습 데이터에 존재하는 종속변수의 평균값으로 정해진다.

## 33
정답 | ④
해설 | 평활화는 데이터에서 잡음을 제거하는 과정이다. 특정 속성을 추가하는 데이터 변환 기술은 속성 생성(Attribute Construction)이다.

## 34
정답 | ③
해설 | 박스플롯 제1사분위는 25분율 데이터를 의미한다.

## 35
정답 | ①
해설 | 무작위 추출로 얻은 확률변수 $X_2, X_3$는 서로 독립이다.

## 36
정답 | ③
해설 | 연속형 척도의 경우 평균, 표준편차와 같은 기술 통계량을 구할 수 있으며, 범주형 척도는 빈도수와 같은 기술 통계량을 구할 수 있다.

## 37
정답 | ②
해설 | 산점도는 두 연속형 변수 데이터의 관계를 파악할 수 있는 그래프다. 가로축과 세로축의 좌표평면상에서 각각의 데이터 관찰점들을 표시하여 시각화한다.

## 38
정답 | ④
해설 | 문제의 분포는 종 모양이므로 평균 또는 중앙값을 대푯값으로 쓸 수 있다. 평균은 이상치의 영향을 크게 받기 때문에 중앙값으로 결측값을 대치하는 것이 바람직하다.

## 39
정답 | ①
해설 | 박스 수염은 제1사분위에서 $1.5 \times IQR$을 뺀 위치에 해당하는 최솟값부터 제3사분위에서 $1.5 \times IQR$을 더한 위치인 최댓값까지 이어져 있다. 최솟값과 최댓값을 넘어가는 위치에 이상치가 존재한다.

## 40
정답 | ②
해설 | 초기하분포는 이산확률분포에 속한다.

## 41
정답 | ③
해설 | 비용민감함수(비용민감학습)는 소수 클래스에 더 큰 가중치를 주는 방법으로 주로 불균형 데이터에 사용된다.

## 42
정답 | ①
해설 | 시계열 분석은 시간의 흐름에 따른 데이터의 변화를 분석한다.

## 43
정답 | ③
해설 | 드롭아웃은 모델의 과적합을 방지하기 위한 기법이다. 데이터 증강(Data Augmentation)은 기존의 데이터를 조금씩 변형, 추가하여 데이터 수를 늘림으로써 모델의 과적합을 방지한다.

## 44
정답 | ③
해설 | 훈련, 검증, 평가 데이터셋을 2:3:5 등 특정 비율로 나누는 방법은 홀드아웃 교차 검증이다. k-fold 교차 검증은 평가 데이터셋을 제외한 나머지 데이터를 k 등분하고 (k-1)개 데이터는 훈련 데이터, 나머지 한 개는 검증 데이터로 사용하고, 검증 데이터를 바꾸어가며 이 과정을 k번 수행하는 방법이다.

## 45
정답 | ②
해설 | 가지치기는 의사결정나무 모형에서 과적합을 방지하기 위한 방법이다.

## 46
정답 | ②
해설 | h = 4 기준이므로 2개이며, h = 1일 경우 5개, h = 2일 경우 5개, h = 3일 경우 3개이다.

## 47
정답 | ④
해설 | Pos-tagging은 형태소에 품사를 붙이는 것을 의미한다.

## 48
정답 | ①
해설 | 변수 선택 방법에는 전진 선택법, 후진 제거법, 단계적 선택법 등이 있다.

## 49
정답 | ①
해설 | 복잡한 모델이 단순한 모형보다 항상 좋다고 할 수 없다. 예를 들어 복잡한 모델은 과적합의 위험이 있다.

## 50
정답 | ③
해설 | 로지스틱 회귀는 종속변수의 범주가 세 개 이상일 때도 적용할 수 있으며, 이때는 '다항 로지스틱 회귀'라고 지칭한다. Odds는 어떤 사건이 발생할 확률을 발생하지 않은 확률로 나눈 비율로 0~무한대의 범위를 갖는다. 로지스틱 회귀는 종속변수가 이항 분포를 따른다고 가정한다.

## 51
정답 | ④
해설 | 백색잡음 과정(white noise process)은 대표적인 정상 시계열로 서로 독립적이고 동일한 분포를 따른다(IID ; independently and identically distributed).

## 52
정답 | ④
해설 | 변수의 수, 표본의 수는 주성분 분석 가능 여부와 관계없다.

## 53
정답 | ①
해설 | 만-휘트니 검정은 윌콕슨 순위합 검정과 동일한 방법으로 두 집단의 중위수 차이를 검정할 때 사용할 수 있는 비모수 검정 방법이다.

## 54
정답 | ①
해설 | 초기 암 생존율 : A약 = 16/20 = 80%, B약 = 7/10 = 70%
말기 암 생존율 : A약 = 4/20 = 20%, B약 = 9/30 = 30%
전체 암 생존율 : A약 = 20/40 = 50%, B약 = 16/40 = 40%

## 55
정답 | ②
해설 | 신뢰도는 A 상품을 샀을 때 B 상품을 살 조건부 확률에 대한 척도이다. A와 B를 모두 포함하는 거래 수를 A를 포함한 거래 수로 나누어 계산한다.

## 56
정답 | ③
해설 | 요인 회전 방법에는 VariMax, QuartMax, EquaMax, Oblimin, ProMax 등이 있다.

## 57
정답 | ④
해설 | 공분산 분석(ANCOVA)은 독립변수 이외의 잡음인자를 통계적으로 제어(공변량)하고 범주형 독립변수와 연속형 종속변수의 상관관계를 분석하는 방법이다.

## 58
정답 | ②
해설 | ① 다중회귀모형에서 통계적 유의성을 확인하는 방법은 F-통계량이다.
③ 다중공선성 문제는 설명 변수들 사이에 선형 관계가 존재하면 발생한다.
④ 회귀모형의 변수선택법에는 전진 선택법, 후진 제거법, 단계 선택법 등이 있다.

## 59
정답 | ①
해설 | 의사결정나무에서 마디의 순수도는 증가하고 불순도는 감소하는 방향으로 노드가 분리된다. 변별력 있는 변수가 없으면 노드 분리가 안 되어 뿌리노드만 남게 된다.

## 60
정답 | ②
해설 | 데이터 분석 결과 산출물로는 분석 계획서, 변수 정의서, EDA 보고서, 분석 결과 보고서, 분석 모델 등이 존재한다.

## 61
정답 | ③
해설 | ROC 곡선은 임곗값(Threshold)을 0에서 1까지 변화시켜 가면서 x축에는 거짓 긍정률(FPR)을, y축에는 참 긍정률(TPR)을 표시해서 그린 곡선이다. 거짓 긍정률은 (1-특이도)와 같은 값을, 참 긍정률은 민감도와 동일한 값을 갖는다.

## 62
정답 | ④
해설 | 분석 결과를 시각화할 때 가장 중요한 것은 스토리텔링이다. 이를 위해 사용자 시나리오를 작성하고 스토리보드를 기획한다.

## 63
정답 | ①
해설 | 히트맵의 각 행은 관측치를, 열은 변수를 나타내고, 각 칸의 색상을 이용해 값의 크기를 나타낸다.

## 64
정답 | ②
해설 | 표본의 충분성은 모델을 개발할 때 중요한 고려 요소가 되지만 최종 모델을 평가할 때는 고려하지 않는다.

## 65
정답 | ①
해설 | 혼동행렬은 모델 예측 값과 실제 값의 조합을 교차 표 형태로 나타낸 것이다.

## 66
정답 | ③

해설 | $MSE = \dfrac{1}{n}\sum_{i=1}^{n}(y_i - \hat{y_i})^2$ 로 구한다.

## 67
정답 | ②

해설 | 카이제곱 검정은 관찰 빈도와 기대 빈도 사이에 유의미한 차이가 있는지 검정하는 방법이다.

## 68
정답 | ④

해설 | 일반화 선형 모형은 종속변수의 분포를 정규분포를 포함한 다양한 분포로 확장한다. 이때 연결함수를 사용하여 선형예측자와 종속변수의 평균을 연결해주며 종속변수가 이항분포인 경우 logit 함수, 포아송분포인 경우 log함수가 연결함수가 된다.

## 69
정답 | ①

해설 | 버블차트는 관계시각화 방법이다.

## 70
정답 | ①

해설 | 누적막대그래프는 분포시각화 방법이다.

## 71
정답 | ②

해설 | F1 − score = 2 × 0.6 × 0.4/(0.6+0.4) = 0.48

## 72
정답 | ②

해설 | 다. 부스팅은 오답에 더 높은 가중치를 부여한다.

## 73
정답 | ②

해설 | Gradident Vanishing을 막기 위해 은닉층의 활성화 함수로 ReLU, Leaky ReLU 등을 사용한다.
①, ④ Gradient Exploding 문제에 대한 설명이다.

## 74
정답 | ①

해설 | 평가 데이터셋을 다양화함으로써 일반화 성능을 더 잘 확인할 수 있으나 모델을 최적화하는 방법으로는 적절하지 않다.

## 75
정답 | ③

해설 | 재현율은 TP/(TP+FN)으로 구한다.

## 76
정답 | ④

해설 | ① 의사결정나무는 설명력이 좋은 모델이다.
② 지지도, 향상도 등은 연관성 분석의 성능을 평가하는 지표이다.
③ 연관성분석이 아닌 상관 분석을 통해 두 변수 간의 선형관계를 알 수 있다.

## 77
정답 | ①

해설 | 벌점화 회귀는 회귀계수에 벌점을 적용하여 모형의 복잡도를 낮추는 회귀분석 방법이다. ridge 회귀, lasso 회귀 등이 있다.

## 78
정답 | ③

해설 | 비선형모형에서 더 복잡하고 높은 분산을 갖는 모델이 만들어지기 쉽다.

## 79
정답 | ③

해설 | 인포그래픽은 중요하거나 복잡한 정보를 쉽게 이해할 수 있도록 그래픽으로 표현한 것이다. 그러나 이를 통해서 패턴을 탐색할 수는 없다.

## 80
정답 | ①

해설 | 데이터 시각화 절차는 '구조화 → 시각화 → 시각표현'으로 구성된다.

# 제4회 기출복원문제 정답 및 해설

| 01 | 02 | 03 | 04 | 05 | 06 | 07 | 08 | 09 | 10 |
|---|---|---|---|---|---|---|---|---|---|
| ④ | ④ | ② | ③ | ④ | ④ | ③ | ③ | ④ | ④ |
| 11 | 12 | 13 | 14 | 15 | 16 | 17 | 18 | 19 | 20 |
| ② | ② | ④ | ④ | ① | ④ | ④ | ④ | ② | ④ |
| 21 | 22 | 23 | 24 | 25 | 26 | 27 | 28 | 29 | 30 |
| ③ | ① | ③ | ② | ② | ② | ③ | ② | ② | ① |
| 31 | 32 | 33 | 34 | 35 | 36 | 37 | 38 | 39 | 40 |
| ② | ① | ① | ② | ① | ① | ④ | ③ | ④ | ④ |
| 41 | 42 | 43 | 44 | 45 | 46 | 47 | 48 | 49 | 50 |
| ② | ④ | ③ | ② | ① | ③ | ③ | ① | ④ | ④ |
| 51 | 52 | 53 | 54 | 55 | 56 | 57 | 58 | 59 | 60 |
| ③ | ② | ④ | ③ | ① | ② | ② | ② | ② | ① |
| 61 | 62 | 63 | 64 | 65 | 66 | 67 | 68 | 69 | 70 |
| ③ | ④ | ③ | ③ | ④ | ② | ④ | ② | ② | ④ |
| 71 | 72 | 73 | 74 | 75 | 76 | 77 | 78 | 79 | 80 |
| ④ | ① | ① | ④ | ① | ② | ② | ③ | ③ | ② |

## 01
정답 | ④

해설 | HDFS는 구글에서 오픈한 GFS 논문을 기반으로 만들었다. replication 횟수의 기본값은 3회이며, 사용자가 재설정할 수 있다. 네임 노드는 메타데이터 관리, 데이터노드 모니터링, 블록 관리, 클라이언트 요청 접수 등의 기능을 수행한다. NTFS(New Technology File System)는 윈도우 NT 계열 운영체제의 파일 시스템이다.

## 02
정답 | ④

해설 | 학습은 기본 템플릿을 가진 모형(알고리즘)에 데이터를 제공(입력)하여 학습을 시키는 과정이다. 따라서 학습 과정을 생략할 수는 없다.

## 03
정답 | ②

해설 | 분산 파일 시스템은 여러 개의 컴퓨터를 하나의 서버환경으로 만들어 데이터를 처리하는 시스템이다. 대표적인 분산 파일 시스템으로는 하둡이 있다.

## 04
정답 | ③

해설 | 분석모델 활용 방안을 수립하는 것은 로드맵 수립 시에 고려할 사항이 아니다.

## 05
정답 | ④

해설 | 지혜는 맥락에 맞춰 지식을 재구성하고 근본원리를 이해하여 얻은 창의적인 아이디어다.

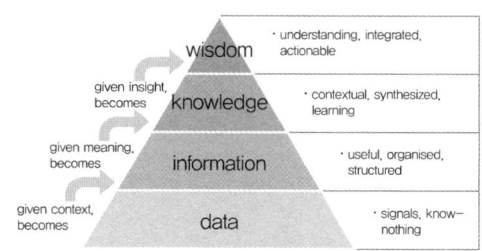

## 06
정답 | ④

해설 | 빅데이터 분석은 비즈니스의 문제점을 해결하기 위해서 수행하는 업무다. 따라서 비즈니스에 대한 이해와 대상 범위를 설정하는 것이 우선이다. 그 다음 프로젝트 수행 계획을 우선 수립한 후 위험관리 계획을 수립하는 것이 일반적인 프로젝트 수행절차다.

## 07
정답 | ③

해설 | 비식별 정보는 불특정 다수에게 공개할 수 없다.

## 08
정답 | ③

해설 | 마스킹은 * 등과 같은 기호를 이용해서 값을 가리는 기법이다.

## 09
정답 | ④

해설 | 가치는 4V(3V+1)에 해당한다.

## 10
정답 | ④

해설 | 난이도를 하향 조정할 때 고려해야 할 요소를 선택한다. 비용은 난이도 조정과 직접 관계가 없다.

## 11
정답 | ②

해설 | 스파크는 하둡의 맵리듀스와 동일한 역할을 수행하며 빠른 성능을 위해서 인메모리 캐싱 기능을 제공한다. 배치 처리, 스트리밍 분석, 머신러닝, 그래프 데이터베이스 등을 지원하며 함수형 프로그래밍 언어인 스칼라를 사용한다. 기존 하둡이 데이터를 추출, 적재하는 시간이 오래 걸리기 때문에 실시간 분석이 어려웠다는 단점을 보완할 수 있다.

## 12
정답 | ②

해설 | 프로젝트 성과 분석 및 평가 보고는 평가 및 활용 단계에서 수행하는 업무다.

## 13
정답 | ④

해설 | XML, JSON, 로그 등은 반정형 데이터다.

## 14
정답 | ④

해설 | 품질지표에는 정확성, 완전성, 적시성, 일관성이 있다. 불편성은 모든 가능한 표본에서 얻은 추정량의 기댓값이 모집단의 모수와 차이가 없음을 나타내는 점추정의 조건이다.

## 15
정답 | ①

해설 | API Gateway는 API를 통해 기업 내 다양한 디지털 서비스에 대한 중계(Proxy) 역할을 담당하는 기술이다.
④ ESB : Enterprise Service Bus의 약어로 기업 내의 다양한 디지털 서비스를 상호 간에 연결하기 위한 레거시 기술

## 16
정답 | ④

해설 | 정보통신산업 보호법은 정보보호를 위한 데이터 3법과 관련이 없다.

## 17
정답 | ④

해설 | 공공데이터 포털에서는 SQL 방식으로 데이터를 제공하지 않는다.

## 18
정답 | ④

해설 | 데이터레이크에 대한 설명이다. 데이터레이크는 대량의 데이터를 원시 형태로 저장하며, 필요한 시점에 추출하여 가공, 분석한다.

## 19
정답 | ②

해설 | 개인정보 차등보호(Differential Privacy)는 데이터에 수학적인 노이즈를 추가하는 기술이다. 개인정보 비식별화 기술은 가명처리, 총계처리, 데이터삭제, 데이터범주화, 데이터 마스킹 기법 등이 있으며, 개인정보 차등보호는 마스킹 기법 중의 하나이다.

## 20
정답 | ④

해설 | NoSQL은 NotOnlySQL의 약어로 HBASE, Cassandra와 같은 빅데이터 저장소를 통칭하는 말이다. 참고로 맵리듀스는 빅데이터 처리를 위한 기술이다.

## 21
정답 | ③

해설 | 이상치에 영향을 받지 않는 의미 있는 통계량은 중앙값(Median)이다.

## 22
정답 | ①

해설 | 귀무가설이 사실인데 허위라고 결론 내리는 것을 제1종 오류라고 하며 $\alpha$로 표시한다. 이러한 오류를 범할 확률의 최댓값을 유의수준이라고 한다.
② 유의확률(p-value) : 귀무가설이 맞다는 전제하에 표본에서 실제로 관측된 통계치와 같거나 더 극단적인 통계치가 관측될 확률이다. 유의확률이 작을수록 귀무가설에 대한 반증이 강하다.

## 23
정답 | ③

해설 | 패널 데이터는 같은 응답자가 여러 해에 걸쳐서 반복적으로 응답을 한 것을 기록한 것으로, 개인 식별자를 중심으로 연간자료가 붙어 있는 모습이다.

[패널데이터]

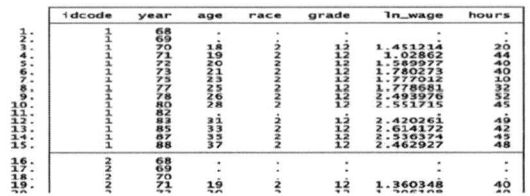

[코로플로스맵(등치지역도)]

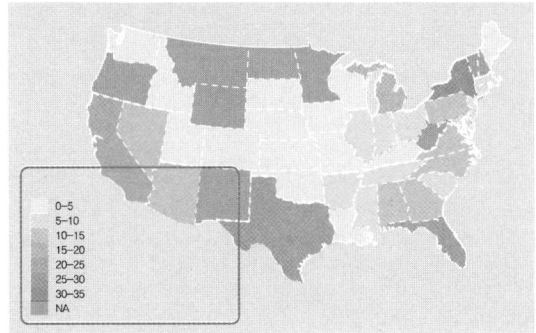

색상이 데이터 값 범위를 나타냄

## 24
정답 | ②

해설 | 박스플롯, 산점도, 표준정규분포, 기하평균, 히스토그램 및 업무 지식을 통해 이상값을 찾을 수 있다.

## 25
정답 | ②

해설 | 선형적인 관계가 없을 경우 0이, 음의 상관관계가 있을 때는 음의 값이, 양의 상관관계가 있을 때는 양의 값이 나온다.

## 26
정답 | ②

해설 | 정규분포를 표준화시키면 표준정규분포가 되며 표준정규분포는 평균은 0, 분산은 1을 따른다.
- 정규분포는 평균과 표준편차에 따라 모양이 달라지기 때문에 확률변수 $X$에 대한 표준화가 필요
- 표준화는 단위가 다른 자료에 대하여 평균=0, 분산과 표준편차=1이 되도록 변환하는 과정
- 확률변수 $X$가 표준정규분포를 따른 경우의 표현
 → $X \sim N(0, 1)$, $Z = \dfrac{X-\mu}{\sigma} \sim N(0, 1)$

## 27
정답 | ③

해설 |

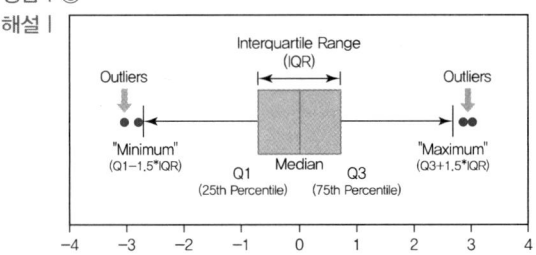

## 28
정답 | ②

해설 | 주성분은 기존 변수들을 선형 결합하여 새로운 변수가 만들어지기 때문에 주성분의 의미를 직관적으로 해석하기 어렵다.

## 29
정답 | ②

해설 | 각 지점의 거리에 절댓값을 붙여 부호를 제거한 후 합산한다.

$$d_M(x, y) = \sum_{j=1}^{m} |x_j - y_j|$$

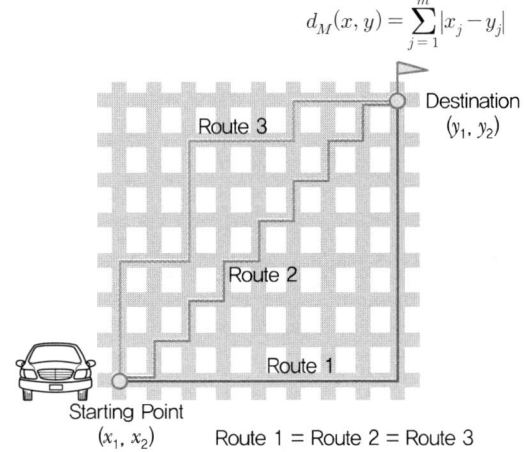

## 30
정답 | ①

해설 | 이미 불량이 나왔으므로 그게 A였을 확률을 찾는다. (A가 불량일 확률)/(A가 불량일 확률+B가 불량일 확률+C가 불량일 확률)
= (0.5×0.01)/(0.5×0.01+0.3×0.02+0.2×0.03)
= 0.2941

## 31
정답 | ②

해설 | Streaming은 실시간 스트리밍 데이터 수집 기법이다.

## 32
정답 | ①

해설 | Apriori는 연관규칙분석(Association Rule)의 다른 이름이다. 장바구니 분석이라고도 불리며 컨텐츠 기반 추천에 활용된다. 연관규칙분석에는 지지도, 신뢰도, 향상도지표가 있다.
- 지지도는 전체 상품 중 $x$, $y$를 함께 구매할 비율로 전체 거래 중 분석의 대상이 될 수 있을 정도로 유의미한 항목을 선별하는 작업이다.
- 신뢰도는 $x$를 구매한 사람 중에서 $y$를 함께 구매한 비율을 의미하며 연관성의 정도를 측정하는 지표다.
- 향상도는 규칙이 우연에 의해서 발생한 것인지를 판단하기 위한 척도다. $y$만 구매한 사람 대비 $x$와 $y$를 함께 구매할 확률의 증가 비율이다. 향상도가 1보다 크면 $x$를 구매한 사람이 $y$도 구매할 가능성이 높으며, 향상도가 1보다 작으면 $x$를 구매한 사람이 $y$를 구매할 확률이 낮다. 향상도가 1이면 $x$, $y$는 독립적이다.

## 33
정답 | ①

해설 |

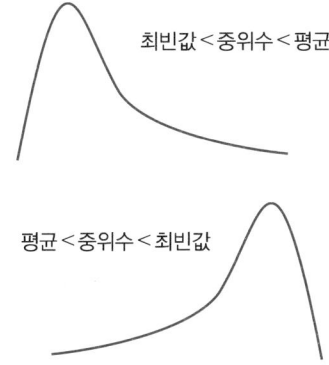

## 34
정답 | ②

해설 | 임곗값 이동은 임곗값(Threshold)을 데이터가 많은 쪽으로 이동시키는 방법으로 학습 단계에서는 변화 없이 학습하고 테스트 단계에서 임곗값을 이동하는 방법이다.

## 35
정답 | ①

해설 | 공분산을 이용한 문제다.
$V(X+Y)$는 $V(X)+V(Y)+2Cov(X,Y)$다. 이때 $X$, $Y$가 독립이므로 $V(X+Y)=V(X)+V(Y)$가 된다. 총분산은 $2\sigma^2$으로 표준편차는 $\sqrt{2}\sigma$이 된다.

## 36
정답 | ①

해설 | 불균형 문제를 해결하지 않으면 모델은 가중치가 높은 클래스를 더 예측하려고 하기 때문에 정확도(Accuracy)는 높아지고, 분포가 작은 클래스의 재현율(Recall)은 낮아진다.

## 37
정답 | ④

해설 |
- 정규 분포는 평균과 표준편차에 따라 모양이 달라지기 때문에 확률 변수 $X$에 대한 표준화가 필요
- 표준화는 단위가 다른 자료에 대하여 평균=0, 분산과 표준편차=1이 되도록 변환하는 과정
- 확률 변수 $X$가 표준 정규 분포를 따른 경우의 표현 : $X \sim N(0,1)$

## 38
정답 | ③

해설 | 표준편차와 분산은 한 가지 자료의 산포도를 측정하는 데 유용하지만, 단위가 다른 두 자료군의 산포도를 비교하는 데는 부적절하다. 이런 단점을 보완하기 위해서 사용하는 것이 변동계수다.

## 39
정답 | ④

해설 | 초기하 분포는 비복원 추출을 사용하기 때문에 시행은 다음 시행의 성공 여부에 영향을 준다.
- 비복원 추출의 경우 $N$개 중에서 $n$번 추출했을 때 불량의 개수가 $x$개 뽑힐 확률의 분포
- 확률 변수 $X$는 유한 모집단에서 비복원 추출의 경우 성공의 수
- 확률 변수 $X$가 초기하 분포를 따른 경우의 표현 : $X \sim HYP(n, D)$

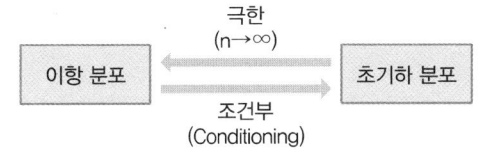

## 40
정답 | ④

해설 | 분산은 알 수 없다. 평균은 일반적으로 표시하지 않지만 옵션에 따라 할 수도 있다.

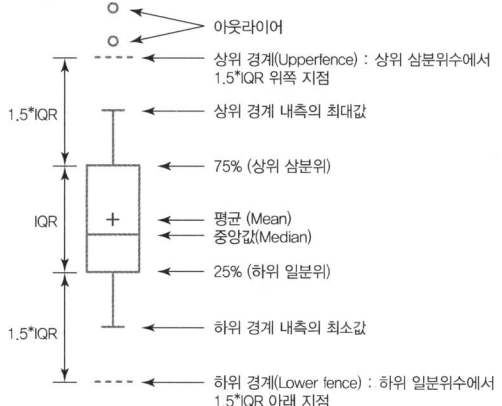

## 41
정답 | ②

해설 | N-gram은 $n$개의 연속적인 단어 나열을 의미한다. $n$개의 단어 뭉치 단위를 하나의 토큰으로 간주하여 분석하는 방법으로 $n$의 개수에 따라 uni-gram(little), bi-gram(little boy), tri-gram(little boy is) 등으로 부른다.
① 토픽모델링 : 구조화되지 않은 방대한 문헌집단에서 일정한 패턴을 발견하여 주제를 찾아내기 위한 알고리즘
③ TF-IDF(Term Frequency-Inverse Document Frequency) : 문서 내에서 어떤 단어가 얼마나 중요한지를 보는 통계수치

## 42
정답 | ④

해설 | 선형회귀분석은 4가지 가정은 선형성, 독립성, 등분산성, 정규성이다. 수렴성은 선형회귀 모형의 가정에 속하지 않는다.
선형성은 독립변수와 종속변수가 선형적인 관계에 있음을 가정하고, 독립성은 단순회귀분석에서는 잔차와 독립변수의 값이 서로 독립적임을, 다중회귀분석에서는 독립변수 간이 서로 독립적임을 가정한다. 등분산성은 잔차의 분산이 독립변수와 무관하게 일정해야 함을 말한다. 정규성은 잔차항이 정규분포의 형태임을 가정한다.

## 43
정답 | ③

해설 | 비지도학습이란 타겟 변수가 없는 학습방법이다. 대표적인 분석 모형은 군집 분석, 연관 분석, 주성분 분석 등이 있다.

## 44
정답 | ②

해설 | 부스팅은 예측력이 약한 모형을 순차적으로 결합하여 점점 예측력이 강한 모형으로 변화시키는 앙상블 기법이다.

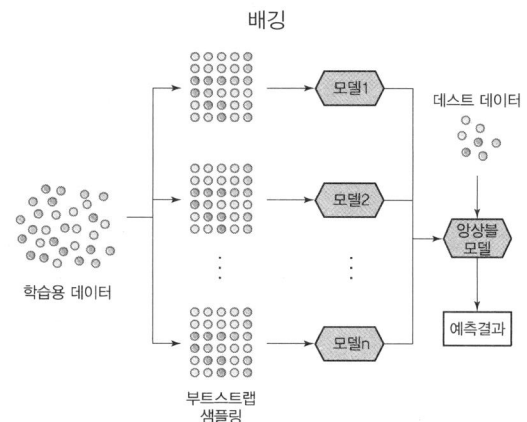

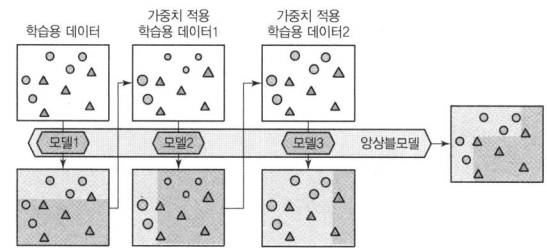

## 45
정답 | ①

해설 | 역전파 알고리즘은 다층 신경망 모형에서 오류를 최소화하기 위해서 사용하는 방법으로, 오류가 최소화될 때까지 학습의 결과로 발생한 오차를 기반으로 노드의 가중치를 조정하는 방식이다.

## 46
정답 | ③

해설 | 단층 퍼셉트론은 XOR문제를 해결하지 못한다. 단층 퍼셉트론의 단점을 해결하기 위해 다층 퍼셉트론이 등장했다.

## 47
정답 | ③

해설 | 입력층의 뉴런 수보다 은닉층의 뉴런 수가 항상 적은 것은 아니다. 오토인코더는 비지도(unsupervised) 방식으로 훈련된 인공신경망으로, 먼저 데이터에 인코딩된 표현을 학습한 다음, 학습된 인코딩 표현에서 입력 데이터를 (가능한 가깝게) 생성하는 것을 목표로 한다. 따라서 오토인코더의 출력은 입력에 대한 예측이다.

## 48
정답 | ①
해설 | 자식 노드의 가지 수가 하나만 남을 때까지 학습을 하면 과적합에 걸릴 가능성이 매우 높다. 이 때문에 가지치기 작업을 수행한다.

## 49
정답 | ④
해설 | ROC Curve의 $x$축은 $1-\text{Specificity}$이며 $y$축은 Sensitivity다.

## 50
정답 | ④
해설 | 시계열이 상호 독립적이고 동등하게 분포하는 확률변수의 관측치일 때 백색잡음 과정이라 한다. 즉 백색잡음 과정은 대표적인 정상 시계열이다. 유한개의 관찰된 시계열 자료로부터 모집단인 시계열 모형에 관한 통계적 추정 및 검정을 하기 위해서는 분석을 단순화시키는 어떤 가정이 필요한데, 이 중 가장 중요한 것이 정상성 가정이다. 정상 시계열은 시점에 상관없이 평균과 분산이 일정하고, 어떤 추세가 존재하지 않는다.

## 51
정답 | ③
해설 | 민감도(Sensitivity, Recall, 재현율)는 실제 긍정인 것 중 긍정으로 올바르게 예측한 것을 말한다.

| Predicted Class / Actual Class | Positive | Negative | |
|---|---|---|---|
| Positive | True Positive (TP) | False Negative (FN) Type Ⅰ Error | Sensitivity $\frac{TP}{(TP+FN)}$ |
| Negative | False Positive (FP) Type Ⅱ Error | True Negative (TN) | Specificity $\frac{TN}{(TN+FP)}$ |
| | Precision $\frac{TP}{(TP+FP)}$ | Negative Predictive value $\frac{TN}{(TN+FN)}$ | Accuracy $\frac{TP+TN}{(TP+TN+FP+FN)}$ |

※ Type Ⅰ error : 실제 긍정인데 부정으로 예측
※ Type Ⅱ error : 실제 부정인데 긍정으로 예측

| 정확도 (Accuracy) | 전체 표본 중 정확히 분류된 표본의 비율 |
|---|---|
| 정밀도 (Precision) | 모델이 정답이라고 예측한 것 중에서 실제로 정답인 비율 |
| 재현율 (Recall, Sensitivity) | 실제 정답 중에서 모델이 정답이라고 맞춘 비율 |
| F1-score | Precision과 Recall의 조화평균을 의미함 |

| 특이도 (Specificity) | 실제 거짓인 데이터 중 모형이 거짓으로 예측한 데이터의 비율 |
|---|---|
| 거짓긍정률 (FPR) | 실제 거짓인 데이터 중 모형이 참으로 예측한 데이터의 비율(1 - 특이도) |
| 참긍정률 (TPR) | 실제 참인 데이터 중 모형이 참으로 예측한 데이터의 비율(= 재현율) |

## 52
정답 | ②
해설 | 정확도는 불균형 데이터 평가에 사용되지 않는다.

## 53
정답 | ④
해설 | 포아송분포는 주어진 시간 혹은 공간에서 어떤 사건이 N회 일어날 확률분포이다. 사건 N은 주어진 시공간에서 매우 희소하게 발생한다. 예를 들어 종로사거리에서 발생할 접촉사고 횟수와 같은 것이 포아송분포의 예로서, 정규분포의 형태가 아닌 좌 혹은 우측으로 꼬리가 긴 분포의 형태를 보인다. 일반화된 모형으로 확장하기 위해서는 왼쪽으로 치우친 형태는 자연로그, 오른쪽으로 치우친 형태는 지수변환을 해서 정규분포 형태로 변환한다.

## 54
정답 | ③
해설 | 딥러닝은 인공신경망을 이용하여 데이터를 학습하는 과정으로, 기존 인공신경망에서 발전한 형태이다.

## 55
정답 | ①
해설 | K 평균 군집 분석은 SOM(자기조직화지도), 혼합분포군집과 함께 비계층적 군집방식 중의 하나다.

## 56
정답 | ②
해설 | Holdout은 랜덤 추출을 통해 데이터를 학습, 검증, 테스트(평가) 데이터로 분할하는 것이다.
① K-Fold : 테스트 데이터를 제외한 데이터를 K개로 분할하여 k-1개의 학습데이터와 1개의 검증데이터로 사용하는 방식
③ Dropout : 인공신경망의 일부 노드를 제외하여 학습하는 것으로 과적합을 방지하기 위해서 수행함
④ Cross Validation : 학습 데이터와 검증 데이터를 바꿔 가며 교차검증하는 방식

## 57
정답 | ②
해설 | k-fold 교차 검증은 학습에 사용할 데이터를 k개의 fold로 나눈 후, 한 개를 검증, 나머지 k-1개를 학습에 사용하는 방법이다. k번 학습을 진행한 후 각각의 성능 결과를 평균하여 교차 검증 결과를 구한다.

## 58

정답 | ②

해설 | Gradient Vanishing은 파라미터 최적화 방법 중의 하나다.
① Regularization : 정규화, 규제를 의미한다. 머신러닝에서 모델이 가지는 파라미터 값에 제약을 부여하여 과적합을 방지한다. L1(절댓값)규제, L2(제곱)규제방식이 있다.
③ Drop Out : 딥러닝 은닉층의 노드를 학습에서 제외시키는 것이며 과적합 방지를 위해 사용한다.
④ MaxPooling : CNN에서 이미지의 특성을 추출하기 위해 입력 데이터에 필터를 적용하여 나오는 가장 큰 값을 취하는 풀링 방식이다. 이 방식을 이용하면 이미지의 해상도가 빨리 줄어들어 계산 비용이 작아지며, 과적합을 방지하는 효과가 있다.

## 59

정답 | ②

해설 | 군집분석은 관측치 간의 유사성을 이용하여 몇 개의 집단으로 그룹화하여 각 집단의 성격을 파악하는 비지도학습 기법이다. 군집분석은 계층적 군집분석과 비계층적 군집분석으로 나뉘고, 이 중 계층적 군집분석은 관측치 간 거리와 유사도를 계산한 후 가장 유사한 개체를 묶어 나가는 방법이다. 덴드로그램은 관측치가 결합되는 순서를 나타내는 트리형태의 도표다. 덴드로그램을 통해 적절한 개수로 군집을 나눌 수 있게 된다.

## 60

정답 | ①

해설 | Softmax 함수는 다중분류 출력층에 사용된다. 입력받은 값을 출력으로 0~1 사이의 값으로 모두 정규화하며 출력값들의 총합은 항상 1이 되는 특성을 가진 함수이다.

## 61

정답 | ③

해설 | 히스토그램은 관계 시각화 차트 중의 하나다. X축은 구간을, Y축은 구간의 빈도/확률를 나타낸다.

※ 막대 높이 : 막대에 해당하는 구간의 빈도/확률

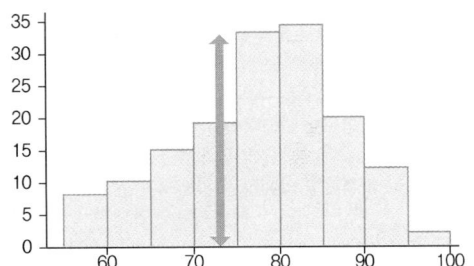

- 시간 시각화 : 막대그래프, 산점도, 선그래프, 계단식그래프, 영역차트
- 공간 시각화 : 등치지역도, 도트플롯맵, 버블플롯맵, 등치선도, 카토그램
- 관계 시각화 : 산점도, 산점도행렬, 버블차트, 히스토그램
- 비교 시각화 : 히트맵, 스타차트, 체르노프페이스, 평행좌표그래프

## 62

정답 | ④

해설 | 경사하강법은 최적 매개변수의 값을 찾아 나가는 방법 중 하나다. 매개변수 최적화 기법은 경사 하강법, 모멘텀, AdaGard, RMSProp, Adam 등이 있다. 매개변수는 학습을 통해서 분석모형 내부에서 결정되는 값이다.

## 63

정답 | ③

해설 | 색이 진할수록 값이 크고, 연할수록 값이 작다.

## 64

정답 | ③

해설 | 거짓긍정률(FPR ; False Positive Rate)은 1 – 특이도와 같다.

| 지표명 | 의미 | 산식 |
| --- | --- | --- |
| 정확도 (Accuracy) | 전체 데이터 중 예측을 정확하게 한 데이터의 비율 | $\dfrac{TP+TN}{TP+TN+FP+FN}$ |
| 정밀도 (Precision) | • 참으로 예측한 데이터 중 실제 참인 데이터의 비율<br>• 모형이 참으로 예측했을 때의 정답률 | $\dfrac{TP}{TP+FP}$ |
| 재현율 (Recall) | • 민감도(Sensitivity)<br>• 실제 참인 데이터 중 참으로 예측한 데이터의 비율 | $\dfrac{TP}{TP+FN}$ |
| 특이도 (Specificity) | 실제 거짓인 데이터 중 모형이 거짓으로 예측한 데이터의 비율 | $\dfrac{TN}{TN+FN}$ |
| F1 – Score | • 정밀도와 재현율의 조화평균<br>• 데이터가 불균형 데이터인 경우 사용 | $2\times\dfrac{preision\times recall}{preision+recall}$ |
| 거짓 긍정률 (FPR ; False Positive Rate) | • 실제 거짓인 데이터 중 모형이 참으로 예측한 데이터의 비율<br>• 1 – 특이도 | $\dfrac{FP}{TN+FP}$ |
| 참 긍정률 (＝재현율, TPR) | • 실제 참인 데이터 중 모형이 참으로 예측한 데이터의 비율<br>• 재현율, 민감도와 동일 | $\dfrac{TP}{TP+FN}$ |

## 65

정답 | ④

해설 | 히트맵은 비교 시각화 기법에 해당한다.

## 66

정답 | ②

해설 | 홀드아웃 방식에 비해서 데이터가 적을 때 사용하는 방식이다.

## 67
정답 | ④
해설 | 독립변수들 사이에는 독립성이 있어야 한다. 다중 회귀분석에서 독립 변수들 사이에 상관관계가 있을 경우 다중공선성이 발생하여 종속변수에 강한 영향을 줄 수 있다.

## 68
정답 | ②
해설 | 정밀도는 $\frac{TP}{TP+FP} = \frac{10}{10+10} = \frac{10}{20} = 0.5$다. 참긍정률은 재현율의 다른 이름이다.

① 정확도(Accuracy) $= \frac{TP+TN}{TP+TN+FP+FN}$
$= \frac{10+75}{10+75+10+5} = \frac{85}{100} = 0.85$

③ 특이도(Specificity) $= \frac{TN}{TN+FP} = \frac{75}{75+10} = \frac{75}{85} = 0.88$

④ 참긍정률(= 재현율) $= \frac{TP}{TP+FN} = \frac{10}{10+5} = \frac{10}{15} = 0.67$

## 69
정답 | ②
해설 | 가설이 모집단의 분포를 가정하는 것이면 모수 검증을 사용하고, 모집단의 분포를 가정하지 않으면 비모수 검정을 사용한다.

**모집단에 대한 유의성 검정 방법**
- z – 검정 : 추출된 표본이 모집단에 속하는지 검증
- t – 검정 : 평균값검증(1 – way), 두 집단의 평균 비교(2 way)
- 분산분석(ANOVA) : 두 개 이상 집단의 평균 비교
- 카이제곱검정 : 분산을 알고 있을 때 두 집단의 동질성 검정
- F 검정 : 두 모집단 분산 차이가 유의한지 검증

## 70
정답 | ④
해설 | 분석모형이 과소적합일 경우 분석모형이 필요한 패턴을 충분히 학습하지 못하였으므로, 학습 데이터와 검증 데이터 모두에서 낮은 성능을 보인다.

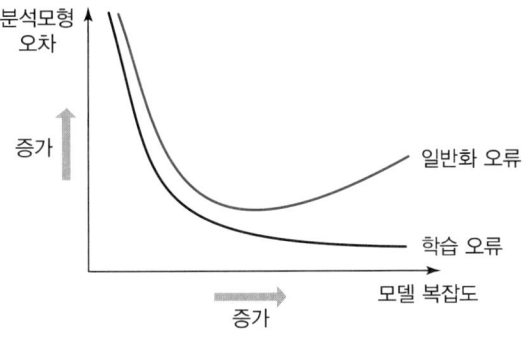

## 71
정답 | ④
해설 | 매개변수는 파라미터를 말한다. 파라미터는 학습을 통해서 모델 내부에서 발견되는 값이다. 하이퍼파라미터는 최적의 매개변수를 찾기 위해서 모델 외부에서 분석가가 설정하는 값을 말한다.

## 72
정답 | ①
해설 | 
- 배치 경사하강법 : 전체 데이터

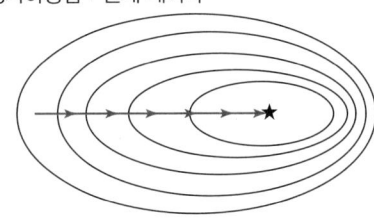

- 경사하강법

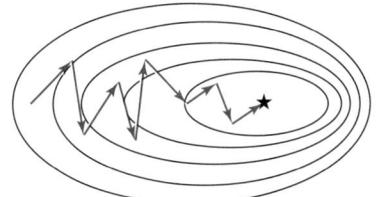

- 확률적 경사하강법 : 무작위 선정 1개

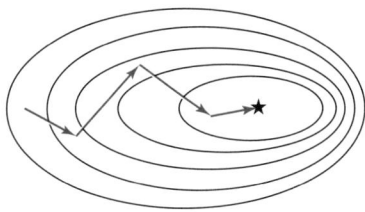

- 미니 배치 경사하강법 : 10~1,000개 데이터

## 73
정답 | ①
해설 | 학습률(Learning Rate)이다. 너무 작은 경우 학습 속도가 느려지고, 너무 큰 경우에는 최적해를 찾기 어려운 특성이 있다.

## 74
정답 | ④
해설 | 명목적 데이터의 상관성 분석은 카이제곱 검정을 이용한다.

## 75
정답 | ①
해설 | 훈련용 데이터셋은 50~60%의 비율이 적당하다.

## 76
정답 | ②
해설 | 히스토그램 그래프의 경우 도수 분포를 막대 형태로 시각화하여 보여준다. 제시된 그래프는 막대 그래프로 범주별 데이터값을 보여준다.

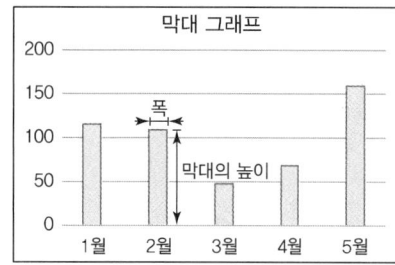

## 77
정답 | ②
해설 | 시각화는 정보 전달성이 우선이다. 한 번에 많은 정보를 담을 경우 정보의 전달성이 떨어진다.

## 78
정답 | ③
해설 | 분석 목적을 명확히 하는 것에 주안점을 두는 활동은 과제 정의서 작성 또는 과제 기획이다.

## 79
정답 | ③
해설 | 투자 회수 기간은 프로젝트 시작부터 누적 현금이 흑자로 돌아서는 시점까지의 기간이다.

## 80
정답 | ②
해설 | 분석모형 리모델링은 주기적으로 수행해야 하는 업무는 아니다.

MEMO

MEMO

MEMO

MEMO

MEMO

## 2025 빅데이터분석기사 필기 한권완성

초 판 발 행   2021년 07월 05일
개정5판1쇄   2025년 02월 28일

편     저   최예신, 권태협, 박진원, 이경숙, 이승헌, 김주현
발 행 인     정용수
발 행 처     (주)예문아카이브
주     소   서울시 마포구 동교로 18길 10 2층
T E L        02) 2038 – 7597
F A X        031) 955 – 0660

등 록 번 호   제2016 – 000240호

정     가   33,000원

- 이 책의 어느 부분도 저작권자나 발행인의 승인 없이 무단 복제하여 이용할 수 없습니다.
- 파본 및 낙장은 구입하신 서점에서 교환하여 드립니다.

홈페이지 http://www.yeamoonedu.com

ISBN  979-11-6386-427-1    [13000]